마틴 로이드존스
요한일서 강해 1-3장

하나님의 자녀

마틴 로이드존스 지음 | 임성철 옮김

생명의말씀사

CHILDREN OF GOD, FELLOWSHIP WITH GOD,
WALKING WITH GOD: STUDIES IN 1 JOHN
by Martyn Lloyd-Jones

Copyright ⓒ 1993 by Elizabeth Catherwood and Ann Desmond
This translation of Children of God, Fellowship with God, Walking with God first published in 1993
is published by arrangement with Inter-Varsity Press,
Leicester, United Kingdom
All rights reserved.

Korean Edition published by Word of Life Press, Seoul 1996, 2010
Translated and published by permission.
Printed in Korea.

마틴 로이드존스 요한일서 강해 1-3장
하나님의 자녀

ⓒ 생명의말씀사 1996, 2010

1996년 7월 10일 1판 1쇄 발행
2002년 9월 25일   6쇄 발행
2010년 2월 10일 2판 1쇄 발행
2023년 9월 12일   7쇄 발행

펴낸이 | 김창영
펴낸곳 | 생명의말씀사

등록 | 1962. 1. 10. No.300-1962-1
주소 | 서울시 종로구 경희궁1길 6 (03176)
전화 | 02)738-6555(본사) · 02)3159-7979(영업)
팩스 | 02)739-3824(본사) · 080-022-8585(영업)

기획편집 | 김정옥, 김정주
디자인 | 박소정, 맹영미
인쇄 | 영진문원
제본 | 보경문화사

ISBN 978-89-04-08228-5 (04230)
ISBN 978-89-04-00150-7 (세트)

저작권자의 허락없이 이 책의 일부 또는 전체를
무단 복제, 전재, 발췌하면 저작권법에 의해 처벌을 받습니다.

마틴 로이드존스 요한일서 강해 1-3장

하나님의 자녀

Studies in 1 John
by Martyn Lloyd-Jones

Children of GOD

역자 서문

1991년으로 기억된다. 역자가 시카고 디어필드에 소재한 트리니티 복음주의 신학교에서 목회학 석사 과정을 공부할 때, 평양에서 선교 활동을 했던 모펫 선교사의 아들인 새뮤얼 모펫이 초빙 교수로 와서 짧은 기간 동안 강의한 적이 있었다. 이때 한인 학생들의 월요 기도 모임에 그를 초빙해 한국 교회의 문제점들에 대한 외국 선교사의 입장을 들었던 기억이 난다.

4가지 문제점을 지적했는데 그중 한 가지만 말하면, 한국 교회에는 명목상의 그리스도인이 너무 많다는 것이다. 그는 이것을 첫 번째로 지적했다. 교회는 다니지만 그리스도가 피 흘려 세우신 교회의 참된 구성원이 아닌, 주일이면 종교적 인간 본능을 만족시키는 행위 정도로만 교회에 다니는 그리스도인이 너무 많다는 말이다.

하나님과의 교제가 허락된 곳에서 하나님과 바른 교제를 갖지 못하는 자들, 빛이 있는 곳에서 여전히 어둠에 거하기 원하는 자들, 기쁨과 소망이 허락되었음에도 여전히 초조와 공포와 두려움과 실망으로 가득 찬 인생을 보내는 자들이다. 교회를 다닌다는 이유와 선한 일을 하려고 노력한다는 이유 때문에 죄를 죄로 여기지 않고, 거룩하신 하나님 앞에 뻣뻣이 고개 들고 도전의 몸짓을 하는 경우가 얼마나 많은지 모른다. 교회 안에서의 종교 생활과 교회 밖에서의 사회 생활이 조화를 이루지 못하며, 지극히 위선의 삶을 누리면서도 늘 자신의 정당함과 하나님께 모든 책임을 전가시키는 일을 서슴지 않고 행한다.

이런 사람들에게 참된 기쁨, 참된 평강은 있을 수 없다. 그래서 얼굴은 항상 수심에 가득 차 있고, 어둠에 거하는 자들로부터도 손가락질을 받는다. 괴롭고 답답한 노릇이 아닐 수 없다. 어찌 해야 하는가?

Children of GOD

　마틴 로이드존스의 『하나님의 자녀』를 번역하며 참으로 하나님께 감사드렸다. 내가 어둠에 거하는지 빛 가운데 거하는지, 어떻게 참된 기쁨을 누리는 신앙생활을 할 수 있는지, 이 책이야말로 아주 소상하게 설명해 주는 귀한 참고서이다.

　워낙 풍성한 어휘력과 짧은 문장에서 자신이 하고자 하는 말을 집약시켜 나타내는 뛰어난 표현력으로 번역에 애로가 없었던 것은 아니었으나, 깊은 통찰과 분석에 경탄하고 즐기면서 번역할 수 있었다.

　아무쪼록 이 책을 대하는 모든 사람이 하나님과의 교제를 올바로 회복하며, 예수 그리스도 안에서 참된 기쁨을 마음껏 누리게 되기를 소원한다.

임성철

감사의 글

이 설교들은 웨스트민스터 채플에서 전해진 것이다. 또한 로이드존스 목사의 맏손자이자 영국 크로스웨이 출판사 편집장 크리스토퍼 캐서우드에 의해 편집되었다. 하지만 로이드존스 목사가 죽은 1981년 이후에 출간된 모든 설교와 마찬가지로, 문학적 유언 집행자로서 로이드존스 박사의 장녀인 엘리자베스 캐서우드 여사의 역할은 모든 편집 과정에서 역시 상당한 것이었음을 밝히지 않을 수 없다.

왜냐하면 그녀는, 존스 목사가 생존해 있어 편집하는 모든 일을 직접 지켜보고 감독한다면 어떤 식으로 해 나갈 것인지 꿰뚫어 알고 있듯이 아버지 로이드존스 목사가 직접 한 것과 별 차이가 없을 정도로 편집했기 때문이다. 그녀의 모든 노고에 심심한 감사의 뜻을 표한다.

또한 출간을 위한 사본을 준비한 엘리슨 웰리에게 감사드린다. 그녀는 로이드존스 목사의 자녀들이 손으로 쓴 내용을 읽어 내는 데 각별한 능력을 보임으로 편집된 내용이 목사 자신의 글이나 다름없도록 원고 정리와 입력까지 해주었다.

미국 크로스웨이 출판사에도 감사드리며, 책 출간에 열성적이었던 레인 데니스에게 다시 한번 심심한 사의를 표한다. 그 외에 이 책이 나오기까지 뒤에서 수고해 준 여러 손길들에 심심한 감사의 뜻을 전한다.

마지막으로 이 일련의 책들이 나오는 데 패커가 보여 준 뜨거운 열정이 큰 역할을 했다. 그의 부인과 함께 1940년대 말에 이 설교 중 많은 부분을 들었다.

끝으로 최근에 로이드존스의 책에 대한 관심이 되살아나는 것은 매우 고무적인 현상이라 하겠다.

머리말

우리는 본서를 편집하면서 요한일서 강해 시리즈에 포함된 요한일서 4장에 관한 초고 중 일부가 누락된 것을 발견했으며, 스코틀랜드에 있는 로이드존스 문서 연구회가 이 사실을 입증했다. 그러나 본장에 관한 로이드존스 목사의 설교들이 너무도 감동적인 내용이어서 우리는 어쨌든 출간을 서둘렀다.

종종 로이드존스 목사는 앞에서 행한 설교를 그 다음 설교 서두에서 간략히 요약했다. 따라서 독자는 누락된 설교에서 어떤 메시지를 남겼는지를 부분적으로 파악할 수 있다.

이언 머리가 쓴 『로이드존스 목사의 전기』 제2권을 읽은 사람은 기억하겠지만, 박사는 1949년에 몇 가지 중요한 영적 체험을 했다. 본서에 수록된 설교들을 통해 그런 자취를 엿볼 수 있을 것이다. 이 설교들은 주로 이언 머리에 의해 묘사된 사건들 직후에 행해졌다. 짐 패커가 그 당시 로이드존스 목사의 영적 상태를 가리켜 '가장 높고 탁월한 경지'라 표현한 이유를 우리는 쉽게 알아차릴 수 있다.

그 모든 설교는 당시에 충실하게 글로 보관되었기 때문에 지금 우리에게 제공될 수 있는 것이다. 또한 그 설교를 직접 들었던 웨스트민스터 교회의 회중뿐 아니라 우리도 하나님의 백성을 위한 그의 사랑에 관한 메시지를 듣고 도전과 격려를 받을 수 있는 것이다.

목 차 contents

역자 서문 5
감사의 글 8
머리말 10

요한일서 강해 1장 하나님과의 교제

1. 그리스도인과 세상 요일 5:19   _ 19
2. 충만하고 지속적인 기쁨 요일 1:4   _ 37
3. 기쁨을 누리려면 요일 1:4   _ 53
4. 사도적 선포 요일 1:1-3   _ 71
5. 그리스도인의 경험 요일 1:3   _ 89
6. 그리스도만을 통한 회복 요일 1:3   _ 107

7. 하나님을 알고 있는가? 요일 1:3　　　_ 123

8. 신비주의 요일 1:3　　　_ 138

9. 거룩하신 하나님 요일 1:5　　　_ 153

10. 죄된 인간 요일 1:6-10　　　_ 172

11. 빛 가운데 행함 요일 1:6-10　　　_ 188

12. 예수 그리스도의 보혈 요일 1:6-10　　　_ 204

13. 그 아들 예수 요일 1:7　　　_ 219

요한일서 강해 2장 하나님과의 동행

14. 죄 요일 2:1-2 _ 235

15. 교리와 생명 요일 2:1-2 _ 255

16. 대언자 요일 2:1-2 _ 271

17. 그리스도를 아는 것 요일 2:3-6 _ 287

18. 형제 사랑 요일 2:7-11 _ 306

19. 자녀들, 청년들, 아비들 요일 2:12-14 _ 321

20. 세상에 대한 사랑 요일 2:15-17 _ 341

21. 적그리스도 요일 2:18-19, 22-23 _ 357

22. 교회에 속한 자들 요일 2:18-19 _ 373

23. 성령의 기름 부음 요일 2:20-21, 27 _ 390

24. 진리와 거짓 요일 2:22-23, 25, 28 _ 407

요한일서 강해 3장 | 하나님의 자녀

25. 하나님의 자녀 요일 2:29-3:1 _ 425
26. 영광의 길 요일 3:2 _ 443
27. 성결한 삶 요일 3:3 _ 468
28. 흠 없으신 구세주 요일 3:5 _ 486
29. 마귀에 대한 승리 요일 3:8 _ 500
30. 은혜 안의 성장 요일 3:6-10 _ 516
31. 사망에서 생명으로 요일 3:10-15 _ 531
32. 그리스도인의 표지 요일 3:11-15 _ 548
33. 행함으로 사랑하라 요일 3:16-18 _ 564
34. 책망, 담대함, 확신 요일 3:19-23 _ 581
35. 성령 요일 3:24 _ 600

Studies in 1 John
by Martyn Lloyd-Jones

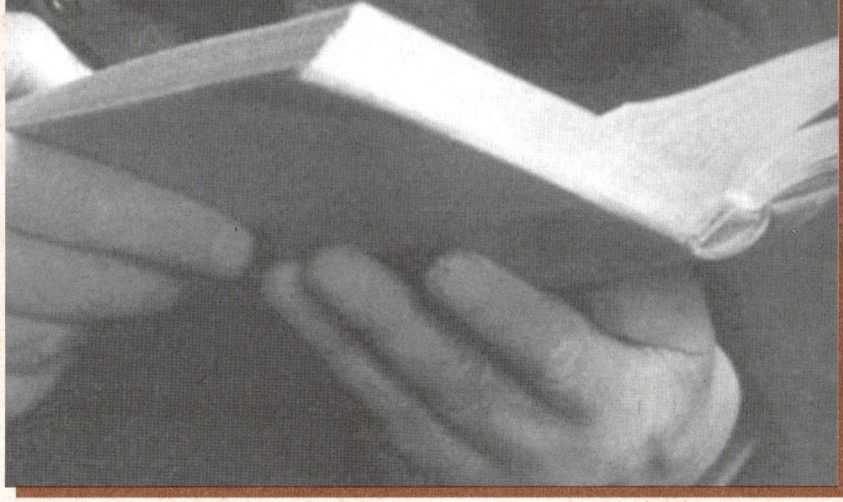

요한일서 강해 **1**장

Fellowship with God

하나님과의 교제

우리가 보고 들은 바를 너희에게도 전함은 너희로 우리와 사귐이 있게 하려 함이니 우리의 사귐은 아버지와 그의 아들 예수 그리스도와 더불어 누림이라 _ 요일 1:3.

Studies in 1 John

by Martyn Lloyd-Jones

또 아는 것은 우리는 하나님께 속하고
온 세상은 악한 자 안에 처한 것이며 _ 요일 5:19.

Chapter 1
그리스도인과 세상

나는 요한일서에 관한 일련의 강해 설교를 본문인 5:19 말씀으로 시작하려 한다. 이 구절이 요한일서에 기록된 모든 가르침에 대한 배경과 기록될 당시의 상황을 제공해 주기 때문이다.

사실 요한일서는 여러 면에서 독자들로 하여금 이해하는 데 다소 당황스러움과 어려움을 느끼게 한다. 그 이유는 이 서신의 말씀은 본질적으로 매우 단순하지만 저자인 사도 요한나는 이 서신의 저자가 사도 요한이라는 것을 사실로 받아들이기 때문에 저자에 관한 토론은 생략하고자 한다의 가르침의 중요한 원리들을 확실히 이해하고 조심스럽게 견지해 읽지 않으면, 그의 문체나 그만이 갖는 독특한 스타일로 인해 이 서신을 이해하는 데 어느 정도의 혼란을 초래할 수 있기 때문이다. 아마도 나무를 보느라 큰 숲을 보지 못하는 위험에 대해 이야기할 때 이 요한일서보다 더 위험한 서신은 결코 없을 것이라고 말할 수 있다.

어떤 사람은 사도 요한의 스타일이나 기록 방식을 표현할 때 마치 나선형 같다고 한다. 사도 요한은 말하고자 하는 궁극적 진리와 말씀의 핵심에 도달하기까지 빙빙 돌리면서 접근하며, 또한 매번 돌릴 때마다 다른 방식으로 표현한다는 것이다.

이런 그의 방식을 염두에 두고 사도 바울의 접근 방식과 사도 요한의 방식을 비교해 볼 때 아주 대조되는 것을 볼 수 있다. 주된 차이점을 말하자면 사도 요한은 논리 전개에 약하고 말씀 전달 방법에서도 정확하게 맺고 끊는 면이 부족하다. 물론 내용 면에서는 사도 바울이 전달한 말씀의 내용과 하나도 다를 바가 없다. 단지 같은 내용의 말씀을 다른 방식으로 표현했을 뿐이다.

때로는 요한이 바울보다 더 신비적이라고 말하는 경우가 있는데 나는 개인적으로 이런 표현을 인정하지 않는다. 사도 바울이나 사도 요한 둘 다 기독교적 신비주의자들이라는 것은 부인할 수 없는 사실이기 때문이다. 단지 진리에 대해 설명할 때, 요한의 스타일이 직접적이며 논리적인 사도 바울에 비해 훨씬 더 간접적일 따름이다.

하지만 우리는 대조되는 두 종류의 스타일을 함께 대할 수 있다는 데 놀라운 이점이 있다는 사실을 잊어서는 안 된다. 이 차이점들을 볼 때 사도 베드로가 그의 서신인 베드로전서 4:10에서 "하나님의 여러 가지 은혜"라고 표현한 것을 상기해 볼 수 있다.

진리의 빛은 자연의 빛과 같은 맥락에서 설명될 수 있다. 자연의 빛이 프리즘에 의해 여러 색깔로 나누어지면서도 하나의 완벽한 빛으로 형성되는 원리와 마찬가지로, 성경 말씀도 이와 같이 설명될 수 있다.

즉 모든 말씀이 한 분 하나님으로부터 나오고, 한 분 성령에 의해 감동되고 완전하게 영감되어졌으면서도 동시에 여러 면에서 다른 방식으로 표현됨으로, 영광스럽고 궁극적 진리를 여러 각도에서 반영시킨 것이다. 이것이 하나님의 말씀에 대한 통일성을 설명하는 것이다.

요한 서신을 이해하는 또 다른 어려움은, 이 서신이 기록될 당시 사도 요한은 매우 나이 많은 상태였다는 것이다. 요한일서가 주후 80년에서 90년 사이에 기록되었다는 데는 대부분의 신학자들이 동의하는데 – 비교적 정확한 기록 연대로 주후 85년을 생각해도 된다 – 어쨌든 그 당시 요한은 꽤나 나이 많았음이 틀림없다. 이 사실은 여러 부분에서 입증할 수 있는데, 그중 한 가지 예로 사도 요한은 "자녀들아"라고 말하며 아주 다정스러운 어조로 이 용어를 사용한다는 것이다.

또 한 가지 이 서신을 이해하는 데 어려운 점은 사도 요한이 어느 한 가지에 대해 설명할 때, 이것이 다른 생각을 불러일으키면 지체하지 않고 그 생각을 즉시 표현하고 나서 다시 처음 시작한 부분으로 되돌아온다는 것이다. 따라서 우리가 요한일서를 읽고 이해하는 데 가장 중요한 핵심 원리들을 항상 염두에 두어야 된다는 사실은 매우 중요하다.

이런 맥락에서 이 서신을 제대로 이해하는 데 근본 배경을 제시하는 5:19의 "또 아는 것은 우리는 하나님께 속하고 온 세상은 악한 자 안에 처한 것이며"라는 말씀을 가지고 시작하게 된 것이다.

다시 말해 이 서신의 주제는 이 세상에 사는 그리스도인의 위치에 대한 것이다. 내가 생각하기에 요한일서 전체에 3개의 주요 구절이 있는데 그 첫 번째가 5:19이다. 두 번째가 5:13의 "내가 하나님의 아들의 이름을 믿는 너희에게 이것을 쓰는 것은 너희로 하여금 너희에게 영생이 있음을 알게 하려 함이라"이며, 세 번째는 1:4의 "우리가 이것을 씀은 우리의 기쁨이 충만하게 하려 함이라"는 말씀이다.

세 구절에서 사도 요한의 마음에 간직된 가장 중요한 이 서신의 목적을 볼 수 있다. 이 서신의 주제는 이 세상 안에 있는 그리스도인이며 이 주제와 관련된 질문은 다음과 같은 것이다. "이 세상에 사는 그리스도인에게 무엇이 가능한가? 어떻게 그리스도인이 이 세상에 대처하며 살 수 있는가? 어떻게 해야 그리스도인이 이 세상에서 살아남을 수 있는가? 그리스도인은 무엇을 해야만 하는가? 그리스도인은 자신이 몸담고 있는 이 세상과의 관계를 어떻게 유지해야 하는가?"

이제 나이가 많은 사람으로서 이 서신서를 쓰는 사도 요한은 너무도 힘든 세상에서 사는 사람들에게 말하고 있다. 여러분은 어떻게 느낄지 잘 모르겠지만 나는 사도 요한이 너무나도 어려운 세상에 사는 사람들에게 말하고 있다는 그 자체에서 자주 큰 위로를 받곤 한다.

대부분의 경우 우리를 힘들게 하는 시간들과 이 세상의 형편이 우리의 때에만 국한되는 것으로 생각할 때가 많은데, 이 생각 역시 우리가 가진 문제라고 생각한다.

하지만 역사나 역사 공부를 통해 특히 성경에 나타난 역사를 보면서 그들도 과거에는 한결같이 어려웠다는 사실을 확실하게 이해한다면, 여러분은 역사가 제시하는 관점을 제대로 파악했다고 보아도 좋을 것이다. 왜냐하면 과거의 교회사와 성도의 삶을 돌이켜 볼 때 그 당시 세상 모습이 오늘 우리가 사는 세상 모습과 매우 유사하다는 사실을 알 수 있기 때문이다.

이런 관점에서 볼 때 우리가 현재 당면한 여러 문제점은 결코 새로운 것이 아니다. 이 모든 것은 이미 과거에도 일어났었다. 이 사실을 우리가 알게 될 때 하나님께 참으로 감사하지 않을 수 없다. 우리가 현재의 삶에서 겪는 황당한 것들이나 어려운 문제들에 대한 해결책이 하나님에 의해 이미 제시되었기 때문이다.

이런 이유 때문에 나는 왜 성경의 전적 독특성을 보지 못하는지 이해하기가 어렵다. 성경의 전적 독특성을 이해한 상태에서 보면, 우리가 사는 시대가 어떤 시대이든 우리의 시대 속에서 또한 우리 각 개인의 삶에서 어떠한 일이 발생하든 간에, 성경에 기록된 역사나 사건이나 해결점 중의 어느 한 부분이 바로 우리 현실의 상황과 부응하면서 현실 문제를 설명해 주는 것을 볼 수 있기 때문이다.

이런 관점에서 요한일서를 보면, 나이가 많은 어른이 사랑하는 자녀들, 손자, 손녀뻘 되는 사람들에게 모순 많고 문제가 겹겹이 싸여 있는 세상에서 어떻게 살아가야 할지에 대해 설명하고 있다는 사실을 보게 된다.

이제 나는 요한일서가 현대에 얼마나 적절한가에 대해 더 이상 강조할 필요가 없다고 생각한다. 내가 추측하기로는 오늘을 사는 그리스도인들이 만나게 될 많은 상황에서 이것이 가장 중요하면서도 가장 힘든 질문이 될 것이라고 본다. 그 질문이란 바로 "이 세상에서 우리의 위치는 무엇인가? 과연 그리스도인은 이 세상과 어떤 관계에 있는가?"라는 것이다.

우리 그리스도인은 다른 모든 사람과 마찬가지로 이 세상에 살고 있으며 그들이 종속된 것에 똑같이 종속되어 살고 있다. 우리는 요술 세계에 사는 사람들이 아니다. 우리는 바로 역사의 흐름 속에 존재하는 실존 인물들이다.

여기에 바로 우리가 하고 싶은 중요한 질문이 있다. 그것은 다음과 같다. "우리 그리스도인이 해야 할 일이 무엇인가? 그리스도인간의 차이점은 무엇인가? 어떻게 우리는 이 세상에 적응해야 하는가? 현재 당면한 여러 현실 문제에 대해 어떤 자세를 갖고 대해야 하는가? 이 세상에 대한 우리의 의무는 무엇이며 어떻게 행동해야 하는가?"

바로 이런 것이 요한일서에서 크게 고려되는 매우 중요한 질문들이다. 물론 이런 메시지가 요한일서에만 유일하게 다루어지는 것은 결코 아니다. 사실 신약성경 대부분의 메시지가 바로 이런 것이라고 해도 무방하다.

같은 각도에서 생각할 때 요한계시록은 초대교회의 그리스도인을 위로하고 힘주기 위해 쓰여진 것으로 볼 수 있다. 고통스러운 핍박과 어려움을 극복하도록 요한계시록이 기록되었다는 사실은 결코 부인할 수 없는 중요한 사실이다. 하지만 그 사실과 병행해 요한계시록이 기록된 또 다른 중요한 목적이, 장래에도 역시 되풀이될 역사의 수레바퀴에 대한 일반적 고찰을 미리 제시하고 있다는 사실을 잊어서는 안 된다.

이제 이 서신의 말씀을 세분하여 고찰하기 전에, 이런 것을 염두에 둔 상태에서 먼저 요한일서의 메시지를 전체적으로 살펴보는 것이 바람직할 것 같다.

요즈음 사람들은 힘들고 위험스러운 때를 공포의 때로 자주 표현한다. 이것은 여러 방법으로 표현할 수 있다. 하지만 이런 표현을 꼭 경솔하다고 할 수 없는 것은 어렵고 힘들고 위험스러운 상황에 대해 계속 생각하는 그 자체가 공포에 대한 명백한 표현이기 때문이다. 실제로 기도하는 그 자체도 공포에 대한 매우 두드러진 표현이 될 수 있다. 때로는 공포가 참된 종교성인 것으로, 영적 교훈에 대한 참된 깨달음으로 잘못 인식될 때도 있다.

하지만 신약성경의 가르침이 늘 우리를 견고하게 해줄 것이라고 받아들이는 한, 신약성경이 진리의 말씀을 통해 우리를 든든하게 세워 줄 것이라고 믿는 한, 우리는 하나님이 잠시 동안 우리를 달래고 위로하려고 별 의미 없는 달콤한 말씀을 결코 주시지 않는다는 사실 역시 받아들여야 할 것이다.

하나님의 말씀에는 언제나 중요한 대원리가 있다. 우리가 이 중요한 대원리를 굳건히 붙잡고 우리의 삶을 그 위에 올려놓고 이것에 맞추어 나간다면 결코 잘못된 길로 나아갈 수 없다. 따라서 힘들고 어려운 위기 상황에 처하게 될 때 모든 것에 앞서 기억해야 할 것은, 신약성경의 가르침을 굳건히 붙잡고 의지하는 것이다. 나는 논쟁을 원치 않는다. 특히 내가 하고자 하는 말에 대해 오해가 없기를 진정으로 바란다.

그것을 한마디로 표현한다면 이렇게 말할 수 있을 것 같다. 어렵고 힘든 위기 상황에 처한 사람들에게 신약성경의 말씀은 즉각적으로 "함께 기도하자!"라고 하지 않는다는 것이다. 오히려 말씀은 항상 먼저 "우리 함께 생각해 보자! 진리의 말씀을 이해하자! 가르침을 굳건히 붙잡자!"라고 말하는 것이다.

어쩌면 기도가 아주 쓸모 없고 무익한 것같이 들릴지도 모르겠다. 물론 성경은 기도에 대해, 기도가 어떻게 드려져야 되는가에 대해 많은 부분을 할애하고 있음에 틀림없다. 하지만 기도라는 것은 한마디로 잘라 말할 수 있을 만큼 단순한 것이 아니다. 어쩌면 기도는 매우 어려운 것일 수 있다. 때로는 기도가 생각하기 싫은 사람들이 가져다 대는 핑계거리가 될 수도 있고, 당면한 문제나 상황을 피하려는 사람들이 가져다 붙일 좋은 핑계가 될 수도 있다.

개인의 삶에서 이와 유사한 신앙 생활을 경험해 보지 않았는가? 우리는 자주 어려움에 처하곤 했다. 그럴 때마다 하나님께 어려움으로부터 구해 달라고 요청했다. 그러나 때로는 우리가 이런 상황에 처하게 될 때 꼭 해야 할 무엇인가를 빼먹고 있다는 사실을 명심해야 한다.

우리는 어려운 현실에 직접 대처하는 방법을 택하는 것 대신에 또한 해야 할 어떤 일을 하는 것 대신에 무릎 꿇고 기도하는 일을 했다. 나는 이와 같은 상황에서 우리의 당면 과제란 단순하게 기도만 하는 것이 아니라 진리의 말씀을 바로 대하고 그 말씀이 제시하는 원리에 따라 어려운 상황에 적용하는 것이라고 감히 말하고 싶다. 물론 기도는 당연히 해야 한다. 그러나 이런 과정이 전제되어야 한다는 사실을 결코 잊어서는 안 될 것이다.

여러분의 이해를 돕기 위해 다시 한번 설명한다면 다음과 같다. 만일 그리스도인이 어려운 문제를 만나고 힘든 상황에 처할 때마다 즉각적으로 할 일이 기도뿐이라면 신약성경의 모든 서신서가 가르치는 말씀은 아무 소용이 없다는 말이 된다. 말씀은 어려운 일에, 힘든 상황에 대처하는 방법을 제시할 때, '기도하기 전에 먼저 여러분이 어떤 사람인가를 알고 그러한 사람으로서의 본분을 인식해야 한다'는 것을 가르치고 있다. 즉 기도하기 전에 분명히 선행되어야 할 어떤 것이 있으며, 기도할 때에도 지금 무엇을 하고 있는가에 대해 확실히 알고 기도해야 된다는 것이다.

이제 우리가 확실히 해야 할 것이 있다. 그것은 매우 중요한 핵심이 되는 대원칙이자 진리인데, 바로 사도 요한이 요한일서에서 언급하는 말씀이다. 이런 이유로 우리가 요한일서를 대할 때 무엇인가에 의해 매우 인상적인 느낌을 받는데, 다름 아닌 사도 요한의 현실주의라는 것이다. 즉 어려운 문제에 부딪힐 때에 그 문제를 가볍게 다루거나 대충 얼버무려 넘어가는 것을 용납하지 않고 현실을 직면해 대처해 나가는 그의 방식이 매우 인상적이라는 말이다.

나는 참으로 하나님의 말씀이 문제를 문제로 직시하고 아무리 최악의 상황이라도 대충 넘어가지 않고 그 상황 그대로 어떻게 대처해야 하는지를 보여 주심에 대해 하나님께 진심으로 감사드린다. 이런 관점에서 볼 때 성경을 단순히 심리적 안정을 위한 도구로만 사용하는 행위가 얼마나 그릇된 것인가를 알 수 있다. 그런 행위는 성경을 악용하거나 오용하는 것이다. 왜냐하면 하나님의 말씀이 단순하게, 주어진 여건과 상황을 쉽게 만들어 주는 것으로 이해되어서는 안 되기 때문이다.

하나님의 말씀은 힘과 능력을 소유하고 있다. 또한 우리에게 용기도

준다. 그러나 잊어서는 안 될 것은 하나님의 말씀이 가지는 힘이나 능력이나 우리에게 제시하는 용기 같은 것은, 하나님의 말씀의 진리라는 바탕 위에서 아무리 악한 세상이라 할지라도 있는 그대로 바라볼 때 의미가 있다는 것이다.

이런 해석에 대해 사람들은 "왜 그래야만 하는가? 너무 김빠지게 만드는 것이 아닌가?"라고 반문하기도 한다. 내 생각에는 이런 해석이 김빠지게 하고 낙심시키는 것으로 받아들여진다면, 그 이유는 여러분이 하나님 말씀의 가르침을 용납하지 못하기 때문일 것이다. 이처럼 현실적으로 바라본다는 것이 정직하고 명확하게 이 세상을 바라보고 사고하는 사람들에게는 그리 김빠지거나 낙심되는 일이라고 생각되지 않는다. 잊지 말라! 요한일서는 현실적 감각을 제시하는 책이다.

아울러 이 서신이 세상과 이 세상의 일들을 제대로 바라보고 정직하고 형평의 원칙에 어긋나지 않게 실제적으로 대처해 나아갈 것을 제시하면서도 다른 한쪽으로는 매우 선명하고 기가 막힌 치유책을 제시하고 있다는 사실을 기억해야 할 것이다. 우리가 지금 다루는 요한일서 5:19의 말씀을 보면 이 서신의 특징이 될 만한 몇 가지 사실을 찾아볼 수 있다.

첫 번째로 "또 아는 것은"이라는 표현을 발견하게 될 것이다. 그리고 두 번째로 "우리는 하나님께 속하고"라는 내용이 눈에 들어올 것이고, 세 번째로 이 세상의 본질에 관한 말씀이 보일 것이다.

첫 번째로 요한은 "또 아는 것"이라는 표현으로 대단한 확신에 관해 말하고 있다. 사도 요한이 이 글을 쓴 것은 당시의 독자들에게 그들이 영원한 생명을 갖고 있다는 사실을 알게 하기 위함이었다. 물론 우리는 여기에만 머물러 있을 필요는 없다. 그러나 그것이 가장 기초적인 것이며 하나님의 일을 하는 데 꼭 필요하다는 것은 부인할 수 없다.

그리스도인이란 불확실한 상태에 만족하며 사는 사람이 아니다. 신약성경에서 정의를 내리는 그리스도인이란, 자신의 사명이 무엇이며 무엇을 간직하고 있는 사람인가에 대해 확실히 인식하면서 사는 사람들이며, 남성이건 여성이건 관계없이 어둠 가운데 갈 바를 알지 못하고 방황하는 사람이 아니다.

이런 관점에서 볼 때 이 시대는 우리에게 많은 유익한 점을 제공해 주고 있다. 나 자신만 해도 여러 면에서 100년 전이나 19세기가 아닌 바로 20세기의 강단에서 하나님의 말씀을 전파한다는 사실에 대해 참으로 하나님께 감사드린다. 19세기만 해도 사람들이 진리 탐구에 대한 대화를 하며 그 가운데 언급되는 흥미진진한 여러 내용들도 대화하는 것이 아주 전형적인 모습이었기 때문이다.

그 당시만 해도 삶이 평탄하고 큰 어려움이 없었던 때였다. 따라서 진리를 탐구하고 연구하고 점검해 보는 등의 일이 얼마나 흥미 있는 일인가에 대해 이야기했고, 진리에 대한 탐구나 연구 자체가 그리스도인인 것으로 생각하는 사람들도 있었다. 문학 서적을 이것저것 비교하면서 탐구하고 진리에 대한 연구 행위가 얼마나 멋진가에 대해 말하는 소위 '구도자'를 가리키는 것이다.

하지만 20세기에 사는 우리에게 그처럼 진리 탐구를 할 만한 시간은 거의 없다. 사실 나는 그것에 대해 얼마나 감사한지 모르겠다. 우리는 신약성경의 가르침과 일치되는 흑은 흑이고 백은 백이라고 받아들이는 세상에서 살고 있다.

그리스도인 남성이나 여성은 확실한 것을 소유한 사람이다. 그래서 사도 요한은 이 그리스도인이 절대적으로 확실한 것을 확신하도록 이 서신을 썼던 것이다. 당시에 그들은 확신하고 있었다. 그러나 몇 가지 명백하지 않은 부분이 있었다. 이 부분은 오늘을 사는 우리에게도 해당되는 것 같다. 우리는 믿음을 통해 믿게 된 진리로 시작했다. 그리고 나서 여러 가지 것에 의해 공격도 받고 주춤거리기도 했다. 하지만 감사한 것은 이런 교훈들이 우리를 강하게 하고 좀더 튼튼하게 세우기 위해 주어졌다는 것이다.

이것이 오늘 읽은 본문 말씀에서 강조되고 있으며, 우리가 분명히 해야 될 첫 번째 것이다. 우리가 신앙 생활을 영위해 가는 데 꼭 '알아야' 될 몇 가지가 있다. 그리스도인은 무엇인가 계속 찾으려 하며 질문만 하는 위치에서 벗어나고, 의심의 행각도 멈추어야 할 것이다.

구원의 확실성에 대한 전반적 교리는 지난 수백 년 동안 아주 언급하기를 꺼렸다. 이 교리에 대해서는 별로 많이 듣지도 못하고 논하고 싶어 하지도 않는 교리로 인식되고 있었다. 그런 데에는 여러 이유가 있었다. 그중 하나는 이 교리를 주장하는 사람들에 대해 반대하는 어떤 이유가 있었기 때문이다. 그 이유는 아주 혐오스러운 것으로 알려지기도 했었다. 하지만 요한일서가 우리에게 가르치는 바는 이런 것이 아니라는 사실을 알아야 된다. 결코 그런 것이 아니다.

기독교 복음이 우리가 확실하게 알 수 있는 지식을 전달해 준다는 사실은 참으로 우리가 누리는 영광스러운 부분임에 틀림없다. 기독교 복음은 하나님이 직접 계시하신 말씀이다. 기독교 복음은 유일하면서도 확실한 권위를 제시하고 있다. 그러기에 그리스도인은 이 세상에서 어떠한 위치에 있으며 어떠한 삶의 자세를 가져야 하는가를 확실하게 알아야 한다.

그리스도인은 불확실한 결정이나 결론의 영역에서부터 해방되어야 한다는 사실을 결코 잊어서는 안 된다. 왜냐하면 확실하고 절대적인 것이 우리에게 주어져 있기 때문이다. 바로 이런 부분에 대해 사도 요한은 이 서신에서 반복적으로 다룬다는 것을 알 수 있다.

다시 한번 말하면 여러분에게 허락된 확실한 것들이 있다는 것을 꼭 기억하기 바란다. 이것들을 꽉 붙잡아야 된다. 어떤 일이 있어도 놓치지 말고 여러분의 것으로 소유해야 된다.

이제는 무엇에 관해 확실성을 보유하고 있어야 되는가를 생각해 보자. 먼저 우리 자신에 관한 것이다. 우리는 하나님으로부터 온 자들이라는 것을 알고 있다.

그리스도인이란 무엇을 뜻하는가? 그리스도인이란 단지 예배에 참석해 하나님께 경의를 표하는 사람들을 의미하는가? 기계의 부품과 같이 교회에 속해 있는 사람들을 의미하는가? 선행을 도모하며 비그리스도인보다 좀더 선한 삶을 영위하는 사람들을 의미하는가? 박애주의자이고 자선 행위를 좋아하는 부류의 사람들인가? 물론 이 모든 것이 그리스도인을 설명하는 데 필요한 것들이다.

그 이상의 것은 없는가? 그 이상의 것에 대해 사도 요한은 말하고 있다. 우리는 그가 이 서신에서 설명하고 있는 그리스도인으로서의 자신에 대해 알아야 할 것이다. 그는 "우리는 하나님께 속하고"라고 말했다. 즉 그가 말하고자 하는 핵심은 우리는 하나님으로부터 태어났다는 것이다. 우리는 하나님의 신적 성품을 물려받은 자들이다. 또한 거듭난 자들이다. 우리는 위에서부터 났고 성령에 의해 중생한 새로운 피조물이라는 것이다.

이제 이런 것이 신약성경이 취하는 기본 선결 조건이라는 것을 알았다. 그렇다면 다음과 같이 말할 수 있다. 그리스도인이 비그리스도인과 확실히 다른 자들이라는 사실을 기본적으로 받아들이지 않은 상태에서는 신약성경의 가르침으로부터 어떤 위로나 위안도 받을 수 없다는 것이다. 우리 모두는 하나님과의 관계에서 하나님으로부터 나온 자, 즉 하나님의 자녀요 하나님의 신적 성품을 부여받은 자들이기 때문이다. 다시 말해 그리스도인은 독특한 자들이며 새로운 생명을 소유한 사실을 아는 자들이다.

사도 바울은 디모데후서 1:12에서 "내가 믿는 자를 내가 알고"라고 말했다. 그가 말한 믿는 자란 갈라디아서 2:20에서 설명했듯이 "나를 사랑하사 나를 위하여 자기 자신을 버리신 하나님의 아들", 즉 '내 안에 사시는 그리스도'를 의미한다. 또한 고린도후서 5:17에서는 "그리스도 안"에서를 강조했다.

사도 바울이 사용한 이런 용어들은 신약성경 여러 곳에서 사용되는 용어들이며, 사도 요한 역시 이런 전제에서 말씀을 시작하는데 그 전제란 우리가 그분을 안다는 것이다. 단순히 그리스도인이 되기를 원하고 그리스도인이 되려고 노력하는 자들이 아니라 그리스도인이 된 자들이다. 우리는 이미 그리스도인이 되었다.

더 이상의 것을 언급하기 전에 이 시점에서 모두에게 질문하고 싶은 것이 있다. 그 질문이란 바로 우리가 하나님으로부터 온 자들이라는 사실을 알고 있느냐는 것이다. 하나님이 우리 삶 가운데 행하신 일을 확실히 알고 있느냐는 것이다. 하나님의 신적 성품이 우리 안에 내재한다는 사실을 알고 있느냐는 것이다. 하나님을 알지 못할 때의 죄성을 소유하고 하나님을 거스르던 '옛사람'과는 아주 다른 '새사람'이 우리 안에 존재한다는 사실을 인식하고 있느냐는 것이다. 또한 하나님과만 연관해 우리를 설명할 수 있다는 사실을 인식하고 있느냐는 것이다. 사도 바울이 자신에 대해 고린도전서 15:10에서 "내가 나 된 것은 하나님의 은혜로 된 것이니"라고 했듯이 우리 자신에 대해 그와 같이 겸손하게 설명할 수 있느냐는 것이다.

이런 가르침에 근거하여 현재의 악한 세상에서 부름받고 구원받은 자들이 그리스도인이라는 것은 지극히 기초적이고 기본적이라는 사실이다. 그리스도인은 어둠의 권세에서부터 빛의 권세로 등기 이전된 자들이다. 그리스도인은 사탄의 지배에서 벗어나 하나님의 사랑하시는 아들 예수 그리스도의 왕국으로 옮겨진 자들이다. 여기에는 어떠한 질문도 있을 수 없다. 이런 일이 그리스도인에게 아무런 대가 없이 실제로 일어났으며, 이런 놀라운 사건으로 우리가 그리스도인이 되었으며, 그렇게 된 사실을 알게 되었기 때문이다.

이제 그리스도인은 "내 안에서 그리고 나를 초월해 존재하는 이 놀라운 새로운 생명을 인식할 수 있다. 또한 분명히 말할 수 있는 것은 이 놀라운 새 생명은 오로지 전적으로 그리스도 예수 안에 있는 하나님의 은혜로 인한 것이라는 사실이다."라고 말할 수 있다.

이제 그리스도인은 그리스도를 믿지 아니하는 세상과, 새 생명을 소유한 그리스도인과의 차이를 인지할 수 있을 뿐만 아니라 옛 모습과의 분명한 차이도 인식할 수 있게 되었다. 아울러 그리스도인은 "비록 과거에 하나님 앞에 지은 모든 죄와 전혀 가치 없는 것들을 생각할 때 참으로 한심한 것밖에 없음에도 불구하고 하나님의 무한 광대한 자비하심으로 내 안에 역사하시어 중생의 놀라운 기적을 체험하게 해주신 사실을 알고 있다."라고 말할 수 있게 되었다.

두 번째로 우리가 알 수 있는 것은 세상에 관한 진리이다. "우리는 하나님께 속하고 온 세상은 악한 자 안에 처한" 사실을 알고 있다. 사도 요한이 여기서 말하고자 하는 것은 이 세상은 악한 자의 권세 안에 놓여 있다는 것이다.

이 서신서를 공부하는 동안 많이 접하겠지만 여기서도 언급되는 것은, 이 세상이 악한 자의 권세 안에 놓여 있다는 사실이 아주 중요하며 이 사실은 사도 요한의 가르침뿐 아니라 다른 모든 사도와 초대 교인들이 이 세상에 대해 가졌던 생각이었다. 그들은 교회와 세상과의 경계선을 확실하게 그었고 그리스도인과 비그리스도인과의 다른 점을 분명하게 표현했으며, 이런 가르침에 기초해 모든 세상은 사탄의 지배 아래 있고 철저하게 사악한 자의 손아귀에 있다는 세상관을 소유하고 있었다.

이제 잊어서는 안 될 중요한 사실을 말하겠다. 신약성경의 가르침을 보면 이 세상이 겉으로는 많이 변화되겠지만 역시 악과 죄의 지배 아래 늘 있게 될 것이라는 사실이다. 악의 권세는 얼마든지 그 외적 모습을 변형시킬 수 있으며, 실제로 지난 수세기를 돌이켜 볼 때 악은 변형된 모습으로 우리에게 나타났던 것을 알 수 있다.

인류의 역사를 한번 돌이켜 보자. 그러면 그런 모습을 볼 수 있을 것이다. 이 세상이 나아지고 있다고 느껴졌던 때들이 있었다. 하지만 잘 살펴보면 그런 시기는 비극적인 원래의 악한 모습으로 곧 돌아갔던 것을 볼 수 있다. 여기서도 우리가 얻을 수 있는 교훈은, 이 세상에 존재했던 모든 시간이 "악한 자 안에 처해" 왔다는 사실이다.

우리가 지난 수백 년 동안 계속해 범했던 실수를 생각해 보자. 여기서 내가 의미하는 '우리'는 그리스도인과 비그리스도인 모두를 뜻한다. 우리 모두는 19세기 말이면 이 세상이 기독교화될 것이라고 철석같이 믿었으나 그렇게 되지 않았다. 여기서 확실히 알아야 될 것은 단순히 외적으로 보여지는 변화에 속아서는 안 된다는 것이다. 사도 요한은 이 세상은 사탄과 죄의 지배 아래 있고 여태까지 그랬듯이 앞으로도 변함없이 사탄의 손아귀에서 헤어나지 못할 것이라고 말했다.

그것뿐만이 아니다. 모든 신약성경의 가르침이 그랬듯이 사도 요한은 계속해 이 세상의 미래에 대해서도 언급했는데, 이것을 통해 더 확실하게 이 세상에 대한 우리의 자세를 정립할 수 있다. 좀더 현실적으로 신약성경을 보면 이 세상은 언제나 그 모습 그대로이지 결코 나아지지 않으리라는 것이다.

물론 앞으로 어떠한 일이 생길지 모른다. 어쩌면 이전에도 그러했듯이 외관상으로는 좀더 나은, 좀더 바람직한 세상이 올 수도 있을 것이다. 하지만 디모데후서 3:13에서도 밝히 말씀하고 있듯이 이 세상은 여전히 악한 자의 권세 아래 있을 뿐만 아니라 "더욱 악하여지는" 모양새로 변하게 될 것이다. 따라서 우리가 여기서 알 수 있는 것은, 악은 본질적으로 이 세상과 세상 삶의 한 부분이라는 것이다. 그러므로 이 세상의 악이 맞이하게 될 마지막 모습은 심판과 멸망이다.

다시 한번 말하면 이 세상의 악이란 본질적으로 이 세상의 일부이기 때문에 완전히 멸망하고 없어지기 전에는 세상에서 분리되어 떨어질 수 있는 성질의 것이 아니다. 이 세상의 악은 분명히 최고의 절정에 이를 때가 있으나 그 후 비참하게 끝나는 최후의 순간도 있을 것이다.

우리 그리스도인은 이와 같은 세상관을 갖고 삶을 영위해 나가야 될 것이다. 더 이상 잘못된 세상관에 속거나 잘못 인도함을 받는 일이 없어야 될 것이다. 명백한 것은 그리스도인은 근본적으로 하나님을 알지 못하는 사람들과는 전혀 다른 세상관을 소유하고 있다는 사실이다.

따라서 그리스도인은 현재 세상에서 일어나는 여러 가지 사태나 현 세상의 모습에 대해 그리 놀랄 필요가 없다. 그리스도인 중에서 현 세상의 돌아가는 모습을 보고 놀란다거나 19세기에 온 세상이 기독교화될 것이라고 믿었던 것같이 우리를 현혹시키는 잘못된 확신을 갖고 있다면, 우리의 신앙이나 교리 등을 한번 점검해 볼 필요가 있다.

다시 한번 강조하면 오늘 일어나는 이 세상의 모든 일에 놀랄 필요가 전혀 없다. 이미 신약성경에서 다 말씀하셨고 확증해 놓은 것이기 때문이다. 그리스도인은 현재 세상의 모습과 다른 것을 기대할 필요도 없으며 이런 세상에 사는 우리가 불행하다고 생각할 필요도 없다.

　마지막 세 번째로 생각해 볼 것은 과연 이런 세상관을 가진 그리스도인이 이 세상과 어떤 연관을 맺으면서 대처해야 하는가이다. 여기에 사도 요한의 중요한 메시지가 있다. 먼저 사도 요한이 말하지 않은 부분을 이야기하면, 그는 그리스도인이 이 세상을 개혁해 좀더 좋은 세상으로 변화시키도록 노력해야 한다고 말하지 않았다. 왜냐하면 그런 노력은 불가능하기 때문이다.

　그렇다고 그리스도인이 세상을 등지고 결별하고 살아야 된다고 말하지도 않았다. 단지 그리스도인이 가장 우선적으로 해야 할 일은 우리 자신이 그리스도인이라는 사실을 아주 확실하게 알고 있어야 한다는 것이다. 그리하여 이 세상이 우리를 주관하지 못하게 해야 한다.

　우리는 그리스도인이라는 사실을 언제나 잊지 말아야 한다. 우리가 그리스도인으로 살기로 결심했을 때에야 이 세상에서 그리스도인으로 당당하게 나아갈 사명이 주어진다는 것이다. 그때 할 수 있는 것이 무엇이겠는가? 우리는 할 수 있는 한 악한 것을 억제하도록 노력할 수 있을 것이다. 또한 그렇게 하는 것이 하나님의 뜻임을 믿을 수 있으며, 이 세상을 향해 긍휼과 자비를 베풀어 달라고 하나님께 기도할 수 있다. 그러나 그렇게 기도할 때조차 항상 명심해야 될 것은 세상의 악으로 인해 세상을 멸하시는 것이 하나님의 뜻이 될 수도 있다는 사실이다.

　따라서 하나님께 기도할 때, 심판의 손길을 중지해 달라고 기도하면 하나님이 들어주실 것이라는 식의 가볍고 경솔한 자세를 가져서는 안 된다. 하나님은 우리의 생각대로 움직이는 분이 아니시다.

　구약성경은 이것에 대해 잘 설명해 주고 있다. 예를 들어 하나님이 실제로 예레미야와 에스겔에게 "이 백성을 위해 기도하는 것을 중지하라!

비록 다니엘과 노아가 그들을 위해 기도한다 할지라도 그 기도를 듣지 아니하리라!"고 말씀하셨다.

물론 이것이 우리에게 기도하지 말라는 말씀은 아니다. 하지만 우리를 향한 명확한 교훈은, 기도할 때 하나님 말씀을 확실하게 알고 신중하게 기도해야 한다는 것이다. 다시 말해 우리가 이 세상을 위해 기도할 때 이 세상을 향한 하나님의 궁극적 계획을 간파하면서 기도해야 하며, 이해가 안 가는 부분이 있다 해도 하나님의 거룩한 뜻에 순종할 자세를 가지고 기도해야 한다는 말이다. 왜냐하면 그리스도인은 이 세상의 구성원으로서 기도하는 것이 아니라 선택받은 하나님 나라의 시민으로서 기도하는 것이기 때문이다.

그리스도인은 하나님으로부터 나서 하나님께 속한 자들이므로 이 세상에서 벗어나 있는 자들이다. 하지만 이런 사실에도 불구하고 그리스도인은 이 세상을 위해 자비와 긍휼을 베풀어 달라고 하나님께 기도해야만 한다.

참으로 하나님께 감사한 것은, 비록 우리가 악한 자가 주관하는 이 세상에 몸담고 살고 있다 할지라도 그냥 내버려두시는 것이 아니라 그 이상의 것을 허락해 주신다고 요한 서신을 통하여 말씀하신다는 사실이다. 즉 하나님은 그리스도인에게 이 세상을 정복한 자의 위치 이상의 것을 허락하시는데, 그것은 우리가 이 세상을 살아 나가는 데 있어 참 기쁨을 소유한 상태에서 살 수 있다는 것이다.

우리 그리스도인이 그런 삶을 살기 위해서는 반드시 인식하고 실행해야 할 몇 가지 간단한 원칙이 있는데, 그리스도인은 이 세상의 어떤 처소를 막론하고 모든 그리스도인과 함께 충만하고 풍성하고 온전한 기쁨을 소유할 수 있다는 것이다.

우리가 이것을 씀은
우리의 기쁨이 충만하게 하려 함이라 _ 요일 1:4.

Chapter 2

충만하고 지속적인 기쁨

우리는 요한일서 5:19의 말씀을 앞에서 고찰하는 가운데 요한 서신의 핵심되는 중요한 메시지는 '우리는 하나님께 속하고 온 세상은 악한 자 안에 또는 악한 자의 힘과 지배 아래 놓여 있다는 것을 알고 있다' 는 사실임을 배웠다. 다시 말해 앞에서 언급한 그리스도인에 대한 정의를 수렴하지 않고는 이 서신으로부터 다른 어느 것도 얻어 낼 수 없다는 사실을 재차 강조하지 않을 수 없다. 그것이 신약성경의 서신서들을 읽는 데 전제 조건이기 때문이다. 서신서들은 세상을 향해 기록된 것이 아니라 하나님을 믿는 그리스도인을 향해 기록된 것이다.

이제 자칫 잘못하면 혼란에 빠지기 쉬운 부분에 대해 생각해 보자. 하나님의 교회 사역에서 필수적으로 선이 그어져야만 될 부분들이 있다고 나는 생각한다. 먼저 하나님의 교회는 이 세상을 향한 메시지를 갖고 있다는 사실이다. 그 메시지는 이 세상 사람들을 향하는 복음의 메시지이며 교회의 가장 중요한 사역 중의 한 가지라고 말할 수 있다.

그러나 그것만이 교회가 갖고 있는 메시지는 아니다. 이미 주님을 믿고 변화된 삶을 살려는 사람들을 위해서도 하나님의 교회는 메시지를 갖고 있기 때문이다. 교회는 신자들을 양육시켜야 하는 의무가 있다. 교회는 성도를 훈계하고 믿음 안에서 굳건히 설 수 있도록 도와주며 가르치고 이해할 수 있도록 이끌어 주어야만 한다.

이쯤에서 조금 전에 언급한 선이 그어져야 될 부분에 대해 나의 개인적 의견을 말해야 할 것 같다. 나는 주일 아침 설교할 때는 언제나 '메시지를 듣는 사람은 그리스도인'이라는 것을 전제로 하고 있다. 따라서 설교 내용은 주로 교회와 그리스도인을 대상으로 초점을 맞추었다. 하지만 주일 저녁 설교 내용은 주로 기초적 복음에 대한 것이다. 그러므로 주일 낮 예배 시간의 설교가 와 닿지 않는다고 생각한 사람들에게는 주로 저녁 예배에 참여할 것을 권하곤 했다.

이에 대한 나의 경험을 말하면 캐나다의 토론토를 방문했을 때의 일이다. 주일 낮 예배 시간에 나를 환영하는 말이 있은 후, 나는 옳다고 여기고 있는 이런 설교 방침에 대해 먼저 말했다. 주일 낮 설교는 하나님을 이미 믿고 있는 그리스도인이 듣는 것을 전제로 설교할 것이며, 주일 저녁에는 주님을 아직 믿지 않는 사람이 들을 것을 전제로 어떻게 하면 그리스도인이 될 것인가에 대해 설교할 것이라고 먼저 말했다.

이런 광고를 하고 말씀을 전했을 때 다음과 같은 의미 있는 일이 있었다. 주일 아침 예배에만 참석하던 한 자매가 있었는데 그 자매가 집에 가기 전에 그 교회 담임 목사와 나에게 와서 이제부터 저녁 예배에도 참석하겠다고 말했다. 그 자매를 잘 아는 담임 목사는 그런 결정에 은근히 놀라는 표정을 지었다. 그때 그 자매가 하는 말이, 자신이 그리스도인이 아니라는 사실을 이제야 알게 되었기 때문에 어떻게 해야 그리스도인이 될 수 있는지 배우기 위해서라도 주일 저녁 예배에 참석해야겠다는 것이었다.

이제 다시 요한일서로 돌아와 생각해 보자. 이 위대한 서신의 아주 기본적 가정은, 이 서신이 그리스도인을 위해 쓰여졌다는 것이다. 따라서 이 서신을 읽는 동안 항상 이 점을 잊어서는 안 될 것이다.

그리스도인으로서 우리는 부정적이고 악한 세상에 살고 있다. 이 세상에 대해 사도 요한이 아주 강하게 말하는 것이 바로 이 부분이다. 그래서 그리스도인은 이 세상이 아주 악한 곳이라는 사실을 계속 명심하고 있어야 한다. 말씀에 의하면 이 세상이 갖고 있는 전반적 태도나 견해는 언제나 하나님을 거스르는 것이다. 이유는 간단하다. 이 세상은 악한 자, 바로 사탄의 손아귀에 있으며 그의 지배를 받기 때문이다.

그러기에 우리 그리스도인은 사탄이 지배하는 세상에서, 그러한 연유로 언제나 하나님을 거스르고 대항하는 세상에서 살고 있다는 것을 인식해야 한다. 또한 이 세상은 할 수 있는 한도 내에서 그리스도인을 끌어내리려고 온갖 짓을 다할 것이라는 사실도 역시 알고 있어야만 한다. 이 세상은 어떻게 하면 자신을 즐겁게 하며 살 수 있을까 하는 마음을 갖게 하여 하나님과 그리스도로부터 우리를 분리시키려고 노력한다. 바로 이런 세상에서 그리스도인은 자신을 지키기 위해 싸워야 된다.

잊지 말기 바란다. 신앙을 지키고 하나님을 향해 나아가는 것보다 하나님의 품을 떠나 사탄의 세계로 내려가는 것이 더 쉽다는 사실을 말이다. 그러나 중요한 사실은 다음과 같은 하나님의 말씀이 있다는 것이다. "우리는 하나님께 속하고 온 세상은 악한 자 안에 처하였다" 요일 5:19.

사도 요한이 이런 세상에 사는 그리스도인이 어떻게 대처하고 처신하는가에 대해 계속적으로 설명하는 가운데 범할 수 있을 만한 실수를 잘 피해 가는 것을 볼 수 있다. 사도 요한은 이 세상을 개척해 좀더 나은 세상으로 만들도록 노력하라고 말하지 않았다.

　나는 교회의 기능이 바로 이런 것이라고 여긴다면 참 안타까운 문제라고 생각한다. 이런 관점에서 과거의 역사를 돌이켜 볼 때 참으로 혼란스러웠던 때가 있었다. 바로 중세의 빅토리아 여왕 시대 같은 때 말이다. 그때 교회는 일종의 기관이었으며 세상과 교회와의 관계에서 선을 긋기가 어려울 정도로 애매하게 밀착된 관계를 유지했다. 그런 관계에서 사람들은 기독교화된 사회를 논했다. 그러나 속지 말기 바란다. 신약성경에서 그 같은 내용은 찾아볼래야 찾아볼 수 없다는 것을 잊어서는 안 될 것이다.

　그렇다고 그리스도인이 이 세상과 분리된 삶을 살아야 된다는 이유로, 우리의 육신이 속해 있는 이 세상으로부터 완전히 결별하고 살아야 된다는 것은 아니다. 하나님의 말씀도 우리로 하여금 세상을 떠나 산 속에 들어가 사는 은둔자의 삶을 가르치지 않는다. 이런 자세로 사는 그리스도인의 삶도 역시 옳은 것이 아니다.

　재미있는 것은 교회의 역사를 살펴보면 초대교회 때부터 20세기까지 이런 두 종류의 극단적 모습이 만연해 왔다는 것이다. 한쪽에서는 사회를 기독교 사회로 개혁해야 한다고 주장하는 한편, 다른 한쪽에서는 그것은 잘못된 것이고 오히려 사회를 완전히 떠나서 따로 신앙 생활을 하는 것이 옳다고 주장하는 사람도 있었다. 이런 후자의 자세가 수도원 운동의 기초를 마련했다. 어쨌든 이름이나 형태는 약간씩 달랐는지 몰라도 초대교회 때부터 지금까지 세상에 대한 두 가지 극단적 자세는 반복되어 왔다.

　하지만 요한일서를 비롯한 모든 신약성경의 가르침은 이런 양극단의 사고 방식과 잘못된 점들에 결코 동조하지 않는다. 하나님의 말씀은 이 세상을 좀더 나은 사회로 만들기 위한 프로그램을 제시하거나 이 사회에서의 삶을 포기하는 방안을 보여 주지 않는다. 오히려 말씀은 특히 요한일서의 말씀은 이 세상에 의해 드러나는 하나님을 거스르는 영적 권세가 있음에도 불구하고 그리스도인이 지켜야 할 위상에 대해 자세히 설명해 주고 있다.

그리스도인은 영적 권세와 대항해 싸워야 한다. 이 서신은 가르치기를, 그러할 때 우리는 세상의 영을 정복할 수 있고 그 위에 우뚝 설 수 있다는 것이다. 이 세상의 영이 아무리 강하다 할지라도 그리스도인은 물리칠 수 있다. 우리를 둘러싸고 있는 모든 것이 위험스러운 존재라고 할지라도 결국 그것들을 물리치고 승리할 수 있다. 그리고 승리자 또는 정복자 이상의 어떠한 것을 소유한 자가 될 것이다. 이것이 우리가 지금 다루고 있는 말씀을 완벽하게 요약한 내용이다.

사도 요한은 이렇게 말했다. "우리가 이것을 씀은 우리의 기쁨이 충만하게 하려 함이라." 바로 이 말씀이 사도 요한이 말하고자 한 것이다. 그는 비록 그리스도인이 악한 자의 권세에 놓인 이 세상에서 살아도 기쁨이 충만한 삶을 유지할 수 있다는 사실을 가르치려고 노력했다.

참으로 놀랍고 감사한 것은 이 기쁨에 대한 메시지가 이 서신에만 국한된 것이 아니라 신약성경 전반에 걸쳐 제시되고 약속되고 있다는 사실이다. 예를 들어 빌립보서 4:4을 보면 사도 바울은 빌립보 교인들을 향해 "주 안에서 항상 기뻐하라 내가 다시 말하노니 기뻐하라"고 말하고 있다.

또한 주님도 요한복음 16:33에서 이 기쁨에 대해 약속하고 계신 것을 볼 수 있다. 먼저 주님은 "세상에서는 너희가 환난을 당하나"라고 말씀하셨다. 주님도 이 세상을 악한 장소로 묘사하면서 자녀들이 이 세상에서 무엇을 기대해야 할 것인가에 대해 미리 경고하셨던 것이다. 그래서 주님은 제자들에게 "이 세상이 나를 미워한 것같이 너희도 미워할 것이라"고 말씀하셨다.

하지만 주님은 거기서 말씀을 그치신 것이 아니라 주님 자신이 소유한 그 기쁨을 그들에게도 주실 것이라는 엄청난 약속을 하셨다. 물론 그분의 부활 전에 제자들이 비참하게 느끼고 불행스럽게 생각했던 십자가의 사건도 있었다. 그런 일을 예측하셨음에도 불구하고 주님은 제자들에게 "내가 다시 너희를 보리니 너희 마음이 기쁠 것이요 너희 기쁨을 빼앗을 자가 없느니라" 요 16:22고 말씀하셨다. 이 말씀 전에도 요한복음 15:11에서 "내가 이것을 너희에게 이름은······너희 기쁨을 충만하게 하려 함이라"고 말씀하셨다. 바로 요한복음 15:11의 말씀을 사도 요한은 오늘 본문에서 반복해 사용하고 있는 것이다.

사도행전에서도 하나님의 약속인 기쁨에 대해 언급하고 있다. 아마 사도행전만큼 이것에 대해 잘 보여 주는 곳은 없을 것이다. 이 책만큼 우리의 가슴을 설레게 하는 책도 없을 것이다. 나는 사도행전을 마치 영적으로 회복시켜 주는 집과 같다고 말하고 싶다. 피곤하고 지친 그리스도인이 참으로 힘을 얻고 다시 세움을 얻을 수 있도록 도와주는 책이 바로 이 사도행전이기 때문이다.

여러분 중에 피곤함을 느끼고 영적 강장제를 필요로 하는 사람이 있다면 사도행전을 탐독하기 권한다. 그러면 주님이 약속하신 것에 대한 확증으로서 제자들에게 주어졌던 억누를 수 없는 놀라운 기쁨을 여러분도 체험하게 될 것이다.

이 기쁨에 대한 약속이야말로 성경 말씀 전반에 걸쳐 우리에게 주는 매우 구체적이고 명확한 말씀이다. 기쁨에 대한 약속의 말씀이 신약에만 제한된 것이 아니라 구약성경에도 나오기 때문이다. 예를 들어 시편이나 이사야서에도 이 세상에 거주하는 그리스도인이 기쁨의 충만을 누리게 될 것이라고 말하고 있다. 하나님이 우리를 그분의 자녀로 부르실 때는 이 같은 기쁨을 주시려는 목적도 수반되어 있음을 알아야 한다. 따라서 그리스도인이 삶에서 이 같은 기쁨을 경험하지 못하거나 드러내지 못한다면 증인으로서의 생활을 하지 못하는 것이다.

이제 '기쁨'에 대해 생각해 보도록 하자. 기쁨이란 무엇인가? 도대체 기쁨이 의미하는 바는 무엇인가? 먼저 부정적 면에서 설명해 보면 우리의 기쁨이 충만하기를 원하는 사도 요한의 서신은 진리가 될 수 없는 것을 다시 한번 상기시켜 주고 있다. 이런 것에 대해 생각해 보자. 이 세상 상태가 슬프고 불행하다고 해서 우리도 그렇게 되어야 할 이유는 없다.

바로 여기에서 기본 전제가 얼마나 중요한지를 볼 수 있다. 그 기본 전제란 이미 생각해 본 내용으로, 우리 모두는 이 세상에서의 삶을 현실적으로 바로 바라볼 수 있는 능력을 소유한 자들이라는 것이다. 참으로 그리스도인은 그 누구보다도 이 세상에 대해 제대로 알고 있어야만 된다. 그리스도인은 스스로를 마비시키는 행위를 하지 않는다. 그들은 자신보다 세상의 여러 것들이 더 좋다고 생각하는 이 세상 사람들과는 분명히 다르다.

그리스도인에 대해 올바로 이야기되어져야 할 내용은, 그들은 정직하고 현실적이다. 단순하게 외형만 바라보는 자들이 아니라 그 속을 꿰뚫어 볼 수 있는 자들이다. 또한 당면한 문제를 최소화시켜 드러나 보이는 만큼 나쁘지 않은 것으로 간주해 대충 넘어가는 자들이 아니다.

그들은 현실의 당면 과제를 순식간에 해결할 만한 몇 가지 가능성을 늘 움켜잡고 있는 자들이 아니다. 그리고 여러 가지 소망에 목을 걸고 있는 자들도 아니다. 그리스도인은 이런 자세들이 다 틀린 것이라고 생각한다. 그들은 하나님의 말씀을 근거로 얻은 지식으로 이 세상이 얼마나 악한 곳인가를 잘 아는 자들이다.

그런데 이런 그리스도인에게도 위험은 있다. 그 위험이란 세상을 올

바로 직시하는 자들을 대할 때 슬픔을 느끼거나 불행한 감정을 갖게 되는 것이다. 세상과 세상에서의 삶이 아주 나쁘고 소망이 없다고 말할 수 있다. 그런 이유로 많은 그리스도인이 우울함과 절망과 낙망의 병에 빠져 왔던 것이다. 하지만 엄밀히 말하면 이런 우울함을 가진 자는 주님이 주시는 충만한 기쁨을 현재 경험하지 못하고 있는 자이다.

이와 유사하게 위험스러운 것이 있는데, 이 세상의 좋지 못한 모양새를 바라보면서 아예 스스로 포기해 버리는 경우로 이것 역시 조심해야 한다. 그리스도인은 열악한 환경에서 언제나 완벽하게 최선의 것만을 이루어 내는 위치에 있는 사람이 아니다. 하지만 주위를 둘러보면 이런 잘못된 생각을 가진 사람이 제법 있는 것을 볼 수 있다.

이런 사람은 "우리는 우울 증세를 가진 자같이 죄의식을 갖지 않고 산다. 얼마나 좋은가? 이 세상에서의 우리 위치가 무엇인가? 우리는 세상에서 잠시 참으면서 살겠지만 얼마 안 있어 이 세상으로부터 벗어나게 될 나그네와 순례자 같은 사람이 아닌가? 그런데 무엇 때문에 이 험한 세상에서 최선의 삶을 유지하면서 살아야만 되는가?"라고 말한다.

이런 생각도 신약성경에서 말씀하는 기쁨에 대한 개념과는 전혀 일치하지 않는 엉뚱한 것이다. 열악한 환경과 조건을 바라보면서 스스로 포기하는 사람도 역시 기쁨의 충만을 체험하지 못한 사람이다. 그러나 말씀은 계속해 우리는 기쁨이 충만해야 한다고 요청하고 있다.

마찬가지로 우리가 경계해야 할 것이 있다. 사도 요한은 그리스도인은 두려워하면 안 된다는 사실을 매우 강조했다. 요한일서 4:18에서 "온전한 사랑이 두려움을 내쫓나니"라고 말하기 때문에 그리스도인은 두려움의 상태로부터 놓임받아야만 한다는 것이다. 사도 바울 역시 디모데후서 1:7에서 "하나님이 우리에게 주신 것은 두려워하는 마음이 아니요 오직 능력과 사랑과 절제하는 마음이니"라며 두려움을 갖는 것이 부적당함을 지적했다.

　사실 그리스도인이 악한 세상에서 두려워하지 않고 산다는 것이 결코 쉬운 일은 아니다. 왜냐하면 우리는 악의 세력을 보고 있으며 또한 그런 사악한 것을 인식함과 동시에 우리 자신이 얼마나 연약한 존재인가를 깨닫고 있기 때문이다. 길게 설명할 필요는 없겠지만 내 생각에 그리스도인의 삶에 자주 침투하는 율법주의 같은 것은 사실, 단지 이와 같은 두려움의 영에서 기인한 것이라고 본다.

　예를 들어 수도원 운동 같은 것이 바로 그것이다. 그런 운동에 참여하는 사람은 "나는 악의 세력에 잠식되어 있는 세상에서 더 이상 견뎌 낼 자신이 없다. 결국 내가 할 수 있는 유일한 길이란 사악한 세상으로부터 멀리 이탈하는 것이다."라고 말한다. 이런 이유로 영적 세계를 돌아볼 때 많은 수도원 운동을 볼 수 있다. 거기에서 사람들은 나름대로의 규칙과 질서를 마련해 놓고 이것은 하면 안 되고 저것은 해야 된다는 식으로 제한된 삶에서 살도록 했다.

　이런 자세야말로 기쁨에 기인한 것이 아니라 두려움에 기인한 것이다. 세상을 살아가는 데 있어 늘 이와 같은 두려운 마음으로 대처한다면 아마도 우리는 기쁨의 충만을 경험하지 못할 것이다.

　또한 이와 유사한 부류가 있다. 어떤 사람은 잘못된 청교도 정신에 입각해 신앙 생활하는 것을 볼 수 있는데, 그리스도인은 분명히 그런 사람이 아니다. 여기에서 '잘못된'이라는 단어에 귀 기울일 필요가 있다.

　그리스도인은 밀턴의 말처럼 "기쁨을 멸시하고 힘든 삶을 영위"하는 삶을 따르고 추구하는 사람이 아니다. 마치 그리스도인이 된다는 것은 행복한 삶을 포기하는 것이라는 인상을 주는 것은 잘못되었다. 그리스도인이 된다는 것을 고통스러운 모습으로, 괴로운 인생길을 터벅터벅 걸어가는 모습으로만 상상한다는 것은 아주 잘못되었다. 이 같은 잘못된 생각도 악한 자의 손아귀에 놓여 있는 이 세상에서 살아가는 자들이 범하기 쉬운 잘못된 자세이다.

하지만 사도 요한의 서신을 유의해 읽어 보면, 앞에서 말한 여러 잘못된 생각이나 자세에 대해 정반대의 의견을 제시하는 것을 볼 수 있다.

이제 '기쁨'이라는 단어를 좀더 자세히 살펴보도록 하자. 과연 "우리가 이것을 씀은 우리의 기쁨이 충만하게 하려 함이라"에서 말씀하는 '기쁨'이란 무엇을 말하는가? 어쩌면 처음 이 단어를 대할 때는 간단히 설명할 수 있을 것같이 여겨질 수도 있다. 그러나 이 단어에 대해 좀더 신중하게 생각해 설명하려면 아마도 대단히 어려울 것이다. 여러분은 어떠한가? 한마디 말로 또는 한 문장으로 기쁨이라는 단어에 대해 정의를 내릴 수 있겠는가?

예를 들어 사랑이라는 단어에 대해 생각해 보자. 사랑이라는 주제에 관한 한 사도 바울의 고린도전서 13장만큼 자세히 설명된 곳은 없을 것이다. 왜 사도 바울이 고린도전서 13장 전체를 사랑에 대해 기록해야만 했을까? 그 이유는 간단하다. 사랑에 관해 한마디로 또는 한 문장으로 설명할 수 없기 때문에 한 장 전체를 할애해야만 했던 것이다.

그는 사랑에 대해 정의를 내리면서 사랑이 하는 일들과 사랑이 하지 않는 일들을 설명했다. 오늘을 사는 많은 사람의 문제는 신문 같은 대중매체의 영향으로 사랑에 대해 몇 가지로 한정시켜 놓고 생각하는 점인데, 사실 사랑이란 그렇게 몇 가지로 제한시켜 버릴 수 있는 성질의 것이 아니다. 사랑은 한마디로 간단히 설명될 수 없는 것이기 때문이다.

우리가 나름대로 사랑에 대해 여러 측면에서 설명해도 나중에는 여전히 설명을 제대로 하지 못했다는 것을 알게 될 것이다. 따라서 바울은 성경 말씀 한 장 전체를 통해 사랑에 대해 상세히 설명했던 것이다. 이런 맥락에서 우리는 기쁨이 의미하는 바를 한마디로 설명하는 것보다는 여러 각도에서 생각해 봐야 한다.

또 한 가지 잊어서는 안 될 것은 기쁨에 대해 생각해 보는 과정은 사전에 의존하지 않고 오히려 신약성경에서 말씀하는 기쁨에 근거해 진행할 것이다. 그 이유는 기쁨은 어떤 면에서는 설명하기 힘든 매우 특수한 부분이 있기 때문이다. 다시 말해 기쁨은 그리스도인이 본질적으로 소유하고 있는 것이다. 하지만 그것에 관해 정의를 내리는 데 있어 주님 안에 간직된 기쁨과 일치시켜 설명하려 할 때 많은 주의를 요하게 된다.

이 세상의 어느 누구도 주님만큼 기쁨에 대해 제대로 아는 사람이 없었음에도 불구하고 주님은 슬픔도 알고 근심도 하셨다는 사실이다. 이런 관점에서 볼 때 우리가 내리고자 하는 기쁨에 대한 정의는 바로 예수님이 소유하셨던 기쁨과 연관시켜 생각해 보아야만 한다.

예수님을 따르던 자들에 관해서도 생각해 볼 필요가 있다. 사도 바울은 감옥에 있으면서도 기쁨의 충만을 알았던 사람이었다. 어느 곳에 처해 있든지 그것은 그리 큰 문제가 되지 않았다. 어떤 환경도 그로 하여금 기쁨을 포기하게 할 수는 없었다. 그는 늘 기뻐했다.

하지만 그 기쁨을 언급할 때 고린도후서 5:4이나 5:2의 고백도 함께 포함시키지 않을 수 없다. "이 장막에 있는 우리가 짐진 것같이 탄식하는 것은" 고후 5:4, "우리가 여기 있어 탄식하며 하늘로부터 오는 우리 처소로 덧입기를 간절히 사모하노라" 고후 5:2. 이와 같이 성경에 근거해 기쁨에 대해 말하고자 할 때 우리는 양면성을 간직하고 있어야 한다.

단순하게 사전만을 열어 기쁨에 대해 찾아보면 기쁨이란 그저 이런 것 또는 저런 것이라고만 설명하는 것을 보게 될 것이다. 그러나 기쁨을 잘 이해하려면 신앙의 선배들에 의해 경험된 또한 모든 사람에 앞서 주님이 직접 누리셨던 기쁨에 대한 정의를 잘 간직해야 할 것이다.

기쁨이란 경박스럽거나 지나치게 쾌활한 것이거나 사람을 값싸게 즐겁게 해주는 정도의 것이 아니다. 내가 이런 부정적인 것을 강조하는 이유는, 기쁨을 생각할 때 이런 것을 연상하기 쉽기 때문이다. 내가 얼마 전에 언급했던 잘못된 청교도 정신 같은 것을 옹호할 사람은 별로 없을 것이다. 하지만 실제로 빅토리아 여왕 시대에는 그러한 사람이 제법 많았다는 것이 사실이다. 예를 들어 주일에는 커튼을 걷는 일조차 하면 안 된다는 등 그리스도인이 되려는 모든 사람에게 심지어 어린아이에게까지 여러 가지 율법적 규율을 강요하는 경우가 많았다는 것이다.

참으로 슬픈 사실은 잘못된 기독교의 형태를 지켜본 사람들 중에 지나치게 피상적으로만 치우치는 사람들이 있었다는 것이다. 그들은 잘못된 청교도 정신을 소유한 사람들과는 정반대의 극단으로 가서 경솔하고 피상적인 기쁨을 취했다. 그들은 "나는 어쨌든 빅토리아 여왕 시대의 사람들과는 다른 사람이다."라고 말을 했다.

하지만 우리가 기쁨에 대해 말할 때 이런 사람들도 배제하고 있다. 우리는 기쁨에 대해 생각할 때 이런 두 종류의 극단적 요소를 배제하고 기쁨이라는 그 자체에 대해 생각해 보아야 한다. 다시 한번 말하면 기쁨이란 명랑한 것만을 의미하거나 유쾌한 감정을 의미하는 것이 아니라는 것이다.

그렇다면 무엇이 기쁨인가? 내 생각에 성경에서 가르치는 기쁨이란 직접적이고 즉각적이며 감각적인 것이 아니라 오히려 어떤 요소를 통해 만들어지는 것을 의미한다. 즉 우리의 영혼과 관계하고 있는 다양한 힘이나 여러 요소들과의 상호 작용을 통한 결과로 주어지는 상태라는 말이다.

이 말이 무슨 뜻인가? 그것은 다름 아니라 기쁨을 생산하는 데는 몇 가지 요소들이 있다는 말이다. 여기에 대해 생각해 보도록 하자.

첫 번째 요소는 완전한 만족의 상태이다. 우리가 만족하지 못한다면 거기에는 기쁨이 없다. 어떤 이유로든 만족하지 못하고 있는 상태라면 기뻐하기가 힘들다는 말이다. 우리의 지적 면이나 감정적 면이나 욕구가 전체적으로 동시에 만족되어야만 기뻐할 수 있다는 말이다.

예를 들면 세상을 살아가면서 나는 지적 만족을 제공하는 것들이 있음을 알게 되었다. 하지만 지적으로 완전한 만족을 하고 있다 해도 나의 가슴은 냉랭할 수 있다. 이런 경우 나의 지성은 흡족한 느낌을 갖고 있을지는 몰라도 사실상 나는 기쁨의 상태에 들어가 있다고 말할 수 없다.

소원에 관해서도 마찬가지이다. 이 세상에는 나의 소원을 만족시켜 줄 만한 것이 있다. 그러나 나의 이성과 양심이 나를 정죄할 때도 있다. 아마 한동안은 즐거움을 유지할 수 있을지 몰라도 기쁨은 없을 수도 있다. 이성과 감정과 소원을 완벽하게 만족시킬 수 있는 만족이야말로 기쁨의 근본 요소가 될 수 있다.

두 번째 요소는 환희이다. 만일 행복과 기쁨과의 차이에 대해 설명하라고 요청받는다면 무엇이라고 설명하겠는가? 나는 기쁨이 행복보다 좀더 적극적이라고 말할 수 있겠다.

간단한 예를 들어 한 꼬마 아이가 장난감을 갖고 노는 것을 생각해 보자. 꼬마는 장난감을 갖고 재미있게 놀면서 아주 행복해 하고 있다. 바로 이때 여러분이 가서 주머니에서 새로운 장난감을 꺼내 아이에게 주어 보라. 아이는 좋아서 깡충깡충 뛸 것이다. 거기에는 흥분과 환희의 분출 같은 것이 있다. 이런 면에서 볼 때 기쁨이 좀더 적극적이라는 말이 된다. 그 아이는 아주 행복했다. 그러나 장난감을 받은 후에는 기뻐했다. 이와 같이 기쁨에는 환희와 즐거움의 긍정적 요소가 있다.

세 번째 요소를 생각해 보자. 나는 이 세 번째 요소야말로 기쁨을 설명하고 이해하는 데 가장 중요한 것이라고 생각한다. 기쁨을 누리는 데 나는 언제나 힘과 능력을 느낄 수 있다고 생각한다. 이 같은 이유 때문에 나는 기쁨에 대한 잘못된 개념을 지적하려고 노력했던 것이다. 기쁨을 그저 연약하고 피상적인 것으로 볼 수 없다는 것이다.

기쁨은 이 세상에서 가장 강력한 힘 중 하나이다. 따라서 기쁨의 상태에 머물러 있는 자는 어느 것도 두려워하지 않는다. 여러분이 진정으로 기쁨을 소유하고 있다면 그 말은 곧 참으로 강력한 힘에 둘러싸여 있음을 의미한다. 따라서 여러분은 강한 힘을 느낄 수 있을 것이고 평소의 자신보다 더 능력 있는 자가 되어 온 사방에서 덤벼드는 어떤 적과도 맞서 싸울 준비를 갖추게 된다는 말이다.

여러분은 만면에 미소를 띠우고 "덤빌 테면 덤벼 보라. 너희들은 결코 나를 무너뜨릴 수 없을 것이다."라고 말할 수 있다. 주님이 소유하신 기쁨이 바로 여러분의 힘이고 절대적으로 강력한 능력이다.

이제 한 가지 더 말할 것이 있는데, 이것은 매우 부적절해 보이는 묘사나 정의로 여겨질 수도 있다. 하지만 내 생각에는 이것 이상의 것은 없을 것으로 보여진다. 기쁨은 매우 깊고 심오한 것으로 우리의 전인격에 영향을 미친다. 그런 참된 기쁨을 우리에게 제공하는 유일한 것이 있는데 그것은 주 예수 그리스도에 대한 깊은 묵상이다.

바로 그분이 우리의 이성을 만족시켜 주실 수 있고, 그분이야말로 우리의 감정과 소원을 충족시켜 주실 수 있다. 주님과 주님의 위대한 구원이야말로 우리의 전인격을 품어 주실 수 있고 바로 그분 안에서 온전한 기쁨을 소유할 수 있다. 다시 말해 기쁨이란 주 예수 그리스도를 아는 지식에 대한 우리 영혼의 반응이다.

이런 기쁨을 우리는 소유해야 한다. 하지만 먼저 두 단어를 강조해야 되겠다.

첫째는 "우리가 이것을 씀은 우리의 기쁨이 충만하게 하려 함이라"는 구절에 소개된 '충만' 이라는 단어이다. 여러분 중 헬라어 용어에 관심을 가진 사람이라면 이 단어가 '가득 찬 충만' 이라는 의미임을 알 것이다. 즉 이 세상에 사는 우리에게 기쁨이 채워진다는 말이다. 비록 이 세상이 악한 자의 손 안에 놓여 있고 우리를 당황하게 하는 여러 환경과 상황이 주위에 있다 할지라도 우리가 간직한 기쁨은 넘칠 정도로 가득하게 될 것이다. 조금도 아낌없이 그리고 전혀 제한 없이 기쁨은 채워질 것이라는 말이다.

둘째는 '남아 있다' 라는 단어이다. 흠정역에서는 "우리가 이것을 씀은 우리의 기쁨이 충만케 하려 함이라"고 했으나 좀더 나은 번역은 "우리가 이것을 씀은 우리의 기쁨이 충만한 상태로 남아 있게 하려 함이라"는 것이다. 충만한 상태가 될 뿐 아니라 계속해 그 상태로 남아 있을 것이라는 말이다. 무슨 뜻인가? 우리가 하나님을 예배하고 찬양할 때뿐 아니라 전쟁의 와중에도, 원자 폭탄이 떨어질 때조차도, 무시무시한 포로 수용소로 이송된다 할지라도 우리의 기쁨이 충만한 상태로 남아 있게 된다는 의미이다.

이런 이유로 나는 기쁨의 중요한 요소 중에서 능력이나 힘을 강조했던 것이다. 주변 환경이나 상황에 따라, 우리에게 발생하는 여러 가지 변수에 따라 기쁨이 생겼다가 없어지기도 하는 것이라면 그 기쁨은 참된 기쁨이 아니다.

내가 말하고자 하는 이 서신의 기쁨이란, 우리가 하나님을 알고 이 세상의 어느 것도 우리를 그분의 사랑으로부터 분리시킬 수 없다는 것을 알기 때문에, 이 세상에 무슨 일이 생기건 우리에게 어떤 일이 발생하건 간에 견뎌 낼 수 있게 하는 깊고 심오하면서도 놀라운 능력을 간직한 바로 그 기쁨이라는 것이다.

여러분은 그리스도인으로서 이 같은 기쁨을 소유하고 있는가? 여러분은 이 기쁨을 잘 알고 있는가? 여러분은 이같이 심오한 지적 만족을 누리고 있는가? 여러분의 감정은 참으로 만족을 누리고 있는가? 여러분의 소원을 주 예수님 안에서 요청하며 그것이 이루어지는 만족을 누리고 있는가? 바로 이런 것이 우리가 안다는 것을 의미하며 소유하고 있다는 것을 의미한다. 참으로 감사한 것은, 어떻게 하면 이 기쁨을 소유할 수 있고 계속 간직할 수 있는가에 대해 이 서신이 말하고 있다는 것이다.

우리가 이것을 씀은
우리의 기쁨이 충만하게 하려 함이라 _ 요일 1:4.

Chapter 3

기쁨을 누리려면

    우리는 요한일서가 현실 문제를 다루는 서신이라는 것을 이미 생각해 보았다. 이 서신은 신학적 주제를 다루거나 학문적 관점에서 쓰여진 것이 아니라 그리스도인의 삶을 격려하고 좀더 정립시켜 주는 데 도움을 주기 위해 기록한 것이다.

    이런 이유로 나는 우리가 현재 사는 이 세상이 악한 자 안에 놓여 있다는 것과, 이런 세상에 살지만 우리는 분명히 하나님께 속해 있는 자라는 위치를 인식해야 할 필요가 있음을 설명하면서 설교를 시작했던 것이다. 또한 이 세상과 자신에 대한 위치 파악을 한 그리스도인은 주변의 상황에 관계없이 흔들리지 아니할 뿐 아니라 충만한 기쁨을 경험해야 된다는 것도 역시 생각해 보았다.

    다음 질문은 어떻게 이런 기쁨을 소유하고 지속시킬 수 있느냐에 관한 것이다. 초대교회 교인들이 바로 이런 질문을 했으며 우리도 역시 질문할 수밖에 없다. 따라서 사도는 이런 질문을 하는 사람들에게 어떻게 전천후 기쁨을 충만하게 소유할 수 있고 계속적으로 간직할 수 있는가에 대해 서신을 통해 기록한 것이다.

먼저 이 서신에 대한 구체적 분석에 들어가기 전에 이 서신의 메시지나 다루고자 하는 주제를 요약해 보는 것이 바람직할 것으로 본다. 이미 말했듯이 요한일서는 저자의 생각을 전개해 나가는 독특한 방식이나 문학 형태 때문에 다른 서신에 비해 어렵게 보인다.

빙빙 돌면서 그때마다 다음 원으로 연결되어 무엇을 이야기하고자 하는지를 간파하기 어려운 나선형 식으로 전개해 나가기는 해도 매우 명확하게 분별할 수 있는 논법 전개가 이 서신에 들어 있는 것도 사실이다. 사도 요한은 이 서신을 임기응변식으로 또는 노인이 중얼거리듯이 기록한 것이 아니다. 비록 찾는 것이 쉬운 일은 아니라 할지라도 그 안에는 분명한 질서가 있다. 서신을 세밀하게 살펴보다가 "지금 내가 어디를 읽고 있지?"라는 식으로 방향을 상실하지 않기 위해, 세밀하게 살펴야 될 부분은 커다란 원리의 일부분이라는 것을 잊지 않기 위해 서신을 총괄적으로 분석해 보는 것은 매우 중요할 것으로 여겨진다.

이 서신에 대한 분석으로 들어가기 전에 매우 흥미 있는 한 가지 사실을 말해야 할 것 같다. 그것은 이 서신을 분석한 사람들 중 두 사람도 그 분석한 내용에 견해를 같이한 적이 없다는 악명을 간직한 서신이라는 것이다. 이 사실에 관해서는 모두 동의하고 있다. 이 서신을 분석해 기록한 사람들 중에는 마치 건축과 같이 어떤 주석가가 분석해 놓은 것을 다시 그대로 반복한 사람들도 있지만, 일반적으로 자기 나름대로의 분석으로 끝을 맺게 된다. 이런 저자들과 이들로부터 나오는 다양하게 상이한 분석들을 지켜보는 것은 제법 흥미로운 일이다. 어쨌든 이 서신을 이해하는 데 충분한 단서를 제공할 것으로 보이는 원리에 대한 폭넓은 정리는 제공할 수 있을 것 같다.

나는 이 서신을 크게 세 부분으로 나눌 수 있다고 본다. 첫 번째는 일반적으로 1–3장까지로 묶을 수 있겠고, 두 번째는 4장–5:12까지로 나눌 수 있으며, 세 번째는 5:13–5:21까지로 묶을 수 있겠다.

첫 번째 단락1–3장에서 사도 요한은 우리가 기쁨을 소유하고 또한 지속적으로 간직하기 위한 필수 조건들을 기록하고 있다. 두 번째 단락4장–5:12에서는 이미 언급한 필수 선결 조건을 실행할 것에 대해 강하게 권면하고 있다. 아마 두 번째 단락에서 나의 단락 나누기가 대부분의 다른 사람이 나눈 것과 비교할 때 아주 다르게 보일 것이다.

4:1을 보면 사도는 "사랑하는 자들아 영을 다 믿지 말라"고 요청하고 권면하는 것을 볼 수 있는데, 바로 이 부분에서부터 그의 권면이 계속되는 것을 볼 수 있다. 그리고 나서 5:13부터 끝절인 21절까지에서 그는 결론을 정리해 준다. 위의 세 단락을 기본으로 좀더 세부적으로 나누어 보자.

먼저 우리가 기쁨을 소유하고 간직하는 데 필수 조건으로 요한이 제시한 것을 첫 번째 단락 안에서 생각해 보겠다. 첫 번째 조건이란 절대적으로 핵심이 되는 바로 주 예수 그리스도이다. 사도는 예수님에 관한 설명으로 서신을 시작한다. 1–4절까지에 걸쳐 예수님을 묘사했다.

"태초부터 있는 생명의 말씀에 관하여는 우리가 들은 바요 눈으로 본 바요 자세히 보고 우리의 손으로 만진 바라 이 생명이 나타내신 바 된지라 이 영원한 생명을 우리가 보았고 증언하여 너희에게 전하노니 이는 아버지와 함께 계시다가 우리에게 나타내신 바 된 이시니라 우리가 보고 들은 바를 너희에게도 전함은 너희로 우리와 사귐이 있게 하려 함이니 우리의 사귐은 아버지와 그의 아들 예수 그리스도와 더불어 누림이라 우리가 이것을 씀은 우리의 기쁨이 충만하게 하려 함이라."

예수 그리스도를 알기 전까지는 어떤 기쁨도 결코 알 수 없다. 주님이야말로 기쁨의 원천과 모든 축복의 근원이 되시며 모든 것이 그분으로부터 오기 때문이다. 이런 이유로 사도 요한은 다른 어느 것을 논하기 전에 주님에 관한 언급으로 서신을 시작했던 것이다.

우리는 기독교의 설교나 가르침을 세상의 다른 가르침으로부터 분리시키는 중요한 분기점에 대해 다시 한번 생각해 보아야 된다. 이 분기점이란 바로 기독교의 설교나 가르침이 유일하게 주 예수 그리스도 위에 기초하고 있다는 것이다. 이 세상이 그리스도를 믿을 때까지 교회가 그리스도 외에 다른 것에 대해 말할 수 있겠는가? 실제로 이 세상이 주님을 믿기 전까지 교회가 그들에게 줄 수 있는 메시지는 정죄하는 내용이 될 수밖에 없다.

그리스도는 우리의 중심이요 근본이요 시작이요 끝이다. 이런 이유로 사도 요한은 그들이 주님에 대해 명확하고 확실하게 알기 전까지는 격려를 하기 위한 명목으로라도 어떤 말도 할 수 없었던 것이다. 이는 하나님께 나아갈 수 있는 방편도 오직 주님을 통해서만 가능하며 또한 하나님과 교제를 나눌 수 있는 방편도 오직 주님을 통해서만 가능하기 때문이다.

이와 같은 전제 조건과 더불어 한 가지 더 말하면 우리 중에 혹시라도 그리스도가 하나님의 독생자가 아니고 구세주가 아니라고 생각하는 사람이 있다면, 그들은 신약성경에서 가르치는 기독교 메시지를 갖지 못함이 분명할 뿐만 아니라 기쁨이나 위로도 얻지 못할 것이 자명하다는 것이다.

이제 다음 단계에 대해 사도 요한은 계속해 말했다. 주님을 믿는다는 전제하에 이 세상에서 기쁨이 충만한 삶을 누리려면, 우리가 하나님 안에 거하고 동시에 하나님이 우리 안에 거하시는 형태의 교제가 있어야 한다는 것이다.

이것이 첫 번째 단락에서 매우 중요한 주제가 된다. 즉 우리가 하나님과 이런 교제를 갖기 전에는 결코 기쁨을 알 수 없을 뿐만 아니라 기쁨의 충만을 지속적으로 간직할 수도 없다는 말이다. 그렇다면 어떻게 하나님과 교제를 유지할 수 있는가?

요한은 여기에 대해 1:3부터 2:28에 걸쳐 다음과 같은 방식으로 설명해 나가고 있다. 그에 의하면 우리가 하나님과 나누는 교제에 나쁜 영향을 미치며 또한 우리를 그와 같은 교제로부터 끌어내리려는 것이 있다고 했다. 다시 말해 우리를 기쁨으로 인도해 주는 교제와 우리 사이에 무엇인가가 가로막고 있다는 것이다.

하나님과 우리의 교제를 가로막는 첫 번째 요소는 죄와 불의이다. 죄에 대해 사도 요한은 죄를 짓는 행위와 죄를 인정하거나 고백하지 아니하는 행위로 분리시켜 설명하는 것을 볼 수 있다. 이런 잘못된 고집이나 생각을 갖고 있을 때, 죄는 집요하게 하나님과의 교제로 인한 기쁨과 우리 사이를 가로막고자 침투해 오는 것이다.

여기에 대해 요한은 아주 비상한 방식으로 설명하고 있다. 이미 언급한 위대한 기쁨의 가능성을 그는 한마디의 말로 순식간에 무너뜨려 버린다. 그는 1:5에서 "우리가 그에게서 듣고 너희에게 전하는 소식은 이것이니 곧 하나님은 빛이시라 그에게는 어둠이 조금도 없으시다"라고 단언하면서 연약한 인간이 하나님과 관계 맺을 소망을 무산시켜 버리는 듯한 느낌을 준다.

그러나 하나님께 감사한 것은 사도 요한이 우리가 죄를 어떻게 해결할지에 대해 다루고 있다는 것이다. 그것은 바로 1:7, 9에 나오는 하나님의 약속의 말씀이다. 만일 우리가 죄를 인정하고 자백한다면 하나님은 미쁘시고 의로우신 분이기 때문에 예수님의 보혈로 씻어 주실 것이라는 약속의 말씀을 주셨다.

두 번째 방해 요소는 2:3에서 언급하는 형제에 대한 사랑의 부족이라는 것이다. 하나님과의 교제에서 잘못된 부분이 있다면 우리는 하나님과의 교제를 상실할 뿐만 아니라 기쁨도 역시 상실하게 된다. 하지만 요한이 매우 심각하게 말하는 바로는 우리가 그리스도인 형제나 자매와의 관계에서 잘못한다면 여기에서도 마찬가지로 우리가 갖고 있는 하나님과의 교제와 기쁨을 상실하게 될 것이라는 말씀이다. 다시 말해 우리가 형제와의 교제를 상실하면 하나님과의 교제도 상실하는 것이고 마찬가지로 하나님에 대한 사랑도 상실할 수 있다는 것이다.

세 번째 방해 요소는 세상을 향한 적극적 사랑이다. 즉 세상의 연락과 죄된 것들을 사모하고 소원하는 마음가짐을 말한다. 이런 자세도 역시 하나님과의 교제를 가로막는 요소이다. 빛과 어둠을 섞을 수 없다. 하나님과 사악한 것을 함께 묶을 수 없다. 따라서 이 세상을 사랑한다면 우리는 하나님과의 교제를 상실할 것이고 아울러 기쁨도 우리 곁을 떠나게 될 것이다.

하나님과의 교제를 가로막는 네 번째 방해 요소는 요한일서 2장의 마지막 부분에서 사도가 언급한 내용인데, 예수 그리스도에 대한 잘못된 가르침이다. 우리가 하나님께 나아갈 수 있는 유일한 길은 오직 예수 그리스도뿐이라는 것을 전제로 할 때, 그분에 대한 잘못된 가르침이나 틀린 교리를 갖고 있다는 말은 자동적으로 하나님과의 교제도 끊어지고 동시에 기쁨도 상실하게 된다는 것을 의미한다.

이와 같은 요소들이 하나님과 우리가 갖는 교제 사이에서 방해를 놓는 것들이다. 하지만 참으로 감사한 것은 여기에서 그치지 않고 우리를 위로해 주고 용기를 북돋워 줄 수 있는 또 다른 귀한 요소를 이 서신의 첫 번째 단락에서 제시해 주고 있다. 그 요소란 우리의 눈을 열어 주시어 위에서 언급한 잘못된 여러 요소들을 볼 수 있게 해주고, 그런 것들에 대해 미리 경고해 주실 뿐만 아니라 우리가 어떻게 잘못된 것들로부터 놓임을 받고 죄사함을 받을 수 있는가를 가르쳐 주시는 성령, 즉 하나님 아버지와 함께 계시며 동시에 우리 안에 거하시는 변호자이시다.

이제 이 세상에서 삶을 영위해 나가는 가운데 기쁨을 누릴 수 있게 해주는 두 번째 중요한 본질에 대해 말하겠다. 첫 번째로 본질적인 것은 하나님과의 교제이다. 두 번째로 중요한 본질적인 것은 우리 안에 거하고 계시는 하나님의 생명을 소유하는 것이다.

2:29부터 3:24까지에 걸쳐 사도 요한은 이 주제에 대해 설명하고 있다. 이 주제에 관해 설명하면서도 몇 가지 방해 요소를 언급하고 있다. 그는 먼저 우리 안에 내재하고 있는 영생이 의미하는 바에 대해 설명한 후에 첫 번째의 본질적 요소인 하나님과의 교제에서와 유사한 방해 요소들에 대해 계속 설명하고 있다.

첫 번째 방해 요소는 역시 죄이다. 하나님이 주신 계명들을 지키는 데 실패할 때 우리가 소유한 영생을 도둑질당하게 된다. 우리가 경건하게 살 때는 영생에 대한 확신과 아울러 영생을 소유한 것에 대한 행복을 느끼지만, 죄를 짓게 되면 우리는 의심하고 방황하기 시작한다. 사탄은 이런 흐트러진 우리를 공격한다. 사실 죄만큼 영생에 대한 확신을 무너뜨리는 것은 없다. 하나님과의 교제를 단절시켜 버리는 것이 죄인 것처럼 바로 이 죄가 우리 안에 내재하고 있는 영생에 대한 확신을 의심으로 뒤집어 놓는 것이다.

두 번째 방해 요소도 역시 형제에 대한 사랑의 결핍이다. 사도는 이 요소가 의미하는 바에 대해 다시 한번 확실하게 언급하면서 동시에 이전보다는 좀더 구체적으로 설명하고 있다. 그는 다음과 같이 말했다. "만일 당신이 형제를 사랑하지 않는다면 하나님 앞에서 기도할 때 당신의 심장이 당신을 정죄하고, 기도에 대한 확신이 없다는 것을 발견하게 될 것이다. 형제를 사랑하는 것에 결핍이 있다는 사실은 하나님과의 교제를 나눔에 방해가 될 것이고 결국 당신이 하게 될 질문이란 '내가 진짜 그리스도인인가?' 와 같은 것이다."

영생을 소유하고 있다는 확신은 그리스도인이 누리는 기쁨에서 지극히 본질적인 요소임에 틀림없다. 따라서 형제를 사랑하지 못하는 삶이 영생에 대해 의심을 제공하는 것이라면 이것은 또한 우리가 누릴 수 있는 기쁨을 빼앗아 가는 요소라고 말하지 않을 수 없다.

세 번째 방해 요소 역시 마찬가지로 예수 그리스도에 대한 잘못된 가르침이다. 잠시 동안이라도 주님에 대한 이해에서 만족하지 못한다거나 주님에 대한 잘못된 개념을 갖게 된다면 여러분은 즉시로 구원에 대한 확신을 상실하게 될 것이고 여러분 안에 내재하고 있는 영생에 대한 확신도 상실하게 될 것이다. 이런 이유 때문에 사도 요한은 지속적으로 이에 대해 재삼 강조하고 있는 것이다.

우리는 이제까지 그리스도인으로서 기쁨을 누리게 하는 지극히 기본적인 두 가지 요소-하나님과의 교제, 그것을 통한 영생에 대한 확신-

를 갖지 못하게 방해하고 훼방하는 똑같은 세 가지 요소들, 즉 죄와 형제 사랑의 결핍과 그리스도에 대한 잘못된 가르침에 대해 살펴보았다. 그럼에도 불구하고 하나님께 감사한 것은 성령의 능력을 통해 우리가 이런 것을 극복할 수 있음을 이 서신은 제시한다는 사실이다.

3:24에서는 다음과 같이 선언하고 있다. "그의 계명을 지키는 자는 주 안에 거하고 주는 그의 안에 거하시나니 우리에게 주신 성령으로 말미암아 그가 우리 안에 거하시는 줄을 우리가 아느니라." 아무리 우리를 하나님과의 교제에서, 영생의 확신에서 끌어내리려는 적들이 있다 할지라도 우리에게는 복 주시고 회복시켜 주시는 성령이 함께하고 계시다는 놀라운 약속이 주어져 있다는 것이다. 어찌 하나님께 감사하지 않을 수 있겠는가?

이런 내용이 첫 번째 단락에서 언급되는 것이다. 주님이 주시는 기쁨을 소유하기 전에 우선되어야 할 조건들이다.

첫 번째 단락에서 언급된 선행 조건들에 대해 사도 요한은 두 번째 단락에서 좀더 적극적 자세로 생활에서 실행할 것을 강하게 촉구한다. 즉 지금까지 언급한 것들에 대해 실제로 적용해야만 된다는 말이다. 이것이 바로 4장에서 5:9까지의 주제가 되는 것이다.

두 번째 단락을 간단히 요약하면 다음과 같다.

첫째는 영들을 확인할 것에 대해 기록하고 있다. 4:1에서도 "사랑하는 자들아 영을 다 믿지 말라"고 했듯이 그리스도인은 잘못된 영들에게 속는 어리석음을 범해서는 안 될 것이며, 우리 안에 내재하고 계시는 영은 다른 영들 중의 하나가 아니라 바로 성령이라는 사실을 확신하고 있어야 한다는 것이다.

둘째는 우리가 삶에서 틀림없이 지켜야 할 요지는 7 – 21절까지 말씀하는 것으로서, 하나님의 사랑 안에 거하는 삶을 살아야만 한다는 것이다. 사도는 우리가 가진 모든 것이 하나님의 사랑에 기인한 것이기 때문에 바로 이 사랑 안에 늘 거해야 할 뿐 아니라 그 사랑을 생활에서 실천해야 한다고 말했다.

셋째는 5장의 앞부분에서 말씀하는 것으로서, 하나님의 계명을 적극적으로 지키면서 우리를 거스르는 이 세상을 극복해 나가야 한다는 것이다.

넷째는 5:5-9까지 제시하는 것으로서, 예수 그리스도에 대해 올바른 지식을 소유함으로 그분과 바른 관계를 갖는 것이다. 따라서 우리는 주 예수 그리스도에 대한 확신을 갖고 있어야 한다. 그 이유는 간단하다. 이는 그분에 대한 확신 없이는 그 어느 것도 소유할 수 없기 때문이다.

이제 세 번째 단락에 대해 생각해 보자. 이 단락은 5:10부터 끝절인 21절까지에 걸쳐 기록된 짧은 단락으로서, 바로 위에서 언급한 네 가지 내용이 지켜질 경우에 올 결과에 대해 설명하고 있습니다.

그중 첫 번째 오는 결과는 5:10에서 "하나님의 아들을 믿는 자는 자기 안에 증거가 있고 하나님을 믿지 아니하는 자는 하나님을 거짓말하는 자로 만드나니 이는 하나님께서 그 아들에 대하여 증언하신 증거를 믿지 아니하였음이라"고 말하듯이, 우리가 하나님의 자녀라는 확신을 소유하게 된다는 것이다. 삶에서 지켜야 할 것을 지키고 준행하는 사람은 자기 안에 하나님의 자녀라는 증거가 있다고 요한은 말했다.

두 번째 오는 결과는 기도에 대한 응답의 확신이 주어진다는 것이다. "그를 향하여 우리가 가진 바 담대함이 이것이니 그의 뜻대로 무엇을 구하면 들으심이라"는 5:14의 말씀이 이를 뒷받침하고 있다.

세 번째 오는 결과는 이 세상에 대하여, 죄에 대하여 승리하는 정복자가 될 수 있다는 것이다. 이로 인해 우리 삶의 아주 깊숙한 곳에서부터 우리가 바로 하나님의 자녀라는 사실을 진지하게 인정할 수 있게 된다. 비록 모든 세상이 우리를 이리저리 마구 흔들어 댄다 할지라도, 죄악의 흉흉함이 사방에서부터 들이친다 할지라도, 우리가 하나님의 자녀라는 사실을 붙잡고 흔들리지 않는 가운데 이 세상의 그 어느 것도 빼앗을 수 없는 평강을 소유할 수 있게 된다는 말이다.

이제까지 나는 요한 서신에 대한 간단한 요약을 통해 어떤 환경에 처한다 할지라도 우리는 참된 기쁨을 소유할 수 있을 뿐만 아니라 이 기쁨을 계속 간직할 수 있다는 사실을 생각해 보았다. 또한 우리는 요한이 부수적으로 앞의 것들 외에 다른 것에 대해 설명하는 것을 볼 수 있다. 다시 말해 우리가 이 서신을 읽고 분석해 나가는 과정 중에 언급한 것 외에도 기독교의 신앙에서 매우 중요하고 핵심이 되는 교리를 찾아내게 된다는 말이다.

이미 말했듯이 이 서신서는 신학적이고 교리적 논제를 다룬 것은 아니다. 하지만 재미있는 사실은, 이 서신은 신학적인 것들로 가득 차 있다는 것이다. 결국 신학적인 것을 말하지 않고서는 실질적이고 생활적인 것도 기록될 수 없다는 말이 될 수 있겠다.

신약성경의 말씀을 볼 때 우리는 결코 이 말씀들이 약간의 위로를 주기 위한 것이라고는 말할 수 없다. 이런 이유 때문에 나는 그리스도인의 신앙 생활을 유지해 나아감에 있어 심리학적 위로가 일종의 적이 될 수 있다는 것을 강조한다. 우리가 누릴 수 있는 진정한 그리고 유일한 위로와 위안은 신학적 위로와 위안이어야 하기 때문이다.

사도 요한이 이 서신에서 이것을 어떻게 다루는지 살펴보도록 하자. 그는 먼저 매우 중요한 성육신에 대한 핵심 교리에서부터 시작하고 있다. 하지만 그는 단지 10절밖에 되지 않는 1장을 성육신에 관한 교리만으로 끝내지 않고 속죄 교리에 대해서도 기록했다.

그러고는 곧장 중생의 교리에 대해 기록을 시작했다. 이 서신에서 기록된 중생 교리야말로 전체 성경에 기록된 중생 교리들 중에서 아주 고전적인 내용으로 취할 수도 있을 것이다. 아울러 3장에서는 자주 논쟁거리가 되는 성화의 교리에 대해 설명하면서 동시에 죄악과 마귀에 대한 교리도 다루고 있다. 사실 이 서신만큼 우리의 원수인 마귀에 대해 명확하게 다루는 곳을 찾아보기란 어렵다. 뿐만 아니라 계속해 예수 그리스도의 재림에 관한 교리에 대해서도 언급하는 것을 볼 수 있다.

비록 얼마 안 되는 분량이지만 기독교 신앙에서 매우 중요한 원리들을 접할 수 있음을 발견하게 된다. 이런 원리들을 접하면서 우리는 마치 망망한 바다를 떠올릴 수 있다. 이 대양에 어떤 사람이 들어가 수영을 한다. 하지만 그는 자신이 결코 이 넓은 바다를 건너가지 못하리라는 것을 안다. 즉 영적이고 영원한 세계 안에서 절대적이고 결코 변할 수 없는 교리나 원리의 바다를 결코 건널 수 없다는 것을 알면서도 뛰어들어 수영하는 것과 같이 생각할 수 있다.

우리는 변화무쌍하고 불확실한 세대에 살며, 삶을 맡기고 의지할 수 있는 진정한 원리가 전무한 세상에서 살고 있다. 그럼에도 불구하고 칼라일이 표현했듯이, 지금 이 말씀을 통해 '거대하고 무한한' 원리들의 한가운데 자리 잡고 있다.

따라서 이런 사실을 통해 다시 한번 성경의 가르침에 대한 이해와 아울러 모든 신학적 가르침에 대한 중요성을 인식할 수 있다. 실제로 하나님은 자신이 하시고자 하는 말씀을 놓치면서까지 성경에 기록된 여러 내용에 더 관심을 갖는 것을 원치 아니하신다는 사실과, 하나님의 말씀이 전하고 있는 메시지에 집중하는 것보다는 분해하고 분석하는 행위에 더 관심을 갖는 것을 금하고 계신다는 사실을 우리는 알아야만 한다.

다시 말해 하나님이 말씀하시는 메시지야말로 근본적으로 신학적이며 교리적인 것으로서, 이 같은 신학적이고 교리적인 하나님의 메시지에서 벗어난 것은 말하지 않는다고 요한 사도 자신의 입장을 표현하는 것을 볼 수 있다. 그 이유는 하나님 말씀이 제시하는 심오한 진리의 터전 위에 우리 자신이 튼튼하게 뿌리를 내리지 않고서는 참된 기쁨을 결코 소유할 수 없기 때문이다.

이와 같이 요한일서를 이해하는 데 신학적이고 교리적인 가르침에 대한 중요성을 잘 알고 있어야 함을 생각해 보았다. 또 한 가지 중요한 것이 있는데 그것 역시 이 서신을 이해하는 데 매우 중요한 역할을 하는 배경이다. 이 서신을 읽다 보면 사도 요한이 항상 긍정적 표현만을 하지 않고 때로 부정적 표현도 하는 것을 볼 수 있는데, 이 서신이 기록될 당시인 약 85년경, 1세기 말의 어려웠던 상황을 이해해야만 한다.

그가 이 서신을 기록하려 했던 이유는 물론 성도를 견고히 하고 든든히 세워 주려 함에 있었다. 하지만 다른 한편으로는 당시 성도와 교회를 위협하던 위험한 이단 사상에 대해 경고하고 아울러 이단 사상으로부터 교회와 성도를 보호하기 위한 것이며, 그리하여 서신 전반에 걸쳐 이 문제를 다루고 있다. 초대교회 시대에도 이단 사상이 교회 안에 침투했던 것을 볼 수 있다.

어떤 이단 사상이나 교리든지 그것이 지금 처음 발생한 것이라고 여길 필요는 없다. 이런 것은 이미 1세기 말 전에 초대교회에 침투했다. 특히 사도가 언급하는 것은 그중 가장 유명했던 '영지주의'라 불리는 이단 사상이었다.

이 사상은 그 당시에 상당히 인기가 있었던 철학과 신비주의가 혼합해 이루어진 것으로 제법 많은 사람이 이 사상에 빠져들었으며 교회에도 침투했다. 이 사상이 주장하는 것은 '특별한 지식'을 가져야 한다는 것이다. 영지주의를 신봉하는 자들에 의하면, 일반인은 체험할 수 없는 특별한 계시를 체험하게 되는데 이 계시를 통해 어떤 신비적 상태에 몰입할 수 있다고 주장한다. 이런 것이 바로 영지주의로서 특별한 지식이나 독특한 이해에 기초를 두고 있는 이단 사상이다.

하지만 그들은 자기들이야말로 아무도 깨닫지 못하고 이해하지 못하는 것을 깨달을 수 있는 특정한 자들이라고 말했지만 실상 그들이 깨달았다고 말하는 것은 어떤 특정 교리에 대해 특별하게 깊이 사고하는 사색에 불과할 뿐 아무것도 아니라는 것을 우리는 알아야 한다.

영지주의에 관한 것은 요한 서신에만 있는 것이 아니다. 예를 들어 사도 바울도 영지주의라는 잘못된 이단 사상에 대해 골로새서 2장 전체를 할애해 설명하는 것을 볼 수 있다. 그는 영지주의의 잘못된 점을 잘 알고 있었기 때문에 골로새서 2장의 마지막 부분에서 영지주의자들이 행하는 잘못된 금욕주의에 대해서도 신랄하게 비판했다. 그는 이런 잘못된 이단 사상에 대해 에베소서에서도 지적하고 있다. 이 사상이 분명히 기독교 신앙과 어긋난 잘못된 것임에도 불구하고 몇몇 신도들이 현혹되어 이 가르침을 따랐기 때문이다.

이 사상의 문제는 무엇보다 주님의 인성에 관해 잘못 가르치고 있다는 사실이다. 따라서 우리가 요한일서를 이해하는 데 이 잘못된 영지주의 사상에 대해 제대로 이해하는 것이 얼마나 중요한지를 알고 있어야 된다. 예수 그리스도의 성육신에 관한 잘못된 가르침과 아울러 하나님이시면서도 동시에 사람이시라는 신성과 인성의 교리를 부인하는 것이 바로 이 영지주의 사상이기 때문이다.

이들이 말하는 예수 그리스도에 관한 잘못된 두 가지 견해를 살펴보도록 하자.

첫 번째로 잘못된 견해는 주님이 사람의 육신을 입고 오신 것이 아니라 사람의 눈에 육신처럼 보였을 뿐 사실은 단순한 환영이라는 주장이다. 그들에 의하면 말씀이 육신으로 된 것이 아니라 말씀, 즉 영원하신 하나님의 아들은 사람의 눈에 육신처럼 보이지만 사실은 참 육신이 아닌 환영 같은 것이므로 십자가상에서 육신적으로 고통을 겪은 것이 결코 아니라고 말한다.

여기에 대해 사도 바울은 골로새서 2:9에서 "그 안에는 신성의 모든 충만이 육체로 거하시고"라고 반박했다. 주님은 환영이 아니라 실제 육체로 오셨다는 데 대해 의심의 여지가 없다.

두 번째로 잘못된 견해는 인간 예수와 영원한 그리스도를 분명하게 구별해 이해해야 한다는 주장이다. 이 주장에 의하면, 영원하신 그리스도가 요단강에서 세례 요한에 의해 세례받을 때 인간 예수에게 들어갔다고 말한다. 그러고는 갈보리 십자가에서 고통을 겪으실 때 인간 예수로부터 분리되었기 때문에 사실상 십자가의 죽음을 겪은 자는 인간 예수일 뿐이지 영원한 그리스도가 아니라는 주장이다. 따라서 그리스도는 우리의 죄를 담당하기 위해 죽은 것이 아니며, 십자가상에서 죽은 자는 단지 인간 예수일 뿐이라는 것이다.

이와 같이 주님에 관한 이상한 견해들을 가르쳤으며, 이로 인해 3-4세기에 있던 기독교 교회들이 예수 그리스도의 신성과 인성, 성육신의 실체에 대해 여러 종교 회의를 통해 논쟁하는 데 참으로 많은 시간을 보냈던 것을 교회사를 통해 볼 수 있다. 그래서 사도 요한도 이 사상에 대해 요한일서에서 다루고 있는 것이다.

영지주의가 갖고 있는 또 다른 큰 문제는 물질에 대해 잘못 가르침으로써 죄에 대한 잘못된 인식을 심어 주었다는 것이다. 영지주의에 의하면 물질은 근본적으로 악하기 때문에 물질과 연루되는 것은 무엇이든지 악하다는 결론으로 이끌어 갔다. 그들이 주장하는 바로는 물질이 악하기 때문에 이 세상을 하나님이 만드신 것이 아니라고 말했다. 그렇다면 어떻게 이 세상이 만들어졌는가에 대한 질문이 당연히 제기될 터인데, 이런 질문에 대해 그들은 하나님으로부터 많은 것이 발산되어 이런 것에 의해 세상이 창조되었다고 말했다. 그들은 또한 하나님으로부터 나온 여러 천사에 대해서도 언급했는데, 이런 이유로 사도 바울은 천사를 예배하는 행위에 대해 신랄하게 비판했다.

이제 영지주의의 잘못된 교리를 염두에 두고 요한일서를 계속 공부해 나가야 될텐데, 위의 잘못된 교리와 연관해 한 가지 더 말해야겠다. 그것은 그들의 잘못된 물질관으로 파생된 두 가지 극단적 반응이다.

첫 번째 극단은 육신을 지나치게 학대하는 철저한 금욕주의인 모나스티시즘Monasticism 같은 것이다. 바울이 이에 대항하여 논쟁했으며 사도 요한도 마찬가지로 그들을 공격했다. 그들은 육신은 악한 것이기 때문에 육신을 철저히 부인하는 데 일생의 삶을 소모해야 하며, 낙타 털옷을 입고 육신의 일부를 망가뜨려서라도 육체를 부인해야 한다고까지 주장했다. 이런 모나스티시즘의 주장은 초대교회 이후 수세기에 걸쳐 영향을 끼쳐 왔다.

두 번째 극단은 첫 번째 극단과는 정반대의 것이다. 일종의 자유주의라고 할 수 있는데 이들의 주장이란, 육신은 악하지만 영혼은 육신에 거하는 것이 아니기 때문에 육신이 무슨 일을 하건 영혼과는 아무 상관없다는 주장을 했다. 따라서 죄라는 것이 없다는 결론에까지 이른다. 이유인즉 비록 사람이 잘못을 저지른다고 해도 육신은 멸망당하지만 어쨌든 영혼은 하나님께 갈 수 있기 때문에 아무 문제가 없다는 것이다. 이것이 사도 요한이 아주 강한 어조로 잘못된 가르침이라고 지적한 소위 '니골라당'이라고 불리는 부류였다.

사도 요한에게 이런 교훈은 아주 잘못된 것이고 너무 치명적이라고 느껴졌기 때문에 그들을 '거짓말쟁이'라고 명하면서 아주 강한 어조로 표현했다. 사도 요한이야말로 사랑의 사도지만 잘못된 가르침이 성도의 영혼에 치명적 상처를 준다는 것을 알았기 때문에 그렇게 표현했던 것이다. 하나님의 말씀을 받아들이지 않고 오히려 신비적 경험을 위해서는 자신들의 독특한 이해와 지식을 받아들여야 한다고 주장하는 이런 자들이야말로 사탄에게서 난 자들이며, 어떻게 해서든지 만인 앞에서 정죄받아야 하고 제거되어야만 한다고 요한은 주장했다.

오랜 세월 동안 전해 내려오는 하나의 일화가 있다. 요한이 공중 목욕탕에 갔을 때의 일이었다. 그가 탕 속으로 들어가려고 할 때 당시 영지주의를 전파하던 자들 중에서도 아주 유명한 자가 탕에서 나오는 것을 보고는 탕 속에 들어가지 않았다고 했다. 지극히 유해한 이단 사상을 전파하는 자가 들어갔던 그 물에 몸을 담글 수 없었던 것이다.

결론적으로 다시 한번 강조하겠다. 모든 것 중 절대적이고 가장 중심이 되며 지극히 중요한 것으로서 우리가 명확히 알고 있어야 하는 것은, 바로 예수 그리스도와 그분이 하신 사역에 관한 확실한 지식을 올바로 소유하고 있어야 된다는 것이다. 영적 삶에 관한 한 지름길은 없다. 진실로 참된 기쁨을 소유하고 이 세상을 사는 동안 무슨 일이 닥쳐도 우리가 소유한 이 기쁨을 잃지 않고 계속 간직하기를 소원한다면, 이것 외에 다른 길이 없다는 것을 잊어서는 안 된다. 그것은 이미 말했듯이 예수 그리스도와 관계되는 여러 중요한 교리를 접하여 배우고 믿고 받아들이는 것이며, 아울러 인간의 이성과 지성과 철학에 호소하면서 우리를 꾀는 잘못된 이단 사상에 넘어가지 않는 것이다.

참으로 하나님께 감사한 것은 주님 외에 다른 길은 없다고 사도 요한을 통해 말씀하고 계시다는 것이다. 우리가 꼭 붙잡고 있어야 될 절대적인 것이 있다. 그것은 그리스도의 성육신, 구속 사역, 중생과 성화, 죄와 사탄에 대한 교리, 예수 그리스도의 재림에 관한 교리이다.

우리가 하나님과 교제를 나눔에 있어 이런 절대적 진리를 믿고 이해하고 실행해 나갈 때, 동시에 다른 그리스도인과의 관계 속에서, 하나님을 알지 못하지만 우리가 거하고 있는 이 세상과의 관계 속에서 이런 절대적 진리를 믿고 이해하고 실행해 나갈 때 참된 기쁨은 우리 안에 항상 거하게 될 것이다.

이 기쁨은 점점 더 커져 결국에는 말로 표현할 수 없는 기쁨과 영광의 충만함 가운데 하나님의 거룩하신 존전에 서 있는 우리를 발견하게 될 것이다.

태초부터 있는 생명의 말씀에 관하여는 우리가 들은 바요 눈으로 본 바요 자세히 보고 우리 손으로 만진 바라 이 생명이 나타내신 바 된지라 이 영원한 생명을 우리가 보았고 증언하여 너희에게 전하노니 이는 아버지와 함께 계시다가 우리에게 나타내신 바 된 이시니라 우리가 보고 들은 바를 너희에게도 전함은 너희로 우리와 사귐이 있게 하려 함이니 우리의 사귐은 아버지와 그의 아들 예수 그리스도와 더불어 누림이라 _ 요일 1:1-3.

Chapter 4

사도적 선포

우리는 이 시간에 1-3절에 기록된 모든 내용을 다룰 수는 없다. 하지만 사도 요한이 당시의 그리스도인에게 꼭 써야만 했던 아주 중요한 메시지를, 특히 3절에 좀더 주의를 기울여 읽어야 한다.

그 당시 이 서신을 읽는 독자들에게는 그들 나름대로의 문제가 있었다. 물론 이 세상을 살아가는 데 문제가 있다는 것은 새로운 사실이 아니다. 이 세상은 언제나 어려움과 문제들로 가득 차 있기 때문이다. 오늘날 우리가 가진 주된 어려움은, 우리가 가진 문제가 어떤 면에서는 인류가 과거에 갖고 있던 문제와 그 근원이 똑같다는 것을 인식하지 못하는 데 있는 것이 아닌가 생각한다. 20세기를 사는 사람들이 가진 문제들에 관해 논하는 과정에서 한결같이 착각하는 부분이 바로 우리가 가진 문제들은 1세기에 살았던 사람들의 문제들과는 다르다고 생각하는 것이다.

하지만 그렇지 않다. 분명히 같은 것이다. 물론 지역적인 것이나 특정하게 나타난 현상을 의미할 때는 다르다는 것을 인정한다. 그러나 문제의 원인에 대해 말하면 같다고 할 수 있다.

다시 말하면 인류가 현재 갖고 있는 문제는 마치 질병의 문제와 같다. 예를 들어 어떤 한 가지 질병의 증세는 매우 다양하다. 나타나는 증세는 상황과 환경과 사람의 체질에 따라 각양각색일 수 있다. 그렇다고 증세만을 중요시하여 치료해서는 안 된다. 이런 각양각색의 증세의 원인을 추적해 보면 결국 한 가지 질병에서 기인하기 때문이다.

여러분이 이 예를 이해하는 것은 중요하다. 문제의 근원을 말씀을 통해 파악하지 못한 상태에서 그저 드러난 문제의 모양만 보고 해결해 나가려고 한다면, 결국 말씀이 제시하는 근본 메시지는 놓친 상태에서 실패만을 거머쥐는 결과를 맞이하게 될 것이기 때문이다.

따라서 오늘 본문인 요한일서 1:1-3의 말씀에 근거하여 생각해 볼 때, 오늘날 하나님의 교회가 해야 할 중요한 본분이란 예수 그리스도의 복음을 선포하고 가르치는 것이다.

여러분의 이해를 위해 한 가지의 예를 더 들어 보겠다. 만일 내가 정부가 UNA[1]에 대해 하는 말을 들었다면 나는 교회 안에서라 할지라도 영국인에게 UNA가 얼마나 중요한 의미를 주고 있는지에 대해, 이런 일에 우리가 다 가입해 도와야 하는 것에 대해 여러분에게 말했을 것이다. 나는 하나님이 내가 UN이나 UNA에 대해 비판의 말을 하는 것을 허락하시지 않을 것이라고 생각한다.

기독교 설교자들이 모든 문제의 증세에 대해 일일이 어떻게 대처할 것인가에 대해서까지 처방을 제시할 수 없다. 우리의 할 일이란 증세의

---

[1] UNA(The United Nations Association)는 2차 세계 대전 이후 UN의 활동을 지원하기 위해 영국에 설치된 기구이다.

근원이 무엇인지 보여 주고, UN 같은 기구가 필요할 만큼 심각한 문제에 대해 설명해 주면 된다. 이 세상을 향한 복음 사역이 모든 현안에 대해 일일이 설명해 주는 것이 아니라, 모든 세세한 증세가 왜 일어나는가에 대한 근본적 진단과 유일한 치료책에 대해 말하는 것이다.

1세기의 그리스도인도 오늘날 우리가 당면하고 있는 여러 문제와 똑같은 문제를 대하면서 살았을 것이라고 충분히 추론할 수 있다. 여기에 우리가 질문을 제기할 수 있는 것은 이런 문제를 대하면서 살던 그들에게 신약성경은 과연 무슨 말씀을 하였냐는 것이다. 물론 이 질문에 대한 답은 이미 우리가 함께 생각해 보았다.

비록 악한 자가 주관하는 세상에 살면서 참으로 여러 가지 힘들고 열악한 상황에 거하고 있다 할지라도 결코 없어질 수 없고 격파될 수 없는 참된 기쁨을, 아니 오히려 그런 여러 문제를 정복하여 승리의 개선가를 부를 수 있는 참된 기쁨을 우리는 소유할 수 있다는 것이다. 어떤 환경이 닥친다 할지라도 넘치는 기쁨을 우리는 소유할 수 있다는 말이다. 즉 신약성경의 말씀은 문제 덩어리의 세상에 살고 있는 각각의 그리스도인을 위해, 그런 그리스도인의 모임을 위해 기록되었다는 사실이다.

이 말씀은 어떻게 하면 문제 덩어리의 세상을 올바로 만들어 볼 수 있을까 하는 것이 결코 아니라, 오히려 이런 세상에서 살고 있으면서도 어떻게 하면 그리스도인이 그 안에서 올바르게 살아갈 수 있을 것인가를 제시하고 있다. 아울러 세상의 문제들을 어떻게 하면 극복하고 정복하며, 여러 문제가 있음에도 불구하고 참된 기쁨을 소유할 수 있는가에 대해 말하고 있다.

스위스의 교수인 칼바크는 "진정 교회가 할 일이란 이 세상이 화합하고 질서를 회복할 수 있는 길을 모색하는 데 진력하는 것이 아니라 그리스도가 이루어 놓으신 일을 세상에 증거하는 것이다."[2]라고 했다. 바로 오늘 우리가 함께 생각하는 본문이 바로 그와 같은 생각을 제시하고 있는 것이다.

지금까지 요한일서를 전반적으로 간단하게 분석해 보았는데 이제는 좀더 구체적으로 들어가야 할 것 같다. 먼저 저자의 의도에 따라 첫 세 절부터 살펴보자.

사도 요한이 제시하는 몇 가지 간단한 제안들을 살펴보면 첫 번째 원리는, 복음은 선포하는 것이고 표명하는 것이고 드러내 보이는 것이라는 제안이다.

"이 생명이 나타내신 바 된지라 이 영원한 생명을 우리가 보았고 증언하여 너희에게 전하노니 이는 아버지와 함께 계시다가 우리에게 나타내신 바 된 이시니라 우리가 보고 들은 바를 너희에게도 전함은 너희로 우리와 사귐이 있게 하려 함이니 우리의 사귐은 아버지와 그의 아들 예수 그리스도와 더불어 누림이라."

요한은 이 말씀에서 "우리가 너희에게 전하노니"라고 했다.

여기에서 그는 핵심이 될 만한 두 가지 단어를 사용하고 있다. 그것은 '복음'과 '알린다'는 단어이다. 예수 그리스도의 복음은 단순한 사색이나 인간의 생각이나 사고 또는 철학 같은 것이 아니다. 복음은 분명히 이런 것과 본질적으로 다르며 같은 범주에 집어넣을 수조차 없다.

참으로 안타까운 것은 우리 중의 많은 사람이 복음에 대해 이와 같이 잘못된 이해를 하고 있다는 것이다. 인생의 모든 문제에 대한 사람들의 생각이나 명상을 통해 얻은 어떤 견해 같은 것을 복음으로 생각하고 있다는 것이다. 이런 생각이야말로 지난 1800년 이후로 우리가 맞이하는

---

2) 이것은 1948년 세계 교회 협의회의 모임에서 전해진 말이다. 마틴 로이드존스는 이 모임의 진행 내용에 대해 강력한 비판을 함으로 비난받았다.

안타까운 비극이 아닌가! 철학이 계시의 자리에 올라 앉고, 성경은 인간이 하나님에 대해 연구하고 사고하고 생각한 것 이상의 것이 될 수 없다는 말을 하면서 "오늘을 사는 현대인이 왜 성경이나 계시와 동등한 생각이나 사고를 할 수 없는가? 우리는 현대적 사고 방식을 성경이나 계시 앞에 놓을 것이다!"는 식의 자세를 견지하는 것이다.

하지만 이런 것은 결코 복음이 될 수 없다. 사도 요한을 비롯한 모든 사도의 분명한 입장은, 그들이 선포하고 말할 것을 소유하고 있다는 것이다. 그들은 무엇인가 기가 막히는 것을 보았고 그것을 알리려 하고 있다. 본문을 보면 사도 요한도 이런 자세를 보이고 있다.

혹시 이 서신에서 저자 자신에 대한 소개 같은 것을 보았는가? 재미있는 사실은, 이 서신에는 문안 인사 같은 것도 없다. 요한은 심지어 자기가 누구인지에 대해서조차 언급하지 않았기 때문에 다른 내용을 통해 누가 썼는지를 추론해 내는 길밖에 없다. 여기에서 알 수 있는 것은, 참으로 놀라운 사실을 본 사람이 이 놀라운 사실을 꼭 들어야 될 사람들에게 서둘러 소개도 없이 본론으로 뛰어 들어가 알리는 열정이다. 이 서신이야말로 선포 그 자체이다. 하나도 명확하지 않은 부분이 없다. 분명한 설득력과 권위가 내포된 것을 볼 수 있다.

20세기에 사는 우리가 유의해 보아야 될 것은, 교회에서 전해지는 설교에 이 같은 점이 결여되어 있다는 것이다. 특별히 오늘날의 설교는 선포 차원보다는 교회의 현재 상태에 대해, 이 세상이나 사회의 현재 모습에 대해 너무나도 많은 설명을 첨가하고 있다.

강단에서 말씀을 외치는 사람들의 입에서 "내가 여러분에게 제언하고 싶은 것이 있다", "이런 식으로 설명하자면", "결국 내 생각에는", "나는 이런 생각에 매우 호감을 갖게 되었다", "연구를 통해, 사색과 지식을 통해 얻은 결론을 놓고 생각해 볼 때 이런 쪽으로 제시되는 것이 아닌가 하는 생각을 해본다" 등등의 발언을 들을 수 있는데, 우리가 강단에서 전해야 하는 것은 이런 발언이 결코 아니다. 오히려 '선언' 한다는 입장에서 전달해야 한다.

우리는 사람들이 이전의 교회에 대해, 교회의 설교자들에 대해 독선적이라는 표현으로 비꼬았던 사실을 잘 알고 있다. 하지만 신약성경에 기초하여 엄밀한 의미에서 볼 때, 독선적이 아닌 설교자를 설교자라고 하기는 어려울 것이다. 물론 설교자가 자신의 의견을 피력하는 데 겸손해야 하고 자신의 생각을 전하는 데 특히 조심해야 한다. 그러나 감사하게도 우리는 그와 같이 자신의 의견을 피력하고 생각을 전달하는 정도의 영역에서 강단에 서 있는 것이 아니다

설교자가 하는 것은 단순히 세상에 대한 적당한 설명이나 어떻게 하는 것이 바람직하다는 것을 제시하는 것이 아니라 오히려 선언하는 것이다. 신약성경의 전반적 바탕이 선언이요 외침이며 바로 이것이 신약성경의 표현 방식이기 때문이다.

신약성경에서 말씀하는 복음이란 전령과도 같다. 즉 사람들이 다 들을 수 있도록 나팔을 들고 있는 자와 같다는 말이다. 따라서 임시적이고 잠정적인 것처럼 전달할 만한 그 어떤 내용도 복음 속에는 없으며 오히려 전령은 자신이 전달해야 될 것을 듣고 그대로 반복하면 된다는 것이다. 메시지의 신빙성을 논하는 것이 그의 할 일이 아니라는 말이다. 그가 최우선적으로 할 일이란 전달받은 그대로 전해 주면 되는 것이다.

모두가 외교 사절들이다. 외교 사절로서 우리가 해야 할 일은 본국 정부가 전달하라고 준 메시지를 자기의 생각이나 신념을 첨가하지 않고 있는 그대로 외국 정부에게 전달만 하는 것이다. 이것이 신약성경에 나오는 설교자들의 입장이었다. 사도 요한이 오늘 본문에서 말하는 내용도 이와 같이 전달자로서의 자세에서 말하고 있다. "여러분에게 보여

줄 놀라운 것이 있다!"라고 그는 말했다.

내가 지금까지 말씀드린 메시지 전달자의 입장이나 자세에 대한 내용은 강단에서 설교하는 설교자에게만 해당되는 것이 아니라 분명히 모든 그리스도인에게 적용될 수 있다. 우리가 이 세상에 대해, 이 세상의 현상이나 상황에 대해 여러 사람과 대화할 때, 개인적으로 이런 자세로 행동해야 한다. 우리는 다른 여러 사람에게 생각을 말해 주는 입장이 아니라 성경이 이 세상에 대해 하시는 말씀을 외치는 것이다.

다른 모든 사도가 이런 자세로 임했다. 예를 들어 사도 바울이 고린도 교인들에게 자신이 어떤 자세로 그들에게 말하고 있는지 다음과 같이 썼다.

> "……내가 너희에게 나아가 하나님의 증거를 전할 때에 말과 지혜의 아름다운 것으로 아니하였나니" 고전 2:1.

그러므로 다시 한번 염두에 두어야 할 중요한 것은, 우리는 하나님의 교회 영역 안에서 지극히 독특한 일을 하고 있다는 것이다. 다른 여러 모임 같은 성질의 것이 아니라는 말이다. 정치 모임을 생각해 보자. 많은 사람이 각각의 의견을 내놓을 것이고 자신의 뜻이 관철되게 하기 위해 노력할 것이다. 하지만 우리가 선언하는 복음의 내용같이 확신을 갖고 선언할 만한 절대적인 것을 결론적으로 내놓을 수 없다는 것은 명백한 사실이다. 그들의 결론에는 그저 가능성 정도만 있을 뿐이며, 아울러 반대하는 이론이 계속 존재하게 될 것이다. 그러나 하나님의 교회 영역에서는 그런 것에서부터 벗어나 확신을 갖고 선언하며 외칠 수 있는 절대적 복음의 내용이 있다.

이런 복음의 내용을 갖고 사역할 때는 사실상 어떠한 의심도 개입될 수 없다. 하지만 오늘날 교회를 돌아볼 때, 물론 다 그런 것은 아니지만 하나님이 우리에게 주신 말씀에 확신을 갖지 못하는 것처럼 보인다. 기독교 사역자들이 기적에 대해 확신을 갖지 못하고 초자연적인 것에 대해서도 역시 확신이 없으며 심지어 예수 그리스도에 대해 말하는 것조차 자신이 없는 것 같다.

망설임과 의심이 교회에 들어와 마침내 이런 현상이 모든 지역에서 대부분의 교인들에게 일반화되어 버렸고 의문과 의심이 난립하게 된 것이다. 즉 불확실성의 시대가 교회 강단에서의 희미한 메시지와 함께 도래하게 되었다는 말이다. 불확실성은 설교에서 비롯된다. 분명하고 확실한 것을 제시해 주지 않으면 신약성경의 당당한 가르침에서 멀리 떨어지게 된다.

이와 같이 불확실성의 시대에 사는 우리와 오늘날의 교회를 위해 꼭 필요한 메시지가 있는데, 바로 오늘 읽은 본문과 같은 내용의 말씀이다. 교회는 더 이상 현실에 너무 예민하게 반응하고 머뭇거리며 확신 없는 자세를 견지할 필요가 없다. 절대적으로 확실하고 당당한 말씀들을 붙잡고 있는 한 위신이 떨어진다거나 체면이 손상되는 것을 염려할 필요가 전혀 없기 때문이다.

물론 교회가 그처럼 당당하게 말씀을 외친다면 아마도 이 세상이나 이 세상에 속한 자들은 교회로부터 멀리 떨어져 나갈 수도 있다. 하지만 거기에 크게 신경 쓸 필요는 없다고 생각한다. 하나님의 교회에서는 이전과 같이 다시 당당한 하나님의 말씀이 외쳐져야 하기 때문이다. 하나님의 말씀은 당당한 외침이기 때문이다. 이것이 첫 번째 원리이다.

두 번째 원리는 다음과 같다. 하나님의 교회에서 말씀이 당당하게 선포될 수 있는 것은 우선적으로 사도들의 권위에 근거를 두고 있다. 이것은 절대적으로 중요한 그리고 기초적인 것이다. 사도 베드로가 베드로후서 1:16에서 말한 내용이 사도 요한이 그의 서신에서 말하는 내용과 거의 일치하는 것을 볼 수 있다.

"우리 주 예수 그리스도의 능력과 강림하심을 너희에게 알게 한 것이 교묘히 만든 이야기를 따른 것이 아니요 우리는 그의 크신 위엄을 친히 본 자라."

사실 우리가 붙잡고 있는 유일한 권위란 사도들의 증언에 근거한 것이며 우리의 복음 역시 그들이 말한 것에 기초를 두고 있다. 본문의 첫 세 절에서도 사도 요한은 계속해 이것을 반복하는 것을 볼 수 있다. 그는 세 번 이상 그가 '본 것'에 대해, 두 번 '들은 것'에 대해, '손으로 만진 것'에 대해 언급하고 있다.

하나님의 교회에서 전파되는 설교가 이와 같이 확실한 증거를 떠나서는 전파될 수 없기 때문에, 설교의 전반적 기초가 이런 증거이기 때문에 사도 요한은 자신이 보고 듣고 손으로 만져 보았다는 확실성에 대해 반복적으로 강조했다. 하나님의 말씀은 사도들이 보고 경험하고 서로 나누고 증거했던 말씀이다.

여기에서 우리는 증거와 경험과의 근본 차이를 한번 짚고 넘어가야 될 것이다. 그리스도인에게 근본적 권위를 제시하는 것이 무엇이라고 생각하는가? 많은 사람은 그것을 경험이라고 이야기한다. 나는 그리스도인과 현대 과학에 기초한 인본주의자와의 라디오 방송 대담 프로그램을 듣고 나서 어떤 사람이 기록한 글을 보았다.

대담 중에 인본주의자가 그리스도인에게 질문했다. "하나님의 실존에 대해 당신이 제시할 최고의 증거가 무엇인가?" 이에 대한 그리스도인의 응답에 대해 이 글을 기록한 자는 다음과 같이 썼다. "내가 볼 때 그 그리스도인은 대담에서 참담하게 패했다. 그는 대화를 논쟁으로만 이끌어 갔을 뿐이다. 나는 그 그리스도인이 인본주의자에게 '나 자신이 하나님의 실존에 대한 증명이다.'라고 말했어야 했다고 생각한다."

하지만 나는 이 필자와 의견을 달리한다. 오히려 그 대담에서 그리스도인의 입장을 전적으로 지지하는 쪽이다. 나 자신이나 나 자신의 경험이 그가 이야기했듯이 하나님의 실존을 입증하는 것은 아니라고 생각하기 때문이다. 하나님의 존재를 실제로 보인 자는 오직 예수 그리스도뿐이시다.

경험이 하나님의 말씀을 믿는 데 도움을 주고 확증해 주는 데 충분한 가치가 있다고 보지만 나 자신은 결코 경험에 근거하지 않는다. 내가 경험에 바탕을 두고 나의 입장을 취한다면 심리학자가 그리스도인이 갖고 있는 믿음의 전반에 대해 심리학적 입장에서 설명해 나갈 때 할 말이 없다. 나는 내 입장을 취하는 데 있어 변화무쌍할 수밖에 없는 나 개인의 주관적 상태나 느낌이나 분위기에 근거할 수 없다. 나는 바위와도 같이 견고한 그리고 변하지 않는 그 무엇인가를 소유하고 있기 때문이다. 참으로 감사한 것은 내가 역사적으로 분명하게 존재했던 확실한 사실에 나의 입장을 기초하고 있다는 것이다.

"태초부터 있는 생명의 말씀에 관하여는 우리가 들은 바요 눈으로 본 바요 자세히 보고 우리의 손으로 만진 바라."

이와 같이 확실한 사실에 기초한 말씀이 바로 우리가 의지할 수 있는 기초석으로서의 사도적 증언이요 간증이다. 만에 하나라도 그리스도를 직접 목격한 사람들이나 사도들에 의해 성경에 기록된 내용이 사실이 아니라면, 그들이 말하는 내용 중 거짓이 있다면 내가 갖고 있는 것은 그리스도인의 믿음이 아닐 것이다. 왜냐하면 그리스도인이 된다는 것은 단순한 생각을 믿는 것도 아니요 어떤 주관적 경험으로 되는 것도 아니기 때문이다.

우리가 접하는 모든 매개체를 통해 우리는 경험을 한다. 이런 것들 중에는 믿을 수 있고 실제로 우리에게 이로운 많은 아이디어가 있다. 사람들은 자신의 삶에 적용할 수 있는 모든 종류의 심리학적 테스트가 있다는 사실을 발견했다. 하지만 이런 것들이 그리스도인의 입장이 될 수는 없다. 그리스도인의 입장이란 과거에 일어났던 사실들에 대해 증언하는 내용을 믿고 받아들이는 것이다. 그리스도인은 하나님의 사람들이 증언하는 내용과 그 권위 위에 견고하게 기초하고 있는 사람들이다.

논쟁은 여기에서 멈추지 않는다. 여러분은 이와 같은 하나님의 사람들이 전하는 증언을 테스트할 수도 있다. 이런 테스트를 뒷받침해 주는 내용들도 많은 것을 볼 수 있다. 하지만 결국 그들이 증언하는 내용들이 하나님이 권위를 부여하신 말씀이라는 사실 때문에 우리는 입을 다물 수밖에 없게 된다.

우리가 사도들의 증언을 성경에서 빼 버리고 그들의 말에 귀를 기울이지 않는다면 과연 예수 그리스도에 대해 얼마나 제대로 배울 수 있겠는가? 그저 건방지고 오만한 죄만 들추어 낼 뿐이다. 19세기경 사람들이 책상에 앉아 '역사 속의 예수'에 대해 재정립하는 고등 비평 운동을 전개했다. 과연 이들이 사도들의 증언을 제외시키면서 무엇을 얻었겠는가?

우리가 올바른 진리를 배우기 위해서는 이들의 증언으로 돌아가야만 한다. 이들의 모든 증언, 각각의 완전한 증언들을 묶어 하나의 간증으로, 하나의 증언으로 우리는 갖고 있다. 우리가 하나의 증언 중 일부를 제하여 버린다면 한쪽으로 기울어지게 될 것이다. 우리의 선택이란 모든 증언이 묶여 하나가 된 이 말씀을 전체로 다 받아들이거나 아니면 전체를 다 부인하거나 하는 것이다.

따라서 우리는 최우선적으로 이 증언을 받아들여야만 되고 그 다음에 증언을 믿는 결과로 경험을 받아들여야 한다. 하나님께 감사한 것은 하나님의 말씀이 경험에 의해 지원받을 수 있다는 것이다. 물론 이미 말했듯이 경험이 말씀을 지원하는 그 이상은 결코 될 수 없다는 전제하에서이다. 여러분의 신앙 생활을 경험에 기초하지 말기 바란다. 여러분이 경험에 의존하는 신앙 생활을 유지한다 해도 언젠가는 환상에서 깨어난 사람처럼 정신을 차리게 될 것이기 때문이다. 우리에게 주어진 증언 위에 우리의 믿음을 견고히 하자. 그러면 우리에게 주어지는 경험들이 진정한 것이 될 것이다.

다음 세 번째 원리로 넘어가 보자. 이 원리야말로 가장 중심이 되는 것이다. 먼저 복음은 선포요 당당하게 보여 주는 것이라고 말했다. 그리고 이 복음은 사도적 권위에 기초한 것이라고 두 번째로 말했다. 이제 세 번째로 말하고 싶은 것은 복음의 내용이다. 과연 복음이 주는 메시지가 무엇인가? 우리가 본문에서 찾을 수 있는 이 질문에 대한 답은, 복음의 본질은 예수 그리스도라는 것이다.

사도 요한은 "이것이 내가 할 말이다. 이렇게 힘들고 어려운 세상에 사는 사람들에게 무슨 말을 할 수 있겠는가? 하지만 나는 매우 놀랍고 도저히 믿기 어려운 것을 말할 수 있다. 나는 이 사실을 제외하고는 말할 것이 아무것도 없다. 그것은 바로 생명의 말씀이 육신을 입고 우리 가운데 거하셨다는 사실이다."라고 말했다.

사도 요한은 복음서에서도 그의 서신에 기록한 것과 별로 다를 바 없이 이렇게 기록했다. "우리가 그의 영광을 보니 아버지의 독생자의 영광이요 은혜와 진리가 충만하더라"요 1:14. 그는 요한복음 1:1에서 "태초에 말씀이 계시니라"고 시작했다. 여기에서 '태초에'라는 말은 무엇인가? 시간이라는 것이 존재하기도 전에, 시작도 없고 끝도 없는 영원한 것을 요한은 표현하고 있다. 우리의 삶은 시간의 한계 속에 존재하며 우리의 개념에 의해 제한받고 있다. 따라서 우리는 영원성이라는 것을 사실상 이해하지 못한다. 결국 우리가 이해하는 시간에 한계가 있기 때문에 그 영원성이라는 것을 설명할 때 '태초에'라는 표현을 하게 되는 것이다. 이 '태초에'라는 표현을 통해 시작이 없음을 의미할 수 있다.

어쩌면 이런 표현이 역설적으로 들릴지 모르겠지만 그 이상 더 좋은 표현도 없을 듯하다. '처음 시작부터 계셨던'이라는 뜻은 처음부터 지금까지 항상 존재했다고 말할 수도 있으며 끝이 없는 영원으로부터 나왔다고 말할 수도 있다. 즉 모든 것의 처음 존재라고 할 수 있는데 요한은 이 처음 존재에 대해 요한복음 1:1에서 다음과 같이 표현했다. "태초에 말씀이 계시니라 이 말씀이 하나님과 함께 계셨으니." 그는 말씀을 아버지와 함께 영원 전부터 계셨던 분으로 표현했다.

그리고 나서 이 말씀이 나타났다고 그는 말했다. 요한은 "우리가 들은 바요" 또한 "눈으로 본 바요" "우리의 손으로 만진 바라"고 설명했다. 여기에서 사용하는 단어들을 살펴보면 참으로 흥미롭다. 그가 사용한 단어들은 나름대로의 순서가 있다.

먼저 그는 우리가 들었다는 말했다. 그러고 나서 보았다고 했다. 우리는 목소리를 듣고 대충 누구인지 짐작할 수는 있지만 확실하게 말할 수는 없다. 하지만 그는 거기서 멈추지 않고 계속 설명하는데 언뜻 보기에는 똑같은 말을 반복하는 것같이 보여질지 모르겠지만 사실 그렇지 않다. 그는 자신이 한 말에 대해 추가적으로 보충 설명을 하고 있다. 먼저 그는 '눈으로 보았다'고 말하고 나서 '자세히 보았다'고 부언했다.

여러분은 '보았다'는 것과 '자세히 보았다'는 단어의 차이를 알 수 있다. 본다는 것은 우리 앞에 나타난 것의 결과로서 주어지는 것이다. 하지만 잘 생각해 보면, 앞에 나타난 것을 우리의 시각으로 단지 바라본 것을 자세히 보았다고 말하지는 않는다. 우리가 길을 걸어가다가 어떤 것이 갑자기 눈앞에 나타났을 때에 보게 된다. 그리고 그것을 그냥 보기만 하는 것이 아니라 자세히 살펴보게 된다.

바로 이런 입장에서 사도 요한은 말했다. "우리는 단순히 지켜보기만 한 것이 아니라 자세히 관찰해 보았다. 그냥 지나치면서 바라본 정도가 아니라 그분을 자세히 보고 그저 놀라움에 주저앉았다. 우리는 정말 자세히 그분을 지켜보았으며 손으로 직접 생명의 말씀이신 그분을 만져 보았다." 이 말은 마치 "그분이 우리를 떠나시기 전 모두 함께 모여 만찬을 나누었을 때, 나는 그분의 가슴에 기대어 앉아 그분을 만졌다."라고 요한이 말한 내용과 일맥상통할 수도 있다.

여기에서 사도 요한이 영지주의자들에 대해 어떻게 말하는가를 유심히 살펴볼 필요가 있다. 그리스도는 허깨비 같은 환영이 아니라는 것을 그는 말하고 있다. "말씀이 육신이 되었는데", "그분을 우리는 보았고 자세히 살펴보았고 그리고 직접 손으로 만져 보았다"라는 말씀에서 그는 그리스도의 육체는 환상이 아닌 실체라는 것을 분명하게 보여 주고 있다. 그분의 성육신은 사실이었다. '태초'부터 계셨던 그분이 현재 이곳에서 육신을 입고 계셨다는 말이다.

그는 또한 말하기를 그리스도가 돌아가셨다가 다시 살아나셨을 때에도 이전과 동등한 육신을 입고 계셨다고 했다. "우리의 손으로 생명의 말씀을 만졌다"는 말씀이야말로 가장 확실하고 지극히 합당한 설명이다. 여러분은 영원한 그리스도가 인간 예수가 세례받을 때 그에게 들어갔다가 그가 십자가상에 있을 때 떠났으므로 실제로 죽은 자는 인간 예수였을 따름이라고 말한 영지주의자를 기억하고 있을 것이다. 하지만 요한은 죽었던 자도 하나님인 동시에 인간이었던 분이셨고, 같은 육체를 입고 살아나신 자도 역시 하나님인 동시에 인간이었던 분이셨다는 것을 자신이 직접 만져 보았기 때문에 알 수 있다고 말했다. 여기에 바로 영지주의의 상상과 사도 요한의 사실에 근거한 주장과의 차이가 있는 것이 아니겠는가?

우리는 누가복음에서도 누가가 예수 그리스도가 부활 후에 육신으로 나타나셨다고 쓴 것을 볼 수 있다. 그 당시 사도들은 그분의 부활하심을 믿지 못했다. 그들은 예수님의 몸이 진짜 육신이 아니라 영인 줄 알았다. 하지만 주님은 그들에게 "내 손과 발을 보고 나인 줄 알라 또 나를 만져 보라 영은 살과 뼈가 없으되 너희 보는 바와 같이 나는 있느니라" 눅 24:39고 말씀하셨고, 요한은 기록하기를 그 부활하신 예수님을 "우리가 만져 보았다"고 했다.

진정 예수님은 육체로 부활하셨다. 그분이야말로 죽음을 정복하고 다시 살아난 하나님의 아들이시다. 그분이 바로 하나님이시자 동시에 인간의 속성을 함께 소유했던 분이시다.

이런 논리를 바탕으로 요한은 복음서의 서두에서 "우리가 그의 영광을 보니" 요 1:14라고 말할 수 있었다. 내가 볼 때는 그의 기억 속에 변화산에서의 모습도 역시 자리 잡고 있었을 것이다. 예수님이 변화되었을 때 참으로 놀라운 영광된 모습을 하고 계셨기 때문이다. 바로 이런 모습의 예수님을 "우리는 보았다"고 요한은 말하면서, "우리는 이 모습을 한번도 잊어 본 적이 없으며 부활의 영광도 늘 기억하고 있다. 우리가 보았고 확실하게 자세히 살펴본 바이기 때문이다."라고 말할 수 있었다.

이것이 복음의 전체 메시지이다. 예수님은 영원의 시간대를 떠나서 현재의 시간대에 들어오셨다가 다시 영원으로 들어가셨다. 요한의 말을 정리하자면 다음과 같다.

"내가 여러분에게 전파하는 말씀이란 본질적으로 다음과 같은 것이다. 여러분이 사는 이 땅은 문제도 많고 곤고와 어려움도 많은 곳이다. 그런데 바로 이 땅에 하나님의 아들이 몸소 오셨다. 나를 비롯한 사도들은 그분을 보고 그분의 말씀을 듣고 심지어 그분을 만져 볼 수도 있는 지극히 놀라운 특권을 누릴 수 있었다. 하나님의 아들이신 하나님 그분이 우리 가운데 거하셨다. 참으로 그로 인해 모든 것이 바뀌었다. 이 놀라운 사실을 여러분에게 말하기를 진심으로 원한다. 하늘에 계신 아버지와 그분의 아들 예수 그리스도에 관해 우리가 겪었던 사실을 여러분과 함께 나누고 싶다."

그런데 여기서 한 가지 알아야 될 것은 요한이 복음서에서 강조하고자 했던 것과 이 서신서에서 말하고자 한 것에는 약간의 차이가 있다. 복음서에서는 나사렛 예수가 영원하신 하나님의 아들이심에 대해 강조한 반면 서신서에서는 이 사실 자체보다 이 사실이 의미하는 바에 대해, 이 사실이 우리에게 무슨 의미를 제시하는가에 대해 더 집중해 다루는 것을 볼 수 있다. 이런 이유로 그는 예수 그리스도를 '생명의 말씀'으로 표현했다. 생명의 말씀은 생명을 보여 줄 뿐 아니라 아울러 생명을 주시기도 한다.

결국 그가 하고자 한 것은 "하나님의 아들이 이 땅에 오신 것은 우리에게 하나님 아버지의 생명을 나타내 보여 주시기 위함이었다. 실제로 하나님의 생명은 우리 앞에 나타나셨고 밝히 드러나 보이셨다. 우리는 '나를 본 자는 아버지를 보았다' 요 14:9고 말씀하신 바로 그분, 즉 육신을 입고 오신 하나님을 보았다. 그분을 보라! 그러면 여러분은 하나님 아버지와 그분의 신적 생명도 볼 수 있게 될 것이다."라는 말이었다.

요한은 계속해 말했다. "하지만 우리는 거기서 멈춰서는 안 된다. 감사한 것은 하나님이 우리에게 영원한 생명을 계시해 주셨을 뿐만 아니라 그 영원한 생명을 나누어 주기 위해 오셨다는 사실이다." 여기에 대해 존 칼빈도 "하나님의 아들이 인간의 아들(인자)이 되신 것은 죄 많은 인간의 아들들을 하나님의 아들들이 되게 하기 위함이다."라고 말했다.

사도 요한은 선언했다. "예수 그리스도는 생명의 말씀이시다. 그 생명의 말씀이 우리에게 나타나신 바 되었고 우리가 바로 그분을 보았다." 이것이 서신서에서 말하고자 하는 중요한 주제이다. 이런 이유 때문에 그는 서신의 서두에서 독자들로 하여금 가끔 혼동하게 하는 말씀인 "태초부터 있는 생명의 말씀"으로 시작했던 것이다. 하지만 혼동할 필요 없이 태초부터 계셨던 말씀이란 바로 예수님으로 이해하면 된다.

다시 말해 그가 이 글을 기록할 때는 마음속에 이미 말하고자 하는 핵심 내용을 간직하고 있었는데, 그것은 복잡하고 어려운 이 세상에 사는 우리에게도 신적 생명을 소유할 가능성이 있다는 것이다. 아니 가능성이 아니라 우리는 진실로 하나님의 생명을 소유할 수 있다는 것이다.

이 신적 생명은 영원부터 예수 그리스도 안에 소유되어 있었는데 이 신적 생명을 소유하신 예수 그리스도가 이 세상에 오셨고 그 생명을 우리에게 드러내 보여 주셨다고 요한은 설명했다. 또한 그는 이 신적 생명을 여러분과 내가 받을 수 있다고 했다. 여러분과 내가 신적 성품과 신적 생명을 받을 수 있고 참여할 수 있다는 놀랍고도 영광스러운 말씀을 하는 것이다.

이것이야말로 우리를 피곤하게 하고 지치게 만드는 이 세상에 있는 그리스도인의 교회를 향한 말씀이다. 이 세상에는 어떤 일들이 일어나고 있는가? 오늘날의 정부가 그들이 할 수 있는 최선의 것을 한다면, 그것이 그들의 일인 이상 간섭할 필요가 없다. 하나님도 정부의 법과 질서를 지키도록 명령하셨기 때문이다. 그러므로 정부가 질서를 위해 규율을 만들면 간섭할 필요가 없다. 오히려 그리스도인은 이 나라뿐 아니라 어느 나라에서든지 그 법을 준수하려고 최선의 노력을 기울여야 된다.

하지만 복음의 메시지는 인간 생활에 필요한 질서를 위해 기울이는 모든 노력이 실패한다 할지라도 예수 그리스도를 믿는 한, 우리는 하나님의 자녀로서 그리고 결코 흔들리거나 끝이 있을 수 없는 하늘 왕국의 시민으로서 살 수 있다는 것을 말씀하고 있다.

우리가 보고 들은 바를 너희에게도 전함은 너희로 우리와 사귐이 있게 하려 함이니
우리의 사귐은 아버지와 그의 아들 예수 그리스도와 더불어 누림이라 _ 요일 1:3.

Chapter 5

그리스도인의 경험

본문 말씀에서 사도는 자신의 첫 번째 서신에서 독자들에게 말하고자 하는 주된 목적들 중 한 가지에 대해 처음으로 명확하게 표현하는 것을 볼 수 있다. 물론 가장 중요하고 기초적인 서신 기록의 이유는 이미 살펴보았던 대로 "이것을 씀은 우리의 기쁨이 충만하게 하려 함이라"이다. 요한이 주장하는 바는, 오늘날과 같이 힘들고 어려운 세상에서 사는 우리가 참된 기쁨을 소유할 수 있는 첫 번째이자 절대적 본질은 하나님의 영원한 생명 안에서 교제와 친교를 나누는 놀랍고도 영광스러운 가능성이 우리에게 제시되어 있다는 것을 인식해야만 된다는 것이다.

이제 우리는 이 서신 전체의 기본 주제 중 한 가지를 살펴보게 될 것이다. 이것은 신약성경 전체에서도 중요한 주제가 될 수 있다. 어쩌면 신약성경의 여러 주제 중 가장 심오하면서도 가장 어려운 것일지도 모른다. 신약성경 중 핵심 메시지가 되기 때문인지 오늘날에 이르기까지

우리의 영혼을 거스르는 적에 의해 이 주제는 자주 잘못 이해되고 잘못 해석되는 것들 중의 하나가 되어 왔다.

나는 이 서신이 다른 어떤 것보다도 '교제'라는 단어에 관련된 많은 이단과 많은 오류가 있었다고 본다. 그렇다고 이 주제를 다루면서 공포와 두려움을 가질 필요는 없다. 단지 빠지기 쉬운 함정이나 주위에 있는 위험 요소를 인식하고 조심하여 접근하면 된다. 사실 이 주제야말로 모든 진리 중 가장 영광되고 놀라운 진리라고 말할 수 있다. 모든 다른 교리나 다른 모든 진리의 내용도 어떤 면에서는 궁극적으로 이 주제를 이끌어 내는 역할을 하는 것으로 볼 수 있기 때문이다.

이 주제가 워낙 큰 것인 만큼 너무 서둘러 다룰 수는 없다고 본다. 여러 각도에서 볼 수 있겠지만 먼저 나는 사도 자신이 한 말에 접근해 봄으로써 이 주제를 다루어 보고자 한다.

여기에 인생의 말년에 접어든 한 노인이 있다. 그 노인이 여러 그리스도인에게 편지를 쓰고 있다. 여러 그리스도인 중에는 노인층도, 중년층도, 젊은층도 있을 것이다. 우리는 다음 2장에서 사도가 "아비들아!" 또는 "청년들아!" "자녀들아!" 등등으로 분류해 부르면서 그들에게 필요한 글을 쓴 것을 볼 수 있을 것이다.

어쨌든 사도는 그들이 사는 세상에 함께 거하면서 참으로 힘든 고난을 겪은 사람이었기 때문에 이 세상에 대해 잘 알고 있었다. 그는 그들이 이 세상과 싸우고 있음을 알았으며, 어떻게 견뎌 내고 있는가에 대해서도 잘 알았기 때문에 그들을 격려하기 위해 이 글을 썼다. 그러기에 그는 시작 부분에서 그들에게 줄 참으로 놀랍고 기가 막힌 그리고 엄청난 메시지를 갖고 있다고 진술했다.

우리가 이미 생각해 보았듯이 그는 먼저 예수 그리스도의 성육신과 부활하신 사실에 대한 확실성을 선언했다. 그리고 나서 왜 하나님의 아들이신 그리스도가 이 땅에 오셔야만 했는가를 전반적으로 다루고 있다. 즉 그리스도를 믿는 자들에게는 영생이라는 놀라운 선물이 주어진다는 내용이다.

영원한 생명에서 '영원한'이란 말은 지속적인 기간만을 의미하는 것이 아니라 그 이상의 의미를 내포하고 있다. 다시 말해 영생이란 말을 거론할 때는 영원한 삶의 질적 수준도 포함하고 있다는 것이다.

이 세상에서의 삶은 잠깐이고 제한된 것이다. 우리가 죽음을 거론할 때 이 세상의 삶은 살아 있는 죽음, 즉 살아 있기는 하지만 사실상 죽은 것과 다를 바 없는 삶을 의미한다고 보면 된다. 하나님을 떠난 생명은 사실상 생명이 아니기 때문이다. 그것은 존재하고 있다는 의미만을 제시할 뿐이다. 그래서 우리는 '생명'과 '존재'를 구별해야 된다.

여러분은 주님이 요한복음 17:3에 기록된 것과 같이 참으로 높으신 제사장으로서 하나님께 기도드린 것을 기억할 것이다.

"영생은 곧 유일하신 참 하나님과 그가 보내신 자 예수 그리스도를 아는 것이니이다."

영생을 논할 때는 언제나 이와 같은 내용이 따르기 마련이다. 이미 말했듯이 하나님을 떠나서는 사실상 죽은 것과 다를 바 없기 때문이다. 우리는 죄 중에 태어나서 살아왔다. 하지만 영적으로 다 죽은 자들이다. 이는 영원한 생명만이 참 생명이기 때문이다. 영생은 영원하고 끝이 없는 삶일 뿐만 아니라 이 세상에서 죽음을 늘 생각하면서 사는 힘든 삶과는 분명하게 질적으로 차이가 나는 진짜 생명이라는 말이다. 바로 이것에 대해, 즉 예수 그리스도를 믿는 사람은 누구든지 영생을 얻을 수 있다는 사실에 대해 요한은 기록하고 있다.

이 부분에서 한 가지 꼭 강조하고 싶은 것이 있다. "우리가 보고 들은 바를 너희에게도 전함은 너희로 우리와 사귐이 있게 하려 함이니"에서 '너희로 우리와 사귐이 있게 하려 함이니' 부분을 유의해 살펴볼 필요가 있다.

앞으로 우리는 뒤에 나오는 "우리의 사귐은 아버지와 그의 아들 예수 그리스도와 더불어 누림이라"에 대해서도 살펴볼 것이지만 사도 요한은 먼저 "내가 이 글을 너희에게 쓰는 이유는 우리가 경험한 것을 너희와 함께 나누기 위함이다."라고 말하고 있다. 그는 그와 다른 사도들이 보고 듣고 느끼고 손으로 만져 본 결과로서 그리고 예수 그리스도를 믿은 결과로서 경험되고 주어진 것들을 다 나누기를 원하고 있음을 말하는 것이다.

이제 우리는 일종의 예비 과정으로 그리스도인이 갖는 경험에 대해 생각해 보고자 한다. 우리는 좀더 정확하게, 자세히 이 경험이 무엇인가를 살펴보기 전에 먼저 일반적으로 생각해 보는 것이 좋을 것 같다. 어쩌면 다루지 않으면 안 될 것으로 보여지는, 여기에 관련된 여러 문제점의 유형에 대해 우선적으로 생각해 보는 것이 최선의 방책이 아닐까 싶다. 신약성경에 근거해 생각해 볼 때 사도 요한이 자신에 대해 그리고 다른 사도들에 대해 언급한 내용은 우리 모든 그리스도인에게 틀림없는 진리의 말씀이다.

첫 번째로 그리스도인은 자신이 무엇을 갖고 있는지를 아는 사람이다. 다시 말해 그리스도인의 경험이란 분명하고 명확한 것이라는 말이다. "우리가 보고 들은 바를 너희에게도 전함은 너희로 우리와 사귐이 있게 하려 함이니"라는 말씀이 이를 증명하고 있다. 자신이 그들이 무엇을 갖고 있는가에 대해 잘 알지 못한다면 어떻게 다른 사람들에게 그들의 것을 나누어 주기를 원할 수 있겠는가?

따라서 그리스도인의 경험은 애매모호하고 확실하지 않은 어떤 것이 아니라는 사실을 우선 출발점으로 놓아야 되겠다. 즉 그리스도인의 경험은 설명될 수 없는 어떤 것이 아니라 충분히 정리되고 정의될 수 있는 것으로서, 그리스도인은 자신에게 일어난 일에 관해 하나도 명확하지 않은 것 없이 경험을 통해 얻은 것과 자신의 위치에 대해 충분히 인식한다는 말이다.

마치 사도 요한이 "우리가 이것을 씀은 우리의 기쁨이 충만하게 하려 함이라"고 말하면서 자신이 얻은 바로 그것을 우리와 함께 나누기를 원했던 것처럼, 여러분도 사도 요한이 나누기를 원했던 그 내용을 확실하게 알고 있어야 다른 사람에게 우리가 가진 것을 함께 나누자고 초청할 수 있을 것이다. 그렇지 못하다면 다른 사람을 초청할 수 없게 된다.

이것은 너무 기초적인 것이어서 더 이상 설명할 필요가 없음에도 이것을 강조하고 이것부터 시작하는 이유는, 모든 사람에게 그저 주어지는 것이 아니라 오직 그리스도인에게만 주어지는 것이라는 사실과, 이것과 연관되어 많은 질문이 있어 왔기 때문이다.

지금 다루는 것은 구원의 확신이라는 신약에서 매우 중요한 교리이다. 이 교리야말로 언제나 적지 않은 비평의 대상이 되어 왔다. 사람들은 이 교리를 늘 가정으로만 대해 왔다. 그들의 주장이란 이 교리, 즉 구원의 확신에 관한 한 누구도 함부로 자신 있게 말할 수 없다는 것이다. 구원의 확신을 이야기하는 것은 불가능하다는 말이 되기도 한다.

그들에 의해 우리는 진리 탐구라는 이름 아래 거론되는 여러 감상적인 말을 들어 왔다. 그들은 진리 탐구를 흥미진진하게 이야기하면서 그리스도인에 대해서는 높은 산을 찾는 산악인 정도로 표현했다.

하지만 신약성경에는 감상적 진리 탐구나 높은 산을 흥미로 찾아보는 등산가의 호기심 같은 것은 일체 없다. 여기에는 확실한 어조의 분명한 말씀이 있을 뿐이다. "이런 것에 대해 우리가 증거하노라."고 사도 요한은 말하면서 "내가 진리를 탐구하며 구했기 때문에 여러분에게 말하는 것이 아니라 내가 그 진리를 찾아내었기 때문에 말하는 것이다. 내가 진리를 찾지 못했다면 이 글을 쓸 수 없었을 것이다. 나는 여러분도 내가 경험한 것과 똑같은 것을 경험하기 원한다."라고 했다.

우리가 분명히 알 수 있는 것은, 그는 진리를 찾으려고 노력하고 갈망하고 단순히 원하는 정도가 아니었다는 것이다. 그가 이 글을 쓸 때의 자세는 다음과 같은 것이 결코 아니었을 것이다.

"나는 늙은이이다. 이렇게 인생의 말년까지 살아오면서 나는 늘 언젠가 죽기 전에 이 땅에 천국이 나타나서 이런 모든 것에 대한 이해가 어느 날 갑자기 분명해졌으면 하고 바랐다. 하지만 나는 죽었다가 다른 세계에서 깨어날 때까지 기다려야만 이런 것들을 제대로 보고 이해할 수 있을 것 같은 생각이 든다."

다시 말하지만 사도 요한의 입장은 이런 것이 결코 아니었다. 그는 자신이 아는 것에 대해 말했으며 그가 경험했던 것에 대해 기록했다. 그리스도인은 구원받기를 원하는 정도의 차원에 있는 남성과 여성이 아니라 구원을 이미 경험하고 얻은 자들이라는 말이다. 그들에게는 이미 얻은 것에 대한 불확실성이라는 것은 없다. 디모데후서 1:12에 기록되었듯이 "내가 믿는 자를 내가 알고" 있는 확실함이 그들에게 있다. 사도 요한은 바로 이것을 소유했고 이것에 대해 기록하고 있다.

따라서 구원의 확신은 기초적이고 근본적인 것임을 부인할 수 없다. 내가 확실히 믿기에 그리스도인의 삶에 존재하는 문제들 중의 상당수가, 또한 우리를 불행하게 하는 대부분의 것들과 초대교회의 그리스도인이 경험했던 것들을 경험하는 데 실패하는 대부분의 이유가, 죄악의 결과로 앞에서 설명한 구원의 확신 교리를 본성적으로 거스르는 잘못된 선입관에 기인한 것이라고 본다.

말씀의 가르침에 기초하여 생각해 볼 때, 말씀을 기록한 자들이나 기록된 말씀을 듣고 읽는 자들이 이 구원의 확신에 대해 확실하게 알지 못하고 자신이 없다면, 하나님의 말씀을 읽고 이해할 수 없는 것은 너무나도 자명한 사실이다. 우리가 가진 것에 대해 애매모호하게 아는 한, 확신을 갖지 못하는 한 구원을 통해 주어지는 참된 기쁨도 역시 알 수 없다.

지금 나는 구원의 확신 없이는 그리스도인이 될 수 없다는 것을 말하는 것이 아니다. 내가 말하고자 하는 요점은 신약성경에서 말씀하는 참된 기쁨을 소유하기 원한다면, 수세기에 걸쳐 많은 성자가 누렸던 그런 기쁨을 소유하기 원한다면 구원의 확신을 소유해야 한다는 것이다.

하나님께 감사드리는 것은 그분의 무한하신 은혜 덕분에 우리는 이와 같이 중요한 것들을 잊어버리고 살 때가 많지만 그래도 그리스도의 날개 안에 품어 주고 계신다는 것이다. 구원의 확신이 구원받는 데 본질적인 것은 아니라 할지라도 구원의 기쁨을 누리는 데 본질적인 것이라는 사실이다.

두 번째로 그리스도인은 그들이 가진 것을 알고 있는 자들일 뿐만 아니라 그들이 소유한 것을 다른 사람들에게 나누어 주려고 노력하는 자들이다. 다른 사람들에게 자신이 가진 것을 진정으로 나누어 주기를 원한다는 그 자체가 그들이 무엇인가를 소유하고 있음을 확인시켜 주는 것이 된다.

이런 마음은 다음 구절에서 볼 수 있다. "우리가 보고 들은 바를 너희에게도 전함은 너희로 우리와 사귐이 있게 하려 함이니." 사도 요한은 이 글을 읽는 독자들이 그를 비롯해 동료 사도들이 보고 듣고 소유한 놀라운 것을 함께 소유하기를 진심으로 원했다. 바로 이런 자세가 그가 소유한 것에 대한 확신을 보여 주는 으뜸 가는 증거가 아닌가 한다. 그래서 요한은 자기와 같은 경험을 하고 그것을 온전히 인식하는 그리스도인은, 그 놀라운 사실을 다른 이들과 나누어야 할 것에 대해 가르치고 있는 것이다.

우리는 지금 신앙인에게 너무나도 중요한 사실들, 즉 신앙인의 삶을 측정할 수 있는 시금석 같은 것을 다루고 있다. 이 부분에 관한 한 토론도, 더 이상의 설명도 부언할 필요가 없다. 우리가 명심해야 될 것은 다음과 같다.

현재 하나님이 주시는 영원한 생명을 경험하고 있는 사람이나, 항상 사람들을 파멸시키려 하는 죄악의 사슬에 묶여 고통을 겪는 상태에서부터 놓임을 받아 기쁨의 삶을 누리는 것이 어떤 것인가를 아는 사람이나, 이 세상의 본질과 이 세상의 삶을 이해하고 극복해 온 사람이나, 죽음을 두려워하지 않고 오히려 때로는 죽음 저편을 바라보며 영광 중에 계신 예수 그리스도와 함께 있기를 사모하는 사람들은 남녀노소 할 것 없이 자신이 경험한 중요한 사실들을 다른 사람들도 똑같이 경험하고 소유할 수 있도록 도와주고 싶어한다는 사실이다.

이런 이유 때문에 신약성경을 읽으면 자신이 소유한 것을 다른 사람들과 나누고자 하는 소원과 마음가짐이 그리스도인의 신앙과 삶을 측량하는 하나의 잣대 역할을 하는 것을 볼 수 있다.

나는 진정 내가 가진 이 귀한 것을 다른 사람도 가져야만 된다고 생각하고 있는가? 나는 진정 이런 것을 소유하지 못하고 경험하지 못한 주변 사람들을 바라보면서 마음 아파하고 있는가? 이런 질문을 통해 우리는 자신을 테스트해 볼 수 있다. 사도 바울의 서신 중 다음과 같은 귀한 말씀이 있다.

> "헬라인이나 야만인이나 지혜 있는 자나 어리석은 자에게 다 내가 빚진 자라 그러므로 나는 할 수 있는 대로 로마에 있는 너희에게도 복음 전하기를 원하노라" 롬 1:14-15.

> "그리스도의 사랑이 우리를 강권하시는도다" 고후 5:14.

> "만일 복음을 전하지 아니하면 내게 화가 있을 것이로다" 고전 9:16.

그가 이런 말을 할 수 있었던 것도 말로 표현할 수조차 없을 정도의 초자연적 경험을 했을 뿐만 아니라 복음을 통해 주어지는 여러 귀한 것을 겪어 보지 못한 자들에 대한 동정과 안타까운 마음을 가졌기 때문이다. 다시 말해 그리스도인은 예수님이 사람들을 바라보면서 그들이 마치 목자 없는 양들과 같다는 생각에 몹시도 민망히 여기면서 안타까워하시던 바로 그 모습을 본받아야 한다. 바로 이 모습이 어둠 속에서 살아가는 자들에 대해 마음 아파하던 신약성경에 나오는 예수 그리스도의 제자들의 모습이었던 것이다.

이 시점에서 나는 여러분에게 질문하고 싶다. 지금 앞에서 말한 귀한 경험들에 대해 별로 관심도 없고 주의도 기울이지 않는 사람에 대한 우리의 자세는 어떠한가? 우리는 그들에게 진정 연민의 정을 느끼는가?

여러분은 우리가 소유한 것을 그들도 소유하게 하기 위해 우리의 할 수 있는 모든 것을 해야 된다는 사실을 알고 있는가? 본질적으로 그리스도 안에 속해 있는 자들이 갖게 되는 것이 이와 같은 선교사적 마음가짐이다. 즉 자신이 소유한 귀한 것들을 다른 사람과 나누기를 필연적으로 소원하게 된다는 말이다. 이것이 그리스도인에 대한 정의요 또한 그리스도인의 입장이다.

세 번째로 모든 신자의 삶에서 경험되는 것은 본질적으로 같은 것이라는 점이다. 이 원리에 근거해 그리스도인의 경험을 테스트할 수 있으며, 요한일서의 전반적 목적도 바로 이와 같은 테스트를 하는 것이라고 말하는 사람도 제법 있다는 것을 생각해 볼 때, 이 원리는 매우 중요하다. 요한일서에 대한 유명한 주석이 로버트 로에 의해 기록되었는데, 그는 주석의 제목을 『생명에 대한 테스트』라고 붙였다.

지금 내가 다루는 주제는 매우 중요하다. 그러기에 다음과 같이 생각해 보자. '사도는 독자들에게 자신과 다른 사도들이 경험하고 소유한 것을 함께 나누기를 원한다고 말했다. 다시 말해 우리는 다음과 같은 근본 규율을 전수받아 왔다는 것이다. 즉 사도들이 경험한 것을 경험하지 못한 어떤 사람도 그리스도인이라고 칭함을 받을 수 없다는 것이다.'

실제로 사도 요한은 "우리가 증인이다. 우리는 보았고 손으로 만져 보았고 말씀하시는 것을 직접 들었다. 그분은 성령을 우리에게 주셨으며 우리는 그분으로부터 축복을 받았다. 이제 여러분 모두가 와서 우리가 말하는 것을 듣고 우리가 가진 기쁨과 놀라운 경험을 함께 나누기를 바란다."라고 말하는 것을 볼 수 있다. 여기에서 같은 경험에 대해 말하고 있다.

내 생각에 이 원리는 역사적 사실로 확증할 수 있다고 본다. 여태까지 있어 온 모든 진정한 부흥은 1세기의 초대교회로 돌아가는 것이었다고 하는데 나도 그렇게 생각한다. 여태까지 일어난 모든 각성 운동이란 사도행전에서 묘사하는 초대교회에 있었던 운동으로 돌아가는 것이었다. 여러분이 교회 부흥사를 잘 읽어 보면 이 말이 맞다는 사실을 인정하게 될 것이다. 부흥 운동이 참으로 놀라운 방식으로 사도행전에 나오는 초대교회의 테두리 안에서 전개된 것을 볼 수 있다.

부흥은 계속해 반복된 것이고, 수세기에 걸쳐 일어난 부흥은 늘 같은 형태의 성격을 갖고 있었다. 같은 종류의 현상들과 경험들과 결과들뿐이었다. 언제나 초대교회 때 경험으로 돌아가는 것으로서 사도 요한이 본문에서 말하는 경험들, 즉 자신을 비롯해 다른 사도들이 경험한 것을 나누고 그 경험에 참여한 것을 말했다.

또 다른 면에서 설명할 수 있다. 교회 안에 알려진 유명한 성인의 자서전이나 전기를 살펴보면 너무나도 똑같고 유사하며 공통된 요소를 볼 수 있게 된다. 교회사를 읽어 보면 이런 요소가 계속해 반복적으로 나타나는 것을 보는데 참으로 재미있는 일이라고 생각한다.

예를 들면 성령의 역사를 통해 구원의 놀라운 경험을 하게 된 마르틴 루터가 기독교 교리를 세워 나가는 중에 성 어거스틴의 글에서 자신이 새로 깨닫게 된 사실에 대해 이미 말한 것을 보면서 깜짝 놀라거나 매우 흥미진진해 했을 것이다. 성 어거스틴 역시 사도 바울이 한 말을 자신이 되풀이하고 있다는 사실을 알았을 것이다. 이런 식으로 같은 것이 역사를 통해 되풀이되어 왔다.

그런 시각에서 보면 그리스도인의 경험은 개인에 따라 다양한 것이 아니다. 내가 의미하는 바를 좀더 명확하게 설명함으로써 안전 장치를 설치하고자 한다. 내가 말하려는 바는 경험에 이르게 하는 수단까지도 똑같아야 한다는 것이 아니다. 예배 중에 하나님을 만난 사람도 있고, 하나님의 말씀을 읽는 중에 하나님을 찾은 사람도 있다. 수단은 그리 중요한 것이 아니다. 내가 지금 말하고자 하는 바는 경험에 이르는 수단에 대한 것이 아니라 경험 바로 그 자체이다. 왜 이렇게 강조하는가 하면 심리학에 의해 기독교의 입장이 공격받을 때 마지막으로 유일하게 대답할 수 있는 것이 바로 경험 그 자체이기 때문이다.

심리학자들은 "사람들이 경험하는 것은 그들의 기질과 관계된다. 사람들의 기질과 심리적 작용에 따라 각각 다른 경험을 하기 때문이다."

라고 말한다. 하지만 그리스도인의 경험이 참으로 놀라운 것은 선천적으로 타고난 심리 작용이 어떠하든, 기질이 어떠하든 간에 모든 그리스도인은 본질적으로 피차간에 같은 경험을 하고 있다는 사실이다.

사도들 안에도 여러 성격이 있었다. 충동적 성격을 소유한 사람도 있었고, 논리적인 사람도 있었고, 문제가 있는 사람도 있었다. 하지만 그들 모두 한결같이 공통된 경험을 했다는 것은 참으로 귀한 사실이다. 그리스도인의 믿음은 문제가 있는 자를 기쁨을 소유한 자로 바꾸어 놓았다. 원래 비관적인 사람이라 할지라도 그리스도인의 경험을 한 자는 환난 중에서도 기쁨을 유지할 수 있게 된다. 개인의 성격이나 기질에 상관없이 그리스도인이면 모두 한결같이 이런 경험을 가진다. 사람에 따라 또는 시대에 따라 경험의 내용이 바뀌는 것이 아니라는 사실이다.

현재 20세기를 사는 사람들이 짓는 죄 중에 으뜸가는 죄는 오늘날의 우리와 같은 사람들은 없었다고 믿는 것이다. 우리는 사실상 문화적이고 개발된 시대에 살고 있다. 이런 이유로 우리는 "과거의 위대한 사람들은 어떤 특별한 것을 경험하고 믿었지만, 환경과 배경이 전혀 다른 시대에 사는 우리는 20세기에 알맞은 또 다른 특정한 것을 경험해야지 과거 시대로 돌아가 그들과 똑같이 경험할 수 없다."고 말을 한다.

다시 한번 말하지만 그리스도인의 경험은 한 시대에 제한된 것이 아니라 시간대를 초월해 있는 것이라는 사실을 알아야만 한다. 각 시대에 살았던 신앙인들을 조사해 보면 그들의 경험이 한결같이 똑같았다는 사실을 알게 될 것이며, 따라서 오늘날 가장 필요한 것은 우리도 1세기의 바로 그런 경험을 소유하는 것이라는 사실을 깨닫게 될 것이다.

우리가 왜 이것에 대해 강조하고 있는가? 그 이유는 먼저 우리의 경험은 주관에 기인한 것이 아니라는 사실을 말하기 위해서이다. 오히려 우리의 경험은 객관적 진리에 대한 믿음의 바탕 위에 주어지는 결과라는 것이다. 주관적으로 체험되는 경험은 개인에 따라 다르고, 때에 따라 다르고, 환경에 따라 다를 수 있다. 하지만 우리가 체험하고 소유한 경험은 객관적 진리에 터전을 두기 때문에 모든 그리스도인에게 한결같이 공통된 것이다. "태초부터 있는 생명의 말씀에 관하여는 우리가 들은 바요 눈으로 본 바요 자세히 보고 우리의 손으로 만진 바라"요일 1:1.

사도 요한은 "나와 동료 사도들이 기가 막힌 경험을 했다."라고 말하지 않았다. 그는 "우리가 본 바와 들은 바"라고 설명했다. 즉 모든 것이 그리스도로부터 기인한 것이라고 말했다. 따라서 그들의 경험은 객관적 진리에 기초하고 있는 것이며 객관적 진리에 대한 반응으로 주어지는 것이었다. 그들의 경험이 주관적인 것이 아니었기 때문에 우리도 같은 요소를 갖고 있는 것이다.

다음으로 그리스도인의 경험은 객관적 진리 위에 기초하고 있을 뿐만 아니라 언제나 그리스도에 기초하며 언제나 오직 그분으로부터 나오는 같은 진리에 기초하고 있다는 것이다. 우리는 사도 요한이 그리스도를 본문의 제일 처음에 기록한 것을 보았다. 모든 것이 그분과 관계되어 있다. 우리의 경험은 언제나 같은 진리에 기인한 경험이기 때문이다. 그러므로 우리의 경험은 본질적으로 같을 수밖에 없다. 왜냐하면 원인이 같으면 결과도 같기 때문이다.

다른 말로 표현하면 그리스도인의 경험은 영원한 생명을 얻는 것에 기초를 둔다고 할 수 있다. 즉 하나님이 그리스도 안에서 영원한 생명을 주시는 분이라고 믿는다면, 주시는 분도 같은 하나님이시고 우리가 받는 선물도 같은 영생이므로 자연적으로 경험도 같다는 것을 인정하지 않을 수 없다.

그리스도인의 경험이 이해의 능력이나 행위나 노력에 근거하고 있다면 그것은 같을 수 없다. 지적인 사람이냐 아니냐에 따라서도 역시 다른 경험을 하게 될 것이다. 하지만 감사한 것은 우리 모두는 예외 없이 하나님에게서만 나오는 같은 구원을 무조건적 선물로 받았다는 것이다. 우리는 영원한 생명이라는 같은 선물을 같은 분 우리의 하나님으로부터 받았다. 그러기에 우리는 본질적으로 같은 경험을 할 수밖에 없다는 것을 부인할 수 없다.

따라서 지금 내가 말한 것이 사실이라면 – 물론 사실임에 틀림없지만 – 어쨌든 우리가 소유하고 있는 경험은 점검받거나 테스트받을 수도 있다. 이 부분에 관해서는 요한일서를 강해하는 중 자주 언급하게 될 것이다. 요한은 경험을 테스트하는 것을 중요하게 생각했다. 나중에 여러분은 요한이 독자들로 하여금 영들을 테스트하고 입증하도록 권면하는 것을 볼 것이다.

그렇게 하는 데는 나름대로 이유가 있었다. 이유란 내가 이미 설명했듯이 초대교회 시절에 영지주의라는 잘못된 이단이 있었는데, 그 이단의 잘못된 사상들 중 한 부분이 바로 경험과 관련된 것이었다. 그들은 말하기를 "우리는 여러분이 질문할 수도, 점검할 수도 없는 엄청나게 놀라운 경험을 하였다."고 했다. 그들은 자신들이 한 경험을 아무도 질문할 수 없고 테스트해서도 아니될 비밀스러운 것으로 여겼다.

오늘날의 시대에도 아직 그런 사람들이 있다는 것을 알아야 한다. 그들은 이렇게 말했다. "나는 당신의 신학이나 교리나 신조 등에 흥미가 없다. 나는 어떤 일을 경험했는데 이것은 비밀스러운 것이기 때문에 점검받을 수 없다."

하지만 신약성경에 의하면 이것은 아주 잘못된 생각이다. 우리가 앞에서 언급했듯이 그리스도인에게 경험은 사도들의 경험을 반복하는 것이요, 같은 진리 위에서 같은 하나님이 같은 선물을 주시는 결과로 주어지는 것이기 때문에 우리가 테스트하고 질문해 볼 수 있다. 이것이야말로 잘못된 신비주의에 대한, 진짜 기독교의 가르침인 것처럼 위장되었으나 사실상 심리적이거나 심지어 정신병적인 잘못된 가르침에 대한 유일한 안전 장치가 될 수 있다.

이런 것은 1세기의 교인들에게만 해당되는 것이 아니라 오늘날 현대에 사는 우리에게도 관계되는 것이다. 오늘날 주위를 살펴보면 평범한 일반 교인을 위한 '높은 차원의 신앙 생활'을 하는 방법에 대해 안다고 주장하는 교사들을 볼 수 있다. 그들은 우리의 주의를 집중시키려고 노력하면서 자신들의 가르침은 놀라운 경험에 바탕을 두기 때문에 다른 사람들의 가르침과는 다를 것이라고 말한다. 그들은 자신들의 경험을 다른 사람은 이해할 수 없다고 말하면서도 자신들은 바로 그런 경험을 했다는 것을 강조한다.

사도가 그런 경험에 대해 말하고 있는가? 그렇지 않다. 그의 경험이란 객관적 진리와 가르침에 기초하고 있을 뿐이다. 따라서 테스트될 수 있으며 입증될 수 있는 것이다. 실제로 나는 우리의 경험이 테스트되어야 하고 입증되어야 한다고 주장하고 싶다. 그 이유는 우리를 유혹하는 자들이 있으며 적그리스도들이 있기 때문이다. 우리 주위에는 이와 같은 악한 영들이 있기 때문에 영들을 시험하고 입증해야 될 것이다.

이런 이유 때문에 데살로니가전서 5:21에서는 "범사에 헤아려 좋은 것을 취하고"라고 말한 것이다. 그러므로 우리가 진정한 그리스도인이라면 우리의 경험을 테스트하는 것을 싫어하기보다 오히려 환영하고 입증된 객관적 경험 안에서 기뻐해야 할 것이다.

물론 테스트의 기준은 하나님의 말씀 자체이다. 사도들의 기록과 그들의 증언과 간증이 바로 테스트의 척도가 된다. 우리의 경험이 신약성경에서 말하는 경험과 일치되지 않는다면 그것은 기독교가 인정하는 경험이 아니다. 그런 경험이 아무리 기가 막히고 흥미진진한 것이고 우리의 눈으로 환상을 보았다고 해도 성경 말씀과 부합되는 것이 아니라면 그리 크게 떠들 필요가 없다. 그것은 기독교가 인정할 수 있는 경험이 아니기 때문이다. 이런 견지에서 볼 때 경험을 테스트하고 입증하는 과정이 우리의 핵심 진리를 잡는 데 얼마나 중요한 것인지 모른다.

마지막으로 기독교의 경험은 모든 그리스도인에게 나타날 수 있다는 사실을 말하고 싶다. 요한 서신에서 "우리가 보고 들은 바를 너희에게도 전함은 너희로 우리와 사귐이 있게 하려 함이니"라고 한 것은, 사도들이 그리스도와 함께 있었다는 이유 때문에 그런 체험이 그들에게만 제한된 것이 아니라 모든 그리스도인이 공히 경험할 수 있다는 가능성을 제시하고자 하는 것으로 이해하면 된다. 이런 사실을 우리는 놓치지 말고 꼭 붙잡아야 될 것이다.

우리 중에는 다음과 같이 생각하는 사람도 있을 것이다. '내가 만일 예수님 당시에 살았다면, 그분을 보고 그분의 눈을 들여다보고 그분이 하시는 말씀을 들었다면 아마도 훨씬 더 쉽게 믿을 수 있을 것이다.'

하지만 이런 논리는 아주 잘못된 것이다. 사도 요한은 "우리가 보고 들은 바를 너희에게도 전함은"이라고 말했다. 즉 그는 이렇게 말하는 것이다. "우리가 경험한 바는 우리에게 가능했듯이 여러분에게도 가능하다. 여러분이 우리가 보았던 그분을 직접 보지는 못했다 해도 우리의 경험한 것과 같은 경험을 할 수 있다." 따라서 그리스도인의 경험은 첫째는 사도들에게 주어졌으며 그 다음에는 그리스도인에게 주어졌다는 것을 인정해야 할 것이다.

우리 중에 누구도 사도 바울이나 요한이나 베드로의 증언을 무시하면서 "그들은 경험할 수 있었는지 몰라도 그들의 경험이 오늘의 나와는 아무 상관없다."라고 말하는 사람이 없기를 바란다. 그들의 경험은 우리 모두를 위해, 바로 그리스도인을 위해 주어진 것이라는 사실을 명심해야 한다.

더 나아가 우리가 잊어서는 안 될 것은 기독교의 경험이란 어떤 특정한 성격의 소유자에게만 주어지는 것이 아니라는 사실이다. 종교성이 있는 사람에게만 주어지는 것이 아니라 모든 사람에게 주어질 수 있는 것임을 알아야 한다.

이미 생각해 보았듯이 우리의 경험이 본질적으로 같다고 설명할 수 있었던 이유가, 기독교의 경험을 제공해 주는 분도 같으며 그분이 주는 선물도 같다는 데 기초하기 때문에 기독교의 경험은 모든 사람을 위한 것이라고 말할 수 있다. 다시 말하지만 기독교의 경험이 우리의 성격이나 우리의 능력 같은 것에 기초하는 것이 아니라 온전히 주님, 즉 그분의 은혜와 언제든지 주시고자 하는 그분의 소원에 기초하는 것이기 때문에 우리 모두에게 가능한 것이다.

결론적으로 묻고 싶은 것은 "경험이란 무엇인가?"이다. 경험이란 하나님 아버지와 그분의 아들 예수님과 교제하는 것이다. 처음에 그리스도인은 우리가 소유한 것에 대해 알아야 된다는 사실을 살펴보았다. 따라서 다시 한번 질문할 수 있는 것은 "당신은 하나님을 진정 알고 있는가?"이다.

우리가 하나님을 안다면 다음과 같은 질문을 할 수 있다. "하나님을 아는 지식이 우리의 삶에서 그것을 다른 사람들과 나누고 싶은 소원을 갖게 해주었는가?" "신약성경에서 설명하는 경험에 대해 이해했는가?" "말씀을 읽으면서 '옛 사람'과 '새 사람'에 대한 의미를 알고 있다고 말할 수 있는가?" "말씀이 자신의 주관적 판단이나 경험에 의존하지 않고 좀더 객관적 경험에 대해 말하고 있다는 사실을 알며, 직접 보지 못했지만 그것에 대한 지식을 갖고 있고 또한 성령의 사역하심도 알고 있다고 말할 수 있는가?"

바로 이런 것이 구체적이고 테스트되어 입증될 수 있는 경험이며, 우리가 신약성경의 서신서에서 사도들이 기록한 경험에 참여할 수 있게 해주는 것이다.

아무쪼록 하나님이 은혜를 베풀어 주사 이런 진리의 조명 아래 우리의 경험을 입증해 주시기를 소원한다. 우리의 놀라운 경험은 본질적으로 같은 것이기 때문에 결코 여러 가지가 될 수 없다. 우리는 하나님을 통해 주어지는 영원한 생명과 하나님에 대한 지식을, 사도적 경험 안에서 함께 나누는 사람이라는 것을 다시 한번 확인하기를 원한다.

> 우리가 보고 들은 바를 너희에게도 전함은 너희로 우리와 사귐이 있게 하려 함이니
> 우리의 사귐은 아버지와 그의 아들 예수 그리스도와 더불어 누림이라 _ 요일 1:3.

Chapter 6
그리스도만을 통한 회복

사람들은 남녀 할 것 없이 그들이 사는 세상을 바라볼 때, 전쟁이 그칠 날 없고 예측할 수 없는 변동이 일어나며 소망을 주는 것 같으면서도 사실상은 소망이 아닌 것들과 모든 어려움과 고통으로 물들어 있는 것을 볼 때 의문에 싸이게 된다. 특히 외관상으로 드러난 것들을 지켜보며 불만스러워하는 사람들이나 이 세상의 돌아가는 것에 대해 관심을 갖고 유심히 바라보는 사람들은 다음과 같은 질문에 사로잡히곤 한다. "무슨 문제가 있는 것인가? 무슨 어려움이 있는 것인가? 도대체 이 세상이 왜 이런 모습으로 있어야 되는가?"

물론 비관적 질문이 제기되는 바로 이 시점에서 그리스도인은 특별히 중요한 말을 할 수 있다. 이때가 기독교 복음이 들어갈 적당한 시기라는 것이다. 당연히 오늘날과 같은 때에 각각의 그리스도인이 무엇인가 하도록 부름받은 것이 있다면 그것은 다른 어느 것보다도 복음의 말

씀을 선포하는 것이다.

문제투성이의 삶의 현장에 처해 있는 사람들에게 우리가 할 수 있는 것은 하나님의 말씀, 즉 복음의 말씀을 전하고 선포하는 것이다. 이해하기 힘들고 황당무계하고 예측들은 성취되는 것이 없고 모든 믿을 만한 소망도 다 땅에 떨어져 당황스럽기만 한 말세지말의 이 세상의 현주소가 바로 복음을 필요로 하는 때라는 것이다.

지금이 그리스도인으로서 우리가 복음을 들고 들어갈 때라면 이때야말로 특별히 요한일서가 가르친 내용을 들고 세상을 향해 선포할 때라고 말할 수 있다. 이미 우리가 살펴보았듯이 그리스도인은 현재 이 세상의 상태에 대해 놀라지 않는다. 오히려 이 세상의 삶에 대해, 전체적인 역사에 대해 종전에 갖고 있던 입장을 확인하게 될 것이다. 이 서신을 살펴보는 과정에서 이미 일깨움을 받은 것같이 우리의 세상을 향한 입장은 "온 세상은 악한 자 안에 처한 것이며"5:19와 같은 가장 기초적인 전제로 시작하기 때문이다.

시편 76:10을 보면 지금 우리가 생각하는 바에 대해 매우 완벽하게 묘사하고 있다. "진실로 사람의 노여움은 주를 찬송하게 될 것이요"라는 말씀이다. 다른 여러 가지 중에서 사람의 노여움이 특별한 방식으로 하나님을 찬양하게 될 것이라고 했다. 오늘날과 같은 세상을 생산해 낸 사람의 노여움이 하나님을 대항해 반역한 악한 세력, 즉 이 세상의 신 또는 공중의 권세를 잡은 왕자로도 표현되는 자의 손아귀 안에 놓여 있다는 성경 말씀의 주장을 입증시켜 주는 것이 되기 때문이다.

이런 이유 때문에 그리스도인은 놀라지 않는다. 우리는 죄와 타락의 결과로서 이 세상의 삶에 근본적인 악이 자리 잡고 있다는 것과 이런 악이 있는 한 이 세상에서 우리가 현재 경험하는 것 이상의 다른 아무것도 기대할 수 없다는 것을 잘 알고 이해하기 때문이다. 따라서 그리스도인은 소망인 것처럼 보이지만 사실상 소망이 아닌 것을 바라보면서 흥분하거나 이 세상을 바라보면서 빈정거리거나 하는 일에 말려들지 않게 될 것이다.

사실 20세기에 일어나는 모든 일은 확신에 찬 소망과 기대로 가득했던 19세기에 대한 반작용일 뿐이다. 이제 우리는 이런 반작용을 지켜보고 있다. 보통 사람들은 이 세상에 대해 빈정거리거나 아예 관심을 갖지 않는다. 오늘날의 철학이란 "이 놈의 세상이 미쳐 버린 것같이 보이는데 무슨 쓸 만한 것이 있겠어? 이제는 그저 케세라 세라의 인생을 살아 버리자!"와 같은 것이 되어 버렸다.

참으로 감사한 것은 그리스도인은 이런 비관적 생각들로부터 즉시 벗어날 수 있을 뿐만 아니라 부정적인 것이 아닌 그 이상의 것으로 인도받을 수 있다는 것이다. 예수 그리스도의 복음은 우리에게 왜 오늘날의 세상이 이 지경까지 이르게 되었는지 명쾌하게 설명해 주고 있다. 복음은 현재의 모든 문제가 사람이 하나님을 거슬러 반역한 사실에 기인한 것이지 그 이상의 다른 이유가 없다고 설명하고 있다.

이런 설명을 이해하는 우리 그리스도인은 여러 정치적 이론을 분석하는 데 시간을 소모하지 않을 수 있다. 전쟁은 정치 이론이나 분석으로 설명될 수 있는 것이 아니다. 전쟁은 단순히 히틀러와 같이 호전적인 사람 또는 호전적 국가의 침략이라고 설명될 수 있는 것이 아니다.[1]

정치적, 경제적, 사회적 생각들과 논리들은 사실상 적당한 것이 될 수 없다. 그리스도인의 관점에서 볼 때 문제를 간파할 수 있으며 그래서 우리는 좀더 근본적인 데 문제가 있다는 것을 안다. 다른 것은 그저 겉으로 나타난 표면적 이유일 뿐 사실상 모든 문제의 가장 근본적 이유는 남

---

1) 이 설교는 1948년 현충일이 낀 주일(Remembrance Sunday)에 전한 것이다.

녀 할 것 없이 어리석게도 하나님을 거슬러 대항하고 있다는 것이다.

하나님에 의해 참으로 완벽한 가운데 낙원에서 살 수 있도록 허락받았던 두 남녀는 하나님께 순종해야만 된다는 사실에 오히려 모욕감을 느꼈다는 것이 성경의 기본 내용이다. 이런 불순종의 생각과 행위가 오늘날 모든 다른 문제를 초래한 최초의 반역 행위였다고 성경은 말씀했다. 처음의 반역 행위는 그들 안에 두려움을 창출해 내었고 이 두려움은 서로를 시기하고 질투하는 상황으로 이끌어 들였다. 그 후 자녀들이 태어났고 이 자녀들도 서로 시기하고 질투하는 등 슬픔과 안타까움이 연속으로 이어졌던 것이다.

따라서 사람들이 진정한 행복을 누릴 유일무이한 비결은, 하나님과 연합된 삶에서 살아가며 인간에게 원하시는 하나님의 말씀에 순종할 때만 가능하다는 결론으로 돌아갈 수밖에 없다. 이런 결론을 거절하는 한 경험할 수 있는 것은 오직 불행과 혼란과 한심한 일들 뿐이다.

이것이 성경에서 말하는 하나님을 떠난 이 세상의 상태이다. 이 세상이 하나님을 거슬러 대항했고 따라서 불행을 자초한 것이다. 말씀은 이것에 대해 논쟁하지 않는다. 단지 말씀하고 있을 뿐이며 현재의 모든 상태가 이것을 증명한다. 성경은 여러분이 하고 싶은 대로 계획하고 조직할 수 있지만, 하나님과의 관계가 제대로 이루어지지 않는 한 모든 것이 별로 쓸모가 없으며 결코 더 좋은 상태가 되지 않을 것이라고 말했다.

성 어거스틴이 "주께서 주를 위해 우리를 만드셨으며, 우리의 영혼은 주님 안에 있는 안식을 찾기까지 언제나 쉬지 못할 것이다."라고 고백한 내용이 이것을 잘 설명하고 있다. 개인과 개인 간의 어려움, 단체와 단체 간의 어려움, 사회 안에 있는 문제들, 국가와 국가 간의 갈등, 더 나아가 전 세계의 문제 등 세상은 문제들로 가득 차 있다. 우리가 결론적으로 말할 수 있는 것은 우리의 죄로 인해 이 세상이 이렇게 되었으며 우리는 이런 세상에 살 수밖에 없다는 것이다.

그렇다면 "과연 우리에게 소망이 없는 것인가? 우리를 위해 할 수 있는 것이 아무것도 없다는 말인가? 그리스도인의 교회가 이 세상에 줄 수 있는 메시지는 무엇인가? 무엇을 외쳐야 하는가?"와 같은 질문들이 생기게 된다. 다시 한번 교회에 대해 또한 교회의 설교자들에 대해 매우 중요한 질문을 하게 된다. 질문이란 "현상황에 대해 분석하며 제안하는 것이 교회의 할 일인가? 교회는 정치가들이나 권력자들에게 이 세상의 사회 문제를 어떻게 처리해야 할 것인가를 제안하며 주문해야 하는 것인가? 교회가 어떤 특정한 기독교 원리를 채택할 것을 요청할 수 있는가?"와 같은 것들이다.

내가 성경을 이해하는 바로는, 이런 모든 것은 순전히 시간 낭비일 뿐이다. 다시 한번 말하지만 여태까지의 역사가 그것을 실증하고 증명해 주고 있다. 오랫동안 교회는 앞에서 제기된 질문과 같은 내용의 일들을 해 왔다. 교회가 사회 복음을 지향했으며 '복음의 사회적 적용'에 대해 우리는 많이 들어 왔다. 인간의 삶에 대한 일반적 성명서들이 만들어졌으며 신문에 늘상 기사화되곤 하는 대주교의 발언들도 들어 왔다. 하지만 아직까지 이런 상황은 지속되고 있다. 성경 말씀에 의하면 이런 상황은 계속되게 되어 있다.

그리스도를 믿지 않는 이 세상으로부터 기독교적 행위를 기대할 권한이 우리에게 있는가? 왜 이 세상이 기독교적 원리를 그들에게 적용해야 하는가? 이 세상이 그리스도를 믿고 있는가? 이 세상이 그분의 그리스도 되심을 인정하는가? 이 세상이 그분을 구주로 영접하고 있는가?

실제로 나는 신약성경에 근거해 그리스도인이 아닌 사람들에게 그리스도인의 행위를 권하고 요청하는 것을 이단으로 분류하는 데 주저하지 않는다. 비그리스도인에게는 기독교적 행위를 할 수 있는 능력이 없다. 그리스도인의 삶을 살기 위해 우선되어야 할 것은 먼저 새로운 피조물로 거듭나야 한다. 하나님을 믿지 않는 사람들이 그 옛날 이스라엘 백성에게 주어졌던 율법, 즉 도덕법이나 십계명을 지킬 수 없다면 어떻게 그들이 산상 수훈의 말씀에 따라 살 수 있겠는가? 어떻게 그들이 그리스도를 따를 수 있다고 생각할 수 있겠는가? 그러기를 바란다는 것은 참으로 터무니없는 일이다. 그런 요청은 우리가 해야 할 것이 아니며 하나님의 교회가 전해야 할 메시지가 아니다.

오히려 교회는 개인에게 말씀을 전해야 할 것이고 개개인을 향한 말씀들도 그와 연관된 것들이어야 한다는 사실이다. 교회가 장래에 무슨 일이 일어날지 예언하는 등의 일은 합당한 것이 아니다. 우리는 무슨 일이 일어날지 알지 못하기 때문이다. 단지 우리가 알 수 있는 것은 교회가 애매모호한 일반적 논리를 가지고는 어떤 말을 해도 어떠한 변화도 줄 수 없다는 사실이다.

내가 알고 이해하는 신약성경은 다음과 같이 말하고 있다. "이런 것이 네가 속하여 사는 세상에 대한 이야기다. 네가 이런 세상이 갑작스럽게 변화해 새롭고 완벽하게 되어 산상 수훈의 말씀대로 살기를 기대한다면 너의 신학은 아주 잘못되어 있다고 생각하면 된다. 사악한 권세 아래 놓여 있는 이 세상에서 네가 기대할 수 있는 것이라고는 악한 일들과 전쟁뿐 아무것도 없다."

이런 말을 들으면서 어떤 사람은 "아, 정말로 낙심된다."고 말할 수도 있다. 물론 진실 자체가 낙심의 요소가 될 수도 있지만 그런 사실들이 낙심의 요소가 되건 아니되건 간에 지혜로운 사람의 할 일은 어쨌든 사실을 사실로 받아들이는 것이다. 신약성경의 말씀은 현실적이기 때문에 인류와 인류의 행위들에 대해 영광스러운 장래의 소망을 제공해 주지 않는다. 오히려 근엄하고 엄숙한 묘사를 보여 줄 뿐이다.

하지만 그곳에서 멈추는 것은 아니다. 말씀은 우리에게 "이런 세상에서 여러분을 위해 가능한 것이 무엇인가? 여러분이 꼭 붙잡아야 할 것이 무엇인가? 이와 같은 세상에 사는 여러분을 향한 메시지가 있는가? 여러분을 완전히 변화시킬 메시지가 있는가?"라고 질문한다. 대답은 간단하다. "여기에 그런 메시지가 있다." 사도 요한이 서신의 시작 부분부터 즉각적으로 돌입해 들어간 내용의 본질이 바로 이 메시지였다.

이미 살펴보았듯이 우리가 가진 모든 문제의 원인은 하나님을 대항해 반역한 것이다. 우리는 하나님과 잘못된 관계를 형성했고 하나님에 대한 진실을 상실했다. 더 이상 하나님을 알지 못하고 하나님과의 교제와 연합으로부터 탈피해 나왔다.

이것이 우리의 문제이며, 하나님은 우리가 하나님과의 교제를 회복하기 전까지는 우리 안에서는 쉼을 얻을 수 있는 요소가 하나도 없게끔 만드셨다. 우리가 하나님을 알기 전까지는 항상 무엇인가 부족한 것을 느끼게 되어 있다. 이 세상이나 각각의 개인에게 가장 필요한 것은 하나님에 대한 지식과 하나님과의 교제와 연합이다. 바로 이것이 성경에서 말씀하는 가장 핵심이 되는 '필요'이다.

우리가 하나님과 진정으로 연합된 관계에 놓일 때까지는 다른 사람들과의 참된 연합도 결코 이루어질 수 없다. 사도 바울은 에베소서 2:11-22에서 유대인과 이방인을 지칭하면서 "너희가 하나가 되었다"라고 말하면서 그렇게 될 수 있는 이유에 대해 "전에 멀리 있던 너희가 그리스도 예수 안에서 그리스도의 피로 가까워졌느니라 그는 우리의 화평이신지라 둘로 하나를 만드사 원수 된 것 곧 중간에 막힌 담을 자기 육체로 허셨다"는 말씀으로 설명했다.

사람이 사람을 대해, 나라가 나라를 대해 일어나 싸우는 것은 그들이 하나님을 인식하지 못하기 때문이다. 결국 사람과 사람이 화목할 수 있는 유일한 방법은 오직 하나님과 화목하는 길뿐이다. 우리 모두에게 가장 필요한 것은 하나님을 아는 것이고, 그분과 교제하고 연합된 상태로 귀환하는 것이며, 오직 그분과 함께 있는 것만이 옳다는 것을 기본적으로 인정하는 것이다.

사도 요한이 자신의 서신에서 말하는 것이 이런 내용이다. 그는 "내가 여러분에게 전하고자 하는 메시지가 바로 그것이다. 그것은 참으로 귀한 것이다."라고 말했다. 이런 이유로 그는 서론도 없이 그냥 본론으로 들어갔던 것이다. 요한은 "하나님의 아들이시며 영원한 것들의 본질이 되시는 예수 그리스도의 오심과 그분이 오셔서 하신 모든 일과 실제로 일어났던 모든 일을 근거로 할 때, 여러분은 하나님과의 교제를 가질 수 있다. 우리의 교제는 하나님 아버지와 그 아들 예수 그리스도와의 교제이다."라고 말하고 있다.

어떤 사람은 이 구절이 다음과 같이 읽혀야 한다고 말한다. "우리의 사귐은 아버지와의 사귐이며 이 사귐은 그 아들 예수 그리스도를 통함이라." 내가 믿기로 "우리의 사귐은 아버지와 그의 아들 예수 그리스도와 더불어 누림이라"는 번역이나 조금 전의 번역이나 둘 다 틀린 것이 없다. 우리는 아버지와 아들과의 교제를 분리해 갖고 있기 때문이다. 의심할 여지도 없이 신약성경의 위대한 메시지는, 아버지와의 교제가 그분의 아들이시고 우리의 주님이시며 구원자 되시는 예수 그리스도 안에서만 가능하다는 것이다.

내가 지금 고려하고 싶은 것은 "어떻게 예수 그리스도가 아버지와의 사귐을 가능하게 하실 수 있는가? 그분이 무엇을 이루어 놓으셨는가?"와 같은 질문이다. 다시 말해 요한이 "우리는 그분에 대해 선언한다. 우리는 그분을 기억하고 있다."라고 했듯이, 우리도 예수 그리스도를 다시 한번 되돌아보자는 것이다. 사실 모든 설교가 예수 그리스도와 그분이 이 땅에 오셔서 한 일에 관계될 수밖에 없다. 떡과 포도주로 성찬식을 집행하는 이유도 역시 예수 그리스도밖에 없다. 이는 주께서 제자들에게 성찬을 통해 자신을 기억하라고 요청하셨기 때문이다.

교회가 하는 모든 증거가 바로 예수 그리스도에 대한 것이며, 이 세상에서 우리가 할 일이 사람들에게 예수 그리스도를 기억하게 하고 그분에게로 돌아가 그분을 바라보는 것이다. 따라서 우리는 자신이 인간적 차원에서 신적 차원으로 올라와 있는 것을 볼 수 있게 된다.

그렇다면 이제 이런 사귐을 위한 기본 요소가 무엇이고, 어떻게 우리가 하나님과 화목해 그분과 연합할 수 있으며, 어떻게 해야 다른 사람들과도 화목하여 사귐을 가지며, 이와 같은 세상에 사는 사람들간에 화평을 말할 때 어느 정도까지 가능한 것인가 등등의 질문을 해볼 수 있다.

사도 요한에 의하면 이런 모든 질문에 대한 대답은 예수 그리스도에 근거해서만 가능하며, 예수 그리스도만이 모든 것을 가능하게 하실 수 있는 분이라고 소개되어 있다.

우리가 교제나 사귐에 대해 일반적으로 생각해 볼 때 사귐이 있기 전에 전제되어야 할 매우 중요한 몇 가지가 있다. 먼저 양쪽 당사자간에 장애나 장벽이 없어야 된다. 피차간에 사귐의 동기에서나 상호간에 신뢰할 것인가에 대해 의심이나 불신이 있다면 사실상 교제는 불가능하다. 또한 유감이나 원한이 있다거나 서로 좋지 못한 일이 발생해 어느 한쪽이 상처를 입었을 때는 상호간의 사귐은 불가능해지게 된다.

교제는 모든 장벽과 장애 요소, 모든 의심이나 서로간에 불확실한 것들이 제거되는 것을 요구한다. 이것이 참된 교제가 있기 전에 우선되어야 할 내용이다. 이런 전제 조건을 이해하는 가운데 우리의 주님 되시며 구세주 되시는 예수 그리스도의 사역을 이해할 수 있게 된다.

왜 사람이 하나님으로부터 멀어지게 되었는가? 성경은 하나님과 사람 간에 커다란 장벽이 있기 때문이라고 말했다. 그 커다란 장벽이란 바로 죄라고 불리는 것이다. 죄가 사람과 하나님 사이에 들어왔다. 이 죄가 하나님과 인간 사이에 어둡고 시커멓고 고약한 구름 노릇을 해 왔다. 사람이 하나님의 얼굴을 뵙기 전에 죄악의 구름이 우리와 하나님 사이에 와서 머물러 있었다.

여기에서 우리는 두 가지를 생각해 볼 수 있다. 하나는 죄가 하나님과 우리 사이에 장벽이 되어 머물러 있는데, 하나님은 거룩하시고 죄를 가볍게 보아 넘기실 분이 아니라는 것이다. 하나님은 사람이 죄를 범하면 정녕 죽을 것이라고 이미 경고하셨다. 하나님은 사람에게 만일 그분이 금하는 일을 하면 징벌받게 될 것이라고 말씀하셨다. 물론 그 징벌이란 다름 아닌 육적 죽음과 동시에 영적 죽음이었다. 영적 죽음이란 하나님의 면전으로부터 이탈되고 그분과의 연합에서 끊기는 것이다. 그런데 인간은 죄를 지었고 그리하여 하나님의 진노가 임했다. 따라서 하나님과 사람 사이에 장벽이 놓이게 되었다.

또 하나는 이와 같이 사람과 하나님 사이에 사람의 죄로 인해 장벽이 놓이게 될 때, 죄의식에 사로잡힌 인간이 하나님은 불공평하시다는 감정을 갖게 되는 것이다. 말 안 듣는 아이는 언제나 부모를 싫어한다. 죄의식은 이런 결과를 가져 온다. 즉 죄의식은 자신을 정당화시키며 오히려 상대방을 비난하게 만든다. 죄 가운데, 죄의식 가운데 거하는 사람은 먼저 하나님이 불공평하고 합당하지 않다는 생각을 갖게 된다.

우리는 하나님이 금지하는 법을 주시지 말았어야 했고 또한 그러한 법을 어긴 것에 대한 징벌도 없었어야 했다고 말하곤 한다. 이런 방식으로 우리는 논쟁하며 하나님과 사람 사이에 놓인 장벽을 그냥 그대로 방치해 놓는다. 이렇게 우리와 하나님 간에 놓인 잘못된 사고 방식 때문에 하나님을 볼 수 없게 된다. 하나님과의 교제와 신뢰가 없으면 하나님과 사람 간에 있는 장벽은 언제까지나 남아 있게 마련이다.

바로 이런 상황에 놓인 사람들에게 요한은 이렇게 말했다. "여러분에게 참으로 놀라운 사실을 말하고 싶다. 그것은 하나님의 독생자 되시는 나사렛 예수 그리스도가 이 땅에 와서 하신 결과로 인해 우리가 아버지와 연합할 수 있다는 것이다. 우리가 상실했던 바로 그 사귐이 회복되었다는 것이다."

어떻게 회복되었다는 것인가?

첫 번째로 주님은 죄라는 장애 요소와 장벽을 해결하셨다. 이 때문에 주님이 오실 때까지 주님의 죽으심이 선포되고 전파될 것이며, 십자가가 기독교의 설교에서 언제나 중심이 되어야만 하는 것이다. 나는 십자가를 떠나서는 하나님의 얼굴을 뵐 수가 없다. 이런 이유로 십자가를 떠난 신비는 망상이요 신앙 생활의 올가미가 되는 것이다. 또한 선행을 강조한다든지 선한 해결책을 제시한다든지 하는 것 등은 근본 해결책이 아니라는 것이다. 죄라는 장벽이 해결되어야만 한다.

하나님의 공평하심과 의로우심에 근거하면 죄는 징벌받아야만 한다. 하나님은 죄에 대해 징벌하지 말라고 하실 수 있는 분이 아니다. 하나님은 죄에 대한 징벌을 거두라고 말하실 수 없다. 그분이 하실 수 있는 말씀은 죄인은 벌을 받아야만 한다는 것이다. 하나님의 법과 하나님의 말씀은 절대적이기 때문에 사람들이 결코 그 징벌을 피할 수 없다.

하지만 그리스도가 이 땅에 오셔서 무한한 순종과 희생의 행위를 통해 자신의 거룩한 몸과 거룩한 생명을 이 세상의 죄를 위해 아버지께 드렸다. 요한일서 2:2에서 "그는 우리 죄를 위한 화목제물이니 우리만 위할 뿐 아니요 온 세상의 죄를 위하심이라"고 했다. 이것은 이사야 53:6의 "여호와께서는 우리 모두의 죄악을 그에게 담당시키셨도다"를 연상시키는 말씀이기도 하다.

여러분은 아니 어쩌면 누구도 이 말씀의 뜻을 이해하기 어려울지도 모른다. 하지만 이것이 성경 말씀의 핵심이다. 하나님이 이런 놀라운 일을 하셨다. 그분은 그리스도 안에서 여러분과 나의 죄악을 징벌하셨다. 그리하여 우리의 죄악이 씻어졌고 아울러 하나님과 우리 사이를 가로막았던 장애물과 장벽은 제거되었다. 하나님은 만족하시게 되었다. 하나님의 진노는 죄 없으신 독생자의 머리 위로 드러났다. 사도 바울이 로마서 1:18에서 말했듯이 하나님의 진노가 사람들의 모든 죄악에 대해 하늘로부터 이미 나타났다.

하나님은 자신의 법을 우리에게 나타내 보이셨지만 지금 말하는 이것은 그 이상의 것이다. 하나님의 진노가 우리의 죄악을 위해 죄 없이 무고하게 죽으신 예수 그리스도의 머리 위에 온전히 나타났다는 내용이 하늘로부터 우리에게 계시되었다. 따라서 그리스도가 우리 대신 하나님의 진노를 받으심으로 장벽이 제거되었다는 것이다.

우리가 이런 사실을 바라보게 될 때 죄의 장벽으로 깨닫지 못하던 또 다른 한 부분을 깨닫게 된다. 우리가 그리스도의 십자가를 바라볼 때 그곳에서 어떤 일이 일어났는가를 인식하게 되며 이때 하나님에 대한 우리의 생각이 180도 다르게 변하는 것을 볼 수 있다. 이제 우리는 하나님을 사랑의 하나님으로, 징계를 거두어 주신 참으로 놀라운 사랑의 하나님으로 바라볼 수 있게 되었다.

일단 하나님을 제대로 바라보게 될 때, 우리를 위해 십자가에서 죄 없이 돌아가신 예수님을 바라보게 될 때, 우리는 하나님이 사랑의 하나님이라는 사실을 즉시 알 수 있게 된다는 말씀이다. 그러므로 하나님에 대한 잘못된 개념의 장벽도 제거되고 친밀한 사귐의 관계가 회복되었다. 사도 바울이 말했듯이 원한이나 적의의 감정이 사라졌습니다. 이것이 첫 번째 중요한 내용이다.

　참된 사귐과 진정한 의미의 연합을 위한 두 번째 조건은 동일화, 즉 근본적으로 같아지는 것이다. 이것 역시 성경에서 말하는 매우 중요한 주제이다. 성경을 떠나서 예를 들어 설명해 보겠다. 생활 가운데 알고 있는 많은 사람이 있다. 그중에는 좋아하면서도 사귐의 관계를 형성하는 데 어려운 사람들이 있다. 왜냐하면 그들과 유사한 부분이 별로 없기 때문이다. 취미나 흥미에서 별로 공통된 점이 없으면 근본적으로 같은 사람이라는 느낌을 갖지 못한다. 우리가 어떤 사람과 사귐을 갖고 연합된 관계를 유지하려면 비슷한 무엇인가가 있어야만 된다는 말이다.
　사도 바울은 고린도후서 6:14에서 "의와 불법이 어찌 함께하며 빛과 어둠이 어찌 사귀며"라고 명확하게 이 부분에 대해 밝히고 있다. 이 세상에는 우리가 함께 섞일 수 없는 것이 있다는 말씀이다.
　이 원리를 하나님과 교제를 나누는 우리에게도 적용할 수 있다. 우리가 하나님을 진정으로 알기 전에, 하나님과 진정한 의미의 교제와 연합을 가지기 위해 우리는 그분을 닮아야 한다. 어쩌면 놀라운 말이기도 하겠지만 신약성경이 이것을 가르치고 있다. 신약성경에는 사람이 하나님의 속성을 소유하기 전에는 하나님을 결코 알 수 없다고 했다. 이것이 바로 사도 요한이 "우리의 사귐은 아버지와 그의 아들 예수 그리스도와 더불어 누림이라"에서 주장하는 내용이며, 우리가 어떻게 하나님의 아들이 될 수 있는지에 대해, 아울러 베드로가 그의 서신에서 말한 "신성한 성품에 참여하는 자" 벧후 1:4가 될 수 있는지에 대해 설명하는 것이다.
　여기에서도 역시 예수 그리스도만이 그렇게 하실 수 있는 분이라는 것을 알아야 한다. 요한은 그리스도 안에서 영원한 생명이 나타났다고 요한일서 1:2에서 말했는데, 거기에서 그치는 것이 아니라 그분이 우리에게 그 생명을 주기 위해 이 땅에 오시었다고 말했다. 주님은 요한복음 10:10에서 "내가 온 것은 양으로 생명을 얻게 하고 더 풍성히 얻게 하려는 것이라"고 하셨으며, "내 살을 먹고 내 피를 마시는 자는 영생을 가졌고"라고 요한복음 6:54에서 하셨으며, 같은 장 51절에는 "나는 하늘에서 내려온 살아 있는 떡이니"라고 말씀하시면서 "나는 살아 있는 만나이며 하늘의 만나이니 너희는 나를 먹고 나를 취하라 그리하면 너희가 영원한 생명을 받을 것이라"고 하셨다.

그러므로 하나님과 참된 교제를 나누기 전에 우리는 하나님의 성품에 참여해야 하며 그분의 영원한 생명을 받아야 하는데 이 모든 것이 오직 그리스도 안에서만 가능하다. 우리는 그리스도인의 삶이 단지 용서의 교리 정도만을 생산해 내는 것으로 알고 있는데 결코 거기에만 머물러서는 안 된다.

물론 감사하게도 우리는 죄사함을 받았다. 이것이 우선되어야 한다는 것은 당연한 사실이다. 하지만 반드시 알아야 될 것은, 우리가 하나님의 성품에 참여하여 그리스도 안에서 새로운 생명, 새로운 성품을 유업으로 받기 전에는 하나님과의 참된 교제는 있을 수 없다는 것이다. 우리는 거듭났으며 새로운 피조물이 되었다. 우리는 사도 바울이 갈라디아서 2:20에서 "이제는 내가 사는 것이 아니요 오직 내 안에 그리스도께서 사시는 것"이라고 한 것과 같은 고백을 할 수 있는 자들이 되었다.

세 번째이자 마지막 조건은 그리스도가 본을 보여 주신 대로 사랑해야 한다는 것이다. 우리는 서로서로 사랑해야 한다. 사랑에는 의심이 있을 수 없으며 온전한 이해와 신뢰와 믿음만이 있을 뿐이다. 우리가 그리스도를 떠나 전지 전능하신 창조주로서의 하나님을 믿을 수도 있을 것이다. 우리는 그리스도를 떠나서 모든 것을 주관하시는 하나님을 믿을 수도 있을 것이다. 우리는 하나님에 대해 철학적 견해나 개념을 가질 수도 있을 것이다. 하지만 사랑 없이는 하나님과의 교제는 불가능하다. 이 사랑은 우리가 이미 생각해 보았듯이 오직 주님 되시는 예수 그리스도 안에서만 가능하며 그리스도를 통해 우리는 하나님을 진정으로 사랑할 수 있다는 사실이다.

로마서 5:8에서 "우리가 아직 죄인 되었을 때에 그리스도께서 우리를 위하여 죽으심으로 하나님께서 우리에 대한 자기의 사랑을 확증하셨느니라"고 말씀하셨는데, 사실상 우리가 독생자 되시는 분 안에 계신 하나님을 보기 전까지는 하나님을 사랑할 수 없다. 하나님은 우리 죄인들을 살리기 위해 죽기까지 사랑하셨다.

사도 요한은 하나님과의 교제가 없기 때문에 오늘날과 같은 모습을 하고 있는 우리에게 무엇인가 줄 것이 있다고 말했다. 하나님과의 연합에서 떨어져 나감으로써 전쟁이 끊일 날이 없게 되고 참으로 불행해지고 비참해지고 초라해진 이 세상에 사는 우리에게 할 말이 있다고 했다. 그 메시지란 비록 우리가 이런 세상에 살고 있다 할지라도 하나님과의 연합으로 되돌아갈 수 있으며, 우리의 죄가 사함받을 수 있으며, 하나님의 형상을 회복할 수 있으며, 하나님을 향한 사랑이 생길 수 있다는 것이다. 하나님과의 사귐을 통해 예수 그리스도가 경험하셨던 것을 우리도 경험할 수 있다는 말이다.

히브리서 저자는 12:2에서 주님이 "그 앞에 있는 기쁨을 위하여 십자가를 참으사 부끄러움을 개의치 아니하셨다"고 말했다. 우리의 삶에서도 많은 어려움이 있다. 여러 모양으로 십자가는 우리에게 다가온다. 하지만 하나님과의 연합을 통해 아버지와 함께하시었고 비참하고 수치스러운 십자가의 죽음을 진정 기쁨으로 감수하면서 부끄러움을 개의치 아니하셨던 예수 그리스도를 바라보아야 할 것이다.

이것이 예수 그리스도를 믿는 모든 사람에게 주어지는 복음의 선물이다. 하나님과의 연합과 그분과의 사귐을 통해, 비록 우리가 사는 모든 세상이 악한 자 안에 놓여 있다 할지라도 우리는 웃을 수 있고 십자가를 견뎌 낼 수 있으며 온전한 기쁨을 간직할 수 있다.

따라서 우리가 해야 할 결론적 질문은 다음과 같다. "우리는 무슨 일이 발생하건 상관없이 슬프고 괴로워도, 불확실한 상황에 처해 있다 할지라도 기쁨을 간직할 수 있는가?" "우리는 예수 그리스도 안에서 값없이 주어진 이런 선물을 소유하고 있는가?"

(참으로) 우리의 사귐은 아버지와 그의 아들
예수 그리스도와 더불어 누림이라 _ 요일 1:3.

Chapter 7
하나님을 알고 있는가?

나는 두려움과 떨림의 심정으로 이와 같은 본문의 진술에 임하고 있음을 인정한다. 이 본문은 마치 그 옛날 모세가 불 붙은 떨기나무 앞에서 "네가 선 곳은 거룩한 땅이니 네 발에서 신을 벗으라"출 3:5는 명령을 받았을 때의 느낌을 강하게 느낄 수 있는 진술이다. 우리는 여기에서 그리스도인의 삶이 최고의 형태로 묘사된다고 서슴없이 말할 수 있다. 진정 그리스도인의 모든 경험과 노력의 궁극적 목적과 전반에 걸친 목표가 바로 이것이다. 말할 것도 없이 이것이야말로 기독교 복음에서, 그리스도인의 신앙에서 가장 중심이 되는 메시지이다.

사도는 강조되는 중요한 단어인 '참으로'영어 흠정역 성경에 나오는 단어임-역자 주를 사용함으로써 의심의 경지를 넘어 확실함을 주지시키고 있다. 이 단어는 확실함을 제시해 줄 뿐 아니라 또 다른 한 가지를 내포하는데 그것은 놀라움에 대한 암시이다. 그 이유는 이 내용이 진실이라는 것을 깨달으면 깨달을수록 더욱더 놀랄 수밖에 없기 때문이다. 어떤 사실이 확실하게 그리고 놀랍게도 진실이라는 것이 인식되어질 때, 일반인들에게는 그저 믿을 수 없는 것으로 여전히 남을 수 있겠지만 그리스도인에게는 참으로 진실이며 동시에 놀라운 것으로 받아들여지게 된다.

"참으로 우리의 사귐은 아버지와 그의 아들 예수 그리스도와 더불어 누림이라." 다시 한번 말하지만 그리스도인의 경험에서 또한 그리스도인의 삶의 궁극적 목적에서 이 내용이야말로 최고의 절정이며, 그리스도인의 신앙과 가르침과 경험에 있어 총체적 목표이기도 한 것이다.

이제 나는 이 내용에 관해 질문 형식을 취하고 싶다. 우리가 자신과 자신의 경험을 점검해 볼 때 과연 이 내용이야말로 우리 삶에서 가장 중심이 되는 것이라고 솔직하게 말할 수 있는지, 아니면 이 내용이 의미하는 것과 제시하는 것 전반을 예사롭게 받아들이고 있는지 한번 묻고 싶다. 확실히 이런 내용의 진술을 읽을 때 그것에 대해 우리가 얼마나 합당치 않으며 어울리지 않는지를 느끼지 않을 수 없다.

하지만 그리스도인으로서의 삶과 경험에서 조금 더 진전시킨 상태에서 서론도 없이 요한이 소개한 이런 진술을 대할 때, 혹시 자신을 너무 낮은 수준에 머물러 있게 하는 위험에 처한 것은 아닌가? 또는 관심을 두는 경이로운 믿음 가운데서 우리에게 제안되는 것을 받아들이지 못하는 위험스러운 상황에 처해 있다는 사실을 발견하지 않았는가?

다음과 같이 부정문의 형식으로 생각해 보도록 하자. 그리스도인은 모든 관계나 삶의 분야에 대한 기독교적 원리나 가르침을 적용하는 데에만 주된 관심을 기울이는 사람이라고 단순하게 말할 수 없다. 물론 그리스도인은 적용에 대해 관심을 가져야 한다. 하지만 이것이 그들로 하여금 그리스도인이 되게 해주는 것은 결코 아니다. 그런데 오늘날 기독교라는 것이 그 정도의 것이라고 얼마나 쉽게 생각하는가? 얼마나 많은 사람이 사실 그렇게 하고 있는가?

　그리스도인과 비그리스도인에 대한 대중적 분류를 생각해 보기 바란다. 이 분류에 의하면 그리스도인이란 신약성경에서 말씀하는 가르침이나 윤리에 관심을 갖고 그런 내용을 오늘날의 세상에 적용시켜야 될 필요성을 뼈저리게 느끼는 사람들이다. 나는 그것이 그리스도인의 삶에서 필요 없는 것이라고 말하는 것이 아니다. 하지만 기독교에 대한 개념이 거기에 그쳐 버린다면 사실상 우리는 오늘 본문에서 제시하는 내용의 근처에도 가지 못하고 있음을 알아야 한다. 그리스도인의 삶이란 본질적으로 가르침에 대한 적용에 있는 것이 아니다. 그리스도인의 삶의 본질은 바로 하나님과의 연합이요 사귐이다. 그 외의 다른 것으로 이 본질을 격하시킬 수는 없다.

　또 다른 방식으로 설명해 보면 그리스도인이 된다는 것은 기독교의 가르침에서 보수 정통의 주장을 붙잡는 정도만을 의미하는 것도 아니다. 내가 이런 식으로 말하는 것은 이것 역시 우리가 꼭 다루어야 할 내용이기 때문이다. 아마도 우리 중에는 특히 다른 사람들보다 자신이 좀 더 복음주의적이라고 생각하는 사람들에게는 보수 정통만을 고집하려는 아주 위험스러운 면이 있다.

　우리는 기독교 신앙과는 정반대의 내용을 붙잡고 자신이 그리스도인이라고 주장하는 사람들을 금방 알아볼 수 있다. 예를 들어 그리스도의 독특한 신성을 부인하면서 자신이 그리스도인이라고 주장하는 허무맹랑한 사람들이 있다. 또한 기독교 신앙에서 전혀 협상이나 논의의 대상이 되지 않고 조금도 축소시킬 수 없는 가장 본질적인 교리들의 일부나 전체를 부인하면서도 자신들이 그리스도인이라고 주장하는 사람들을 볼 수 있다. 뿐만 아니라 주님의 인성에 대해 확신이 없는 것은 물론이고 주님이 행하신 기적이나 그분의 부활하심과 주님의 죽으심을 통한 죄사함에 대한 가치를 부인하는 사람 중에는 심지어 교회의 중요한 직분을 맡은 사람들도 있다.

우리는 이런 사람이 자신에 대해 무엇이라고 평가하든 간에 신약성경에 근거해 그리스도인이라고 할 수 없음을 확실하게 알아야만 한다. 기독교를 논할 때 그리스도인이 꼭 믿고 따라야 될 교리나 신조가 있다. 그리스도인에게는 분명히 믿고 확신하는 어떤 것들이 있다는 것이다.

이런 관점에서 볼 때, 정통성을 주장하는 것은 매우 중요하다. 하지만 여기서 중점을 두고 말하고자 하는 것은 옳은 교리를 붙잡고 또한 올바른 교리를 인정하고 따르며 심지어 올바른 교리를 위해 변증한다 할지라도 이런 것들이 그들로 하여금 그리스도인이 되게 하는 필수적인 것이라고 생각지는 않는다는 것이다.

물론 그리스도인이 올바른 견해와 교리를 갖는 것은 당연한 일이지만 이것이 그리스도인의 삶에서, 그리스도인의 위치에서 본질적인 것이라고 할 수는 없다. 오히려 하나님 아버지와 그의 아들 예수 그리스도와의 교제를 갖는 것이 필수적이라는 말씀이다.

다음과 같은 설명도 가능하다. 우리의 죄가 예수 그리스도의 죽으심으로 사함받았다고 믿는 것조차도 충분하지 않다는 것이다. 심지어 개신교의 종교개혁 당시 표어였던 이신칭의 교리 전체를 의심의 여지없이 다 믿는다 할지라도 충분한 것이 아니다. 이런 교리는 지적인 의견으로 수용될 수도 있기 때문이다. 어쨌든 제법 많은 정통 교리를 단순하게 붙잡는 것만으로는 그들이 진정으로 그리스도인의 위치에 있다고 말할 수 없다. 그리스도인의 위치를 결정하는 본질은, 그리스도인의 삶에서의 가장 기본은 "참으로 우리의 사귐은 아버지와 그의 아들 예수 그리스도와 더불어 누림이라"고 말하는 데 있다.

이런 이유 때문에 우리는 본문의 진술과 같은 내용을 두려움과 떨리는 심정으로 대할 수밖에 없다. 안타까운 것은 교회사에서 많은 경우 평생을 두고 믿음을 지키며 정통 교리를 위해 싸우던 사람이 뒤늦게 임종할 때 자신이 하나님을 전혀 알지 못했다는 사실을 깨닫는 사람들이 있었다는 것이다. 그들은 단지 견해만을 붙잡고 신조에 있는 몇 가지 내용을 위해 싸웠던 것이다. 그들이 주장했던 내용은 옳았지만 답답한 것은, 그들이 부정적 입장에서 멈추고 믿어야 된다고 주장하던 것들의 전반적 목표가 바로 하나님과 아들과의 교제로 인도하는 데 있다는 사실을 인식하지 못했다는 것이다.

다시 한번 강조하면 하나님과 아들 예수님과의 교제를 갖는 것이야말로 그리스도인의 삶에서 가장 고귀한 것이며 모든 것 중에 최선의 목표요 가장 중요한 주제가 된다는 것을 잊어서는 안 된다. 예수 그리스도가 이 땅에 오신 이유는 단지 인간 관계를 유지하는 데 적용할 수 있는 필요한 가르침 정도만을 주시기 위한 것이 아니었다. 비록 이런 가르침이 그분의 가르침에 포함되어 있고 항상 뒤따라 다니는 것임에는 틀림없다 할지라도 그것만을 위해 오신 것이 아니라는 것이다.

또한 주님이 이 땅에 오신 이유가 단지 우리를 지옥에서 구원하시기 위해서만도 아니라는 것을 알아야 한다. 주님이 이 땅에 오신 최선의 이유는 바로 우리를 하나님 아버지와 예수님 자신과의 사귐으로 인도하시기 위함이었다.

그렇다면 이제 우리는 '사귐'이 의미하는 바가 무엇이며 무엇을 상징하는 것인가 질문하게 된다. "이런 사귐이 가장 크고 중심이 되는 것이라면 도대체 그것이 무엇을 뜻하는가?"라고 물을 수 있다. 이런 질문에서 우리는 사실상 논쟁의 원인이 되어 온 주제에 불가피하게 직면하게 된다. 특히 사람이 어떻게 해야 '사귐'의 상태에 이를 수 있으며 어떻게 해야 이 사귐을 유지할 수 있는가에 대한 질문이 있을 때마다 교회사를 통해 많은 논쟁이 일어났던 것을 볼 수 있다.

　이런 것들에 대해 나중에 다루게 될 것이지만 지금은 우선적으로 이런 사귐이 의미하는 바를 직접 살펴봄으로써 시작하고자 한다.

　그리스도인이란 하나님 아버지와 그의 아들 우리 주 예수 그리스도와의 사귐을 갖는 존재로서 설명할 수 있다고 했는데, 사귐이란 정확히 무슨 의미인가?

　나는 성경 말씀과 그 가르침 두 가지를 통해 설명할 수 있다고 본다. 사도가 사용한 '사귐'은 상당히 흥미 있는 단어이다. 용어 사용에 관심이 있는 사람은 이 사귐이라는 단어가 여러 의미를 가진다는 사실을 이미 알고 있을 것이다. 하지만 이와 같은 단어의 의미를 찾는 데 문제란 이런 단어가 이론적으로만 설명할 수 있는 것이 아니라는 데 있다. 따라서 사전을 통해서는 이와 같은 단어의 뜻을 찾을 수 없다.

　우리가 사귐이라는 단어의 뜻을 이해하는 것은 성경 전반에 걸친 가르침에서 하나님과의 교제에 관해 말씀된 모든 내용을 조명할 때만 가능하다. 그중 뚜렷하게 보이는 두 가지로 설명하고자 한다.

　첫째로, 사귐의 상태에 있다는 말은 무엇인가를 함께 공유한다는 것을 의미한다. 즉 우리는 동반자요 파트너라는 말인데 이런 개념은 원래부터 이 단어에 포함된 것이다. 이 표현이 뜻하는 것은 그리스도인은 하나님의 생명, 즉 영생을 함께 나누는 자들이 되었다는 것이다. 이것은 참으로 놀라운 표현이지만 성경 말씀이 이것을 가르치며 신약성경에서 특히 제시하고 있다. 이 이하로는 생각할 수 없다는 것이다.

　베드로는 베드로후서 1:4에서 "이로써 그 보배롭고 지극히 큰 약속을 우리에게 주사 이 약속으로 말미암아 너희가 정욕 때문에 세상에서 썩어질 것을 피하여 신성한 성품에 참여하는 자가 되게 하려 하셨느니라"

고 표현했다.

이와 같은 말씀들은 여러 곳에서 찾아볼 수 있다. 참으로 우리가 새로 태어나고 위로부터 태어나고 성령에 의해 태어났다는 등의 중생과 거듭남에 대한 전반적 교리를 생각해 볼 때, 결국 모든 것이 영원한 생명에 참여한다는 내용과 조금도 틀림없는 것임을 알 수 있다.

사도 요한은 독자들에게 바로 이 내용에 대해 강조하려고 노력했다. 그리스도인이란 하나님을 알기 전보다 그저 조금 더 나아진 상태로 살며 그들의 삶에 무엇인가가 조금 더 보태진 듯 보이는 삶을 유지하는 자들이 아니라는 것을 그는 강조하고 있다. 그리스도인은 신적 생명을 부여받은 사람들이다.

그런데 이 시점에서 우리가 다루어야만 할 위험한 것이 있다. 어떤 사람은 "이런 것이 물리적인 어떤 것인가?" "이 말의 뜻이 신적인 어떤 요소가 사람에게 들어오는 것을 의미하는가?"라고 묻기도 한다. 여기서 비롯된 위험한 교리가 바로 화체설이다. 로마 가톨릭 교회에서는 어떤 물리적 요소가 있다고 설명하면서 성례의 중요함을 가르쳤다. 거룩해진 물을 베풀 때 거룩한 생명, 즉 신적 생명이 그 자녀에게 주어지며 미사에 참여해 성찬의 떡과 포도주를 먹을 때 문자 그대로 신적 성품과 본질의 어떠한 부분을 받는 것이라고 설명했다.

우리는 이런 생각을 조심해야 한다. 지혜로운 자는 성경의 평범한 가르침보다 앞서지 않는다. 우리는 신적 성품 또는 신적 본질의 어떤 한 부분이 우리 안에 물리적으로 들어왔다고 추측하고 철학화하고 세속적 한계에서 설명하려 한다는 것이 얼마나 큰 유혹인지 알 수 있다.

따라서 우리가 이것에 대해 안전하게 말할 수 있는 유일한 길은 "우리는 모른다."라는 것이다. 하지만 말할 수 있는 것은 우리가 참으로 놀라운 방식으로 신적 성품에 참여하는 자들이라는 것과, 하나님의 신성이 우리 안에 들어와 계시다는 것을 알고 있다는 사실이다. 나는 "어떻게?"에 대해 말할 수는 없다. 해부학 교실에서 찾을 수 있는 것도 아니다. 우리의 몸을 해부한다 해도 그 속에서 아무것도 찾지 못할 것이다.

하지만 우리 안에 신적 성품이 있다. 그것을 우리는 알고 느낀다. 갈라디아서 2:20에도 "이제는 내가 사는 것이 아니요 오직 내 안에 그리스도께서 사시는 것이라"고 묘사했듯이, 하나님의 신성이 우리 안에 있다는 것을 우리는 알고 있다. 어떻게 그런가? 그것은 모른다. 우리는 영광 가운데서 이해하게 될 것이다. 지금도 알고 있는 것은 우리는 하나님의 영원한 생명을 함께 나눈 사람들이라는 사실과 우리는 그분의 성품과 그분의 생명에 참여한 사람들이라는 사실이다.

또한 우리는 그분과의 연합 속에서 이런 모든 것을 나누고 소유하고 참여한다는 것을 알고 있다. 우리는 하나님 안에 있으며 또한 하나님은 우리 안에 계신다. 이런 것이 사람들에게는 놀랍고 신비의 개념으로 와 닿을 수도 있겠지만 오직 '나눔'이라는 말로 설명될 수 있는 현실이다.

둘째로, 사귐의 상태에 있다는 말은 하나님과 나눔의 관계에 있다는 말과 아울러 하나님과 동반자, 즉 파트너의 관계가 된다는 것을 의미한다. 하나님이 관심을 가지는 부분이나 하나님이 추구하는 목표 등을 함께 나누는 자들이라는 말이다. 다시 말해 우리는 하나님의 구원 사역이나 이 세상의 삶에 대한 그분의 자세나 이 세상의 삶을 위해 마련해 놓으신 모든 훌륭한 계획에 그분과 더불어 관심을 가질 수 있는 사람이 되었다는 것을 뜻한다. 이제 그리스도 안에 있는 우리는 이런 위치까지 이르렀으며 이런 사실을 신약성경의 구절 구절에서 강조한다는 것도 다시 한번 확인할 수 있다.

이와 같이 하나님의 동반자의 위치까지 이른 사귐의 상태를 통해 우리는 그리스도인의 전반적 위치를 점검하고 시험해 볼 수 있다. 이 세상에 대한 하나님의 구원 사업에 진정으로 관심을 갖고 있지 않다면 우리는 참된 그리스도인이라 말할 수 없다.

다시 말해 우리는 이 세상의 죄를 안타까워할 수 있는 자들인데 그 이유는, 이 세상을 단순하게 정치적 눈으로나 사회적 눈으로나 선행의 차원에서 바라보지 않기 때문이다. 우리는 하나님이 이 세상을 바라보시듯이 볼 수 있다. 악한 것이 현실 속에 드러나고 죄가 판치는 세상에서 우리는 이런 세력들을 바라보며, 하나님께 적의를 품고 거스르고 반역하는 가운데 이 세상의 삶을 조작하는 모든 악한 세력을 감지하며 관심을 갖고 지켜본다.

하나님이 바로 이런 세상 안에 내재하고 계신다는 것과 우리도 역시 이런 세상에 산다는 것을 인정하는 가운데 우리의 주된 관심은 하나님의 목적들을 이 세상에 전달해 주는 데 있다. 우리는 묵상하고 기도하며 빛의 왕국을 확장시키며 악의 왕국을 궁극적으로 추방시키는 데까지, 할 수 있는 모든 것을 하게 될 것이다. 우리는 하나님의 생각을 함께 나누며 이 세상과 이 세상의 삶에 대해 갖고 계시는 하나님의 생각과 그분의 모든 관심과 그분의 사업을 함께 나누는 동반자가 되었기 때문이다.

모든 그리스도인에게 가장 복되고 평안과 위로가 되는 생각이 바로 두 번째 의미인 하나님의 동반자 관계로의 격상인데, 여기에 조금만 더 추가해 보도록 하자. 사귐이란 언제나 연합과 교류를 의미하며 대화를 나누는 것을 의미한다. 우리가 사람들과의 사귐을 말할 때는 더욱 그렇다. 단어의 근본 의미에서나 특히 기독교 의미에서 그러하다.

예를 들어 A라는 사람이 B라는 사람과 대화를 나눈 후 "오늘 우리는 참으로 좋은 교제를 나누었다."라고 말할 때, 그 말의 의미는 일반적으로 무엇인가를 함께 나누었다는 말과 아울러 그것에 관해 대화했다는 것으로 이해하게 된다. 이것이 연합의 요소가 된다.

조금 더 생각해 보면 "우리의 사귐은 아버지와 더불어 누림이라"는 말은 하나님과의 연합을 의미한다. 이것에 대해 두 가지로 생각해 볼 수 있다. 먼저 우리의 입장에서 생각해 볼 수 있고 그 다음에는 하나님의 입장에서 생각해 볼 수 있다.

먼저 우리의 입장에서 볼 때, 우리 같은 사람이 그리스도 안에 거할 수 있게 된 놀라운 사실이 의미하는 것이 무엇인가? 명확하고 필연적으로 대답하자면 우리가 하나님을 알 수 있게 되었다는 것이다. 즉 하나님은 더 이상 저 멀리 떨어져 있는 하늘 어느 곳엔가 계시는 낯선 분이 아니시고 우리와는 상관없이 어느 곳엔가 존재하는 능력이나 힘이나 에너지가 아니시라는 것을 의미한다. 하나님은 더 이상 우리와는 동떨어진 실력가나 입법자 정도의 분이 아니시다. 이제 하나님은 우리가 확실하게 알 수 있게 된 분이시다.

하나님을 아는 것에 대해 특별하게 언급한 사도 바울을 생각해 보기 바란다. 우리는 그가 갈라디아 교인들에게 서신을 쓰면서, 그들이 하나님에 대해 알고 있는 사실에 관해 말한 내용을 보게 된다. 그는 갈라디아서 4:9에서 "이제는 너희가 하나님을 알 뿐 아니라 더욱이 하나님이 아신 바 되었거늘"이라고 기록했는데, 이것이 내가 지금 말하는 바와 같은 것이다.

하나님은 실존하는 분이시며 우리는 그분을 안다. 이것이야말로 매우 중요한 사실이다. 우리는 모르는 사람과 연합하거나 대화를 나눌 수 없다. 요원한 관계가 아니라 잘 아는 가까운 관계일 때만 가능하다.

요한은 그리스도인이 하나님을 알게 된 사람들이라고 말하면서도 거기에서 멈추지 않았다. 하나님은 위대하신 분이다. 내가 그분을 경외하는 마음으로 말하고 싶은 것은 그리스도인은 바로 이런 하나님을 아버지로서 알게 된 사람들이라는 사실이다. 요한이 매우 조심스럽게 "우리의 사귐은 아버지와 더불어 누림이라"고 말한 이유도 이 때문이다. 그리스도인은 하나님께 돌아서서 "아빠 아버지"라고 부르는 사람들이다.

이런 내용이 바울 사도가 로마에 보내는 서신 8:15에서 우리가 양자의 영을 받아 하나님의 자녀가 되었으며 하나님을 가깝게 알 수 있게 되어 그분을 향해 "아빠 아버지"라 부르게 되었다고 설명하는 것이다. 이것은 필연적 결과이다. 하지만 그것뿐이 아니다. 하나님과의 사귐은 우리가 하나님 안에서 즐거워하며 그분의 임재 안에서 기쁨을 얻는 것도 의미한다. 우리는 이런 식으로 하나님을 알고 있다.

좀더 생각해 보자. 하나님과 연합된 삶을 산다는 것은 그분과 말하기를 원하고 또한 그렇게 할 수 있다는 것을 의미한다. 그렇다면 또한 그것을 기도와 연결하여 생각해 볼 필요가 있다. 우리 모두는 기도하는 것이 쉬운 것이 아니라는 사실을 알고 있다. 그러나 우리는 이 세상에 있는 사랑하는 사람들과 이야기를 나누는 것이 어려운 것이라고 생각지 않는다. 그렇지 않은가? 우리가 어떤 사람을 사랑할 때 말을 하려고 큰 노력을 하지 않아도 저절로 하고자 하는 말들이 흘러나온다. 사랑하는 사람과 있으면 우리 안의 모든 것이 자극받아 움직이기 때문이다. 이것이 참된 교제와 연합의 특성이다. 하지만 우리가 기도할 때 보면 무릎을 꿇고 아무 할 이야기 없이 앉아 있는 경우가 많다.

이런 것이 우리의 상황이라면 우리는 말씀이 가르치는 방식으로 하나님을 알고 있는 것이 아니다. 하나님과의 참된 사귐은 그분과 말하기를 열망하고 그분과의 대화에서 즐거움을 느끼며 그분을 찬양하고자 하는 뜨거움을 간직하는 것을 의미한다. 우리가 어떤 사람을 사랑한다면 우리는 그에게 행동으로만이 아니라 구체적인 단어를 사용해 사랑한다고 말하기를 원한다. 이것은 하나님께 똑같이 적용될 수 있다. 하나님과 참된 교제를 나누는 사람은 하나님을 찬양한다.

우리는 무엇을 원하기 때문에 하나님께 나아가는 것이 아니다. 오히려 그분에게 나아가는 것 자체가 즐겁기 때문에 그렇게 한다. 하나님께 나아가 나누는 교제야말로 우리에게는 가장 귀한 것이다. 이것이 '사귐'이라는 단어의 총체적 의미이다.

또 다른 식으로 설명하면 하나님과 연합된 관계를 가진 사람들은 하나님의 현존하심을 확신하는 사람들이다. 간혹 어떤 사람이 "무릎을 꿇고 기도하지만 나는 하나님이 계시는 것을 느끼지 못한다."라고 말하는 것을 듣게 된다. 이런 느낌을 가진다면 하나님과 연합된 관계를 맺을 수 없다. 누구든지 하나님과 연합된 관계를 가진 사람은 하나님이 계신 것과 그분의 임재하심을 알고 인식하는 사람들이다. 이것 역시 사귐에 대한 전반적 입장에서 필수적인 부분이 된다.

물론 이 모든 것이 하나님께 이야기하며 우리의 요청과 소원 등을 간구하는 데 자신을 갖게 해준다. 다시 말해 우리가 하나님과 진정한 의미에서 사귐을 갖고 연합의 관계를 가지는지 시험할 수 있는 최선의 방법 중 하나가 바로 기도 생활을 점검해 보는 것이다. 삶에서 기도 생활이 얼마나 많은 비중을 차지하고 있는가? 얼마나 자주 기도하는가? 기도 속에서 자유를 누리며 즐거워하는가? 아니면 반대로 기도하는 것이 지겹고 비생산적이고 얽매인 듯한 느낌을 주는 것은 아닌가?

지금 우리는 그리스도 안에 있는 그리스도인이 하나님과 연합된 사귐으로 인도함을 받았다는 것에 대해 말하는 것이다. 시편 기자들의 기록을 보면 기도를 얼마나 즐겨 했는지 볼 수 있다. 그들에게 기도를 통해 하나님과 교제를 나눈다는 것은 최상의 것이었다. 신약성경에 나오는 진술들을 읽어 보기 바란다. 또한 우리보다 먼저 신앙 생활을 누렸던 성도의 삶에 대한 기록들을 읽어 보기 바란다. 기도 생활이 그들의 특징이고 기도야말로 하나님과 교제하고 대화하는 유일한 통로였으며, 기도 안에서 참으로 즐거워했고 기도가 가져다 주는 기쁨을 누렸던 것이다.

하지만 이제 나는 다른 면에서 한 가지를 말하고 싶다. 이미 우리가 보았듯이 사귐에는 언제나 양면성이 있기 때문이다. "참으로 우리의 사귐은 아버지와 그의 아들 예수 그리스도와 더불어 누림이라"고 본문은 말하는데 어떻게 우리가 이것을 알 수 있는가?

우리는 하나님이 그분의 현존하심에 대한 증거와 그분이 가까이에 계신다는 인식을 주셨기 때문에 알고 있다. 연합은 하나님의 임재하심을 인식하는 것이며, 하나님과 연합된 관계를 갖고 하나님과 사귐을 유지하는 사람들은 최소한 "나는 이런 증거를 은혜로 주신 하나님의 존재 안에 있다는 것을 알고 있다. 그분은 나에게 여러 가지를 나타내 주셨다."라고 말할 수 있어야 된다는 것에 대해 들었다.

여기서 우리는 위험한 것을 볼 수 있다. 이런 것이 지나친 광신주의로의 문을 열어 놓게 되는 것이다. 하지만 하나님이 이전에도 계셨다는 사실과 하나님이 자신의 임재하심과 가까이 계심에 대한 자애로운 암시를 주셨다는 것을 알지 못한다면 결코 하나님과 사귐을 갖는 것이 아니라고 할 수 있다.

하나님은 자신의 방식으로 우리의 영혼에게 말씀하신다. 물론 항상 귀로 들을 수 있는 것은 아니지만 그분은 말씀하신다. 또한 하나님은 위로를 주시며 우리 안에 거룩한 소원과 염원을 창조해 주신다. 이와 같은 일을 하는 분이 바로 우리의 하나님이시다.

사도 바울은 빌립보에 보내는 서신 2:13에서 "너희 안에서 행하시는 이는 하나님이시니 자기의 기쁘신 뜻을 위하여 너희에게 소원을 두고 행하게 하시나니"라고 기록했다. 이런 것이 하나님과 교제를 갖는 길이다. 우리는 이런 소원들이 밀려오는 것을 인지하면서 우리 자신에게 말하게 된다. "나에게 말씀하는 분이 하나님이시다. 나에게 말씀하며 또한 내 안에서 말씀에 반응하게 하는 분이 바로 하나님이시다." 사도 요한은 이 서신의 뒷부분에서 "하나님이 우리를 먼저 사랑하셨기 때문에 우리도 그분을 사랑한다."라고 말했다. 하나님은 이런 식으로 우리와 사귐을 가지신다. 이것뿐만이 아니다. 하나님은 자신의 뜻을 우리에게 나타내신다. 우리가 무엇을 하기 원하는지 그분은 보여 주신다. 우리를 인도하며 앞에 놓인 문들을 열기도 하고 닫기도 하신다. 어떤 때는 앞에 장애물이나 장벽을 놓기도 하신다.

여러분은 내가 지금 무엇을 말하는지 알고 있을 것이다. 내가 말하는 것은, 우리는 전적으로 하나님의 손 안에 놓여 있다는 것을 인식해야 된다는 것이다. 하나님이 인생이라 불리는 여정을 통과하는 우리의 삶 속에 계시면서 삶을 주관하신다는 것을 인식해야 된다는 말이다.

때때로 가려는 곳의 문이 닫힐 때면 우리는 이해하지 못하게 된다. "나는 저기로 가기를 원하지만 갈 수가 없다."고 말하면서도 곧 "하지만 하나님이 나와 함께하시며 문을 닫으셨다."라고 말할 수 있다. 이때 우리가 들어갈 문이 갑작스럽게 열리면서, 문을 열어 주시고 함께 걷고 계시는 분이 하나님이라는 사실을 알게 될 것이다.

이런 것이 하나님과 사귐을 갖는다는 말이 아니겠는가? 또한 이런 것이 우리의 삶을 주장하시며 지혜와 통찰력을 주시며 우리에게 말씀하고 계시는 분이 여러 인생 항로에서 우리와 함께하신다는 것을 알게 되는 것이 아니겠는가?

물론 이 모든 것에 위험은 있다. 모든 것은 조심스럽게 인정되어야 할 것이다. 그렇지만 이런 것들이야말로 하나님과의 연합과 사귐에서 본질적이라는 사실을 부인할 수 없다. 그럴 때 하나님은 상황과 필요에 따라 힘을 공급해 주신다. 기독교 서적을 읽어 보면 어떻게 성도가 주님이 몸소 경험하신 것들을 그대로 겪어 낼 수 있었는가를 볼 수 있다.

주님은 사역 마지막 때에 제자들에게 "보라 너희가 다 각각 제 곳으로 흩어지고 나를 혼자 둘 때가 오나니 벌써 왔도다 그러나 내가 혼자 있는 것이 아니라 아버지께서 나와 함께 계시느니라"요 16:32고 말씀하셨다. 그분은 십자가상에서 마지막으로 "아버지 내 영혼을 아버지 손에 부탁하나이다"눅 23:46라고 말씀하셨다.

하나님은 예수님과 함께하셨으며 성도 모두는 한결같이 삶과 경험 가운데 예수님의 이런 경험들을 반복했던 것이다. 그들이 임종시에 간증하는 내용들을 생각해 보기 바란다. 그들 대부분은 우리에게 하나님과의 사귐이 얼마나 영광되고 귀한 것이었는가에 대해, 심지어 임종의 자리에서조차도 하나님과의 사귐을 갖고 있음에 대해 말할 것이다.

그들은 홀로 있었던 것이 아니다. 하나님의 임재하심이 있었다. 비록 하나님을 보지는 못했어도 또한 귀로 들리는 음성을 듣지는 못했어도, 하나님이 그들이 있는 바로 그곳을 가득히 채워 주고 계시다는 것을 알았다. 그들은 누구보다도 하나님에 대한 확신이 있던 자들이었다.

진실로, 확실히, 놀랍게도, 기가 막히게도 우리의 사귐은 아버지와 함께하는 것이다. 에녹은 하나님과 동행했다. 우리가 참된 그리스도인이라면 하나님과 동행해야 할 것이다. 하나님께 말하며 또한 우리에게 말씀하시는 하나님을 알며 하나님을 찬양하면서 즐거워하고 그분에 대해 더 많이 알려고 몸부림치는 우리가 되어야 할 것이다.

이런 것을 가지고 우리의 신앙을 시험해 보자. 우리가 정통파가 되는 것만을 가지고는 충분하지 않다. 정통적 신앙을 지키는 것이 매우 중요하다는 것을 부인하지 않는다. 하지만 그것만으로는 족하지 않다는 말이다. 우리에게 가장 긴요한 질문은 다음과 같이 간단한 것이다.

"나는 하나님을 알고 있는가?"

> 우리의 사귐은 아버지와 그의 아들 예수 그리스도와
> 더불어 누림이라 _ 요일 1:3.

Chapter 8
신비주의

본문 말씀이 우리의 주님 되신 예수 그리스도의 복음을 통해 주어지는 참으로 위대한 선물이라는 것을 함께 생각해 보았다. 성경 말씀을 통해 많이 보았듯이 이 세상은 본질적으로 하나님을 거스르고 대항하며, 따라서 하나님께 속한 모든 사람도 미워하고 거스르는 곳인데, 이런 세상에서 살아 나갈 수 있도록 힘이 되어 주는 최선의 그리고 최고의 메시지가 우리 앞에 놓인 바로 이 말씀이다.

주님이 요한복음 15:18에서 "세상이 너희를 미워하면 너희보다 먼저 나를 미워한 줄을 알라"고 하신 말씀을 그리스도인은 결코 무시해서는 안 된다. 이 세상이 가진 생각이나 정신적 구조 자체가 하나님을 거스르며 사람들이 기독교로 개종하거나 새로운 생명을 받기까지는 어차피 하나님을 늘상 거스르는 상태로 남아 있을 수밖에 없기 때문이다.

우리가 직면하는 문제는 어떻게 모든 면에서 적대적인 이 세상에서 그리스도인으로서 경건하게 살아갈 수 있겠는가 하는 것이다. 여기에 대한 신약성경 전체가 제시하는, 특히 이 서신서가 제시하는 대답은 하나님과 교제를 갖는 것만이 유일한 길이라는 말씀이다.

  요한에 의하면 이것을 위해 주님이 이 땅에 오셨으며 이것을 보여 주셨을 뿐만 아니라 이런 사귐의 관계에 참여할 수 있도록 해주셨다는 것이다. 이런 내용이야말로 참으로 위대한 것이라 아니할 수 없다. 이것은 단순한 가르침 정도가 아니라 그 이상의 것이다. 바로 이것이 우리를 위해 주님이 실제로 이루어 놓으신 것이다.

  우리는 지금까지 이 위대한 진술에 관해 여러 각도에서 살펴보았다. 예수 그리스도가 가능하게 하신 일이 우리에게 이루어지게 하기 위해 먼저 되어져야 할 일을 생각해 보았으며, 사귐이라는 단어를 자세히 살펴보았다. 그러는 가운데 나는 계속해 경고의 말을 했다. 그것은 우리 모두가 동의하는 바로서 다름 아닌 주관적 경험이다. 이 주관적인 것을 강조하다 보면 사귐이 원래 의도하는 바와는 다른 쪽으로 이해될 수 있기 때문이다.

  일단 하나님과의 사귐이 우리에게도 전적으로 가능한 것이라고 인정되면, 우리는 사귐에 대한 전반적 개념을 기뻐하며 귀한 것으로 여겨 즉시 그와 같은 사귐을 경험하고 소유하는 것에 관심을 가질 수밖에 없다. 어떤 면에서 교회사가 사람들이 하나님과의 교제와 연합에 도달하려는 다양한 노력의 역사로서 묘사된다고 볼 수 있다. 그리스도인의 경험 중에서 높이 평가되는 모든 것이 역시 이 같은 하나님과의 사귐과 연합에 관심을 갖고 특별히 노력한 결과로서 주어진 것들이라고 할 수 있다.

  이런 관점에서 이것이 좀더 유의해 점검해야만 될 주제임을 알아야 한다. 올바른 방식으로 하나님과의 교제를 추구할 수 있는 반면 잘못된 방식으로 하나님과의 교제를 추구할 수도 있기 때문이다.

지금 이 시간에 이런 모든 것을 다루는 것은 불가능하므로 인간이 하나님과의 사귐을 추구해 나가는 방식을 크게 두 가지로 나누어 생각해 보는 것이 좋겠다. 두 가지의 주된 부류란 복음주의적 방식과 신비주의적 방식이다.

이런 식으로 나누는 것이 일반적으로 흔히 분류하는 방식이다. 그리스도인의 전기를 읽어 보면 두 가지 방식을 함께 겸했던 것을 볼 수 있다— 한쪽으로 치우치면 다른 한쪽은 가볍게 다루어졌을지라도— 신비주의적 방식만 해도 또다시 그 안에서 분류할 수 있는 여러 종류가 있는데 이 시간에 이런 모든 것을 다룬다는 것은 불가능하다. 아마도 이런 모든 것을 다루자면 오랜 기간 동안 논리를 전개해 나가야 할 것이다. 여기에 관해 기록된 것들만 해도 상당량이 될 것이며 실제로 신비주의에 관계되는 도서관이 있다는 말도 들었다. 참으로 황홀하게 우리의 마음을 끄는 흥미진진한 것들일 것이다.

따라서 나는 복음주의 방식의 본질과 신비주의적 입장의 본질에 대해서만 다루고자 한다(이 주제에 관해 가장 훌륭하고 자세하게 설명된 책으로 케네스 커크(Kenneth E. Kirk)가 1928년에 이 주제에 관해 연속적으로 강연한 내용을 기록한 『하나님의 비전』(The Vision of God)을 추천하고 싶다).

오늘의 주제는 주의를 기울여야 할 내용이다. 신비주의와 복음주의는 어떤 면에서 사실상 매우 비슷해 보이며 바로 이 비슷해 보이는 부분에 위험성이 도사리고 있기 때문이다. 양쪽 다 하나님이 우리의 영혼을 주장하시며 자신에 대한 지식을 제공해 주신다고 동의한다. 양쪽 다 사귐이 외형적인 것이 아니라는 것과 참된 그리스도인의 위치가 외적으로나 기계적으로 보여지는 것이 아니라는 사실도 인정한다. 양쪽 모두 그리스도인의 삶의 목표와 수고의 방향이 하나님과의 교제라는 데 의견을 같이하고 있다.

어느 한쪽도 주어진 책임을 이행하는 것으로 만족하거나 도덕적 기준에 맞추어 사는 것으로 만족하지 않는다. 그것은 세상이나 다른 종교에서 논하는 것이지 우리에게 해당되는 것이 아니라고 양쪽 다 이야기한다. 그들은 공히 기독교라는 종교가 사람에게 하나님에 관한 지식과 그분과 가까이 지내며 교제하는 것을 제시한다고 하면서, 그러한 사귐에 관심을 갖고 있다고 말한다.

하지만 이들이 이런 사귐을 갖는 '방식'에 관한 한 분리된다는 사실을 여러분에게 보여 주기를 원한다. 다시 한번 상기시키고자 하는 것은 이런 면에서 복음주의면서 동시에 신비주의였던 사람이 실제로 있었다는 사실이다. 자신이 가진 신비주의의 위험성을 바라볼 수 있던 복음주의자도 있었다. 이런 경우에는 분류하는 데 어려움이 있다.

예를 들면 먼저 클레르보의 베르나르를 들 수 있다. 그는 확실하게 신비주의자였다. 하지만 우리는 그를 복음주의자로 보고 있다. 이와 유사한 경우가 많이 있다. 비록 찰스 웨슬리가 복음적이기는 했지만 그에게도 신비주의 요소를 많이 볼 수 있다. 이것은 그의 형제 존 웨슬리에게도 똑같이 적용된다. 분류하기 어려워 보이는 이런 경우들이 있기 때문에 큰 원리들만 살펴보아야 될 것 같다.

하나님과 연합하며 사귐을 갖는 것을 추구하는 데 있어 신비주의자들이 말하는 전반적 견해는 무엇인가? 우리가 이미 말한 바와 같이 신비주의 안에는 여러 분파가 있다. 이 신비주의는 전적으로 비기독교적이라고 말할 수도 있다. 그리스 철학자들 중 많은 사람이 엄밀한 의미로 볼 때 신비주의자들이었다. 신비주의에는 무종교적인 것과 종교적인 것과 기독교적인 것이 있다.

이런 것에 상관없이 모든 신비주의자에게 공통적인 것이 있다. 우선 그들은 일반적으로 사람이 무한하면서도 영원한 것에 대해 논리적인 생각이나 설명 없이도 즉시 알 수 있다고 믿는다.

신비주의라는 단어에 대한 정의를 내리자면 "신비주의는 어떤 방해나 간섭 없이 하나님을 얼굴과 얼굴을 대해 보듯이 알 수 있게 된다는 것을 믿으며, 하나님에 대한 직접적 지식을 가지고 직접적 인식을 할 수 있음을 믿는 것이다."라고 말할 수 있다. 또는 "신비주의는 하나님과의 연합으로부터 파생되는 순수함과 행복은 성경 말씀이나 은혜라는 평범한 수단을 통해 주어지는 것이 아니라 초자연적이며 즉각적인 신적 영향력에 의해 주어지는 것이다. 신적 영향력이란 여기에 대해 깊은 생각이나 노력 없이 그저 영혼을 순종시킴으로써 획득되는 것을 믿는 것이다."라고 설명할 수 있다.

일반적으로 신비주의는 느낌을 하나님에 대한 지식을 얻는 근원으로 본다. 하나님에 대한 지식을 얻는 데 지적인 것이나 이성적인 것이나 이해하려는 것보다는 느낌에 중점을 둔다는 말이다. 이것이야말로 신비주의를 식별할 수 있는 기준이 된다. 신비주의자는 하나님에 대한 지식은 객관적 지식이나 이해를 통해 얻어질 수 있는 것이 아니라 사람의 마음과 하나님의 영과의 직접적 교통을 통해 얻어지며, 결국 느낌이라는 영역 속에서 주로 가능하다고 말한다. 신비주의자는 하나님이 이런 형태나 모습 가운데서 진리를 알려 주신다고 믿는다.

이 주제에서 복음주의적으로 접근하는 데는 큰 어려움이 있다. 복음주의자들은 언제나 객관적 계시인 하나님의 말씀을 최우선적으로 놓는다. 하지만 신비주의자들은 이것을 무시하고 "내가 해야 되는 것은, 하나님이 무엇인가를 하신다는 수동적 상태에서 감각과 느낌이라는 수단을 통해 나의 영혼을 그저 순종만 시키면 된다. 이것을 통해 하나님을 알게 될 것이다."라고 말한다. 그들이 강조하는 최우선적인 것은 이해하는 것보다 느낌에 있다.

모든 신비주의자가 똑같은 것에 관심을 갖는 것은 아니다. 물론 나는 전문 용어를 다루는 데 시간을 낭비하고 싶지 않다. 하지만 간단히 말하면 3가지 형태를 소개할 수 있다. 첫째는 묵상을 통한 신인 융합theopathic이라고 부르는데, 이들은 순수한 느낌과 감각에 관심을 가지는 자들이다. 둘째는 신지학theosophic인데, 이들은 오늘날 자신들을 신지론자들이라고 부르면서 경험을 통해 얻어지는 하나님에 관한 지식에 대해 관심을 가지며 그들의 지식을 점검하기 원하는 자들이다. 셋째는 마법theurgic인데, 이들은 현상적인 것에 관심을 갖고 환상이나 이상한 경험들을 매우 원하는 자들이다. 이들은 빛이나 발광체들의 원형을 보는 것을 즐거워하며 하나님의 능력을 느끼고 황홀경에 빠지는 경험에 대해 말하는 것을 좋아하는 자들이다.

신비주의의 역사를 잠시 살펴보는 것도 재미있을 것 같다. 신비주의는 한결같이 교회 안에서 보여지는 지나친 형식주의나 죽은 것같이 생동력 없는 상태에 반발해 생겨난 것이다. 우리는 이런 현상을 개신교 교회보다 로마 가톨릭 교회 안에서 더 많이 볼 수 있다. 나는 이런 현상 자체가 매우 의미심장한 것이라고 본다.

신비주의는 또한 이성주의나 기독교 신앙을 너무 지나치게 지성화시키려는 경향에 반발해 생겨났다. 교회사를 살펴보면 신비주의가 일반적으로 어떤 특정한 기간에 나타나는 것을 볼 수 있다. 교회사의 초창기 수세기를 보면, 기독교 교리에 관한 많은 토론이 있었으며 교회의 학자들은 대부분의 시간을 기독교 신앙을 안전하게 지키기 위해 헬라 철학자들과 논쟁하면서 보내었으므로 모든 기독교 복음이 지적 체계로 변화되는 위험스러움이 자리 잡는 때이기도 했다.

바로 이때 첫 번째 기독교 신비주의가 들어왔다. 그들은 "우리는 조심해야만 한다. 모든 교리적 정의와 함께 우리의 생명을 잃어가는 위험스러운 상황에 처해 있다."라고 말했다. 이런 면에서 볼 때 신비주의는 처음 수백 년 간의 초대교회 시기에 이집트에서 시작했으며, 기독교 신앙을 단순하게 지식화시키려는 행위와 교회 안에서의 형식주의에 대항하는 가운데 시작되었다.

그 다음 중세기에는 베르나르와 같은 사람들에 의해 또 다른 신비주의가 발생했다. 이때의 발생도 처음과 마찬가지의 이유 때문이었다. 그 당시 로마교회는 공식적인 철학 학교를 세우려는 시도를 하고 있었다. 교회는 물질화되어 갔으며 생명력을 상실한 죽은 교회로 바뀌어 가고 있었다.

중세 암흑기에 로마 가톨릭 교회에서도 "우리는 생명을 상실하고 있다. 기독교 신앙이 사람들을 하나님에 대한 지식으로 이끌어 가고 있다. 배운 철학자들은 천사들의 본성에 대해 논쟁하면서 얼마나 많은 천사가 못 위에 동시에 서 있을 수 있는가와 같은 철학적이고 관념적인 것에 대해 쟁론하고 있다. 이런 것 자체가 기독교 신앙을 부정하는 것이다."라고 말하는 사람들이 나왔다. 이런 가운데 1세기 신비주의가 나왔듯이 중세기의 신비주의가 발생했다.

이런 식의 신비주의 발생은 개신교에서도 볼 수 있다. 16세기에 종교개혁이 있었다. 물론 이 개혁은 영적 능력에 대한 커다란 자각을 불러일으켰으나 부흥 후에 한결같이 그랬듯이 생명력을 상실한 시기가 뒤따라왔다. 즉 신학자들의 시대로 접어들게 되었으며 이와 같이 훌륭한 신학이 제도화되면서 생명력을 상실한다고 느끼는 무리들이 생겼고 이런 생각들이 신비주의 방향으로 작용되었다. 청교도 시대의 사람들은 성령에 대해 새로운 강조를 하기 시작했으며 이런 강조의 한 가지 표현이 퀘이커교로 나타나게 되었다.

이와 같이 기독교 신앙을 지나치게 지식화시키고 가르침을 너무 기계적으로만 나열하는 데 저항해 신비주의자들이 발생하게 되었던 것이다. 개신교 안의 퀘이커 교도에게서 우리는 이와 같은 신비주의의 주된 모습을 볼 수 있으며, 17세기 말과 18세기 초에는 또 다른 신비주의적 모양새가 있었다.

영국의 경우에는 『진지한 부르심』 The Serious Call 이라는 책을 썼던 윌리엄 로를 이 당시의 대표적인 사람으로 볼 수 있다. 윌리엄은 웨슬리와 같은 사람에게 막대한 영향력을 행사했으며, 그들을 빛과 진리 가운데로 인도하는 데 하나님께 쓰임받았던 사람이었다.

신비주의는 하나님과 연합됨과 하나님에 대한 지식에서 현실성을 강조하는 데 주안점을 둔다. 어떤 방법으로 그렇게 하는가? 나는 이미 그들의 일반적 방법에 대해 말했다. 하지만 신비주의자들 중 주된 두 가지의 유파를 소개해야 될 것 같다.

첫 번째 유파는 정적주의와 수동성을 따르는 사람들이다. 이들은 조용히 마음을 편히 하고 있는 것 외에 다른 아무것도 할 일이 없다고 말하는데 이와 같은 가르침은 지금도 널리 알려져 있다.

"여러분은 생각하려고 노력해서는 안 된다. 어떠한 시도도 해서는 안 된다. 여러분이 해야 할 일은 하나님에 대해 여러분 자신을 포기하는 것이다. 그때 하나님이 여러분에게 말씀하실 것이며 여러분에게 무엇인가 행하시게 될 것이다. 그리하여 하나님에 대한 지식을 얻게 될 것이다."라고 이들은 가르친다. 조용히 있으면서 하나님이 행하시는 대로만 따르는 수동적인 것을 강조한다. 주창자는 마담 귀용이라는 유명한 프랑스 여성이었다.

두 번째 유파의 주장은 이것과는 정반대로 매우 적극적이다. 우리가 신비주의자를 생각할 때 불투명하고 애매모호한 사람으로 생각하는 것은 매우 옳지 못하다. 어떤 사람은 우리가 신비주의를 공정하게 평가하기 원한다면 환상이나 영감 등 영적인 일에 관심을 갖는 것과 신비주의를 구별해야 한다고 했다.

신비주의자 중에는 매우 적극적인 사람들이 있다. 그들은 화려한 환상과 하나님에 대한 지식은 매우 엄한 훈련에 의해서만 얻어질 수 있는 것이라고 말한다. 그들은 자신에 대한 깊은 성찰을 해야 하며 그 속에서 자신을 철저히 돌아보아야 하고, 묵상을 계속하는 가운데 이런 것들에 대해 생각해야 한다고 말한다.

이와 같이 자기 성찰과 묵상을 하면서 다음 단계로 나아가게 되는데 그 다음 단계란 하나님에 대한 직관을 얻는 것이다. 하나님에 대해 공부하고 노력하고 생각하는 것 없이도 하나님을 알 수 있는 직관의 단계에 오르는 것을 신비적 방법이라고 부르는데, 이 단계에 오르면 죄로부터 씻음을 받게 되며 하나님을 알지 못한다고 느낄 때 처해 있던 '영혼의 어두운 밤'으로부터 벗어날 수 있게 된다고 말한다.

이 단계에서 조용히 자기 성찰과 묵상과 금욕적 행위를 계속 유지하면 그 다음 단계인 조명의 상태에 들어갈 수 있게 되며 이때 진리를 볼 수 있게 된다고 한다. 진리를 보고 알게 될 때 계속해 깊이 명상을 해야 하며 이런 것을 통해 자신을 다소 잊어버리게 될 때 궁극적으로 하나님과 연합하는 상태에 도달하게 된다는 것이다.

이처럼 신비주의자들은 매우 적극적인 사람들로서 자신의 노력으로 하나님을 알 수 있게 된다고 주장한다. 속세를 떠나 수도원에 사는 수도승이나 은둔자들 대부분은 이 같은 것 외에 다른 아무것에도 관심을 갖지 않았다. 낙타 털옷을 입고 의도적으로 자신을 성불구로 만들기도 하면서 금욕 행위가 궁극적으로 하나님과 연합된 상태로 인도해 준다고 믿었다. 또한 이런 모든 행위의 결과로 여러 가지 다양한 경험을 했다고 주장한다. 우리는 황홀한 상태나 기쁨의 환상들에 대해 들어 보았다.

그렇다면 이 모든 것에 대한 복음주의의 비판은 무엇인가? 나는 다음과 같은 방식으로 열거해 보려고 한다.

신비주의에 대한 복음주의의 주된 비평은 이러하다. 즉 신비주의는 영감의 지속성을 주장하는데, 하나님이 구약 시대의 선지자들과 신약 시대의 사도들에게 직접 자신을 계시해 주신 것과 같은 방식으로 그들과도 직접적으로 관계해 주신다고 말한다. 그러나 복음주의자들은 하나님이 선지자들과 사도들에게 이미 모든 말씀을 주셨기 때문에 하나님이 직접 자신에 대해 계시해 주실 필요가 없다고 믿고 있다.

내가 여러분에게 하는 말이 하나님의 직접적 영감을 통해 나에게 주어진 것이라고 주장하지 않는다. 나는 지금 성경 말씀을 설명하는 것이다. 나는 성령이 하나님의 말씀을 이해하고 설명할 수 있는 능력을 주셨다고 주장하지만 하나님으로부터 직접 받은 말씀을 하고 있다고 주장할 수는 없다. 이 말씀은 사도 요한과 동료 사도들에게 주어진 것이고 나는 이 사도들과 사귐의 관계에 들어감으로써 그들이 한 말을 반복하고 있을 따름이다. 하지만 신비주의자들은 그들이 새롭고 신선한 말씀을 받아 왔으며 하나님으로부터 직접 영감을 받았다고 주장한다.

신비주의에 대한 다음 비판은, 필요에 의해 성경을 사용하면서도 다른 한편으로는 성경을 별로 필요 없는 존재로 만들고 있다는 것이다. 여러분은 신비주의적 성향이 있는 사람들이 성경에 대해 결코 많은 말을 하지 않는다는 것을 알 것이다. 그들은 성경을 많이 읽는 자들이 아니다. 나는 이런 사람들이 대부분 신비주의자라는 사실을 여러분이 알게 될 것이라고 생각한다. 그들은 "나는 성경 읽기 계획 같은 것을 따르지 않는다. 한 구절의 성경이면 족하다. 한 구절을 읽고 나서 나는 그것을 묵상하기 시작한다."라고 말한다.

이것이 전형적인 신비주의의 모습이다. 이들은 객관적 계시를 필요로 하지 않으며 단지 말씀을 자신들이 묵상을 시작할 수 있는 시동의 역할 정도로 받아들인다. 그리고 묵상을 통해 하나님으로부터 직접적 계시를 받기 때문에 성경의 가치를 업신여긴다.

나는 이런 비평에서 한걸음 더 나아가 전반적으로 신비주의자들은 심지어 주님까지도 필요로 하지 않는 자들이라고 주저하지 않고 말할 수 있다. 이와 같이 표현하는 것은 매우 심각한 것으로 받아들여지겠지만 나는 내 표현에 대해 실증할 준비가 되어 있다.

자신의 영혼은 하나님께 직접 나아갈 수 있다고 주장하는 신비주의자들이 있어 왔다. 그들은 있는 그대로 단지 긴장을 풀고 있으면서 하나님으로 하여금 그들에게 말씀하게 하며 또한 하나님이 그렇게 해주실 것을 믿는다고 말하지만, 그 가르침 속에 예수 그리스도에 대한 언급은 일체 없다는 것을 알 수 있다.

이런 식으로도 말할 수 있겠다. 즉 신비주의의 위험성이란 우리 안에서 역사하시는 주님의 사역에 지나치게 초점을 맞추느라 우리를 위해 이루신 주님의 사역은 정작 잊어버린다는 것이다. 다시 말해 영혼에 대한 직접적 사역에 대해 너무 많은 관심을 기울이다 보니 우리 영혼에 어떤 일이든지 발생하기 전에 최우선되어야 할 선결 과정을 잊어버리게 된다는 것이다. 그러다 보니 십자가를 잊어버리게 되고 어떤 가능한 방식으로든지 하나님과의 교제를 나누기 전에 그리스도의 구속적 죽음이 절대적으로 필요하다는 사실을 잊어버린다는 말이다.

좀더 나아가 다음과 같이 이들에 대해 설명할 수도 있다. 신비주의는 죄의 교리를 그리 중요하게 여기지 않는다. 그들은 "당신은 염려할 것이 아무것도 없다. 당신이 현재 모습 그대로의 상태에서 하나님을 알기 원한다면 그냥 하나님과의 연합 상태를 향해 출발하면 된다. 그러면 하나님이 당신에게 친히 말씀하실 것이며 모든 축복으로 함께하실 것이다."라고만 말한다.

그들은 죄의 교리를 언급할 때, 하나님의 아들이 이 세상에 오셔서 십자가에서 우리의 모든 죄를 그분의 육신 안에서 담당하시는 것만이 유일하게 하나님이 사람의 영혼에 말씀하실 수 있는 길이 될 만큼 죄악은 아주 심각하다는 사실을 결코 언급하지 않는다.

신비주의에 대한 또 다른 심각한 비판은, 항상 기준을 제시하지 않는다는 것이다. 내가 신비주의 방식을 따른다고 상상해 보자. 나는 하나님이 나에게 말씀하고 계시다고 생각한다. 하지만 하나님이 나에게 말씀하고 계시다는 것을 어떻게 알 수 있는가? 내가 사람에게 말하는 것이 아니라는 것을 어떻게 알 수 있는가? 많은 신비주의자가 환각에 의한 희생자가 되었다고 하지만 나는 환각에 의한 희생자가 아니라는 사실을 어떻게 확인할 수 있는가? 내가 성경 없이 여러 방식에 의해 신비주의를 믿는다면 어떻게 나의 경험을 테스트할 수 있는가? 성경 말씀을 어떻게 입증할 수 있는가? 살아 계신 하나님과 참진리로 가까이 나아가려는 나를 방해하기 위해 빛의 천사로 위장한 사탄에게 혹시 현혹당하는 것은 아닌지를 어떻게 알 수 있는가? 나에게는 아무런 기준이 없다.

신비주의에 대한 마지막 비판은, 그들은 늘상 광신적이고 지나친 성향이 있다는 것이다. 여러분이 이해하기 전에 느낌을 우선시한다면 여러분은 자신의 경험을 점검할 수 있는 어떠한 것도 없기 때문에 끝까지 느낌에게 끌려 다니게 되며, 감각과 느낌을 통제할 이성도 잃게 된다.

어떤 사람은 나의 비판에 대해 "신비주의에 대한 당신의 비판이 이러하다면 내가 하나님과 사귐을 갖고 그분에 대해 아는 데 복음주의가 제시하는 방법은 무엇인가?"라고 묻는다. 대답은 간단하다. 복음주의는 언제나 성경으로 시작한다. 성경 말씀이야말로 모든 경험에 대해, 하나님에 관한 지식에 대해 유일무이한 권위이자 또한 최종적 결정을 내릴 수 있는 기준이 되기 때문이다.

복음주의 교리는 우리 자신을 바라보는 것보다는 하나님의 말씀을 바라보도록 권하고 있으며 우리 자신을 점검하기 전에 먼저 우리에게 주어진 계시의 말씀을 살펴보도록 요청한다. 복음주의가 주장하는 것은 하나님이 우리에게 알려지실 수 있는 길은 오직 그분의 방식을 통해서만 가능하다는 것인데, 그분의 방식이란 성경 말씀 안에서 자신을 계시하시는 방식을 가리킨다.

나는 나를 위한 그리스도의 사역으로서만 시작할 수밖에 없다. 그리스도를 떠나서 하나님에 대한 참된 지식은 있을 수 없기 때문이다.

주님은 "나로 말미암지 않고는 아버지께로 올 자가 없느니라"고 요한복음 14:6에서 말씀하셨다. 그리스도께 나아와야만 되고 십자가를 통해서만 나아갈 수 있다. 그리스도의 가르침은 우리 죄 때문에 하나님께 나아갈 수 없다고 하신다. 따라서 우리 안에서 그리스도가 사역하시기 전에 먼저 우리를 위한 그리스도의 사역이 우선되어야만 한다는 사실을 알아야 한다. 이 때문에 주님은 우리 영혼을 위해 무엇인가를 하시기 전에 십자가에서의 사역을 통해 죄의 문제를 해결해 주셨던 것이다.

이런 이유 때문에 나는 그리스도의 사역으로 시작한다. 그리고 우리 죄악에 대해 다룰 때에야 비로소 하나님이 우리에게 생명을 주신다고 믿는다. 죄의 문제가 해결된 가운데 주어진 생명이야말로 하나님으로부터 오는 선물이다. 이 생명은 어떤 신비한 방식을 따름으로써 얻어질 수 있는 것이 아니다. 영원한 생명은 하나님의 선물이며, 이 선물은 우리의 죄악됨을 바라보면서 예수 그리스도를 믿고 또한 주님으로 인해 하나님과 화목된 것을 신뢰하는 전제 조건에서만 우리에게 주어지는 것이라는 사실을 인정해야 한다. 영원한 생명이 하나님의 선물이라고 할 때, 우리는 이것을 직접 찾으려고 해서는 안 되며 오히려 하나님을 따르는 가운데 주어지는 것임을 명심해야 한다.

주님은 산상 수훈에서 이것에 대해 완벽하게 설명하셨다. 주님은 "영적 경험에 굶주리고 목마른 자는 복이 있으며 기쁨과 행복에 굶주리고 목마른 자는 복이 있도다"라고 말씀하지 않으셨다. 오히려 복받은 자들, 즉 복을 경험하는 자들이란 "의에 주리고 목마른 자"들이라는 것이며 "그들이 배부를 것"이라고 마태복음 5:6에서 말씀하셨다.

이처럼 위대한 것을 우리가 직접 찾으려고 해서는 안 된다. 우리는 의롭게 되는 길을 모색해야 하며 그렇게 할 때 하나님이 우리에게 축복을 내려 주신다. 아버지와 아들 예수 그리스도와 교제하는 놀라운 경험이야말로 하나님이 우리에게 가르쳐 주신 방법 안에서 참으로 하나님을 찾는 모든 사람에게 주시는 귀한 선물이다. 이것이 바로 요한일서가 제시하는 전반적 주제이다.

하나님과 그의 아들과의 사귐이야말로 참으로 놀라운 경험이 되는 것인데 이런 놀라운 경험을 할 수 있는 방법은 말씀의 한 구절을 가지고 신비적 묵상에 몰입하는 것이 아니라 요한일서와 같은 하나님의 말씀을 읽는 것이다. 성육신과 생명과 기적들과 죽음과 부활과 구원에 관한 사실들을 기록한 객관적 계시를 읽는 것이다. 사도 요한은 바로 앞에 열거한 여러 내용에 대해 "우리는 그것들을 보았고 증언하고자 한다. 이런 것들이 우리가 손으로 만져 보고 느껴 본 것들이다."라고 말했다.

하나님과 교제를 나누는 데 복음주의 방법은 하나님의 말씀으로 곧장 나아가 말씀이 주는 진리를 알고 그 진리의 말씀을 믿으며 받아들이는 것이다. 또한 그 말씀 위에서 기도하며 말씀대로 살고 말씀이 가르치는 대로 행하는 데 우리의 모든 노력과 힘을 기울이는 것이다. "의에 주리고 목마른 자는 복이 있나니 그들이 배부를 것임이요"라고 말씀하신 대로, 이런 자들은 하나님의 충만함으로 가득 찰 것이며 하나님에 대한 지식과 하나님만이 주실 수 있는 축복들로 배부르게 될 것이다.

신비주의는 귀한 경험을 체험하는 데 지름길로 가려는 시도를 한다. 하지만 성경 말씀이 제시하는 방법은 이것과는 다르다. 성경 말씀이 제시하는 방법은 간단하면서도 간접적이며, 분명하면서도 아울러 지나치게 광신적인 것으로부터 자유할 수 있다. 성경의 방법은 균형 잡힌 그리스도인의 삶으로 인도해 주며, 사도들과 이전의 모든 교회사를 통해 보여진 중요한 복음주의의 전통과 같은 맥락에서 살아 계시며 참되신 하나님과 그분의 말씀으로 이끌어 준다.

아무쪼록 주님이 그분의 긍휼하심으로 우리의 눈을 열어 주시사 모든 잘못된 길의 위험성을 바라볼 수 있게 해주시며, 주님과 주님의 위대한 구원 사역을 형편없이 평가절하시키는 이들의 과잉되게 열광적인 것을 조심할 수 있게 인도해 주시기 바란다. 오직 그리스도 예수 안에서만 구원이 가능하며 하나님과의 교제도 가능하다는 단순한 진리 가운데서 우리를 항상 보호해 주시기를 기원한다.

우리가 그에게서 듣고 너희에게 전하는 소식은 이것이니
곧 하나님은 빛이시라 그에게는 어둠이 조금도 없으시다는 것이니라 _ 요일 1:5.

Chapter 9

거룩하신 하나님

    오늘 본문에서 사도 요한은 그리스도인이 하나님과의 교제를 나눔에 있어 자주 방해받으며, 하나님과의 교제를 마음껏 나누어야 함에도 불구하고 그렇게 하지 못하는 여러 가지 원인과 이유에 대해 설명하는 것을 볼 수 있다. 사도 요한은 이 세상에 사는 그리스도인들에게 아버지와 그의 아들 예수 그리스도와의 사귐을, 아들 예수 그리스도를 통한 아버지와의 사귐이 주어졌다는 이 서신의 주제이자 위대한 복음을 발표하고 상기시켜 주었다.

    그는 이 서신에서 예수 그리스도의 인성과 같은 특정 부분에 대해 다루지 않았다. 이미 자신의 복음서인 요한복음에서 이런 내용을 다루었을 뿐만 아니라 그 당시 기독교 교회의 회원들은 이런 기본 교리는 이미 배워 알고 있다고 요한은 인정했기 때문이다.

    사도 요한이 오늘 본문에서 다루고자 하는 것은 이 세상에 사는 그리스도인들로 하여금 예수 그리스도의 은혜 안에서 계속 그들의 삶을 유지해 나가게 하는 데 있다. 그는 그리스도인에게 제공된 하나님과의 사귐을 어떻게 하면 마음껏 누릴 수 있으며, 여러 방해 요소들이 있지만 어떻게 하면 잘 유지해 나갈 수 있을지에 대해 가르치려고 노력했다.

이 서신에 대해 일반적 분석을 할 때 우리는 이미 그의 계획이 어떠하다는 것을 다루었다. 우리가 하나님과 교제를 나눌 때, 마음껏 충분하게 교제를 나누지 못하는 여러 요소들이 있다. 사도 요한은 이런 여러 요인들 중에 우리가 늘상 잊어버리기 쉬운 한 가지 요인으로 바로 들어갔다. 오늘 본문 구절에서 그는 우리가 매우 중요하면서도 지극히 상식적인 한 가지 사실을 대하도록 이끌어 들이고 있는 것이다.

어떤 관점에서 바라보아도, 특히 신학적 관점에서 묘사될 수 있는 어떤 입장에서 바라보아도 지금 이 본문에서 말하는 내용보다 더 중요한 것이 없다는 사실을 여러분에게 말하고 싶다. 본문 말씀은 지극히 근본적이며 최우선되는 내용으로 우리의 관심을 즉각적으로 집중시킨다. 이 내용을 무시한다거나 꼭 이해해야 될 것을 이해하지 못한다면, 필연적으로 우리 자신이 문제에 둘러싸여 있다는 것을 알아야 할 것이다. 따라서 우리는 이 내용에 대해 여러 제안의 형태로 다루어 보고자 한다.

첫 번째 원리는 항상 하나님으로부터 출발해야 한다는 것이다. 여러분은 요한이 아무 서론도 없이 곧장 본문의 주제로 뛰어 들어간 것을 볼 수 있다. 실제로 요한이 이렇게 한 것은 상당히 놀라운 일이다. 그는 4절에서 "우리가 이것을 씀은 우리의 기쁨이 충만하게 하려 함이라"고 이미 말했다. 요한은 계속 "우리가 그에게서 듣고 너희에게 전하는 소식은 이것이니 곧 하나님은 빛이시라 그에게는 어둠이 조금도 없으시다는 것이니라."고 했다. 다시 한번 말하지만 출발점은 언제나 하나님이

어야만 된다.

내가 이렇게 말하는 것이 어떤 사람에게는 이상하게 들려 본문 말씀을 이와 같은 공식의 형태로 만드는 것을 받아들이지 못할 수도 있다. 마치 논쟁하며 비아냥거리는 투로 "물론 그렇지! 하나님으로부터 출발하는 것이야 분명하고 확실한 것이 아닌가? 그리스도인에게 가장 첫째가 되고 기본이 되는 것이야 물론 하나님으로부터 시작하는 것이다."라고 말한다.

하지만 내가 말하고 싶은 것은 그리스도인의 삶에서 일어나는 상당수의 문제점들은 하나님으로부터 출발하지 못하는 데 기인한다는 것이다. 우리는 하나님에 대한 진리를 알고 있다고 생각하며 하나님에 대한 우리의 관념 안에서 모든 것이 잘 진행되고 있다고 가정하지만, 사실상 하나님과 더불어 시작하는 것이 아니라 우리 자신과 더불어 시작하기 때문에 대부분의 문제들이 일어나는 것이다.

많은 사람이 자신은 하나님을 믿고 있다고 가정하기 때문에 자신의 신앙을 점검하려 하지 않는다. 이들은 "나는 항상 하나님을 믿고 있다. 나는 한번도 하나님을 믿지 않은 적이 없다."라고 말한다. 이와 같이 자신에 대해 가정하고 있기 때문에 자신의 생각 안에서 매사에 하나님과 함께 시작하는 것이 아니라 자신과 더불어 시작하는 것이다.

이런 생각은 대략 1860년대 이래로 있어 온 문제점의 뚜렷한 근원이기도 하다. 물론 그 이전부터 이미 있었던 것이지만 1860년경 이래로 특별하게 드러났다. 이때부터 사람이 모든 것의 중심부에 위치하게 되었다.

모든 생각과 철학적 사색이 사람으로부터 시작되었다. 사람이 우주의 중심에 위치하게 되었으며 보좌에 앉혀졌다. 그리고 하나님을 포함한 모든 것이 사람과의 관계 속에서 다루어지게 되었다. 사람이 스스로의 권위를 세우며, 자신과 자신의 아이디어를 믿고 신뢰하며, 자신의 필요에 있어서나 조건에 있어서나 언제나 출발점이 되었다.

이 같은 자세가 바로 최초의 실수였으며 대부분의 오해의 근원이 되었다. 성경은 계속해 인간은 하나님과 더불어 매사를 시작해야만 한다는 것을 가르쳐 주고 있다. 만일 사람으로 더불어 출발한다면 우리는 진리에 관한 모든 생각에서 지극히 잘못된 길로 치닫게 된다. 일단 인간에서부터 출발하면 그 다음의 모든 것이 인간의 생각과 논리에 맞추어지게 되어 있다. 하지만 성경이 제시하는 교리가 하나님의 시각에서 사람을 바라보지 못하고, 하나님에 관한 가르침 안에서 사람을 바라보지 못한다면 우리는 인간을 결코 제대로 알 수 없다.

그러므로 우리는 언제나 인간으로부터 모든 것을 시작하지 않도록 주의해야 된다. 그렇게 한다는 것이 결코 쉬운 일은 아니다. 복음과 기독교에 대한 접근 방식조차도 모두 우리가 인간인지라 자연스럽게 인간 중심적으로 또한 이기적 입장에서 취해질 때가 많기 때문이다.

우리는 다음과 같은 생각을 많이 한다. '나는 문제가 많은 이 세상에 살고 있으며 쉽게 지쳐 버린다. 내가 갖고 있지 못한 무엇인가를 찾고 있다. 나는 내가 필요로 하고 원하는 것이 무엇인지를 알고 있다. 내게 행복이 결여된 것도 역시 알고 있다. 우리 대부분은 종교에 관한 모든 주제와 하나님과 기독교의 진리에 대해 스스로가 소원하는 것들과 요구하는 것들의 관점에서 접근하려는 성향이 있다. 그렇다면 하나님이 이와 같은 사람들에게 무슨 말씀을 해야만 하며 무엇을 주셔야만 되는가? 이런 기독교의 신앙과 기독교라는 종교에서 얻을 수 있는 것이 무엇인가? 어둡고 힘든 이 세상에 사는 나의 문제를 쉽게 해결해 줄 수 있는 것이 기독교에 있는가?'

하지만 본문 말씀에 의하면, 아니 성경 말씀 전체에 의하면 이런 마음가짐은 애당초 근본 문제를 안고 있는 것이며 오류를 안고 출발하는 것이며 한걸음 더 나아가 하나님께 아주 오만불손한 태도이다.

실제로 복음의 첫 번째 대답은 다음과 같다. "여러분 자신을 잊어버리고 하나님을 바라보라." 이것이 우리가 그로부터 들은 메시지이다. 여러분에게 필요한 것이나 내가 필요로 하는 것이 복음에 의해 갑자기 만족될 수 있는 것은 아니다. 그러나 "하나님은 빛이시라 그에게는 어둠이 조금도 없으시다는 것이니라"는 말씀을 통해 여러분은 영적으로 필요한 것을 채움받을 수 있게 된다. 그 즉시 우리는 스스로에게서 시작하는 것이 아니라 하나님과 더불어 출발할 수 있게 되는 것이다.

좀더 나아가 이것은 우리가 직면하고 있는 모든 교리와 가르침을 측정하는 아주 귀한 지침이 될 수 있다. 우리는 기독교의 신앙과는 다른 이단이나 모든 다른 종교의 특징이, 사람에게 필요한 것을 만족시켜 주려는 모습으로 다가오는 것임을 볼 수 있다. 사람의 필요를 만족시키려고 노력하기 때문에 이런 잘못된 이단들이 많은 사람으로부터 인기를 얻으며 성공적으로 접근할 수 있는 것이다.

그들은 인간이 필요로 하는 모든 것을 줄 수 있는 것처럼 보인다. 우리 모두는 나름대로 필요한 것이 있다. 그런데 그들은 고통이나 어려움 없이도 필요한 모든 것을 채움받게 해줄 수 있는 것처럼 제안한다. 따라서 믿음이나 종교에 대해 철저하게 시험해 보고 점검할 수 있는 도구 중에서 이것 이상의 것은 없다고 말할 수 있다.

성경의 계시성에 대해, 기독교 신앙에 대해 가장 최우선적이며 어쩌면 매우 힘든 테스트가 될 수도 있는 것은, 성경 말씀이 또한 기독교의 신앙이 하나님과 함께 출발한 것인가 아닌가를 보는 것이다. 성경 말씀을 보면 사람을 최우선에 놓지 않는다. 사람에 대해서는 침묵하며 그저 뒷 배경에 등장하는 정도로 취급한다.

성경 말씀은 하나님으로 더불어 시작한다. "태초에 하나님이"라는 말씀으로 시작한다. 하나님이 모든 것의 중심에 계신다. 신학이라는 용어를 보라. 신학이라는 단어는 사람에 관한 지식을 의미하는 것이 아니다. 그것은 하나님에 관한 지식에 대해 말하는 것이다.

그러기에 하나님의 영원한 생명을 즐거워하는 것과 하나님과 함께 교제하며 동행하는 삶에 관한 모든 질문에서 지금 우리가 다루는 내용은 너무나도 중요한 것이라고 할 수 있다. 우리가 안고 있는 문제의 대부분은 자신을 모든 것의 중심부에 놓고 자신만을 생각하는 데 기인하는 것이다. 심리학자들도 사람들의 문제가 너무 자신의 입장만을 생각하는 데 있다는 것을 인식하며 여기에 대해 나름대로 대처하는 방법도 갖고 있다.

하지만 이들은 근본 문제와 상황을 올바로 직시하지 못하고 있다. 어쩌면 그들이 우리 안에 있는 우리 자신과의 중개 역할을 늘상 해주기 때문에 잠시 동안은 무엇인가 문제가 해결되는 것처럼 보일 것이다. 하지만 그렇지 않다. 자기 본위적인 것으로부터 놓임을 받을 수 있는 유일한 길은 하나님의 존재하심 앞으로 나아가 서는 것이다.

성경 말씀에 의하면 하나님의 형상대로 지음받은 사람들에게 문제가 생기는 가장 첫 번째 이유는 사람이 하나님께 순종하는 삶을 살기보다 자신을 높여 하나님과 동등하게 하려는 데 있다고 한다. 인간의 자신만을 옹호하려는 삶은 결국 당혹스러운 결과로 이끌어 갈 뿐이라는 것이다. 이와 같은 모습이 모든 세대를 통해 우리보다 앞서 살던 사람들의 모습이요 동시에 우리의 현주소가 아니겠는가?

우리는 문제로 가득 찬 20세기를 너무 과장되게 말하는 데 잘못이 있다는 것을 보기 시작했다. 우리는 환경과 주위 여건에 너무나도 많은 관심을 쏟고 있는데, 결국은 궁극적이며 절대적 진리 앞으로 되돌아와서 대면하게 된다. 이 진리란 바로 우리 모두가 궁극적으로 하나님의 임재하심 가운데 있다는 것이다.

따서 출발점은 언제나 하나님이어야만 하고 우리나 우리의 필요나 소원이나 행복이 되어서는 안 됨을 알아야 한다. 성경이 우리가 특별하게 필요로 하는 것에 대해 말씀하기 전에, 말씀은 우리에게 하나님의 관점으로 자신을 볼 수 있게 해준다. 모든 상황을 바라보는 성경의 방법은 아주 독특하며 전적으로 다른 것이다. 성경은 보태 주겠다거나 도와주겠다는 식으로 말씀하지 않는다. 오히려 우리에게 말씀이 제시하는 진리를 대하게 하고 우리에게 주고자 하는 하나님의 메시지를 직접 대하게 한다.

조금 더 발전시켜 생각해 보도록 하자. 본문 말씀은 먼저 우리는 하나님과 함께 출발해야만 된다는 사실을 상기시켜 주었으며, 그 다음으로 성경 말씀 안에서와 특별히 예수 그리스도 안에서 우리에게 주어진 하나님에 관한 계시를 받아들여야만 한다는 것을 말씀하고 있다. "우리가 그에게서 듣고 너희에게 전하는 소식은 이것이니 곧 하나님은 빛이시라 그에게는 어둠이 조금도 없으시다는 것이니라."

다시 말해 우리가 언제나 하나님과 더불어 출발해야만 한다고 말하는 것만으로는 충분하지 않다는 사실이다. 다음과 같은 매우 중요한 질문을 할 수 있다. "무엇이 하나님에 대한 진리인가? 하나님은 누구신가? 하나님은 무엇을 하는 분이신가? 그분에 대해 우리가 아는 것은 무엇인가?"

여기서 우리는 다시 한번 또 다른 근본적 질문들을 대하게 되는데, 옆길로 잘못 나가게 하는 이런 것을 항상 상기해야 된다는 것도 사실상 비극이다. 사람들은 자신이 항상 하나님을 믿는다고 말한다. 자신이 하나님을 믿지 않는다고 솔직하게 말하는 사람은 아주 적은 수에 불과하다.

일반적으로 사람들은 하나님을 믿는다고 하면서도 정작 하나님에 대한 의견을 물어 보면－사실상 그들이 자신의 의견에 대해 아주 잘 표현하기 때문에 물을 필요성을 못 느낄 때도 있다－그들은 "하나님이 사랑의 하나님이라면 왜 현재의 이 같은 상황을 용납하시는지 이해할 수 없다. 왜 하나님이 전쟁을 허용하시고 왜 하나님이……?"라고 말한다. 우리는 즉시 그들이 하나님에 대한 자신의 생각을 말하는 것을 볼 수 있다.

성경에 의하면 이와 같은 생각도 역시 첫 번째 오류들 중의 하나이다. 하나님을 믿기 위해 우리는 하나님에 관한 계시의 말씀을 받아들여야만 하고 계시의 말씀이 오직 성경 안에만 있는 것이라는 사실도 받아들여야 한다. 이같이 말하는 것이나 본문 말씀이나 둘 다 독단적 주장으로 들릴 것이다. "우리가 그에게서 듣고 너희에게 전하는－발표하는, 선언하는－것은 이것이니."

여기서 요한은 "이것은 내가 하나님에 대해 나름대로 갖고 있는 생각이다."라는 식으로 말하거나 "이것은 내가 하나님에 관해 오랫동안 사고와 묵상과 독서를 한 결과로, 헬라 철학과 현대 사상에 대해 공부한 결과로 얻게 된 것이다."라고 말하지 않았다. 결코 그러지 않았다. 그는 이와는 정반대의 방식으로 말했다.

요한은 "내가 지금 여러분에게 하고자 하는 말은 나의 친구 사도들과 그분으로부터, 그분에 대해 들은 것이다."라고 말했다. 그는 이미 예수 그리스도에 대해 "태초부터 있는 생명의 말씀에 관하여는 우리가 들은 바요 눈으로 본 바요 자세히 보고 우리의 손으로 만진 바라"고 말했다. 그는 태초부터 있던 자로부터 시작해야만 했다. "사실상 나는 하나님을 잘 몰랐었고 그분을 만나기 전까지 그리고 그분과 함께 3년간 지내면서 그분이 하시는 말씀을 듣기 전까지 그분에 대한 나의 생각이 잘못되어 있었기 때문이다. 나는 그분이 하시는 말씀을 들었다. 그분이 언제인가

'나를 본 자는 아버지를 이미 보았느니라. 너희가 나와 함께 있어 왔는데 나를 모르느냐? 너희가 보지 못하고 듣지 못하였느냐?' 라고 말씀하셨다. 바로 그분이 내가 말하는 모든 것의 근거를 제공하신 분이다. 그분이 우리에게 말씀하셨으며 나는 그분이 말씀하신 것을 반복할 뿐이다."라고 말했다.

이것이 성경의 입장이다. 다시 말해 우리는 이런 내용을 다룸에 있어 분수령에 도달했다고 말할 수 있다. 즉 우리는 두 개로 나누어진 갈림길 앞에 서 있다. 성경 말씀을 우리의 모든 것을 판단하는 전적 권위의 위치에 올려놓을 것인가 아니면 철학과 같은 인간의 사고에 우리의 판단 기준을 둘 것인가 하는 것이다.

성경에서 말씀하는 모든 주장은, 말씀은 하나님의 독특한 계시라는 것이며 따라서 우리는 더 이상 하고 싶은 말이 있다 할지라도 입을 다물고 계시의 말씀에 귀를 기울여야 한다는 것이다.

여기에 또한 하나님의 백성의 마음과 주의를 빼앗는 것이 있다. 즉 "하나님의 존재에 대해 증명할 수 있는 것이나 철학적 주장은 무엇인가?"와 같은 질문이다. 성경에 의하면 우리는 다음과 같은 방식으로 이런 질문을 바라보아야 한다. 이런 증명이나 철학적 주장들은 자기 나름대로의 입장을 갖고 있다. 하지만 이런 것은 궁극적으로 진리에 대한 결정적 근원이 되지 못한다.

이성은 어느 정도까지 우리를 이끌고 나아갈 수 있다. 그리고 어느 정도 선까지 이성을 사용하는 것이 사실상 큰 무리가 있는 것은 아니다. 하지만 이성이 하나님을 아는 참된 지식에까지 우리를 이끌어 갈 수 있다고 생각하는 것은 천부당만부당한 것이다.

나도 하나님의 존재에 대해 순전히 철학적 방식으로 논쟁할 수 있다. 모든 결과는 원인이 있으며 그 원인도 또 다른 원인의 결과였을 것이며 이런 방식으로 계속 추적해 나가다 보면 최초의 원인을 찾을 수 있는데, 그 처음의 원인은 하나님이실 수밖에 없다는 것이다. 이 같은 논리도 어느 정도 맞을 수 있겠지만 이런 것을 믿는다는 것이 하나님을 아는 것이라고 할 수는 없다.

이번에는 도덕적 토론을 사용해 보도록 하자. 우리는 삶에서 나쁜 것과 좋은 것과 더 좋은 것을 볼 수 있다. 그렇다면 이런 것을 통해 우리는 어디엔가 최선의 것이 있다고 말할 수 있지 않은가? 도덕적 논쟁은 어떤 완벽하고 절대적 선에 대해 논쟁하는 데로 유도해 나아가며 그와 같이 완벽하고 절대적 선이 바로 하나님이라고 말한다.

이것 역시 어느 정도 옳다고 말할 수 있다. 이런 식의 논리는 제법 그럴싸하고 설득력이 있다. 하지만 이런 논리를 받아들이는 것이 요한이 본문에서 의미하는 하나님을 아는 것은 아니라는 말이다. 요한은 우리가 아버지와 그의 아들 예수 그리스도와 함께 사귐을 가질 수 있다고 말하고 있다.

한번 우주에 관한 논리를 생각해 보자. 우리는 우리 존재를 지적 논리로 주장할 수 있으며, 우리가 존재하고 있음에 대한 어떤 궁극적 원천이 있을 수밖에 없다는 것을 보여 줄 수 있다. 이런 모든 주장도 역시 철학적으로는 충분히 그럴싸하게 들리지만 이런 것을 통해 하나님을 알 수 있는 것은 아니다. 이런 논쟁이나 하나님의 실존에 대한 여러 증거들이 어느 정도 옳다고 할 수 있겠으나, 우리로 하여금 예수 그리스도의 복음 안에서 우리에게 제안되는 하나님과의 연합과 교제와 그분에 대한 지식으로까지 인도할 수 있는 것은 결코 아니다.

나는 지금 하나님이 계시하신 말씀에 철저하게 의존해야 한다는 것을 믿고 주장하고 있다. 이런 입장이 믿음을 가진 자에게 요청되어지는 결과이다. 즉 믿음은 우리로 하여금 어린아이와 같은 심정으로, 우리의 잘못을 인정하고 우리의 무능함과 무력함을 인정하는 가운데 이런 진리의 말씀으로 나아오라고 부르신다.

계시의 말씀은 선포와 선언으로 우리를 대면하며, 우리에게 이와 같은 진리의 말씀을 받아들이도록 요청한다. 하나님 자신에 대해 기뻐하는 마음으로 우리에게 알려 주신 계시의 말씀을 떠나서는 하나님을 알 수 없다. 예수 그리스도 안에서만 가능한 교제를 제쳐 놓은 상태에서 하나님과 직접 교제함으로써 하나님을 안다고는 결코 말할 수 없다.

주님은 "내가 곧 길이요 진리요 생명이니 나로 말미암지 않고는 아버지께로 올 자가 없느니라"고 요한복음 14:6에서 말씀하셨다. 나는 예수님이 직접 하신 이 말씀으로 우리 자신을 테스트할 때 과연 무슨 일이 일어날지 생각해 보았다. 우리는 이와 같이 예수 그리스도가 절대적으로 필요한 분이시라는 것을 알고 있는가? 하나님을 찾고자 할 때마다 하나님을 만날 수 있으며, 노력을 통해 하나님께 도달할 수 있다고 믿도록 가르치는 하나님에 대한 주장을 붙잡고 있는 것은 아닌가?

주님은 "나로 말미암지 않고는 아버지께로 올 자가 없느니라"고 분명히 말씀하셨다. 이것이야말로 그리스도인이 취해야 하는 입장이다. 예수 그리스도야말로 가장 중요한 분이시다. 예수 그리스도에 관한 계시의 말씀을 믿지 않고서는 결코 하나님을 제대로 알 수 없기 때문이다.

바로 이것에 관해 요한은 "이 말씀은 우리가 그로부터 들은 바를 너희에게 전하는 것이다."라고 했다. 요한은 "내가 그분을 만나기 전에도 하나님에 대한 것을 믿었으며 하나님에 대한 나름대로의 생각을 갖고 있었다. 하지만 내가 그분을 만나 그분으로부터 말씀을 듣고 그분을 알게 되었을 때, 그때서야 참으로 하나님을 알게 되었던 것이다."라고 말했다. 마르틴 루터는 평범하면서도 뚜렷하게 지금 내가 말하고자 하는 바에 대해 다음과 같이 말했다. "나는 예수 그리스도를 제외시켜 놓은 상태에서 하나님을 알 수 없다."

이제 우리에게 놀랄 만한 어떤 경향이 있음을 고백해야 한다. 우리는 하나님에 대한 믿음에 관한 한 문제가 없다고 말하면서도 예수 그리스도를 믿는 데는 그렇지 않은 경향이 있다. 하지만 질문할 수 있는 것은 "기독교 신앙이 구원을 통해 우리에게 주는 것이 무엇인가?"이다. 여기에 대한 대답으로 "하나님에 대한 우리의 생각이다."라는 아주 잘못된 말을 할 수 있다. 하나님을 향한 접근에서 이런 것이 우리를 잘못된 길로 나아가게 하는 것이다.

우리는 그분과 함께 출발해야만 한다. 우리는 우리에게 주어진 계시의 말씀에 전적으로 제한받고 있다. 하나님은 이 계시의 말씀을 구약 시대의 족장들에게 주셨다. 그분은 십계명 안에서 그리고 도덕법 안에서 계시의 말씀을 주셨으며, 자신이 세우신 선지자들을 통해서도 말씀을 주셨다. 이 모든 것은 하나님에 대한 지식과 하나님을 이해하는 데 도움을 주기 위해 주어진 것들이다.

하지만 오직 성육신하신 예수 그리스도, 그분의 아들 안에서만 우리는 하나님을 진정으로 알 수 있다. 우리가 하나님을 아버지로 알며 그분과 더불어 참된 사귐을 가질 수 있는 것은 오직 그리스도 예수 안에서만 가능하다는 말씀이다.

두 번째 원리는 하나님의 거룩하심으로부터 출발해야 한다는 것이다. 또다시 이 5절 말씀은 우리에게 놀라운 내용을 제공해 준다. 우리가 이 말씀을 읽을 때 보이는 첫 번째 반응은 앞부분에서 기록한 내용들과 너무 대조가 되는 듯한 인상이 느껴진다는 것이다.

요한은 앞에서 "우리가 이것을 씀은 우리의 기쁨이 충만하게 하려 함이라"고 말했다. 질문하게 되는 것은 어떻게 기쁨이 충만하게 될 수 있는가인데, 여기에 대해 그는 "우리가 그에게서 듣고 너희에게 전하는 소식은 이것이니 곧 하나님은……"이라고 말을 시작했다. 바로 이 부분에서 무엇을 기대하게 되는가? 우리 모두는 "하나님은 사랑이시고 자비로우시고 긍휼하신 분"이라는 말이 나오기를 기대할 것이다.

하지만 놀라운 것은 "하나님은 빛이시라 그에게는 어둠이 조금도 없으시다는 것이니라"는 말씀으로 기록했다는 것이다. 우리는 아마도 요한에게 "아니 조금 전에 우리에게 한 말을 잊어버리셨나요? 조금 전에 우리가 놀라운 기쁨을 누리게 될 것이라고 말씀하고 이제 와서 다른 말씀을 하는 것인가요?"라고 할 것이다.

하지만 본문 말씀은 틀림없이 그가 한 말의 내용이다. 다시 말해 하나님의 능력이나 하나님의 위대하심이 틀림없는 사실이지만 여기에서 출발해서는 안 된다는 것이다. 우리는 하나님에 관한 지식이 절대적으로 중요하다는 것을 인정하지만 하나님에 관한 지식에서부터 출발해서도 안 된다. 철학의 근본이 되시는 하나님과 더불어 출발할 수도 없다. 사랑의 하나님으로부터 출발할 수 있는 것도 아니다.

이와 같이 말함으로써 우리는 여태까지 대중적 메시지와 얼마나 전적인 대조를 이루었는가를 볼 수 있게 된다. 특히 1860년 이래로 오랫동안 설교되어 왔던 위대한 메시지인 '하나님은 사랑이시라'는 내용과는 아주 반대되는 것을 볼 수 있다.

여태까지 하나님이 사랑이시라는 내용이 강조되어 왔으며, 따라서 우리의 선대들 특히 청교도들이 전한 공의와 의로움과 죄와 회개와 징계와 죽음에 대한 설교 말씀은 예수 그리스도의 복음과는 전적으로 반대되는 것이며 심지어 복음을 부인하는 것이라고 우리는 들었다. 우리는 하나님이 사랑이시라는 말씀을 들어 왔으며, 그 말씀을 원했고 그 말씀 안에서 하나님이 우리와 만나신다고 생각해 왔다. 하지만 이런 것이 복음을 얼마나 전적으로 잘못 소개하는지 모른다. 복음은 "하나님은 빛이시라 그에게는 어둠이 조금도 없으시다는 것이니라"고 말씀한다.

나는 매우 조심스럽게 우리가 하나님의 사랑과 그분의 자비와 긍휼에 관심을 갖고 생각하기 전에 하나님의 거룩하심으로부터 시작해야만 한다고 말하고 싶다. 더 나아가 하나님의 거룩하심으로부터 출발하지 않는다면 하나님의 사랑에 대한 우리의 전체 개념 자체가 잘못될 수 있다는 것도 말하고 싶다. 이것이 우리가 증언해 온 것이다.

우리는 하나님에 대해 나약하고 감상적인 개념을 가졌다. 우리에게 늘상 웃음을 지으시는 사랑의 하나님으로 알았다. 그런데 전쟁과 재난이 일어나자 우리는 당황하며 종교를 등져 버렸다. 바로 수백만 명의 교인들이 금세기의 전쟁 이후로 교회를 떠났다. 문제는 그들이 성경 말씀이 출발하는 곳, 즉 하나님의 거룩하심에서 출발하지 않았다는 데 있다.

하나님은 절대적 속성인 밝으심과 완벽하심 가운데 도달할 수 없는 영원 무궁한 빛 안에서 전적으로 완벽한 의와 공의를 함께 공유한 분이시다. 히브리서 12:14에는 "이것 거룩함이 없이는 아무도 주를 보지 못하리라"고 하며 12:29에는 "우리 하나님은 소멸하는 불이심이라"고 했다.

빛! 빛은 지식으로 해석되어서는 안 된다. 물론 빛은 지식이 될 수 있지만 빛은 본질적으로 완전하고 거룩하고 순수한 거룩함을 의미하는 것으로 받아들여야 한다. 요한은 우리가 해석에 있어 오류를 범해서는 안 된다는 것을 "그에게는 어둠이 조금도 없으시다는 것이니라"는 부정문의 내용을 추가함으로써 강조하고 있다.

지난 수백 년 동안 현대 철학적 접근의 결과로 많은 주석가들이, 심지어 이들 중에서 최고의 학자들까지도 '빛'이라는 용어를 지식과 진리와 교화와 이해의 범주 안에서 해석하려고 했던 것을 고찰해 보면 흥미롭다. 하지만 그렇게 해석할 수 있는 것이 아니다. 물론 빛이라는 단어가 이런 해석들을 포함하고 있음은 인정하지만 본질적으로 여기에서 말하는 '빛'은 하나님의 속성을 뜻하는 것이며 하나님의 속성이란 거룩하심이다.

왜 이것이 그다지도 중요하다는 말인가? 어떤 사람은 "왜 우리가 우리 자신에서부터 출발하면 안 되고 하나님과 더불어 출발해야만 하는가? 왜 우리는 우리 자신의 의견을 갖고 출발하면 안 되고 하나님과 더불어서만 출발할 수 있는가? 왜 우리가 이 계시의 말씀에 꼭 맞추어야만 하는가? 왜 우리가 하나님의 사랑보다 하나님의 거룩하심으로 더불어 시작해야 하는가?"라고 묻는다.

여기에 대해 답변해 보면, 하나님의 거룩하심으로부터 출발하지 않는다면 우리는 오직 예수 그리스도가 갈보리 언덕의 십자가에서 죽으심을 통해서만 가능했던 하나님의 구원 계획을 결코 이해하지 못할 것이다.

그렇다면 다음과 같은 질문도 할 수 있다. "왜 십자가가 그렇게 중요한가? 왜 그것을 통해서만 사람들이 구원받을 수 있다는 말인가?" 하나님이 사랑이시고 자비와 긍휼이 풍성하신 분으로서만 받아들여진다면 십자가라는 것은 사실상 무의미한 것일 수밖에 없다. 하나님이 사랑밖에 모르신다면 사람이 죄를 지었을 때 그분이 하실 수 있는 것은 단지 용서해 주시는 것뿐이기 때문이다.

두렵고 떨리는 심정으로 말하면, 성경의 모든 말씀은 십자가를 가장 중심에 위치시켜 놓기 때문에 십자가의 죽으심을 빼놓고는 하나님이 용서하신다는 것은 있을 수 없다.

따라서 무엇이 문제인가? 문제에 대한 해답은 여기에 있다. 즉 "하나님은 빛이시라 그에게는 어둠이 조금도 없으시다는 것이니라"는 말씀이다. 이 말씀이 뜻하는 바는 하나님은 공의의 하나님이시며 의로운 분이시며, 하박국 1:13에서도 말씀하듯이 정결하시기 때문에 악을 차마 보지 못하는 분이심을 뜻하는 것이다. 하나님의 거룩하심은 결국 십자가를 요구하게 되므로 거룩하심으로부터 출발하지 않는다면 십자가 안에 담겨진 의미도 상실하게 되는 것을 의미한다.

우리는 요즈음의 현대 신학자들이 십자가를 평가 절하시키는 것에 대해 놀랄 필요가 없다. 그들은 하나님의 거룩하심으로부터 출발하지 않고 하나님의 사랑으로부터 출발하기 때문이며 그들은 하나님의 생명, 즉 그분의 거룩한 생명을 망각했기 때문이다. 하나님 안에 있는 모든 것이 거룩하다는 사실을 그들은 잊었기 때문이다. 사랑과 용서는 하나님께 나약하고 타협적인 것이 아니다. 하나님은 그 자신의 거룩한 방식에서 죄가 다루어질 때만 죄를 용서하실 수 있다. 그분의 거룩한 방식이란 십자가에서 행하신 사역이었던 것이다.

그러므로 하나님의 거룩하심으로부터 출발하는 것은 매우 중요하다. 우리가 그렇게 하지 않으면 죄를 속죄하고 구원해 주시는 계획은 무의미하게 될 것이고 기독교 신앙의 핵심 교리에서 요점과 목적을 상실하게 될 것이다.

하지만 우리가 하나님의 거룩하심으로부터 출발한다면 성육신이 왜 있어야만 했으며 십자가가 얼마나 중요하며 그리스도의 부활과 성령의 강림 등등 그 외의 모든 위대한 계획을 이해할 수 있게 된다. 올바른 지점에서 출발하는 것이 얼마나 중요하며, 우리의 생각에 의해서가 아니라 진리에 의해 인도함을 받는 것이 얼마나 긴요한 것인지 알게 된다.

또 다른 대답을 해보면, 하나님의 거룩하심으로부터 출발한다면 우리는 하나님과의 교제를 나누는 것에 관한 잘못된 모든 주장이 즉각적으로 노출되는 것을 볼 수 있게 된다. 우리는 결코 오래 지속되지 못할 잘못된 방법으로 하나님과의 교제를 가지려고 노력하는 경향이 있다는 것을 이미 살펴보았다. 요한은 그와 같은 중요한 주제에 대해 계속해 언급할 것이다.

거룩하신 하나님과 대면해 서 있는 것만큼 잘못된 것을 드러나게 하는 것은 없다. 우리는 스스로의 노력으로 만들어 낸 하나님과 상상적인 잘못된 교제를 가질 수 있다. 우리는 최면술을 사용할 수도 있다. 하지만 그런 것은 하나님과 교제를 나누는 것이 아니다. 아마도 우리가 진정한 교제의 필요성을 느낄 때에야 이런 것이 하나님과의 교제가 아니었다는 것을 알게 될 것이다.

하나님은 빛이시다. 우리가 하나님과 갖는 모든 교제는 모든 잘못된 것을 드러나게 하는 빛 안에서 있게 될 것이다. 뿐만 아니라 빛은 하나님과의 교제를 가지려고 노력하던 잘못된 길에서부터 우리를 즉시 구원해 줄 것이다. 하나님의 거룩하심에 대한 개념으로부터 출발한다면 우리는 즉시 하려고 하던 잘못된 여러 방법이 궁극적으로 실패하게 되리라는 사실을 알게 될 것이다.

이것은 우리를 또 다른 것으로부터도 구출해 준다. 즉 어려움을 당하고 궁핍할 때 하나님을 비난하고 비판하려는 위험으로부터 우리를 구해 준다는 말이다. 하나님을 비판하고 비난하는 것은 참으로 위험한 일인데, 이는 하나님을 잘못 이해함으로써 왜 하나님이 이런 일을 하시며 우리가 이런 일을 꼭 당해야만 하는가라는 식의 질문과 논쟁을 야기하는 것이다.

하지만 하나님의 거룩하심으로부터 출발한다면 우리는 이런 식으로 결코 말하지 않을 것이다. 우리는 일어나는 모든 일이 하나님께 문제가 있음으로 인한 결과로 주어지는 것이 아니라는 것을 즉시 알 수 있게 되기 때문이다. "하나님은 빛이시라 그에게는 어둠이 조금도 없으시다는 것이니라." 따라서 우리에게 무슨 일이 일어나든지 간에 그것이 하나

안에 어떤 완벽하지 못한 것이 있기 때문이라고 말하지는 않게 될 것이다. 우리는 조용하게 손을 입에 대고 어리석게 불평하는 투의 말을 하지 않도록 해야만 한다.

마지막으로 말하고 싶은 것은 하나님의 거룩하심으로 시작하는 것만이 참된 기쁨으로 인도하는 유일한 길이 될 수 있기 때문에 우리는 하나님의 거룩하심으로부터 출발해야 된다는 것이다. 이 세상에는 거짓 기쁨과 평안을 추구하는 잘못된 방식이 있다. 영혼에 관해 실력 있는 심리학자들이나 아주 유해한 청교도들이 '잘못된 평안'에 대해 긴 문장에 걸쳐 설명한 것을 볼 수 있다.

하지만 하나님과 잘못된 평안을 갖는 것보다 더 두려운 것은 아무것도 없다. 사람들에게 가장 위험한 것은 하나님과 함께 있으면 모든 것이 좋다고 스스로를 설득하면서 정작 고통의 순간에는 하나님을 찾지 않는 것이다. 이 세상에는 잘못된 영과 같은 것이 있다. 그래서 성경 말씀은 "영들이 하나님께 속하였나 분별하라" 요일 4:1고 했으며, "너희는 믿음 안에 있는가 너희 자신을 시험하라" 고후 13:5고 했다.

우리가 참되면서도 지속적인 기쁨을 간직할 수 있는 유일한 길은 하나님의 거룩하심으로 출발하는 것이다. 그렇게 시작한다면 모든 잘못된 평안과 거짓 기쁨으로부터 놓임받을 수 있게 된다. 우리는 가장 낮은 곳까지 겸손하게 될 수 있으며 참으로 가치가 없는 존재이며 하나님으로부터 한푼도 받을 만한 자격이 없는 자들이라는 것을 깨닫게 된다. 우리를 구원할 수 있는 분은 예수 그리스도 한 분뿐이라는 것과 그로부터 받는 것은 무엇이든지 참된 것이라는 결론에 도달하게 된다. 따라서 우리가 그리스도로부터 기쁨을 받게 된다면 그것은 참된 기쁨이며 지속적으로 유지될 수 있는 기쁨이라고 말할 수 있다.

그러므로 요한이 본문 5절에서 앞에서 설명한 것과 모순된 내용을 말하지 않는다는 것을 볼 수 있다. 그는 우리와 말장난을 하는 것도 아니며 우리를 조롱하는 것도 아니다. "우리가 이것을 씀은 우리의 기쁨이 충만하게 하려 함이라"고 그는 말했다. 그렇다면 어떻게 우리의 기쁨이 충만해질 수 있다는 말인가?

요한은 "여러분의 삶에서 이 같은 축복을 원하며 이런 기쁨으로 충만하기를 원한다면 먼저 여러분의 삶 안에 있는 모든 잡동사니를 깨끗하게 치워 버려야 한다. 여러분의 삶이 기쁨으로 충만하려면 잘못된 모든 것을 제거해 버리기 바란다. 모든 잘못된 것과 쓰레기 같은 것이 깨끗하게 정리되는 때에 여러분의 삶은 예수 그리스도 안에서 주님의 기쁨으로 가득하게 될 것이다."라고 말했다.

참으로 복음의 철저함과 완벽함에 대해 하나님께 감사드린다. 또한 우리로 하여금 거룩하고 온전하신 하나님과 대면함으로써 모든 일을 시작하게 하는 하늘나라의 방법을 허락해 주시사 유일하신 구세주 예수 그리스도께로 나아갈 수 있도록 밀어 주시고 당겨 주시는 하나님께 다시 한번 감사드린다.

"우리가 그에게서 듣고 너희에게 전하는 소식은 이것이니 곧 하나님은 빛이시라 그에게는 어둠이 조금도 없으시다는 것이니라." 사실 하나님 앞에 무릎 꿇고 기도할 때마다 우리는 이 말씀보다 더 좋은 말을 찾을 수 없다. 그리고 욕망과 불평으로 달려 내려갈 것 같은 느낌이 들 때에는 잠시 멈추어 히브리서 저자가 "우리 하나님은 소멸하는 불이심이라"고 말한 것을 기억하면서 하나님께 경외함과 두려움으로 나아가야 할 것이다.

만일 우리가 하나님과 사귐이 있다 하고 어둠에 행하면 거짓말을 하고 진리를 행하지 아니함이거니와 그가 빛 가운데 계신 것같이 우리도 빛 가운데 행하면 우리가 서로 사귐이 있고 그 아들 예수의 피가 우리를 모든 죄에서 깨끗하게 하실 것이요 만일 우리가 죄가 없다고 말하면 스스로 속이고 또 진리가 우리 속에 있지 아니할 것이요 만일 우리가 우리 죄를 자백하면 그는 미쁘시고 의로우사 우리 죄를 사하시며 우리를 모든 불의에서 깨끗하게 하실 것이요 만일 우리가 범죄하지 아니하였다 하면 하나님을 거짓말하는 이로 만드는 것이니 또한 그의 말씀이 우리 속에 있지 아니하니라 _ 요일 1:6-10.

Chapter 10
죄된 인간

우리는 5절의 말씀, 즉 "우리가 그에게서 듣고 너희에게 전하는 소식은 이것이니 곧 하나님은 빛이시라 그에게는 어둠이 조금도 없으시다는 것이니라"에 대해 살펴보았다. 우리가 기억하고 있듯이 요한이 하나님과의 교제에 대해 전반적으로 말하는 내용은 다음과 같다. 사귐이란 하나의 여정으로서, 동료 의식을 가진 두 사람이 함께 길을 가는 것으로 생각해 볼 수 있다.

구약에서는 창세기 5:22의 "에녹이 하나님과 동행하였다"는 말씀이 이와 같은 생각을 보여 주는 주요 구절이다. 에녹이 하나님과 사귐의 관계를 유지했다는 의미이며, 이 내용은 사귐의 본질을 이해하는 데 도움이 되는 좋은 예가 된다. 우리는 두 사람이 길을 따라 함께 걸어 내려가는 모습이나 남편과 아내가 함께 인생의 긴 여정을 통과해 나가는 것을 상상해 볼 수 있는데, 이런 모습도 역시 교제와 사귐을 의미하는 것이다.

다시 말해 그리스도인은 이 세상을 통과해 나가는 여정 속에서 하나님과 함께 걸어가는 사람들이라는 말이다. 따라서 우리가 교제의 본질을 이같이 생각하는 데까지 이르게 될 때, 최소한 다음의 두 가지를 해야만 된다. 첫 번째로 우리는 교제를 나누는 두 당사자의 성격을 알아야 된다. 이 때문에 요한은 이 주제에 대해 언급함으로 즉시 서신을 시작했으며, 5절에서는 하나님의 존재하심과 그분의 본성과 성품에 대해 상기시켜 주었던 것이다.

요한은 실제로 "여러분이 이 같은 교제에 관심이 있다면, 여러분이 교제에 대해 알기를 원하고 그것이 무엇을 의미하는지 이해하기를 원한다면, 이 교제를 지속적으로 유지하기를 원한다면 여러분은 하나님의 특성을 아는 것에서부터 시작해야만 한다. 그분은 빛이시다. 그러기에 그분에게는 어둠이 조금도 없으시다. 조금의 흠도 점도 없으시며 악과 죄가 조금도 섞이지 않은 철저히 온전하게 거룩한 분이시다."라고 말하는 것이다.

이제 오늘 본문에서 요한은 교제에 대한 두 번째의 것을 다루고 있다. 우리가 하나님의 본성을 알아야 하는 것도 매우 중요하지만 그 하나님과 교제를 나누는 우리 자신에 대해서도 알고 있어야 된다. 교제를 나누는 데는 양자가 있는 것이다. 요한에 의하면 양자간의 교제가 있기 전에 양자 모두에게 거짓이 없는 참된 내용이어야 된다. 따라서 오늘 본문 말씀에서는 하나님과의 교제를 즐기려 한다면 우리 자신에 대해 거짓 없이 정직해야만 한다는 것이다.

사도는 우리의 성품과 우리가 어떤 사람이라는 것에 대해 살펴보는 것으로 멈추지 않는다. 그는 우리 안에 있는 한계와 불완전성에 대해서도 다루고 있다. 우리는 본문의 구절들에서 말씀되는 모든 내용을 한 번의 공부로 다 다룰 수는 없다. 그러기에 이 시간에는 교리의 한 부분만

발췌해 다루고, 계속해 나머지를 다루도록 하겠다. 우리는 본문에서 성경적 죄의 교리로서는 가장 잘 묘사되었다고 할 수 있는 내용을 접하게 된다. 그리고 나서 즉각적으로 많은 사람의 마음속에서 곤란함과 혼동을 항상 야기하는 내용으로 들어갈 것이다.

죄의 교리는 대중적이 되어 본 적이 없다. 내가 생각하기로 이 교리는 지난 수백 년에 걸쳐 많은 사람으로부터 잊혀져 왔으며 특히 그 어느 때보다도 지난 50년간은 이 죄라는 단어를 언급하는 것조차도 듣기 싫어하는 사람들이 많았다. 하지만 성경을 해석하고 소상히 설명함에 있어 말하지 않을 수 없는 것은, 하나님의 거룩하심에 대한 교리가 성경의 가르침에서 뺄 수 없는 매우 중요한 교리인 것처럼 죄에 대한 교리도 역시 제외시킬 수 없다. 하나님이 빛이시고 그 안에는 어둠이 전혀 없다고 말하는 것이 진리인 것처럼, 모든 사람은 죄인이라는 것도 진리이다.

이 진리는 성경 어느 곳에서나 볼 수 있다. 실제로 우리가 이런 가르침을 받아들이지 않는다면 어떤 성경의 교리도 이해될 수 없다고 주저하지 않고 말할 수 있다. 그럼에도 불구하고 사람들은 이것을 거부한다. 일반적으로 오늘날의 사람들은 이 교리에 대해 깊은 생각이나 관찰 없이 아무것도 아닌 것처럼 물리쳐 버린다.

그들은 "그런 교리는 옛날 우리 조상들이 병적으로 고집스럽게 즐기던 구닥다리 교리가 아닌가? 옛날 그들은 죄에 대해 말하고 죄에 대해 설교했다. 그런 그들의 자세도 문제가 아닌가? 이것은 사람들로 하여금 구속을 받으며 좁은 인생을 살아가게끔 했다. 그들은 삶이 무엇을 뜻하는지 몰랐다. 그들은 스스로를 너무 축소시키고 인간의 불완전성을 너무 지나치게 강조해 사람들을 족쇄로 채워 버리려고 했다."는 식으로 말하면서 이 교리를 반대한다.

실제로 여기에 대한 논쟁은 지난 세기 중에 습득된 새로운 지식과 배움과 더불어 생겨난 것이다. 우리는 죄의 교리로부터 자신을 해방시켰다. 우리는 밑으로 끄집어 내리는 죄의 교리로부터 탈피했다. 죄의 교리 안에서 즐거워하던 중세 빅토리안주의의 족쇄로부터 자유함을 얻은 우리는 이제 훨씬 더 자유롭고 훨씬 더 기쁜 삶을 살고 있다.

이렇게 생각하는 것이 오늘날의 추세이다. 마치 죄의 교리가 사람의 삶을 비참하게 만드는 것처럼 느끼게 한다. 죄의 교리가 사람의 삶으로부터 모든 밝은 것을 빼앗아 우울하고 어둡게 만드는 것인 양 생각한다. 교회도 이와 같이 수세기에 걸쳐 사람의 주장과 교회의 참된 유산 사이에서 삶에 대한 아주 왜곡된 그림을 그려 주었다. 실제로 교회에 의해 성인으로 책봉된 사람들이 전혀 정상적이 아닌 이상한 사람들이었다는 것이 현대의 입장이다.

이것이 신약성경 전반에 걸쳐 말하는 죄의 교리에 대해 깊이 뿌리박힌 반대 의견이다. 이런 반대 의견과 더불어 과거에 성경 말씀과 신학자들이 말한 것만큼 이 세상이 그렇게 악한 것은 아니라는 생각이 사람들 간에 자리 잡아 왔다.

사람들은 "우리가 최선을 다하면서 경우에 따라 하나님께 약간의 도움을 요청하는 한 모든 것이 잘될 수 있다. 우리는 이런 것에 대해 너무 심각하게 생각할 필요가 없다. 그리스도인이 된다는 것은 선한 일을 하면서 할 수 있는 대로 추하지 않은 모습을 유지하는 것이며 하나님으로부터도 어느 정도의 도움만을 기대하는 것이다. 따라서 우리는 기도를 하고 필요에 따른 예배의 행위도 하면서 계속 살아 나가는 것이지, 무시무시한 죄라는 등의 비극적 용어나 하나님의 은혜가 절대적으로 필요하다는 등의 생각을 할 필요는 없다."라고 말들을 한다.

이런 사상이 죄에 대한 현대적 반응이며, 사도 요한이 본문 구절에서 바로 그것에 대해 다루고 있다. 그는 이런 사고 방식을 분석해 매우 극단적이며 과감한 방식으로 대처하고 있다. 다행히도 그는 세 번에 걸쳐 주제를 매우 정확하게 다루었다. 6절과 8절과 10절을 보면 "만일 우리가 하나님과 사귐이 있다 하고 어둠에 행하면 거짓말을 하고 진리를 행하지 아니함이거니와"6절, "만일 우리가 죄가 없다고 말하면 스스로 속이고 또 진리가 우리 속에 있지 아니할 것이요"8절, "만일 우리가 범죄하지 아니하였다 하면 하나님을 거짓말하는 이로 만드는 것이니 또한 그의 말씀이 우리 속에 있지 아니하니라"10절고 말하는 것을 볼 수 있다.

이 구절들에서 요한은 죄에 대한 질문에서 3가지의 공통된 잘못이 있음을 가르치고 있다. 이 세 구절에서 지적하는 바와 같이 잘못 생각하기 때문에 우리 중 대부분은 기뻐하지 못하고 그리스도인에게 제시되고 있는 하나님과 예수 그리스도와의 놀라운 사귐을 경험하지 못하는 것이다. 따라서 우리는 이것을 잘 살펴보아야 하는데, 요한이 그리스도인에게 본질적인 것으로 받아들이는 것을 우선 상기시키고자 한다.

그것은 "만일 우리가 하나님과 사귐이 있다 하고"라는 말씀이며 우리가 해야만 될 말이 바로 이 말씀이다. 그것은 그리스도인이라는 이름을 사용하는 우리가 주장해야만 될 말씀이며 또한 우리가 "나는 그리스도인이다."라고 말할 때 의미하는 내용이다.

다시 한번 강조하지만 우리는 자신에 대해 지저분한 인생을 사는 난봉꾼 같은 죄인보다 그저 조금 괜찮은 사람 정도로 생각해서는 안 될 것이다. 또는 이전에 주님을 알지 못할 때의 우리보다 조금 더 나은 정도의 사람으로만 여겨서도 안 될 것이다. 그것은 우리가 고상하게 도덕적으로 살려고 노력하는 정도를 말하는 것도 아니며, 심지어 교회의 가르침이나 교리에 대해 막연하게 일반적으로 지지하는 정도를 의미하는 것도 아니다.

이런 말이나 생각 대신에 요한은 "만일 우리가 하나님과 사귐이 있다고 말한다면 우리는 교회의 구성원들이다. 그리고 여러분이 해야 할 주장은 하나님과 교제를 갖는다는 것이다."라고 독자들에게 말하고 있다. 여기서 하나님이란 내가 앞에서 설명한 거룩한 하나님을 의미한다.

요한은 우리가 하나님과 교제를 가진다는 사실을 주장해야 할 것과 아울러 알아야만 될 몇 가지를 계속해 말하고 있다. 그의 주장을 설명하자면 다음과 같다. 신약성경과 지난 수세기를 통해 많은 성자의 삶에 대해 읽어 본 바로는 우리와 하나님과의 교제를 방해하는 것이 있는데, 첫 번째로 그것은 일반적으로 죄의 본질을 제대로 깨닫지 못한다는 것이다. 요한은 하나님과 사귐이 있다고 말하면서 아직도 어둠 가운데 행하고 있다면 이것을 어떻게 설명할 수 있겠느냐고 말했다.

여기에 대해 요한은 하나님과 교제를 나누고 있다는 말 자체가 거짓말이라고 했다. 그는 퉁명스럽게 그리고 강한 어조로 표현한 것에 대해 사과하지 않았다. 그는 우리가 어둠 가운데 행하면서도 하나님과 사귐이 있다고 말하는 것은 거짓말하는 것이며 진리를 말하는 것이 아니라고 주장했다.

그렇다면 우리가 당면하는 질문은 "이런 상황에 있는 사람의 문제가 무엇인가?"라는 것이다. 여기에 대해 요한은 자신이 한 말에 대해 죄의식을 느끼는 사람은 죄의 참된 본성을 전혀 이해하지 못한 자라고 말했다. 그가 여기에 대해 한 말을 직접 들어 보면 "만일 우리가 하나님과 사귐이 있다 하고 어둠에 행하면"이 바로 그것이다.

다시 한번 이전에 다루었던 내용, 즉 함께 길을 걷고 있는 두 사람의 교제와 동료 의식에 대해 생각해 보자. 하나님과 함께 동행한다고 하면서 어둠 가운데 역시 생활한다면 우리는 거짓말을 하고 있다는 것이다. 그런 식으로 말하는 것은 잘못된 주장이다. 우리는 친구들에게 그리고 이 세상에게 우리 자신에 대해 잘못 인식시켜 주는 것이다.

왜 그런가? 신약성경은 이 같은 사람에 대해 말할 때, 이런 사람은 틀림없이 복음도 전혀 이해하지 못했을 뿐만 아니라 죄가 의미하는 바도 알지 못하는 사람이라고 말하기 때문이다. 요한은 어둠 가운데, 즉 죄 가운데 행한다는 말은 죄의 영역 속에 거하는 것과 마찬가지로 해석하고 있으며 바로 이런 해석을 많은 사람이 잘못 이해하고 있다는 것이다. 많은 사람이 죄에 대한 특이한 진리를 깨닫지 못하고 있다. 그들은 죄를 어떤 특정 범죄나 행동 정도의 범위에서 생각하려고 고집하고 있다. 하지만 성경에 의하면 이런 죄의 개념은 참으로 잘못된 것이다. 성경에 의하면 죄란 어느 곳에든지 있다. 즉 죄는 하나의 영역이고 하나의 왕국을 의미한다.

말씀은 두 가지 왕국이 있다고 우리에게 가르친다. 하나는 하나님의 왕국, 빛의 왕국, 거룩함의 왕국이며, 또 다른 하나는 악의 왕국, 어둠의 왕국, 사탄과 죄악의 왕국이다. 이와 같이 사람이 거할 수 있는 두 영역이 있다. 그중 하나가 여러분이나 나와 상관없이, 우리 개개인의 행위와 전혀 관계없이, 죄와 악과 마음가짐과 견해와 자세 같은 것으로서 존재하는 것이 있다.

우리가 태어나기 전에 죄는 이미 이 세상에 존재하고 있었다. 죄를 가지고 우리는 병과 문제와 슬픔을 설명할 수 있다고 성경은 가르치고 있다. 하나님은 온전한 세상을 만드셨지만 다른 요소가 그 온전한 세상에 들어왔다. 사람이 하나님에 의해 온전하게 만들어졌으나 유혹받고 타락하게 되었으며, 그 결과로 모든 세상이 죄로 오염되었다. 우리에게 익숙한 다음의 성경 구절들이 이것에 대해 말씀하고 있다. "이 세상의 신" 고후 4:4, "공중의 권세 잡은 자" 엡 2:2, "우리의 씨름은 혈과 육을 상대하는 것이 아니요 통치자들과 권세들과 이 어둠의 세상 주관자들과 하늘에 있는 악의 영들을 상대함이라" 엡 6:12.

공중의 권세 잡은 자 외에 또 다른 강한 힘을 소유한 위대한 왕국이 있다. 말씀에 의하면 이 세상과 이 세상에서의 삶을 놓고 두 능력간에 큰 다툼이 있다고 한다. 그것은 하나님의 왕국과 사탄의 왕국 간의 다툼이며 하늘과 지옥의 겨룸인데 이런 두 가지의 다른 세력들간에는 마찰이 있을 수밖에 없다.

또한 성경의 가르침에 의하면 이 세상에 태어난 우리 모두는 어둠의 왕국의 지배 아래 태어났다고 한다. 따라서 본능적으로 어둠의 방식 안에서 생각하고 살려는 경향이 있다고 한다. 어둠의 왕국, 즉 어둠 안에서의 삶은 하나님을 거스르며 하나님의 거룩하심과 온전하심에 반대하는 모든 것을 의미한다. 이 세상과 이 세상 사람들을 향한 하나님의 소원을 거스르는 모든 것이 바로 어둠의 왕국이다.

'어둠에 행한다' 란 말씀의 뜻은 하나님에 대해 별로 생각하지 않으면서 살아가는 것을 의미한다. 하나님에 대해 생각하지 않는다면 하나님은 빛이시며 어둠이 조금도 없으시다는 생각 역시 하지 못할 것이다. 아마도 하나님을 그저 인정 많은 아버지 정도로 생각해 실수가 있음에도 불구하고 언제나 미소를 보내 주며 결국에는 하늘나라로 인도해 주실 것이라고 생각하기 쉬울 것이다. 이런 것이 어둠에 거하는 자들의 생각이다. 인간의 원래 구조와 태도가 애당초 하나님을 거스르게끔 되었다는 것을 인식하지 못하고, 하나님에 대한 불신이 모든 것을 주관하며 모든 권력을 장악하고 있다는 것을 깨닫지 못하는 것이다.

요한은 이것에 대해 2장에서 좀더 자세히 서술하고 있다. 2:15-16을 보면 "이 세상이나 세상에 있는 것들을 사랑하지 말라……이는 세상에 있는 모든 것이 육신의 정욕과 안목의 정욕과 이생의 자랑이니 다 아버지께로부터 온 것이 아니요 세상으로부터 온 것이라"고 기록되어 있는

데, 이 말씀이 바로 우리가 나누고 있는 내용이다. 요한은 이 시점에서 "이 같은 죄의 본성에 관한 모든 것을 알지 못하는 사람은 어둠 가운데 행하는 사람이다. 이들은 빛 되시며 어둠과는 전혀 상관없으신 하나님에 대해 정반대의 입장을 취하는 악의 영역 안에서 살고 생각하고 행동하면서도 그것을 알지 못하는 사람들이다."라고 말하고 있다.

우리는 이 세상에 대한 하나님의 소원을 보고 이해하고 있지만 사람들은 이런 하나님의 소원에 대해 철저히 망각하고 살며 전혀 관심을 기울이지 않는다. 또한 하나님의 소원이 이들의 삶에 조금도 영향을 주지 못하고 있을 뿐만 아니라 거기에 맞추어 살려고 노력하지 않는다는 사실이다. 이런 사람들이야말로 어둠 가운데 행하는 사람들이다.

이런 사람들은 과연 어떤 사람들인가? 일체 논쟁의 여지도 없이 하나님과 교제를 나누지 못하는 사람들이라고 할 수 있다. 이들이 하나님과 교제를 나눈다는 것은 전혀 불가능한 말이다. 사도 바울이 고린도후서 6:14에서 "빛과 어둠이 어찌 사귀며"라고 말했듯이, 빛과 어둠이 함께 섞일 수 없기 때문이다. 본질상 섞이면 서로가 파괴되게끔 되어 있기 때문이다.

세상에는 조화될 수 없는 것들이 있는데 이것이 그중의 하나이다. 모든 세속적 인생관과 인본주의적인 것과 이생의 자랑만을 드러내고자 하는 모든 것에 지배받는 사람이, 빛이 되시며 어둠과는 전혀 함께할 수 없으신 하나님과 동행할 수 없다. 이것은 사실상 불가능한 말이다. 따라서 이 세상 안에 있는 부패로서의 죄, 이 세상을 지배하는 능력으로서의 죄에 대한 전반적 교리를 이해하고 인식해야 된다는 것이 첫 번째로 중요하다. 이것을 제대로 인식하지 못한다면 우리는 하나님과 교제를 가질 수 없기 때문이다.

하지만 요한은 우리가 죄에 대한 교리를 지식적으로 알고 있을 뿐만 아니라 행동으로도 옮겨야 한다는 것에 대해 계속적으로 말했다. 그는 "만일 우리가 하나님과 사귐이 있다 하고 어둠에 행하면 거짓말을 하고 진리를 행하지 아니함이거니와"라고 6절에서 말했다.

하나님은 하나님으로서의 행동을 하신다. 하나님은 빛이실 뿐만 아니라 빛으로서 행동하신다. 똑같은 원리가 인간에게도 적용되어야 한다. 우리가 행하는 것을 통해 우리 됨을 보여 주어야만 한다. 실천 속에서 우리의 교리를 드러내야 한다. 죄에 대한 진리를 깨닫지 못한 사람들이나 행실의 원리에 대해 잘못된 생각을 가진 사람들이나 모두 하나님과 참된 연합과 교제를 가질 수 없는 사람들이다. 이것이 첫 번째이다.

두 번째 메시지는 8절에 있다. "만일 우리가 죄가 없다고 말하면 스스로 속이고 또 진리가 우리 속에 있지 아니할 것이요." 이 말씀은 다음과 같이 설명할 수 있다. 사람들에게 두 번째 과오는 사람의 본질이 죄되다는 것을 인식하지 못하는 데 있다는 말이다. 이것이 요한이 하고자 하는 말이고 또한 매우 중요한 내용이다. 첫 번째와 두 번째의 차이를 알겠는가? 두 번째에서 지적하는 것은 죄된 행실을 말하는 것이 아니라 죄된 행실을 생산하는 본질에 대한 것이다. 요한은 계속해 죄를 짓게 하는 죄된 상태, 즉 우리로 하여금 죄를 지을 수밖에 없게 하는 죄의 원인과 이것으로 인한 결과에 대해 말하고 있다.

바로 이 부분을 잘못 생각하는 사람이 많다. 일반적으로 사람들은 사람의 죄된 본성보다는 행하는 죄에 대해 생각하려 한다. 이미 언급했듯이 요한이 이 서신을 쓸 당시 초대교회에 아주 일반적이었던 영지주의라는 이단이 있었으며 요한은 이 사상에 대해 특별히 관심을 갖는 가운데 서신을 작성했다.

사람들 중에는 우리가 그리스도인이 되었으면 우리의 죄성에서부터 해방받았으며 새로운 본성을 부여받았기 때문에 우리 안에는 죄가 없다는 논리를 펴는 사람들이 있다. 따라서 이들은 우리가 무엇인가 잘못된 일을 저지르면 그것은 우리가 아니라 육신 안에 있는 죄가 그러는 것이라고 말한다. 이 같은 주장을 하는 사람들 중에 반율법주의antinomianism라는 이단이 있는데, 이들은 사람들이 그리스도인이라고 말하며 그리스도 안에 계시는 하나님을 안다고 주장하는 한 그들이 하는 행위는 영적인 것이며 죄를 짓는 것은 육체라고 한다.

이런 주장에 대해 요한은 지금 응수하고 있는 것이다. 하지만 아직까지도 이런 주장이 보편화되어 있는 이유는 사람들이 죄된 행위를 생산해 내는, 우리 안에 있는 죄된 본성에 대한 견해보다는 행위의 입장에서 바라보려 하기 때문이다. 요한은 이런 주장에 대해 "만일 우리가 죄가 없다고 말하면 스스로 속이고 또 진리가 우리 속에 있지 아니할 것이요"라는 말씀으로 매우 단호하게 대처하고 있다. 누구든지 죄된 본성이 없다고 말하는 자는 스스로 속이는 것이라는 말이다.

나는 여기에서 매우 솔직하고 선명한 단어 사용에 하나님께 감사드린다. 사실 우리는 우리를 찬양하고 모든 문제는 다른 사람 또는 환경 때문이라고 말하는 요즈음의 글들에 지쳐 있지 않은가? 하지만 성경 말씀은 우리 안의 문제는 우리 자신과 정직하지 못함에 있다고 말했다.

우리 모두가 직면해야만 하는 질문은 우리가 잘못된 행위를 하는 것에 있지 않다. 우리가 해야만 될 질문은 "왜 내가 이런 일을 해야만 하는가? 무엇이 나에게 이 일을 하게 했는가? 도대체 내 안에서 죄에 대해 생각하게 하고 유혹하는 것이 무엇인가?"와 같은 것들이어야 한다. 여기에 대한 대답은 오직 한 가지이다. 내 안에 무엇인가 잘못된 것이 있는데 그것은 나의 죄악성이다.

사도 바울이 로마서 7:18에서 "내 속 곧 내 육신에 선한 것이 거하지 아니하는 줄을 아노니"라고 한 말이 틀림없이 맞는 말인 것 같다. 우리의 본성이 악하기 때문에 우리의 본질적 부분 안에는 왜곡된 부분이 있으며 악한 욕망이 있다는 것이다. 우리가 죄된 생각과 죄악된 욕망을 가지고 죄된 상상을 하는 것이 다 이 때문이다. 타락의 결과로 우리 안에 주어진 것은 모든 것을 곡해하고 꼬아서 생각하려는 것이다. 우리 안에 죄를 짓게 하는 근원이 있다는 말이다. 단지 내가 잘못을 행한다는 것만이 아니라 나의 본성이 죄되다는 것을 말한다. 우리는 결코 죄 없다고 말해서는 안 된다. 우리가 죄 없다고 말한다면 의도적으로 스스로를 속이는 것이 된다.

얼마나 이런 일을 자주 하는가? 얼마나 우리 죄를 합리화시키는가? 그렇게 합리화시키는 데 있어 우리는 얼마나 영리한지 모른다. 또한 우리는 다른 사람이 죄를 짓고 죄 지은 것을 합리화시키는 것을 지켜보면서, 그들의 잘못을 들추어 내며 그들이 속이는 자들이라고 얼마나 쉽게 말하는지 모른다.

인간의 마음은 참으로 완악하다. 하지만 자신을 정직하게 바라보는 사람은 이것이 인간의 본성에 대한 단순한 진리이며 인간에게 문제가 있다는 것을 알게 된다. 우리의 본성은 악하고, 죄악되며, 우리 스스로를 속이고 있다는 책망을 용납하지 아니하며, '진리가 우리 안에 있지 아니한' 것이다.

진리는 우리를 언제나 밝혀 주는 것이다. 에베소서 5:13을 보면 "드러나는 것마다 빛이니라"고 했고, 주님도 "그 정죄는 이것이니 곧 빛이 세상에 왔으되 사람들이 자기 행위가 악하므로 빛보다 어둠을 더 사랑한 것이니라" 요 3:19고 말씀하셨다. 사람들은 어둠을 사랑하고, 빛은 어둠을 드러내며 자신들이 속한 어둠이 드러나는 것을 원치 않기 때문에 빛으로 나아오지 않는다.

따라서 요한은 우리가 죄를 범치 아니하였다고 하면 진리가 우리 안에 있지 않음이 명백하다고 했다. 또한 우리 안에 있는 진리가 우리의 깊은 곳을 매우 밝게 조명해 모든 죄된 부분과 어둠이 있는 그대로 드러나게 되어 우리가 보고 알 수 있기 때문에 우리 안에 죄가 없다고 계속해 우길 수 없게 된다고 말했다.

이제 10절에 나오는 마지막 부분으로 들어가 보자. "만일 우리가 범죄하지 아니하였다 하면 하나님을 거짓말하는 이로 만드는 것이니 또한 그의 말씀이 우리 속에 있지 아니하니라." 이와 같이 우리가 범죄하지 아니하였다고 말하는 것은 죄인으로서 우리가 용서받을 필요가 있다는 사실을 인식하지 못하는 것이며, 죄의 성질을 깨닫지 못하는 것이며, 우리의 본성이 죄되다는 것을 인정하지 않는다는 말이며, 우리가 실제로 죄를 지으며, 따라서 용서를 필요로 한다는 것을 이해하지 못한다는 말이 된다.

어떤 사람은 "나는 하나님을 믿고 하나님과 교제 나누기를 원한다. 하지만 한번도 죄를 의식해 보지 못했다. 나는 지금 당신이 말하는 죄에 대한 말을 이해할 수 없다. 당신이 이런 내용을 길거리에 모여 있는 사람들에게 외친다면 몰라도 나같이 그리스도인으로서 언제나 착하게 살려고 노력하며 살아온 사람에게 이런 교리를 강조하는 것은 이해되지 않는다. 나는 죄인이므로 회개해야 하고 변화도 받아야 한다는 사실에 대해 전혀 생각해 보지 않았다."라고 말한다.

이것이 여러분의 입장이라면 요한은 "당신은 하나님을 거짓말하는 분으로 만드는 것이다. 또한 하나님의 말씀도 당신 속에 거하지 않는다."라고 했다. 우리가 죄인이라는 사실과 용서를 필요로 하는 사람들이라는 사실을 깨닫지 못한다면, 우리가 용서를 이전뿐만 아니라 지금도 여전히 필요로 하고 있다는 사실을 깨닫지 못한다면, 우리가 항상 온전했으며 지금 그리스도인으로서도 여전히 온전하다고 생각한다면, 우리가 회개해야만 한다는 사실을 인식하지 못한다면, 요한에 의하면 우리는 하나님을 거짓말하는 분으로 만드는 것이다. 지금 요한이 여기서 하는 말은 사실상 성경의 처음부터 끝까지의 가르침을 전하는 것이다.

무슨 가르침을 말하는가? 사도 바울은 로마서 3:10에서 완벽하게 요약해 놓았다. "의인은 없나니 하나도 없으며"라고 하면서 "우리가 알거니와 무릇 율법이 말하는 바는 율법 아래에 있는 자들에게 말하는 것이니 이는 모든 입을 막고 온 세상으로 하나님의 심판 아래에 있게 하려 함이라"고 19절에서 말했으며 또한 "모든 사람이 죄를 범하였으매 하나님의 영광에 이르지 못하더니"라고 23절에서 말했다.

선민인 유대인들은 자신들이 의롭다고 생각했다. 그래서 그들은 "이방인은 개들이다. 그들이나 용서가 필요하지 우리는 필요 없다."고 말했다. 하지만 하나님은 이방인과 더불어 유대인도 유죄다고 하시면서 이 세상에는 아무도 의로운 자가 없다고 말씀하셨다. 모든 세상과 모든 입이 더 이상 말할 여지가 없게 되었다. 이것이 성경에서 가르치는 교훈이다. 그러므로 우리가 죄를 짓지 않았다고 하면 성경의 교훈을 부인하는 것이 된다.

뿐만 아니라 우리가 죄를 짓지 않았다고 하면 성육신의 교리도 부인하는 것이다. 왜 하나님의 아들이 이 죄된 세상에 오셔야 했는가? 그분이 오신 것은 십자가에서 자신의 몸을 찢고 자신의 피를 통해 죄를 용서하고 사면해 주심으로써 잃어버린 영혼을 구원하고자 하는 데 있다. 우리가 죄 없다고 말하면 결국 성육신을 부인하고 그분의 죽으심과 부활도 부인하게 된다. 따라서 하나님을 거짓말쟁이로 만드는 것이다.

참으로 우리가 죄 없다고 말하면 모든 성경 계시의 목적과 전체 요점을 거스르는 것이 된다. 하나님을 거짓말쟁이로 만들 뿐만 아니라 그 말씀이 내 안에 없다는 것을 입증하는 것이 된다. 하나님의 말씀은 언제나 우리를 정죄하면서 십자가와 구원과 하나님으로부터 오는 모든 놀라운 공급에 대한 필요성을 우리에게 느끼게 하기 때문이다.

우리가 죄에 대해 잘못 생각하면 이런 결과들을 초래하게 된다. 우리는 여전히 어둠 가운데 거하며 모든 마음가짐은 거짓된 것이 된다는 말이다. 우리가 그리스도인이고 세상도 우리가 그리스도인이라는 것을 알고 있는데도 여전히 어둠 가운데 행한다면, 우리는 거짓말하는 자들이고 없는 것을 있는 것처럼 꾸미는 자들이고 다른 사람들에게 거짓을 말하는 자들이 된다. 우리는 자신에게 거짓말하며 스스로를 속이는 자들이 된다. 더 나아가 하나님을 거짓말쟁이로 만들게 된다. 하나님이 그리스도 안에서 행하신 놀라운 사실을 전혀 불필요한 것으로 여긴다는 말이다. 또한 우리를 사면하고 구원하고자 자신의 독생자를 이 땅에 보내신 그분의 영원한 사랑을 비웃는다는 말이 되기도 한다.

우리가 이런 입장에 있다면 너무나도 명확하게, 논쟁할 여지도 없이 하나님과 교제하는 것이 아니라고 말할 수 있지 않은가? 하나님은 빛이시므로 어둠이 조금도 없으시기 때문이다. 거짓은 하나님의 임재하심 안에 거할 수 없다. 그 이유는 하나님과 관련된 모든 속성과 너무나 대조되는 것이기 때문이다. 거짓을 말한다는 것은 "나는 그리스도인이 전혀 아니다."라고 말하는 것과 똑같다.

죄의 교리는 매우 중요하다. 우리가 죄인됨을 인식하지 못하고 회개하지 않는다면, 우리의 유일한 소망이 의롭게 됨을 위해 십자가에 돌아가셨다가 다시 부활하신 그리스도 안에 거하는 것이 아니라면 우리는 하나님과 사귐을 갖는 것이 아니라 매우 깜깜한 곳에 아직도 머물러 있는 것이다. 하나님과 교제를 나누려면 하나님의 속성과 아울러 우리의 본성에 대해서도 명확하게 알고 있어야만 한다.

하지만 감사한 것은 사도가 이것만 언급한 것이 아니라는 점이다. 그는 우리의 죄에 대해 정죄했지만 같은 본문에서 영광스러운 공급하심에 대해서는 계속해 말했다.

"그가 빛 가운데 계신 것같이 우리도 빛 가운데 행하면 우리가 서로 사귐이 있고 그 아들 예수의 피가 우리를 모든 죄에서 깨끗하게 하실 것이요" 1:7.

만일 우리가 하나님과 사귐이 있다 하고 어둠에 행하면 거짓말을 하고 진리를 행하지 아니함이거니와 그가 빛 가운데 계신 것같이 우리도 빛 가운데 행하면 우리가 서로 사귐이 있고 그 아들 예수의 피가 우리를 모든 죄에서 깨끗하게 하실 것이요 만일 우리가 죄가 없다고 말하면 스스로 속이고 또 진리가 우리 속에 있지 아니할 것이요 만일 우리가 우리 죄를 자백하면 그는 미쁘시고 의로우사 우리 죄를 사하시며 우리를 모든 불의에서 깨끗하게 하실 것이요 만일 우리가 범죄하지 아니하였다 하면 하나님을 거짓말하는 이로 만드는 것이니 또한 그의 말씀이 우리 속에 있지 아니하니라 _ 요일 1:6-10.

Chapter 11

빛 가운데 행함

요한은 우리가 진정으로 하나님과 사귐을 가지기 원한다면 꼭 지켜야만 될 몇 가지 조건에 대해 완벽하리 만큼 명확하게 알고 있어야 한다는 것을 보여 주었다. 그는 먼저 하나님의 특징과 그분의 본질에 대해 언급했으며, 우리가 하나님을 알고 있어야 되는 만큼 우리 자신에 대해서도 분명하게 알고 있어야 됨을 강조했다. 그래서 우리는 우리의 죄성 같은 부정적 면을 살펴보았다. 이제는 긍정적 면을 살펴볼까 한다.

우리는 요한이 대조되는 것에 대해 말하는 것을 본문을 통해 볼 수 있다. 즉 "만일 우리가 하나님과 사귐이 있다 하고 어둠에 행하면 거짓말을 하고 진리를 행하지 아니함이거니와 그가 빛 가운데 계신 것같이 우리도 빛 가운데 행하면 우리가 서로 사귐이 있고 그 아들 예수의 피가 우리를 모든 죄에서 깨끗하게 하실 것이요 만일 우리가 죄가 없다고 말하면 스스로 속이고 또 진리가 우리 속에 있지 아니할 것이요 만일 우리가 우리 죄를 자백하면 그는 미쁘시고 의로우사 우리 죄를 사하시며 우리를 모든 불의에서 깨끗하게 하실 것이요"라고 말했다.

우리는 긍정적 면에서 해야만 될 것을 7절과 9절을 통해 볼 수 있다. 우리는 하나님과의 교제를 가능하게 하며 지속하기 위해 꼭 갖추어야 하는 긍정적 조건들을 명확하게 볼 수 있다.

이제 본문의 진술을 두 개의 소단락으로 나누어 보아야 될 것 같다. 하나님과의 교제를 좀더 적극적으로 유지하기 위해서는 우리가 해야 할 일들과 하나님이 우리에게 해주시는 일들이 있다. "그가 빛 가운데 계신 것같이 우리도 빛 가운데 행하면 우리가 서로 사귐이 있고"라는 말씀이 우리가 해야 할 일이며, "그 아들 예수의 피가 우리를 모든 죄에서 깨끗하게 하실 것이요"가 하나님이 하실 일이라는 것이다. "만일 우리가 우리 죄를 자백하면"이 또한 우리가 해야 할 부분이며, "그는 미쁘시고 의로우사 우리 죄를 사하시며 우리를 모든 불의에서 깨끗하게 하실 것이요"는 하나님이 해주실 부분이라는 것이다.

하지만 우리가 알아야 할 것은 비록 논리적 차원에서 하나님이 해주실 일과 사람이 해야 할 일 등의 방식으로 하나님과 사람과의 교제를 양분해 나누려 한다 할지라도, 교제라는 것 자체가 워낙 피차간에 공유하며 서로간의 상호작용을 요하는 성질이 있다. 그러기에 계속해 뒤엉키고 섞이는 식의 교제를 피할 수 없다.

다시 말해 교제란 결코 기계적으로 설명될 수 있는 것이 아니며 오히려 유기적이고 생생한 어떤 것으로서만 설명될 수 있다는 것이다. 우리가 이 교제에 대해 제대로 이해하려면 또한 우리가 지금 하는 식으로 교제에 대해 분석해 온 것의 명확성을 위해서는 유기적 본질을 알고 있어야만 한다.

예를 들면 다음과 같다. 지금 우리가 하는 분석은 음악가들이 소나타나 심포니처럼 음악의 한 부분을 분해할 때 하는 것과 마찬가지라는 것이다. 하나의 음악은 다양한 부분들로 구성되어 있으며 따라서 음악가는 음악을 하나하나 분해할 수 있다. 하지만 음악을 제대로 평가하기 원한다면, 음악을 분리 분석해 놓은 하나하나를 통해서가 아니라 모든 것이 하나로 묶여진 작품을 통해서만 가능하다. 우리는 분석에만 멈추어서도 안 되고 다양한 여러 부분만 따로 남겨 두어서도 안 된다. 이는 부분이 전체 속에 들어가 있으며 전체는 부분들의 집합체이기 때문이다.

또 다른 예를 들어 보겠다. 사람의 신체는 여러 부분으로 나누어져 있으며 신체의 각 부분들을 별개의 것으로 생각할 수도 있다. 예를 들어 손과 손가락을 알아보자. 손은 손 자체로서는 별 의미가 없다. 그래서 몸에 대해 제대로 개념을 갖기 위해서는 해부학과 생리학을 공부하는 것이 바람직하다. 이런 공부를 통해 몸을 여러 부분으로 나누어 볼 수도 있으며 이런 부분들이 어떤 기능을 하는지 알 수 있기 때문이다. 하지만 신체가 유기적으로 하나의 몸이며 생명력이 있는 한 단일체라는 사실을 결코 잊어서는 안 된다.

이 점은 성경 말씀을 받아들이는 데 언제나 기본적인 것이다. 특별히 사도 요한의 다소 낯설고 특이한 방식으로 기록된 요한일서는 더더욱 그러하다. 내가 요한일서 강해의 첫 부분에서 이미 언급했듯이 사도 요한의 전개 방식은 매우 나선형적이다. 사도 바울의 글이 표면에 기록된 것 그대로 이해할 수 있을 만큼 명확한 데 반해 요한의 글은 그렇지 못할 때가 많다. 그러므로 그의 가르침을 살펴보는 데 다음의 두 가지를 염두에 두어야만 할 것이다.

우리가 하나님과 참된 교제를 즐기기 위해서는 매우 중요한 다음의 두 가지를 생각해 보아야만 된다. 첫째로, 교제의 긍정적 면과 관련해 꼭 해야만 될 것을 고려해야 한다. 둘째로, 교제의 실체를 유지해 나아가는 데 있어 하나님이 하시는 일에 대해서도 고찰해야 할 것이다. 하지만 이것을 알아보기 전에 먼저 예비적 서론을 살펴보도록 하자.

오늘 본문은 신학적으로나 종교적 사고와 토론에서, 좋지 못한 면에서 매우 중요한 자리를 차지해 왔다. 사람들이 성화에 대한 전반적 문제나 질문을 제기할 때 본문 말씀처럼 많이 인용되는 구절은 없다. 또한 어떤 면에서는 이 말씀만큼 우리에게 위험과 어려움을 더해 주는 구절은 아마도 없을 것이다. 본문과 같은 말씀을 해석할 때의 위험성이란, 성경 말씀 자체로 들어가 말씀이 하고자 하는 것을 고려하는 대신 미리 만들어진 이론을 가지고 그 이론과 생각의 틀 속에서 말씀의 내용을 해석해 나간다는 데 있다.

여러분은 내가 하고자 하는 말에 익숙할 줄 안다. 이런 사람들의 말에는 다음 구절이 인용된다. 즉 "그 아들 예수의 피가 우리를 모든 죄에서 깨끗하게 하실 것이요"라는 구절과 "그는 미쁘시고 의로우사 우리 죄를 사하시며 우리를 모든 불의에서 깨끗하게 하실 것이요"라는 구절이다. 또한 성결과 성화에 대한 참고 구절로서 "그가 빛 가운데 계신 것같이 우리도 빛 가운데 행하면"이라는 말씀이 얼마나 자주 사용되는지 모른다. 이런 모든 구절은 '빛 가운데 행함'이나 '우리의 죄를 고백함'이나 '우리를 씻기시는 예수 그리스도의 보혈'이나 '미쁘시고 의로우신 하나님'과 같은 제목들과 관련되어 매우 많이 사용되고 있다.

사실상 이 구절들을 우리가 가지고 있는 특정한 성화에 대한 이론의 틀로 보기가 쉽다. 교리의 역사가 성화에 대한 교리를 다룰 때, 한 가지 말씀에 기초해 또한 이런 말씀의 문맥으로부터 벗어나 취해진 이론을 인정하려는 추세가 있어 왔음을 매우 명확하게 보여 주기 때문이다. 그러기에 특별한 상황에서 본문 말씀을 고려하기 위해서는 이런 편견과 선입관을 탈피하려는 특별한 노력을 우선적으로 기울이는 것보다 더 중요한 것은 없다고 생각한다.

또한 우리가 현재 갖고 있는 이런 문제에 추가되는 문제점은 사도가 매우 좋아하는 용어의 종류이다. 요한의 복음서와 서신서나 계시록을 공부해 본 사람은 요한의 스타일이, 그가 마음에 들어하는 어떤 지배적 개념에 의해 특징지어지는 것을 알게 된다. 그는 빛과 생명이라는 개념을 좋아한다. 그리하여 기록한 모든 말씀에서 빛과 생명에 대한 내용을 다루었다. 따라서 가장 위험한 문제는 이런 요한의 특징과 그가 선호하는 것을 잊어버리는 데 있다는 것이다. 요한은 그림을 보듯이 회화적으로 생각했는데, 그것을 글자 그대로 문자화시켜 이해한다는 것은 위험스러운 것이다.

이 같은 위험성을 인지하지 못한 결과는, 완벽주의에 관련된 대부분의 이론들이 요한의 기록들 중에서도 특히 요한일서에 기초하고 있다는 것이다. 여러분에게 말하고 싶은 것은 대부분의 사람들이 그림을 그림으로 여기지 못하고 그것을 사실화시키려고 고집하기 때문에 말씀을 제대로 해석하지 못하고 삼천포로 빠져 들어갔다는 것이다. 이런 사람들은 결국 어떠한 형태로든지 완벽에 관한 교리를 가르칠 수밖에 없게 되어 있다.

이제 본문 내용으로 돌아와 생각해 보자. 우선 질문해야 할 것은 우리가 해야만 할 것이 무엇이냐는 것이다. 요한은 두 가지의 주된 것이 있다고 했다. 첫 번째는 하나님이 빛 가운데 계시는 것같이 우리도 빛 가운데 행해야만 한다는 것이다.

이 말씀에서 내가 금방 했던 것에 대한 예를 보게 된다. 요한은 '빛 가운데 행함'이라는 말의 사용을 좋아했다. 복음서에서도 얼마나 자주 이런 글귀를 접할 수 있었는가? 이 서신에서도 예외는 아니다. 우리가 이런 표현을 완전하게 문자적으로만 대한다면, 이것이 의미하는 것은 오직 한 가지이며 그 한 가지란 전적인 완전함만을 의미한다는 것은 자명한 것이 아니겠는가?

하나님이 빛 가운데 계신 것같이 우리가 빛 가운데 행한다는 말이 엄격하게 문자적으로만 받아들여진다면 금방 말한 대로 오직 한 가지 추론만이 성립될 것이다. 그 추론이란 그리스도인으로서 용서받을 수 있고 참된 그리스도인이 될 수 있는 유일한 희망은, 하나님 자신이 온전하신 것같이 우리도 철저하게 온전해야만 된다는 것이다.

하지만 이것은 분명히 불가능한 이야기이다. 우리 중에 누가 완전하며 누가 죄가 없는가? "만일 우리가 죄가 없다고 말하면 스스로 속이고 또 진리가 우리 속에 있지 아니할 것이요"라고 말씀도 가르치고 있듯이 우리는 철저하게 완벽해질 수 없다는 말이다. 하나님이 빛 가운데 계신 것같이 우리도 빛 가운데 행한다는 구절은 요한이 관례적으로 묘사하던 식으로 묘사하고 있다는 것을 염두에 두고 해석해야 한다는 사실을 즉시 발견하게 된다.

따라서 이 진술 내용을 이해하는 데 열쇠가 되는 것은 "만일 우리가 하나님과 사귐이 있다 하고 어둠에 행하면 거짓말을 하고 진리를 행하지 아니함이거니와"의 말씀에서 이미 한번 생각해 본 구절인 "어둠에 행함"이란 문맥 속에 있다.

우리는 어둠 속에서 행한다는 것이 세속적이고 죄된 생각에 사로잡힌 상태를 의미한다는 것과, 하나님 나라를 거슬러 반역하는 왕국, 즉 어둠의 왕국과 사탄의 왕국과 이 세상의 왕국에 귀속되어 어둠의 영역 속에서 살아 나가고 있는 것을 의미한다는 것을 살펴보았다. 다시 말해 어둠에서 행하는 사람들이 항상 나쁜 죄만 짓고 사는 사람들이라고 말할 수는 없다. 그들은 어쩌면 매우 존경받는 사람일 수도 있으며 실제로 매우 도덕적인 사람들일 수도 있다. 하지만 그들이 주님 되신 예수 그리스도의 복음의 빛 밖에서 거하기 때문에 어둠에 거하는 자들이라고 표현되는 것이다. 그들은 어둠의 왕국에 속해 있으며 인생관도 역시 일반적으로 빛 밖에 있는 어둠의 영역에 근거하고 있다.

그러기에 "빛 가운데 행함"이라는 본문 구절을 대할 때 그저 "어둠에 행함"이라는 내용과 정반대로 해석하면 된다. 다시 말해 본문 말씀은 절대적으로 완벽해야만 된다는 것을 주장하는 것이 아니라 우리가 다른 왕국, 즉 하나님의 왕국, 빛의 왕국에 속해 있다는 것을 의미한다. 빛의 왕국, 하나님의 왕국에 슬프게도 우리는 전혀 적합한 사람들이 아니지만 우리는 이 왕국 안에 머물러 있고 속해 있으며 그 안에서 행하고 있다는 사실이다. 하나님은 바로 이 왕국의 하나님이시며, 왕으로서 또 주님으로서 함께 머물러 계신다.

따라서 "그가 빛 가운데 계신 것같이 우리도 빛 가운데 행함"이란 말씀을 사도 바울이 골로새서에 기록한 문체로 표현하자면, 우리가 흑암의 권세로부터 "그의 사랑의 아들의 나라"골 1:13로 옮겨졌다는 뜻이 된다.

또한 사도 베드로의 첫 번째 서신에서도 같은 뜻으로 매우 잘 표현된 것을 볼 수 있다. "너희는 택하신 족속이요 왕 같은 제사장들이요 거룩한 나라요 그의 소유가 된 백성이니 이는 너희를 어두운 데서 불러내어 그의 기이한 빛에 들어가게 하신 이의 아름다운 덕을 선포하게 하려 하심이라"벧전 2:9. 우리가 속한 왕국이 바로 이 왕국을 의미하는 것이다.

내가 이것을 강조하는 이유는 성결과 성화에 대한 특별한 이론을 갖고 있는 사람들은, 언제나 빛 안에 행하는 것은 어떤 특정한 그리스도인들만이 가능하다고 주장하기 때문이다. 사실상 요한이 말하는 것은 모든 그리스도인은 필연적으로 빛 안에서 행하게끔 되어졌으며, 비록 그들이 연약하고 나약하여 합당치 못하다 해도 어쨌든 빛 안에서 행하는 사람들이라는 말이다. 그렇지 못하다면 그들은 그리스도인이 아니며 사도가 한 말의 어느 한 구절도 그들에게 적용될 수 없다는 말이다.

이것이 우리가 아주 명확하게 이해하고 있어야만 될 것이다. 그렇다면 우리는 이것이 실제적으로 의미하는 바가 무엇인지 질문해 볼 수 있다. 먼저 우리는 회개하지 않고서는 빛 가운데 행한다고 주장할 수 없다. 다른 말로 표현하면 우리는 앞에서 살펴본 죄에 대한 모든 교리를 충분히 이해하고 있어야 한다는 말이다. 우리가 빛 가운데 행하는 것을 어떻게 알 수 있는가?

이것에 대한 가장 적당한 대답은 다음과 같다. 우리는 죄 가운데 형성되었고 죄악 중에 출생했다는 사실과 본성적으로 출생시부터 진노의 자녀라는 사실을 알고 있다. 우리는 죄악과 사탄의 지배 아래 출생해 악의 종 노릇을 해왔다는 사실을 알고 있다. 우리가 어둠의 영역 속에 거해 왔으며, 우리는 악하며 또한 죄악을 행해 왔다는 사실을 알고 있다.

우리는 이런 죄에 대한 교리를 받아들이며 이와 같은 죄성을 비통하게 생각하게 되었다. 우리가 행한 죄악에 대해 후회하며 이로 인해 경건한 슬픔을 느낄 수 있게 되었다. 이처럼 자신의 죄악을 회개하는 사람들은 자신에 대해 올바로 직시할 수 있으며 자신에 대해 항상 조심하는, 즉 경거망동을 하지 않는 사람들이 되었다. 이들은 "오호라 나는 곤고한 사람이로다 이 사망의 몸에서 누가 나를 건져 내랴"롬 7:24라는 고백의 뜻이 무엇인지를 알게 된 사람들이다.

이것이 바로 그리스도인이 되는 데 아주 본질적인 부분이다. 이런 죄에 대한 인식과 회개가 없었다면 어느 누구도 그리스도인이라 불릴 수 없으며 또한 빛 안에 행하는 사람이라고 할 수도 없다.

이것에서 그치는 것이 아니다. 이것은 시작에 불과하다. 자신의 상황과 현실을 바로 바라보고 자신의 문제를 절실하게 깨닫는 탕자와 같은 사람들은 "이제 내가 일어나 아버지에게로 가야겠다."고 말한다. 이런 사람들은 탕자가 자신이 속해 있던 어둠의 영역과 방랑자의 입장을 바꾸고 아버지의 영역에 들어와 아들의 위치로 왔듯이 자신이 속해 있던 영역과 위치를 바꾸는 사람들이다.

그리스도인은 반드시 이렇게 해야만 한다. 또한 그리스도인의 삶을 사는 것은 항상 죄를 인식하고 인정하고 회개하는 삶만을 사는 것이 아니라 긍정적 삶도 역시 포함하는 것을 알아야 된다. 이것은 하나님의 귀한 독생자의 왕국으로 인도함을 받은 사람들에게 충분히 어울리는 삶을 영위하기 위해 기울이는 긍정적 노력을 의미한다.

그러므로 빛 가운데 행하는 모든 사람은 남녀를 불문하고 하나님을 위해 살려고 항상 노력하게 된다. 그들은 하나님을 더 잘 알고 싶어한다. 하나님의 영광과 존귀를 항상 생각하게 된다. 하나님을 즐겁게 해드리려고 항상 애를 쓴다. 비록 그들이 하나님을 거스르는 세력의 영역 가운데서 오랫동안 머물러 있었기 때문에 그들의 사고 방식이 현재의 빛의 영역 속에서의 삶을 따라가지 못한다 할지라도, 이렇게 하나님의 영광과 존귀를 위해 힘쓰고 애쓰는 모습 자체가 바로 빛 가운데 살고 있음을 증명해 주는 것이다. 이제 하나님은 그들의 주인이시다. 그들은 의롭게 살고 성결하게 사는 것에 관심을 갖게 되었다. 사도가 말하고자 하는 것이 바로 이런 것임을 말할 수 있다.

본문 말씀을 교리와 연관시켜 생각해 보자. 이미 말한 대로 "빛 가운데 행함"의 말씀만큼 계속적으로 잘못 이해되어 교리화된 말씀은 없을 것이다. 이 말씀을 잘못 이해하는 두 가지 부류가 있다. 그 첫 번째는 신비주의와 수도원 운동이다.

자신들이 죄인들이었다는 사실과 어둠의 영역에 거했다는 사실을 깨달은 사람들은 "이제 빛 안에 거하고 있는 우리가 해야 할 일이 무엇인가? 어떻게 해야 빛 안에 거할 수 있는가?"라는 질문을 던졌다. 그리고 자신의 질문에 대해 그들은 "우리가 할 수 있는 유일한 것이 있다. 그것은 우리가 이 세상으로부터 자신을 분리시켜 속세를 떠나는 것이다. 빛 안에서 행한다는 말은 세상을 떠나 모든 시간을 하나님과 보내는 것이다. 따라서 우리는 신비적 방식으로 하나님을 직접적으로 찾아야만 하기 때문에 지금 당장 속세를 떠나 전적으로 종교적 일에만 전념함으로써 빛 안에서 살도록 해야 한다."라고 답했다. 신비주의 운동과 수도원 운동에 대해 읽어 보면, 그 당시에 이런 식으로 "빛 가운데 행함"을 해석한 것을 볼 수 있다. 이런 식의 해석으로 거룩한 삶과 경건한 삶을 이해했던 것이다. 이것이 첫 번째 오류이다.

두 번째 오류는 또 다른 극단이다. 이 극단은 행실과 행위의 중요성을 깨닫지 못한 데 있다. 조심스럽게 설명해야 할 것 같다. 이것은 개신교도들 특히 복음주의자들을 둘러싸고 있는 위험한 문제이기 때문이다. 우리는 그리스도인이 되기 위해서는 선한 삶을 살아야 하며 우리가 빛 가운데 행하기 때문에 그리스도인이라는 식의, 행위를 통한 칭의의 교리를 피해야만 된다고 말한다. 우리는 행위에 절대로 의존해서는 안 된다고 말한다. 이처럼 행위를 통한 칭의의 가르침이 바로 여러 면에서 가톨릭의 문제점이었다. 그러기에 우리와 우리의 죄를 위해 돌아가신 예수 그리스도와 그분의 죽으심을 믿는 것 외에 다른 어떤 것도 구원과 관련시켜 생각하지 않았다. 행함과 관계없이 오직 믿음으로만 의롭다 칭함을 받기 때문이다.

틀림없는 말이다. 하지만 사도 바울이 고린도전서 6:9-10에서 한 말도 역시 고려해야 할 필요가 있다. 명심해야 할 것은 오직 믿음으로만 의롭다 칭함을 받을 수 있다는 교리를 가르치는 사람들 중 으뜸 가는 사람이 사도 바울이라는 사실이다. 바로 그가 이렇게 말했다.

"불의한 자가 하나님의 나라를 유업으로 받지 못할 줄을 알지 못하느냐 미혹을 받지 말라 음행하는 자나 우상 숭배하는 자나 간음하는 자나 탐색하는 자나 남색하는 자나 도적이나 탐욕을 부리는 자나 술 취하는 자나 모욕하는 자나 속여 빼앗는 자들은 하나님의 나라를 유업으로 받지 못하리라."

그렇다면 한 사람이 이신칭의와 행위의 두 가지 다른 말을 했으니 어떻게 조화를 맞추어야 하는 것이냐고 물을 수도 있다. 내가 보는 견지에서는 이 둘을 조화시키는 유일한 길을 사도 요한이 바로 여기에서 말했다고 할 수 있다.

우리가 진정으로 진리를 이해했다는 사실을 증명하고 믿음을 소유하며 복음의 말씀을 볼 수 있도록 영적인 눈이 열려 있다는 사실에 대해 유일하게 증거할 수 있는 것은 다음과 같다. 즉 우리 자신이 정죄받은 죄인이라는 것을 인식하고 우리의 죄악을 회개하고 더 이상 죄를 짓지 않으려는 마음가짐과, 하나님이 빛 안에 거하시듯이 빛 안에서 행하려고 최선의 노력을 동원하는 삶이다.

다시 말해 요한은 그리스도인의 고백을 시험하는 것이다. 요한이 실제로 여기에서 말하고자 하는 것은 우리가 믿는다고 말하면서도 믿지 않는 자처럼 산다면 믿는다고 말한 것이 아무 소용이 없다는 것이다. 또한 여전히 어둠에 거할 때처럼 생활하면서 입술로는 우리가 죄인이며 우리를 구원하실 수 있는 것은 오직 예수 그리스도의 죽으심뿐이라는 것을 믿는다고 골백번 말해도 소용없다는 말이다.

요한에 의하면 우리가 영위하는 삶을 통해 우리의 회개가 참으로 입증되어야만 된다는 것이다. 행위로 인도하지 않는 믿음은 가치가 없다는 말이다. 여기에서 요한과 바울 간의 어떤 모순도 발견되지 않는다. 사실 그들은 똑같은 말을 하고 있는 것이다.

결국 우리는 어느 한 가지도 소홀히 할 수 없는 중요한 두 가지 측면이 있다는 것을 이해하게 된다. 믿음과 행위가 분리될 수 없다는 것이다. 이 두 가지를 통해 지적 동의와 참된 믿음을 구분할 수 있다. 사람들 중에는 철학의 한 가지 정도로 기독교의 가르침을 받아들이기도 한다. 내가 신약성경을 이해하기로 그런 사람은 그리스도인이 아니다. 그들은 빛 가운데 행하는 자들이 아니다. 사람의 행위는 그 사람이 가지고 있는 믿음을 입증해 준다. 따라서 빛 가운데 행한다는 말이 의미하는 바는 회개와 죄된 생활로부터 성결한 생활로의 이전이다. 이런 삶이 진정한 기독교적 신앙 고백에 대한 궁극적인 입증을 하는 것이 된다.

이것이 요한이 첫 번째로 강조한 내용이다. 즉 우리는 하나님이 빛 가운데 거하시는 것같이 우리도 빛 가운데 행해야만 한다는 것이며, 모든 진짜 그리스도인은 어둠의 영역이 아닌 빛의 영역 안에서만 행해야 한다는 중요한 선언이다.

다시 한번 더 추가해 말하면 그리스도인은 완벽한 사람이 아니다. 우리는 불완전하며 죄가 있는 사람이다. 그러나 "나는 이 세상에 사는 사람들과 같지 않으며, 그리스도를 믿지 않는 사람들과 같지 않다. 물론 나도 그들과 한 가지로 여러 면에서 죄된 자이지만 본질적으로 그들과는 다르다."라고 우리는 감사하게도 말할 수 있다는 사실이다.

우리는 그리스도 밖에 있는 사람들이 전적으로 범하는 실수를 보게 된다. 그들은 "그리스도인이 된다는 것이 무슨 소용이 있는가? 저런 그리스도인들 좀 봐!"라며 마치 그리스도인이 되어 봤자 별것 아닌 것을 입증하듯이 말한다. 하지만 사람들로 하여금 그리스도인이 되게 하는 것은 그들의 행위가 아니라 그들이 행하고 있는 영역이다. 바로 그들이 어떠한 왕국에 속해 있느냐가 그것을 결정해 준다는 말이다.

두 번째로 말하고자 하는 것 역시 중요한 것으로서 죄의 고백이다. "만일 우리가 우리 죄를 자백하면 그는 미쁘시고 의로우사 우리 죄를 사하시며……." 이것 역시 아주 중요한 것이므로 사도의 생각을 정리해 보도록 하자. 먼저 질문하고 싶은 것은 "왜 우리가 죄를 고백하지 않는 것이 하나님과의 사귐을 방해하고 무너뜨리는 것이 되는가?"이다.

여러 이유가 있다. 빛은 언제나 어둠에 숨겨진 것들을 들추어 낸다. 우리가 죄를 직시하는 것을 피한다면 그 말은 우선적으로 빛을 회피한다는 것을 뜻한다. 하나님이 빛이시기 때문에 빛되신 하나님이 들추어 내시는 죄악을 숨기고 대면하는 것을 피한다면 결국 하나님과의 교제도 깨진다는 말이다. 다른 말로 표현하면 죄를 고백하는 것을 거절한다는 말은 성령을 거스른다는 말이 된다. 우리의 감추어진 죄악들을 빛으로 인도해 주고 그 죄악들을 정죄하며 그런 죄악들을 범하지 않도록 인도해 주시는 것이 성령의 사역이기 때문이다.

죄를 고백하는 것을 거부한다는 말은 또한 우리 자신에 대해 정직하지 않다는 뜻도 된다. 우리가 우리 자신에 대해 정직하지 못한다면 어떻게 하나님께 정직할 수 있겠는가? 정직하지 못한 사람은 하나님과의 사귐 안에 거하는 자가 아니며 하나님과의 교제를 즐길 수 없는 자이다. 비정직한 사람은 스스로를 하나님과의 동역적 관계와 친밀한 관계에서부터 잘라내는 자이다. 사람이 자신에게 참되지 못하다면 셰익스피어가 말했듯이 그는 모든 사람에게 거짓되다는 말이 된다. 하지만 사람이 참되면 어떠한 사람에게도 거짓될 수 없다.

마지막으로 내가 지은 죄악들을 외면하려는 것은 빛을 싫어한다는 말을 의미한다. 우리가 하나님의 사랑에 대해 듣기는 원하면서도 복음의 빛을 싫어한다면 어떻게 빛되신 하나님과 동행할 수 있겠는가?
 죄에 대한 고백은 너무나도 중요한 것이다. 이것은 빛의 사역을 언제나 수용하는 상태로 머물러 있어야만 된다는 것이며, 빛으로 하여금 우리를 살피게 허용함과 동시에 거기서 들추어지는 모든 잘못된 부분에 대해 방어하려는 노력을 포기하면서 정직하게 하나님의 말씀 앞으로 나아오는 것을 의미한다.
 그러고 나서 우리의 죄를 세세하게 인식해야만 한다. 이것은 고통스러운 작업이다. 우리가 죄를 고백한다는 말은 일반적으로 그냥 "나는 죄인이다. 한번도 내가 성자라고 말한 적은 없다."라고 말하는 것을 의미하는 것이 아니다. 오히려 이 고백은 구체적인 것을 요구한다.
 우리는 특정한 죄악들에 대해 세세하게 하나하나 이름을 대면서 고백해야만 한다. 이것은 우리가 고백할 때 모든 죄를 도매값으로 묶어 넘겨서는 안 되며 부인해도 안 된다는 말이다. 우리는 모든 죄악을 고백해야 하며 주목해야 한다. 또한 우리의 죄악을 가능한 한 빨리 대충 넘어가려고 해서도 안 된다. 고백은 우리가 지은 죄들과 우리가 행한 좋은 일들을 저울질하면서 계산해 보는 것이 아니라 지은 죄들을 그냥 그대로 대하는 것이다. 빛으로 하여금 우리의 삶을 조명하게 해서 우리가 저지른 못된 것들을 보면서 비참함을 느끼는 것이다. 이와 같이 우리의 됨됨이와 저지른 일들을 정직하게 직시하면서 하나님께 구체적인 단어들을 사용해 고백해야만 하는 것이 바로 죄에 대한 고백이다.

나는 여기에서 요한이 어떤 다른 사람에게 죄들을 고백하는 것에 대해 언급한 것이 전혀 아니라고 강조할 필요도 없다고 본다. 지금 그가 이야기하는 것은 다른 사람들에 대해서가 아니라 하나님과의 사귐에 대해, 하나님과 동행하는 것에 대해 언급하는 것이다. 그가 말하는 것은 우리의 죄악을 자신에게 고백하면서 그것을 하나님께 고백하는 것이다. "만일 우리가 우리 죄를 자백하면 그는 미쁘시고 의로우사 우리 죄를 사하시며 우리를 모든 불의에서 깨끗하게 하실 것이요."

이 요한일서의 구절이 성결과 성화에 대한 이론들을 가르칠 때에 얼마나 자주 사용되었는가? 그들의 주장은 우리가 언제나 모든 사람에게 죄에 대한 고백을 공개적으로 하지 않는다면 빛 가운데 행할 수 없다는 것이다. 하지만 요한은 그런 식으로 말하지 않았다. 그가 관심을 갖고 말하는 부분은 하나님과의 사귐과 하나님과의 동행이다.

나는 내 죄를 다른 사람에게 고백해야만 할 특정 상황이 있다는 것에 동의할 준비가 되어 있다. 내가 타인에게 죄를 지었다면, 어떤 사람이 연루된 특정 상황이 있다면 나는 그렇게 해야만 한다. 하지만 오늘 본문에서나 성경의 어느 다른 구절에서나 우리가 죄를 언제나 모든 사람 앞에서 공개적으로 드러내지 않으면 빛 가운데 행하는 것이 아니라고 가르치는 곳은 전혀 찾아볼 수 없다. 그것을 의미하는 것이 아니다. 우리의 죄악들을 하나님께 고백해야만 한다는 말이다.

우리는 하나님 앞에서 모든 죄악을 인정해야만 한다. 마치 다윗이 시편 32편에서 자신의 죄악을 하나님 앞에 있는 그대로 열어서 내려놓았듯이, 우리도 하나님께 죄악을 구체적으로 열거해 말씀드리며 있는 그대로 벌거벗어 내려놓아야만 한다는 것이다. 바로 이때 하나님이 우리에게 주시고자 예비해 놓으신 크고 영광스러운 축복을 받을 수 있다.

인간이 해야 할 일이 무엇인가? 우리는 빛 가운데 행해야만 한다. 우리가 죄악을 보고 인식할 때, 우리의 죄악에 대해 정죄받을 때, 우리가 하나님과 함께 걸을 때, 하나님의 거룩하심과 그분의 본성의 빛이 우리의 죄악을 드러내 보이실 때 우리는 고백해야만 된다. 우리는 죄악들을 회피할 필요가 없다. 단지 이 죄악들을 하나님 앞에서 시인하고 인정하면 되는 것이다. 그렇게 하면 하나님과의 교제에서 우리가 할 수 있는 일은 다한 것이다. 얼마나 간단한가?

이제 우리가 할 수 있는 일을 다할 때 하나님은 하나님만이 유일하게 우리를 위해 해주실 수 있는 일을 하실 것이다. 이것이 복음의 영광스러운 부분이다. 또한 하나님이 우리에게 말로 표현할 수 없는 기쁨과 영광의 충만함을 제공해 주신다는 약속이다.

만일 우리가 하나님과 사귐이 있다 하고 어둠에 행하면 거짓말을 하고 진리를 행하지 아니함이거니와 그가 빛 가운데 계신 것같이 우리도 빛 가운데 행하면 우리가 서로 사귐이 있고 그 아들 예수의 피가 우리를 모든 죄에서 깨끗하게 하실 것이요 만일 우리가 죄가 없다고 말하면 스스로 속이고 또 진리가 우리 속에 있지 아니할 것이요 만일 우리가 우리 죄를 자백하면 그는 미쁘시고 의로우사 우리 죄를 사하시며 우리를 모든 불의에서 깨끗하게 하실 것이요 만일 우리가 범죄하지 아니하였다 하면 하나님을 거짓말하는 이로 만드는 것이니 또한 그의 말씀이 우리 속에 있지 아니하니라 _ 요일 1:6-10.

Chapter 12
예수 그리스도의 보혈

하나님과 사귐을 계속하기 위해서는 무엇을 해야 하는가에 대해 살펴보았다. 우리는 빛 가운데 행해야만 하며 우리의 죄악을 인정하고 고백해야만 한다. 우리가 어둠의 영역에서 행한다면 하나님과 사귐을 갖고 있다고 말하는 것은 아무 소용이 없다. 그러므로 우리는 빛 가운데 행해야만 하며, 예수 그리스도를 믿고 회개하며 우리의 죄악들을 인정하고 고백해야만 한다. 하지만 이것만으로 충분하지 않다. 우리가 하나님과 동행하며 그분과 사귐을 갖는다면 이제까지 우리의 죄악됨과 무가치함에 대해 느끼던 그 이상을 필연적으로 의식하게끔 되기 때문이다. 이것이 바로 하나님과 사귐을 갖는 데 항상 문제가 되는 부분이다.

이미 보았듯이 우리는 생긴 모습 그대로 하나님과 사귐을 갖는다고 천진난만하게 생각하려는 경향이 있다. 하지만 우리가 죄를 지음으로 정죄받을 때 그런 생각으로부터 떨어져 나오게 된다. 그리고 그 다음 단계에서는 낙망하기 시작한다. 우리의 죄와 아울러 하나님의 거룩하심을 의식하게 되기 때문이다. 그리고 나서 "하나님과 교제하는 길이 험하고 가팔라서 지극히 불가능할 것 같다."라고 말하게 된다.

앞서 말한 내용이지만 빛은 어둠에 숨겨져 있는 것을 언제나 드러낸다. 빛은 우리가 의식하지 못한 것도 들추어 낸다. 방 안에 있는 불을 켜면 모든 먼지와 그 외의 다른 것들이 보이게 된다. 이처럼 어둠 가운데 가려져 있는 것을 들추어 내는 것이 빛의 성질이다. 바로 이 표현이 하나님과의 사귐에 대한 가장 적합한 설명이 될 수 있다. 우리가 하나님과 동행할 때, 하나님의 말씀이 우리 안에 거할 때, 필연적으로 죄를 깨닫게 되어 우리 안에 있는 잘못되고 무가치하고 죄악된 모든 것이 즉시 표면에 드러나게 된다.

예를 들면 우리가 어떤 경건한 성자들과 교제할 때 바로 이와 같은 원리를 깨닫게 된다. 이런 사람들과 함께 있으면서 자신의 결함과 불완전함과 죄에 대해 의식하지 않을 수 없다. 이렇게 되는 것은 그들이 말로써 우리의 나약한 부분들을 지적하거나 우리를 세밀히 분석해 허물을 끄집어 내기 때문이 아니다. 하지만 성자와 함께 있다는 자체로 모든 허물이 표면상으로 드러나 우리에게 고통을 느끼게끔 하는 것이다.

좀더 경건한 사람과의 만남에서도 이런 것을 느끼는데 하물며 하나님과의 만남에서는 어떠하겠는가? 아마도 무한대로 곱해야 될 것이다. 우리는 하나님의 존전에서 자신을 발견하게 될 것이다. 하나님의 존전에 있다는 그 자체로 즉시 죄를 깨달을 수밖에 없다는 말이다.

다시 말해 하나님과 사귐을 가지며 그분과 함께 빛 안에서 행할 때 우리 모두는 사도 베드로가 주님과 첫 번째 만남에서 주님이 베푸시는 기적을 경험했을 때의 심정을 경험하게 된다. 베드로와 동료들은 한 마리의 고기도 잡지 못했다. 그들은 고기를 잡으려고 노력했지만 잡지 못했다. 하지만 주님이 같은 장소에 그물을 내려 고기를 잡도록 그들을 다시 보냈을 때 엄청난 양의 고기를 잡을 수 있었다.

이때 놀란 베드로가 한 말이 무엇인가? 주님의 영광과 하나님되심을 보고 깨달으면서 그는 "주여 나를 떠나소서 나는 죄인이로소이다" 눅 5:8 라고 했다. 이 땅에 오신 하나님의 아들의 영광을 인식한 결과로 할 수 있었던 말이란 "오 주님, 나를 떠나소서. 나는 주님의 임재하심 앞에 있는 것이 어울리지 않습니다. 나는 지금 나의 죄를 알고 있기 때문입니다."라는 것밖에 없다.

이런 심정이 참으로 하나님의 임재하심 가운데 있을 때 생기는 현상이다. 이때 질문하게 되는 것은 "그렇다면 우리가 무엇을 할 수 있겠는가?"이다. 우리가 빛 가운데 행하려고 최대한 노력하고 우리가 저지른 죄악들을 고백하지만, 양심이 우리를 정죄하므로 영광스러운 빛 가운데 거할 수 없을 것 같은 느낌이 들며 하나님과의 교제가 깨질 것 같고 또 사실상 불가능하게 보인다는 것이다.

이 질문에 답하기 위해 우리는 다시 7절과 9절 말씀으로 돌아갈 수밖에 없다. 즉 내가 지금 말하고자 하는 것은 다른 측면으로서 이미 말했던 '하나님이 하실 일'이다. "그가 빛 가운데 계신 것같이 우리도 빛 가운데 행하면 우리가 서로 사귐이 있고 그 아들 예수의 피가 우리를 모든 죄에서 깨끗하게 하실 것이요." "만일 우리가 우리 죄를 자백하면 그는 미쁘시고 의로우사 우리 죄를 사하시며 우리를 모든 불의에서 깨끗하게 하실 것이요." 지금 내가 강조하는 하나님의 하시는 일에 대해 이 시간 집중적으로 나누고자 한다.

조금 전에 살펴보았듯이 여기에서 많은 토론과 논쟁의 대상이 되어 왔던 두 가지 진술을 접할 수 있다. 이 두 가지 진술은 참으로 위대하고 귀한 구절이지만 너무나도 자주 잘못 이해되고 해석되기도 한 구절들이다. 따라서 이 구절들로부터 모든 귀한 것과 이득을 취하기 위해서는 사도 요한이 이 서신을 읽을 독자들에게 하고자 한 말의 의미를 우선적으로 찾아내려고 노력해야 한다. 여기에는 두 가지 원리가 있다. 첫째는 하나님이 우리의 필요를 채워 주신다는 것이고, 둘째는 하나님의 공급하심에 대해 우리가 가져야만 될 확신이다.

우리가 죄악에 대해 인식하게 될 때 하나님과 교제 가운데 있는 우리에게 하나님이 무엇을 해주실 수 있는가? 그 대답은 다음과 같다. "그 아들 예수의 피가 우리를 모든 죄에서 깨끗하게 하실 것이요." 그리고 "그는 미쁘시고 의로우사 우리 죄를 사하시며 우리를 모든 불의에서 깨끗하게 하실 것이요"라는 것이다. 하지만 여기에서 질문하는 것은 이 구절들이 의미하는 것이 무엇이냐는 것이다. 사도 요한이 바로 이 말씀에서 가르치고자 하는 것이 무엇이냐는 것이다.

좀더 주의를 집중시키기 위해 다음 질문을 해볼까 한다. "이 말씀에서 요한이 가르치고자 하는 것은 칭의에 관한 것만인가? 아니면 칭의와 아울러 동시에 성화도 포함시키는 것인가?"

이제 이 시점에서 우리는 재미있는 것을 관찰해 볼 수 있다. 요한은 칭의라든지 성화라든지 하는 용어를 여기에서 사용하지 않았다. 이런 용어들은 사실 사도 바울이 즐겨 사용하던 단어들이다. 하지만 요한도 여기에서 분명히 똑같은 교리를 가르치고 있다.

내 생각에는 사람들이 이런 면을 제대로 이해하지 못했기 때문에 많은 문제를 야기시킨 것이 아닌가 한다. 요한은 여기에서 특유의 방식으로 사도 바울이 가르친 것과 똑같은 진리를 가르치고 있다. 단지 사도 바울이 요한과는 달리 칭의라든지 성화라든지, 의와 속죄 등의 단어들을 사용해 좀더 논리적이고 법적인 방식으로 같은 교리를 설명했다는 것에 차이가 있을 뿐이다. 따라서 앞의 질문에 답할 수 있는 최선의 길은 두 용어 - 칭의와 성화 - 의 정의를 내려보는 것이다.

그렇다면 칭의가 의미하는 것은 무엇인가? 칭의는 우리가 하나님의 존전에 서 있는 것을 표현하는 신약적 용어이다. 칭의는 우리의 죄에 대한 용서를 뜻할 뿐만 아니라 우리의 죄악이 우리로부터 제거되어지는 것을 의미한다. 칭의는 하나님이 우리를 마치 죄를 짓지 않은 사람처럼 의롭게 여겨 주시는 것을 말한다.

다시 말해 이것은 용서보다 강한 용어이다. 우리가 사함을 받아도 죄는 남아 있기 때문이다. 하지만 하나님이 칭의 가운데 우리를 위해 하시는 일은 우리의 죄책감과 죄악을 모두 제거해 주신다는 것이다. 죄에 대해 벌을 가하지 않으실 뿐만 아니라 죄가 이미 제거되어졌기 때문에 마치 죄를 짓지 아니한 자처럼 우리를 의로운 자로 보아 주신다는 말이다.

다른 한편으로 성화는 죄성과 관계되는 상태를 의미한다. 칭의는 이미 지은 죄를 다루는 것이지 우리 안의 죄성을 다루지 않는다. 우리의 죄가 사함받고 죄책감과 죄악이 제거되고 난 후에도 죄된 성품은 우리 안에 그대로 남아 있게 된다. 신약성경에 의하면 성화란 우리 안의 죄된 성질과 이 성질을 바탕으로 한 죄의 활동을 계속적으로 제거하고 없애 나가는 과정을 의미한다. 더 나아가 우리는 궁극적으로 이런 과정을 완결할 수 있게 되며 죄책감으로부터 놓임을 받을 수 있을 뿐만 아니라 죄의 권세와 심지어 죄의 오염으로부터도 해방된다는 것이다. 우리가 명심해야 할 것은 칭의와 성화의 차이점은 칭의는 우리가 지은 죄들과 이런 죄들로 인한 죄책감과 관계하는 것이며, 성화는 우리 안에 내재하고 있는 죄된 성품과 관계하고 있다는 것이다.

이제 진짜 중요한 질문은 앞에서 말한 두 가지 구절이 뜻하는 것이 칭의와 성화 중에 어떤 것이냐는 것이다. 지금 이런 문제는 단순하게 이론적이고 학문적 관점에서 말하는 것이 아니다. 질문의 중요성은 다음과 같은 식으로 발생하게 된다. 나는 목사로서, 개인적이고 개별적으로 사람들의 영혼을 다루는 자로서, 기독교 강단에서 말씀을 전파하는 자로서 솔직하게 말할 수 있는 것은 많은 사람이 다른 어떤 문제보다도 바로 이런 문제를 가지고 나에게 온다는 것이다.

나는 많은 사람이 칭의와 성화를 혼동하기 때문에 어려움에 처하며 또한 기쁨이 없고 힘들어 하는 것을 알고 있다. 이 시간 허풍을 떨고자 하는 것이 아니지만 실제로 나는 이 두 가지를 혼동함으로 문자 그대로 신경 쇠약증 일보 직전에 처해 있는 많은 사람을 보았다.

어떤 사람은 신약성경이 이 세상에서 사는 그리스도인인 우리에게 죄로부터의 전적인 자유와 어떠한 고민도 전혀 없는 삶을 약속하고 있다고 생각하는 것 같다. 이런 사람은 자신 안에 완전한 평화를 갖고 있다고 말할 수 없고 삶에 나름대로의 고뇌가 있기 때문에 자신이 그리스도인이 아니라는 느낌을 갖기 시작한다. 그리고 그들은 두려워하기 시작하며, 아주 좋지 못한 심리적 쇠약 증세를 일으키기 시작하는 것을 볼 수 있다. 그러므로 우리가 이 두 가지를 명확하게 이해하는 것은 대단히 중요하다. 물론 신약성경에서 말하는 이 같은 교리에 대한 모든 것을 이해하는 것이 결코 쉬운 일이 아니라는 것을 알고 있다.

다시 한번 질문해 보겠다. 앞에서 말한 두 구절의 말씀은 칭의를 말하는 것인가 아니면 성화를 말하는 것인가? 신약성경에서 '예수 그리스도의 피' 또는 '예수의 피'가 의미하는 것은 무엇인가? 이 피가 제시하는 것은 무엇인가? 7절이 의미하는 바가, 예수님의 피가 우리를 모든 죄된 성품에서부터 깨끗하게 해주신다는 것인가? 예수님의 피가 우리를 성화시키며 죄의 권세로부터 완전하게 해방될 때까지 죄의 세력으로부터 문자 그대로 계속해 깨끗하게 씻어 주는 것을 의미하는 것인가? 이것이 예수 그리스도의 보혈이 하시는 것인가?

예수 그리스도의 피에 관한 신약성경에 나오는 모든 구절을 조사해 본다면 그리스도의 피는 한결같이 주님의 죽으심과 관련되어 사용되는 것을 볼 수 있다. 예를 들어 에베소서 1:7을 보면 "그의 피로 말미암아 속량 곧 죄 사함을 받았느니라"고 기록되어 있다. 여러분이 좋아하는 아무 구절이든지 찾아보라. 그러면 예수 그리스도의 피가 한결같이 십자가에서 흘리신 피, 즉 십자가의 죽으심에 대한 것 외에 다른 어떤 의미도 부여하지 않음을 볼 수 있다.

하지만 우리를 혼동시키는 주장이 있다. 나는 훌륭한 선생이며 강해 설교자인 웨스트코트 감독을 비방하고자 하는 것은 아니다. 다만 그리스도의 피를 해석하는 데 있어 혼동하게 한 주된 책임을 그가 져야만 한다는 데는 의심의 여지가 없다.

요한일서에 관한 그의 주석을 보면, 그리스도의 피가 생명을 상징한다고 가르쳤다. 그는 육체의 생명은 피 안에 있다는 레위기 17:11의 말씀을 인용했다. 따라서 피 흘림의 결과를 죽음보다는 생명의 방출로 설명했다. 결국 그는 예수 그리스도의 피를 예수 그리스도의 생명으로 해석했으며, 그분의 죽음으로서가 아니라 생명으로 이해했다. 그가 우리를 설득시키려고 한 내용은 예수 그리스도의 생명, 즉 생명을 상징하는 피 안에 있는 생명이 우리를 깨끗하게 하고 우리 안에 있으며 모든 것에 책임이 있는 죄성과 죄의 권세로부터 우리를 해방시켜 준다는 것이다.

피에 대해 언급하는 모든 말씀 가운데 우리는 예외 없이 예수 그리스도의 생명을 가리키는 것이 아니라 순전히 그분의 죽으심에 관해서만 사용되어졌음을 볼 수 있다. 십자가에 달리신 예수 그리스도의 목적은 단순하게 생명을 방출하는 정도의 것이 아니라는 것이다. 오히려 죄에 대한 징벌은 사망이라는 하나님의 법을 완성시켜 드리는 것이라고 할 수 있다. 로마서 6:23은 "죄의 삯은 사망"이라고 말했다. 생명의 방출이 아니라 생명의 취함이다.

사도 바울은 로마서 5:10에서 "곧 우리가 원수 되었을 때에 그의 아들의 죽으심으로 말미암아 하나님과 화목하게 되었은즉"이라고 말했다. 그리스도의 보혈은 그분의 죽으심 가운데 흘려졌으며, 그 결과는 로마서 5:10 하반절 말씀과 같이 "화목하게 된 자로서는 더욱 그의 살아나심으로 말미암아 구원을 받을 것이니라"는 것이다. 그러므로 여기에서 사도가 의미하는 것은 예수 그리스도의 죽음을 말하는 것이지 그분의 생명을 말하는 것이 아니다.

그렇다면 이제 다음 질문으로 연결할 수 있다. "예수 그리스도의 죽으심이 이루어 놓으신 것이 무엇인가?" "신약성경에 의하면 십자가의 예수 그리스도의 죽음이 무슨 역할을 하는가? 또한 그 결과는 무엇인가?" 이번에도 역시 대답은 한 가지이다. 주님의 죽음은 우리를 용서하시기 위한 것이다. 죽음은 화목과 관계되며 칭의와 죄의 사면에 관계되는 것이다. 다시 말해 나는 주님의 죽으심은 이 이상을 넘어가서는 안 된다고 주장하는 것이다.

다시 한번 금방 인용했던 로마서 5:10에서 사도 바울이 기록한 위대한 말씀을 보기 바란다. 그러면 여러분은 그 차이를 볼 수 있을 것이다. 그리스도의 죽음은 죄책감과 죄의 오염과 죄로 인해 더럽혀진 결과들과 관계된다. 반면에 성화와 우리의 완전한 삶은, 그리스도의 생명의 사역과 또 성령을 우리에게 그리고 우리 안에 보내 준 부활하신 그리스도의 사역과 관계된다. 따라서 성화의 사역은 부활하신 예수 그리스도에 의해 하나님의 선물로서 우리에게 주어지는 성령의 사역이라고 말할 수 있다. 그리스도의 죽으심은 죄책감을 다루는 것이며, 그분의 살으심이 죄의 권세와 성화의 삶을 다루는 것이다. 그러기에 예수 그리스도의 피가 우리의 성화를 의미한다는 것은 매우 혼동스럽게 하는 것이라고 나는 말할 수 있다.

이 시점에서 우리가 명심해야만 할 것이 있다. 요한이 관심을 갖고 있는 것은 하나님과의 교제와 하나님과의 동행에 대한 가능성이다. 지금 그는 우리의 죄된 본성에 관심을 갖는 것이 아니라, 하나님과 우리의 교제를 방해하는 죄책감과 죄로 더럽혀진 것에 관심을 갖고 있다. 그가 말하고자 노력하는 것은 비록 우리가 죄에 빠지고 죄책감을 갖고 있다 하더라도 우리는 여전히 하나님과의 교제를 지속할 수 있다는 것이다.

다시 한번 명확하게 하면, 성경은 어디에서도 하나님과의 교제가 우리 안에 아직도 남아 있는 죄 때문에 불가능하게 되었다고 가르치지 않았다. 죄 때문에 하나님과의 교제가 불가능하게 된다면 아마도 여태까지 산 사람들 중 아무도 하나님과의 교제를 가져 본 사람이 없을 것이다. 하나님과의 교제를 가지기 위해 우리가 온전하게 완벽해야만 하고 죄성이 제거되어야만 한다면 아직까지 우리 안에 죄가 있다는 것을 느끼는 어느 누구도 하나님과의 교제를 가질 수 없을 것이다.

요한이 말하는 것은 이것을 의미하는 것이 아니다. 그는 하나님과의 동행에 대해 언급하고 있다. 비록 우리에게 아직 죄성이 머물러 있다 할지라도 그래서 아직도 우리가 죄를 짓는다 할지라도 여전히 하나님과의 교제를 가질 수 있다고 가르치는 것이다.

어떤 사람은 "하지만 내가 지은 죄들과 이 죄로 오염되고 더럽혀진 결과는 어떻게 되는가?"라고 질문하기도 한다. 이것에 대해 요한은 "예수 그리스도의 피가 죄책감과 오염되고 더럽혀진 것들을 씻어 주실 것이다. 그러므로 여러분은 계속해 하나님과의 교제를 유지할 수 있다."라고 대답한다.

여기에서 사도 요한의 교리를 볼 수 있다. 잘 이해하고 듣기 바란다. 나는 지금 성화가 별것 아니라고 주장하는 것이 아니다. 성화는 대단히 중요하다. 하지만 성화는 다음과 같은 것이다. 빛 가운데 행하려는 노력이 성화의 한 부분이며 따라서 죄악을 인식하고 고백하는 것도 역시 빛 가운데 행하려고 노력하는 것으로서 성화의 한 부분이라는 것이다.

요한은 이 서신에서 성화에 대해 아주 많은 말을 하고 있다. 그는 우리에게 형제를 사랑하라고 했으며 친절하고 사랑하는 자가 되어야 한다고 말했다. 또한 이 세상의 것들을 위해 살지 말라고 했다. 이런 모든 내용이 성화에 관한 말씀들이다. 하지만 예수 그리스도의 피에 관한 한 성화와 연결시켜 생각할 수 있는 것이 아니라는 것이다. 오히려 예수 그리스도의 피는 칭의에 대한 것으로만 받아들여져야 할 것이다.

우리 앞에 놓여졌던 질문이란 우리가 죄인됨을 발견하게 됨으로써 하나님과 교제를 가질 수 없다는 느낌이 들 때 생기는 것이었다. 이럴 때 우리는 자신이 하나님과 교제를 갖는 것이 부적합하다고 생각하면서 과연 우리가 무엇을 할 수 있을 것인가 질문하게 된다. 지금까지 말한 것이 요한이 귀한 말씀을 통해 우리에게 제시한 질문에 대한 답이다.

그렇다면 즉시 주의를 기울여야만 될 몇 가지의 것들이 뒤따르게 된다. 이것과 관련해 사용되는 말들이 있는데 이런 말들이 나에게는 전혀 성경적이라는 생각이 들지 않는다. 즉 그리스도인은 빛 가운데 행해야만 되는 자가 아니고 자주 어둠 가운데서도 행하는 자라는 것이다. 하지만 본문 말씀에서 제시하는 정의에 의하면 그리스도인은 비록 죄를 짓게 된다 할지라도 항상 빛 가운데 행하는 자라고 할 수 있다. 죄를 지었다고 다시 어둠 가운데로 돌아갈 수 있는 것이 아니다. 빛 가운데 행하지 않는 자는 언제나 그리스도인이 아니라고 할 수 있다는 말이다.

이와 같이 설명할 수도 있겠다. 어떤 이들은 사람이 하나님의 왕국에 있다가 또 다음 순간에는 사탄의 왕국에도 있을 수 있는 것처럼 말하기도 한다. 하지만 신약성경은 이런 식으로 설명하지 않는다. 그리스도인은 하나님의 왕국에 들어갔다가 나갔다가 하면서 삶을 소비하는 사람이 아니다. 물론 우리 모두는 원래 어둠의 왕국에 있어야 하는 자들이지만 그리스도인이 됨으로써 하나님의 왕국으로 이전된 것이다.

성경적으로 다음과 같이 말할 수 있다. 비록 죄를 범한다 할지라도 우리는 여전히 하나님의 왕국에 머물러 있게 된다. 우리가 죄를 지었다고 어둠 가운데 행하는 것이 아니다. 우리는 비록 죄를 지어도 빛의 영역에 그리고 하나님의 왕국 안에 있다는 사실이다. 바로 예수 그리스도의 피 흘리심이 우리로 하여금 하나님의 왕국에 머물 수 있도록 해주신다는 것이다. 하나님의 왕국 안에서 우리를 죄로부터 여전히 구원해 주시는 것이 바로 예수 그리스도의 피 흘리심이라는 것이다.

또한 다음과 같이도 설명할 수 있다. 어떤 사람은 이 말씀과 관련해 다음과 같이 말한다. "여러분은 우리가 계속적으로 갈보리로 돌아가야 한다는 것을 알고 있다." 이와 같이 말하면서 그들은 그리스도인의 삶을 하나의 여정으로 묘사한다. 그들에 의하면 우리가 갈보리에서 출발해 하나님과의 교제 가운데 여행하다가 죄를 지으면 다시 갈보리로 돌아가야 한다는 것이다.

하지만 그렇지 않다. 우리는 갈보리로 다시 돌아가는 것이 아니다. 어떤 면에서 보면 갈보리는 우리와 언제나 함께하고 있다. 우리는 그리스도인의 삶에서 다시 원점으로 돌아가지 않는다. 죄를 짓는다 할지라도 우리는 그 죄를 고백하고 나서 계속 진행해 나아가는 것이다.

우리를 깨끗하게 해주는 것은 예수 그리스도의 보혈이며 갈보리는 하나님의 은혜와 긍휼 가운데 우리와 함께하는 것이다. 이것은 사도 바울이 고린도전서 10:4에서 광야에 있던 이스라엘 사람들을 따르던 반석에 대해 묘사하는 내용과 비슷하다. 그 반석은 그리스도라고 했다.

또 다른 한 가지 말을 예로 들어 보겠다. 우리는 오늘 본문 구절을 가지고 다음과 같이 말하는 사람들을 볼 수 있다. "여러분은 여러분의 죄악을 취해 보혈 아래 두어야 한다." 그들은 마치 자신이 매우 성경적인 것처럼 생각하지만 사실상 본문 말씀을 잘못 해석하고 있다. 우리는 성경에서 이런 가르침을 찾아볼 수 없다. 본문이 가르치는 것은 우리가 죄를 지으면 그 죄를 고백해야만 한다는 것이다. 하나님 앞에서 죄를 시인하면 그때에 무한한 긍휼하심 가운데 하나님이 그리스도의 피를 죄 위에 올려놓으실 것이다.

피를 활용하는 분은 하나님이시다. "그는 미쁘시고 의로우사 우리 죄를 사하신다"고 하셨다. 우리를 모든 죄악 가운데 씻어 주는 것은 예수 그리스도의 보혈이다. 그것은 하나님이 예비해 놓으신 것이며 그것을 활용하는 이도 역시 하나님이시다.

우리는 빛 가운데 행하도록 부름받았으며 죄악을 고백할 것을 요청받고 있다. 우리가 이렇게 함으로써 하나님은 독생자 되신 그리스도의 갈보리의 죽으심을 통해 준비해 놓은 것을 우리가 고백하는 죄에 적용시켜 주신다는 말씀이다. 우리는 죄로부터 그리고 죄로 인해 오염되고 더러워진 것들로부터 놓임받았으며 하나님과의 교제가 회복되었고 계속 유지된다는 사실을 알 수 있게 되었다.

다시 말해 오늘 본문은 성화에 관한 내용으로 주어진 것이 아니라 칭의에 관한 것을 언급하기 위해 주어진 것이다. 그리고 나서 이 서신의 나머지 부분에서 성화라는 위대한 교리에 집중해 기록했던 것이다.

마지막으로 하나님이 예비해 놓으신 이와 같이 놀라운 공급하심 가운데 그리스도인이 가질 수 있는 확신에 대해 강조하기를 원한다. 이것이야말로 성경 말씀 가운데 가장 위로를 주는 말씀이다. 하나님과의 사귐을 갖기를 열망하며 빛 가운데 그분과 동행하기를 소원하면서도 여전히 죄를 짓고 있는 우리를 발견할 때, 사탄은 "너는 그리스도인이 아니야! 너는 하나님과 동행할 수 없는 자야. 너의 죄를 보라!"고 말하면서 낙망하게 만든다. 하지만 여기에 대해 참으로 귀한 대답이 주어져 있다. 그것은 "그 아들 예수의 피가 우리를 모든 죄에서 깨끗하게 하신다"는 말씀이다. 그리스도의 보혈은 계속적으로 "모든 죄악으로부터" 우리를 씻어 주신다는 말씀이다. "그는 미쁘시고 의로우사 우리 죄를 사하시며 우리를 모든 불의에서 깨끗하게 하실 것이요."

어떻게 우리 죄가 용서받을 수 있는가? 대답은 하나님의 아들의 피가 우리를 죄로부터 씻어 주신다는 것이다. 다윗이 시편 51편에 기록한 것을 보기 바란다. 그는 자신의 죄악을 보며 씻음받아야만 될 필요성을 절감한 것을 볼 수 있다. "내가 나의 더러운 죄악들을 아는데 무엇이 이런 것들을 나로부터 멀리 떠나가게 할 수 있는가? 우슬초도, 황소의 피도, 염소의 피도 충분하지 않다."라고 그는 외쳤다.

우리를 깨끗하게 씻겨 주고 확신을 줄 수 있는 것이 필요한데 그것은 바로 하나님의 아들 예수 그리스도의 보혈이다. 우리는 이것만을 신뢰할 수 있다. 또는 사도 베드로가 첫 번째 서신인 베드로전서 1:18-19에서 우리 조상의 유전한 망령된 행실, 즉 우리의 죄악과 허탄한 대화로부터 구속될 수 있었던 것은 "은이나 금같이 없어질 것으로 된 것이 아니요 오직 흠 없고 점 없는 어린양 같은 그리스도의 보배로운 피로 된 것이니라"고 우리를 상기시켜 준 말씀에서도 볼 수 있다.

세상에서 제시하는 모든 해결책은 죄악으로부터 벗어나는 데 충분한 것이 되지 못한다. 오직 하나님의 아들의 흠 없고 점 없는 보혈을 통해서만 가능하다. 찰스 웨슬리의 힘이 넘치는 시를 소개하겠다.

어린양의 보혈 가운데
놀라운 힘이 있네.

추악한 죄도 깨끗하게 하시는 그분의 피!
나를 위해 주시었네.

참으로 우리를 위로해 주고 격려해 주는 시이다.

이제 덧붙여 "그는 미쁘시고 의로우사 우리 죄를 사하시며 모든 불의에서 우리를 깨끗하게 하실 것이요"라는 말씀이 의미하는 것을 살펴보자. 이 말씀이 의미하는 바가 무엇인가? 요한은 만일 여러분이 이 이상의 위로와 확신을 원한다면 거기에 대해 다음의 것을 제시했다. 그것은 하나님 자신의 성품이다.

하나님은 그리스도 안에서 위로와 확신을 얻을 수 있는 방법을 약속하셨다. 하나님은 오래전에 레위 지파의 제사장들이 집행한 제사 의식을 통해 그리고 여러 모형들을 통해 이것을 약속하셨다. 하지만 하나님은 완전한 제사를 제공하겠다고 하시면서 그분이 올 때 죄는 온전하게 사함받게 될 것이라고 말씀하셨다.

하나님은 성실한 분이시다. 따라서 그분이 약속하신 모든 것은 언제나 완벽하게 이행되었다. 하나님은 우리가 죄를 고백하면, 십자가에서 돌아가신 그분의 아들을 바라보면 우리를 용서해 주겠노라고 약속하셨다. 요한은 의심하지 말고 약속하신 말씀에 대한 하나님의 성실하심을 의지하라고 요청하고 있다.

좀더 강하게 설명하면 요한은 하나님이 의로우시다고 하는데, 이 말은 바울이 로마서 3:25에서 한 말을 그의 방식으로 설명한 것으로 볼 수 있다. 사도 바울이 한 말을 조심스럽게 옮겨 보면 "하나님께 죄의 문제란 어떻게 하나님이 죄를 용서하고도 거룩하고 의로운 하나님으로 남아 계실 수 있는가?" 하는 것이다. 거기에 대한 답은 그리스도의 십자가 안에 있다. 하나님은 그리스도를 '우리의 죄를 위한 화목제물'로 삼으심으로 십자가의 그리스도의 죽음 안에서 하나님이 의로우시며 또한 범죄자들을 의롭다 하실 수 있는 것이다. 그리스도의 십자가가 하나님을 정당화시켰다는 말이다. 하나님이 그분의 아들의 죽음과 피흘림 가운데 죄를 벌하셨기 때문에 그분의 거룩함에 손상이 가지 않게 되었다.

그러므로 우리의 죄악과 불의와 무가치함을 의식하게 될 때 예수 그리스도의 보혈을 바라보아야 한다. 거기에 하나님의 용서함이 있기 때문이다. 또한 거기에 하나님의 공의가 있기 때문이다. 우리는 그리스도의 피 가운데 하나님이 우리를 용서해 주셨고 지금도 용서해 주시며 앞으로도 용서해 주실 것을 알고 있다.

하지만 명심할 것은 우리는 그리스도의 피를 상품화하는 것이 아니라는 것이다. 또한 은혜가 풍성하여 우리가 죄 가운데 계속 살아도 된다는 식으로 그리스도의 피를 값싼 것으로 취급해서도 안 된다는 것이다. 이런 식의 생각은 잘못된 것이다. 오히려 우리는 십자가에서 돌아가신 그리스도의 죽음이 우리 죄를 위한 아니 온 세상의 죄악을 위한 화목제물이라는 사실과, 우리의 모든 죄악이 그리스도 안에서 제거되고 없어지게 되었다는 확신을 가질 수 있다.

하나님의 성실하심과 공의로우심과 우리를 죄와 더러움으로부터 해방시켜 주고 씻어 주신 예수 그리스도의 보혈의 능력을 아는 가운데 우리는 확신을 가지고 전진할 수 있다. 또한 우리의 양심이 깨끗해지고 모든 것이 명확한 가운데 우리는 계속해 하나님과 동행할 수 있다.

Chapter 13
그 아들 예수

    기독교의 설교에서 중요한 일은 매사에 예수 그리스도에 대해 설교하는 것이다. 하지만 그리스도에 관한 모든 것을 알고 있다고 가정하는 것을 피하기 위해서는 그리스도에 대해 특별히 구체적으로 생각해 보는 것이 유익하다. 오늘의 이 짧은 한 구절에서 우리는 '하나님의 아들 예수의 피'라는 위대하고 매우 중요한 주제에 관해 신약성경에서 가르치는 중요한 교리에 대한 완벽한 설명을 찾아볼 수 있다.

    신약성경의 서신들은 결코 기록을 위한 기록 정도로 취급될 수 없는 것이다. 또한 글쓰기를 좋아하는 사람들이나 문학가들에 의해 나온 문학집도 아니다. 이 서신들은 기독교 교회가 유아기일 때 발생한 어떤 상황에 대처하기 위해 기록된 것이다. 따라서 모든 서신은, 특히 이 요한일서는 더더욱 목회적 의도에서 기록되었다.

    이미 살펴보았듯이 요한은 예수 그리스도에 관한 교리를 이해하는 것이 매우 중요하다고 언급했다. 어떤 면에서 보면 그리스도에 관한 교리를 위해 이 서신을 쓴 것으로도 보인다. 계속해 이 서신의 말씀을 읽다 보면 요한이 매우 강한 용어를 사용해 소위 '적그리스도들'에 대해 자주 언급하는 것을 볼 수 있다. 그는 이 교리에 대해 기록한 어떤 사람들을 '거짓말하는 자들'이라고 했는데, 그에 의하면 하나님의 아들 나사렛 예수의 인성에 관한 한 조금의 의심이나 주저함 없이 매우 분명해야 하며 이것이 대단히 중요한 것이라고 했다.

이것에 관해 아무리 자주 언급해도 지나침이 없는 것은 신약성경의 전반적 내용이 이것과 다 연결되기 때문이다. 더구나 사람들이 심지어 교회조차도 이 그리스도에 관한 가르침으로부터 멀어지려는 경향이 있기 때문에 우리는 계속해 반복적으로 말할 수밖에 없는 것이다. 그리스도로부터 멀어진다면 진정한 가르침은 있을 수 없다.

이것이 다른 것들과의 차이점인데 그 이유는, 하나의 관념이나 제안이나 철학이 아니기 때문이다. 이것은 단지 한 분의 출현을 의미하며 사실상 이 한 분을 제하고서는 아무것도 거론할 수 없다는 사실이다.

나는 지금 선하고 사기를 진작시키며 도덕적 가르침에서 아무 가치 있는 것을 찾아볼 수 없다거나 사회 생활에 관련된 고상한 개념이나 칭송받을 만한 구상을 고려하여 발췌해 내는 작업이 전혀 유익하지 않다는 것을 말하고자 하는 것이 아니다. 이런 모든 것이 틀렸다고 말하려는 것이 아니라 기독교적이 아니라는 것을 의미하고 있다. 이런 것은 어떤 면에서 보면 기독교의 진리와는 상관없다.

사실 그리스도의 출생에 관한 말씀[1]이 호의적이고 갈채를 받을 만하고 행복해 할 수 있는 정도의 애매모호한 말씀 정도로 표현되는 것만큼

---

1) 이 설교는 1948년 12월 26일에 한 것이다.

신약성경의 교리에 대해 모욕적인 것은 없다고 본다.

우리가 예수 그리스도로부터 출발하지 않고 그분에 대해 분명하지 않다면 모든 것이 아무 의미가 없다. 좋은 소식도 없을 것이고 복음도 없을 것이고 기뻐할 것도 없을 것이고 소망도 없을 것이다. 우리는 어둠의 세계에 살면서 그저 이 세상 사람보다 좀더 괜찮은 삶을 누린다고 스스로 자위하는, 말로 표현할 수 없을 만큼 어리석은 자들일 것이다.

기독교에서 '크리스마스 기분'은 사실상 없다. 이것은 그리스도인의 메시지가 아니다. 기독교는 기분이나 정신에 있는 것이 아니라 그리스도에 관한 복음의 메시지에 있다. 따라서 우리는 그리스도로부터 시작해야만 하며 그리스도에 관한 것들에 대해 필연적으로 매우 분명해야만 한다는 것이다.

이미 자주 언급한 바대로 '기독교는 그리스도'가 전부이다. 그리스도가 모든 것의 중심이며 우리가 간직하고 있는 모든 교리와 사상은 그분으로부터 나오는 것이다. 그러기에 우리는 필수적으로 그분과 더불어 출발해야 하며 사도 요한도 이 서신에서 역시 그리스도와 더불어 시작했다. 우리는 처음의 세 절을 대하면서 그가 즉각적으로 "태초부터 있는 생명의 말씀에 관하여는 우리가 들은 바요 눈으로 본 바요 자세히 보고 우리의 손으로 만진 바라……우리가 보고 들은 바를 너희에게도 전함은……"과 같이 선언하는 말씀을 보았다. 그는 즉시 그리스도에 관한 교리로 시작했던 것이다.

요한이 우리에게 전하고자 하는 모든 말씀은, 하나님과의 사귐과 연합을 가질 수 있는 유일한 길은 오직 예수 그리스도로 말미암는다는 것이다. 오직 그리스도만이 이와 같은 사귐을 알 수 있게 해줄 분이시라는 것이다. 왜냐하면 "하나님과 사람 사이에 중보자도 한 분이시니 곧 사람이신 그리스도 예수라"딤전 2:5는 사실 때문이다.

따라서 그리스도가 본질적 연결점이고 하나님과의 교통에서 유일한 길이라면 우리가 그분에 대해 아주 분명하게 알고 있어야만 된다는 것이 얼마나 중요한 것인지는 강조할 필요도 없다.

우리가 이 첫 번째 세 구절에서 보듯이, 요한은 이미 그 당시에 교회 안에 어느덧 들어와 버린 그리스도의 인성에 대한 잘못된 가르침을 즉각적으로 교정하는 것을 볼 수 있다. 그는 "우리가 들은 바요 눈으로 본 바요 자세히 보고 우리의 손으로 만진 바라"고 말했다. 이 말씀을 통해 그는 잘못된 이단 교리를 즉시 교정하고 있다.

실제로 우리는 이 서신을 쭉 읽어 나가는 동안 그가 계속해 반복적으로 이 위대한 사실에 대해 말하는 것을 보게 되는데, 여기에서 알 수 있는 것은 예수 그리스도의 인성에 관계한 여러 교리가 언제나 기독교 교회 안의 문제에서 가장 큰 요인이 되어 왔다는 것이다. 이 때문에 우리는 예수님의 인성에 대해 명확해야만 하며, 그렇지 못하다면 우리가 갖고 있는 것이 무엇이든지 아무것도 아니라는 것도 알고 있어야만 된다.

오늘 본문인 7절 말씀 안에서도 요한은 그리스도에 관한 모든 교리를 보여 주고 있다. 내가 볼 때 7절 말씀처럼 한 구절 안에 그리스도에 관한 교리를 보여 주는 성경 말씀들을 자주 볼 수 있는데, 이같이 훌륭하고 매력적인 것은 없는 것 같다. 이런 식으로 기록한 성경 기자들은 계속해 반복하면서도 전혀 반복에 대해 사과하지 않았다. 그들은 같은 주제, 즉 참으로 귀하신 분 예수님에 대해 항상 설교했다. 그들에게는 그리스도가 모든 것이 되시기 때문에 결코 그리스도라는 주제로부터 멀리 나가지 않았다. 그렇기 때문에 계속적으로 반복하는 것이다. 오늘 말씀도 '그 아들 예수 그리스도의 피'에 대해 말하고 있다.

이 말씀이 우리에게 제시하는 것이 무엇인가? 먼저 우리 믿음의 역사성에 대해 상기시키고 있다. 알다시피 우리의 믿음은 예수님에 관계하고 있다. 그분을 고려할 때에 우리는 즉시 역사 속에 들어가게 된다. 헬라 철학자들은 그들의 '관념'에 대해 많은 말을 했다. 그들은 하늘에 있는 위대한 관념으로 출발했다. 이 위대한 관념은 또 다른 어떤 것으로 실체화된다는 것이었다. 하지만 모든 것이 관념의 영역에만 있다는 것이었다. 그것은 언제나 사색과 관계를 갖고 있으며 기독교가 여전히 이런 옛날의 오류에 빠지도록 하는 역할을 했다.

이런 잘못된 생각들을 본문 말씀은 교정시켜 주고 있다. 우리는 지금 '그 아들 예수'라는 말씀 속의 예수에 대해 생각하고 있다. 즉 우리는 어떤 '사실'에 대해 생각하는데, 이 사실은 그리스도인의 믿음에서 대단히 귀한 것으로 역사적 사실들과 사건들에 바탕을 둔 것이다. 바로 예수라는 이름 자체가 이 같은 중요한 사실을 상기시켜 준다는 것이다.

'예수님'은 베들레헴에서 태어났으며 말구유에 누워 계셨다. 예수님은 실재하는 아이로서 이 땅에 태어나셨다. 어린 소년 예수님은 성전에서 논쟁도 하셨다. 역사와 사실이라는 영역에서 젊은 예수님은 목수로서 일도 했다.

그리고 3년의 공생애 기간이 있었다. 역사상 가장 놀라운 3년의 기간이었다. 이 기간 중에 그는 팔레스타인 지방의 이곳 저곳을 다니면서 설교하고 가르치고 기적을 행하면서 사람들을 대하셨다. 이것은 율리우스 카이사르가 기원전 55년에 영국을 점령했다는 것이나 그 외의 모든 다른 역사적 사실이 참인 것같이 틀림없는 사실이다. 예수님이 겟세마네 동산에서 고민 가운데 몸부림치며 기도하시던 일과 십자가에서 죽으심과 땅에 묻혔다가 부활해 승천하신 것 등 우리가 사람이신 예수님에 대해 아는 모든 것이 사실에 기인한 것이다.

그것은 사실이며 실제 있었던 일이었다. 바로 이 사실에 대해 우리는 지금 생각하고 있다. 우리가 매우 관심을 갖는 어떤 역사적 사실이 우리에게 한번만이 아니라 영원토록 확실하다는 것을 어떻게 설명할 수 있는가? 불신자나 자신은 그리스도인이 아니라고 하는 자들이 와서 우리가 기독교 신앙이나 복음을 믿는 데 잘못되었다거나 옆길로 나가고 있다고 말할 때, 그들이 우리가 가진 진리나 믿음을 부정할 때, 그들에게 줄 수 있는 답변은 "당신이 좋게 생각하는 대로 말하라. 하지만 나는 어떤 것인가를 경험했고 느끼고 있다."와 같은 것이 아니다.

진정으로 우리가 할 수 있는 답변은 역사이다. 구유에 누워 계셨던 아기 예수의 출생과 우리가 조금 전에 언급한 모든 다른 사실들을 역사적 사실로 답변할 수 있다는 말이다.

경험은 그리스도인의 믿음과 믿음의 실체에 대해 궁극적으로 증명할 수 있는 것이 되지 못한다. 우리가 경험을 가지고 있다는 것에 감사를 드린다. 하지만 더욱더 감사한 것은 우리가 경험 이상의 것을 갖고 있다는 사실이다. 경험에 관한 한 우리는 "나는 매우 달콤한 기분에 의지하지 않는다."라고 말하면서 그 이유는, 느낌은 들어왔다가 나갔다가 하기 때문이라는 찬송가 작가의 말에 동의한다.

> 하지만 예수의 이름에 온전히 의지하네
> 든든한 반석이 되신 그리스도 위에 나는 서 있네
> 다른 모든 기초는 가라앉는 모래일 뿐이라네.
>
> _ 에드워드 모트

역사 가운데 들어오셨던 예수님, 역사적 믿음을 소유하게 해주신 하나님께 감사드리며, 사실에 근거를 둔 복음을 허락해 주신 하나님께 또한 감사드린다. 이것이 바로 이 구절이 제시하는 첫 번째 내용이다.

계속해서 성육신의 경이로움에 대해 이야기해 보자. 지금까지 우리는 성육신의 역사성에 대해 살펴보았는데 이제는 성육신의 경이로움에 대해 생각해 보자. 사도가 사용한 단어, 특히 나란히 사용되면서 그리스도의 인성에 대한 모든 교리를 표현한 두 단어, 참으로 놀랍게 조합된 단어인 '그 아들 예수'를 살펴보도록 하자.

때때로 찬송가 작가들이 천사들을 언급하는 것을 볼 수 있다. 그들의 글을 보면 마치 천사의 능력과 음성으로 진리를 드러나게 하려는 것같이 보인다. 내가 지금 이 단어, 즉 '그 아들 예수'라는 표현을 대할 때 느끼는 심정이 바로 이런 것이다. 오! 만 입이 내게 있으면 '그 아들 예수'를 알리리라! 천사의 능력이 내게 있으면 '그 아들 예수'의 온전한 의미를 알리리라! 그 아들이라는 단어와 예수라는 단어가 한데 묶여진 '그 아들 예수'가 바로 그 표현이다.

하나님의 아들이신 아기 예수가 구유에 누워 있다. 성전에 있던 12살의 소년이 예루살렘에서 모든 행사가 끝나고 집으로 돌아갈 때 부모와 함께 동행하지 않았기에 부모인 요셉과 마리아로부터 꾸지람을 들었다. 이 예수가 누구인가? 바로 하나님의 아들, 즉 '그분의 아들'이었다.

그는 외관상으로 볼 때 다른 모든 사람과 같았으며 목공소에서 매일같이 조용하게 일하던 목수였다. 그는 자신의 일을 하며 남들을 도와주었다.

하지만 본질적으로 다른 사람들과는 다른 분이었다. 그를 나사렛의 목수 예수라고 하는가? 아니다. 우리는 그를 '그 아들 예수'라고 부른다. 계속해 예수님의 이야기를 살펴보아도 결국은 같은 결론이 나온다.

이 모든 것이 우리에게 제시하는 것이 무엇인가? 그것은 바로 우리가 대면하고 있는 성육신이 참으로 진기하고 놀랍다는 것이다. 사도 바울은 이 사실에 대해 빌립보서 2:5-11에 걸쳐 잘 설명하고 있다.

성육신에 대해 이 말씀 이상으로 잘 설명한 것도 없을 것이다.

"너희 안에 이 마음을 품으라 곧 그리스도 예수의 마음이니 그는 근본 하나님의 본체시나 하나님과 동등됨을 취할 것으로 여기지 아니하시고 오히려 자기를 비워 종의 형체를 가지사 사람들과 같이 되셨고 사람의 모양으로 나타나사 자기를 낮추시고 죽기까지 복종하셨으니 곧 십자가에 죽으심이라 이러므로 하나님이 그를 지극히 높여 모든 이름 위에 뛰어난 이름을 주사 하늘에 있는 자들과 땅에 있는 자들과 땅 아래에 있는 자들로 모든 무릎을 예수의 이름에 꿇게 하시고 모든 입으로 예수 그리스도를 주라 시인하여 하나님 아버지께 영광을 돌리게 하셨느니라."

이 모든 말씀의 내용이 '그 아들 예수'라는 표현 속에 담겨져 있다. 아기란 하나님의 아들 외에 다른 것으로 볼 수 없다. "그 아들 예수"라는 구절에 사도 바울이 빌립보서에서 표현한 놀라운 말씀이 다 포함되어 있다. 이 말씀은 성육신의 겸손과 '명성을 포기하심'을 포함하고 '하나님으로서 존재함', 즉 하나님이 하나님 되게 하는 모든 자질을 갖고 있음, 외형이 아니라 본질 그 자체에서 신적인 것을 갖추고 있음 등의 의미를 포함한다.

하지만 질문하게 되는 것은 어떻게 하나님이신 분이 구유에 누워 있는 아기가 될 수 있냐는 것이다. 여기에 대한 답변은 그가 영원 가운데 그에게 주어져 있는 신성의 특권이나 계급장을 꼭 움켜쥐려고 하지 않고 스스로 자신의 높은 지위를 포기했다고 할 수 있다. 그렇다고 그가 하나님 되심을 멈추신 것은 아니다. 신성이 그에게서부터 떨어져 나갔다거나 영원한 반열에서부터 스스로 떨어져 나왔다거나 한 것이 아니다. 신성이 상실되었다거나 영원성을 잃었다고 주장하는 것은 잘못된 것이고 이단의 주장인 것이다. 하나님이 하신 일은 이 땅에 오셔서 이곳에 계시는 동안 자신의 신적 권위를 사용하지 않고 잠시 동안 보류하기로 작정하셨다는 것이다. 비록 여전히 하나님이시지만 인간으로서, '하나님의 아들 예수'로서 사셨던 것이다.

우리는 이것을 이해하기가 어렵다. 이런 교리는 생각하거나 이해하는 것뿐만 아니라 상상해 보는 것조차도 당황스럽다. 하지만 이것이 신약성경에서 보여 주는 성육신의 경이로우며 놀라운 모습이다. 우리는 어떤 임금이 자신의 신분을 숨기고 여행하는 것에 대해 읽어 보았다. 그 사람이 임금이거나 왕자이지만 자신이 누구인지 알리지 않는다. 그는 마치 보통 여행객처럼 행동한다. 물론 이것과는 전혀 비교할 수 있는 것이 아니지만 하나님의 아들이 예수가 되었을 때와 비슷하다는 것이다. 예수님은 자신의 능력과 특권을 사용하지도 않으셨다. 단지 그분은 사람의 모습으로 오셨을 뿐이다.

그분은 실제로 '죄된 육신의 모양'으로 오셨으며 사람으로서 삶을 사셨다. 하지만 여전히 하나님이셨다. 그분은 신과 인간으로서 한 인격 안에 두 가지 본성을 소유하셨다. 그렇다고 두 가지 본성이 한데 섞여 버린 것도 아니었다. 뚜렷한 두 본성이 있었다. 예수님은 참된 사람이셨다. 또한 언제나 아버지의 품 안에서부터 나온 독특한 하나님의 아들, '그의 아들'이셨다.

그분이 우리가 복음서에서 읽고 묵상하는 비범하신 분, 즉 한 인격 안에 두 가지 본성을 소유한 분이시다. 이런 사실이야말로 참으로 놀라운 것이 아닐 수 없다. 아무 힘 없는 아기였던 하나님의 아들, 하나님의 마음을 이해하는 소년이었던 하나님의 아들, 목수였던 하나님의 아들, 그분은 언제나 하나님의 아들이면서 예수이셨다.

이제는 어떻게 이 특별한 구절, 즉 "그 아들 예수의 피"가 우리에게 성육신의 실제성을 상기시켜 주며 확증시켜 주는지를 알아보자. 요한은 여기에서 다시 주님의 인성에 대해 잘못 가르치는 이단의 주장을 바로잡아 주고 있다. 그가 말하고자 하는 것은, 성육신은 하나님의 아들이 환영 같은 것을 걸친 것이 아니라는 사실이다. 하나님의 아들이 육신의 형태를 가진 가면이나 망토를 걸치고 나타난 것이 성육신이 아니라는 것이다. 절대로 그런 것이 아니다.

요한복음 1:14에서 요한은 "말씀이 육신이 되어"라고 기록했다. 예수님은 영으로 나타난 것이 아니었으며 하나님이 현현하신 것도 아니었다. 그분은 성육신 하신 것이었다. 누가복음 24:39에서 주님은 "영은 살과 뼈가 없으되"라고 하셨다. 영은 피가 없다. 하지만 말씀은 "그 아들 예수의 피"라고 했다. 성육신은 실제이며 사실이다.

초대교회에 요한이 특별한 이단으로 지목하던 사람들이 있었다. 그들은 하나님의 아들은 진짜로 육신을 입고 있었던 것이 아니라고 말했다. 그들은 "하나님이 이 땅에서 죄된 육신을 갖춘 사람으로서 계실 수 있었다는 것은 불가능한 일이다."라고 말했다. 그러므로 영원한 아들이 이 땅에 내려오셔서 사람과 비슷한 환영을 취하신 것이지 사실상 인간이 된 것은 아니라는 것이다.

하지만 요한은 "그 아들 예수의 피"를 말하면서 그들의 주장을 부인했다. 아기, 소년, 목수, 이 모든 것은 참된 성육신을 의미하는 것이지 단순한 현현만을 의미하는 것이 아니라는 말이다.

다음과 같이 설명해 볼 수도 있다. 아마 여러분은 예수 그리스도가 진짜 사람이었다고 가르치던 사람들이 있었음을 기억할 것이다. 그들은 구유에 누워 있던 아기 예수나 소년 예수를 믿는다고 말했다. 하지만 그들이 말하고자 하는 것은 예수님이 세례를 받으실 때에 그리스도가 인간 예수에게 들어갔다는 것이다.

그들은 "동정녀 탄생 같은 것은 없으며 하나님이 실제로 동정녀의 자궁으로부터 태어날 수도 없다. 단지 예수가 세례받을 때 영원한 그리스도가 사람인 예수에게 들어가 삼 년 동안 그 안에 거하시다가 십자가에서 예수가 죽을 때 그리스도는 다시 나오셨다. 따라서 하나님의 아들은 돌아가신 적이 없으며 죽은 자는 인간 예수일 뿐이다."라고 말했다. 이런 가르침이 사실상 초대교회 당시에 있었다.

1세기가 끝나기 전에 우리가 생각해 볼 수 있는 모든 이단이 있었던 사실을 상기해 보는 것은 유익하다. 사실상 매우 현대적이며 새로운 이단은 없다. 이단의 역사는 복음의 역사와 동등하기 때문이다. 그러기에 우리는 어떤 사람이 이런 본질적 교리들에 대해 부인하는 것을 바라보면서 현대적이고 훌륭하다고 생각할 필요가 없다.

이런 이단에 대한 요한의 답변은 우리를 모든 죄에서 깨끗하게 하시는 "그 아들 예수의 피"이다. 인간의 피는 그렇게 하지 못한다. 소나 염소의 피도 역시 죄를 깨끗하게 하지 못한다. 우리를 깨끗하게 할 수 있는 것은 이 땅에 태어나시고 자신을 거스르는 죄인들의 반박을 참으시며 골고다 산상을 향해 비틀거리며 올라가 죽음을 당하신 하나님의 아들뿐이시라는 것이다.

바로 그분이 흘리신 피만이 그렇게 할 수 있다. 이 피만이 우리를 사면해 줄 수 있고 용서해 줄 수 있고 하나님과 화목하게 해주실 수 있으며 하늘의 문을 열고 우리로 하여금 들어가게 하실 수 있다. 이 피는 사실이며 진짜이지 그저 환영으로 나타난 것이 아니다.

참으로 놀라운 교리는 예수님이 하나님의 아들인 것과 같이 십자가에서 돌아가신 분도 역시 하나님의 아들이라는 사실이다. 경이로운 일들 중의 경이로운 사건이며 놀라운 일들 중의 놀라운 일이다. 심지어 죽을 때도 그분은 여전히 예수이신 하나님의 아들이었으며, 우리를 자유하게 해주신 피도 그분의 피이다.

또 다른 한 가지 추론을 해볼 수 있다. 우리는 이 구절을 통해 성육신에 관한 모든 교리를 상고해 볼 수 있었다. 성육신 교리에 관해 신약성경은 모든 것을 제시해 주었다. 여기에 관한 성경의 대답은 언제나 완벽하게 분명하고 명료하며 명확하다.

하나님의 아들은 돌아가시기 위해 베들레헴에서 예수로 태어나셨다. 그분은 죽으시기 위해 오셨다. 우리는 성육신을 죽음이라는 범위를 벗어나서는 말할 수 없다. 모든 교리는 한 가지로 요약되며 그것은 무너질 수 없는 확고한 것이다. 그분은 모든 사람을 위해 죽으려고 오셨다.

그분은 죽음만이 우리를 살릴 수 있는 것임을 알고 계셨기 때문에 죽으려고 오신 것이다. 이것이 성육신의 교리이다. 따라서 우리가 "그 아들 예수의 피"에 대해 생각할 때, 우리는 이것 외에 다른 어느 것도 우리에게 구원을 줄 수 없다는 사실을 명심해야만 한다.

하나님은 율법을 주셨다. 하나님은 족장들과 선지자들을 보내셨다. 그분은 위대한 사람들을 일으켜 그들에게 복을 주셨지만 참된 구원은 없었다. 가장 훌륭했던 사람들도 구원을 얻지 못했으며 아무도 율법을 지키지 못했다. "모든 입을 막고 온 세상으로 하나님의 심판 아래에 있게" 하였으며, 모든 사람이 "하나님의 영광에 이르지 못했다"롬 3:19, 23. 모든 노력을 기울여도 충분하지 않다. 사람이 구원받고 하나님과 화목할 수 있는 유일한 길이 있다. 그것은 피흘림과 완전한 제사와 희생이다. 그러기 위해서는 그것을 할 수 있는 사람, 아니 사람 이상의 어떤 자가 있어야만 했다. 그는 완전하고 흠없이 온전한 자라야만 했다.

그러기에 하나님의 아들이 오셔서 인성을 취했으며 온전한 인성 가운데 피를 흘리셨다. 그리하여 하나님이 만족하셨다. 왜냐하면 희생과

제사가 완전했기 때문이었다. 주님 안에서 그리고 '그 아들 예수의 피'를 통해 하나님은 용서하고 사면해 주셨다. 성육신의 목적은 죽으심과 속죄이며 화목과 부활이었다.

마지막으로 성육신의 사역으로까지 갈 수 있었던 사랑에 대해 언급하지 않을 수 없다. 이 사랑을 한번 생각해 보자. 하나님의 아들 예수님은 어떤 분이셨는가? 그분을 통해 만물이 지음받았고, 그분이 바로 아버지의 품속에 있는 말씀 그 자체이시며, 이 말씀은 창조 때부터 계신 하나님이시며, 영원부터 영원까지 모든 신적 특권을 마음껏 누릴 수 있는 영원하신 아들이 아니신가? 그분이 구유에 연약한 아기의 모습으로 누워 계셨던 것이다. 왜 그런가? 우리를 구원하고 하나님과 화목하게 하기 위함이었다.

얼마나 놀라운 사랑이며 위대한 겸손인지 모르겠다. 기록을 잘 살펴보라. 성경의 이야기를 따라가 보라. 모욕과 멸시와 학대와 질시와 미움과 악독함의 채찍 아래 고통을 겪으시는 그분을 바라보라. 거룩한 어깨에 무거운 십자가를 지고 계신 예수님을 바라보라. 그분이 무거운 십자가를 지고 비틀거리며 나아가실 때에 구레네 시몬이 도와주어야만 했던 상황을 생각해 보라. 무거운 십자가 밑에서 힘들어 하시는 분이 누구인가? 그분이 영원하신 하나님의 아들 바로 '그 아들 예수님'이 아니신가? 왜 그분이 이 일을 감당해야만 하는 것인가? 바로 여러분과 나를 속죄하시기 위함이 아니겠는가?

이제 십자가에 달려 계시는 예수님을 바라보라. 도저히 참을 수 없는 고통 중에 계신 그분을 바라보기 바란다. 그 모습이 의미하는 바가 무엇인가? 왜 그분이 이 같은 어려움을 겪어야만 하시는가? 왜 그분이 죽으셔야만 했는가? 왜 그분이 무덤에 묻히기까지 고통을 겪으셔야만 했는가? 무엇이 이런 일들을 하게 할 수 있었는가?

여기에 대해 오직 한 가지 답만이 있을 수 있다. 그것은 '참으로 놀랍고 신적인 사랑'이다.

하나님은 스스로 아들의 모습으로 오셨다. 그분은 굴욕과 고난과 죄인들의 항거와 고통과 부끄러움을 알고 계셨다. 하지만 우리가 죄사함을 받고 하나님의 자녀가 되며 영원히 영광 중에 하나님과 함께 지낼 수 있게 하기 위해 이 땅에 오셔서 그 모든 것을 감당하셨다. 우리에게 참으로 많은 것을 베푸시고자 지극히 낮은 곳으로까지 낮추신 그분의 사랑이 얼마나 놀라운 것인가?

"우리가 아직 죄인 되었을 때에 그리스도께서 우리를 위하여 죽으심으로 하나님께서 우리에 대한 자기의 사랑을 확증하셨느니라" 롬 5:8.

"그 아들 예수의 피!"

요한일서 강해 **2장**

Walking with God

하나님과의 동행

우리가 그의 계명을 지키면 이로써 우리가 그를 아는 줄로 알 것이요 그를 아노라 하고 그의 계명을 지키지 아니하는 자는 거짓말하는 자요 진리가 그 속에 있지 아니하되 누구든지 그의 말씀을 지키는 자는 하나님의 사랑이 참으로 그 속에서 온전하게 되었나니 이로써 우리가 그의 안에 있는 줄을 아노라 그의 안에 산다고 하는 자는 그가 행하시는 대로 자기도 행할지니라 _ 요일 2:3-6.

Studies in 1 John

by Martyn Lloyd-Jones

나의 자녀들아 내가 이것을 너희에게 씀은 너희로 죄를 범하지 않게 하려 함이라
만일 누가 죄를 범하여도 아버지 앞에서 우리에게 대언자가 있으니
곧 의로우신 예수 그리스도시라 그는 우리 죄를 위한 화목 제물이니
우리만 위할 뿐 아니요 온 세상의 죄를 위하심이라 _ 요일 2:1-2.

Chapter 14

죄

　우리는 삶의 어떤 기간들, 즉 한해를 보내고 또 새로운 해를 맞이하는 새해 전날이라든지 어떤 중요한 때에 인생이나 인생의 목적 또는 의미에 대해 떠올리게 된다. 또한 이제까지의 삶을 돌이켜 보면서 "여태까지 내가 이루어 놓은 것이 과연 무엇인가?" "내가 지금 하고 있는 것은 도대체 무엇인가?" "끊임없이 다가오는 나의 미래는 어떻게 끝날 것인가?"와 같은 질문들을 하면서 자신에 대해 생각하게 된다. 그리고 지난 날을 돌아보면서 우리가 한 행동이라든가 여태까지 어떻게 처신하면서 살아왔는가를 생각하고, 대부분은 만족스럽지 못한 느낌을 갖게 된다. 또한 꼭 했어야 했던 일과 하려고 했던 일을 하지 못한 것을 생각하면서 실패와 부족함도 느낀다. 동시에 앞에 놓여 있는 새로운 날들을 바라보면서 좀더 잘해 보고자 하는 소원이 우리 안에 있음도 역시 느낀다.

　이런 생각들은 살아가는 과정에서 어느 때든지 잠시 멈추어 서서 지

난날을 돌이켜 보고 앞을 바라볼 때면 언제나 마음속에 떠오르는 것이다. 가장 중요한 것은 삶이라는 그 자체뿐 아니라 삶이 제공하는 의미와 목적을 분명하게 이해하고 있어야 한다는 것이다.

오늘날 위험스러운 것은 인생을 너무 외관적으로만 바라보는 것이다. 지금 새로 맞이하는 해에 대한 결심이나 우리가 가진 모든 다른 해결점이 안고 있는 문제란, 내가 볼 때는 그저 어떤 특정한 일들에 관한 해결책일 뿐 우선시되어야만 할 근본 원리들은 다루지 못하고 있다. 우리가 안고 있는 위험은 병 자체를 치료하고자 하는 것이 아니라 병으로 인해 드러난 징후들만 치료하려는 데 있다. 과거를 돌아보며 생각해 볼 때 이것이야말로 가장 위험한 대처 방법이 아닌가 한다. 우리는 중요한 원리들을 고려해 보기도 전에 구체적 현안 사항으로 즉시 들어가려는 경향이 있다. 따라서 인생은 자주 하찮은 것으로만 보이게 된다.

인생에서 아주 어려운 일들 중 한 가지가 바로 중요한 원리들을 근거로 삶을 바라보는 것에 익숙하지 못하다는 것이다. 따라서 우리는 어쩔 수 없이 여러 상황과 기회와 사고의 희생자들이 될 수밖에 없으며 결국 매일 매일의 삶에 언제나 계속해 피곤함을 느낄 수밖에 없다. 또한 피곤함을 느낄 때는 그것에서 벗어나거나 잊어버리려고 노력하게 될 것이고 우리는 이전에 처해 있던 원래의 상태로 되돌아가게 된다. 그러다가 죽음이나 출생이나 병이나 사고 같은 어떤 중요한 일이 생기게 되면, 신문을 통해 재난이나 전쟁이나 참혹한 어떤 일들을 접하게 될 때면 다시 인생에 대해 생각하고 묵상하게 된다. 다시 만족스럽지 못한 느낌과 자신에 대한 불안감을 인식하며 인생에서 무엇인가 진실로 해결되어야만 한다고 생각하게 된다. 그러고는 진짜로 그렇게 할 것을 결정한다. 하지만 이와 같이 예민한 상태가 지나가면 며칠이 못 되어 다시 마음 먹기 이전의 상태로 돌아가게 되곤 한다.

내가 지금 말하는 것은 보통 사람들에 대한 묘사이다. 늘상 무엇인가 분명하게 잘못되어 있다는 것은 느끼면서도 문제의 핵심보다는 밖으로 드러난 어떤 세부적인 것에만 관심을 두고 대처하고 있다는 것이다. 따라서 어쩔 수 없이 나타나는 결과란, 인생의 주된 행로가 이전에도 그랬듯이 조금 덜 또는 조금 더 나아갈 뿐 실제로 어느 한 가지도 문제의 중심에 접근해 그 핵심을 바꾸지 못한다는 사실이다.

성경은 이 모든 것을 다루고 있다. 실제로 이런 인생의 문제야말로 성경이 가장 중요하게 관심을 갖고 다루는 내용이다. 그리고 성경은 이런 문제를 해결해 줄 수 있는 한 가지 위대한 치료법을 제시한다. 성경이 말하는 치료법이란, 하나님과 우리가 올바른 관계를 맺어야만 된다는 것이다. 우선 성경은 위대한 원리들을 보관하고 있는 저장소이다. 물론 세세한 부분들도 다루고 있음을 배제하지는 않지만 성경의 주된 관심은 핵심 원리들에 있다.

성경은 인간의 삶을 좀더 나은 방향으로 발전시키려고 노력하는 사람들에게 이렇게 말했다. "가장 중요한 핵심을 무시하기 때문에 어떤 것도 여러분에게 주어지지 않을 것이다. 여러분은 겉으로 보이는 징후들을 다루지만 문제는 그 근원에 있다는 사실을 망각하고 있다." 이런 이유 때문에 성경은 우리를 근본적 원천으로 인도한다. 이 근본적 원천이란 모든 것 중 가장 중요한 것인데, 그것은 바로 하나님과의 관계이다.

다시 말해 성경에 의하면 우리 삶의 모든 문제는 궁극적으로 하나님과의 잘못된 관계에서 기인한다는 사실이다. 이 같은 판단은 지난 수천 년 동안 꾸준히 내린 성경적 진단이며 현재도 여전히 진리일 수밖에 없는 결론이다. 즉 모든 질병이나 불행스러운 것은 궁극적으로 우리가 하나님으로부터 떨어져 나와 방황하는 데서 기인하며, 하나님과 잘못된 관계를 유지하는 것에 기초하고 있다는 것이다. 실제로 성경은 우리가 하나님과 참되고 올바른 관계로 복귀하지 않는 한 그 어느 것도 사실상 우리에게 주어지지 않을 것이라고 말했다. 우리가 여기저기에서 자신들을 발전시키려고 노력할 수는 있겠지만 근본적으로 잘못된 상황이라면 그 어느 것도 옳게 될 수 없다는 말이다.

이런 원리는 성경 말씀의 처음부터 끝까지 매우 중요한 핵심 주제이다. 물론 이와 같은 핵심 메시지를 소개하는 방법은 매우 다양하다. 때로는 평범하게, 때로는 직접적으로, 때로는 전혀 꾸밈 없는 가르침의 방식으로 우리에게 전해 주며, 우리가 잘 아는 성경의 인물들을 통해 메시지를 전달하기도 한다. 우리는 귀중한 교리와 가르침을 삶에서 모범적으로 보여 준 사람들과 여러 가지 실질적 예화들을 대할 수 있다는 것에 감사하지 않을 수 없다.

소위 믿음의 영웅들이라고 하는 성경의 성인들을 살펴보자. 특히 구약에서 접할 수 있는 몇몇의 모범적 위대한 인물들의 이름을 열거한 히브리서 11장을 생각해 보자. 그들은 지금 우리가 사는 세상과 똑같은 세상에서 세상의 흥망성쇠나 현재 일어나는 모든 일과 같은 일들을 겪으면서 살던 남성들과 여성들이었다. 우리가 성경을 보면서 그들에 대해 인정하게 되는 것이 있다면 특별히 예외적인 무엇인가를 그들이 소유하고 있었다는 것이다. 그들은 자신의 삶을 승리하는 삶으로 이끌었던 사람들이다. 이런 삶의 비결은 딱 한 가지라고 성경은 말씀하고 있다. 바로 하나님과의 올바른 관계였다는 것이다.

그들은 주변 상황에 의해 좌지우지되던 사람들이 아니었다. 그들은 하나님과 올바른 관계에 있었기 때문에 하나님을 믿는 사람답게 처신할 수 있었다. 물론 혹독한 시련으로 고통을 겪기도 했다. 극단적 형태의 역경을 참아내야 할 때도 있었다. 하지만 그런 상황에 있는 그들의 모습을 대할 때, 어떠한 것으로도 깰 수 없는 평온함과 침착함과 소망에

차 있는 것만을 볼 수 있다. 주위가 문제로 겹겹이 둘러싸여 있다 할지라도 그들은 꾸준히 앞으로 전진해 나갔다. 그럴 수 있는 이유에 대해 히브리서 기자는 그들의 믿음으로 설명했다. 하나님과의 올바른 관계에, 하나님을 올바르게 아는 가운데 그들의 믿음이 있었다. 그들의 비결은 "보이지 아니하는 자를 보는 것같이 하여"히 11:27 믿고 나아가는 것이었다. 그들이 하나님과 올바른 관계를 유지했기 때문에 주변 상황이나 기회나 여건이나 분위기 등에 구애받지 않을 수 있었던 것이다.

이와 같은 그들의 자세가 성경의 가르침을 보여 주는 전형적 예가 된다. 오늘을 사는 우리에게도 하나님의 말씀은 계속해 그들과 같은 자세를 권하고 계시다는 사실을 인지할 필요가 있다. 다시 말해 주변 정세나 상황이나 현재 우리에게 일어나는 일들에 대해 단순하게 해설해 주는 것 정도를 설교 과제나 교회의 할 일로 생각하는 것은 착각이다. 또한 장래에 무엇이 일어날 것인가를 예측하고 예언하는 것이 복음에 대한 설교의 일부로 생각하는 것도 역시 우리가 갖고 있는 오산 중의 하나라는 것을 알아야 한다.

안타깝게도 오늘날 많은 사람이 이런 해설자의 입장에서 또는 예언자의 입장에서만 사역하려는 것을 볼 수 있다. 참으로 소망이 보이지 않는 일들을 하고 있는 것이다. 이런 예측의 사역을 통해 잠시 동안 무엇인가 좋은 일이 생기지 않을까 하는 기대를 불어넣어 줌으로써 기분 좋게 할 수 있을지는 몰라도, 사실상 어느 곳으로도 제대로 인도해 주는 일은 결코 하지 못한다. 그러므로 오늘날의 교회 설교자들이 해야 할 일은 주변 상황이 어떠하든지 간에, 장래에 무슨 일이 생기건 간에 우리가 하나님과 올바른 관계를 유지하는 한 그 어느 것도 문제가 될 수 없으며, 어떠한 것도 우리를 궁극적으로 파괴시킬 수 없다는 것을 가르치고 전해야 한다.

이런 가르침이야말로 모든 것을 포함시킬 수 있는 도전적 메시지이다. 성경 말씀이 주장하며 제시하는 모든 것이 바로 이런 가르침이다. 우리가 하나님과의 관계를 올바르게 유지한다면 미래를 바라보면서 담대하게 "올 테면 와 봐라! 무엇이든지 합력해 선을 이룰 것으로 나는 믿고 있다!"고 외칠 수 있을 것이다. 여러 가지 다양한 방식으로 같은 내용의 메시지를 전해 주는 이 가르침은 우리에게 무슨 일이 일어나건 상관없이 마음 편하고 행복한 자리에 있을 수 있도록 해준다. 이는 어떤 상황에 처하건, 사고가 발생하건, 기회가 주어지건, 환경이 둘러싸건, 어떤 일이 일어나건 간에 이런 것들에 얽매이지 않을 수 있기 때문이다.

하나님의 말씀은 어떤 특정한 문제들을 좀더 나은 방향으로 개선시키려고 노력하라는 가르침을 제시하기보다 우리 자신이 근본적으로 올바로 설 수 있도록 가르치신다. 우리가 근본적으로 바르게 될 수 있다면 그때에는 저절로 이런 문제를 해결할 수 있게 된다는 의미이기도 하다. 이런 이유 때문에 하나님의 말씀은 우리의 관심을 본질적이고 가장 중요한 사안으로 항상 이끌어 들이려고 하는 것이다.

이제 하나님의 말씀이 가르치고자 하는 주된 요점을 이해했을 것으로 본다. 말씀이 가르치는 것은 우리가 하나님과 더불어 올바른 길을 걸어야 하고, 하나님과 교제를 가져야 하며, 하나님을 올바로 알고 이해해야 한다는 것이다. 그래서 하나님이 그 옛날 아브라함을 부르셨듯이 순간적으로는 우리의 안락한 상태를 깨뜨리는 것 같은 일을 하도록 부르실 때에도 눈에 보이지 않는 그분을 바라보면서 나아갈 수 있어야 한다. 또는 모세처럼 전혀 이해하기 힘든 선택의 기로에 놓여 어찌할까 망설이는 상황에 처한다 할지라도 "도리어 하나님의 백성과 함께 고난받기를 잠시 죄악의 낙을 누리는 것보다 더 좋아하고"히 11:25라고 평가받았듯이, 주저하지 않고 하나님의 길을 따르는 우리가 되어야 한다. 바로 이런 믿음을 의미하는 것이다. 우리는 일반 사람들에게 참으로 삭막한 것으로 보이는 일에 부름받을 수도 있다. 하지만 세상 사람들에게는 그렇게 보여진다 해도 우리는 하나님과 더불어 올바른 길을 걸으려는 사람들이므로 그런 부름을 이해하고 두려워하지 않고 따를 수 있게 된다.

바로 이와 같은 내용의 말씀이 본문 처음 두 절에서 요한이 다루는 것이다. 1장에서 이미 살펴본 바와 같이 이 서신은 요한이 나이 많은 때였던 주후 85년경에 기록되었다. 그가 사용한 단어들은 나이 많이 든 사람이 쓴 것임을 충분히 암시해 주고 있다. 이 서신을 읽는 독자들, 즉 교회의 구성원이 어린아이가 아닌 어른이었는데도 그는 "나의 자녀들아"라는 표현을 사용했다. 요한에게 그들은 그저 어린아이로 보였기 때문이다. 그들 중에는 요한이 사역할 때 주님을 믿기 시작한 사람도 있었기 때문이다. 어쨌든 그들을 영적으로 계속 지도해 왔던 자로서, 얼마 남지 않은 인생의 황혼기에 접어든 자로서, 그는 어려운 시련과 환난과 문제에 직면한 사람들과 아직도 어리기만 한 기독교 교회를 지켜보고 있었다. 과연 무슨 말을 할 수 있겠는가? 그는 위험성을 지켜보고 있었고 인성의 연약함도 알고 있었다. 과연 문제가 되는 것이 무엇이겠는가? 이런 것들을 지켜보고 문제점을 알았던 자로서 그는 마지막 충고를 했던 것이다.

"나의 자녀들아 내가 이것을 너희에게 씀은 너희로 죄를 범하지 않게 하려 함이라 만일 누가 죄를 범하여도 아버지 앞에서 우리에게 대언자가 있으니 곧 의로우신 예수 그리스도시라 그는 우리 죄를 위한 화목 제물이니 우리만 위할 뿐 아니요 온 세상의 죄를 위하심이라"요일 2:1-2.

요한이 자녀 같은 자들을 바라보면서, 지난날의 자신을 돌아보면서 언제든 피할 수 없는 두 가지 위험성이 있다는 것을 알았다. 특히 그리스도인에게는 더욱 그러하다는 것을 지적했다. 첫 번째는 자기 만족이라는 것이며, 두 번째는 그와는 정반대로 희망에 대한 포기의 위험성이다. 다른 말로 표현하면 첫 번째는 타협의 위험성을 표현한 것이고, 두 번째는 낙심이라는 것이다.

우리 중 대부분에게 문제란 바로 이 두 가지의 위험성 가운데 서서 이리저리 방황한다는 데 있다. 어떤 특정한 분위기나 상태에서는 자신에 대해 매우 만족할 때가 있다. 이럴 때는 상태가 아주 좋다고 말하지만 바로 그 다음 순간에는 매우 낙망하고 실망으로 가득 차곤 한다. 따라서 우리 삶에 항상 찾아오는 양극단의 위험성을 피하면서 균형을 유지하고 확신을 갖고 변함없이 삶을 유지해 나간다는 것이 얼마나 어려운지 알 수 있다. 이것이 요한의 진단 결과였다. 이런 진단 아래 사도 요한은 두 가지 양면성을 골고루 균형 있게 유지해 나갈 수 있는 방법을 제공해 주고 있다. 그의 메시지는 두 가지로 나눌 수 있는데 그것은 명령과 위로, 권면과 위안, 목표 제시와 약속의 제안이다. 내용에서도 우리가 무엇을 해야 하는가라는 분야와 하나님이 무한하신 은혜 가운데 우리를 위해 항상 무엇을 하고자 하시는가라는 분야로 나눌 수 있다.

성경 말씀 어느 곳에서든지 세상에서 살아가는 우리를 위해 제안하는 두 가지 중요한 말씀이 있다. 하나님과 참된 교제를 참으로 만끽하기 원한다면 두 가지 말씀을 언제나 명심해야 할 것이다. 사도 요한은 이 서신을 읽는 독자들에게 "나는 이 세상을 곧 떠날 사람이다. 얼마 안 있으면 더 이상 여러분과 함께 있지 못할 것이다. 떠날 사람의 입장에서 여러분에게 한 가지 꼭 말하고 싶은 것은 하나님과 항상 동행해야만 한다는 것이다. 하나님과 함께 동행하는 가운데 그분과의 교제도 늘 유지해야 한다. 여러분이 하나님과의 교제의 중요성을 인식하고 그 관계를 유지해 나간다면 앞으로 어떤 일이 발생하건 간에 그다지 큰 문제가 되지는 못할 것이다."

그렇다면 어떻게 해야 하나님과의 교제를 유지할 수 있는가? 요한 사도의 대답은 다음과 같다.

우선 우리가 절대로 놓치지 아니하고 오히려 꽉 붙잡아야만 될 말씀, 명령, 권면 또는 목표가 있다. 그것은 "내가 이것을 너희에게 씀은 너희로 죄를 범하지 않게 하려 함이라"의 말씀이다. 여러분이 하나님을 진정으로 알기 원하고 그분과의 교제를 유지하기 원한다면 죄를 지으면 안 될 것이다.

나중에 이 두 구절의 말씀을 좀더 교리적 면에서 자세히 다룰 것이므로 지금은 먼저 실질적 차원에서 가능한 한 간단하게 다루고자 한다. 사실 이 두 구절은 많은 논란과 논쟁을 초래해 왔으며 앞으로도 여전히 그럴 만한 매우 중요한 교리가 있다. 하지만 우선 간단하게 실질적이며 직접적인 권면의 말씀을 살펴보도록 하자.

"너희로 죄를 범하지 않게 하려 함이라"는 말씀이 의미하는 바는 과연 무엇인가? 이 질문을 답변하기 전에 매우 어리석어 보이는 단순한 질문을 먼저 해야겠다. 그것은 "무엇이 죄인가? 왜 죄를 지으면 안 되는가?"라는 질문이다. 죄란 하나님이 우리에게 계시해 주신 거룩한 법에 불순종하는 것이라고 할 수 있다. 또한 성경 말씀에서 정죄하는 모든 것을 죄라고 할 수 있다. 성경이 우리에게 죄를 짓지 말라는 말씀, 즉 "너희는 살인하지 말라, 도둑질하지 말라, 간음하지 말라"는 명령을 하지 않았거나 죄를 지어서는 절대로 안 된다는 말씀을 하지 않았다면 우리는 죄가 무엇이건 상관할 것도 없을 것이다.

나는 때때로 설교 맨 앞부분에 십계명을 넣어야 될 것 같다는 생각을 해보곤 한다. 하나님이 우리에게 주신 말씀 중에는 전혀 논의의 대상이 되지 않는 완벽한 금지 사항들이 있다. 여러분 중에서 이런 금지 사항들에 의문을 제기하거나 어긴다면 하나님과의 교제가 무엇인지 결코 알지 못할 것이다. 이런 것들이야말로 하나님이 관심을 갖고 계시는 절대적인 것들이기 때문이다. 다시 말하지만 죄는 하나님이 계시하신 법에 불순종하는 행위이다.

또한 죄는 양심을 거스르는 것을 의미하기도 한다. 모든 인간 안에는 옳고 그른 것을 측정해 주는 검사기가 있다. 아무도 변명할 수 없다. 어떤 좋지 못한 일을 하게 될 때 우리는 이미 그것이 옳지 못한 일이라는 사실을 알고 있다. 검사기를 통해 그것을 하면 안 되며 하던 일을 멈추고 다시 생각할 것을 요청하는 음성이 이미 전달된다. "안 된다! 당신은 그것을 하면 안 된다!"는 음성이 우리 안의 양심이라는 검사기를 통해 전달되기 때문에 우리는 그것이 잘못된 것이고 틀린 것이라는 것을 잘 알고 있다. 그럼에도 불구하고 우리는 그 잘못된 일을 계속하는 경우가 종종 있다. 양심의 소리를 무시하는 것도 역시 죄를 짓는 일이라고 말할 수 있다. 성경은 우리가 어떤 일을 해야 될 것인가 하지 말아야 될 것인가 망설이고 의심이 들 때에만 그 일을 하면 안 된다고 말씀하고 있지 않다. 오히려 "악은 어떤 모양이라도 버리라"살전 5:22고 단호하게 말했다. 악하게 보이는 어떠한 것이라도 하면 안 된다는 말씀이다.

죄에 대해 좀더 일반적으로 설명해 보면 우리의 삶이 진리에 의해 지배받는 것이 아니라 욕망에 의해 지배받을 때 죄를 짓는 것이라고 말할 수 있다. 이것은 현시대에서, 어쩌면 전반적인 도덕 심리의 문제에서 매우 근본이 되는 내용이라고 할 수도 있다. 오늘날의 사람들은 진리에 대해 별로 흥미를 느끼지 못한다. 그들은 자신들이 하기 원하는 일들을 할 권리가 있다고 주장한다. 그들과 진리에 관해 대화한다면 "왜 내가 하고자 하는 일을 포기해야 하는가?"와 같은 질문을 하면서 "내가 현재 하기 원하는 것들에 대해 조금이라도 나의 관심의 정도를 줄이고 싶지 않다."라고 말할 것이다.

이와 같은 형편없는 질문이나 그들의 마음에서 나오는 말들이야말로 욕망이나 일시적 충동이나 격한 감정이나 쾌락 같은 것들에 의해 지배받는 현대의 무법적 사고 방식을 대언하는 것이라고 보아도 무방할 것이다. 이런 사람들은 무엇이 옳고 틀린지를 확실하게 제시해 주는 진리의 기준에 의해 판단하고 움직이는 자들이 아님을 알 수 있다.

정리하면 다음과 같다. 죄된 삶을 산다는 것은 우리가 하나님에 의해 지배받지 않는 것을 의미하며, 하나님의 생각이 우리의 삶 중심에 있지 못하다는 것을 의미한다. 따라서 우리는 스스로에게 "하나님은 내가 무엇을 하기 원하실까? 어떤 일을 해서는 안 될까?"와 같은 질문을 할 수도 없게 된다. 다시 말하면 사도 요한이 계속해 표현하고 있는 '세상', 즉 세상의 방식이나 세상의 전반적 태도에 의해 우리의 삶이 지배받고 있다는 말이기도 하다.

좀더 설명하자면 이런 사람들의 삶에서 하나님이 원하시는 생각 같은 것은 특별한 어떤 경우를 제외하고는 자리를 차지할 수 없다는 말이다. 특별한 경우란 그들이 아프거나 죽음을 느끼거나 하는 경우를 통해 두려움을 갖게 될 때를 의미한다. 특별한 경우를 제외한 나머지 대부분의 삶은 하나님이 그들의 삶을 주장하거나 다스리는 것이 아니라 오히려 하나님을 떠난 모든 것에 의해 영향을 받으며 살아간다. 이런 모습의 삶이 바로 죄이다. 마치 하나님이 존재하지 않는 것처럼, 이 세상이 처음이요 끝인 것처럼, 우주 안에서 인간만이 최고의 존재인 것처럼 여기면서 삶을 이끌어 나가는 생활이야말로 죄라는 말이다. 이와 같이 우리는 삶에 대해 부정적 시각으로 바라볼 수 있다.

그렇다고 항상 부정적인 것만 있는 것은 아니다. 물론 긍정적으로 바라볼 수 있다. 이것은 빛 가운데 행하는 사람처럼 살 때의 경우를 의미한다. 우리는 죄에 대한 질문들을 부정적으로 접하면서 만족해 할 수만 없다. 죄를 짓지 않는 최선의 방책은 긍정적으로 경건한 삶을 사는 것이다. 빛 가운데 보행하는 것을 의미한다. 다시 말하면 하나님을 늘 생각하며 어떻게 하면 하나님께 영광을 돌릴 수 있을까를 생각하면서 사는 것을 의미한다. '웨스트민스터 신앙 고백'의 소요리 문답에 나오는 첫 번째 질문의 대답과 같이 "사람에게 가장 중요한 목적은 하나님께 영광을 돌리는 것이며 그분을 영원토록 즐거워하는 것이다"이다. 이런 삶을 사는 것이 죄 짓는 것을 피하는 길이요 우리의 중요 과제이다. 오늘날 우리가 이 땅에서 생명을 부지하며 사는 유일한 목적이 바로 하나님의 영광을 위한 것이요, 아울러 가장 고귀한 삶의 목적이 바로 하나님을 존귀하게 해드리는 것이며 그분의 거룩한 뜻에 합치하는 삶을 사는 것이라는 사실이다. 그러므로 우리는 "내가 무엇을 하기 원하는가?"라는 질문 대신 "주님이 원하시는 것이 무엇인가? 하나님의 뜻이 과연 무엇인가? 주님이 자신에 대해 그리고 자신의 목적에 대해 보여 주신 것이 무엇인가?"와 같은 주님 중심의 질문을 해야 한다.

우리가 하나님의 영광을 위해 살고자 하는 위대한 소망으로 출발하고 계속 그 같은 자세로 삶을 이끌어 나간다면, 우리는 죄된 삶에서부터 해방될 수 있을 것이다.

이것이 "너희로 죄를 범하지 않게 하려 함이라"는 말씀이 의미하는 바에 대해 생각해 볼 수 있었던 내용이다.

계속해 좀더 실질적인 문제, 즉 "왜 죄를 범하지 않아야만 하는가?"와 같은 질문을 할 수 있다. 나는 이 질문에 대해 여러분에게 먼저 몇 가지 답변을 제시하고 싶다. 또한 여러분이 이와 같은 것에 대해 생각하면 할수록 유익이 되며 죄를 짓는 일에서부터 더욱더 멀어질 수 있다는 사실을 말하고 싶다. 먼저 죄라는 것은 하나님이 싫어하시고 하나님에 의해 단죄되었다는 사실을 알아야 된다. 이는 죄가 하나님 자신과 하나님의 신령하고 거룩한 본질을 철저하게 거스르기 때문이다.

내 생각에는 이 정도의 설명만으로도 충분하므로 더 이상의 설명이나 논란이 필요 없으리라고 본다. 우리는 하나님이 죄를 지어서는 안 된다고 말씀하셨으며, 하나님이 죄를 몸서리칠 정도로 싫어하신다는 것을 알기 때문에 죄를 지어서는 안 되는 것이다.

우리가 죄를 지어서는 안 되는 또 다른 이유가 있다. 그것은 죄라는 것, 그 본질 자체가 잘못된 것이기 때문이다.

죄된 것을 객관적으로 제대로 바라보지 못하는 것이 우리 삶에서 가장 큰 문제점이라는 것을 알고 있는가? 우리는 죄를 짓는 행위에 직접적으로 관련되어 있기 때문에 죄를 객관적으로 바라보지 못하고 언제나 변명이나 일삼고, 우리가 저지른 것에 대해 설명하는 데만 급급하다. 하지만 우리는 죄를 객관적으로 바라보아야만 하고 죄의 추잡하고 더러운 성질과 죄가 생산해 내는 비참하고 못되고 파괴적인 것을 제대로 지켜볼 수 있어야만 하는데, 이것은 매우 중요하다. 이 같은 죄의 참된 속성을 바라볼 수 있게 된다면 죄를 미워할 수밖에 없으며 죄를 바라보면서 진단까지 해내야만 한다는 결론에 도달할 수 있게 된다. 죄의 추잡한 속성과 곡해시키고 왜곡시키는 못된 본질을 바라보면서 우리의 삶에서 죄라는 것은 멀리 멀리 격리시키고 생각지도 않아야 될 것이다.

모든 기독교인을 위한 또 다른 강력한 이유를 제시하고자 한다. 우리는 죄라는 더럽고 못된 것이 모든 수난과 고통을 귀한 주님께 주어지게 한 장본인이라는 것을 알기 때문에 죄를 지어서는 안 되겠다는 자세를 유지해야 한다. 죄 때문에 주님은 하늘의 영광을 버리고 이 땅에 내려오셨다. 주님이 스스로 낮추고 비천한 자리까지 오셔야만 했던 것은 순전히 죄 문제 때문이었다. 주님이 주님께 대항하는 죄인들을 참으시고 인

내하셔야만 했던 것도 오로지 죄 때문이었으며, 겟세마네 동산에서 핏방울처럼 떨어지는 땀을 흘리면서 하나님 앞에 애절하게 외치셔야만 했던 것도 순전히 죄 문제였다. 주님이 거룩한 손과 발에 못질을 당하셔야만 했고 십자가의 고난과 수치와 모멸을 겪으셔야만 했던 것도 역시 우리의 죄 때문이었다. 죄가 이와 같은 참람한 일들을 유발시킨 주범이라는 것을 잊어서는 안 된다. 이런 사실을 아는 우리가 그리스도인으로서 계속 죄를 지을 수 있는가? "내가 이것을 너희에게 씀은 너희로 죄를 범하지 않게 하려 함이라." 여러분은 주께 너무나도 가혹한 고통과 고난을 가져다 준 죄를 조금이라도 지을 생각을 해서는 안 될 것이다.

또 다른 이유를 말하면 죄는 복음과 복음 전파와 복음 능력을 손상시킨다. 하나님의 복음은 우리에게 능력을 제공한다. 복음은 우리에게 새로운 생명과 새로운 힘을 제공한다. 그런데도 죄를 짓는다면 복음을 부인하는 것이며 스스로 복음에 대한 악평을 하는 것이다. 따라서 우리는 죄를 지어서는 안 된다.

이제 나는 신약성경이 성결의 교리에 대해, 죄를 지어서는 안 된다는 사실에 대해 우리에게 제시한 말씀을 다음과 같이 정리해 보고자 한다. 이미 말했지만 우리는 죄에 굴복하면서, 죄에게 양보하면서 살아서는 안 될 것이다. 또한 막연히 하나님이 우리가 승리할 수 있도록 도와주시겠지 하는 식으로 살아서도 안 된다.

우리는 분명히 논리적으로 이 문제에 대해 추론해 내야만 하고 해낼 수 있다. 다음과 같이 말할 수 있어야만 한다. "하나님이 죄에 대해 정죄하셨고 그 자체가 잘못된 것이며 우리의 예수 그리스도께 크나큰 고난과 고통을 안겨다 준 장본인이며 복음의 명예를 실추시키게 하는 것이 바로 죄이기 때문에 죄를 지어서는 안 된다." 결국 이 같은 내용이 신약성경에서 제시하는 말씀이라는 결론이 내려진다. "내가 이것을 너희에게 씀은 너희로 죄를 범하지 않게 하려 함이라"의 말씀을 명심함과 아울러 그 이유를 분명히 알고 있어야만 된다.

사도 요한은 근본적으로 하나님과의 동행과 교제에 관심을 갖고 이렇게 말했다.

"나의 자녀들이여! 내가 이것을 여러분에게 씀은 죄가 언제나 하나님과의 교제를 완전히 끊으며, 우리에게 주어질 하나님의 모든 축복의 근원으로부터 즉각적으로 떼어 놓기 때문이다. 따라서 하나님과 동행하기를 원한다고 말하면서도 고의적으로 죄를 짓는다면 여러분의 말은 아무 소용이 없게 될 것이다. 여러분이 죄를 짓는 순간 하나님과의 교제는 깨질 것이며, 죄악의 구렁텅이에 빠지는 순간 스스로 하나님과의 교제를 망쳐 버릴 것이다. 중요한 것은 하나님과의 교제이다. 나는 여러분 앞에 무엇이 놓여 있는지 알지 못한다. 어쩌면 시련이나 핍박을 당할 수도 있을 것이다. 전쟁이나 재난 같은 나쁜 일들이 가로놓여 있을지도 모른다. 하지만 문제가 되는 것은 이와 같은 것들이 아니라 하나님과 올바른 관계에 있느냐 아니냐 하는 것이다. 여러분, 그것이 중요한 문제라고 생각한다면 죄를 짓지 말기 바란다. 죄는 하나님과 우리의 교제를 망가뜨려 놓는 원흉이기 때문이다."

그것뿐만이 아니다. 죄는 우리가 하는 고백을 전적으로 모순되게 만들기도 한다. 우리가 죄를 미워하며 죄로부터 자유하기를 소원한다는 고백을 모순되게 만드는 것이라는 말이다. 그리스도인은 죄가 삶에서 가장 무서운 문제라는 것을 인식하는 사람들이므로 죄로부터 놓임을 받고 떨어져 나오기를 참으로 원한다. 그런데도 그리스도인이 계속해 죄를 짓는다면 믿는다고 고백한 자신의 말을 부인하는 것이 된다. 이런 모습은 완전한 언행의 불일치요 모순의 극치이다.

죄는 또한 항상 악한 양심으로 인도해 간다. 사람들이 죄를 지을 때 정죄의 느낌 아래 놓이기 때문에 좋지 못한 기분에 사로잡히게 된다. 내가 말하는 것은 경험에 기인한 것이다. 과거를 돌이켜 보았을 때, 해서는 안 될 일을 했을 때 자신에게 비참한 느낌을 가지게 되고 다른 모든 사람과의 관계에서 예민해지지 않았는가? 왜냐하면 죄로 인해 기쁨을 상실했기 때문이다. 여러분은 자신이 잘못되었다는 것을 알면서도 해서는 안 될 일을 했기 때문에 비참하고 기쁨을 상실한 불행한 자의 모습으로 있었던 것이다. "나의 자녀들아 내가 이것을 너희에게 씀은 너희로 죄를 범하지 않게 하려 함이라"는 말씀을 다시 한번 상기하기 바란다. 죄는 여러분이 누리는 행복과 기쁨을 빼앗아 가 버린다. 그러고는 정죄의 느낌 안에 여러분을 가두어 버린다.

뿐만 아니라 죄는 이보다 더 나쁜 것을 여러분에게 제공한다. 그것은 바로 의심이다. 죄는 때때로 여러분과 하나님과의 관계에 대해 불확실함을 느끼게 하지만 더욱 중요한 것은, 여러분이 하나님께 기도할 권리조차 없다고 느끼게 한다는 것이다. 이것을 경험해 보지 않았는가? 여러분이 해서는 안 될 일을 했을 때 죄의식 속에 먼저 사로잡히게 된다. 그럴 때 하나님으로부터 힘을 공급받아야 될 필요성을 느끼게 되므로 "내가 이것을 위해 기도하리라."고 말하게 된다. 바로 그때 어떤 생각이 들어와 기도할 권리조차 없다고 주장하게 된다. 여러분이 하나님을 거슬러 이미 죄를 지었으며, 평소에 모든 것이 잘 풀릴 때는 하나님을 찾지도 않고 거의 잊어버리고 살다가 하나님이 필요할 때만 비겁하게 달려와 무릎 꿇는 모습에 혐오감을 갖게 하기 때문이다. 여러분은 이같이 죄 지은 후 기도하려 할 때 논리적으로 방해받은 적이 없었는가? 이 때문에 사도 요한은 우리에게 죄를 짓지 말라고 요청했던 것이다.

이것은 참으로 실제적인 요청이다. 장래를 바라볼 때 우리는 어떤 일이 생길 것인가를 알 수 없음으로 답답해 하게 된다. 우리 중 어느 누구에게든지 많은 일이 생길 수도 있다. 예를 들어 지독한 병마로 고생한다든지, 돈을 날려 버린다든지, 사랑하는 사람이 병으로 고생하는 일을 지켜보게 된다든지, 죽음을 당하게 된다든지, 전쟁을 경험하게 된다든지 하는 등의 일들을 겪게 될 것이다. 이런 상황이 주어질 때 대부분은 전적으로 무력함을 느끼게 된다. 우리는 이 세상의 부와 교육과 지식으로는 이런 일을 해결할 수 없다는 것을 너무나도 잘 알고 있다.

결국 삶의 모진 시험과 환난을 직접 대하면서 무력하게 서 있을 수밖에 없다는 것을 인정하게 된다. 이때 우리는 '하나님이라면 무엇인가 도와주지 않으실까?' 하는 마음으로 기도하려 할 것이다. 바로 그때 우리 마음에 죄의식이 찾아와 기도를 통해 하나님께 나아갈 자격조차 없는 자들이라고 느끼게 한다. 이런 이유 때문이라도 우리는 죄를 지어서는 안 된다는 말이다. 하나님과의 교제를 즐기기 원한다면, 삭막한 상황 가운데 하나님께 도움을 요청하는 기도를 할 수 있는 자가 되기를 원한다면 우리는 하나님께 나아가는 길을 가로막는 장애물들을 피하고 치워 버림으로써 하나님과 대화할 통로를 활짝 열어 놓아야만 할 것이다.

마지막으로 한 가지 더 말하고 싶은 것은, 죄는 언제나 지독한 절망의 구렁텅이로 죄지은 사람들을 이끌어 들인다는 것이다. 신약성경의 서신서들은 이런 사실에 대해 기록했다. 한번 죄를 지은 사람은 오랫동안 계속해 죄를 짓기도 하는데, 이런 사람들은 자신들이 더 이상 아무것도 할 수 없으며 단지 버림받은 쓸모 없는 존재라는 의식 속에서 헤어나지 못하게 된다.

이상과 같이 열거한 내용들이 왜 우리가 죄를 지어서는 안 되는가를 설명하는 이유들이다. 죄를 지어서는 안 된다는 것은 하나님이 사도 요한을 통해 자신의 백성에게 주시는 명령이다.

이제 안위와 위로의 말씀으로 맺고자 한다. 하나님께 감사한 것은 "만일 누가 죄를 범하여도 아버지 앞에서 우리에게 대언자가 있으니 곧 의로우신 예수 그리스도시라 그는 우리 죄를 위한 화목 제물이니 우리만 위할 뿐 아니요 온 세상의 죄를 위하심이라"와 같은 말씀을 덧붙여 주셨다는 사실이다.

따라서 우리가 뒤를 돌이켜 볼 때, 보이는 것이라곤 그저 하나님을 거슬러 지은 죄밖에 없다 할지라도 진정으로 예수 그리스도를 믿는다면, 그런 죄들은 사함받고 온전히 씻김받을 수 있다는 것을 확신할 수 있다. 어쩌면 여러분 중 어떤 사람이 "목사님은 내가 얼마나 심한 죄를 지었는지, 얼마나 많은 죄를 지었는지 알지 못할 것입니다."라고 반박할 수도 있을 것이다.

사랑하는 성도 여러분! "그는……온 세상의 죄를 위한 화목 제물이니"라는 말씀은 여러분뿐 아니라 여러분이 지은 모든 죄악까지도 포함시킨다는 것을 기억하기 바란다. 그러므로 더 이상 악한 마귀가 여러분을 절망으로 몰아넣으려는 데 넘어가지 말기 바란다. 더 이상 악한 마귀가 하나님이 제공해 주신 귀한 축복의 길을 막고 좌절과 절망의 포구로 이끌어 들일 때 고분고분 넘어가는 일이 없기를 바란다.

여러분이 지은 죄를 느끼고 보게 될 때 할 일이란, 사도 요한이 말한 바와 같이 그저 하나님 앞에 나아와서 죄악을 낱낱이 아뢰면 된다. 그러면 1:9에서 약속하신 대로 "그는 미쁘시고 의로우사 우리 죄를 사하시며 우리를 모든 불의에서 깨끗하게 하실 것이요"라는 말씀이 우리에게 이루어질 것이다. 죄에 대한 대응책이 이미 주어졌으며 화목 제물이 이미 제공되었다. 하나님의 아들 그리스도가 단번에 그리고 영원토록 우리가 지은 과거의 죄악들을, 현재 짓고 있는 죄악들을, 이 세상의 모든 죄악을 다 담당해 주셨다. 속죄의 제사는 단번에 드려졌으며 영원토록 유효할 것이다.

우리는 "나의 자녀들아 내가 이것을 너희에게 씀은 너희로 죄를 범하지 않게 하려 함이라 만일 누가 죄를 범하여도 아버지 앞에서 우리에게 대언자가 있으니……"라는 말씀 중에서 '우리'에 대해 생각해 볼 필요가 있을 것 같다. 여기서 말하는 우리는 누구를 의미하는가? 모든 세상을 의미하는 것인가? 그렇지 않다. 여기서 말하는 우리는 그리스도인을 의미한다. 바로 하나님을 알고 하나님 아버지와 교제를 나누는 자들, 즉 사도가 관심을 갖고 서신을 작성한 교회의 그리스도인 회원들을 의미한다. 따라서 대단히 중요한 것은 "우리가 하나님을 알고 있는가? 우리는 아버지와 그의 아들 예수 그리스도와의 교제를 갖고 있는가? 나는 진정 그리스도가 나의 대언자가 되신다는 사실을 확실하게 알고 있는가?"와 같은 질문이다.

우리 중 누군가가 지난 6개월 동안 참으로 처절한 곤경에 처해 있는 자신을 발견하고는 하나님께 기도하려고 나아갔는데 죄의식으로 도저히 입을 열지 못하는 사람이 있다고 생각해 보자. 이런 상황에서 그가 할 수 있는 유일한 길은 담대히 나아가 "나에게 대언자가 있으니 나는 그분에게로 나아갈 수 있다. 그분의 변호를 통해 나는 하나님과의 교제 안에 있으며 하나님이 나에게 미소를 띠시며 축복해 주실 것을 믿는다."라고 말하는 것이다.

이것이야말로 삶에서 그 무엇보다도 중요하다고 말할 수 있지 않겠는가? 우리가 의로우신 분으로서, 아버지와 함께하시는 대언자로서, 우리 죄악들을 위한 화목 제물로서 예수 그리스도를 아는 것이야말로 인생에서 가장 귀중한 것이라고 말할 수 있다. 과연 우리는 그분을 알고 있는가? 우리가 그분 예수 그리스도를 안다면 하나님을 안다고 말할 수 있을 것이다. 또한 그분이 우리의 대언자시며 대표자라는 사실을 인정하고 받아들인다면 하나님과의 지속적인 교제는 확실하고 분명하게 유지될 것이다.

자신의 생명을 단번에 그리고 영원토록 화목 제물로 드리심으로써, 성령 하나님을 통해 힘과 생명을 공급해 주심으로써 우리에게 하나님과의 교제를 지속할 수 있게 하시는 하늘의 대언자로 인해 하나님께 감사드린다.

나의 자녀들아 내가 이것을 너희에게 씀은 너희로 죄를 범하지 않게 하려 함이라
만일 누가 죄를 범하여도 아버지 앞에서 우리에게 대언자가 있으니
곧 의로우신 예수 그리스도시라 그는 우리 죄를 위한 화목 제물이니
우리만 위할 뿐 아니요 온 세상의 죄를 위하심이라 _ 요일 2:1-2.

Chapter 15

교리와 생명

지난 시간에는 오늘 본문 말씀으로 일반적 고찰을 해보았다. 지난 시간에 언급했던 실제적이면서도 지극히 본질적인 내용 외에도 이 본문이 지닌 교리의 풍성함을 생각해 볼 때, 이제 우리는 본문이 제시하는 교리에 대해 함께 생각해 보지 않을 수 없다. 먼저 교리를 고찰한다는 자체가 항상 중요한 것이며, 본문의 두 구절이 간직한 교리적 내용이야말로 기독교 교회 안에서 늘상 있는 토론과 논의의 중요한 부분을 차지해 오던 것이기 때문이다. 기독교 교리를 사랑하고 관심을 갖는 사람이라면 본문 안에 주어진 여러 개의 진술이 얼마나 자주 어떤 특정한 신학적 문제에서 불화의 원인이 되어 왔으며, 신학적 토론과 논의의 핵심에 놓여 있었는가를 알 것이다.

따라서 이 같은 신학적 진술들을 살펴보는 것만큼 중요한 것은 없을 것으로 생각된다. 본문이 보여 주는 교리적 내용에 대한 신학적 고찰에

접근하는 것만큼 중요한 일은 없을 것으로 여겨진다.
　나는 신약성경의 교리적 가르침에 접근할 때 조심해야 할 두 가지 위험성에 대해 언급하고자 한다.

　첫 번째 위험성은 "우리는 과거에 기독교인이 아주 많은 시간을 교리에 대해 논하면서 보낸 것을 잘 알고 있다. 그러기에 우리의 아버지들이나 할아버지들은 교리에 관한 한 전문가들이었다. 그들은 오늘날과 같은 식으로 신학에 관한 책을 읽지 않았다. 어쩌면 여러분은 신학에 관한 나름대로 연구 없이는 보통 기독교인의 수준에도 끼지 못할 것이다. 그들은 신학과 교리에 참으로 많은 관심을 가졌기 때문에 늘상 신학적 교리들을 토론하고 논의했다. 하지만 그들의 그런 열심이 더 중요한 것을 희생시키고 있었다는 것을 알아야만 된다."라고 말하는 것이다.
　이런 이유로 오늘날의 많은 사람은 교리에 관심이 없을 뿐 아니라 교리라는 것 자체의 필요성을 도무지 느끼지 못하는 경향이 있다. 이런 사람들은 신학적 교리라든지 진리는, 그것에 관심이 있는 사람이나 그러한 공부를 즐기며 시간을 소모하기를 원하는 사람이나 대하고 관계하면 되는 것이라고 생각한다. 이런 사람들에게 진짜로 중요한 것은 사람들이 살아 나가며 경험하는 실제적인 것일 뿐이다. 이들은 "우리는 그리스도의 구속 사역에 대한 정확한 설명을 하려는 여러 논리나 신학적 입장에는 관심이 별로 없다. 이런 것은 우리와는 별로 상관이 없기 때문이다. 우리가 이전에 보지 못했던 것을 이제는 영적 안목을 갖고 볼 수 있으며 선한 행위를 하며 선한 삶을 사는 한 복잡한 신학적 교리는 그리 중요한 것이 될 수 없다. 삶 자체가 중요하다."라고 말한다.
　이런 사람들에게 우리가 무슨 말을 할 수 있겠는가? 다음과 같이 말하는 것이 적절하지 않을까 생각한다. "여러분이 신학적 교리에 대해 관심을 갖건 아니 갖건 간에 말하는 내용 자체가 교리적 입장을 취하고 있다는 것을 이해해야 한다. 여러분이 취하는 실제적 입장을 통해 어떤 특정한 교리를 내세우고 있다는 사실이다. 여러분의 입장이란 다름 아닌 행위의 교리, 즉 행위를 통한 칭의를 주장한다는 말이다."

나의 말에 대해 그들은 '행위를 통한 칭의'와 같은 어휘를 사용하는 것 자체에 대해 별로 달갑지 않다고 말할 것이다. 하지만 그들이 그런 어휘를 좋아하건 싫어하건 어쨌든 그들의 주장은 신학적 입장을 대표하고 있다는 것을 부인할 수 없다. 다시 말해 우리는 교리를 떠나서 기독교나 종교에 대해 일체 언급할 수 없다는 말이다. 여러분은 나름대로 기독교의 모든 교리를 한마디로 단축해 말할 수도 있을 것이다. 그와 같이 말하는 것이 별것 아닌 것 같겠지만 사실상 그 단어를 통해 여러분의 교리를 읽을 수 있다.

우리가 신학이나 교리를 좋아하건 싫어하건 간에 교리라는 것에서부터 근본적으로 빠져나갈 수 없다. 이런 입장은 종교를 논할 때도 똑같이 적용된다. 이 세상에 비종교인은 있을 수 없다. 왜냐하면 종교를 사람들이 살아 나가는 데 필요한 지극히 기본적 철학이나 인생관 같은 것으로 본다면 모든 사람이 자신의 종교를 가졌다고 말할 수 있다. 요즈음 많은 사람이 자신은 종교를 믿지 않는다고 말한다. 하지만 종교를 믿지 않는다는 자체가 그들의 종교라 말할 수 있다. 종교가 없다고 말하는 것이 나름대로 특정한 가르침이나 교리에 근거하지 않고 무턱대고 나온다고 할 수 없기 때문이다. 이런 것을 생각해 볼 때 다시 말할 수 있는 것은 교리에 대한 고찰을 피할 수 없다는 것이다. 따라서 우리가 가진 교리가 참인지 거짓인지 유의해 살펴볼 준비를 해야 한다.

이제 신학이나 교리를 무시해 버리는 사람들의 주장이 아주 잘못된 것이라는 또 다른 이유를 말하겠다. 간단히 말해 신약성경의 모든 부분이 교리에 관한 내용을 담고 있기 때문이다. 교리에 대한 고찰을 거부한다는 말은 성경 말씀을 하나님의 말씀으로 받아들이는 것을 거부하는 것일 뿐만 아니라 하나님을 모욕하는 것과도 같다. 하나님이 의나 칭의나 성화나 속량이나 구속이나 화목이나 속죄와 같은 여러 용어를 선택해 사용하셨다면, 하나님을 믿고 따르는 우리가 그런 용어들의 뜻을 연구하고 고찰하는 것은 너무도 당연한 의무가 아니겠는가?

만일 그런 용어들을 복잡하고 쓸데없는 것이라 해서 무시해 버린다면 그 태도가 바로 하나님을 무시하는 행위라고 할 수 있다.

예를 들어 어떤 사람이 "나는 그런 복잡한 용어에 별로 관심은 없지만 하나님을 믿는다. 그리고 하나님을 즐겁게 해드리기 위해 할 수 있는 한 선한 삶을 살려고 노력한다."라고 말할 수도 있다. 하지만 하나님이 성경을 기록하던 기자들에게 직접 들려주신 용어들을 생각해 보는 것조차 싫어한다면 어떻게 우리가 하나님을 기쁘게 해드릴 수 있겠는가? 하나님이 우리에게 주신 이런 교리적 내용은 하나님의 진리라고 말할 수 있으며, 하나님의 진리의 말씀들이 교리적 형태를 취해 우리에게 주어진 것이라고 말할 수도 있다. 그러므로 나는 이런 용어들을 고찰할 것이다. 하나님의 뜻에 순종하려는 나의 의도에 따라 교리적 용어들 가운데 하나님이 하시고자 하는 말씀을 찾는 일에 최선을 다할 것이다.

교리를 업신여기는 사람들에게 하고 싶은 말은, 신약성경의 말씀은 끊임없이 반복해 신조와 행위를 분리시킨다는 것이 얼마나 위험한 것인가를 지적하고 있다는 것이다. 사도 바울은 고린도 교회에 다음과 같이 기억에 남을 만한 내용을 기록했다.

"악한 동무들은 선한 행실을 더럽히나니" 고전 15:33.

그는 이 본문에서 부활의 교리에 대해 언급하면서 "당신들이 교리에 관심은 없고 오직 삶에만 관심이 있다고 말하는데 우스운 소리다. 당신들의 교리가 틀린 것이라면 삶 역시 잘못될 것이 명확하기 때문이다."라고 말했다. 이것이 지난 수백 년 동안 있었던 안타까운 일이다.

이와 같은 문제점 외에 또 다른 극단의 위험한 주장이 있다. 이것은 교리에 대단히 많은 관심을 가진 사람들 중에 있다. 사람들 중에는 교리와 신학에 대단히 많은 관심을 가진 사람들이 있다. 그들이 가진 관심은 아주 이론적이고 지성적이다. 그들에게 신학적 논쟁을 하는 것만큼 즐거운 것은 없는 듯이 보여진다. 하지만 어떤 추상 과학에 대해 논쟁을 벌이는 것처럼 실제적 삶과는 동떨어진 내용, 그리스도인의 삶과는 전혀 상관없는 것에 대해 논쟁하는 것을 언제나 즐긴다. 이렇게 하다 보니 당연히 자주 파를 나누어 논쟁하게 된다. 다시 말해 그들은 신약성경을 읽으면서 하나님이 허락하신 진리의 핵심에 도달하는 데 관심을 두기보다 자신들이 내세우는 어떤 특정 의견을 지지하는 내용이나 논쟁거리를 찾아내는 데 전력을 기울이고 있다는 말이다.

현대인이 과거에 살았던 사람들에 대해 비판하는 내용을 어느 정도는 동의할 수 있다고 본다. 나 역시 솔직하게 말해 그런 비판의 내용에 동조하는 편이라고 할 수 있다. 사실 우리 조상은 너무나도 자주 신학과 교리에 대해 논쟁을 일삼았으며 지나치게 이론에 치우친 토론과 설교를 했다. 그러는 과정에서 실제로 자신들이 믿는다고 주장하는 내용의 핵심부를 잊어버리면서까지 자주 흥분하곤 했던 것도 사실이다.

우리는 이런 것 역시 매우 위험한 자세라고 말할 수 있다. 이처럼 우리는 항상 한쪽 극에서 다른 한쪽 극으로 오가는 경향이 있음을 부인할 수 없다. 즉 교리에 전혀 관심이 없다고 말하기도 하며 잘못된 관심을 지나치게 가질 수도 있다는 말이다. 우리 중 어떤 사람은 교리에 지적,

이론적 관심을 지나치게 갖고 인생의 황금 같은 시간을 낭비했다고 고백할 사람들도 있을 것이다. 어쩌면 신학적 토론을 하는 것만큼 흥미진진한 것은 없다고 말하는 사람들도 있을 것이다.

사실 우리가 할 수 있는 지적인 일들 중 이것보다 더 고상하고 더 지적인 것은 없다고 주장하는 말들이 있다. 이런 이유 때문에 이전에는 신학이 '학문의 여왕'이라고 종종 불렸다. 지적 흥미 유발이라는 기본적 관점에서 이전의 교회사를 돌이켜 보고 아울러 일반 역사를 돌이켜 보면, 우리는 하나님에 관한 신학적 진리 고찰만큼 사람들의 지적인 부분을 자극해 온 것이 없다는 것을 볼 수 있다.

하지만 이런 매력 가운데 위험이 도사리고 있다는 것을 잊어서는 안 된다. 하나님의 말씀을 대하는 데 순전한 목적은 참된 진리를 찾아내는 것과 성경 말씀을 풀고 이해하는 것만 있다는 사실이다. 우리는 말씀을 말씀으로 비교해야만 하고 말씀의 어느 한 부분을 해석함에 있어 성경의 또 다른 부분과 모순되는 입장을 취하게 되는 것을 경계하고 피해야만 된다. 뿐만 아니라 단순하게 주장하는 논리나 사고를 입증하기 위해 성경 본문을 연구하려고 말씀을 펼치는 오류를 범하지 않으려고 최선의 노력을 기울여야만 한다. 교리는 그 자체만을 위해 고찰되어서는 안 되며 성경 말씀이 그리스도인의 삶과 분리되어서도 결코 안 된다.

나는 지금 사람들이 본문 구절에서 찾아내었다고 주장하는 몇몇 교리들에 대해 언급하고자 서론으로 이것을 말하는 것이다. 이미 내가 말한 바와 같이 여러분도 그리스도인의 삶에서 교리가 차지하는 위치가 얼마나 중요한 것인가를 느끼고 있으리라 생각한다.

예를 들어 그리스도인의 삶 가운데 있는 모든 행동 반경에 관계되고 기독교인의 관심을 자주 끄는 다음과 같은 질문들이 있다. "그리스도인은 성화의 삶을 영위해 나아가는 데 적극적인 태도를 견지해야 하는가?

아니면 그냥 하나님이 인도하시는 대로 따라가기만 하면 되는가?" "우리는 성령이 모든 것을 해주실 것을 믿으면서 사는 안락하고 수동적인 교리를 믿으면 되는 것인가? 아니면 삶에서 적극적인 태도로 살아 나가는 쪽을 택해야만 하는가?"

본문인 "나의 자녀들아 내가 이것을 너희에게 씀은 너희로 죄를 범하지 않게 하려 함이라"는 말씀은 여러분이 알다시피 종종 이와 같은 토론을 유발시키곤 한다. 이와 같은 본문 말씀을 접할 때 이 말씀이 적극적인 삶을 의미하는가 수동적인 삶을 요청하는가와 같은 신학적 질문을 즉각적으로 하지 않고서는 견디기 어려운 사람들이 있다. 그렇다면 이런 본문 내용에 어떻게 접근해야 되는가? 내가 볼 때 우리가 잊어서는 안 될 가장 중요한 것은, 어느 특정한 구절에 접근할 때 그 본문을 둘러싸고 있는 주변 내용들을 우선적으로 살펴보아야만 한다는 것이다. 본문을 둘러싸고 있는 전후의 문맥을 떠나서 본문 자체만 갖고 해석하려는 것은 언제나 위험하기 때문이다.

그러기에 우리는 항상 본문을 접하면서 기자가 현재 무엇을 말하고자 하는가 의도를 파악하는 데 진력해야만 한다. 또한 지금 기자에게 가장 큰 관심사는 무엇인가를 찾아내야 한다. 우리가 전후 문맥을 따라 기자의 의도를 간파하려고 노력하면서 오늘 주어진 본문 말씀을 대한다면, 사도 요한이 독자들에게 수동적이고 소극적인 삶을 가르치지 않았다는 결론에 쉽게 도달할 수 있다. 다시 말해 아무것도 하지 않고 가만히 앉아 있으면 예수 그리스도가 그들로 하여금 죄를 짓지 않도록 도와주실 것이라는 해석이 나올 수 없다는 말씀이다.

오히려 그는 "나는 지금 여러분이 죄를 지어서는 안 된다고 말하고 있다."라고 강하게 요청했다. 이것은 명령이요 간곡한 권면의 말이기도 하다. 이와 같이 강력한 요청의 형태를 취하는 말씀은 신약성경 전반에 걸쳐 찾아볼 수 있는 내용이다. 에베소서 4:22, 24에서는 "너희는……옛 사람을 벗어버리고……새 사람을 입으라"고 강력하게 요청하고 있고, 빌립보서 2:12에서는 "……두렵고 떨림으로 너희 구원을 이루라"고 강한 명령을 하고 있으며 우리는 그 명령에 순종해야만 하는 것이다.

하나님이 내 안에서 역사하시고 또한 이전부터 현재까지 역사해 오셨기 때문에 하나님은 우리에게 '행하라'고 요청하신다는 것을 기억해야만 된다. 골로새서 3:5을 보면 "그러므로 땅에 있는 지체를 죽이라"고 명령하셨다. 무슨 말씀인가? 우리의 육신을 저버리라는 말씀이 아니라 우리 자신을 하나님 앞에 온전히 내어 놓고 하나님의 행하심을 바라라는 의미를 담고 있다. 그리하면 하나님이 우리의 마음과 온갖 죄와 죄된 욕망에 잠겨 있는 잠재 의식까지도 깨끗이 씻어 주신다는 것이다.

그와는 반대로 우리 지체를 죽여야만 된다는 것은 디모데전서 6:12처럼 "믿음의 선한 싸움을 싸우라"는 요청의 말씀에서 찾아볼 수 있다. 또한 같은 말씀에서 "영생을 취하라"고 하며 죄악의 삶에서부터 벗어나라고 요청하고 있다. 로마서 6:11에서는 우리 자신을 "죄에 대하여는 죽은 자"라고 여기도록 요청하고 있다. 이 외에도 유사한 내용의 말씀은 너무나도 많다.

이미 본 바와 같이 본문 말씀 가운데는 종종 토론의 주제가 되었던 교리적 질문을 해봄직한 내용들이 담겨 있다.

우리가 수동적 삶의 태도를 지향하느냐 아니면 적극적 태도를 취하느냐와 같은 양극으로 나뉘어 격론을 벌일 만한 내용을 대할 때 따르는 위험성을 생각해 보아야 한다. 그 위험성이란 다름 아닌 논리의 타당성을 입증하려 노력하다가 양쪽 모두 사도 요한이 진정으로 본문 말씀에서 전하고자 하는 참진리의 말씀에 이르지 못할 수 있다는 것이다. 따라서 잊어서는 안 될 것은 본문 말씀을 통해 자신의 이론만을 입증하려는 데 모든 것을 소비해서는 안 된다. 우리가 관심을 가져야만 하는 본문 내용은 수동적이냐 아니면 적극적이냐에 관계된 나의 입장이 아니라 우리가 죄를 지어서는 안 된다는 명백한 명령의 말씀일 뿐이다.

이제 중요하면서도 다루기 어려운 다음 요지로 들어가 보자. 본문 구절들은 과연 죄의 불가피성에 대해 가르치고 있는가? "나의 자녀들아 내가 이것을 너희에게 씀은 너희로 죄를 범하지 않게 하려 함이라 만일 누가 죄를 범하여도 아버지 앞에서 우리에게 대언자가 있으니 곧 의로우신 예수 그리스도시라 그는 우리 죄를 위한 화목 제물이니……"라는 본문을 보면서 과연 죄는 피할 수 없는 성질의 것인가 하는 질문과, 아울러 그리스도인이 이 세상에서 살아가는 가운데 과연 죄를 계속해 지을 수밖에 없는가 아니면 현세에서 완벽하게 죄를 짓지 않으면서도 살아갈 수 있는가 등의 질문을 던질 수 있다.

이 같은 의문을 통해 얼마나 쉽게 논란에 빠져들게 되며, 실제로 얼마나 자주 우리가 이런 질문을 근거로 논쟁에 휩쓸려 왔는가? 대부분의 그리스도인은 한번쯤 이 같은 주제를 놓고 의견을 교환하는 토론의 분위기에 휩쓸려 보았을 것이다. 과연 그리스도인이 죄짓지 않고 허물 없이 온전하게 살 수 있는 것인가?

여기에 관한 토론은 사실상 18세기 중반 무렵에 있었던 존 웨슬리의 가르침 이래로 계속되었다. 이와 같은 완전성에 관한 주장에도 위험은 있다. 인간이 죄를 짓지 않고 완전하게 살 수 있다고 주장한다면 그 말은 우리가 죄에 대해 책임을 져야 한다는 것을 필연적으로 의미하게 된다. 그리하여 우리는 즉시 매우 중요한 논쟁의 한복판에 서서 이 논제를 대해야만 하는 상황에 처하게 된다. 이 주제에 관한 내용이 논의될 때마다 자신들이 주장하는 특정 내용에만 관심을 갖는다. 또한 어떻게 해서든 자신들의 주장을 관철시키기 위해, 정작 성경이 말하고자 하는 목적은 상실한 채 죄는 피할 수 없든지 있든지 간에 지을 수도 있다는 결론으로 낙착될 때가 종종 있다.

물론 이와 같은 논제는 다루기 쉬운 것이 결코 아니다. 하지만 다음의 어휘를 갖고 한번 다루어 볼 수 있을 것이다. '만일'이라는 단어를 먼저 살펴보자. 이 '만일'이라는 단어가 제공하는 의미는 무엇인가? 어떤 주석학자는 "이 조건문의 '만일'이라는 단어는 사람이 죄를 지을 수 있다는 의미로 이해되어야 한다."고 기록했다. 이런 해석은 칼빈이 이 구절에 대해 설명한 내용과 우연히도 일치한다. 칼빈은 이 구절에 대해 우리는 어쩔 수 없이 죄를 지을 수밖에 없는 자들이라고 해석하면서, 만일 사도 요한이 인간이 죄에 의해 사방으로 둘러싸여 있는 자들이라는 것을 이해하지도 못한 상태에서 "만일 누가 죄를 범하여도 아버지 앞에서 우리에게 대언자가 있으니"라는 말씀을 추가하지 않았을 것이라고 주장했다. 이 같은 주장이 본문에 대한 한쪽 부류의 해석이다. 이 해석에 즉각 응수하면서 이런 주장이 죄를 짓지 않는 완벽한 상태로 하나님을 믿는 자들을 인도해 주시는 하나님의 명예를 손상시키는 행위라고 반박하는 부류도 역시 있다.

이같이 여러 해석을 불러내는 이 어려운 구절을 우리는 어떻게 이해해야 하는가? 내 생각에는 이 같은 방식으로 토론에 끼어드는 것은 아주 어리석은 일이라고 느껴진다. 실제로 나는 이런 논쟁에 끼어들고 싶은 생각이 없다. 하지만 다음과 같은 방식으로 답은 할 수 있다.

우선 말하고 싶은 것은 우리가 이 본문을 대하면서 분명히 하나님의 말씀을 말씀 그대로 취해야만 한다는 것이다.

이런 자세에서 말할 수 있는 것은 두 가지이다. 첫째는 우리가 죄를 짓지 말라는 명령을 받았다는 것이다. 둘째는 그럼에도 불구하고 우리가 죄를 짓게 되었을 경우에는 예수 그리스도의 보혈로 속죄함을 받을 수 있다는 복되고 영광스러운 확신을 부여받았다는 것이다.

완벽성에 관계된 논쟁은 순전히 이론적이기만 한 것이며, 편한 의자에 앉아 우리가 완벽할 수 있느냐 아니냐와 같은 공론이나 되풀이하는 권한이 우리에게는 주어져 있지 않다고 나는 주장하고 싶다. 그저 우리가 할 수 있는 일이란 죄를 짓지 않으려고 노력하며 완전의 추구를 위해 더욱더 몸부림 치는 것이며, 죄에서 해방된 삶을 살기 위해 최선의 노력을 경주하고 주위의 믿는 자들을 격려하며 살아가는 것이다.

과거의 역사를 돌이켜 볼 때, 우리가 그저 이론적으로만 논쟁하면서 죄를 범하지 않을 수 있다는 완벽성의 논리에만 신경 쓰게 되면 우리 스스로가 죄에 빠져 들어가는 것을 발견할 수밖에 없다. 그리고 결국 죄가 있다는 것을 실제로 입증하게 되고 죄라는 것이 피할 수 없는 것이든 피할 수 있는 것이든 간에 죄는 지을 수밖에 없는 것이라는 결론에 다다를 수밖에 없다는 사실을 추론해 낼 수 있다. 따라서 우리는 다음의 두 가지를 동시에 수용해야만 한다.

첫째는 죄를 짓지 말라는 명령이며, 둘째는 "만일 죄를 범하면……"이라는 내용의 말씀이다. 사도 바울이 고린도전서 11:28에서 "사람이 자기를 살피고"라고 말한 것처럼 우리는 말씀의 빛 가운데서 자신을 대면해 살펴보아야만 한다. 우리가 못된 부랑아들의 삶과 비교해 죄가 없고 온전하다고 느껴질 때, 우리는 생각과 사상을 점검하고 본문 말씀을 다시 한번 살펴보아야 한다.

우리의 주 예수 그리스도를 생각해 보자. 그리고 우리 안의 죄된 요소를 찾아내고 여전히 죄인이라는 것을 인지하게 되면 주님이 우리에게 요청하신 말씀에 따라 죄를 직시하고 대처해야 할 것이다. 더 이상 추상적이고 이론적으로 파를 나누어 논쟁하는 식으로 하나님의 말씀을 대하지 말아야 될 것이다.

이제 본문 구절에 대한 많은 질문 중 다음의 것을 생각해 보도록 하자. 어떤 사람은 이 말씀을 읽으면서 "이 말씀은 우리에게 죄를 짓도록 고무시키는 내용이 아닌가? 사도 요한이 이런 내용을 말한 것은 너무 위험한 행동이 아닌가? 이런 내용의 말씀은 우리를 반율법주의로 끌어 들이는 것이 아닌가? 이처럼 죄를 조성시키는 듯한 내용은 어떤 사람에게 무슨 짓을 하든 죄를 짓고 나서 하나님 앞에 고백하고 회개하기만 하면, 그리스도의 피로 죄사함을 받을 수 있으니 죄 짓는 것을 대수롭지 않은 것으로 여기게 하는 것이 아닌가? 따라서 그리스도인으로서 모범이 되는 삶보다는 실패하는 삶으로 이끌어 들이는 결과를 초래하지 않겠는가?"와 같은 질문을 할 수도 있다.

실제로 본문 말씀을 이 같은 각도에서 반율법적인 내용이라고 잘못 해석하는 사람이 있었다. 하지만 내가 볼 때 본문 말씀을 이런 방식으로 해석하는 사람은 사도 요한이 가르치고자 하는 전체 교리를 부인하는 것으로 생각된다. 본문이 가르치는 축복된 속죄의 교리가 우리가 짓는 죄에 대한 변명의 구실로만 사용된다면, 그야말로 그리스도의 십자가를 하나의 상품 정도로만 생각하는 것이다. 결국 그리스도를 공개적으로 수치스러운 자리에 올려놓고 갈보리 사건을 이용하는 사람의 자리에 서게 될 것이라는 결론에 도달하게 된다. 이런 유혹은 특히 복음주의자들에게 실제로 다가오는 성질의 것이기도 하다. 이 같은 유혹이 다가올 때 우리는 머뭇거리곤 하지만 유혹의 음성은 "당신이 죄를 좀 지었다고 해서 큰일난 사람처럼 굴지 말라. 당신의 죄는 곧 사함받을 것이므로 괜찮을 것이다."라고 속삭일 것이다. 이런 음성에 넘어가 십자가의 도와 진리의 말씀을 이용해 버리는 사람도 생기는 것이다.

사도 요한은 이같이 모든 잘못된 경우야말로 십자가의 의미를 전혀 이해하지 못하는 데서 발생하는 것이라고 가르쳤다. 왜 그리스도가 십자가를 지셔야만 했는가? 우리가 지속적으로 죄를 짓는 것을 허용하기 위해서인가? 우리에게 어느 정도 죄를 짓도록 하고 그 죄를 고백하고 용서받게 하기 위해 십자가를 지신 것인가? 결코 그렇지 않다. 신약성경 어느 곳에서도 그렇게 가르치지 않았다. 오히려 디도서 2:14 말씀같이 그리스도가 십자가를 지고 돌아가신 이유는 "선한 일을 열심히 하는 자기 백성"이 되게 하려고 우리를 구별된 자들로 삼으셨던 것이다.

십자가의 목적은 죄로부터 우리를 구원하는 것이요, 죄로부터 우리를 분리시키려는 것이요, 하나님과 더불어 죄된 삶을 극복할 뿐 아니라 주님이며 주관자가 되시는 그리스도의 발자취를 따라갈 수 있도록 힘을 제공해 주는 새롭고 영원한 생명을 부여받게 하기 위함이다. 우리가 이 같은 가르침의 핵심을 이해하지 못하고 신학적 교리의 이론적 가르침만 취한다면 곧 반율법주의적인 위험에 빠져들게 될 것이다.

이제 두 번째 위험성을 논해 보도록 하자. 이 두 구절 말씀이 보편적 구원론의 교리를 가르치는 것이 아니냐고 묻는 사람이 있다. 보편적 구원론이 무슨 뜻인가? 본문 말씀을 다시 한번 읽어 보자. "만일 누가 죄를 범하여도 아버지 앞에서 우리에게 대언자가 있으니 곧 의로우신 예수 그리스도시라 그는 우리 죄를 위한 화목 제물이니 우리만 위할 뿐 아니요 온 세상의 죄를 위하심이라."

이 말씀을 읽으면서 우리는 즉각적으로 다음과 같은 의문에 사로잡히게 된다. "그리스도가 선택받은 사람만을 위해 돌아가셨는가 아니면 모든 사람을 위해 돌아가셨는가? 구원은 우주적이고 보편적인 것인가 아니면 몇몇 사람에게만 주어진 것인가? 그리스도가 모든 사람을 위해 돌아가셨다면 모든 사람이 구원받을 수 있는 것인가? 그렇다면 사탄도 구원받을 수 있다는 말인가? 속죄는 모든 세상의 죄를 위해 주어진 것이기에 모든 사람이 구원받아야만 한다. 다시 말해 버림받은 사람이 있다는 말은 재고의 여지조차 없는 주장일 뿐이다. 우리 모두는 비록 죄인이라 해도 궁극적으로 영광된 자리에 함께 다다르게 될 것이다."

이 같은 질문과 나름대로 답변에 대해 본문 말씀은 무엇이라고 가르치고 있는가? 우리가 접하고 있는 본문 말씀은 "그리스도는 우리의 죄만이 아니라 온 세상의 죄를 위한 화목 제물"이라고 했다. 하지만 어떤 사람은 일인칭을 무시하고 말씀을 보는 것 같다. 확실히 본문 말씀은 그렇게 말하는 것처럼 보인다. 실제로 예수 그리스도의 십자가의 죽으심은 이 세상의 모든 죄악을 담당하시는 데 충분한 것이었다. 거기에 대해서는 더 이상 언급할 필요도 없다.

그리스도의 완전성, 구속하기 위해 하신 완전하신 사역 등을 돌이켜 볼 때 이 같은 해석은 틀렸다고 볼 수 없다. 십자가에서 그분이 하신 구원 사역이야말로 온 세상의 죄들을 담당하시는 데 조금도 부족함이 없는 충분한 것이었다. 이것은 재론의 여지가 없는 진실된 것이다. 그렇다고 해서 이 말씀이 그리스도가 십자가에 달려 돌아가신 것이 모든 사람을 위한 것이라고 할 수 없다. 본문 말씀이 의미하는 것은 그분의 죽으심이 모든 사람을 구원하시는 데 충분한 것이라는 뜻이다.

여러분은 본문에서 두 종류의 사람으로 구별하는 것을 느꼈는가? "나의 자녀들아"라는 본문의 호칭은 세상의 모든 사람을 지칭하는 것이 아니다. 이런 호칭은 그리스도인에 한한 것이다. 또한 "만일 누가 죄를 범하여도 아버지 앞에서 우리에게 대언자가 있으니"의 구절에서도 역시 온 세상이 아버지 앞에서 대언자를 가지는 것이라고 말하지 않는다. "아버지 앞에서 우리에게 대언자가 있으니 곧 의로우신 예수 그리스도시라 그는 우리 죄를 위한 화목 제물이니"라는 말씀과 아울러 "우리만 위할 뿐 아니요 온 세상의 죄를 위하심이라"는 말씀을 유의 깊게 살펴볼 필요가 있다.

 여기서 차이점을 볼 수 있는가? 우리는 이 말씀에서 예수 그리스도가 온 세상을 위해 하나님 앞에서 대언자가 되신 것이 아니라는 것을 볼 수 있다. "아버지 앞에서 우리에게 대언자가 있으니"에서 '우리'는 하나님과 그분의 아들 예수 그리스도와 사도 요한과 교제를 나누는 사람들로서, 그들을 향해 사도 요한이 이 글을 쓰고 있는 것이다. 그러므로 예수 그리스도는 그들만을 위한 대언자이심을 요한이 말하고 있다고 받아들여야 한다. 동시에 예수 그리스도의 십자가의 죽음은 비록 하나님을 믿는 그리스도인들, 즉 하나님과 예수 그리스도와 그분의 사도와 함께 교제를 나누는 자들에게만 유효한 것이라 해도 모든 세상 사람을 구속하는 데 충분한 것이므로 위대하고 완전한 것이라고 말할 수 있다.

 이 방식으로 본문 말씀을 해석하게 될 때 우리는 성경 전반에 걸친 가르침과 일치되는 것을 발견하게 된다. 성경 말씀은 언제나 이 세상에 사는 사람들을 두 부류로 나누고 있다. 구원받은 사람들과 구원받지 못한 사람들, 기독교인과 비기독교인, 하늘나라의 영광스러운 자리에 참여할 사람들과 영원한 지옥 불에 떨어질 사람들, 양과 염소, 지혜로운 처녀들과 미련한 처녀들, 선한 청지기와 악한 청지기 등으로 나누고 있다.

 이같이 세상의 모든 사람을 크게 두 종류로 나눌 수 있다. 그러기에 우리는 "예수 그리스도가 모든 사람을 위해 돌아가셨기 때문에 모든 사람이 구원받을 수 있으며 모든 사람이 속죄함을 받을 수 있게 될 것이다."라고 말하는 것에 앞서 어쩔 수 없이 존재하는 두 부류에 대해 생각해 보아야 한다. 그뿐 아니라 구원받은 사람과 구원받지 못한 사람은 영원토록 분리될 수밖에 없다는 것이야말로 하나님의 말씀이 처음부터 끝까지 명확하게 가르치고 있는 내용이라는 사실을 인정해야 된다.

이제까지 본문 구절들을 읽으면서 질문될 수밖에 없는 몇 가지 교리적 내용들을 간단하게 살펴보았다. 마지막으로 여러분에게 권면하고 싶은 말은 그리스도인은 적극적인 그리스도인이 되어야 하는가 아니면 수동적이고 피동적인 그리스도인이 되어야 하는가와 같은 교리적 내용에 대해 단순히 이론적이고 지적인 토론을 하는 데 시간을 낭비해서는 안 된다는 것이다.

물론 이와 같은 논제에 관심을 가져야 될 것이지만 그저 토론에만 그쳐서는 안 되겠다는 것이다. 우리는 완전성에 대해 말하는 것으로만 그쳐서도 안 될 것이고 그렇다고 반율법주의에 빠지는 죄를 범해서도 안 될 것이며, 보편적 구원론에 관해 논쟁이나 논란을 일삼을 필요도 없을 것이다. 그런 것들보다는 오히려 본문 말씀이 사도 요한을 통해 우리에게 주고자 하는 평범한 말씀에 귀를 기울이는 것이 나을 것이다.

우리에게 주어진 평범한 말씀이란 "죄를 범하지 말라"는 것과 아울러 "만일 누가 죄를 범하여도 아버지 앞에서 우리에게 대언자가 있으니 곧 의로우신 예수 그리스도시라"는 말씀이다. 우리가 관심을 갖고 생각해야 될 내용은 바로 이와 같은 평범한 말씀이다.

우리는 죄를 짓도록 부름받은 사람은 분명 아니지만 그럼에도 불구하고 참으로 감사한 것은, 우리가 죄를 짓게 된다 할지라도 하나님의 아들 예수 그리스도의 피가 우리를 죄의식으로부터 해방시켜 주고 깨끗하게 해주고 모든 불의에서 구원해 주신다는 확신이 있다는 사실이다. 이 시간 이후에도 우리는 언제나 올바른 신학적 교리를 붙들고 살아야 된다. 하지만 잊어서는 안 될 것은 우리가 영위하는 실제적 삶과 분리된, 단순히 이론적 입장만 취하는 안타까운 위험성만은 항상 조심하고 경계해야만 한다.

나의 자녀들아 내가 이것을 너희에게 씀은 너희로 죄를 범하지 않게 하려 함이라
만일 누가 죄를 범하여도 아버지 앞에서 우리에게 대언자가 있으니
곧 의로우신 예수 그리스도시라 그는 우리 죄를 위한 화목 제물이니
우리만 위할 뿐 아니요 온 세상의 죄를 위하심이라 _ 요일 2:1-2.

Chapter 16

대언자

나는 사도 요한이 본래 말하고자 하는 의도에 대해 나름대로 확신하는 내용을 우리 모두가 함께 생각해 보기를 원하는 마음에서 다시 한번 본문 말씀으로 돌아가려 한다. 서신의 첫 번째 장에서 우리는 사도 요한이 하나님과의 교제에 관계되는 전반적 질문에 관해 기록한 기본 원리 몇 가지를 살펴보았다. 이런 기본 원리들은 사도가 하나님의 백성에게 전해 주어야만 했던 참으로 귀하고 박진감 넘치는 메시지였다.

죽음을 앞에 두고 있다는 사실을 아는 노인으로서, 참으로 어리기만 한 수많은 그리스도인을 이 땅 위에 남겨 두고 떠나야만 한다는 사실을 느끼고 이들이 하나님과의 놀라운 연합을 통해 도움을 얻을 수 있게 하고자 노력하고 있다. 그는 어린 그리스도인이 어떻게 하면 하나님과의 교제 가운데 들어갈 수 있는가, 일단 시작된 하나님과의 교제를 어떻게 하면 잘 지속할 수 있는가에 대해 명확히 알기를 진심으로 원하면서 이

같은 원리들을 기록하기 시작했던 것이다.

사도 요한은 자신이 의도하고자 하는 원리들을 독자들이 혹시 잘못 이해하지나 않을까 염려했기 때문에 먼저 모든 것을 요약해 설명했던 것 같다. 사실 우리도 그가 말한 내용을 잘못 이해할 충분한 가능성을 안고 있다. 그가 요약한 본문의 원리들을 잘못 이해함으로써 죄를 짓는 우리 자신에 대해 또는 죄 자체에 대해 평계할 만한 어떤 구실이든지 찾아내려고 할 수도 있기 때문이다.

그래서 그는 첫 번째 장에서 "하나님은 빛이시라 그에게는 어둠이 조금도 없으시다"는 말씀을 통해 그리스도인도 빛 가운데서 빛되신 하나님과 동행해야 될 것을 말했다. 그리고 나서 이와 같은 요청을 받은 우리가 혹시라도 죄를 범함으로 절망과 낙심에 빠질 뿐 아니라 하나님께 다시 되돌아가는 권리조차 상실했다는 잘못된 생각에 빠질 것을 이미 알고 계속해 "그 아들 예수의 피가 우리를 모든 죄에서 깨끗하게 하실 것이요"라는 위로의 말씀도 잊지 않고 기록했다.

사도 요한은 첫 번째 장의 말씀을 두 번째 장의 처음 부분에서 다시 한번 요약해 "나의 자녀들아 내가 이것을 너희에게 씀은 너희로 죄를 범하지 않게 하려 함이라"고 하면서 1장에서 두 번째로 주어진 위로와 평안의 말씀을 이용해 "예수 그리스도의 피가 나의 모든 죄를 깨끗이 씻어 용서해 주실 것이므로 특별히 죄 짓지 않으려고 몸부림 치지 않아도 될 것이다."라고 말하는 오류를 미리 막는 것을 볼 수 있다.

그는 이런 생각을 하는 사람들에게 "그렇지 않다. 내가 여러분에게 이 글을 쓰는 것은 죄를 짓는 것을 격려하려는 것이 아니라 오히려 죄 짓는 삶에서 온전히 떠날 수 있게 하기 위한 것이다."라고 말하는 것이다. 하지만 여기서도 그는 죄를 지으면 안 된다고 요청하는 것에만 그치지 않았다. 역시 그는 위대한 사도로서 사랑에 대해 많은 기록을 했을 뿐 아니라 많은 그리스도인을 사랑했던 자였음을 볼 수 있다. 그는 교제를 나누는 그리스도인들에게 특별히 가까이서 사랑과 애정을 듬뿍 쏟아 주던 사랑의 사도였다.

그는 계속해 "만일 누가 죄를 범하여도……"라는 내용의 말씀을 주었다. 이 메시지는 죄 지은 것을 깨닫고 승리의 삶에 실패한 것을 인지한 그리스도인을 위해 주어진 위로의 약속이다. 자신이 완전하다고 생각하는 사람이 있다면 이 말씀에 별로 귀 기울이지 않을 것이다. 이 약속의 말씀은 자신의 죄와 실패를 깨달은 사람과 자신의 무가치함을 뼈저리게 느끼는 사람을 위한 것이다. 고전적 표현을 빌려 말하면 죄의 문제에 관해 기록된 내용 중에 이보다 더 아름다운 문장은 결코 없을 것이다.

어떻게 죄를 지었음에도 불구하고 하나님과의 교제가 다시 회복될 수 있다는 말인가? 어떻게 우리의 죄가 사함받을 수 있다는 말인가? 이것이 사도가 직시하고 있던 상황이었다.

우리 모두는 마귀가 계속 우리의 영혼을 대적하는 원수로 존재한다는 사실을 확실하게 알고 있다. 또한 우리가 그리스도인으로서 죄를 짓고 있다는 사실을 인지하게 될 때 마귀는 어김없이 다가와 "이제 너는 하나님께 다시 돌아갈 수 없게 되었다. 지금까지 너는 빛 가운데 행해 왔지만 이제 죄를 지었기 때문에 너는 율법을 거스른 죄인이 되었다. 그런 너를 어떻게 하나님이 용서해 주실 수 있겠느냐?"라고 속삭일 것이다. 사탄이 지금 혹시 이와 같이 속삭이고 있지 않은가? 내가 믿기로 이렇게 생각하는 사람들에게 마귀는 실제로 오랫동안 이런 메시지를 주입시켜 왔다. 결국 마귀는 그들을 지극히 비참하고 한심한 지경에 머무르게 하는 데 성공했던 것이다.

그들은 자신이 이전에 그리스도인이었다는 사실 자체에 대해 의심하게 되었을 뿐만 아니라 자신이 지은 죄로 넘어지고 자빠진 타락의 상태에서부터 다시 하나님과의 교제를 회복하는 상태로 돌아올 수 있다는 사실을 깨닫는 데 실패했다. 이 같은 사람들에게 지금 놀라운 말씀이 주어진 것이다. 용서의 교리, 특별히 그리스도인이면서도 알게 모르게 지은 죄에 대한 용서의 교리로 이 말씀이 주어진 것이다.

첫 번째 원리는 예수 그리스도를 통하지 않고서는 결코 죄사함이란 없다는 것이다. 대단히 많은 사람이 예수 그리스도 없이도 하나님이 우리의 죄를 용서해 주실 수 있는 것처럼 생각하는 경향이 있다. 이런 이유 때문에 그들은 예수 그리스도의 필요성을 전혀 느끼지 못하는 것 같다. 그들은 하나님은 사랑이시므로 어떠한 죄도 용서해 주실 수 있다고 말한다. 그래서 죄를 짓게 되면 우리가 해야 하는 일이란, 하나님께 나아와서 죄를 용서해 주십사고 요청하기만 하면 된다는 것이 그들의 주장이다. 이런 생각으로 많은 사람이 예수 그리스도를 믿지 않으며 예수 그리스도가 용서와 관련해 얼마나 본질적 위치에 있는가를 전혀 깨닫지 못하고 있다. 하지만 우리는 이미 예수 그리스도가 신약성경에 주어진 전반적 메시지의 가장 기본이 되는 시작임을 잘 알고 있다.

신약성경에서 죄라는 말이 언급됨과 더불어 예수 그리스도라는 이름이 언급된다. 따라서 이런 내용을 하나의 교리로 표현할 수 있다. 예수 그리스도를 떠나서는 어떠한 죄의 용서도 주어질 수 없다는 것이다.

사도 요한은 "만일 누가 죄를 범하여도" 할 수 있는 일이 그저 하나님께 나아가서 용서해 주십사고 요청하는 것이라고 말하지 않았다. 그는 죄라는 말을 소개한 후 즉시 "아버지 앞에서 우리에게 대언자가 있으니 곧 의로우신 예수 그리스도시라"는 말로 예수 그리스도를 소개했다.

어떤 면에서 보면 이 내용이야말로 성경 전체를 대표하는 교리라고 할 수도 있다. 신약성경뿐 아니라 사실상 구약성경에서 가르치는 모든 내용도 이 한 분 예수 그리스도께 초점이 맞추어져 있기 때문이다.

출애굽기나 레위기나 민수기와 같은 구약 말씀들을 읽어 보라. 과연 하나님이 그 당시에 살던 이스라엘 백성에게 요청하셨던 번제나 화목제나 여러 종류의 소제 등이 무엇에 관한 것이었겠는가? 모든 종류의 제사나 의식을 살펴볼 때, 성막과 성전에 관계되는 모든 가르침을 살펴볼 때, 모든 것이 결국 예수 그리스도를 통해 있게 될 일들에 대한 그림자요 예표가 아니고 무엇이었겠는가?

구약의 제사나 의식은 근본적으로 죄 자체를 다루던 것이 아니었다. 이런 것들은 단지 얼마 동안만 죄라는 것을 가려 주는 일을 했다. 이런 것들은 죄를 근본적으로 다루어 줄 수 있는 어떤 분에 대한 예표로 주어졌을 뿐이다. 실제로 하나님은 죄가 단지 용서함으로써 용서될 수 있는 것이 아니라는 위대한 진리를 제사와 의식을 통해 가르쳐 주셨다.

이런 하나님의 의도가 구약의 가르침에서 매우 본질적인 목적이었다. 하나님은 죄를 용서해 주시기 전에 무엇인가 꼭 행해져야 했다. 하나님은 본성상 워낙 거룩하고 의로운 분이시기 때문에 우리의 죄를 그냥 용서해 줄 수 없으셨다. 하나님이 죄를 무조건 용서해 주실 수 있다고 생각하는 것이야말로 인간이 개인적으로 행하는 것을 하나님이 행하고 계시는 것처럼 변조시키는 것과 같은 위험스러운 생각이다.

어떤 사람은 "자녀들이 자신이 잘못 했음을 알고 우리에게 와서 잘못 했다고 말할 때 용서해 줄 수 있는 권한이 있듯이, 우리가 잘못을 깨닫고 하나님께 나아가서 잘못했다고 말할 때 왜 인간 부모보다 훨씬 더 위대하고 무한한 사랑을 가진 하나님이 용서해 주시지를 못한다는 말인가?"라고 따질 수 있다. 하지만 잘못 이해하고 있는 한 가지는, 인간 부모 중 누구도 의로운 사람이 없으며 우리를 의로운 자로 생각하는 것이 얼마나 무가치한 것인지 알지 못한다는 것이다.

하나님은 온전하게 거룩한 분이시고 의로운 분이시며 공의로운 분이시기 때문에 두려운 마음으로 표현하면 사실상 그분의 본성 자체가 죄를 인간 부모와 같은 방식으로 다루는 것을 용납하지 못하신다는 것이다. 어쨌든 죄라는 고약한 것은 다루어지긴 다루어져야 하는데 여기에 꼭 있어야만 하는 것이 피흘림이다. 히브리서 9:22에서도 분명하게 말씀했듯이 "피흘림이 없은즉 사함이 없느니라"는 원리이다. 결국 우리는 구약성경의 모든 가르침이 그리스도 한 분에 대해 가르치는 것이며, 이 한 분에게 초점을 맞추어 기록되었다는 것을 이해할 수 있게 된다.

이와 같은 가르침이야말로 너무나도 풍부하고 풍성한 내용을 담고 있는 교리이다. 사도 요한이 본문 말씀에서 죄의 문제를 다루면서, 그리스도인이 죄를 지었을 때 과연 어떻게 해야 할 것인가를 언급하면서, 즉시 그리스도를 이 죄라는 문제의 한복판으로 끌어들이는 것을 볼 수 있다. 우리는 이런 교리를 확실하게 살펴보고 우리 것으로 받아들여야 된다. 예수 그리스도 없이 그리스도인의 생활은 처음부터 끝까지 어느 한 가지도 생각해 볼 수 없기 때문이다. 아무리 위대한 성자라도 운명하는 순간에는 예수 그리스도와 그분의 구속 사역을 필요로 할 수밖에 없다. 오직 그분 안에서만 우리가 구원받을 수 있고 오직 그분 안에서만 죄를 용서받을 수 있기 때문이다.

이제 내가 여러분에게 설명하고자 하듯이, 우리가 지은 모든 죄를 용서받고 죄에서 떠나 생활할 수 있도록 도와줄 수 있는 유일한 분은 바로 예수 그리스도이시다.

그러기에 그리스도인이 끊임없이 질문할 수밖에 없는 것은 "내가 생각하는 것이나 지금 취하는 입장이 과연 예수 그리스도 중심인가?"와 같은 것이어야만 한다. 신약성경 전반에 걸쳐 말씀하고 있듯이, 사도 요한이 기록한 이 말씀에서도 역시 그리스도야말로 처음과 끝이요 시작하는 분이실 뿐 아니라 마치는 분이시요 알파와 오메가시며 모든 것이 되시는 분이라고 분명히 가르치고 있다. 우리가 예수 그리스도 외에 죄의 용서를 위해 탄원할 곳이 없다는 것을 확실하게 인식하지 못한다면, 하나님과의 관계에서도 역시 본질적으로 실패하고 있다는 사실을 알아야 된다. 이것이 첫 번째 조건이다.

좀더 구체적으로 살펴보도록 하자. 어떻게 그리스도는 우리가 하나님과의 교제를 회복하도록 인도하실 수 있다는 말인가? 여기에 대해 사도 요한은 본문 구절을 통해 매우 아름답게 표현했다. 즉 '대언자'라는 단어를 사용하고 있다. "만일 누가 죄를 범하여도." 다시 말해 만일 여러분 중 누구라도 혹시 죄를 짓게 되면 우리 모두에게는 "아버지 앞에서 우리에게 대언자가 있으니 곧 의로우신 예수 그리스도시라"는 방식으로 표현했다.

사도는 요한복음 16:7에서도 주님이 우리에게 또 다른 '보혜사'를 보낼 것이라고 하신 내용을 전하면서 '대언자'라는 말과 매우 흡사한 단어를 사용했다. 그렇다면 '대언자'가 의미하는 바는 무엇인가? 대언자란 다른 사람을 대신하는 사람이다. 즉 재판정에 서서 자신이 아닌 다른 사람의 문제를 가지고 그 사람을 대신해 청원하는 사람이다. 사도 요한이 우리에게 말하는 대언자가 되시는 예수 그리스도도 하나님을 믿고 신뢰하는 그리스도인을 위해 아버지 앞에서 변론해 주고 계신다.

하지만 이 단어가 주는 의미를 주의 깊게 지켜볼 필요가 있다. 이 법정 단어로 인해 예수 그리스도가, 전혀 용서하고 싶어하지 않으시는 하나님 앞에서 우리를 위해 탄원하시는 것처럼 생각해서는 결코 안 된다. 어떤 찬송가 가사나 글을 보면 마치 우리를 용서하지 않으려고 몸부림치는 듯한 하나님으로, 너무도 의롭고 온전한 분이어서 우리의 죄를 도저히 용납하지 못하고 벌을 주려고 고집하시는 것처럼 설명하는 것을 볼 수 있다. 결국 그런 사람은 완고하신 하나님 아버지의 뜻을 꺾어 보려고 설득하는 예수 그리스도의 안타까워하는 모습만을 제시하게 된다.

이 같은 제안은 너무도 말이 안 되는 것이다. 우리는 '대언'한다는 법정 단어를 이런 식으로 이해하려는 것을 매우 조심해야 한다. "하나님이 세상을 이처럼 사랑하사 독생자를 주셨으니"라고 기록한 요한복음 3:16 말씀이 엄연히 있는데 그런 식으로 하나님을 이해할 수 있겠는가?

예수 그리스도가 이 땅에 스스로 와서 우리를 죄악으로부터 구해 주려고 그처럼 애태우면서 노력하셨다고 보는가? 그렇지 않다. 아들을 보내신 이는 아버지였다. 갈라디아서 4:4에서 말씀하는 "그 아들을 보내사 여자에게서 나게 하시고 율법 아래에 나게 하신" 분이 누구신가? 바로 하나님이셨다. 고린도후서 5:19에도 "곧 하나님께서 그리스도 안에 계시사 세상을 자기와 화목하게 하시며 그들의 죄를 그들에게 돌리지 아니하시고"라고 말씀함으로써 하나님의 의도를 설명했다. 따라서 '대언자'라는 단어를 대할 때, 우리의 죄를 용서해 주는 것을 원치 아니하시는 하나님 앞에 서 있는 예수 그리스도로 이해해서는 안 된다.

또 다른 극단의 위험성에 빠져서도 안 된다. 다시 말해 요한이 말하는 '대언자'란 의미에 대해, 단지 십자가의 구속 사건이 영원토록 유효할 것이고 항상 하나님의 마음 가운데 자리 잡고 있기 때문에 그리스도와 그분의 사역이 우리를 변호할 것이라고 생각하는 것이다. 이런 생각은 지극히 수동적인 입장을 취하기 때문에 받아들여서는 안 된다.

오늘 본문뿐 아니라 히브리서 7:25에서 "그가 항상 살아 계셔서 그들을 *우리를* 위하여 간구"하고 계신다는 말씀을 생각해 볼 때, 예수 그리스도는 이 땅에 태어나 살다가 제사장으로 임명받고 사역하다가 죽으면 또 다른 사람이 그 일을 수행하던 레위기 제사장과는 본질적으로 다른 분임을 알 수 있다. 히브리서 기자가 말하려는 중요한 요점은 예수 그리스도는 여전히 살아 계신다는 것이다. 그분에게는 처음도 없고 나중도 없기 때문에 영원토록 사신다. 그러기에 무슨 일이 생기건 어떤 사건이 벌어지건 상관없이 그분을 통해 하나님께 나오는 모든 사람을 구원해 주는 영원한 대제사장이시라는 사실을 우리는 잊지 말아야 할 것이다.

다시 말해 우리는 알고 이해하는 내용을 헷갈리게 하는 주장에 또 한 번 직면하는 것처럼 여길 수 있겠지만, 이 내용에 관한 한 우리에게는 확신이 있으므로 혼동할 필요가 전혀 없다. 예수 그리스도가 이 땅에 계시는 동안 제자들과 따르던 사람들을 보살펴 주시고 그들의 유익을 돌보아 주셨던 것과 마찬가지로 지금의 우리를 위해 하늘에서 관심을 갖고 구체적으로 돌보아 주신다는 사실을 기억하고 있어야 한다.

그분이 자신의 백성을 위해 모든 것을 대신해 주시며 우리의 유익을 위해 매사를 돌보아 주신다는 사실 말이다. 이것을 이해하는 것이 쉽지 않겠지만 이런 사역을 아버지와 아들의 갈등으로 이해해서는 안 된다. 신비한 삼위일체의 관계에서 성부 하나님이 성자 하나님께 넘겨 주신 특별한 사역으로 우리는 이해할 수 있다.

따라서 예수 그리스도가 지극히 높으신 대제사장으로서 우리를 위해 자신의 몸을 제물로 드리셨을 뿐 아니라, 우리 기도를 접수하셔서 하나님의 보좌 앞에 넘겨 드리는 일까지도 하고 계시다는 엄청난 위로와 안위의 말씀을 받은 것으로 이해할 수 있다. 주님은 우리의 연약하고 무가치한 기도에다 주님의 축복되고 영광스럽고 온전한 향을 더해 하나님의 보좌에 전달해 드리는 방식으로 대언해 주는 대언자이시다.

초대교회 교부들은 이 방면에서 다음과 같이 이해해 설명했다. 그들은 종종 성령은 우리 안에서 중재하시며 그리스도는 우리를 위해 중재하는 분이시라고 설명했다. 또한 성령은 우리 안에 내재해 그리스도 안에서 성장할 수 있도록 도와주고 가르쳐 주고 인도하며 우리가 무엇을 해야 할지 또한 무엇을 하면 안 될지 보여 주는 분이시라고 가르쳤다. 그리고 주님은 우리의 유익을 위해 중보해 주시며 아버지께 항상 대언하는 일을 하고 계신다고 설명했다.

얼마나 귀하고 중요한 가르침인지 모르겠다. 영광스러운 주님이 언제나 우리에게 관심을 가지고 우리의 유익을 생각하면서 우리를 위해 대언해 주고 계시다는 사실을 아는 것보다 우리를 위로해 주고 안위해 주는 것이 또 어디에 있겠는가?

비록 우리는 연약하고 나약해 항상 넘어지고 실패하지만 우리에게는 아버지 앞에서 대언자가 있다는 안위의 말씀이 있다. 그래서 우리가 사탄의 속삭임에 귀를 기울여 하나님께 다시 나아가 대면할 수 없다는 느낌을 갖게 될 때, 혼자만이 남아 있다는 생각을 버리고 대언자가 함께하신다는 사실을 기억해야 된다. 나 자신도 죄인된 자로서 하나님께 나아갈 자격이 없다는 느낌에 동의하지만 우리를 대신해 아버지 앞에서 대언하고 계시는 대언자가 있다는 것을 결코 잊어 본 적이 없다.

그러면 대언이라는 말의 본질을 생각해 보자. 사실 이 단어와 연관된 모든 단어나 문장이 어떤 의미에서 위로의 의미를 잔뜩 담고 있다. 사도 요한은 "아버지 앞에서" 대언자가 있다고 말했다. '앞에서' before라는 단어는 중요한 의미를 지닌 전치사이다. 이 단어가 의미하는 것은 얼굴과 얼굴을 함께 대하고 있다는 뜻이다. 우리가 본문을 대하면서 예수 그리스도는 마치 대언자가 변론하기 위해 요청하여 허락받음으로써 법정에 서는 식으로 대언하신다고 해석하는 것보다는 오히려 항상 재판장 앞에 계시는 것으로 이해해야 한다. 다시 말해 이전에도 그러하셨듯이 우리의 대언자는 재판장 되시는 아버지의 얼굴을 언제나 대면하고 계실 것이라는 말씀이다. 여기서 삼위일체, 즉 세 분이면서도 본질적으로는 한 분이라는 중요한 교리를 찾아볼 수 있다.

예수 그리스도는 단지 우리를 위해 요청하려고 아버지께 나아가는 것이 아니라 항상 그분과 얼굴을 대해 그분의 눈을 주시하면서 계시다는 말이다. 얼마나 놀라운 말씀인가? 우리를 대언해 주는 분이 항상 하나님 앞에서 하나님과 완전히 같은 분으로 서 계시다는 사실이야말로 얼마나 놀라운 가르침이며 우리에게 위로가 되는 말씀인가?

그리하여 우리가 죄를 지음으로 수치스러움과 죄의식을 강하게 느끼고 하나님께 다시 나아갈 권한을 상실했다고 느낄 때, 하나님은 그리스도 안에서 우리의 아버지가 되어 주신다는 사실을 기억해야만 한다. 우리에게는 "아버지 앞에서" 대언자가 있으시다. 하나님은 우리를 대적하는 무시무시한 분이 아니시다. 오히려 무한하신 아버지의 사랑으로 우리를 사랑하는 분이시다.

다시 한번 묻겠다. 이보다 더 큰 위로의 말씀이 있다고 생각하는가?

이제 다음 질문으로 넘어가 보자. 누가 대언자의 역할을 수행하고 있는가? 다시 한번 본문을 보면, 무엇이라고 말씀하고 있는가? "곧 의로우신 예수 그리스도시라"고 기록했다. 사도 요한은 우연히 이 말을 기록한 것이 아니다. 우리는 1장에서 "그 아들 예수의 피"라는 말씀을 기억할 것이다. 1장에서 이 말씀을 기록한 그가 2장의 본문에서 "의로우신 예수 그리스도"라고 기록했다. 그가 사용한 단어들은 영감을 받아 신중하게 선택한 것이며, 이 글들을 기록할 때 스스로 쓴 것이 아니라 성령의 인도하심 가운데 기록한 것이다.

히브리서 기자 역시 "우리에게 있는 대제사장은 우리의 연약함을 동정하지 못하실 이가 아니요 모든 일에 우리와 똑같이 시험을 받으신 이로되 죄는 없으시니라"고 4:15에서 기록했다. 이 말씀에서도 역시 안위와 위로를 느끼지 않을 수 없다. 죄의식에 사로잡혀 있을 때, 하나님의 지극히 거룩하심 앞에서 얼마나 보잘것없으며 형편없는 존재인지 느끼게 될 때, 하나님이 과연 이같이 타락한 인생을 얼마나 이해해 주실까라는 생각이 들 때 "당신에게는 당신을 완벽하게 이해할 분이신 예수님이 대언자로 계신다."라는 답변으로 여러분의 문제를 해결해 준다.

히브리서 4장과 5장 말씀을 읽어 보자. 전장에 걸쳐 참으로 놀라운 방식으로 이와 같은 답변을 서술하는 것을 볼 수 있다. 하나님의 독생자가 우리를 이해하기 위해 사람의 몸을 입은 예수님이 되셨다. 예수님은 우리의 연약함을 긍휼히 여기는 대제사장이시며 우리의 나약함을 잘 아는 분이시다. 그분이 우리와 함께 계신다는 사실이다.

그분은 힘들어 지쳐 보았던 분이시므로 우리 육신의 연약함을 잘 알고 계신다. 또한 그분은 나약함을 느낀다는 것이 무엇인지를 알고 계시기 때문에 우리의 무기력함도 깊이 이해하는 분이시다. 그분은 인간들 사이에서 인간으로 계셨기 때문에 우리의 무지함도 이해해 주신다. 그분이 바로 영광된 주님이실 뿐 아니라 인간이었던 예수님이시다.

주님은 힘든 세상에 사는 우리 인생들을 결코 잊지 아니하는 분이시다. 그리하여 우리가 절망에 빠져 낙심하게 될 때도, 하나님이 다시는 우리를 받아 주실 것 같지 않다는 느낌이 들 때도 이 위로의 말씀을 꼭 붙잡고 있어야 된다. 우리에게는 언제나 연민의 감정을 갖고 우리뿐 아니라 우리의 연약함까지도 이해하고 대신해 주는 분이 있다는 사실을 결코 잊어서는 안 된다.

그분이 바로 예수 그리스도이시다. 그 이름은 기름 부음을 받으시고 임명을 받으셨다는 뜻도 내포하고 있다. 따라서 하나님이 우리를 대적하는 분이시라는 생각을 앞으로 더 이상 해서는 안 될 것이다. 자신의 아들에게 이 같은 특정한 대언자의 책무와 직임을 맡긴 분이 바로 하나님이시기 때문이다.

어느 대제사장이고 스스로 임명한 사람은 아무도 없었다. 히브리서 기자 역시 5:4에서 "하나님의 부르심을 받은 자라야 할 것이니라"고 기록했다. 그러기에 우리는 하나님이 자신의 아들을 임명해 세워 기름 부으시고 그분을 믿는 자들을 위한 구원자로서, 그들을 대신하는 자로서 세워 주셨다는 사실을 받아들여야 한다. 이와 같은 사실을 받아들임으로써 우리는 자신을 위로할 수 있다. 우리를 대언해 주실 변호사가 재판장에 의해 임명받았기 때문이다.

성부 하나님은 영원 무궁하신 사랑 가운데 특정 사역을 위해 자신의 아들을 선택해 기름 부으셨던 것이다. 이제 무엇을 주저하겠는가? 우리의 대언자에게 자신과 확신을 갖고 나아오기 바란다.

또 다른 수식어인 '의로우신'이라는 단어를 생각해 보자. 이 단어야말로 모든 것 중 가장 훌륭한 의미를 내포한 것이 아닌가 생각한다. 이 단어에 근거해 그리스도에 대한 나의 확신이 서 있기 때문이다.

요한은 이 단어를 통해 그리스도의 특성을 설명했다. 비록 그분이 인간의 몸을 입고 이 땅에 오셨다 할지라도 결코 죄를 지은 적이 없다는 말이다. 어떠한 잘못도 그분에게서 찾아볼 수 없다는 말이기도 하다.

그분이야말로 절대적으로 완전한 분이시기 때문에 하나님의 거룩하고 온전히 의로우며 공의로우심 앞에서 우리를 위한 대언자가 되어 주실 수 있다. 자격이 없는 사람은 남을 위해 변론할 수 없다. 나는 그분이 나를 위해 대언할 분이라는 사실에 확신을 갖기 이전에, 그분 자신이 하나님 앞에서 그와 같은 변론의 일을 할 자격이 있다는 것을 인정받고 계시다는 사실에 대해 우선 알아야 된다고 생각한다.

이제껏 그분이 한 일과 같은 일을 한 사람이 아무도 없었는데 오직 그분만이 하나님 앞에서 대언자로서의 일을 감당하시는 것이다. 그럴 수 있는 유일한 이유는 예수 그리스도가 의로우신 분이기 때문이다.

조금의 잘못도 저지르지 않으시고 조금의 무가치한 일도 하지 아니하심으로 자신을 위해 변론받을 필요가 전혀 없으셨던 바로 그분을 우리가 의지할 수 있다는 것을 생각해 볼 때, 하나님께 감사하지 않을 수 없다. 우리는 그분의 변론을 철저하게 신뢰할 수 있다. 그분은 완벽하게 의로우신 분이므로 틀렸다고 판단되는 것을 위해서는 결코 변론하지 않으실 것이기 때문이다. 이것이 사도 요한이 의도하는 '의로우신'이라는 말의 뜻이다.

예수 그리스도는 하나님께 우리가 저지른 죄악들에 대해 대충 눈감아 달라는 식의 용서를 청하지 않으실 것이다. 여기에 대해 내가 할 수 있는 방식으로 조심스럽게 표현하면, 주님이 하나님 앞에 서서 "제가 이들의 죄악에 합당한 벌을 이미 감당했으니 이들의 죄악을 용서해 주심이 합당하다고 생각합니다."라고 요청하고 계실 것이다. 우리의 대언자는 아버지 앞에서 "아버님, 율법이 이미 완성되었으며 사망이 폐한 바 되었고 징벌의 집행이 이루어졌기 때문에 아버지의 법을 철회해 주시기 바랍니다. 이제 이들은 제가 죽음으로 말미암아 자유함을 누릴 수 있습니다."라고 말씀하고 계실 것이다.

다시 말해 로마서 3:26에서도 말씀했듯이, 그리스도만이 하나님으로 하여금 불의한 자들을 의로운 자들로 인정할 수 있게 해주시는 분이다.

얼마나 위로와 위안이 되는 말씀인가? 다음과 같이 말한다는 것이 두렵기는 하지만 감히 확신을 갖고 말하면, 우리의 유익을 위해 하나님 앞에 서서 변론해 주는 그분의 사역이 있음에도 불구하고 하나님이 우리의 죄악을 용서해 주지 않으신다면 하나님은 공의롭지 못하신 분이라고 표현할 수 있다. 다시 한번 말하면 예수 그리스도는 우리를 위해 돌아가셨다. 그분의 죽으심이 있었기 때문에 하나님은 그분, 즉 조금의 죄나 허물도 없는 지극히 의로우신 예수 그리스도를 믿는 자들의 죄와 허물을 용서해 주시는 일이, 하나님의 공의로운 성품에 전혀 누가 되지 않고 오히려 그분의 의로우심을 드러내는 일이 될 수 있다는 사실이다.

마지막으로 그리스도의 대언 사역의 기초를 이루는 '화목 제물'이라는 단어에 대해 생각해 보자. '화목하게 하다'라는 이 단어는 호의를 베푼다는 의미로, 사람이 어떤 사람에 대해 호의와 즐거움의 눈길로 대한다는 뜻이다. 본문이 우리에게 말하는 것은 예수 그리스도 자신이 화목하게 하는 제물이 되었다는 것을 의미한다. 그분이 단순히 피를 흘리신 것이 아니라 우리의 화목 제물이 되셨다는 말이다. 그분은 대제사장이셨을 뿐 아니라 제물 자체였다는 뜻이다.

구약 시대의 대제사장은 자신이 아닌 다른 것을 화목 제물로 드렸다. 하지만 그리스도는 자신을 희생해 화목 제물로 드린 대제사장이시다. 따라서 요한 사도가 말하려는 것은 그리스도는 화목을 위해 희생된 화목 제물일 뿐만 아니라 화목 그 자체였다는 것이다.

죄인들이 하나님과 더불어 화목하는 데 필요한 모든 것이 예수 그리스도 안에서 주어졌다. 주님은 제사장이며 또한 왕이시다. 그분은 희생 제물로서 화목을 위해 피 흘렸던 분이시다. 그분은 하늘에 있는 장막을 정결하게 하셨다. 그분 안에 우리에게 필요한 모든 것이 주어져 있다. 우리에게는 그분 외에 다른 어느 것도, 다른 어떤 사람도 필요하지 않다. 그분 스스로가 우리를 위한 화목 제물로 드려졌기 때문이다.

하나님의 아들인 그분이 화목 제물이 되시기 때문에 우리는 죄를 두려워할 필요가 없다. 우리는 사도 요한과 더불어 그리스도야말로 온 세상의 죄를 감당하기에 조금도 부족함이 없는 분이라고 고백할 수 있다.

그러므로 우리의 적인 사탄이 우리 죄를 물고 늘어지면서 실망과 좌절에 빠뜨리려고 할 때, 담대하게 "아버지 앞에서 나에게 대언자가 있으니 곧 의로우신 예수 그리스도시라 그는 나의 죄를 위한 화목 제물이니 나만 위할 뿐 아니요 온 세상의 죄를 위하심이라. 따라서 하나님은 나를 다시 받아 주실 것이며, 그분과의 교제도 회복되었으므로 그분과 교제를 나누는 삶을 계속 유지해 나갈 것이다."라고 말할 수 있어야 된다.

바로 이것이 신약성경에서 가르치는 화목에 대한 교리이다. 이것은 죄에 대한 용서를 가르치는 교리이다. 이 말씀이야말로 사람이 하나님과 교제를 가지며 그분과 영광스러운 교제를 지속할 수 있는 유일한 길을 제시하는 것이다.

"아버지 앞에서 우리에게 대언자가 있으니 곧 의로우신 예수 그리스도시라."

우리가 그의 계명을 지키면 이로써 우리가 그를 아는 줄로 알 것이요 그를 아노라 하고
그의 계명을 지키지 아니하는 자는 거짓말하는 자요 진리가 그 속에 있지 아니하되
누구든지 그의 말씀을 지키는 자는 하나님의 사랑이 참으로 그 속에서 온전하게 되었나니
이로써 우리가 그의 안에 있는 줄을 아노라 그의 안에 산다고 하는 자는
그가 행하시는 대로 자기도 행할지니라 _ 요일 2:3-6.

Chapter 17

그리스도를 아는 것

사도는 본문 3절의 시작 부분에서 자신이 이 서신의 첫 부분부터 언급한 교리들을 적용하려는 것을 볼 수 있다. 우리는 사도 요한이 가르치려는 위대한 주제인 아버지와 아들 예수 그리스도와의 교제에 대한 내용을 기억하고 있다. 하나님과의 교제는 예수 그리스도와 그분의 완전한 사역을 통해서만 가능하다는 것 역시 말씀을 통해 배웠다.

실제로 사도 요한은 우리가 하나님과 동행하는 삶을 살아가는 데 있어 비록 죄를 짓게 된다 할지라도 그 자체가 우리를 절망스런 상황으로 이끌어 들이는 것은 아니라고 말했다. 그는 그리스도가 우리의 죄를 아버지 앞에서 대언해 주는 속죄의 사역을 통해 죄 문제를 다루어 주신다고 설명했다. 예수 그리스도가 변호해 주신다는 사실 때문에 우리는 감히 하나님 존전에 설 수 있다는 가장 기본적인 교리에 대한 확신을 가진다. 이것이 우리가 가장 많은 시간을 소모했던 근본 교리이다. 이 교리

야말로 사도가 이 서신에서 말하려고 하는 모든 것의 바탕이 되는 가장 기본적인 것이다.

우리는 이 같은 기본 교리를 대할 때, 할 수 있는 한 신중하게 이해하려는 노력을 전혀 지나친 것이라고 생각할 필요가 없다. 이처럼 각별한 관심을 갖고 이 교리를 대해야 하기 때문에 우리는 서두를 필요가 전혀 없다. 분명한 것은 이 교리를 통해 예수 그리스도의 보혈과 그분의 의로우심 외에 우리가 의지할 곳은 아무 데도 없다는 것을 확실하게 알아야 한다는 것이다. 오직 그분 안에서만 어떠한 소망이든지 찾을 수 있다.

사도는 이와 같은 교리를 설명하면서 대단히 실제적이고 중요한 부분으로 인도해 나가고 있다.

그리스도인의 삶이란 어떤 교리에 대한 지적 동의만이 아니라 실제의 삶 그 자체이기 때문에 사도 요한은 매우 실제적인 방식으로 이 모든 내용을 다루고 있다. 우리가 하나님과 교제를 나누는 데 방해하는 요소들이 있는데, 이런 것을 매우 신중한 자세로 대해야 할 필요가 있다. 이런 이유로 요한은 오늘 본문 3-6절을 통해 이 문제를 다루고 있다. 나중에 강조할 것이지만 어쨌든 사도가 지금 무엇보다도 먼저 이 문제에 대해 언급하고 있다는 점을 살펴보는 것은 대단히 중요하다.

사도는 이 문제에 접근하면서 자신의 독특하고 개성 있는 많은 단어를 소개하는 것을 볼 수 있다. 참으로 재미있는 것은 성경을 기록한 모든 기자가 사용한 어휘들을 살펴보면 나름대로 개성 있는 독특한 어휘들을 사용한다는 것이다. 이와 같은 관찰은 성경의 영감 교리를 설명하는 여러 관점들 중의 한 부분이 될 수 있다.

이런 관찰을 근거로 볼 때 기계적 영감설은 그리 타당한 설명이 될 수 없다. 성경 기자들 각자의 개성이 기록 속에 담겨 있기 때문이다. 우리가 말할 때 나름대로 즐겨 쓰는 어휘들이 있듯이, 모든 설교자가 나름대로 자주 반복해 쓰는 용어들이 있듯이, 성경의 기자들도 나름대로 즐겨 쓰는 어휘들이 있다. 사도 바울에게도 즐겨 사용하는 용어들이 있었으며 사도 요한도 역시 그랬다. 또한 사도 베드로도 자신만이 사용하는 어휘들이 있었다.

이제 사도 요한이 즐겨 사용하던 단어들을 살펴보도록 하자. 그 단어란 본문 말씀인 "이로써 우리가 그를 아는 줄로 알 것이요"에서 사용된 '알 것이요'라는 어휘이다. 본문 말씀뿐 아니라 요한이 기록한 복음서와 다른 서신서들을 보더라도 이 단어를 찾아볼 수 있다. 또한 요한복음 15장에서도 볼 수 있듯이, '거하다'라는 단어를 여기서만이 아니라 그의 다른 기록 가운데에서도 자주 찾아볼 수 있다. 그리고 '지키다'와 '동행하다'의 단어들도 그가 즐겨 사용하던 어휘들이다.

덧붙이자면 이런 식으로 어휘들을 살펴봄으로써 성경 기자에 대한 문제들을 설명할 수 있다. 일련의 서신서들을 기록한 기자들에 관한 질문뿐만 아니라 복음서들을 누가 기록했는가에 대한 질문에 대해서도 공통된 어휘 사용에 대한 연구를 통해 매우 명확하고 확실하게 설명할 수 있다. 우리는 성경 말씀을 대하면서 이것을 깊이 명심해야 한다. 요한이 기록한 복음서를 읽음으로써 그의 문체에 익숙해진 독자들이 그의 서신서들을 대하면 낯설지 않고 익숙함을 느낄 수밖에 없다.

어쨌든 사도 요한이 본문 구절을 통해 가지고 있는 주된 관심은, 복음을 단순히 알게 하려는 데 있는 것이 아니라 그 복음을 그리스도인의 삶에 어떻게 접목시키느냐에 있다. 그러기에 여기서도 그가 복음서에서 기록한 어휘들과 비슷한 방식으로 사용했음을 알 수 있고 복음서와 서신서와의 재미있는 연관성, 즉 우선적으로 교리에 대해 설명한 후 교리의 실제적 적용에 관한 내용을 다루었다는 것에 대해서도 알 수 있다.

이와 같은 연관성 속에서 우리는 좀더 실제적인 내용에 접근하고 있음을 보게 된다. 그렇다고 여기에서 교리에 관한 내용이 삭제되었다고 말할 수는 없다. 여전히 우리가 전혀 무시할 수 없는 중요한 교리들로 가득 찬 것을 찾아볼 수 있다. 지적 차원에서 볼 때 신약성경은 교리와 적용을 분리시킨다고 말할 수 있을지 모르지만 사실상 이 둘은 분리될 수 있는 성질의 것들이 결코 아니다. 적용은 언제나 교리의 결과라고 말할 수 있다. 예를 들어 우리가 강을 이루는 요소와 강 자체에 대해 말할 때 어떤 면에서 보면 강과 강을 이루는 요소들은 분리될 수 있지만 엄밀히 보면 이 둘은 분리시킬 수 있는 것이 아니다. 교리도 이와 같은 맥락에서 이해할 수 있다. 교리와 실제적 삶, 이 두 가지는 둘이면서도 유기적으로 나눌 수 없는 한 가지라고 말할 수 있다.

이제 사도가 우리에게 말하고자 하는 내용을 살펴보자. 그가 말하는 바를 다음과 같이 받아들일 수 있을 것이다. 그리스도인은 무엇인가를 '알아야' 한다고 그는 말했다. 즉 "이로써 우리가 그를 아는 줄로 알 것이요"라는 구절을 통해 그가 확신에 대한 위대한 교리를 소개하는 것을 알 수 있다. 나는 이 구절 말씀이 너무나도 완벽하게 표현되어 있기 때문에 이 말씀을 좋아한다.

베드로후서 1:10의 말씀에서도 "너희 부르심과 택하심을 굳게 하라"는 표현으로 본문 내용과 비슷한 주장을 하고 있다. 그것을 정확하게 표현할 수 있는 말은 "그리스도인은 자신이 알고 있는 것이 무엇인지를 알고 있는 자들이다."라는 것이다.

나는 한 선생이 학생을 칭찬하는 표현을 들은 적이 있다. 그 선생은 "이 친구는 자신이 무엇을 알고 있는지를 알고 있다."라고 칭찬했다. 그것은 "저 학생은 무엇이든지 알고 있다."라고 말하지 않았지만 그 학생이 자신이 배운 내용에 관한 한 확실하게 알고 있다는 말이 된다. 이 같은 의미를 가지고 사도 요한은 그리스도인에 대해 말하는 것이다.

어떤 면에서 보면 사도 요한이 이 서신을 통해 말하려는 전반적 목적은 바로 확신의 교리에 대한 설명을 해주는 것이라고 말할 수 있다. 그러므로 그가 이 서신의 마지막 부분인 5:13에서도 "내가 하나님의 아들의 이름을 믿는 너희에게 이것을 쓰는 것은 너희로 하여금 너희에게 영생이 있음을 알게 하려 함이라"고 기록한 바와 같이, 계속해 이 확신의 교리에 대해 언급하는 것을 볼 수 있다.

이 교리는 대단히 중요한 교리이다. 하지만 어떤 특정한 이유로 이 교리를 근본적으로 반대하는 사람도 있다. 사실 나는 그리스도인이라고 하면서도 모든 것 중 가장 영광되고 소중한 확신의 교리를 반대하는 자들에 대해 몹시 의아하게 여기고 있다. 일반인들도 보통 이 세상에 살고 있는 삶과 관계된 것들에 대해 확신하는 것을 좋아한다. 그러기에 인간에게 매우 어려운 문제 중의 한 가지는, 우리가 여러 가지 일들에 대해 확실하지 않다는 사실이라고도 할 수 있다. 그럼에도 불구하고 신약성경이 우리에게 이와 같이 축복된 확신에 대해 말씀하는 바를 우리는 죄성으로 인해 반대하고 있는 것이다.

왜 그와 같이 반대하는 것인가? 거기에는 여러 이유들이 있다. 그 첫 번째가 그것은 확신이 아니라 가정이나 억측이라고 느끼는 사람들의 주장이다. 그들은 "내가 누군데 감히 하나님을 안다고 가정해 말할 수 있는가? 하나님은 지극히 온전하고 거룩한 분이시라는 것과 나는 죄로 가득 차고 전혀 가치가 없는 사람이라는 것을 아는데 어떻게 감히 하나님을 안다고 주장할 수 있겠는가? 무슨 권리로 내가 믿는 분을 안다고 말할 수 있으며 나의 죄가 사함받았다고 자신 있게 말할 수 있단 말인가?"라며 우롱하는 듯한 겸손의 모양을 취해 말하곤 한다.

또 다른 부류는 이 확신의 교리를 믿는 어떤 특정인들에 대해 반항하는 마음가짐 때문에 교리를 대할 때 적대적 태도를 취한다. 이들은 "말만 잘하고 확신의 교리에 대해 긍정적으로 말하면서도 자신들이 행하는 바로 그것을 부인하는 것처럼 보이는 피상적이고 천박한 자들처럼 되고 싶지 않다. 그들은 그저 그 교리에 대해 시끄럽게 떠들어 대기만 하고 자족할 뿐이다."라고 하면서 이 교리를 따르는 것을 거절한다.

이제 공정한 입장에서 살펴보도록 하자.

어떤 면에서 우리는 이와 같은 입장을 취하는 자들을 이해할 수 있다. 이런 이유 때문에 우리가 주장하는 바와 부합하는 행동과 인격을 나타내며 살아야 된다는 것을 다시 한번 확인할 수 있다. 어쨌든 확신의 교리에 대해 대적하는 사람들을 이해한다 하더라도 다른 어떤 연약한 사람들 때문에 참으로 중요한 확신의 교리를 받아들이지 못한다는 주장은 성립되기 어려운 것이다. 나는 지극히 논리적으로 그리고 확신 있게 여러분에게 입증할 수 있다. 어떤 사람을 좋아하니까 또는 싫어하니까 등의 이유로 모든 것을 판단한다면 여러분은 그 어느 것도 믿지 못하게 된다. 어느 곳에든지 항상 여러분이 싫어할 만한 사람이 있으므로 여러분은 어느 정당이나 어떤 단체에도 속해 있기 어려울 것이다. 결국 여러분은 모든 것으로부터 분리되는 삶을 살아야 된다는 말이다.

분명한 대답은 어떤 사람이 뭐라고 하든 간에 신약성경은 교리로 가득 차 있다는 것이다. 이 같은 세상에 사는 사람들에게 이 같은 교리를 담은 말씀이야말로 유일한 해결책이 아닌가 생각한다. 여러분이 보다시피 신약성경은 이 세상에 거하는 사람들의 삶에 대해 매우 우울하고 어둡게 표현하고 있다.

마태복음 24:6에서 "난리와 난리 소문"을 들을 것이라고 말씀한 바와 같이 신약성경은 우리에게 환란과 시련과 핍박에 대해 준비시킨다. 그럼에도 불구하고 로마서 8:38-39의 "사망이나 생명이나 천사들이나 권세자들이나 현재 일이나 장래 일이나 능력이나 높음이나 깊음이나 다른 어떤 피조물이라도 우리를 우리 주 그리스도 예수 안에 있는 하나님의 사랑에서 끊을 수 없으리라"는 축복된 내용을 확신함으로써, 또 우리가 이와 같이 우리를 보호해 주시는 하나님을 알고 있다는 사실을 알고 있음으로써 모든 환란과 시련과 핍박을 극복할 수 있다.

금방 살펴본 로마서 8:38은 사도 바울이 우리에게 제시하는 위로와 위안의 말씀이다. 인생의 말년에 감옥에 들어가 앉아 있는 한 노인으로서의 바울 사도를 생각해 보라. 그가 어떻게 이런 어려움들을 극복해 낼 수 있었겠는가? 그 대답은 디모데후서 1:12의 내용과 같다.

"이로 말미암아 내가 또 이 고난을 받되 부끄러워하지 아니함은 내가 믿는 자를 내가 알고 또한 내가 의탁한 것을 그날까지 그가 능히 지키실 줄을 확신함이라."

이 말씀과 같이 그에게는 확신이 있었다.

이와 같은 말씀으로 신약성경은 가득 차 있으며 따라서 우리는 확신의 교리를 떠나서 다른 어느 것도 말할 수 없다. 이 확신의 교리를 믿지 않는다는 말은 신약성경이 제시하는 가장 핵심 교리를 부인하는 것이 되기 때문이다.

오늘 본문에서 요한 사도는 매우 간결하게 묻고 있다. 그의 질문이란 "여러분이 알고 있어야 될 것이 과연 무엇인가?"이다. 그리고 그는 두 가지 중요한 답변을 해주었다.

첫 번째는 예수 그리스도를 알아야만 한다는 것이다. 우리는 여기에 대해 매우 명확히 해야 된다. "이로써 우리가 그를 아는 줄로 알 것이요"라는 말씀은 우리가 그분에 대해 어떤 것을 알아야만 된다는 것을 의미하는 것이 아니다. 사도가 말하고자 하는 것은 그리스도를 아는 것이다. 그분에 대해서는 그가 이미 말했다. "아버지 앞에서 우리에게 대언자가 있으니 곧 의로우신 예수 그리스도시라." 그리스도는 "우리 죄를 위한 화목 제물이니 우리만 위할 뿐 아니요 온 세상의 죄를 위하신" 분이시다. 따라서 요한은 여기에서 우리가 그분을 안다는 것에 대해 알아야 될 것이라고 말하고 있다.

내가 항상 질문의 형태를 취해 말하고 싶은 것이 있다. 그것은 "우리가 그분을 알고 있는가?"라는 질문이다. 나는 그분에 대해 어떤 부분을 알고 있는가 없는가와 같은 질문을 하려는 것이 아니다. 우리는 그분이 베들레헴에서 어린 아기로 출생한 것에 대해 알고 있다. 그분이 소년 시절 성전에 있었다는 사실과 목수였다는 사실도 알고 있다. 우리는 복음서를 읽었기 때문에 그분이 행한 기적들에 대해서도 알고 있다. 우리는 이 같은 지식들에 대해 충분히 잘 알고 있지만 이런 지식들을 요한이 지금 말하는 것이 아니다. 그가 지금 말하는 '안다' 라는 단어는 좀더 개인적이고 직접적이며 상관이 있는 관계를 내포하는 것이다.

성경은 언제나 매우 강하게 우리에게 접근한다. 이 말은 단순히 일반적으로 그리고 외형적으로 잘 안다는 것을 의미하는 것이 아니다. 이 말이 의미하는 것은 개개인의 삶과 밀접하게 연관되어 가까이 접하고 관심을 가지는 관계이다. 그 이하로는 해석할 수 없다. 요한이 말하려는 바도 우리가 예수 그리스도를 이 같은 방식으로 알아야 된다는 것이다.

우리의 교제는 아버지와 그의 아들과의 교제이다. 본문에서 말하는 '그' 는 의심할 여지도 없이 앞에서부터 쭉 설명하는 아들을 가리키며 아울러 아버지에 대한 지식도 내포한다고 볼 수 있다.

그러므로 우리는 기도할 때마다 자신에게 질문해야 할 근본 문제로 돌아와야 된다. 그 질문이란 "나는 과연 하나님을 알고 있는가? 나는 지금 소원과 두려움과 포부와 열망의 기도만 올리고 있는가? 아니면 확실하게 하나님이 보좌에서 나의 기도를 들어주고 계시다는 것을 알고 있는가? 예수 그리스도는 나에게 실재하는 분으로 계시는가?"와 같은 것들이다.

신약성경이 우리에게 말씀하는 것은 그분에 대한 어떤 내용들을 믿어야 된다는 것이 아니라 그분을 알아야 한다는 것이다. 또 실제로 이것이 기독교의 입장이다. 우리는 이 같은 테스트를 통해 자신을 점검해야 된다. 과연 우리는 예수 그리스도와 지속적인 대화를 유지할 수 있는가? 그분과 교제하며 연합된 삶을 견지해 나아갈 수 있는가?

두 번째는 우리가 그분 안에 있다는 것이다. 본문 말씀으로 여러분을 상기시키고자 한다. "우리가 그의 계명을 지키면 이로써 우리가 그를 아는 줄로 알 것이요 그를 아노라 하고 그의 계명을 지키지 아니하는 자는 거짓말하는 자요 진리가 그 속에 있지 아니하되 누구든지 그의 말씀을 지키는 자는 하나님의 사랑이 참으로 그 속에서 온전하게 되었나니 이로써 우리가 그의 안에 있는 줄을 아노라 그의 안에 산다고 하는 자는 그가 행하시는 대로 자기도 행할지니라."

여기서 요한이 계속해 가르치는 또 다른 교리를 볼 수 있다. 다시 말해 그분에 대해 개인적으로 매우 가까운 관계에서 잘 아는 것으로 멈추어서도 안 된다는 말이다. 우리는 그분과 하나로 연합된 관계에 있다는 사실을 의미하는 것으로, 이것은 믿는 자들과 그리스도의 신비적 연합을 가르치고 있다.

"그의 안에"라는 구절은 신약성경에 있는 매우 위대한 구절들 중 하나이다. 사도 바울이 로마서 16장에서 독자들을 향한 자신의 관심을 열거한 일련의 내용 중에서, 그는 그들이 "그리스도 안에" 있는 자들임을 밝히고 있다. 이와 같은 표현을 신약성경 곳곳에서 찾아볼 수 있다. 우리는 그리스도와 결합된 자들이다. 우리는 그 안에 거하는 자들이기 때문에 어떤 의미에서는 고린도전서 12:27에서 사도 바울이 "너희는 그리스도의 몸이요 지체의 각 부분이라"고 말했듯이, 우리 몸의 각 부분이 그분의 몸 안에 있다고도 할 수 있다.

그러므로 그리스도인은 그리스도 안에 있는 자들이라고 할 수 있다. 이 같은 유추는 요한복음 15장에서 포도나무와 가지의 형태로 완벽하게 설명되었다. 이 관계는 생명력이 있는 유기적 관계이다. 단순하게 기계적으로 접착되어 있는 것이 아니라 살아 있는 것으로서 접목되어 있는 관계이다.

포도나무에 붙어 있는 가지는 포도나무로서의 삶을 공유하고 있다. 바로 이와 같은 유기적 연합이 그리스도인과 주님과의 관계이다. 요한은 주님과 우리가 생명력이 있는 유기적 관계 안에 있다고 말했다. 우리가 그리스도의 한 지체로서 그분 안에 거하며, 그분이 우리 안에 있으므로 우리가 그분의 생명을 받았다는 것을 알아야 된다.

여기에서 우리는 다시 한번 중생에 대한 신약성경의 위대한 가르침을 접할 수 있다. 그리스도인은 비록 여러 의견을 가지고 있다 할지라도 그저 단순하게 의견을 주장하고만 있는 사람이 아니라는 사실이다. 그리스도인은 용서에 대해 알 뿐만 아니라 "그런즉 이제는 내가 사는 것이 아니요 오직 내 안에 그리스도께서 사시는 것이라"와 같은 갈라디아서 2:20의 고백도 하면서 살 수 있는 사람이어야 한다.

그리스도인은 삶에서 또 다른 질적 내용, 즉 그리스도인의 삶 안에 하나님 아들의 삶이 있다는 것을 인식하면서 살아야 한다. 그리스도인은 그리스도 안에 있는 사람이며, 그리스도의 생명이 그들의 삶에 들어와 그들과 함께 계시기 때문이다.

이제 요한이 우리에게 하고자 하는 말은 우리가 이것을 알아야 된다는 것이다. 즉 우리가 알고 있다는 사실을 알아야 된다는 말이다. 여러분은 자신이 그분 안에 거하고 있다는 사실을 아는가? 여러분은 그분의 생명이 여러분 안에 있다는 사실을 확실히 아는가? 바로 이런 내용이 사도가 강조하는 가르침이다.

그렇다면 어떻게 그리스도인이 이것을 알 수 있는가? 이것이 다음 요지인데 여기에 관한 기초 지식을 생각해 보도록 하자. 어떻게 우리의 경험에 대한 신빙성 여부를 측정할 수 있는가? 이것이 가장 중요한 주제가 될 수 있다. 여기에 관한 한 의심할 여지가 별로 없지만 사도가 이 구절을 기록할 때는 나름대로 염두에 두고 있는 특정인들이 있었다. 내가 이 서신의 첫 장에서 하나님과의 교제에 대해 언급할 때, 초대교회 때 있었던 영지주의에 대해 다루었던 것을 기억할 것이다. 그 당시 특별한 지식을 주장하는 사람들이 있었다. 그때 이미 신비적인 것을 추구하는 종교들이 있었는데, 기독교 분파 가운데에도 철학과 신비적 요소를 가미한 동양 종교들과 이상야릇하게 혼합된 것들이 있었다.

이와 같은 이상스러운 모습의 기독교 분파는 초대교회 시절에만 국한된 것이 아니다. 내가 볼 때는 지금 이 시대에도 이와 유사한 형태의 종교들이 너무나도 많이 있다. 철학자들은 신비적으로 되려는 경향이 있다. 참으로 알다가도 모를 일이다.

처음에는 이런 사실이 모순되게 들리지만 결코 모순된 일이 아니라는 사실을 종국에는 알 수 있게 된다. 이해력이 뛰어난 철학자들은 이성적 생각과 논리를 근거로 자신의 주장을 펴 나간다. 그리하여 나름대로 인생의 전반적 의미를 찾아내는 듯이 보이기도 한다. 하지만 처음에는 그렇게 무엇인가 해결해 나가는 것같이 보이다가도 언제부터인가 제대로 그 의미를 찾아낸 것이 아니라는 것을 솔직하게 인정할 수밖에 없는 상황에 도달하게 된다. 그들은 "여태까지 해 놓은 것이 무엇인가?"라는 질문을 하면서, 늘상 그러했듯이 결국 인생의 문제를 다루는 데 있어 한 가운데 계신 예수 그리스도의 복음을 간과해 지나가 버리고는 철학에서 신비주의로 직접 넘어가곤 한다. 이성을 갖고 노력하다가 참복음을 망각하고 이상한 신비주의적 경험으로 이끌려 가 버리곤 한다.

이런 사람들이 초대교회 시대에 있었으며 사도 요한이 그들을 염두에 두고 있었다는 사실은 의심할 여지가 없다. 그들은 어떤 신비적 진리를 우선적으로 소개받았다. 그리고 함께 모여 이런 것들을 가르침과 아울러 계시를 받았다. 따라서 그들은 항상 자신의 신비적 경험을 이야기하게 되고 결과적으로 자신이 특별한 지식을 소유하게 되었다고 말했다. 이것을 염두에 둔 상태에서 골로새서를 읽어 보면 이 문제에 관해 아주 자세히 조명해 주는 것을 알 수 있다.

사도 요한은 다음과 같은 질문으로 이 문제를 대하고 있다. "여러분은 자신의 경험을 꼭 테스트해 보아야 된다. 모든 경험이 다 진리가 아니라 잘못된 것들도 있기 때문이다. 그러므로 영들을 시험하고 검증해 참인가 거짓인가를 가려내야 된다. 모든 영을 다 믿지 말기 바란다. 영들 중에는 적그리스도의 영도 있고 거짓 영도 있기 때문이다. 마귀는 광명의 천사로 탈바꿈할 수도 있는 자이다. 그는 능히 많은 그리스도인으로 하여금 가짜 경험을 하도록 이끌어 줄 수 있는 자이기도 하다. 물론 모든 그리스도인의 경험을 전면적으로 부인하는 것은 아니다. 그저 많은 경우가 그러하다는 것이다. 여러분이 어떤 경험을 했다면 그 경험을 엄밀하게 시험하고 검증해야만 한다. 지금 자신이 그리스도에 대한 특별한 지식을 갖고 있다고 주장하는 사람들이 신비적 체험을 했다고 우기는

데 여러분은 어떻게 이것이 참인지 거짓인지 시험할 수 있는가?"

그는 여기서 이런 경험들을 시험할 수 있는 첫 번째 길로 인도하고 있다. 이것이야말로 참으로 귀중한 것이라고 생각한다. 목회자로서의 경험에 비추어 볼 때, 너무도 많은 사람이 주위의 다른 사람들이 특별하게 경험하는 것을 자신은 경험하지 못하는 것에 대해 안타까워하고 심지어 불행하게 생각하는 것을 보았기 때문이다.

예를 들어 그들은 불덩어리를 보았다거나 온 방이 환하게 밝아지는 것을 느꼈다거나 하는 등의 체험을 하지 못했다는 이유로 자신들이 그리스도인이라는 사실까지도 의심하는 것을 볼 수 있다는 말이다. 그들은 특별한 환상을 체험해 보지 못했기 때문에 신약성경이 그들에게 베풀어 주어야 하는 참으로 놀라운 경험들을 빼앗겨 버렸다고 생각한다.

어떻게 우리가 그분을 알고 있다는 사실을 알 수 있는가? 사도 요한이 무엇이라고 설명했는지 한번 살펴보기 바란다. 나는 여기서 매우 재미있다고 여겨지는 한 가지 요소를 말하려고 한다.

사람들은 사도 요한을 신비주의자라고 묘사하기를 좋아한다. 그 이유 때문에 어떤 이는 사도 바울은 싫어하면서도 요한은 좋아한다. 사도 바울은 너무 논쟁을 많이 하며 논리적이고 이성적인 반면, 요한은 사랑과 신비적인 것으로 가득 차 있다고 믿기 때문이다.

신비적인 사람으로 묘사되는 요한이 우리의 경험을 시험하고자 할 때, 어떤 신비적 경험이 아니라 우리의 행위와 삶 자체로 검증해야 한다고 말하는 것이 얼마나 재미있는 일인가? 이상야릇하고 신비적인 것과는 전혀 거리가 먼 "이로써 우리가 그의 안에 있는 줄을 아노라"는 말씀이 바로 이 의미를 지니고 있다는 말이다. 이것을 풀어서 표현하면 "우리가 그의 계명을 지키면"이라고 할 수 있는데, 아마도 이것이 가장 적절한 표현이 될 수 있을 것이라고 본다.

우리가 그분을 안다고 말하도록 해주는 것은 우리의 경험이나 느낌이나 감각이나 환상이나 기도에 대한 놀라운 응답이나 흥미진진한 것이나 어떤 특별한 것이 아니다. 우리 모두는 이런 일들에 매우 익숙하다. 실제로 많은 사람이 이런 경험을 체험해야만, 항상 이것에 대해 이야기를 나누어야만 확실하게 주님을 안다고 생각하는 경향이 있다. 하지만 요한은 분명하게 그렇지 않다고 말했다. 이런 경험은 우선적으로 놓을 수 있는 것이 아니며 안전한 것도 될 수 없다고 말했다.

하나님은 누구든지 하나님을 잘못 이해하는 것을 금하고 있다는 사실을 우리가 알아야 된다. 물론 그리스도인의 삶 안에는 당연히 체험이 있을 수밖에 없다. 비록 사도 바울이 경험했으면서도 언급하기를 두려워했던 것처럼 드물게 오는 체험이기는 하지만, 나는 이런 체험으로 인해 하나님께 감사드린다. 사도 바울은 고린도후서 12장에서 "나는 십사 년 전에 셋째 하늘에 이끌려 간 자에 대해 말하고자 함이 아니라 오히려 이런 일이 있게 해주신 하나님께 감사드린다."는 의미로 말했다.

그럼에도 불구하고 사도 요한이 말하려는 것은 이런 체험들을 최고의 우선순위에 놓을 수 있는 것은 결코 아니라는 것이다. 무엇보다 먼저 테스트해야만 할 것은 "당신의 삶은 과연 어떠한가? 당신은 어떻게 살아가고 있는가?"이다. 다시 말해 "과연 당신은 그분의 계명들을 지키고 있는가?"와 같은 질문을 통해 자신이 그분의 것이라는 사실을 알 수 있게 된다는 것이다.

그분의 계명들을 지킨다는 것은 여러 가지 구체적 금지 명령에 관한 목록들을 벽에 걸어 놓고 그것을 지키기 위해 최선의 노력을 다하는 것을 의미하는 것이 아니다. 오히려 그리스도인으로서 그리스도인답게 살려고 최선을 다한다는 의미라고 할 수 있다.

계명을 지키고자 하는 가장 큰 목적은 바로 그분을 즐겁게 해드리는 것이다. 나는 내가 무엇을 하기를 그분이 원하시는지 알고 있다. 나는 그분이 무엇을 원하시는지 구약과 신약성경에서 찾을 수 있다. 즉 나에게는 적용시킬 수 있는 십계명의 말씀과 산상 수훈의 말씀이 주어져 있다는 말이다. 또한 신약성경에서 가르치는 도덕적이고 윤리적인 모든 가르침이 주어져 있다. 바로 이런 가르침들이 그분이 우리에게 주신 계명들이며 우리가 지켜야 될 것들이다.

사도 요한은 "매우 솔직하게 여러분이 그분의 계명들을 지키는 일에 참으로 관심이 있다고 말한다면, 여러분이 주님이 주신 계명들을 지키는 것이 인생을 살면서 이루고 싶은 귀중한 소망이기 때문에 참으로 많은 노력을 기울이며 최선을 다하고 있다고 말한다면, 여러분은 자신이 그분 안에 거하고 있다는 사실을 알게 될 것이다. 그분을 안다는 말은 그분이 걸으실 때 함께 따라서 걷는 것을 의미하기 때문이다."라고 말했다. 그래서 그분 안에 거한다고 말하는 사람은 그분이 이전에 걸으셨던 발자취까지도 더듬으면서 따라 걸을 수 있어야 된다는 것이 지금 사도 요한이 하고자 하는 말이다.

성경 말씀은 자주 우리의 인생을 걷는다 또는 행한다는 말로 표현했다. 창세기 6:9에는 노아가 하나님과 동행하였다고 기록했다. 또한 17:1에는 하나님이 아브람에게 "너는 내 앞에서 행하여 완전하라"고 말씀하시는 것을 볼 수 있다. 예수 그리스도는 요한복음 8:12에서 "나는 세상의 빛이니 나를 따르는 자는 어둠에 다니지 아니하고 생명의 빛을 얻으리라"고 말씀하셨다. 사도 바울은 에베소서 5:8에서 "너희가 전에는 어둠이더니 이제는 주 안에서 빛이라 빛의 자녀들처럼 행하라"고 권면의 말을 하는 것을 볼 수 있다.

이와 같이 행하다 또는 걷는다는 표현을 통해 주어지는 말씀들이야말로 그리스도인의 삶을 너무나도 멋있게 묘사하고 있다. 긴 여정을 주님과 더불어 걷는다는 것이다. 요한은 여기서 매우 간단하게 어떤 설명 없이 "여러분이 그분 안에 있다고 말한다면 그분이 걸으셨던 대로 따라서 걷기 바란다. 그분의 발자취와 그분의 행실들을 보라. 그분이 이 세상에서 어떻게 사셨는가를 차근히 들여다보라. 여러분이 그분 안에 있다고 말한다면, 여러분의 삶이 그분의 삶 안에 거하고 있다고 말한다면, 여러분이 포도나무에 붙어 있는 가지와 같은 자들이라고 말한다면, 필수적으로 포도나무의 특성을 자신에게도 담아 그 특성대로 살아야만 된다. 무엇인가의 생명을 취한다는 말은 그 무엇인가가 지닌 것들을 나타내고 보여 주는 것이라고도 할 수 있다. 따라서 참으로 그분 안에 거하고 있다고 말한다면 여러분은 그분이 걸으셨던 발자취를 그대로 따라 걸어야 된다."라고 말하고 있다.

이제 사복음서에서 보게 되는 주님의 삶을 살펴보자. 우리가 첫 번째로 볼 수 있는 것은 겸손과 온유의 모습이다. 이사야 42:3에는 "상한 갈대를 꺾지 아니하며 꺼져가는 등불을 끄지 아니하고"라고 그분에 대해 묘사하고 있다. 마태복음 11:28-29에서 주님은 "다 내게로 오라……나는 마음이 온유하고 겸손하니 나의 멍에를 메고 내게 배우라"고 말씀하셨다.

바로 이것이 주님의 모습이다. 이런 주님의 모습을 살펴볼 때 우리는 주님의 모습에 접근할 만한 자격이 없다는 것을 느끼게 된다. 우리가 간증하는 내용들을 살펴보면 자주 강한 면을 드러내는 것을 볼 수 있다. 우리는 그분 안에 거하고 있기 때문에 그리스도인의 삶에서 보여지는 능력에 대해 알려 줄 수 있다고 생각한다. 하지만 우리가 그분에 대해 알 수 있는 귀한 사실은, 온유하고 겸손한 분이시라는 것이다.

이 세상은 우리로 하여금 겸손해지도록 격려하지 않는다. 그래서 격정되는 것은 오늘날의 교회까지도 겸손하게 되는 것을 격려하지 못하는 것이 아닌가 하는 것이다. 우리는 이 세상을 따라가려는 경향이 있어 자신을 강하게 드러내고 주장하는 사람들로 변모하고 있다. 우리는 이 세상 사람들로부터 연약하고 나약한 자라는 소리를 듣는 것을 매우 두려워하는 것 같다. 그래서 거칠고 힘센 그리스도인이 되고자 노력한다. 하지만 이런 것에 대해 신약성경이 가르치는 것을 볼 수는 없다. 신약성경이 가르치는 것은 온유와 겸손이다.

고린도후서 10:10을 보면 사도 바울이 고린도 교인들에게 주님의 겸손과 온유에 대해 가르칠 때, 고린도 교인들은 사도 바울에 대해 "그가 몸으로 대할 때는 약하고 그 말도 시원하지 않다"고 어리석은 표현을 하는 것을 볼 수 있다. 오늘날의 교회들은 세상 사람들과 똑같이 자신들이 누구인가를 보여 주고 드러내려고 노력한다. 교회는 설교자에게 힘 있고 탁월한 자가 될 수 있도록 몰아치는 것 같다. 이런 현상들이 성경의 가르침과 얼마나 다른지를 볼 수 있어야 된다. 성경은 그리스도가 걸으셨던 발자취대로 걸을 것을 명령하기 때문이다.

그리스도가 이 땅 위에 계시는 동안 가졌던 최대 관심은 하나님의 뜻을 이루는 것이었다. 사람들을 즐겁게 하고자 함이 아니라 오직 하나님만을 기쁘게 해드리려는 것이 그분의 모든 목적이었다. 그분은 슬픔의 사람이었으며 비애를 잘 알고 계셨던 분이었다. 그분은 이 세상의 죄 때문에 통곡하셨던 분이었다. 이 세상의 죄가 그분을 상하게 했으며 그분에게 고통을 안겨다 주었다.

지금의 우리는 과연 이 세상의 답답한 현실로 슬퍼하고 계시는 그분의 슬픔에 조금이라도 참여하고 있는가? 사도 바울은 고린도후서 5:4에서 "우리가 짐 진 것같이 탄식하는 것은"이라고 표현했는데, 우리는 과연 탄식하고 있는가?

과연 우리는 주변에 만연해 있는 죄악들 때문에 짐 진 것 같은 느낌을 가지면서 살고 있는가? 이런 삶이야말로 주님이 걸으셨던 길이었다. 그러므로 우리 역시 그분의 발자취를 밟아 가야만 한다.

무엇보다도 우리는 그분 안에서 하나님에 대한 사랑, 사람들을 향한 사랑과 동정과 연민과 인내와 자애로움을 볼 수 있다.

사도 요한에 의하면 이와 같은 것이 우리에게 적용할 수 있는 테스트이다. 어떤 흥미진진함이나 환상에 의해 측정할 수 있는 것이 아니라 바로 우리 안에 그분과 똑같아지고 싶은 간절한 소원이나, 그분의 발자취를 그대로 따라가고 싶은 소원이나, 그분이 걸으셨던 길을 더듬어 걸어보고 싶은 소원이나, 그분의 계명들을 다 지키고 그분의 말씀들을 다 이루고 싶은 소원에 의해 우리 자신을 테스트해 볼 수 있다는 말이다.

이런 테스트는 사실상 피할 수 없는 것이다. 요한은 "여러분이 그러한 삶을 산다면 그리스도인이 될 것이다."라고 말하지 않고 오히려 "여러분이 그리스도인이라면 이같이 살 것이다."라고 말하고 있다. 여러분이 생명을 소유했다면 그 생명은 스스로 드러내 보여져야만 한다. 그렇지 않다면 여러분은 생명을 갖고 있는 것이 아니다. 이 같은 논리는 결코 피할 수 없는 것이다. 이런 논리는 논쟁할 수 있는 것이 아니다. 우리는 사실을 직시해야 된다. 그분처럼 되려는 삶을 살지 않으면서 그분 그리스도의 생명을 받았다고 말할 수는 없다. 하나님이 주신 계명들을 지키지 않으면서 하나님과 동행한다고 말할 수는 없다.

우리는 하나님을 우리도 모르게 저절로 사랑하지 못하면서 하나님을 안다고 말할 수 없다. 사랑은 사랑하는 대상이 원하는 것을 행함으로써 표현되기 때문이다. 이같이 가장 안전한 테스트로 주어진 것은 어떤 새로운 지식에 대한 이상하고 신비적인 가르침이 아니라 그분의 계명과 말씀을 지키며 그분이 걸으셨던 길을 좇아서 걷는 것이다.

이제 다시 한번 묻고 싶다. 여러분은 자신이 그분을 알고 있다는 것을 아는가? 여러분의 삶이 그분을 안다는 것을 증명하고 있는가? 이런 것들이 여러분이 가지고 있는 가장 큰 관심사라면 여러분은 그분을 알고 있다. 하나님은 우리 모두가 "나는 내가 그분을 알고 있다는 사실을 안다."라고 말할 수 있도록 도와주실 것이다.

> 사랑하는 자들아 내가 새 계명을 너희에게 쓰는 것이 아니라 너희가 처음부터 가진 옛 계명이니 이 옛 계명은 너희가 들은 바 말씀이거니와 다시 내가 너희에게 새 계명을 쓰노니 그에게와 너희에게도 참된 것이라 이는 어둠이 지나가고 참빛이 벌써 비침이니라 빛 가운데 있다 하면서 그 형제를 미워하는 자는 지금까지 어둠에 있는 자요 그의 형제를 사랑하는 자는 빛 가운데 거하여 자기 속에 거리낌이 없으나 그의 형제를 미워하는 자는 어둠에 있고 또 어둠에 행하며 갈 곳을 알지 못하나니 이는 그 어둠이 그의 눈을 멀게 하였음이라 _ 요일 2:7-11.

Chapter 18
형제 사랑

본문의 다섯 절은 매우 위대한 메시지를 간직한 내용이기 때문에 아주 분명하게 이해되어야 하는 구절이다. 좀더 구체적으로 이 말씀들을 대하기 전에 지금까지 생각해 보았던 말씀들과의 연관성에 대해 우선적으로 생각해 보도록 하자.

사도는 우리가 그리스도인이라는 사실에 대해 최종적으로 증명할 수 있는 것은, 기쁨으로 주님의 계명들을 계속 지키는 것이라고 앞에서 말했다. 그리고 계속해 사람의 경험이나 느낌이나 감각에 의한 방법을 통해 측정하는 것과는 비교될 수 없을 만큼 안전한 또 다른 테스트가 있다고 말했다. 이것은 삶 자체를 통해 분명하게 증명해 줄 수 있는 매우 객관적인 테스트이다.

사도 요한은 여기에 관해 이제까지 살펴본 바와 같이 필요 불가결하게 그러면서도 매우 자연스럽게 특정 분야로 이끌어 가고 있다. 그는 신약성경 전체에서 가장 생명력 있고 가장 중요한 교리인 '형제 사랑'에 대한 부분으로 우리를 이끌어 들이고 있다.

여기서 다시 한번 기독교에서 대단히 중요한 분야와 접하게 된다. 요한은 우리와 하나님과의 교제에 대해 언급했다. 또한 하나님과의 교제를 방해하는 것들에 대해서도 계속 설명을 해왔다. 이제 그는 여러 방해물 중에서도 가장 중요한 한 가지에 대해 말하고 있다. 형제를 사랑하는 일에 실패하는 것은 아버지와의 교제에 많은 지장을 주기 때문에 그리스도인의 삶에 부여되는 많은 축복을 상실할 수 있다는 것이다.

이것을 다른 방식으로 표현할 수도 있다. 이 같은 표현 역시 요한이 말하는 모든 것과 마찬가지로 맞는 표현이 될 수 있다. 따라서 그리스도인이 취하는 입장을 훌륭하게 점검해 주는 하나의 테스트가 될 수 있다.

우리는 요한일서를 두 가지 측면에서 볼 수 있다. 첫째로 요한 사도가 하나님과의 교제를 방해하는 것들에 대해 하나하나 열거한다고 볼 수 있고, 둘째로 바로 그런 내용들이 그리스도인의 위치를 테스트한다고 볼 수 있다. 그러기에 이 서신을 공부하는 사람들이라면 대체적으로 이 두 가지 중 한 가지를 보곤 한다. 하지만 두 가지 모두 사실이며, 두 가지 모두를 항상 명심하고 있어야 된다.

요한은 "사랑하는 자들아 내가 새 계명을 너희에게 쓰는 것이 아니라 너희가 처음부터 가진 옛 계명이니 이 옛 계명은 너희가 들은 바 말씀이거니와 다시 내가 너희에게 새 계명을 쓰노니 그에게와 너희에게도 참된 것이라 이는 어둠이 지나가고 참빛이 벌써 비침이니라"는 말씀으로 시작했다.

사람들은 가끔 여기서 말하는 새 계명의 '새'와 옛 계명의 '옛'이 주는 의미가 무엇인가 의문을 가지곤 한다.

이에 대한 대답은 요한복음 13:34에서 얻을 수 있다. 주님은 여기에서 "새 계명을 너희에게 주노니 서로 사랑하라"고 말씀하셨다. 이 말씀을 통해 서로 사랑하라는 권면이나 형제를 사랑하라는 요청의 말씀이 바로 '옛 계명'이기도 하며 동시에 '새 계명'이기도 하다는 것을 깨달을 수 있다.

"나는 너희가 이미 알고 있는 것을 너희에게 말하고자 한다"는 구절을 보면 옛 계명으로 볼 수 있다. 이 구절을 "다시 말해 여러분은 복음을 처음 듣는 순간부터 이같이 특정한 교리에 대해 강조하는 바를 들었을 것이다. 여러분이 이미 듣고 믿은 복음에 더 이상 추가해 말하지는 않겠다. 단지 여러분이 이미 알고 있는 것을 상기시키기 원할 따름이다."는 뜻으로 볼 때, 이것은 기독교인이 필수적으로 지켜야만 하는 틀림없는 옛 계명이다.

예수 그리스도의 복음에서 빠질 수 없는 것이 서로서로 사랑하는 자들로 구성된 가족의 개념이다. 이런 의미에서 볼 때 사랑하라는 가르침은 새 것이 될 수 없다. 이런 가르침은 레위기 19:18의 "네 이웃 사랑하기를 네 자신과 같이 사랑하라"는 말씀에서도 보여지기 때문에 주님도 이스라엘 백성에게 오래전에 주어진 옛 가르침을 다시 한번 강조하는 식으로 말씀하셨던 것이다. 이스라엘 백성은 하나님의 백성으로 구별되었으므로 하나님이 그들에게 서로 사랑하라고 하신 것이다.

하지만 그런 면에서 볼 때 오래된 계명이라고 할 수 있다 할지라도 이전에는 도저히 불가능했던 것이 지금에 와서 가능해졌다는 차원에서 바라볼 때는 새로운 계명이라 말할 수도 있다. 예수 그리스도가 이 땅에 와서 행하신 일로 말미암아 이미 주어졌던 옛 계명을 새롭게 했으며 우리에게도 새로운 가능성을 제시하셨다는 말씀이기도 하다.

요한은 "다시 내가 너희에게 새 계명을 쓰노니 그에게와 너희에게도 참된 것이라"고 했다. 그는 "지금 강조하고자 하는 이것은 그분 안에서 그리고 여러분 안에서 이미 실현되는 것이다. 구약 시대에 살았던 사람들을 보라. 그들도 사랑하라는 계명을 받았으나 이 계명은 지키기가 참으로 어려운 것이었다. 그러나 예수 그리스도 안에서 우리는 이 계명이 지켜지고 완성된 것을 볼 수 있다. 그분은 구약에서 의미하는 그 뜻을 가지고 인간을 사랑하셨다. 따라서 우리는 이 계명이 그분 안에서 실현되었고 그분 안에서만 이루어질 수 있는 것이라는 사실을 명심해야 된다."라고 말하는 것이다.

요한은 "하지만 그것으로만 그치면 안 된다. 이 계명은 바로 여러분 안에서 실현될 뿐 아니라 여러분 안에서 참된 것이 되어야 한다."라고 요청했다. 다시 말해 예수 그리스도는 우리에게 완전히 새로운 방식으로 이 계명을 지킬 수 있게 해주실 것이라는 말이다.

요한은 여기서 그리스도인이 어떠한 변명도 할 수 없다는 것을 상기시키고 있다. 그리스도인이 그분으로부터 새로운 생명을 받았으며 또한 성령의 공급하시는 힘을 부여받았기 때문에 하나님이 처음 이 계명을 주실 때의 의도대로 주위의 형제 자매들을 사랑할 수 있다. 그러므로 그리스도인으로서 우리가 사랑에 대한 계명을 이와 같이 숙고해 볼 때, 이 계명은 아주 새로운 계명이라고 해도 별 문제가 없다.

우리가 이 세상을 향해 형제를 사랑하라고 외치는 것은 사실상 무의미한 일이라고 할 수 있다. 왜냐하면 그들에게는 형제를 사랑할 만한 능력이 없기 때문이다. 그러기에 나는 예수 그리스도를 믿지 않는 세상에 대해 신약성경의 복음을 갖고 여기에서 가르치는 바를 "실행하라!"고 요청하는 행위를 이단으로 받아들인다. 이런 이유 때문에 나는 그리스도인이 세상을 향해 기독교 윤리를 부르짖음으로써 전쟁과 혼란을 막을 수 있다고 하는 것은 망상이라고 생각한다. 이 세상은 그와 같이 할 수 있는 능력이 없기 때문이다.

하지만 그리스도인에게는 그렇게 할 수 있는 새로운 가능성이 주어졌다. 그리스도인에게는 새로운 생명이 주어졌고 그들 안에 그리스도의 생명이 주어졌기 때문에 그리스도가 사랑하신 것처럼 그들도 사랑할 수 있게 되었다. 그리스도를 모신 그리스도인 외에는 이와 같은 사랑을 할 자가 아무도 없다. 이런 관점에서 볼 때 이 계명은 새로운 계명이다. 그리스도 안에서 실현되었기 때문에 그분으로부터 생명을 공급받은 모든 사람의 삶에도 실현될 수 있다는 말이다. 이런 배경을 근거로 요한 사도는 그리스도인에게 서로 사랑할 것을 권고하고 있다.

이제 세 가지 명제의 형태를 취해 여러분에게 설명하고자 한다.

첫 번째 명제는 그리스도가 새로운 생명의 질서를 도입해 모든 것을 바꾸어 놓으셨다는 것을 볼 수 있어야 되겠다는 것이다. 그분이 새로운 질서를 도입함으로써 이전과 달라진 것은 빛과 어둠의 차이다. "이는 어둠이 지나가고 참빛이 벌써 비침이니라"는 말씀을 다시 한번 잘 살펴보기 바란다.

이것은 신약성경 전반에 걸쳐 보여 주는 참으로 생명력 있는 말씀이다. 사도 바울은 "그런즉 누구든지 그리스도 안에 있으면 새로운 피조물이라 이전 것은 지나갔으니 보라 새것이 되었도다"라고 고린도후서 5:17에서 설명했다. 또한 고린도후서 5:16에는 "그러므로 우리가 이제부터는 어떤 사람도 육신을 따라 알지 아니하노라 비록 우리가 그리스도도 육신을 따라 알았으나 이제부터는 그같이 알지 아니하노라"고 말함으로써 그리스도인이 된다는 것은 모든 것이 바뀌는 것을 의미한다고 설명했다. 따라서 우리는 새로운 세상에 놓인 새로운 사람들이며 그 어느 것도 이전의 것과 똑같을 수 없다.

요한도 여기에서 똑같은 말을 했다. 그는 이 세상이 어둠의 영역이라고 했다. 그래서 그는 이 서신의 첫 장에서 빛 가운데 행하는 것과 어둠 가운데 행하는 것에 대해 강조했던 것이다. 그는 두 번째 장인 본문 말씀에서도 다시 똑같은 개념에 대해 언급하고 있다. 사도 바울 역시 골로새 교회에 서신을 보내면서 똑같은 내용의 말을 했다. 그는 "그가 우리를 흑암의 권세에서 건져 내사 그의 사랑의 아들의 나라로 옮기셨으니"라고 골로새서 1:13에서 했으며, 사도 베드로 역시 베드로전서 2:9-10에서 "너희를 어두운 데서 불러 내어 그의 기이한 빛에 들어가게 하신……너희가 전에는 백성이 아니더니 이제는 하나님의 백성이요"라고 같은 의미의 말을 했다.

우리는 신약성경이 이 같은 내용의 말씀으로 가득 찼다는 것을 알 수 있다. 주님은 "나는 세상의 빛이니 나를 따르는 자는 어둠에 다니지 아니하고 생명의 빛을 얻으리라"고 요한복음 8:12에서 말씀하셨다. 이와 같은 가르침들이 그리스도인과 그리스도인이 취해야 할 입장에 대한 근본이 되는 말씀이다.

신약의 말씀이 이에 대해 말하고 있는 내용을 온전하게 설명하기 위해 우리는 본문 11절을 우선 살펴보자. 11절에는 "그의 형제를 미워하는 자는 어둠에 있고 또 어둠에 행하며 갈 곳을 알지 못하나니 이는 그 어둠이 그의 눈을 멀게 하였음이라"고 말했다. 은유적 묘사가 사용되기는 했지만 요한이 말하려는 것은 그리스도인이 아닌 사람은 어둠 가운데 행할 뿐 아니라 그들 안에도 어둠이 있다는 뜻으로 이해할 수 있다.

죄인들과 불신자들의 문제는 단순히 그들이 어둠에 둘러싸여 있는 정도만이 아니라 어둠이 그들의 눈을 멀게 했기 때문에 어느 곳을 향해 나아가는지조차 볼 수 없다는 것이다. 그들은 어둠 안에 있을 뿐 아니라 그들의 눈까지도 멀었다는 말이다. 이 사실이야말로 너무나도 중요하기 때문에 가슴 깊이 두고 항상 명심해야 될 것이다. 믿지 않는 불신자들은 어둠의 영역에 거하고 있다. 그리고 그들은 스스로가 어둠의 상태에 거하려고 한다. 그들을 빛 가운데로 옮겨 놓는다 할지라도 앞을 제대로 내다보지 못할 것이다.

그러므로 사람들이 그리스도인이 될 때에는 두 가지 일이 생기게 된다. 첫째로는 그들의 눈이 열려 앞을 볼 수 있게 되는 것이며, 둘째로는 완전히 다른 영역에서 거주하게 되는 것이다.

이와 같은 두 가지는 신약성경에 계속 보이는 개념이라고 할 수 있다. 그리스도인이 된 사람은 어둠의 왕국에서 빛의 왕국으로, '사랑하는 아들의 왕국'으로 옮겨지게 된다. 그들의 위치뿐만이 아니라 그들 자체가 전적으로 바뀌게 된다. 이 세상의 신은 그들의 눈을 멀게 했지만 이제 그들은 눈을 뜨게 되었고 빛을 받을 수 있게 되었다.

다시 한번 나는 두 가지 관점을 마음속에 잘 간직해야만 된다고 강조하고 싶다. 우리는 변화되어 새로운 영역에 거주하고 있다. 우리는 이제 다른 왕국의 시민으로서 다른 사람들이 되었다. 이 모두가 사실이다. 또한 우리는 단순하게 새로운 왕국에서 살기만 하는 자들이 아니다. 우리는 새 왕국에 살고 있는 새 사람이다. 이 두 가지 개념이 사도가 사용하는 어휘에 의해 설명되고 있다.

우리가 참된 그리스도인이라면 형제를 사랑해야 한다는 계명을 지켜야 하며, 여기에 대해 다른 어떤 핑계도 사실상 용납될 수 없음을 인정해야 된다. 어둠은 물러가고 빛이 왔다. 그리고 우리는 새로운 사람들이 되었다. 그러므로 우리가 이 사랑의 계명을 완수하지 못하는 데 대한 어떠한 변명도 할 수 없다.

두 번째 명제는 우리가 새로운 질서 속에 들어왔는가 들어오지 않았는가에 대해 알 수 있는 것은 사랑의 태도로 하느냐 아니냐로 식별한다는 것이다. 우리가 참으로 그리스도가 이 땅에 가지고 들어오신 빛의 영역 가운데 살고 있는지는 서로 사랑하라는 계명에 대한 우리의 반응을 통해 식별할 수 있다.

요한은 여기서 대충 넘어가는 완곡한 표현을 쓰지 않았다. 항상 그러하듯이 통명스러울 정도로 "빛 가운데 있다 하면서 그 형제를 미워하는 자는 지금까지 어둠에 있는 자요 그의 형제를 사랑하는 자는 빛 가운데 거하여 자기 속에 거리낌이 없으나"라고 딱 부러지게 말했다. 그의 논조에는 전혀 논쟁의 여지가 들어 있지 않았다. 이것이야말로 완벽한 테스트라는 말이기도 하다.

사도는 "이 문제는 여러분이 어떤 기질의 사람이건 간에 그것 가지고 설명할 수 있는 성질의 것이 아니다. 여러분이 주장하고 말하려는 것은 바로 여러분의 행동과 삶을 통해 드러난다. 여러분이 형제를 사랑하지 못한다면 무엇이라고 말을 하건 상관없이 여전히 어둠 가운데 있으며, 그 어둠이 여러분 안에 내재하고 있음을 증명하는 것이다. 그러나 여러분이 형제를 사랑한다면 어떤 결함이 있다 할지라도 빛의 영역 안에 거하는 참된 그리스도인임을 증명하는 것이 된다."고 말하는 것이다.

다음과 같이 말할 수도 있다. "우리가 참으로 누구인가 하는 것은 우리의 지적 의견으로 설명할 수 있는 것이 아니다. 여러분은 완벽한 정통주의자이면서도 남을 사랑하지 못하는 사람을 보게 된다. 하지만 그런 정통은 형제를 사랑하지 않는 한 아무 가치가 없는 것임을 알아야 한다. 우리는 교리에 대해 지적으로 말할 수 있으며 믿음을 변증하는 일을 할 수도 있다. 그러나 형제를 사랑하지 않는다면 우리가 수호하려는 바로 그 교리를 부인하는 것이 된다는 사실을 알아야 된다."

이것이야말로 참으로 엄청난 테스트라고 할 수 있다. 정통주의는 필수이다. 하지만 그것만 가지고는 충분하지 않다. 요한은 "그 형제를 미워하는 자는 어둠에 거하는 자요 그리스도의 사랑을 갖지 못한 자"라고 말했다. 이것은 형제를 사랑하는 것이 정통주의자가 되는 것보다 훨씬 더 중요하다는 말이다. 형제를 사랑하는 것이 단순히 윤리적 차원에서 우리의 행동이나 행위를 기계적으로 교정하는 것보다 훨씬 더 중요하다.

젊은 부자 관원처럼 "이것은 내가 어려서부터 다 지키었나이다."라고 말할 수 있는 사람들이 있다. 그들은 다른 사람들 안에 있는 많은 죄에 대해 책임이 없다. 그러나 비판할 때의 그들의 영은 형제들을 사랑하지 않는다는 것을 입증해 준다. 무지막지하게 비판하는 영이야말로 사랑의 영을 부인하는 것이다. 마음에 떠오르는 생각들, 바로 그것이 하나님께 속한 자인가 아닌가를 분명하게 입증해 주는 것들이다.

"너희가 이것을 알고 행하면 복이 있으리라"고 예수 그리스도는 요한복음 13:17에서 말씀하셨다. 주님은 같은 문단에서 "주님이요 선생이라고 부르는 내가 너희들의 발을 씻겨 주었을진대 너희는 얼마나 많이 서로의 발을 씻겨 주며 사랑을 나누며 섬겨야 되겠는가?"라는 의미의 말씀을 하셨다. 우리가 그분에게 속한 자들이라면 이와 같은 사랑과 섬김의 삶을 살아야 되는 것은 너무나도 당연한 일이다.

이제 비교의 형태를 취해 설명하고자 한다. 그리스도인과 비그리스도인의 특성을 살펴보자. 요한은 매우 명백하게 설명했다. 형제를 사랑하지 않는 자를 보면 그들은 자신들이 참된 그리스도인이라고 주장했다. 이런 사람들을 보면서 요한은 즉시 영지주의자들을 떠올렸다. 자신들이 하나님 나라의 영역에 거하고 특별한 지식을 소유하고 있다고 주장하면서도, 형제를 경멸하는 자세로 자신의 주장을 부인하는 자들이었다. 여기에 대해 요한 사도는 "여러분은 신비적 경험을 자랑할 것이 없다. 여러분이 그리스도인인가 아닌가는 형제들에 대한 태도로 구별할 수 있기 때문이다. 여러분이 형제를 사랑한다면 여러분은 그리스도인이다."라고 말했다.

그렇다면 요한 사도가 형제를 사랑하지 않는 자들에 대해 말하고자 하는 바를 살펴보자.

먼저 그들은 어둠에 거하고 있다. 이 말은 그들이 어둠의 왕국이라는 영역에서 사용되는 질서 안에 속해 있다는 뜻이다. 이 시점에서 사도 바울의 디도서 3:3을 인용하는 것이 가장 적절하다고 생각한다. 이 말씀은 사도 바울이 그리스도인이 아닌 세상 사람의 삶의 모습을 가장 완벽하면서도 무시무시하게 묘사했다. 그는 "우리도 전에는 어리석은 자요 순종하지 아니한 자요 속은 자요 여러 가지 정욕과 행락에 종 노릇 한 자요 악독과 투기를 일삼은 자요 가증스러운 자요 피차 미워한 자였으나"라고 기록했다. 이런 모습들이 어둠의 상태를 보여 주는 것이다. 신약성경에 의하면 이런 상태가 그리스도 밖에 있는 세상의 모습이다.

어쩌면 여러분 중에는 이와 같은 묘사가 이 세상이나 믿지 아니하는 자들의 참모습이 아니라고 말하는 자도 있을 것이다. 하지만 나는 여러분에게 이런 묘사야말로 이 세상의 모습을 간단하면서도 정확하게 설명하는 것이라고 말할 수 있다. 세상은 자신의 본래 모습을 감추고 외적으로 아름답고 그럴싸하게 드러내 놓고 있다. 이 세상은 자신의 본질을 감추어 줄 만한 외형상으로 그럴 듯한 문화와 기사도를 간직하고 있다. 그러나 사람들의 얼굴을 바라보라. 그리고 그들이 서로에 대해 말하는 내용을 들어 보라. 금방 공손하고 매력적인 태도로 말하던 그 사람에 대해 무엇이라고 말하는가를 들어 보라. 또한 그들의 얼굴에 보여지는 냉소를 한번 보라.

이처럼 이 세상은 외관상으로 좋은 것같이 보이지만 실제로는 정반대의 모습으로 가득 차 있다. 서로를 미워하고 이기적이고 탐욕스럽고 시기하고 질투하며 악하고 자기 중심적인 것이 바로 이 세상의 삶의 특징이며 어둠 안에 있는 사람들의 상태이다. 요한에 의하면 그리스도인이 아닌 모든 사람이 이와 같은 위치에 머물러 있으며 그래서 그들은 어둠 안에 거하고 있는 것이다.

사도 요한이 "그의 형제를 미워하는 자는 어둠에 있고 또 어둠에 행하며 갈 곳을 알지 못하나니"라고 서술한 부분에 주목해 보기 바란다. 이런 사람은 삶이 어둠의 영역에 거하고 있을 뿐 아니라 이와 같은 태도에 의해 주도받으며 살게 된다는 말이다. 다시 말해 불신자의 비극이란 자신조차도 주관하지 못하고 오히려 주변 환경과 상황에 의해 주도받는다는 것이다.

이런 가르침이야말로 참된 진리의 말씀임에 틀림없다. 이 같은 사람은 언제나 주위에서 일어나는 일들에 지배를 받는다. 따라서 일이 잘 진행되면 기뻐하고 자기가 좋아하는 사람을 만나면 즐거워한다. 하지만 자신이 좋아하지 않는 사람에게는 화를 내고 기분 나빠 한다. 그들은 우연이나 운에 의해, 즉 우연히 만나는 사람이나 우연히 일어나는 일이나 자신의 상태나 분위기에 지배받는다. 그들은 자신이 어느 곳을 향해 나아가는지 알지 못할 뿐 아니라 기준도 없으며 자신을 주관할 능력도 없다. 삶에서의 지속적인 지침도 없다. 그들이야말로 어둠의 희생자이며, 언제나 불확실하고 의지할 데 없는 삶을 살 수밖에 없다.

세 번째 명제에 대해 살펴보도록 하자. 요한은 "……갈 곳을 알지 못하나니 이는 그 어둠이 그의 눈을 멀게 하였음이라"고 말했다. 다시 말해 그와 같은 사람들의 문제는 삶의 참된 본질에 대해 진짜로 눈이 멀었다는 것이다. 그래서 그들은 복음을 이해하지 못하고 이 세상에서 무엇이 발생하고 있는지를 깨닫지 못한다. 뿐만 아니라 죽음 건너편에 있는 세상에 대해서도, 심판대 앞에서 하나님을 대면해 서게 될 것에 대해서도 전혀 인식하지 못한다. 이와 같이 그들은 삶의 참된 의미에 대해 전혀 자각하지 못하며 하나님이 형제에 대한 태도를 물으실 것이라는 사실을 알지 못한다. 왜냐하면 영원한 운명에 대해 눈이 멀어 있기 때문이다.

이런 사람들에 대해 마지막으로 말할 수 있는 것은, 그들은 걸림돌이다. 요한은 "그의 형제를 사랑하는 자는 빛 가운데 거하여 자기 속에 거리낌이 없으나"라고 말했다. 즉 어둠 가운데 있는 자는, 어둠 가운데 행하는 자는, 마음이 어두운 자는 자신뿐 아니라 다른 모든 사람까지 걸림돌이 된다는 말이다. 이런 사람은 그 안에 형제를 사랑하지 않으려는 영이 있기 때문에 그가 접하는 모든 것이 걸림이 된다. 이런 사람은 자신이 남을 사랑하지 않기 때문에 다른 사람들도 걸려 넘어지게 한다.

이같이 남을 사랑할 줄 모르는 본성을 가진 사람은 언제나 문젯거리를 찾게 마련이다. 그들은 모욕을 받지 않았는데도 모욕감을 느낀다. 언제나 무엇인가가 그들을 흥분하게 만든다.

항상 무엇인가에 의해 화를 낸다. 그들은 사랑하지 못하는 영에 의해 계속해 넘어지고 자빠진다. 뿐만 아니라 다른 사람까지도 걸려 넘어지게 한다. 그들이 이 같은 상태에 처해 있을 때에 아무도 어떻게 해야 할지 알지 못하기 때문이다. 그들이야말로 참으로 예민하고 다루기 어려우며 계속해 다른 사람을 문제에 빠지게 하는 사람이다.

이것이 자신의 형제를 사랑하지 않는 자들에 대한 사도의 표현이다. 사랑할 줄 모르는 본성에 대한 무시무시한 표현이다. 사도는 구체적으로 표현했다. 나는 이 말씀을 들으면서 우리의 삶에 이런 모양새가 있다는 것을 보게 될 때, 하나님께 우리 죄를 용서해 달라고 할 수 있음을 믿으며 이와 같이 듣기에 편하지 않은 표현을 반복해 설명했던 것이다.

이제 반대쪽에 대해 생각해 보면서 결론을 맺고자 한다. "누가 그리스도인인가? 사랑하는 사람들인가?" 그리스도인이란 내가 여태까지 표현한 것과 정반대의 사람들이다. 그들은 전혀 다른 영역 안에 거하는 사람들이다. 그들은 어둠이 아닌 빛의 영역에 거하고 있다. 그들은 삶을 지배하는 목적을 갖고 있으며 환경이나 운이나 우연에 지배당하지 않는다. 그들은 복음과 교리의 핵심을 간직하고 있다. 그들의 눈은 열려 있고 예수 그리스도의 복음을 이해하고 있으며 그들의 삶 가운데는 거리낌이 없다. 그들은 세상을 살아가면서, 사람들과의 만남을 유지하는 가운데 계속해 넘어지거나 자빠지지 않는다. 또한 다른 사람도 그들에 의해 넘어지는 일이 없다. 그들은 언제나 다른 사람의 가장 좋은 점만을 빼내어 말하려는 사랑의 마음이 있기 때문이다.

이와 같이 그들은 빛 가운데 있으면서 빛으로 비춤을 받으며 언제나 확신한 일에 거하게 된다. 그리스도인은 죄의 본질을 볼 수 있으며 사도 바울과 같이, 자신이 이전에 미움으로 가득 차 있었으며 어둠 가운데 거하던 사람이라는 사실도 인정하게 된다. 그들은 마귀가 그들로 하여금 미워하는 삶을 살게 한 장본인이라는 것도 알게 되며 자신이 하나님으로부터 멀리 떨어진 삶을 살았다는 것도 깨닫게 된다. 그들은 자신이 위험한 상황에까지 처했던 것도 알게 되고, 예수 그리스도 안에서 하나님의 사랑으로 말미암아 용서함이 허락되었다는 복음도 듣게 된다. 그들은 지옥에 갈 수밖에 없는 사람들이지만 하나님의 사랑으로 구원받았다는 것도 알게 된다. 그리고 하나님의 사랑이 전 생애에 걸친 그들의 자세를 지배해야 된다는 것도 인식하게 된다.

그러기에 그들은 주위 사람들을 바라보면서 영안이 열리기 전 자신의 모습과 너무나도 똑같다는 사실에 안타까움을 느끼게 된다. 그들은 죄의 희생자인 연약한 사람을 바라보면서 안타까워하며, 그들도 그리스도 안에서 자신을 바라보고 하나님의 사랑을 깨달아 죄로부터 구원받게 될 수 있도록 기도한다. 그들은 미워하는 자를 미워하는 대신 사랑하기 시작하고 "우리는 다 같은 처지의 사람들이다."는 말을 하면서 이들을 향한 연민을 갖기 시작한다. 그리스도 안에 있는 하나님의 사랑에 대한 지식에 의해 하나님으로부터 사랑받아 왔던 것과 같은 방식으로 다른 사람을 사랑하게 된다. 그들은 새로운 영역에서 새로운 인생관을 가진 새사람들이다. 그들은 마음에 하나님의 사랑을 느끼며 하나님을 사랑하고 그분에게 영광을 돌리기 원하게 된다. 그리고 새사람이 됨으로써, 그리스도가 사셨던 삶을 살면서, 이 같은 삶을 통해 그들이 참된 제자라는 것을 보여 주고 입증함으로써 하나님께 영광을 돌려 드릴 수 있다는 것을 아는 사람들이다.

주님은 빚을 지고 있던 종에 대한 예화를 통해 여기에 대해 완벽하게 설명하셨다. 마태복음 18:23-35에 나오는 예화를 보면 어떤 사람이 자신의 주인에게 나아가 간청해 빚을 탕감받았다. 하지만 그의 종이 그에게 와서 똑같이 요청했을 때 그는 멱살을 잡고 "안 돼! 너는 다 갚아야만 해! 동전 한 닢까지 남김없이 갚아야 한다."고 호통을 쳤다. 주님은 이런 사람은 자신이 용서받은 자라고 생각해서는 결코 안 된다고 말씀하셨다. 남을 용서하지 못하는 자는 용서받을 수 없기 때문이다.

우리는 우리 안에 남을 사랑하고 용서해 주려는 마음이 있음을 보면서 그리스도인이라는 것에 기뻐하고 행복해 할 수 있다는 사실을 기억해야 한다. 우리가 자신을 사랑하지 않고 용서하지 않는다면 하나님이 우리를 용서해 주실 것으로 안다고 말하는 것도 별 의미가 없다.

빛 가운데 있다고 말하면서도 형제들을 미워하고 용서하지 못하는 사람은 바로 지금 어둠 가운데 있는 자이다. 진리를 본 사람들은 그리고 빛 가운데 있는 사람들은 하나님의 사랑의 법 아래서 자신들과 다른 사람들을 볼 수 있게 된다. 이와 같이 자격 미달에도 불구하고 자신들을 용서해 주신 하나님의 사랑을 인식할 때, 그들은 다른 사람들에게도 똑같이 행하고 다른 사람들을 사랑한다. 또한 그들과 함께 받는 구원으로 인해, "자기 사람들을 사랑하시되 끝까지 사랑하시고"요 13:1 십자가에서 온갖 수치와 고난을 당하시며 죽기까지 우리를 사랑하신 주님으로 인해 기뻐할 수 있게 된다.

하나님은 우리가 이런 관점에서 자신을 점검해 볼 때 "그의 형제를 사랑하는 자는 빛 가운데 거하여 자기 속에 거리낌이 없으나"의 말씀과 같이, 우리가 빛 가운데 거한다는 사실과 형제들을 사랑한다는 사실에 대해 신뢰와 확신을 갖고 말할 수 있도록 도와주실 것이다.

자녀들아 내가 너희에게 쓰는 것은 너희 죄가 그의 이름으로 말미암아 사함을 받았음이요 아비들아 내가 너희에게 쓰는 것은 너희가 태초부터 계신 이를 알았음이요 청년들아 내가 너희에게 쓰는 것은 너희가 악한 자를 이기었음이라 아이들아 내가 너희에게 쓴 것은 너희가 아버지를 알았음이요 아비들아 내가 너희에게 쓴 것은 너희가 태초부터 계신 이를 알았음이요 청년들아 내가 너희에게 쓴 것은 너희가 강하고 하나님의 말씀이 너희 안에 거하시며 너희가 흉악한 자를 이기었음이라 _ 요일 2:12-14.

Chapter 19

자녀들, 청년들, 아비들

본문의 세 절은 사도가 초대교회 교인들에게 보낸 편지 안에 담겨 있는 일련의 권면과 요청 가운데 삽입된 내용이다. 사도가 하나님과의 교제를 나누는 데 필수 요소인 형제 사랑에 대한 계명을 지켜야 된다고 말한 앞의 내용들을 이미 살펴보았다. 이제 그는 계속해 또 다른 강하고 자극적인 권면의 말씀을 제안할 것이다. 즉 "이 세상이나 세상에 있는 것들을 사랑하지 말라 누구든지 세상을 사랑하면 아버지의 사랑이 그 안에 있지 아니하니"와 같은 내용의 권면을 의미한다.

하지만 권면의 말씀을 제안하기에 앞서 그는 본문과 같이 연관성이 없어 보이는 듯한 내용을 삽입했다. 그러므로 왜 사도가 이 구절들을 삽입했는가, 왜 연속되는 권면의 말씀을 11절을 끝으로 갑자기 중단하고 12-14절에 걸쳐 "자녀들아 내가 너희에게 쓰는 것은 너희 죄가 그의 이름으로 말미암아 사함을 받았음이요……"와 같은 말씀을 했는가에 대한 이유를 확실하게 찾아보는 것이 중요하다고 본다.

그 이유를 생각해 보는 것은 매우 흥미 있는 일이기도 하다. 사도는 다음과 같은 이야기를 했다. "나는 여러분에게 이제까지 기초가 되는 원리들 중 몇 가지를 설명했다. 또한 그리스도인으로서 지켜야 할 몇 가지의 요구들에 대해 상기시켜 주었다. 그리고 축복받을 수 있는 조건들에 대해서도 역시 보여 주었다."

그렇다면 왜 그는 이 같은 내용들에 대해 계속 언급하다가 중단하고 다른 내용으로 전환했을까? 내가 보기에 사도가 워낙 사랑과 이해심이 많은 목회자였기 때문에, 결국 그의 궁극적 목적은 단순하게 기독교 교리를 늘어놓는 것이 아니라 양떼들을 실제적으로 도우려는 데 있었다고 본다. 따라서 그는 그들에게 호소해야 했을 뿐 아니라 전하려는 내용을 그들이 충분히 이해하는가를 확인할 필요가 있었다. 그리하여 나름대로 독특하고 실용적 방식으로 잠시 멈추어 "지금까지 내가 말한 내용을 이해할 수 있는가? 내가 하고자 하는 말의 의도를 아는가? 이제 여러분에게 호소하고 권면하던 모든 것의 기초가 되는 내용에 대해 다시 한 번 언급하고자 한다."라고 말하는 것이다.

이런 식으로 삽입 구절들에 대해 이해할 수 있다고 본다. 여기서 요한은 세 가지에 대해 말했다.

첫 번째로 그는 그들을 안위해 주기를 원하고 있다. 여태까지 그는 매우 강하고 엄한 교리에 대해 설명해 왔다. 계명을 지켜야만 하고 형제들을 사랑해야만 하는 엄한 요청들을 해오던 그는 스스로에게 "어쩌면 그들이 이제까지의 내용을 통해 상심하고 낙심해 있을지도 모르겠다. 그들이 혹시 지키기 어려운 너무 높은 수준의 기준 때문에 당황하는 것은 아닌가? 여태까지의 내용으로 정죄받은 죄인들이라는 느낌을 받고 자신에게 전혀 소망이 없다고 생각하면 어떻게 하는가? 이제 잠시 멈추어 그들에게 위로의 말을 하고 나서 계속해야겠다."라고 속삭이는 듯이 보인다.

두 번째로 그는 그들을 격려해 주고 싶어한다는 것을 볼 수 있다. 그는 그들에게 "여러분에게 내가 요청한 권면과 명령은 여러분이 이제까지 알고 있던 다른 것들과 전혀 다른 별개의 것들이라고 생각하지 않아도 된다. 지금까지 내가 말한 내용은 이미 여러분에게 간단하게 말했던 기본 교리들에 근거해 이야기했을 뿐이다."라고 말하고 있다. 우리가 그리스도인의 삶에서 도덕적이고 윤리적인 기준을 제시받았을 때, 이런 것들이 기독교 교리의 관점에서 지킬 수 있는 충분한 가능성이 있는 것이라는 언질이 없다면 이것보다 더 우리를 낙심케 하는 것은 이 세상에 없을 것이다. 하지만 감사한 것은 신약성경은 그리스도인의 삶을 사는 데 필수적인 것들에 대해 언급하지 않는 한 그 어떤 것도 결코 요구하지 않는다. 그러므로 요한은 그들에게 격려하기 위해 이렇게 쓰고 있다.

세 번째로 그는 하나님의 돌보심이라는 관점에 근거해 볼 때, 그리스도인의 삶에서 실패는 용납될 수 없는 것이라는 사실을 보여 주려는 것이다. 다시 말하면 어떤 사람이 "형제를 사랑하라고 말하는 것은 아주 쉬운 것이다. 하나님의 계명들을 지켜야만 한다고 말하는 것은 아주 간단한 일이다. 하지만 당신이 여러 그리스도인을 잘 지켜본다면 아마도 이런 것을 지키는 사람이 한 사람도 없을 것이다."라고 말할 때, 사도 요한은 "하지만 내가 여러분에게 제시한 교리에 근거해 보면 실패는 용납될 수 없다."라고 대답하는 것이다.

사도는 이 삽입 구절들을 통해 우선적으로 정죄 의식을 느끼는 사람들에게 위안을 주며 기준이 너무 높은 수준이라고 느끼는 사람들을 격려했다. 그러고 나서 그는 앞에서부터 설명해 오던 내용을 계속해 나가기 전에 예수 그리스도 안에서 받은 고상한 소명과 꼭 지켜야 되는 중요한 일에 대해 자꾸 변명하고자 하는 핑계 거리들을 없애려는 시도를 했다.

요한은 여기에서 멈추어 서서 "여러분은 그것이 도저히 지키기 불가능하고 소망이 없는 것이라고 여기는가? 내가 요청하는 내용이 일반 그리스도인으로서는 엄두도 내기 힘든 과장된 것이라고 보는가? 여러분은 내가 말한 내용이 수도원에 들어가 일평생 다른 아무것도 하지 않고 종교적 삶만 살려는 사람들에게나 가능한 것이지 사업에 종사하고 종교 외에 다른 일에 종사하는 사람들에게는 전혀 불가능한 것이라고 생각하는가? 만일 그런 느낌을 가졌다면 내가 확실하게 말할 수 있는 것은, 여러분은 아직 기독교의 본질이 되는 교리를 이해하지 못했다는 것이다. 여러분은 아주 잘못된 방식으로 이 교리를 이해하고 있다. 분명히 기독교 믿음의 기본이 되는 요소들 중 어느 부분인가 잘못 이해하고 있는 것이 틀림없다. 따라서 더 이상 무리하면서까지 계속해 말할 수 없다. 나는 여러분이 가장 근본이 되며 기초가 되는 내용에 대해 확실하게 동의한다는 사실이 완전히 확인되기 전까지는 이 이상의 권면을 하지 않으려고 한다. 기초가 잘못된 곳에 계속 쌓아 올리기만 하는 것은 아무 유익이 없는 일이기 때문이다."라고 말하고 있다.

이와 같은 식으로 그는 계속해 말하고 있다. 그는 한 가지 가정에 근거해 이 글을 쓰고 있다고 말했다. "자녀들아 내가 너희에게 쓰는 것은 너희 죄가 그의 이름으로 말미암아 사함을 받았음이요 아비들아 내가 너희에게 쓰는 것은 너희가 태초부터 계신 이를 알았음이요 청년들아 내가 너희에게 쓰는 것은 너희가 악한 자를 이기었음이라"는 말씀을 통해 요한은 다음과 같은 의미를 전달했다. "이것이 기본이 되는 가정이다. 여러분이 여기에 대해 확실하지 않다면 내가 말한 요청과 권면의 내용은 전혀 쓸모가 없는 것이 된다. 따라서 내가 계속해 이 세상을 사랑하지 말라고 한다든지 이 세상에 있는 것들도 사랑하지 말라고 한다는 것은 단지 시간만 낭비할 따름이다. 여러분이 가장 기본이 되는 기독교 교리 내용을 취하지 않는다면 당연히 내가 하고자 하는 말도 이해할 수 없을 것이며 그저 불가능한 내용으로만 받아들일 것이기 때문이다. 그러니 더 이상 진도를 나가기 전에 여러분이 가장 중요한 것들에 대해 동의하는지 아닌지를 확인해야 되겠다."

다시 말해 우리는 세 구절에서 가장 기본이 되고 지극히 필수적이며 모든 기독교 견해에서 조금도 감할 수 없는 가장 기초적인 내용을 접하게 된다.

나는 이 시간에 사도가 기독교의 중요한 개요를 설명하는 데 사용한 전개 방식에 대해 구체적으로 토론하고 싶은 마음은 없다. 우리는 주석가들이 이런 구체적 방식에 많은 시간을 소요한다는 것을 알고 있다. 그들은 요한이 왜 이 구절에서 '자녀들아', '아비들아', '청년들아' 라는 말을 반복해 사용했으며, 이 단어들이 의미하는 바가 무엇인가에 대해 토론한다. 이런 토론은 진행되어 가면서 흥미를 불러일으키는 것이 사실이지만 내가 볼 때 그리 중요하지 않고 그렇게 하는 것이 그리 큰 유익도 주지 못할 것이라고 본다.

저자들에 따라 다른 견해를 가지기 때문에 어느 두 사람의 견해도 일치되지 못하는 것을 볼 수 있다. 우리는 2:1에 나오는 "자녀들아"라는 말이 모든 그리스도인을 의미하는 것인가 아니면 문자적으로 어린아이들만을 의미하는 것인가 질문할 수 있다.

같은 방식으로 "아비들아", "청년들아"에 대해 질문하게 된다. 12절에 나오는 "자녀들아"라는 단어는 헬라어로는 1절에 나오는 단어와 다른 형태를 갖고 있다. 이런 이유로 이 단어가 어린아이만을 의미하는지 아니면 모든 그리스도인을 의미하는지에 대해 의견이 분분하다.

하지만 우리는 이런 질문에 결론을 제시할 수 없다. 사실 그리 중요한 문제도 아니다. 어쨌든 이것을 두 가지 방향에서 살펴볼 수 있겠다. 첫째로 "자녀들아"는 모든 그리스도인을 가리킨다고 받아들일 수 있다. 사도는 2:1에서 "나의 자녀들아 내가 이것을 너희에게 씀은 너희로 죄를 범하지 않게 하려 함이라"고 기록했는데, 여기서 '나의 자녀들'이라는 단어는 모든 사람을 포함시켜 사용한 것이라고 볼 수 있다. 노인의 위치에서 제자들과 그를 따르는 사람들에게 애정을 보여 주는 단어로 받아들일 수도 있다는 말이다. 틀린 주장이 아니라고 생각한다.

둘째로 모든 그리스도인을 크게 두 부류로 나눌 수 있는데, 그것은 '아비들'과 '청년들'이라는 주장이다. 사실 우리가 12-13절을 살펴보면 '자녀들'과 '아비들'과 '청년들'로 나누기 때문에 세 부류로 나누어지게 된다. 여기에 대해 그들은 만일 사도가 이같이 세 부류로 나누고자 했다면 왜 '자녀들아'라고 한 후에 곧장 '청년들아'라고 하지 않고 '아비들아'를 넣었느냐고 질문한다. 왜냐하면 자녀들, 그 다음에 청년들 그리고 아비들의 순서가 더 매끄럽기 때문이다.

이것도 그다지 중요한 문제가 되지 않는다. 진짜로 중요한 것은, 사도가 그리스도인의 삶과 믿음에 관한 진리의 말씀을 모든 사람이 이해해야 한다는 것을 말하고 있다. 동시에 사도는 특정 연령층과 그들의 상태에 맞는 합당한 말씀을 하고 있다는 것이다. 다시 말해 우리는 어린 자녀들만 죄사함받은 사실을 알아야 하는 것이 아니고 모든 그리스도인이 이 사실을 알아야 된다는 것이다.

또한 아비들만 태초부터 계신 이를 알아야 되는 것이 아니라 모든 그리스도인이 알아야 된다는 것이다. 그리고 청년들만 악한 자를 이겨야 되는 것이 아니라 모든 그리스도인이 악한 자를 이겨야 된다는 말씀이다. 그러므로 우리는 사도가 모두를 위해 이 글을 기록한 것으로 받아들일 수 있으며, 그리스도인의 삶에 주어지는 단계와 상태들이 있기 때문에 모든 단계에 필요한 메시지이면서도 어느 한 단계에 더 강조해야 될 말씀을 필요에 따라 적절하게 제시하는 것으로 볼 수 있다.

이 내용이야말로 기독교 믿음에서 멋진 부분이라고 여겨진다. 모든 것이 모든 개개인을 위한 것이면서도 특정한 부분에 알맞는 특정한 적용이 동시에 주어진다는 것이다. 나는 이런 의도로 사도가 이 글을 기록한 것이 틀림없다고 본다. 지혜로운 목자로서 사도는 전반적 관점을 상기시켜 주면서도 아울러 연령과 상태에 합당한 말씀을 주고 있다.

이러한 배경에서 이 말씀을 살펴보도록 하자. 우리가 기본적인 기독교 견해에 대해 분명해야 된다는 것은 대단히 중요하다. 몇 가지 선결 조건들과 가정이 있다. 이런 것에 대한 이해 없이는 그리스도인의 삶을 잘 유지해 나가라고 호소하는 것이 단순히 시간 낭비로만 끝날 수 있다. 그것은 바로 신약성경이 언제나 우리에게 가르치는 내용으로 그리스도인이 아닌 사람에게 그리스도인의 행동을 요구할 필요가 전혀 없다는 것이다. 세상에 대해 그리스도인의 윤리를 요구하는 것은 더 이상 기독교 교회가 할 일이 아니라는 말씀이다. 그 이유는 간단하다. 그들은 기독교 윤리를 도저히 행할 수 없기 때문입니다. 그리스도인에게는 힘든 것이지만 이 세상에게는 불가능한 것이다.

그런 이유로 성경 안에서는 그리스도인이 아닌 사람들을 향해 윤리적 요구를 하는 것을 전혀 찾아볼 수 없다. 그리스도인은 이 세상 사람들을 향해 "이 세상이나 세상에 있는 것들을 사랑하지 말라"고 말할 수 없다. 그들은 무슨 말을 하는지도 알아듣지 못하기 때문에 행동으로 당연히 옮기지 못할 것이다. 우리는 여기에 대해 확실하게 이해해야 된다.

그 때문에 요한은 두 번씩이나 반복해 말했다. 반복법은 가르침에 있어 아주 중요한 기술이기 때문이다. 지혜로운 선생들은 항상 가르친 내용을 반복해서 설명해 준다. 물론 너무 자주 반복해서는 안 되겠지만 사도는 비록 늙었어도 선생으로서 필요한 반복을 적절하게 사용했다.

이제 그리스도인이 꼭 알아야 할 것이 과연 무엇인가? 계명들을 지켜야 하며 형제들을 사랑해야 하며 세상을 사랑하지 말아야 하는 등 모든 권면의 말씀 뒤에 감추어진 기본 전제 조건과 가정들이 과연 무엇인가? 세 가지가 있다.

첫 번째로 죄의 용서에 대한 전반적 지식을 확실하게 가지고 있어야 된다는 것이다. 가장 근본적인 전제 조건은 "자녀들아 내가 너희에게 쓰는 것은 너희 죄가 그의 이름으로 말미암아 사함을 받았음이요"라는 말씀이다.

이 말씀이 의미하는 바가 무엇인가? 다음과 같이 나누어 보자. 그리스도인이 알아야만 하는 첫 번째는 그들의 죄가 사함받았다는 것이다. 부정문의 형태를 취해 설명하는 것이 좋을 것 같다. 그리스도인은 용서를 찾고 있는 자가 아니다. 또한 용서받기를 소망하는 자도 아니다. 그리스도인은 죄의 용서에 대해 확신을 갖지 못하는 자가 아니다. 또한 그것을 위해 기도하거나 자신의 공로로 용서를 취하려고 하는 자가 아니다. 그리스도인은 바로 죄가 이미 사함받았다는 것을 아는 자들이다.

이 말씀이야말로 대단히 중요하고 근본이 되는 것이다. 매우 많은 사람이 죄 지은 것에 대해 용서받았냐는 질문을 받을 때에 "그렇게 되기를 바랄 따름이다. 그래서 나는 용서받으려고 기도한다. 모든 것이 불확실하지만 그래도 나는 지은 죄들이 용서받는 것을 위해 기도하고 있다."라고 대답들을 한다. 그러나 요한은 "그렇지 않다. 그와 같이 말하는 것은 그리스도인이 아닌 자들의 생각과 같다. 그리스도인은 그렇게 말해서는 안 된다. 그리스도인의 죄는 이미 용서받았기 때문이다."라고 응수했다.

아직 조금 더 강조해야 될 것이 있다. 죄 용서에 대한 그리스도인의 확신은 죄가 사함을 받는 방법에 대한 지식에 근거를 두고 있다. 사도는 여기에 대해 "자녀들아 내가 너희에게 쓰는 것은 너희 죄가 그의 이름으로 말미암아 사함을 받았음이요"라고 뚜렷이 명시했다. 얼마나 귀한 말씀인가? 바로 이 말씀 안에 기독교 교리에 관한 가장 근본이 되는 내용이 담겨 있다는 것을 여러분은 아는가?

그리스도야말로 모든 것이 되신다. 그분이야말로 죄 용서에 대한 확신을 제공해 주는 가장 근본이 되는 분이시다. 우리를 위해 예수 그리스도가 완벽하고 확실하게 이루어 놓으신 사역을 통해 우리의 죄가 용서받았기 때문이다. 그리스도인은 자신들의 죄가 사함받은 것이 하나님의 사랑 위에다 막연하게 죄를 쌓아 올렸기 때문도 아니며, 선한 삶이나 공로나 선한 행위 등에 기인하는 것은 더욱 아니라는 것을 알고 있다.

다시 한번 말하지만 이 교리는 가장 중심이 되는 것이다. 한번 자신에게 질문해 보라. "나는 나의 죄가 사함받았다고 믿는가? 그러하다면 무엇을 근거로 믿는 것인가?"라는 질문이다. 이 같은 질문에 대해 "나는 하나님이 사랑이시기 때문에 내 죄가 사함받을 수 있다고 믿는다."라고 대답하는 사람을 볼 수 있다. 그러나 이것이 죄사함에 대해 믿을 수 있는 근거를 제공한다면 예수 그리스도는 어디에 계시다는 말인가? 과연 그분이 용서함의 중심 역할을 하고 계신가? 우리는 그분이야말로 "너희 죄가 그의 이름으로 말미암아 사함을 받았음이요"라는 요한의 말씀과 함께 용서의 중심이 되는 분이라고 받아들여야만 할 것이다.

요한은 이미 1-2절에서 "만일 누가 죄를 범하여도 아버지 앞에서 우리에게 대언자가 있으니 곧 의로우신 예수 그리스도시라 그는 우리 죄를 위한 화목 제물이니 우리만 위할 뿐 아니요 온 세상의 죄를 위하심이라"고 기록했다. 그리스도인은 죄 용서에 대한 분명하고도 객관성이 있는 근거를 갖고 있다는 말이 된다. 12절의 "그의 이름으로 말미암아"라는 말씀의 뜻도 하나님 앞에서 우리의 대언자로서 계시는 예수 그리스도로 말미암아 우리 죄가 용서받았다는 것을 보여 주는 것이다. 다시 말해 그분으로 말미암아 우리가 죄사함을 받았다는 것이다.

우리의 죄는 그분 안에서만 다루어질 수 있는 성질의 것이다. 이사야 53:5-6에서도 "여호와께서는 우리 모두의 죄악을 그에게 담당시키셨도다"라고 하면서, 따라서 "그가 채찍에 맞으므로 우리는 나음을 입었도다"라고 선언했다. 우리의 죄악은 하나님에 의해 아들 예수 그리스도가 담당하게 되셨다. 바로 그분이 우리가 죄악으로 인해 받아야 할 형벌을 받으셨기 때문에 바로 그분으로 말미암아 우리는 그 형벌을 받지 않아도 된 것이다.

이미 1장에서 생각해 본 바와 같이 하나님의 공의가 우리가 지은 죄에 대한 대가를 강력하게 요구하기 때문에, 거기에 부응해 그리스도가 우리의 죄에 대한 형벌을 받으셨기 때문에 "만일 우리가 우리 죄를 자백하면 그는 미쁘시고 의로우사 우리 죄를 사하시며"라는 말씀이 주어질 수 있었던 것이다. 이와 같은 설명들이 우리가 가질 수 있는 용서에 대한 확실성의 근거가 된다.

다음과 같이 좀더 실제적인 형태를 취해 설명할 수도 있다. 여러분이 자신의 죄 용서함에 대해 미심쩍어 한다면 그 자체가 죄라는 말이다. 나는 여기에 대해 무자비한 표현도 서슴지 않을 수 있다. 많은 사람이 죄 용서함에 대한 확신을 지나친 가정 정도로 받아들이려는 경향이 있기 때문이다. 그들은 그런 태도를 취하는 것이 겸손한 자세인 것으로 생각한다. 그들은 "나는 내가 지은 죄들이 사함받았다고 말하고 싶지 않다. 나는 지은 죄에 대해 용서받을 만한 자격이 없기 때문에 그와 같이 말하는 것이 편치 않다."라고 말한다.

이런 태도에 대해 내가 할 수 있는 말은 간단하다. 이 같은 방식으로 죄사함의 확신을 표현한다면 그것은 믿음의 부족이나 불신을 의미한다고 받아들일 수 있다. 그것은 성화된 삶을 살아가는 표적을 상실한 것과 마찬가지이며 하나님의 말씀을 부인하거나 의심하는 것과 마찬가지이다. 신약성경에는 우리 죄가 그분으로 말미암아 용서받았다고 분명하게 말씀하고 있다. 그러므로 이런 사실을 알지 못한다는 말은 죄의 교리에 대해 명확하게 알지 못한다는 뜻으로 받아들일 수 있다. 뿐만 아니라 아직도 자신을 여전히 의지하기 때문에 십자가에서 우리 죄악을 위해 완벽하게 이루어 놓으신 하나님의 아들의 사역을 온전히 의지하지 못한다는 말로 받아들일 수도 있다.

또한 예수 그리스도의 축복된 이름의 능력을 깨닫지 못하고 있다는 말도 된다. 하나님 앞에서 탄원하고 계시는 그리스도의 이름, 즉 모든 것 위에 뛰어나시며 그 안에 모든 충만함이 거하며 하늘의 재판정에서 하나님 앞에 설 수 있도록 인도해 주시는 그분의 이름은 우리에게 죄 용서함을 확신하게 해준다.

그러기에 우리는 이 내용을 확실하게 이해해야 한다. 워낙 그리스도인의 삶에서 중요한 교리이기 때문에 이 교리에 대해 확신이 없거나 만족하지 못한다면 그 이상 진전시키기가 어렵게 된다. 내가 말하려는 요지란 어떤 사람이 "그래, 이제부터 나는 계명들을 지키면서 그리스도인의 삶을 살거야."라고 한다 해도 과거에 지은 죄들에 대해 분명한 해결이 없이는 불가능하다는 말이다.

비록 우리가 지금부터 선한 일을 하면서 산다고 할지라도 과거의 죄는 여전히 남아 있지 않은가? 과거의 죄가 해결되지 않은 상태에서 어떻게 앞을 향해 나아갈 수 있는가? 이 문제를 다룰 수 있는 유일한 길은 오직 예수 그리스도만을 믿고 의지하는 것임을 알아야 된다.

우리는 이미 행한 일을 주워 담을 수 없음을 잘 안다. 우리는 과거로 되돌아가서 과거에 있었던 일들을 결코 지울 수 없다는 것을 알고 있다. 하지만 그리스도 안에서는 가능하다. 다시 한번 요한 사도와 더불어 말하면, 여러분은 과거에 지은 죄악들을 분명하게 해결해 놓지 않고서는 결코 앞을 향해 나아갈 수 없음을 알아야 된다.

여러분은 어떠한가? 죄 용서에 대한 확신의 교리를 명확하게 받아들였는가? 예수 그리스도가 여러분의 죄악을 담당하고 죽으셨다가 우리를 의롭게 하기 위해 다시 부활하셨다는 사실과, 온전하게 의지할 수 있는 분은 오직 그분뿐이라는 사실을 알고 있는가? 만약 알고 있다면 자신의 죄가 용서받았다는 사실을 알고 있다는 말이 된다. 이것이야말로 모든 그리스도인이 꼭 알아야 될 가장 우선적인 것이다.

두 번째로 죄는 극복할 수 있는 것이라는 사실을 모든 그리스도인이 알아야 하겠다는 것이다. 본문 13절에는 "청년들아 내가 너희에게 쓰는 것은 너희가 악한 자를 이기었음이라"고 했으며, 14절에는 "청년들아 내가 너희에게 쓴 것은 너희가 강하고 하나님의 말씀이 너희 안에 거하시며 너희가 흉악한 자를 이기었음이라"고 기록했다.

여기서 내가 다시 한번 강조하고 싶은 것은 본문이 "청년들아 내가 너희에게 쓰는 것은 너희가 악한 자를 이기었음이라"고, 미래형이 아니라 현재완료형을 쓰고 있다는 것이다. 이 글을 쓰는 이유는, 그들이 장차 악한 자를 이길 것이기 때문이라고 한 것이 아니라 이미 그들이 이기었기 때문이라는 것이다.

이 말은 무슨 뜻인가? 다음과 같이 말할 수 있다. 어떤 사람이 예수 그리스도를 믿는 그 순간 그는 승리감에 취하게 된다. 내가 지금 말하는 것을 오해하지 말고 듣기 바란다. 나는 '완전의 복음'을 비난하는 데 많은 시간을 소모했다. 이제까지 그러했듯이 지금도 그것을 비판하는 설교를 한다. 하지만 이 시간 다음의 사실에 대해서는 말할 수 있다.

우리는 예수 그리스도를 믿는 순간 악한 자를 이긴 승리감을 갖게 된다. 비록 완벽하고 철저한 승리는 아니라 해도 승리감을 갖게 된다. 우리는 자신의 연약함을 여전히 느끼겠지만 그리스도를 믿는 그 순간에는 더 이상 죄의 지배 아래 있지 않다는 것을 의식할 수 있다. 악한 자의 위력은 실로 대단한 것임을 부인할 수 없다. 그는 매우 강하기 때문에 우리의 연약함으로 인해 그를 두려워할 수밖에 없다. 하지만 우리는 자신에 대해 무엇인가를 알고 있으며 곧 누리게 될 승리에 대해서도 알고 있다. 비록 우리가 죄 문제를 완전히 해결하지 못했다 할지라도 더 이상 죄와 사탄의 지배 아래 있지 않다는 사실을 알게 된다. 우리는 자신이 너무나도 연약하다는 것을 잘 알지만, 사탄은 패배한 적장이며 그의 말에 귀를 기울인다는 것은 실로 어리석은 것이라는 사실도 알고 있다.

좀더 간단하게 말하면 예수 그리스도를 믿는 사람은 그들이 그리스도 안에 있다는 사실과 그리스도가 사악한 자를 이미 물리치셨다는 것을 아는 사람들이다. 우리가 악한 적과 마주치게 되었을 때 이와 같은 사실, 즉 그가 이미 패배당한 자라는 사실을 알고 있다는 것은 매우 중요하다.

이와 같이 적과 접전하고 있을 때 바로 그 적을 물리쳐 주신 분이 우리 옆에 함께하시기 때문에 우리가 질 수 없다는 가르침이야말로 기독교인이 취할 수 있는 매우 중요한 내용이다. 우리는 승리한 군대에 소속된 어린 자녀들이며, 우리의 대적을 예수 그리스도께 떠맡겨 버릴 수 있는 사람들이다.

이 같은 방식으로 우리는 죄를 극복한다는 말을 이해할 수 있다. 요한은 다음과 같이 나누어 설명했다. 먼저 "청년들아 내가 너희에게 쓴 것은 너희가 강하고"라는 그의 기록에서 우리가 힘을 공급받고 있다는 것을 알 수 있다. 그러나 이 말씀이 의미하는 것이 우리 스스로가 강해졌다는 것은 아니다. 또한 어떤 알 수 없는 신비한 능력이 우리 안에서 개발되고 있다는 뜻도 역시 아니다. 오히려 이 말씀이 의미하는 것은 우리가 무엇인가에 의해 강해지고 있다는 것을 의미한다.

이미 알고 있듯이 모든 그리스도인이 알아야 할 것은 우리가 새로운 생명과 힘을 부여받았으며, 예수 그리스도를 믿는 순간 그리스도인이 되었고 이전과는 다른 어떤 변화가 주어졌다는 사실을 인지하게 되었다는 것이다. 우리는 무엇인가 우리에게 들어와서, 무엇인가 발생되었으며, 새로운 생명이 들어와서 이전에는 전혀 알지 못했던 어떤 힘과 능력을 인지하게 된다는 것이다. 비록 왜소하나마 우리가 이전에 한번도 가져 보지 못한 힘이 주어졌음을 알게 된다. 그러기에 우리는 왜 요한이 이와 같은 삽입절을 넣었는지 알 수 있다. 우리가 이와 같은 힘을 공급받지 못했다면 어떻게 계명을 지키며 형제들을 사랑하며 이 세상을 미워할 수 있겠는가?

다음으로 그는 "하나님의 말씀이 너희 안에 거하시며"라고 기록했다. 하나님의 말씀은 우리에게 새로운 생명을 가져다 준다. 베드로는 첫 번째 서신에서 "너희가 거듭난 것은 썩어질 씨로 된 것이 아니요 썩지 아니할 씨로 된 것이니 살아 있고 항상 있는 하나님의 말씀으로 되었느니라"1:23고 했다. 야고보도 그의 서신 1:21에서 우리 마음에 심어진 말씀에 대해 기록했다. 하나님의 말씀은 우리에게 생명을 공급해 주고 또한 우리 안에 거함으로 생명이 성장하게 한다. 우리는 이 말씀을 '성령의 검'으로 받아들일 수도 있다. 사도 바울은 에베소 교인들에게 하나님의 전신 갑주를 입으라고 말하는 가운데 적과 싸울 수 있는 무기로 '성령의 검'을 제시했다. "……성령의 검 곧 하나님의 말씀을 가지라" 6:17.

어떻게 하나님의 말씀이 우리를 죄에 대해 싸울 수 있는 강한 자로 만들어 주신다는 것인가? 거기에 대해 다음과 같이 말하려고 한다.

먼저 하나님의 말씀은 우리로 하여금 죄악성을 볼 수 있게 도와준다. 하나님의 말씀이 우리 안에 내재하시는 동안 우리는 죄의 추하고 이기적이고 잘못된 성질들을 보게 되므로 죄를 미워하게 된다. 또한 죄의 노예가 된 사람들의 종말에 대해서도 보여 준다. 죄의 노예가 된 사람들은 지옥에 가서 영원토록 하나님의 생명 밖에 있는 파멸을 맛보며 살게 된다는 것을 가르쳐 준다. 감사한 것은 그리스도의 능력과 그리스도가 어떻게 대적을 물리치셨으며 어떻게 그리스도인에게 와서 그들을 강하게 해주며 그들을 맹렬하게 공격하는 것에 대항해 싸워 승리할 수 있는 정복자가 되도록 해주는가에 대해서도 말해 준다는 사실이다.

다음과 같이 요약해 볼 수도 있다. 그리스도인에게 부과되는 요청들이 너무 높은 수준의 것이며 지키기 불가능하다고 느껴진다면 참으로 무지한 것이고 믿음의 연약함을 보여 주는 것이라고 할 수 있다. 우리의 연약함과 실패에 대해 말하는 것이 나을 것이라고 생각한다면, 그것은 다시 한번 말하지만 겸손이 아니라 믿음과 지식의 결핍으로 인한 것이라고 할 수 있다. 이같이 귀한 것이 우리에게 주어졌다는 사실을 생각해 볼 때, 어떤 의미에서는 우리가 연약하거나 실패할 권리조차도 없다고 할 수 있다. 그러므로 요한은 "내가 이 글을 쓰는 이유는 여러분이 이런 것을 알고 이런 가르침이야말로 참된 사실이라는 것을 알게 하기 위함이다."라고 말하는 것이다. 그리스도인은 그리스도의 힘과 죄를 이길 능력에 대한 지식을 확실하게 갖고 있어야 된다.

세 번째로 우리가 아버지와 아들에 대한 지식을 확실하게 갖고 있어야 되겠다는 것이다. 우리가 이미 살펴본 대로 이것은 이 서신 전체에 주어진 기본 진리이다.

요한은 "아비들아 내가 너희에게 쓰는 것은 너희가 태초부터 계신 이를 알았음이요"라고 했는데, 여기서 태초부터 계신 이란 바로 예수 그리스도이다. 1:1에서 그는 "태초부터 있는 생명의 말씀에 관하여는 우리가 들은 바요 눈으로 본 바요 자세히 보고 우리의 손으로 만진 바라"고 말했으며, 본문 14절에는 "아이들아 내가 너희에게 쓴 것은 너희가 아버지를 알았음이요"라고 기록했다. 이 같은 내용은 참으로 귀한 지식이다. 그러기에 모든 그리스도인은 하나님을 어떤 위대한 힘이나 능력 정도로 알거나 우리에게 계명같이 힘든 것을 지워 주시거나 우리를 대적하고 미워하는 분 정도로 이해할 것이 아니라 아버지로서의 하나님, 영원 무궁한 사랑을 갖고 우리를 사랑하시는 하나님, 주 예수 그리스도의 아버지로서의 하나님으로 이해해야 할 것이다.

이 하나님이야말로 우리를 사랑하며 우리의 머리카락까지도 세는 분이시다. 태양으로 하여금 이 세상을 비추게 하는 놀라우신 아버지 하나님이 바로 이분이시다.

이 하나님에 대해 요한은 "우리가 알고 있다."고 했다. 그는 "나는 여러분이 이 하나님에 대해 알고 있기 때문에 이 글을 쓰는 것이다. 하나님을 알고 있다면 그분의 계명이 여러분에게 희생을 요구하는 것이 아니라는 것도 알게 될 것이다. 이런 것은 궁극적으로 여러분의 유익을 위한 것이기 때문이다. 하나님이 여러분을 축복하시고 여러분에게 자신의 아들 예수 그리스도의 형상을 따라갈 수 있도록 하기를 원하시기 때문에 이런 계명을 허락하신 것이다."라고 말했다. 이와 같이 인간으로서의 그분을 알고 우리를 위한 그분의 사역을 알고 죄를 담당한 분으로서, 희생 제물로서, 선지자로서, 제사장으로서, 왕으로서 직무를 수행하는 그분을 안다는 것이 바로 아버지에 대한 지식이며 아울러 예수 그리스도에 대한 지식이다.

그분에 관한 신약성경의 교리에 대해 알아야 하며, 무엇보다도 그분을 개인적으로 알고 그분이 필요한 시간에, 유혹받는 상황에 우리 옆에 계시다는 것을 인식함으로써 우리가 일어나 승리할 수 있다는 것을 알아야 된다. 뿐만 아니라 그분 안에서, 그분을 통해서만 참된 평화가 있다는 사실도 알아야 한다. 우리는 하나님을 알고 그 아들도 알아야 된다.

나는 모든 그리스도인이 꼭 알아야 될 세 가지에 대해 정리해 보았다. 첫째는 그리스도로 말미암아 우리의 죄가 사함받았다는 것이고, 둘째는 우리에게는 죄를 극복할 수 있는 힘이 주어졌다는 것이며, 셋째는 우리가 성부 하나님과 성령 하나님을 통한 성자 하나님을 알아야 되겠다는 것이다.

이 같은 내용은 요한이 각각 다른 연령층에 특별하게 적용시킨 지식들이다. 우리가 믿음의 초기 과정에서 자신이 왜소해 보이고 나약해 보인다는 느낌을 갖게 될 때, 꼭 알아야 될 것은 하나님이 아버지가 되신다는 것과 우리를 사랑하시므로 우리의 죄를 용서해 주셨다는 것이다.

이런 이유로 요한은 '자녀들아'라는 표현으로 그것을 강조했던 것이다. 실제로 신앙의 초보 상태에서는 우리가 하나님의 사랑하시는 팔에 안전하게 기대어 있을 수 있다는 사실을 참으로 알기 원한다. 마치 어린 아이들이 부모에게 의지하면서 안전함을 느끼는 것과 같다. 아이들은 부모로부터 모든 것을 받기 원하면서도 부모에게 주는 것은 아무것도 없다. 신앙의 초보 단계에 있는 자들에 대해 하나님은 인간 부모와 같이 우리와 함께하신다. 유아 상태의 그리스도인은 많은 것을 이해하지 못하기 때문에 하나님은 모든 것을 주기만 하신다. 모든 사역자와 설교자는 무슨 말인지 잘 이해할 것이다.

예를 들어 설교자가 복음에 대해 설교를 계속하다 보면 자신이 더욱 더 많은 것을 해야만 되겠다는 것을 느끼게 된다. 나 역시도 사역 초창기에는 설교를 듣는 위치에 있었지만 이제는 너무나도 많은 일을 열심히 해야만 될 상황이다. 그리스도인의 삶에서도 이와 같은 원리가 적용된다고 본다. 하나님은 아버지이시기 때문에 어린 신앙인들에게 모든 것을 그저 제공하기만 하신다. 따라서 어린 자녀들이 아는 것은 자신들의 죄악이 사함받았다는 것이다.

이제 이 어린 자녀들이 자라서 청년기에 이르렀다. 청년들은 삶에서 싸움도 개입된다는 것을 알게 된다. 그리스도인의 삶을 사는 '청년'들은 싸움을 의식해야 한다. 왜냐하면 적이 그들을 공격하기 때문이다. 유아기의 그리스도인은 편했으나 청년기의 삶에는 갈등도 어려움도 있게 된다. 요한은 다음과 같이 말했다.

"내가 말하려는 것은 하나님이 여러분을 강하게 하심으로 악한 자를 이길 수 있다는 사실과 하나님의 말씀이 여러분 안에 내재하실 것이라는 사실이다. 청년기 수준의 그리스도인으로 있을 때 아주 분명하게 그리고 확실하게 기억해야 할 것은 여러분이 혼자만 내버려져 있는 것이 결코 아니라는 것이다. 하나님의 말씀이 여러분 안에 있으며 대적을 이미 물리치신 예수 그리스도가 우리로 하여금 대적을 이기게 도와주실 것을 믿어야만 한다.

"이제는 아비들 차례이다. 아비들은 노인의 연령이다. 그리스도인의 삶에서 연륜이 있는 사람들을 의미한다. 아비들이 알아야만 되는 것은 아이들처럼 모든 것이 저절로 주어질 것으로 기대해서는 안 된다는 것이다. 또한 갈등과 전투를 치르는 청년기의 시절에도 속하지 않는다는 것을 알아야 한다. 그와 같은 청년기는 이미 지나갔으며 이미 지나갔어야 한다. 더 이상 선물에 관심을 둔다거나, 비록 지금도 계속해 싸우기는 해도 싸움에 관심을 둔다거나 해서는 안 된다. 이 시기의 그리스도인이 관심을 가져야 될 것은 모든 것을 베풀어 주시는 하나님에 대한 지식이다. 나이가 들었기 때문에 이 세상에 살아 있을 날이 얼마 남지 않았다. 그러기에 그들의 마음과 주의를 사로잡게 되는 것은 하나님과 얼굴과 얼굴을 대면해 보게 될 그날이 곧 다가올 것이라는 사실이다.

"여러분은 태초부터 계셨던 그분을 알고 있다. 그렇다면 그분에 대해 더욱더 생각하고 있는가? 어린 자녀로서 여러분은 선물에 대해 많이 생각했지만 이제는 그와 같은 것을 주시는 제공자에 대해 더 많이 생각하고 있다. 여러분은 청년기에 많은 어려움을 겪으면서도 결국 승리할 수 있었다. 여러분은 이와 같은 것들에 대해 잘 알고 있다. 이제 여러분이 생각하는 것은 종말이며 궁극적 상급이며 그분 앞에 서서 그분과 얼굴을 마주보는 일이다. 그러므로 아비된 자들은 그분에 대해 더 많이 생각하는 시간을 가지면서 '내가 바라는 것은 그분에 대해 더 잘 아는 것이다. 인간으로서 나의 구원자가 되신 그리스도와 하나님에 대해 좀더 잘 알기를 원한다.' 라고 말하는 것이다. 우리는 사도 바울이 그리스도와 함께 있는 것이 너무나 좋기 때문에 빌립보서 1:21에서 '내게 사는 것이 그리스도니 죽는 것도 유익함이라' 고 고백한 것처럼, 그날이 올 것을 참으로 기대하면서 살아야 할 것이다."

이와 같이 그리스도인의 삶에는 세 단계가 있다. 여러분이 이 셋 중에 어느 것에 속해 있든지 각자에게 특별하게 주어진 진리의 말씀이 있다. 우리 모두를 위한 기본 교리와 아울러 우리의 신앙 수준에 따른 격려의 말씀이 있다는 말이다. 사도로 하여금 권면의 말씀을 잠시 중단하고 참으로 귀한 삽입절을 통해 이와 같은 말씀을 허락해 주신 하나님께 함께 감사하자. 또한 죄사함에 대한 지식과, 어떻게 죄를 극복할 수 있는가에 관한 지식과, 무엇보다도 성부 하나님과 성자 하나님과 성령 하나님에 대한 지식 등과 같은 견고한 기초 위에 우리를 세워 주신 하나님께 감사드리자.

이 세상이나 세상에 있는 것들을 사랑하지 말라 누구든지 세상을 사랑하면 아버지의 사랑이 그 안에 있지 아니하니 이는 세상에 있는 모든 것이 육신의 정욕과 안목의 정욕과 이생의 자랑이니 다 아버지께로부터 온 것이 아니요 세상으로부터 온 것이라 이 세상도, 그 정욕도 지나가되 오직 하나님의 뜻을 행하는 자는 영원히 거하느니라 _ 요일 2:15-17.

Chapter 20
세상에 대한 사랑

사도가 필요한 것을 상기시켜 주려고 잠시 중단했던 훈계와 권면의 말씀을 본문과 함께 다시 시작하는 것을 볼 수 있다. 그는 자신이 요구하는 사항들이 너무 높은 수준을 요구하기 때문에 그들이 지키기에는 불가능한 것이라고 생각하지 않게 하기 위해 힘쓰고 있다. 그래서 그는 그들의 죄가 사함받았다는 것과, 그들에게 힘과 능력이 주어졌기 때문에 악한 자를 이길 수 있다는 것과, 그들이 하나님을 알고 그분과 예수 그리스도와의 교제를 갖는 것 등에 대해 명확하게 설명해 주었다. 이런 관점에서 사도는 그들에게 실생활에 적용할 것들을 권면하고 있다.

본문에서 우리는 부정문을 사용한 권면의 말씀을 찾아볼 수 있다. 그는 독자들에게 무엇을 해야 할 것인가에 대해 권면한 후 본문에 들어와서는 무엇을 하면 안 될 것인가를 상기시켜 주고 있다.

그는 "이 세상을 사랑하지 말라"고 요청했다. 그리스도인은 하나님을 사랑하며 하나님이 주신 계명들을 지키며 형제들을 사랑하는 것과 동시에 이 세상이나 이 세상 안에 속한 것들을 사랑하면 안 된다는 요청이다. 이런 요청은 그가 여태까지 말한 내용을 생각해 볼 때 논리적으로 피할 수 없이 따라오게끔 되어 있는 것이다.

이와 같이 부정문의 형태를 취해 우리에게 주어진 이 말씀은 매우 중요하다. 이제까지 긍정문의 형태를 취해 요청한 내용과 동등하게 중요하다. 내 생각에 성경 말씀 가운데 이와 같이 우리에게 단호한 어조로 말씀하는 곳은 찾아보기 힘들 것이라고 여겨진다.

우리는 잘못 이해하지 않기 위해 본문 말씀에 조심스럽게 다가가야 하겠다. 그렇게 해야 할 특별한 이유는, 지금까지 이 본문 말씀만큼 잘못 이해되거나 잘못 해석된 구절도 그리 많지 않기 때문이다.

우리 모두에게는 자신을 방어하려는 성향이 다분히 있기 때문에 이와 같은 말씀에 접근해 해석하는 데도 자신은 옳다고 여기면서 다른 사람은 정죄하려는 위험을 안고 있다. 우리 모두는 우리의 죄를 합리화시키고 평계를 대는 데 이력이 난 사람들인데 재미있는 것은, 많은 사람이 그와 같이 할 때 본문 말씀을 자주 인용한다는 것이다. 물론 그들이 이 말씀을 사용하는 것을 가지고 무엇이라고 말할 수는 없지만 그들의 삶 가운데 보여지는 모습을 볼 때, 그들이 본문에서 특별하게 강조하는 주된 교훈의 말씀을 아주 잘못 이해하고 있다. 그러므로 우리는 본문 말씀을 접하면서 열린 마음으로 말씀이 전하고자 하는 내용의 핵심만을 취해야 할 것이다.

먼저 본문의 가르침에 대해 잘못 인식되는 두 가지에 대해 알아보자.

첫 번째의 것은 '금욕주의적'인 해석이다. 이런 해석을 취하는 사람들은 이 말씀을 문자적으로만 해석해 그리스도인은 세상과 사회를 떠나 격리된 삶을 살아야 한다고 주장했다. 이 같은 잘못된 해석이 수도원 운동을 이끌어 사람들로 하여금 세상으로부터 완전히 이탈해 소위 '종교적 삶'이라고 불리는 생활을 하도록 했던 것이다.

그래서 사람들은 '종교적'인 것과 '세속적'인 것 또는 '종교적'인 것과 '세상적'인 것 등으로 그리스도인을 분류해 세상이나 세상에 있는 것을 더 이상 사랑하지 않는다는 보장을 마치 어떤 제도 같은 것을 통해야만 될 것처럼 이해했다.

두 번째의 것은 본문에 대한 '불완전'하고 '부분적'인 해석이다. 요한이 제시한 내용을 있는 그대로 받아들이는 대신 "우리는 세속화되는 것에 대해 죄의식이 없다."라고 말하면서, 세속화에 대한 개념을 요한이 제시한 것과는 달리 자기들 나름대로 축소시켜 생각하기도 한다. 그들이 보는 세속화의 개념은 세속화를 별로 대수롭지 않게 이해하는 것이므로 본문에서 말씀하는 사도의 의도를 충분하게 이해하지 못한다고 할 수 있다.

이와 같이 세속화를 축소시켜 해석하는 부류를 두 가지로 다시 나누어 볼 수 있다. 첫 번째 부류는 "우리는 춤추러 다니거나 극장 구경을 가지 않는다. 우리는 담배를 피우지 않으며 노름도 하지 않는다."라고 말한다. 즉 세속화에 대한 그들의 개념이란 바로 이와 같은 정도의 것들이라는 말이다. 그 대신 이런 것들 이외의 것에 대해서는 세속화라고 생각지 않기 때문에 그들은 세속화에 대한 고발에 대해 자신들은 무죄하다고 생각한다.

두 번째 부류는 세속화를 정치나 사회 활동에 관심을 갖는 정도로만 생각한다. 그들은 "어떠한 그리스도인도 정치적인 것에 관심을 가져서는 안 된다. 왜냐하면 세속적이기 때문이다. 그러므로 그리스도인은 정치적인 일을 사랑하면 안 된다."라고 말한다. 따라서 그들은 정치적이거나 사회적인 것에 관심을 갖지 않는 한 세속화에 대한 죄의식을 느끼지 않는다. 하지만 내가 여러분에게 말하고 싶은 것은 이들이야말로 사도가 염두에 두고 있는 세상과 세상에 속한 것들에 대한 사랑의 의미를 전혀 이해하지 못한다는 것이다.

지금 내가 말하는 내용을 잘 이해해야 한다. 우리는 사람들이 세속화에 대해 참으로 많은 느낌을 갖고 설득력 있게 말하면서도 그대로 이행하지 못하거나 세속화의 개념 중에 단지 일부분만을 취하고 나머지 다른 부분은 철저하게 무시해 버리는 것을 볼 수 있다.

다시 한번 말하지만 우리가 인정할 수 있는 원인은 본능적인 자기 방어이다. 즉 우리는 옳고 다른 사람은 틀렸다는 것을 입증하고자 우리 나름대로 정의를 제시한다. 그러나 이런 정의는 세속화에 대해 성경 말씀이 내리는 정의와는 너무나도 거리가 멀다. 그러므로 우리는 특별한 관심을 갖고 이 말씀을 대하되 선입견을 버리고 말씀이 말하고자 하는 내용만을 보면서, 그 말씀으로 하여금 우리를 감찰하고 점검하게 함으로써 세속적이란 말의 뜻을 정확하게 이해하도록 해야 한다. 그렇게 할 때 우리는 자신이 어느 정도까지 세속화되었으며 어느 정도의 상황에까지 와 있는가를 알게 될 것이다. 하나님의 말씀은 내가 금방 말했듯이 우리를 감찰하신다. 이 말씀과 같이 우리의 폐부까지 들어와 살펴보는 것은 없다고 본다.

뿐만 아니라 이 말씀은 우리가 하나님 아버지와 그 아들 예수 그리스도와 나누는 교제로 인해 주어지는 기쁨에 있어서 지극히 기본적인 요소를 다시 한번 우리에게 상기시켜 주는 것이다. 기독교인들의 세계에서 참으로 많은 사람이 그리스도인의 삶에 만족하지 못하고 기쁨과 유익을 얻지 못하며 사는 것을 볼 수 있는데, 그 이유는 그들이 이와 같은 본문 말씀을 제대로 접하지 못했기 때문이라고 본다. 이와 같은 말씀을 통해 자신들을 점검해 보고 실제 삶에 영향을 미치도록 하지 못하는 데 있다는 말씀이다. 그러므로 우리는 다음과 같이 본문 말씀에 접근해 보고자 한다.

무엇보다 먼저 우리는 요한이 전하고자 하는 교훈의 내용을 알아보아야 한다. 우선 질문해 보아야 될 부분은 '세상'이라는 단어가 여기에서 무슨 의미를 가지느냐는 것이다. 물론 이 단어는 산이나 골짜기나 강물이나 개울이나 태양이나 달이나 별들 같은 창조된 세상을 의미하지 않는다. 즉 물질적 세계를 의미하는 것이 아니라는 말이다. 어떤 사람은 심지어 "이 세상이나 세상에 있는 것들을 사랑하지 말라"는 말씀을 두 눈을 가리고 자연에 담겨져 있는 귀하고 아름다운 것까지도 보지 말라는 것으로 받아들이기도 한다.

하지만 그런 의도에서 이 말씀이 기록된 것은 아니다. 뿐만 아니라 이 세상의 일반적 삶을 의미하는 것도 아니다. 가족과의 관계를 의미하는 것도 역시 아니다. 개중에는 이것을 가족과의 관계로 잘못 해석해 결혼을 죄악시하려는 경향도 있기 때문이다. 실제로 나의 사역 기간 중에 이 본문 말씀을 잘못 이해해서 그리스도인은 결혼하면 안 된다고 철저하게 믿는 신실한 그리스도인을 제법 자주 대하곤 했다. 그들이 그렇게 생각하는 이유는 결혼에서 주어지는 성적 관계를 죄악된 것으로 보기 때문이다.

어쨌든 본문의 '세상'이란 피조물이나 가족 관계와 같은 것을 의미하는 것이 아니며 사업이나 직업같이 세상을 살아 나가는 데 꼭 필요한 일들에 종사하는 상태를 의미하는 것도 아니다. 또한 정부나 공공기관 같은 것을 의미하는 것도 역시 아니다. 이런 모든 것은 하나님이 이미 인가해 주신 것들이기 때문이다. 따라서 이와 같은 식으로 세상의 개념을 이해한다는 것은 참으로 안타까운 일이 아닐 수 없다.

그렇다면 세상을 어떻게 이해해야 되는가? 성경의 모든 말씀, 특별히 본문 말씀이 가르치는 세상의 의미는 어떤 단체나 마음이나 사람의 견해가 하나님을 인정하지 않을 뿐 아니라 무시한 상태에서 하나님을 떠나고 이 세상과 세상의 삶에 근거해 자기 멋대로 사는 삶을 의미한다.

이런 모습이 하나님을 등지고 거슬러 반역하는 것이다. 다시 말해 이런 삶의 모습이 하나님을 전혀 개의치 않고 오직 세상과 세상의 삶에만 신경을 쓰며 자신들의 본능과 욕구에 지배받는 오늘날의 보통 사람들의 전형적인 모습이라고 할 수 있다. 이와 같은 모습이야말로 하나님을 배제한 삶의 전반적인 모양새라고 할 수 있다.

이런 삶의 특징은 무엇인가? 다행히도 요한은 16절에서 그것에 답하고 있다. 본문 첫 번째 절인 15절에서 "이 세상이나 세상에 있는 것들을 사랑하지 말라 누구든지 세상을 사랑하면 아버지의 사랑이 그 안에 있지 아니하니"라고 말한 후에 "이는 세상에 있는 모든 것이 육신의 정욕과 안목의 정욕과 이생의 자랑이니 다 아버지께로부터 온 것이 아니요 세상으로부터 온 것이라"고 말했다. 여기에서 '정욕'이라는 단어는 지나친 욕구나 애착을 의미하며, 그 자체를 놓고 볼 때는 매우 자연스러우면서도 전혀 잘못된 것이 아니지만 오용되거나 과용될 때 정욕으로 바뀌는 것이라고 할 수 있다.

사도 바울은 고린도전서 7:31에서 이 세상 물건을 쓸 때는 다 쓰지 못하는 자처럼 하라고 당부했다. 잘못 사용하거나 지나치게 사용하는 것을 정욕이라는 뜻으로 이해할 수 있다. 다시 말해 정욕이란 우리가 자신의 소원을 절제해 꼭 필요한 데만 마음을 두어야 하는데 오히려 그러한 소원에 의해 주도당하는 것을 의미한다.

우리 안에는 하나님이 허락해 주신 합당한 소원들이 있을 수 있다. 하지만 우리가 소원들에 의해 지배받고 주관을 당하게 된다면, 우리 삶의 모든 견해마저도 이런 욕심에 의해 영향을 받게 되며 결국은 정욕이란 죄에 빠지게 된다. 이런 식으로 우리는 이 단어를 이해할 수 있다.

사도는 '육신의 정욕'이라고 표현했다. 무슨 뜻인가? 사도는 본문에서 정욕을 자연적인 것에서부터 발생해 자연적인 것에 귀속되는 것, 즉 육체에 예속되는 것을 의미하고 있다. 우리는 꾸밈 없이 있는 그대로 말하는 것을 믿는 시대에 살기 때문에 이제 분명하게 꾸밈 없이 말하겠다. 사도가 표현한 육신의 정욕은 감각이라는 말로 대신할 수 있다. 그는 지금 감각적 만족만을 추구하는 사람들에 대해 말하는 것이다. 그중에는 먹기 위해 사는 사람들 또는 음식에 너무 욕심을 내는 사람들도 포함된다. 이런 사람들은 그저 먹는 것과 마시는 것에만 관심을 갖고 그러한 것들에만 전문적인 지식을 갖고 있다. 이런 사람들은 이것에 대해 말할 때 즐거워하며 맛에 관한 한 미식가요 전문가라고 스스로 생각하며 먹고 마시는 것만을 위해 산다.

물론 사람이 배가 고파지는 것은 당연한 본능이므로 탓할 수 없다. 우리는 배가 고프면 살기 위해 먹어야만 한다. 하지만 우리가 먹기 위해 또는 마시기 위해 산다면 육신의 정욕에 빠진 것이다. 먹고 마시는 것이 삶을 지배하고 삶의 주된 관심사가 된다면 그것은 곧 육신의 정욕대로 사는 것을 의미한다.

이 같은 원리는 성 관계에도 적용된다. 이 부분에 관해 내가 깊이 논하지 않아도 될 것이라고 본다. 말이 필요 없이 요즈음 신문들과 잡지들을 들여다보기만 해도 여러분에게 소리치는 모든 것을 볼 수 있다. 이 세상은 이와 같은 것들로 가득 차 있는 것만 같다. 이런 신문이나 잡지를 발행하는 대담하고 교활한 장사꾼들은 사람들의 기호를 어떻게 하면 자극할 수 있는가를 너무나도 잘 알기 때문에 이런 것을 언제나 맨 앞에다 놓고 자극을 유도한다. 이 같은 사람들이야말로 사람이 살아가는 데 매우 자연적인 본능과 욕구를 이용하려는 육신에 속한 자들이라고 할 수 있다.

여기에 대해 요한은 이런 것을 사랑하지도 말고 이런 것에 지배당하는 삶을 통해 정욕적인 자로 정죄당하지도 말라고 요청하고 있다. 이와 같은 삶의 모습은 경건한 삶의 모습과는 아무 상관이 없을 뿐 아니라 오히려 정반대의 모습이 되기 때문이다.

그런데 '육신의 정욕'으로만 그친 것이 아니라 사도는 계속해 '안목의 정욕'에 대해서도 언급하고 있다. 안목의 정욕이란 잘못된 가치관에 따라 사는 사람들에 대한 표현이라고 받아들이는 것이 가장 바람직할 것 같다. 이런 사람들은 사람의 외관과 같이 겉으로 드러난 것만을 갖고 판단한다. 이미 우리가 한번 생각해 보았듯이 이런 방식으로 판단하는 사람들은 어쩔 수 없이 눈을 통해 죄를 짓게 된다. 우리가 보는 것과 세상이 우리로 하여금 보게 하는 것들이 죄를 짓게 만든다는 말이다. 이것은 너무나도 큰 주제이지만 말이 나온 김에 한번 건드려 볼 뿐이다.

어쨌든 안목의 정욕은 지적 단계에 머물러 있을 때에도 의심할 여지 없이 죄를 포함하게 된다. 주님이 하신 말씀을 보면 이해가 될 것이다. 주님은 마태복음 5:28에서 "음욕을 품고 여자를 보는 자마다 마음에 이미 간음하였느니라"고 말씀하셨는데, 여기서 안목의 정욕이란 이와 같은 음욕의 마음까지도 포함하는 것이다.

다른 사람을 바라보면서 불쾌하고 못된 생각을 하는 것도 마음으로 죄를 짓는 것이며, 희롱하며 장난치는 듯한 생각과 상상을 마음속에 하는 것도 역시 죄를 짓는 것이다. 이것으로만 그치는 것은 아니다. 안목의 정욕이란 눈에 띄고 멋지고 웅장하게 보이는 외적인 것들을 즐거워하는 허영심을 의미하기도 한다. 이 세상을 볼 때 우리의 눈을 자극하는 멋지고 대단해 보이는 모양들로 이 세상이 가득 찬 것처럼 보일 것이다.

이런 외적인 모습은 삶에서 주된 관심이 사람들의 외모에 있는 자들을 즐겁게 해줄 것이다. 나는 여기에 대해 될 수 있는 대로 공평하게 말하려고 노력하지만, 내가 생각할 때 이 세상에서 자신의 외형과 외형이 주는 인상만을 위해 사는 사람만큼 비참한 자는 없다고 본다. 많은 시간과 정력과 정열이 옷을 입는 데 들어간다. 옷에 관한 이야기들과 글 등 주위 어느 곳에서든지 여기에 대해 떠드는 것을 들을 수 있다. 옷만이 아니다. 옷과 마찬가지로 집에 대해서만 관심을 갖고 말하고 떠드는 사람들을 볼 수 있다. 하나님이 우리에게 허락해 주신 눈을 가지고 사람들이 단지 외관상으로 보여지는 화려함만을 바라보며 안목의 정욕에 의해 지배받는 삶이야말로 얼마나 비참한 것인지 모른다. 또한 안목의 정욕이 교회 영역에까지 자주 침투되고 있음을 생각할 때 슬프다 아니할 수 없다. 우리는 교회 안에서도 안목의 정욕에 빠진 사람들이 외적으로 드러내고 패션쇼라도 하는 듯이 옷을 입고 오는 것을 볼 수 있다.

그 다음에 요한이 소개하는 것은 '이생의 자랑'이다. 아마도 자기 영광이라는 말로 이 표현을 대신할 수 있지 않을까 한다. 이것은 두 가지로 나누어 생각할 수 있다. 첫째로 이 말은 야망을 포함한다고 볼 수 있으며, 둘째로 다른 사람을 무시하는 것을 포함한다고 할 수 있다. '이생의 자랑'은 자기 외의 다른 사람을 어느 정도 희생시켜야만 자신에 대한 자랑을 드러낼 수 있기 때문이다. 물론 이 세상의 삶에서 실제로 무엇인가에 있어서는 칭찬받을 만한 것이 사실이겠지만, 다른 한편으로 볼 때 그런 것이 사람의 영혼과는 아무런 상관이 없다고 할 수 있다.

그렇다면 어떤 자랑거리가 있는가 생각해 보자. 출신에 대한 자랑, 가족에 대한 자랑, 부지런함에 대한 자랑, 특별한 명성이나 특별한 혈통이나 사회적 지위에 대한 자부심 등 인간은 얼마나 이런 것들에 대해 자랑을 늘어놓기 원하는지 모른다. 영향력에 관한 자랑, 알고 있는 사람이라든지 영향력을 행사하는 사람과의 친분에 대한 자랑을 즐겨 한다. 그래서 사람들은 동아리나 특정한 모임에 들어가려고 온갖 노력을 기울인다. 하지만 우리가 알아야 될 사실은 이런 것이 우리의 영혼과 하나님을 존귀하게 하며 영화롭게 하는 일과는 전혀 무관하다는 사실이다. 사람들은 이것만을 생각하며 이것을 위해 시간과 정력과 물질을 사용한다. 그러나 이생의 자랑을 위한 삶은 결국 그들로 하여금 어려움을 겪게 하며 시기와 질투를 불러일으키게 하는 것임을 알아야 한다.

또한 부요함과 물질의 소유에 대해 자랑하는 사람들이 있다. 그리고 자신이 다녔던 학교를 자랑하기도 한다. 다른 사람이 다니던 대학보다 자신이 다니던 대학이 조금 더 좋았다는 사실이 인생에 무척이나 많은 영향을 끼치는 것 같아 보인다. 자기보다 좀 못한 사람들에 대해 미안한 감정을 갖기보다 오히려 그들을 무시하는 우월 의식을 갖고 "당신들 어느 대학 나왔어?"라는 자세로 사람들을 대한다.

이제 나는 이런 삶의 자세들이 교회 안에 마구 들어오는 이유를 좀더 구체적으로 다루고자 한다. 오늘날 우리는 기독교 모임에서도 이런 말들을 자주 듣곤 한다. 즉 영적인 것보다는 지식이나 학력, 능력이나 문화 수준이나 박식함의 정도에 대한 것들로 교회 안에서 자랑을 한다.

사람이 자신의 두뇌를 자랑하고 지식이나 이해력을 내세우는 것은 교만의 일부라고 할 수 있다. 다시 말해 이런 자랑의 행위는 세상의 명예를 위한 것이며, 좀더 솔직하게 말하면 세상에서의 명예만을 위함이 아니라 교회에서의 명예도 추구하려는 노력에 불과하다. 이같이 무엇인가를 이루어 내고자 하는 야망이나, 다른 사람보다 더 위대한 사람이 되고자 하는 것이나, 어떤 형태로든지 간에 자신이 영광을 얻고자 하는 생각이 바로 이생에서 자랑하고자 하는 노력이라고 할 수 있다. 바로 이런 삶의 자세를 염두에 두고 사도 요한은 "이 세상이나 세상에 있는 것들을 사랑하지 말라"고 했던 것이다.

사도가 우리에게 종합적인 정의를 내려 주려는 의도가 있었는지에 대해서는 잘 모르겠으나 세 번째로 사용한 이 구절이야말로 모든 내용을 포함하는 것이라고 본다. 내가 말하려는 내용을 다음과 같이 강조해 볼 수 있다.

사도는 세 가지 단계를 질서 있게 제공했다. 먼저 육신의 정욕에 대해, 그 다음으로는 안목의 정욕에 대해, 그리고 나서 이생의 자랑에 대해 설명했다. 나는 이 세 가지 중에서 특별히 가장 좋지 못한 것을 세 번째, 즉 이생의 자랑으로 꼽는 데 주저하지 않는다. 이 세 가지를 비교하는 것이 우리가 할 일은 아니지만, 성경 말씀이 우리에게 영적인 죄가 육적인 죄보다 언제나 더 나쁜 것이라고 가르치고 있음은 자명한 것이다. 한편으로 생각해 보면 육신의 죄는 다소 당연한 것이라고 받아들일 수 있지만 반면에 영적인 죄는 그리스도의 삶과 그리스도 안에 드러나 보여지는 모든 것을 전적으로 거스르는 행위라고 할 수 있다.

그러므로 우리는 육신의 죄에 대해 비난하면서도 실제로는 더 좋지 못한 이생의 자랑에 대한 죄의식이 사라지는 것을 조심해야 한다. 또한 육체적 죄를 짓지 않았기 때문에 무죄하다고 말하면서도 출생이나 신분이나 학력으로 인해 교만해지거나 다른 사람을 업신여기게 되지 않도록 조심해야 한다. 육에서 영으로 등급이 올라갈수록 죄는 더욱더 교묘하게 다가오며 그리스도인의 삶에 더 많은 타격을 가하게 된다는 사실을 기억해야 할 것이다.

다음으로 왜 우리가 이 세상이나 세상에 있는 것들을 사랑하면 안 되는 것인지에 대해 살펴보자. 이 말씀을 지키는 것이 왜 그리도 중요한지 질문해 볼 필요가 있다고 본다.

요한은 이 계명을 지키지 않는다는 말은 하나님에 대한 우리의 사랑과 그분에 대한 우리의 지식을 부인하는 것을 의미한다고 말했다. 그는 "누구든지 세상을 사랑하면 아버지의 사랑이 그 안에 있지 아니하니"라고 기록했다.

요한은 "여러분이 이같이 다른 것들을 사랑한다면 양립될 수 없는 것을 동시에 붙잡으려고 노력하는 것이다. 여러분은 하나님과 돈을, 하나님과 이 세상을 동시에 사랑할 수 없다."라고 말하는 것이다.

사도 야고보는 그의 서신 4:4에서 "세상과 벗이 되고자 하는 자는 스스로 하나님과 원수 되는 것이니라"고 말했다. 이 세상을 사랑하는 것은 우리가 믿는다고 말하는 것을 전적으로 부인하는 것이 된다.

이제 그 다음 이유에 대해 생각해 보자. 세상이나 세상에 있는 것들을 사랑한다는 말은 우리 안에 있는 생명을 부인하는 것과도 같다. "이는 세상에 있는 모든 것이 육신의 정욕과 안목의 정욕과 이생의 자랑이니 다 아버지께로부터 온 것이 아니요 세상으로부터 온 것이라"고 기록된 본문 말씀 중에서 "……께로부터 온 것"이라는 말이 의미하는 것은, 아버지로부터 파생되지 않았으며 아버지 안에 본질적으로 없다는 것을 의미한다.

사도가 내리는 정의에 따르면, 그리스도인은 그들 안에 그리스도의 생명을 간직하고 있는 사람들이다. 그리스도가 그들 안에 거하고 계시다는 말이다. 따라서 요한은 그리스도가 우리 안에 거하신다고 주장한다면, 우리는 육신의 정욕이나 안목의 정욕이나 이생의 자랑으로부터 기인하는 것들을 사랑하는 죄를 짓지 않을 수 있다고 가르쳤다.

한번 주님을 바라보라. 주님은 이와 같은 육신의 죄를 한번도 짓지 않으셨다. 그분은 외적 허영이나 드러내 보이고자 하는 자세나 외모 같은 것을 일체 믿지 않으셨다. 그분은 온유하고 겸손하셨으며, 이 세상의 천박하고 사치스러운 모든 것과 또한 단순하게 외적인 것을 드러내 보이는 일에 즐거움을 느끼는 사람들과 대조되는 삶을 살았던 분이셨다.

우리가 이생의 자랑이라는 문제를 대할 때는 그분의 삶이 분명하게 드러나고 있음을 알게 된다. 그분은 가난한 부모 밑에서 사셨고 마구간에서 태어났기 때문에 말구유 외에 누울 자리가 없으셨다. 그분은 목수로서 손으로 하는 일을 하셨다. 그분이 영광의 주님이며 우리 영혼의 구주가 된 분이시다. 바로 그분이 우리 안에 계시다는 말이다.

그분의 가르침은 어떠했는가? "온유한 자는 복이 있나니"라고 마태복음 5:5에서 말씀하셨는데, 주님이 말씀하시는 온유한 자란 사실 세상에서 원하는 것과는 정반대인 사람이라고 할 수 있다.

또한 같은 장 3절에서 "심령이 가난한 자는 복이 있나니"라고 말씀하심으로써 어떤 것에 근거해 다른 사람을 무시하고 교만하고 거드름이나 피우며 야심만만한 사람들과는 아주 다른 사람들에 대해 언급하셨다. '심령이 가난한' 자들이란 자신들이 아무것도 가진 것이 없으며 전혀 가치가 없다고 생각하는 자들을 의미한다. 또한 주님은 6절에서 "의에 주리고 목마른 자는 복이 있나니"라고도 말씀하셨다. 이 같은 내용이 그분이 우리에게 주신 가르침이다. 그분은 마태복음 20:28에서 "인자가 온 것은 섬김을 받으려 함이 아니라 도리어 섬기려 하고 자기 목숨을 많은 사람의 대속물로 주려 함이니라"고도 말씀하셨다. 마태복음 23:11에 기록된 "너희 중에 큰 자는 너희를 섬기는 자가 되어야 하리라"는 주님의 말씀을 근거로 하면, 이 세상은 큰 자가 다른 작은 자들을 주관하기 때문에 하나님의 나라 안에 있는 것이 아니라고 할 수 있다.

주님은 세리와 죄인들의 친구가 되어 주셨던 분이다. 그래서 그분은 많은 오해를 사기도 하셨다. 다시 말해 주님의 두드러진 특징은 사람들이 입는 옷이나 그들의 출생이나 조상이나 소유 같은 것에 전혀 관심을 두지 않고 그저 사람들의 영혼에만 관심을 가지셨다.

그분은 그저 영혼만을 귀하게 여기셨을 뿐이다. 그리하여 그분을 따르는 모든 사람도 역시 그분과 더불어 영혼을 귀하게 여기게 되는 것은 어쩔 수 없는 현상이다.

사도 바울은 고린도후서 5:16에서 "그러므로 우리가 이제부터는 어떤 사람도 육신을 따라 알지 아니하노라 비록 우리가 그리스도도 육신을 따라 알았으나 이제부터는 그같이 알지 아니하노라"고 했으며, 갈라디아서 3:28에서도 "너희는 유대인이나 헬라인이나 종이나 자유인이나 남자나 여자나 다 그리스도 예수 안에서 하나이니라"고 말씀했다.

이와 같은 모든 것은 다 없어질 것들이다. 따라서 우리가 관심을 가져야 할 중요한 것은 없어질 것들이 아니라 바로 영혼이라는 사실을 알아야 될 것이다.

다시 말해 그리스도인은 이 모든 것에 대해 이 세상에 속한 사람들이 갖는 것과는 전혀 다른 개념을 가진 사람들이다. 출생에 대해 그리스도인이 알고 있는 것은 중생일 뿐이며, 그리스도인이 관심을 가지는 부요함이란 영광의 풍성함이며, 그들이 추구하는 지식은 인간의 지식이 아니라 하나님에 관한 지식이다. 그들이 자랑으로 여기는 단체는 어떤 고상한 모임이 아닌 하나님의 백성이 모인 곳이며 교회이며 성도들 자체이다. 그들은 그저 겸손해지고 낮아지기만을 원한다. 그들이 갈망하는 명예란 사람들 사이에서만 찾을 수 있는 위대한 이름 같은 것이 아닌 하나님이 알아주시는 것이며, 마태복음 25:21에 주어진 "잘하였도다 착하고 충성된 종아……네 주인의 즐거움에 참여할지어다"와 같은 축복된 말씀을 듣게 될 장차의 그날을 기대하면서 사는 것이다.

이 같은 자세는 이 세상의 진짜 모습과는 정반대가 되는 것이라고 할 수 있다. 우리는 사도 바울과 더불어 "내게는 우리 주 예수 그리스도의 십자가 외에 결코 자랑할 것이 없으니" 갈 6:14라고 말할 수 있어야 한다. 하나님은 우리가 그리스도의 십자가 외에 다른 어느 것이라도 자랑해서는 안 된다고 말씀하셨다. 우리의 출신도, 외모도, 지식도, 이해도, 부요함도, 사회적 지위도, 다른 어느 것도 자랑해서는 안 된다는 말씀이다.

그러므로 우리는 "내게는 우리 주 예수 그리스도의 십자가 외에 결코 자랑할 것이 없으니 그리스도로 말미암아 세상이 나를 대해 십자가에 못 박히고 내가 또한 세상을 대하여 그러하니라"는 말씀을 깊이 명심해야 할 것이다.

이 세상을 사랑하지 말라는 말씀에 대해 요한이 제시하는 마지막 이유를 생각해 보자. 요한에 의하면 우리가 세상을 사랑한다는 말은 곧 구원의 위대한 복음을 제대로 이해하지 못했음을 의미하는 것이라고 했다. 요한은 "이 세상도, 그 정욕도 지나가되 오직 하나님의 뜻을 행하는 자는 영원히 거하느니라"고 본문에서 기록했다. 이 말씀이 의미하는 것은, 우리가 아직도 이 세상이나 세상에 속한 것을 사랑한다면 죄의 원리를 전혀 이해하지 못한다는 것이다. 여러분은 이 세상에 속한 모든 것이 지나가고 있는 것을 보지 않는가? 요한은 이 모든 것이 다 사라지고 다 죽어 없어질 것이라고 말했다.

여러분 중에는 외모에 자부심을 가진 사람도 있을 것이다. 하지만 아무리 그래도 곧 늙고 수척해질 것이다. 그리고 죽을 것이다. 그래서 우리는 자랑할 만한 그 어느 것도 사실상 가지고 있지 않다. 이 모든 것은 다 지나가는 것들이기 때문이다.

이처럼 덧없는 것들 안에서 영광을 찾으려는 것이야말로 얼마나 어리석은 짓인가? 부도, 재물도, 배움도, 지식도, 사회적 지위도 다 사라지게 될 것이다. 그들에게는 죽음의 씨앗이 뿌려져 있기 때문이다.

이 사실을 아는 그리스도인이 어떻게 이런 것들 안에서 자랑할 수 있겠는가? 이런 것들을 자랑한다는 말은, 하나님의 진노 아래 있어 멸망받게 될 모든 것에 대해 말씀하심으로 시작하는 복음을 보지 못하고 있다는 것을 의미한다.

이 모든 것은 다 파멸될 것이며 영원한 멸망에 접어들게 될 것이다. 따라서 이런 것을 위해 사는 사람은 아주 모순된 삶을 사는 것이며, 자신이 영원토록 멸망받게 될 영역에 속했다는 사실을 전혀 이해하지 못하고 사는 사람이라고 할 수 있다.

그들은 이런 것들로부터 벗어나야만 한다. 그리고 그들에게 새로운 생명과 새로운 왕국이 있다는 사실만으로도 기뻐할 수 있어야 한다. 그들이 이 왕국에 속했다면 영원토록 그 안에 거할 수 있을 것이다.

사도는 "내가 여러분에게 말하려는 교훈이란 이 같은 진리의 말씀을 깨닫고 하나님의 뜻을 행하는 것이다. 여러분은 자신의 소원만을 이루고자 하는 데 관심을 가질 것이 아니라 하나님의 뜻을 따르는 데 관심을 가져야 한다. 여러분이 이같이 한다면 그분 안에 영원토록 거하게 될 것이다. 또한 매우 든든한 기초 위에 집을 짓게 될 것이다. 여러분이 짓게 될 집은 불에 의해 연단과 시험을 받게 될 것이지만 나무나 짚이 아닌 금이나 귀금속으로 집을 지었기 때문에 어떤 시련과 시험이 닥쳐와도 견뎌 낼 수 있을 것이다. 그리고 여러분이 영광된 자리에 도달하게 될 때, 이 땅 위에서 행한 일들도 여러분을 따를 것이며, 모든 수고를 그치고 영원한 기쁨 가운데 안식을 취하게 될 것이다."라고 말했다.

아이들아 지금은 마지막 때라 적그리스도가 오리라는 말을 너희가 들은 것과 같이 지금도 많은 적그리스도가 일어났으니 그러므로 우리가 마지막 때인 줄 아노라 그들이 우리에게서 나갔으나 우리에게 속하지 아니하였나니 만일 우리에게 속하였더라면 우리와 함께 거하였으려니와 그들이 나간 것은 다 우리에게 속하지 아니함을 나타내려 함이니라……거짓말하는 자가 누구냐 예수께서 그리스도이심을 부인하는 자가 아니냐 아버지와 아들을 부인하는 그가 적그리스도니 아들을 부인하는 자에게는 또한 아버지가 없으되 아들을 시인하는 자에게는 아버지도 있느니라 _ 요일 2:18-19, 22-23.

Chapter 21
적그리스도

오늘 본문은 18-28절까지 기록된 모든 내용을 배경으로 하는 말씀이다. 뿐만 아니라 전반적인 본문 말씀을 접할 때 앞서 말한 내용들과 연관지어 보는 것도 역시 중요한 과제라고 본다. 사도가 말하려는 주제는 우리가 이같이 힘들고 어려운 세상에 살지만 복음에 의해 성령의 도우심으로 성부 하나님과 성자 하나님과의 교제와 연합을 가질 수 있게 되었다는 것을 항상 명심해야만 된다는 것이다. 이와 같은 교제와 연합을 기본 전제 조건으로 한 상태에서 사도는 계속해 하나님과의 교제를 훼손시키는 것들에 대해 언급했다.

이제 사도는 그런 내용들을 언급하고 나서 계속해서 말하고 있다. 문제는 어떻게 본문 내용을 그가 구상하는 전체 흐름 속에 두고 볼 수 있겠는가 하는 것이다. 현재까지 사도는 하나님과의 교제를 갖는 데 방해되는 요소를 우리 안에서 찾아내 다루었다. 계명을 지키는 데 실패하는 것도 나로 인한 것이며 형제들을 사랑하는 데 실패하는 것도 역시 나의 부족함 때문이요, 세상을 사랑하지 말라는 훈계의 말씀을 따르는 데 실패하는 것도 역시 나의 잘못이고 세상의 사고 방식을 갖고 삶을 영위하려 한 것도 나의 욕심 때문이라는 것이다. 이처럼 모든 부족함과 실패의 요인을 그리스도인 안에 있는 잘못될 가능성으로 돌렸던 것이다.

요한은 "불행하게도 거기서 멈출 수 없다. 우리를 둘러싸고 있는 위험한 것은 우리 안에만 있는 것이 아니라 우리 밖에도 있다."라고 말했다. 그리하여 그는 특정 구문 안에, 이전에도 그러했듯이 우리가 사는 바로 지금 이 시대에도 우리를 대면하고 있는 매우 위험한 것에 대해 설명하려 했다. 그가 강조하려는 것은 교회 안에서 그리고 교회로부터 주어질 수 있는 참으로 위험스러운 것이다.

다시 말해 우리는 개개인의 그리스도인으로서 조심하여 지켜야 할 몇 가지가 있을 뿐 아니라 집단으로 교회원이면서도 넘어가기 쉬운 공동의 위험에 대해 신중하게 대처해야 한다는 말이다. 이것이 본문 말씀에서 다루려는 주제이다. 나중에 사도가 말할 것이지만 우리를 유혹하려고 노력하는 커다란 적이 우리 밖에 있다는 사실이다.

본문 26절에서도 "너희를 미혹하는 자들에 관하여 내가 이것을 너희에게 썼노라"고 말했듯이, 이 사람들은 우리를 잘못된 길로 인도하려는 자들이다. 또한 참된 진리의 말씀으로부터 멀리 이탈시켜 겉으로는 진리인 것처럼 보이지만 실상은 아닌 것으로 이끌어 들이려 하는 자들이다. 우리 가운데 존재하는 커다란 힘으로 우리를 잘못된 길로 인도해 들임으로써 우리와 전체 교회를 파멸의 길로 몰아넣으려는 참으로 위험한 자들이다.

이것이 18-28절에 이르는 말씀의 주제이다. 여러분은 사도가 이전의 권면에서 매우 논리적으로 전개해 나가는 것을 보았다. 그는 처음에 우리와 우리 자신들로부터 시작해 우리가 사는 전체 배경까지 내용을 이끌어 가고 있다는 말이다.

이제 이해를 좀더 명확하게 하기 위해 본문 말씀을 구분해 생각해 보자. 본문에 주어진 권면의 말씀을 크게 세 가지로 나누어 볼 수 있다.

첫 번째는 우리 안에 있는 영적 싸움의 특성을 바로 인식해야 될 필요가 있다는 것인데, 그는 여기에 대해 18-19절 그리고 22-23절의 일부를 할당해 다루었다.

두 번째는 우리가 이런 것들을 인식할 수 있는 방법에 대한 것이다. 이것에 관한 특별한 메시지가 20-21절 그리고 27절에서 주어졌다. 이 말씀들은 다음과 같다. "너희는 거룩하신 자에게서 기름 부음을 받고 모든 것을 아느니라 내가 너희에게 쓰는 것은 너희가 진리를 알지 못하기 때문이 아니라 알기 때문이요 또 모든 거짓은 진리에서 나지 않기 때문이라……너희는 주께 받은 바 기름 부음이 너희 안에 거하나니 아무도 너희를 가르칠 필요가 없고 오직 그의 기름 부음이 모든 것을 너희에게 가르치며 또 참되고 거짓이 없으니 너희를 가르치신 그대로 주 안에 거하라." 이 말씀들은 모든 참된 그리스도인에게 주어진 기름 부음에 관한 참으로 귀한 교리이다.

세 번째는 자신 안에서 볼 수 있는 영적 전투에 나타나는 위험성을 피할 수 있는 방법에 관한 것이다. 여기에 대해 나머지 구절들이 설명해 주고 있다. 이 세 가지 주제들, 즉 위험을 인식하는 것과 위험을 인식할 수 있도록 하나님이 우리에게 제공해 주신 능력과 위험에 대항해 싸우며 또한 피하고 처참한 결과로부터 건짐받을 수 있는 방법들이야말로 너무나도 중요한 내용들이다.

이 같은 주제들은 우리가 신약성경 말씀 가운데 자주 대하는 것들이다. 여기에 관한 많은 사례가 있다. 예를 들어 베드로후서 2장을 보면 여기서 말하는 것과 똑같은 내용을 다루고 있다. 에베소서 6장의 예화는 이 주제에 관해 언제나 사용되는 것이라고 할 수 있다. 여기서 사도 바울은 '하나님의 전신 갑주'를 입어야 할 것에 대해 말했다. 왜 그랬는가? 그 이유를 에베소서 6:12의 "우리의 씨름은 혈과 육을 상대하는 것이 아니요 통치자들과 권세들과 이 어둠의 세상 주관자들과 하늘에 있는 악의 영들을 상대함이라"는 말씀이 잘 설명해 주고 있다. 물론 요한계시록의 말씀도 이 주제에 대부분을 할애한다고 볼 수 있다. 다시 말해 신약성경 어느 곳에서든지 그리스도인으로서 우리 가운데 있는 영적 싸움에 관한 내용을 다루는 것을 볼 수 있다는 말이다.

나는 이 시점에서 첫 번째 주제인 영적 전투의 본질을 깨달아야 될 중요성을 언급하고자 한다. "아이들아 지금은 마지막 때라 적그리스도가 오리라는 말을 너희가 들은 것과 같이 지금도 많은 적그리스도가 일어났으니 그러므로 우리가 마지막 때인 줄 아노라 그들이 우리에게서 나갔으나 우리에게 속하지 아니하였나니 만일 우리에게 속하였더라면 우리와 함께 거하였으려니와 그들이 나간 것은 다 우리에게 속하지 아니함을 나타내려 함이니라"고 본문 18-19절은 말씀하고 있다.

첫 번째 주제에 대해 요한이 의미하는 바를 제대로 이해하기 위해 두 가지로 나누어 생각해 보고자 한다. 먼저 그가 우리에게 경고하려는 것이 무엇인가를 생각해 보아야 되겠고, 그 다음으로 우리가 당면하고 있는 위험을 우리의 현재 경험과 연결지어 보는 것이다.

나는 사도가 여기에 대해 분명하게 다루고 있다고 본다. 이런 문제는 초대교회의 그리스도인을 낙심시키는 문제였을 뿐 아니라 현재의 그리스도인도 여전히 이 문제로 낙심하고 있기 때문이다. 그러기에 문제점을 분명하게 이해하고 있어야 할 뿐 아니라 우리 자신을 이 문제에 바르게 관련시켜 보아야 할 것이다.

이제 사도가 사용한 용어를 살펴보자. 그는 '마지막 때'라는 말로 시작했다. 이 용어도 역시 신약성경 곳곳에서 찾아볼 수 있다. 예를 들어 사도 바울은 디모데후서 3:1에서 "……말세에 고통하는 때가 이르러"라고 말했으며, 히브리서 1:1-2에는 "옛적에 선지자들을 통하여……우리 조상들에게 말씀하신 하나님이 이 모든 날 마지막에는 아들을 통하여 우리에게 말씀하셨으니"라고 히브리서 기자가 기록한 것을 볼 수 있다. 이 용어들은 신약성경과 신약성경의 가르침을 특징지어 주는 것들이며 따라서 그것들이 의미하는 바를 올바르게 이해해야 한다는 것은 실로 중요하다.

그중에는 이런 것이 중요하지 않다고 생각하는 사람들도 있다. 그들은 이런 내용은 사도나 초대교회 그리스도인이 저지른 공통적인 잘못의 일부라고 말한다.

주님이 그 당시의 세대에 재림하실 것이라고 그들은 생각했지만 실제로는 그들 모두가 같은 덫에 빠졌던 것이라고 이들은 생각한다. 요한은 "여러분이 이 세상에서 살 날이 얼마 남지 않았다. 곧 종말이 다가올 것이기 때문이다."고 말했는데, 그것은 잘못이었다는 것이다. 그들은 "하지만 계몽되고 발달한 20세기를 보라. 특별히 지난 세기에 이 같은 잘못된 성경상의 문제점에 대해 잘 설명해 주는 고등비평을 보라. 이런 것들은 아무 문제가 되지 않는 것을 알게 될 것이다."라고 말하고 있다.

그러나 더욱더 간단한 설명이 있다. 신약성경의 가르침은 이와 같은 식으로 설명하는 것을 금하고 있다는 것이다.

예를 들어 데살로니가후서 2장을 보면 바울 사도는 데살로니가 교인들에게 "주의 날이 이르렀다고 해서 쉽게 마음이 흔들리거나 두려워하거나" 하지 말 것을 분명하게 가르쳤다. 그는 주님이 다시 오시기 전에 일어나야 할 사건들을 말하면서 주님의 재림까지 긴 기간이 있을 것이라고 암시했으며 배교하는 큰 사건이 있을 것에 대해서도 언급했다.

그는 "여러분이 생각하는 것처럼 그때가 그렇게 금방 오지는 않을 것이다."라고 말하면서 그런 말을 하려는 경향에 대해 즉각 대처했다. 이와 똑같은 내용의 말씀들을 우리는 신약성경 여러 부분에 걸쳐 볼 수 있다. 사실 유일한 묵시록인 요한계시록의 말씀만 갖고서도 주님의 때가 바로 가까이에 이르렀다고 생각했던 그 당시의 공통된 실수를 충분히 추정해 낼 수 있다고 본다.

다른 한편으로 생각해 보면 신약성경에 나오는 '마지막 때'와 같은 구절들을 모두 함께 놓고 살펴볼 때, 주님이 이 땅에 태어나시고 돌아가셨다가 부활하시고 승천하신 후에 유월절의 성령 강림이 있었던 그때로부터 다시 재림하실 때까지의 모든 기간을 '마지막 때'라고 할 수 있는 것이 아닌가 하는 결론을 내릴 수 있다.

우리는 신약성경과 구약성경의 차이를 볼 수 있다. 구약성경은 그 세대와 앞으로 오게 될 세대에 대해 그리고 메시아의 때에 대해 말했지만 신약성경의 사도들은 그들이 이미 마지막 때에 있다고 말했다. 이미 느꼈겠지만 요한은 18절 하반절에서 "그러므로 우리가 마지막 때인 줄 아노라"고 표현함으로써 그가 살던 시대도 말세에 포함시켰다. 따라서 우리는 이 '마지막 때'가 때때로 전체 기간, 즉 그리스도가 지상 사역을 마치시던 날부터 영광 중에 재림하시는 때까지의 모든 시간대를 의미하기도 한다는 것을 기억하고 있어야 한다.

그렇다고 항상 모든 시간대를 마지막 때로 생각할 수 있는 것은 아니다. 때로는 이 '마지막 때'라는 구절이 어떤 특정 기간을 의미하기도 한다. 특별한 위기나 심판의 때가 있을 것인데 이와 같은 때를 우리는 특별히 '마지막 때'라고 한다. 다시 말해 여러분이 구약을 읽을 때 마지막 심판을 예언하는, 세상을 향한 그리고 특별히 이스라엘을 향한 심판들을 볼 수 있는데, 이런 것들이 바로 마지막 때를 가리키는 것이라고 받아들일 수 있다. 그러므로 모든 세대를 마지막 세대로 함께 묶을 수도 있고 죄와 악이 놀라울 정도로 번성하고 심해지는 어떤 특정 기간 그리고 주 예수 그리스도가 이 땅에 재림하시기 바로 전의 때를 말세라고 표현할 수도 있다.

교회사를 살펴보면 어려움을 겪었던 시대들이 있었다. 초대교회 그리스도인들이 유대인들에 의해, 나중에는 로마 제국에 의해 겪었던 환난 같은 것들이 바로 그 실례이다.

그 외에도 중세 암흑 시대와 같이 참으로 어려웠던 시절들이 있었다. 이와 같은 고난사를 살펴볼 때 놓쳐서는 안 될 것은 바로 기독교 교회라는 단체 안으로부터 이런 영적 전투와 알 수 없는 악한 것들이 있어 왔다는 사실이다.

데살로니가후서 2:7에서 사도 바울은 정체를 알 수 없는 악에 대해 "불법의 비밀"이라고 표현했는데, 이 같은 것이 계속해 있어 왔다는 것은 부인할 수 없는 사실이다.

매우 난폭하고 상상할 수 없이 냉혹한 때가 있었으며 교회가 특별히 견디기 어려운 시련에 봉착할 때가 있었다. 이 모든 것이 주님이시며 구원자가 되시는 예수님이 실제로 영광 중에 재림하실 것에 대한 최후 전주곡이 되는 마지막 전투의 때를 향해 나아가는 것을 보여 주고 있다. 이것이 바로 요한이 본문에서 의미하는 '마지막 때'이다.

이제 그가 그 다음으로 사용한 '적그리스도'라는 용어를 생각해 볼 차례가 되었다. 이 용어는 사도 요한에 의해서만 유일하게 사용되었다.

물론 다른 곳에서 다른 기자들에 의해 이 단어가 의미하는 바가 기록되었다는 것도 명백한 사실이다. 데살로니가후서 2장을 보면 적그리스도와 똑같은 자에 대해, 그의 능력과 위치에 대해 묘사하고 있다. 또한 다니엘서 7-11장을 보아도 역시 이 적그리스도에 대해 설명했다. 그리고 요한계시록에서도 바다에서 나온 짐승과 땅에서 나온 짐승에 대해 13장에서 설명하면서 적그리스도에 대해 묘사하는 것을 볼 수 있다. 이 외에도 디모데전서 4장과 베드로후서 2-3장 등에서 적그리스도에 관한 내용들을 분명하게 볼 수 있다.

그렇다면 요한이 여기서 확실하게 말하고자 한 것이 무엇인가? 그는 '적그리스도'에 대해 말하면서 그 당시의 세계에도 이미 많은 적그리스도들이 있었다고 했다. 하지만 이런 가르침들은 우리에게 장차 있을 적그리스도 쪽으로 우리를 이끌어 가는 것이라고 본다.

물론 이것은 너무나도 다루기 어려운 내용임을 부인할 수 없다. 이것이 정확하게 무엇을 의미하고 있는가 의견 일치를 본다거나 일반적으로 모두가 동의할 수 있다는 것은 사실상 불가능하다는 말이다.

예언에 관계된 내용을 다룬다는 것은 참으로 어려운 일이다. 이 같은 내용에 대해 독단적으로 말하는 사람들은 사실상 자신의 무지만을 늘어놓는 결과를 초래하게 된다. 이 내용이야말로 기독교 교회에서 위인들이 처음부터 지금까지 씨름해 온 것이었다. 그럼에도 불구하고 이와 같은 것을 지나치리 만큼 간단하게 설명하는 소책자들을 몇몇 독단적인 사람들이 만들었다. 그들은 사실 남의 주장에 귀를 기울이는 사람들이 아니기 때문에 오직 한 가지 주장만을 늘어놓았다. 그러기에 모든 것이 매우 간단하게 설명되는 것이다.

우리는 역사가 이런 사람들의 무지함과 지나치게 간추려 놓은 실수를 자주 입증해 준다는 사실을 잘 알고 있다. 따라서 이런 내용을 접할 때는 좀더 겸손한 자세로, 조심스럽고 두려워하는 자세로 나아가야 할 것이다. 경건하면서도 실력 있는 사람들도 이 부분에 대해 어려움을 표했기 때문에, 우리는 너무도 쉽게 말만 갖고 최종적 판단을 표명할 수 없다는 것을 잘 알기 때문이다.

이제 우리는 이 내용에 관해 언급되었던 몇 가지 견해들을 간단하게 살펴보고자 한다.

사도 시대 이후 교회는 적그리스도를 유대인 중의 한 사람으로 생각했다. 예루살렘 성전이 재건되고 놀라운 능력을 소유하며 비범한 주장을 하게 될 이 사람이 예루살렘에서 자신을 드러내며 기독교 교회를 핍박하고 많은 그리스도인을 잘못된 길로 인도할 것이라고 생각했다.

그 시기 후의 중세 시대에는 여기에 대해 어느 정도 공통된 가르침이 있었다. 그들의 가르침에 의하면 적그리스도는 꼭 유대인일 필요는 없으며 오히려 이 세상에서 막강한 힘을 갖고 자신의 의견을 펴 나가며 어마어마한 물질을 갖고 교회를 힘들게 할 군주와 같은 자인데, 그리스도가 오실 때에 결국 멸망될 자라고 했다. 이것이 중세 시대의 견해였으며 아직도 어느 정도 가톨릭에서 지켜지는 내용이다.

그러면 개혁주의자들의 말을 들어 보자. 일반적으로 개혁주의자들은 적그리스도는 다른 어느 누구도 아닌 로마 가톨릭 교회 그 자체이며 특히 교황이라는 데 의견의 일치를 보았다. 그들은 이 권세가 교회 안에서 오는 것이 명백하기 때문에 적그리스도를, 그리스도를 강하게 대적하는 차원으로 해석하기보다 그리스도의 위치를 대신 차지해 간교한 방법으로 그리스도를 거스르는 자로 해석했다.

바울은 이런 일이 성전 안에서 일어날 것이며 적그리스도는 커다란 기적과 기사를 행할 것이라고 말했다. 따라서 그들은 적그리스도가 참된 교회에서부터 나온다는 것에 대한 여러 증거가 있기 때문에 적그리스도는 다름 아닌 로마 가톨릭 교회이며 특별히 교황과 교황이 누리는 모든 권력이라고 주장했다.

이 같은 것들이 여러 세기에 걸쳐 있었던 주된 견해들이었다. 그렇다면 이런 견해들을 살펴보고 평가하기 위해 적그리스도에 대해 무엇을 알아볼 수 있는가? 다음과 같이 말할 수 있다. 적그리스도는 그리스도를 대신해 서 있는 자로서 그리스도인이라는 이름은 갖고 있으나 그 이름이 지닌 진리의 왕국에 대해서는 거스르는 자라고 할 수 있다.

우리는 요한 사도가 "적그리스도가 오리라는 말을 너희가 들은 것과 같이 지금도 많은 적그리스도가 일어났으니……그들이 우리에게서 나갔으나 우리에게 속하지 아니하였나니 만일 우리에게 속하였더라면 우리와 함께 거하였으려니와 그들이 나간 것은 다 우리에게 속하지 아니함을 나타내려 함이니라"고 한 말을 적그리스도에 대해 생각할 때마다 상기해야 한다. 요한은 분명히 "그들이 우리에게서 나갔으나 우리에게 속하지 아니하였나니"라고 명시했다.

즉 그들은 기독교의 견해를 가졌으며 자신들이 그리스도인이라고 주장했을 뿐 아니라 교회에서 선생들이라고 말하던 자들이었다. 하지만 그들이 그리스도인으로부터 분리되어 나감으로써 애당초 그리스도인에게 속한 자들이 아니었다는 것을 명확하게 보여 주었다. 다시 말해 그들은 참된 종교 안에서 즐거워한다고 주장하면서도 그것을 묵살해 버렸던 것이다.

동시에 앞으로 드러나게 될 불법의 비밀에 대한 여러 의견이 있다. 사도 바울은 적그리스도적인 사람들은 이미 나타나고 있지만 적그리스도는 앞으로 올 것이라고 말했다. 이제 이런 모든 것에 대해 우리는 매우 명확하게 말할 수 있다. 적그리스도 또는 적그리스도들은 복음을 믿는다고 주장하면서도 그 복음의 가르침을 왜곡시키며 결국에는 그 복음을 파괴하려 하는 복음의 선생들이라고 할 수 있다. 이런 관점에서 볼 때 여러분은 왜 개혁주의자들이, 스스로를 죄를 사면해 줄 수 있는 위대한 자로서 '그리스도의 대언자'라고까지 호칭하는 교황의 권력에 대해 적그리스도라고 했는지를 이해하게 될 것이다. 개혁주의자들이 제시했던 논증이 바로 이와 같았던 것이다. 우리는 사도 바울이 사도행전 20장에서 에베소 교인들에게, 이와 같은 거짓 선생들이 그들 가운데서 일어나 아주 교묘한 방법으로 그들을 진리로부터 유혹해 잘못된 길로 인도할 것이라고 경고했던 내용을 기억하고 있어야 한다.

이 주제에 관한 가르침에 대해 요약하자면 아직 불확실한 상태로 남아 있기는 하지만 확실하게 알 수 있는 몇 가지의 것들이 있다.

첫째로 적그리스도는 이미 바울과 요한의 시대에 활동하고 있었다는 것이다.

둘째로 비록 적그리스도의 흉내를 내는 사람들이 많이 있었다 할지라도 말세지말에 최고의 힘을 낼 자가 있을 것이라는 사실은 너무나도 명백한 사실이다. 또한 다니엘서에서 적그리스도에 대해 정치적 힘으로 묘사한 내용이나 사도 바울이 교회적 힘으로 묘사한 내용이나 요한계시록에서 이 두 가지를 바다에서부터 올라온 짐승 정치적 힘과 뭍에서부터 올라온 짐승 교회적 힘으로 동시에 묘사하는 내용 등을 볼 때, 역시 말세에 나타날 적그리스도에 대해 명확하게 이해할 수 있다.

우리는 이 두 가지 측면, 즉 정치적이고 교회적인 것이 동시에 나타나는 것이라기보다 차례대로 나타나는 것이 아닌가 생각해 볼 수 있다. 먼저 막강한 정치력이 보여질 것이고 그 후에 교회에서의 권력으로 나타날 것이라는 말이다. 여기에 대해 많은 사람의 의견이 일치하고 있음도 부연하고 싶다.

셋째로 우리가 확실하게 알 수 있는 것은 이런 권력이 하나의 특정인에게 쏠리게 될 것이라는 사실이다. 요한은 많은 적그리스도가 있었다고 말하지만 그가 제공하는 가르침은 하나의 절대 권력을 휘두를 수 있는 사람, 이적과 기사를 행함으로써 선택된 자들을 속이려 하는 한 사람에게 초점을 맞추고 있다.

이런 가르침은 참으로 중요한 것이라고 생각한다. 우리가 인식해야 할 것은 현재 우리는 이런 힘과 대치하고 있다는 사실이다. 물론 여기서도 너무 심하게 단순화시키는 것을 조심해야 한다. 하지만 확신할 수 있는 것은, 교회가 시작되고 지금까지 그리고 오늘부터 마지막 그 순간까지 교회 안에서 쉬지 않고 일하는 악한 세력이 있다는 것이다. 에베소서 6:12에서 바울은 "우리의 씨름은 혈과 육을 상대하는 것이 아니요……악의 영들을 상대함이라"고 말했으며, 요한은 "적그리스도가 오리라는 말을 너희가 들은 것과 같이"라고 말함으로써 독자들이 이미 적그리스도에 대해 들었다는 사실을 밝히고 있다.

서신을 기록한 사도들 중에 어느 한 사람도 적그리스도의 위험성에 대한 경고를 게을리한 자가 없었다. 하지만 그들과 비교해 볼 때 우리는 여기에 대해 경고하는 일을 얼마나 무시하고 있었는지 모르겠다.

이같이 교회는 교묘하게 유혹하는 이런 힘과 항상 대치한다는 것을 알 수 있다. 이 교묘한 세력은 그리스도의 이름으로 나타나기는 하지만 사실상 그리스도를 부인한다. 이런 사실을 살펴볼 때 우리는 거짓 가르침의 참본질을 알 수 있게 된다. 요한은 "예수께서 그리스도이심을 부인하는 자가 아니냐 아버지와 아들을 부인하는 그가 적그리스도니"라고 기록하면서 적그리스도를 거짓말쟁이라고 표현했다.

따라서 항상 공개적이지는 않지만 매우 교묘한 방식으로 우리를 대적하는 적그리스도의 가르침의 특징이, 예수 그리스도이심을 부인하는 것임을 알 수 있다.

나는 요한일서에 대해 처음 언급하기 시작할 때, 사도 요한이 예수를 그리스도로 받아들이는 데 주어지는 여러 부정적 견해들을 염두에 두었다고 여러분에게 이미 상기시켰다. 예수를 그리스도로 받아들이는 데는 크게 두 가지 견해가 있다.

첫 번째는 예수님은 사람이었을 뿐이라는 견해이다. 그분은 위대한 선생이었을 뿐 그 이상은 아니라는 주장이다.

두 번째는 영지주의 견해인데, 그들은 영원하신 그리스도가 예수님이 세례받을 때 그에게로 들어왔지만 십자가에 달려 돌아가실 때 인간 예수로부터 빠져 나갔다고 주장한다. 그러므로 하나님의 아들 예수는 결코 죽은 적이 없다고 한다. 죽은 사람은 인간 예수일 뿐 그리스도는 죽기 전에 이미 빠져 나갔다는 것이다. 그들은 예수에 대해 말하지만 그가 그리스도라는 사실은 부인했다.

하지만 기독교의 가르침은, 예수 그리스도는 하나님이자 사람으로서 죽으심으로 구속 사역을 이루셨다고 한다. 그러기에 이 사실에 대해 어느 한 가지라도 부인하는 것은 적그리스도의 주장을 대신해 주는 것일 뿐이다. 또한 예수님의 신성을 부인하는 것과 마찬가지로 그분의 인성을 부인하는 것도 역시 적그리스도적인 것이라고 할 수 있다.

어떤 사람은 그리스도가 환영적인 몸을 갖고 있었다고 가르쳤다. 여기에 대해 요한은 "말씀이 육신이 되어 우리 가운데 거하시매"라고 요한복음 1:14에서 가르쳤으며, 요한일서 1:1에서는 그를 비롯한 제자들이 예수님의 몸을 눈으로 "본 바요" 손으로 "만진 바라"고 표현함으로써 예수님의 성육신을 설명했다. 우리는 예수님의 몸이 단지 환영적인 몸이 아닌 실제 육신을 입은 몸이며, 하나님의 아들 예수님이 문자 그대로 돌아가셨고 다시 살아나셨다는 것을 믿을 수 있다.

이것은 미묘하면서도 어려운 주제이다. 또한 우리가 알아야 될 중요한 것은 예수님이 그리스도이심에 대해 부인하려는 성향이 긴 교회 역사와 함께 계속해 있어 왔다는 사실과, 이것이 교회사에 미친 영향에 대한 것이다. 여러분이 처음 몇 세기의 교회사를 읽어 보면 그리스도의 본질, 즉 두 가지 본성을 가졌으면서도 한 분이시라는 것에 대해 많은 논쟁을 했던 것을 볼 수 있다. 그런데 헬라 철학자들이 교회에 들어와서 "우리는 예수 그리스도는 믿지만 그분의 인성에 대한 설명은 믿지 못하겠다."라고 말함으로써 기독교 교회는 수세기 동안 이 교리를 위해 목숨을 걸고 싸워야만 했다.

로마 가톨릭 교회가 성직자들을 중심으로 전체를 지배하던 중세 시대에도 우리는 하나님과 사람 사이의 중간쯤에 있는 자로서의 예수 그리스도를 찾아볼 수 있다. 이것 역시 예수 그리스도이심을 부인하는 내용이라고 받아들일 수 있다.

지난 수세기 동안 개신교가 취했던 내용을 살펴보도록 하자. 여기서도 교회에 의해 예수님이 그리스도이심이 교묘하게 부인되었음을 볼 수 있다. 그분의 초자연적 사역에 대한 것은 부정하면서 그저 훌륭한 선생이며 정치적 지도자였던 인간 예수로서, 위대한 도덕가의 본을 보이셨던 인간 예수로서 받아들였을 뿐 그리스도로서는 받아들이지 못했다. 이런 현상들이 바로 적그리스도들의 발현이며 장차 올 적그리스도의 조짐이라고 할 수 있다. 따라서 우리가 할 일은 이 모든 현상과 조짐을 우리가 사는 이 시대와 연관시켜 생각해 보는 것이다.

일반적으로 우리는 지금 마지막 때에 살고 있다고 본다. 또한 실제로 우리는 말세지말에 살고 있음이 틀림없다. 그리스도인만이 아니라 세상의 저자들이나 역사가들도 우리가 역사에서 커다란 전환점인 '과도기'에 살고 있다고 가르치고 있다. 이와 같은 판단은 의심할 여지없이 사실이다. 우리는 인류 역사에서 본질적 변화가 일어나는 때에 살고 있으며 르네상스나 종교개혁 시대 이래로 아직까지 유래가 없었던 시대에 살고 있다.

안정되게 느껴지던 것들이 흔들리는 전환의 시기에 처해 있으며 서구 문명이 서서히 종말을 고하고 있다는 사실도 역시 의심하기 어려운 지경에 있다. 분명히 말세의 어느 한 부분에 서 있는 것은 확실하다. 그런데 이 같은 상태를 보면서 진짜 마지막이라고 말하는 사람들이 있다. 나는 진짜 마지막 때라고 말하는 사람들과 논쟁할 준비가 되어 있지 않지만 개인적 입장에서 볼 때 아직 수긍이 가지는 않는다.

어쨌든 나는 그들이 옳다거나 틀렸다거나 말하고 싶지는 않다. 나는 사람들이 끝이라고 하는 말을 여러 번 들었다. 하지만 그들이 의미하는 마지막 때는 아직 도착하지 않았다. 모든 시대마다 마지막 때라고 여겨질 만한 일들은 있었다. 모든 시대마다 교회 안에는 시련과 어려움과 격동의 때가 있었고 세상은 사람들로 하여금 "지금이 마지막 때다!"라고 말하게 했던 것이다. 그러므로 우리는 조심해야만 한다.

하지만 확실히 알 수 있는 것은, 죄의 힘이 왕성하게 활동하고 있다는 사실이다. 이 죄의 세력은 바울의 때에도 활동했으며 오늘날에도 아주 특별한 모습으로 기승을 부리고 있다. 따라서 지금이야말로 심판의 때이며 하나님의 백성이 매우 조심하고 신중해야만 할 때인 것이다. 또한 진리에 관해 그들이 취해야 할 견해에 굳건로 확신을 갖고 있어야만 될 때이다. 그리스도인은 그들을 잘못된 길로 인도해 들이려는 교묘한 죄의 세력들을 항상 경계하며, 요한이 요청한 대로 진리에 강하게 설 수 있어야만 할 것이다.

아무쪼록 하나님이 이와 같은 것들에 대해 읽고 생각하고 심사숙고할 수 있는 은혜를 베푸사, 우리가 경고를 받음으로써 미리 무장할 수 있는 유비무환의 삶을 살게 해주시기를 바란다.

> 아이들아 지금은 마지막 때라 적그리스도가 오리라는 말을 너희가 들은 것과 같이 지금도 많은 적그리스도가 일어났으니 그러므로 우리가 마지막 때인 줄 아노라 그들이 우리에게서 나갔으나 우리에게 속하지 아니하였나니 만일 우리에게 속하였더라면 우리와 함께 거하였으려니와 그들이 나간 것은 다 우리에게 속하지 아니함을 나타내려 함이니라 _ 요일 2:18-19.

Chapter 22

교회에 속한 자들

    요한은 본문 말씀에서 전체 신약성경의 대주제라고 할 수 있는 영적 전쟁에 관한 전반적 문제들을 소개했다. 그리스도인으로서 우리는 그리스도인의 삶에 진입하자마자 즉시 하나님의 군대와 지옥의 군대와의 치열한 싸움에 좋든 싫든 참여하게 된다. 그러기에 요한이 여기서 말하는 것은 이 사실을 그리스도인에게 조명해 줌으로써 그들을 경고하고 영적 전투에 임할 준비를 시키며 그 전투에서 견뎌 낼 수 있게 하기 위한 것이다.

    나는 지난 시간에 이 주제를 세 가지로 나누었다.

    첫째로, 그리스도인이 이런 영적 싸움에 들어와 있다는 것과 그 싸움의 본질을 깨달아야 될 중요성에 대해 말했다. 둘째로, 우리로 하여금 이 같은 전투를 맞이해 싸울 수 있게 해주는 도구에 대한 것이었다. 셋째로, 호소와 권면의 말인데, 다르게 표현하자면 요한이 우리에게 악한 권세에 대항해 싸워야 할 이유들과 믿음의 선한 싸움을 싸워야 할 이유들을 제시하고 있다.

우리는 앞에서 이미 첫 번째에 대해 고찰을 시작했다. 적그리스도의 교리를 살펴보았으며 '마지막 때'가 의미하는 것에 대해서도 몇 가지 일반적 가르침들을 제시하며 생각해 보았다. 하지만 거기서 멈출 수는 없다. 본문의 두 구절에 주어진 어휘들은 우리에게 계속해 살펴보며 좀 더 나아가 그 내용들을 적용할 것을 요청하고 있다.

요한은 기독교 교회의 관점에서 '적그리스도'와 '마지막 때'라는 단어가 지니는 특정한 교리에 대해 언급했다. 우리는 그가 여기에 대해 말하려는 내용을 깊이 살펴보아야 할 것이다. 이 교리야말로 작금에 살고 있는 개개인의 그리스도인으로서 그리고 기독교 교회의 구성원으로서 대해야만 하는 지극히 다급한 내용이기 때문이다.

다음과 같이 말할 수도 있다. 우리는 참으로 어렵고 힘든 시대에 살기 때문에 기독교 교회 내에서도 떨어져 나가는 많은 사람을 볼 수 있다. 오늘날의 교회 숫자와 교회에 출석하는 사람들의 숫자를 20세기 초반과 한번 비교해 보기 바란다. 그 당시에는 교회에 관한 일을 하고 주일에 하나님의 집에 가는 것이 당연한 관례였다. 교회는 인기가 있었으며 신뢰도 받았다. 하지만 지금은 교회의 회원이 되는 것이 오히려 예외적인 일이 되었으며 여러 가지 현상들이 생기곤 한다.

기독교 교회의 감소와 외부로부터 주어지는 교회에 대한 공격들, 즉 교회 문화에 대한 공격이라든지 또는 물량주의적 교회 정치 등에 대한 공격들로 인해, 현재와 같이 근심스러운 상황으로 인해 어떤 변화가 교회 안에 있는 사람들에게 일어나려는 경향이 있다.

더 나아가 사도가 하려는 말을 우리가 함께 대하는 것이 매우 중요하다고 말하고 싶은데, 그 이유는 그가 초대교회의 독자들에게 이 글을 쓸 때 그들이 처한 상황에 맞추어 쓴 것같이 지금의 우리에게도 이 말씀은 연관된다고 보기 때문이다.

참으로 많은 사람의 믿음이 현재의 어려운 상황으로 인해 흔들리는 것을 볼 수 있다. 이런 현상을 보면서 그리스도인도 결국 보잘것없는 자연인이라는 것을 증명해 주고 싶어하는 사람들이 용기를 얻는다. 또한 교회의 숫자가 줄어들고 교인의 출석률이 감소하는 것을 바라보는 많은 사람은 "결국 이렇게 되는 것이 옳은 것인가? 얼마 안 되는 소수의 우리가 옳은 것인가? 아니면 대다수의 군중이 옳은 것인가?"라고 질문하게 된다.

사람들이 교회에서 떨어져 나가는 시기는 언제나 그들이 공격받을 때이다. 우리 모두는 '해야 될 것'을 따라가는 경향이 있다. 우리는 다수를 따르려는 성향이 있기 때문에 불길한 예감에 사로잡혀 있는 사람들이 많이 있으며, 자신들의 믿음이 진짜로 심하게 흔들리는 것을 발견하는 사람들이 많다. 다시 말해 아주 심한 낙담과 비관주의가 만연되어 있다는 말이다.

실제로 오늘날 그리스도인으로서 당면하게 되는 특정한 유혹의 이름을 대라고 한다면 낙심하는 성향과 심하리 만큼 비관적이 되려는 추세라고 말할 것이다. 오늘날의 현실을 돌이켜 볼 때 "장래에 무슨 일이 생기게 될까? 교회가 어떻게 해야 계속 나아갈 수 있는가?" 같은 질문을 하게 된다. 이 같은 낙심과 낙담의 상태는 결국 혼란으로 인도해 들일 것이기 때문에 요한은 이런 상태에 있는 초대 교인들에게 이 서신을 기록했다. 어려움의 시기는 낙심으로만 이끌어 들이는 것이 아니라 비정상적인 상태로도 인도한다. 그러기에 사람들은 극도로 흥분하게 되고 또한 필사적인 사람이 된다. 그들은 "교회를 살리기 위해 우리는 무엇인가를 해야만 한다."라고 말한다. 그들은 숫자만을 보며 통계만을 강조한다. 그리고 "숫자를 늘리기 위해서는 무엇인가를 해야 한다. 쇠약해지는 것을 막기 위해서는 무엇인가를 조직해야 한다."라고 주장하면서 여러 가지 바쁜 활동으로 치닫게 된다.

이것은 우리에게 사도가 이와 똑같은 상황에 처한 사람들에게 전해 준 말을 숙고하게 해준다. 과연 사도가 이런 사람들에게 무엇이라고 했는가? 서너 가지 제안의 형태로 그가 한 말을 요약해 보도록 하자.

요한이 우리에게 말하고자 하는 첫 번째 원리는 그와 같은 상황에 처할 때 조금도 놀라거나 두려워하지 말하는 것이다. 그는 "아이들아 지금은 마지막 때라 적그리스도가 오리라는 말을 너희가 들은 것과 같이 지금도 많은 적그리스도가 일어났으니"라고 말했다. 요한은 "적그리스도가 오리라는 말을 너희가 들은 것과 같이"라고 했는데, 이것이 첫 번째로 강조되어야 할 내용이다.

어떤 면에서 볼 때 나는 이 말씀만큼 신약성경에 대한 지식을 아니 모든 성경에 대한 지식을 철저하게 시험하는 내용은 없다고 본다. 또한 우리가 처한 환경에 대처해 나가는 모습만큼 우리의 신앙을 확실하게 측정할 수 있는 것은 없다고 본다. 만일 우리가 고통스러워하고 낙심하게 되면, 그것은 우리에게 주어진 하나님의 말씀을 제대로 읽지 않았기 때문이라고 할 수 있다. 이는 성경 말씀이 우리가 지금 겪고 있는 것과 똑같은 일들에 대해 이미 경고하는 내용들로 가득 차 있기 때문이다. 따라서 자신들에게 합당하게 기록된 성경 말씀을 아는 사람들은 현재와 같은 이 세상의 모습이나 교회의 모습에 그리 놀라지 않을 것이다.

다시 한번 말하지만 교회가 언제나 이전보다 더 강해져야만 하며, 전 세계의 모든 사람이 그리스도인이 될 때까지 강해지기 위해서는 하나님의 교회가 계속해 발전하고 증가되어야 한다는 생각만큼 신약성경이 제시하는 교회관과 거리가 먼 것은 없으며, 이보다 더 잘못된 것은 없다고 본다. 성경 어느 곳을 보아도 이와 같은 견해를 지지하는 곳은 찾아 볼 수 없다.

실제로 나는 이와 같은 사고방식이 성경의 가르침과는 정반대라는 것을 가르치려고 노력해 왔다. 신약성경에 있는 서신서들을 읽어 보라. 아니 그 이전에 기록된 사도행전을 먼저 읽어 보라. 그러면 여러분은 복음에 대해 설교하는 사람들이 첫 번째로 믿게 된 신자들에게 "여러분은 영적 싸움에 개입하게 될 것이다. 우리를 거슬러 싸우고자 하는 간교하고 힘센 대적이 교회를 넘어뜨리려고 덤벼들 것이다."라고 경고하는 것을 볼 수 있다. 죄인이나 적그리스도에 대한 모든 예언은 바로 여기 우리 앞에 놓여 있다.

기억하고 있겠지만 우리의 복된 예수님은 "인자가 올 때에 세상에서 믿음을 보겠느냐"라고 누가복음 18:8에서 질문하셨다. 이 말씀에 근거해 볼 때, 교회를 계속적으로 성장하고 흥왕하고 증가되어야 하는 어떤 조직으로 만들어 보려는 생각이야말로 성경 말씀에 근거한 것이 아니다. 오히려 잘못된 철학과 가르침에 근거한 것이라는 사실을 분명히 알아야 할 것이다.

이제 내가 단언할 수 있는 것은 현재 교회의 상태나 세상의 모양새야말로 우리가 찾아볼 수 있는 성경의 가르침을 참으로 확실하게 확인해 주는 것이다. 그러므로 놀라거나 당황하거나 흔들릴 필요가 전혀 없다. 모순되게 들릴지 모르겠지만 오늘날 교회의 연약함을 통해 믿음이 확실하게 설 기회가 주어질 수도 있으며 하나님의 말씀에 대한 진실성에 확신을 가지는 계기가 될 수도 있다는 말이다.

따라서 이 같은 상황에 접하게 될 때 우리가 버려졌다고 생각하는 대신 현 상황을 직면하면서 "인간의 분노가 주님을 찬양할 것이며 지금 주님을 찬양하고 있다."라고 말할 수 있어야 한다. 이렇게 함으로 우리는 자신도 모르게 하나님의 말씀을 확인할 수 있다.

두 번째 원리는 오늘날과 같은 시대의 하나님의 교회가 가장 관심을 두어야 할 부분은 교리의 순수성이어야 할 것이다. 여러분은 요한이 "아이들아 지금은 마지막 때라 적그리스도가 오리라는 말을 너희가 들은 것과 같이 지금도 많은 적그리스도가 일어났으니 그러므로 우리가 마지막 때인 줄 아노라 그들이 우리에게서 나갔으나 우리에게 속하지 아니하였나니 만일 우리에게 속하였더라면 우리와 함께 거하였으려니와 그들이 나간 것은 다 우리에게 속하지 아니함을 나타내려 함이니라"고 요한일서 2:18-19에서 말씀한 것을 기억할 것이다.

다시 말해 사도가 다루는 전체 구절들 중에서 그의 가장 큰 관심사는 교회에 출석하는 교인들의 숫자나 얼마나 많은 사람이 교회를 떠났느냐에 있는 것이 아니라 오히려 교회의 교리의 순수성에 있는 것이다. 적그리스도들은 예수 그리스도이심을 부인하는 사람들이기 때문에 예수님과 하나님 아버지를 부인하며 삼위일체를 부인한다. 그래서 우리는 하나님의 말씀을 읽으면서 특히 이 서신의 전반적 내용을 읽으면서 요한이 관심을 가진 한 가지는 참된 교리라는 것을 찾아볼 수 있다.

이제 다른 한 가지를 강조하고자 한다. 나는 요한이 숫자나 조직에 관심이 있는 것이 아니라고 말했다. 그렇다면 숫자를 중시하는 풍조가 오늘날 우리에게 교묘한 유혹으로 다가와 있는 것은 아닌가? 우리가 나누는 대화 내용이나 관심의 초점이 이와 같은 숫자나 조직에 맞추어져 있음을 부인할 수 없다고 본다.

이것은 어쩌면 인간으로서 갖게 되는 매우 자연스러운 것이 아닌가 할 수도 있다. 인간은 사실과 숫자와 통계를 좋아하기 때문이다. 또한 어떤 전통을 이어받기 때문에 건물로서 그리고 사람들의 모임으로서, 교단으로서 또는 초교파 조직으로서의 기독교 교회를 생각하려는 경향이 다분히 있다. 이런 식으로 교회를 생각하도록 양육받았기 때문에 우리의 전체 생각이 그 같은 기계적 통계에 지배받는 성향이 있는 것이다.

하지만 내가 말하려는 것은 신약성경을 읽다 보면 이 자세가 신약의 전체 분위기를 잘못 이해하는 것임을 알게 되리라는 것이다. 또한 이 서신에서도 강조되는 대주제가 바로 교회의 순수성에 관한 것이지 교회의 크기에 관한 것이 아니라는 것이다. 나는 지금 존재하는 하나님의 교회들이 신앙의 절개를 지키기 위해 지하에 들어가 일생을 마쳤던 초대 교회 시절 카타콤_{지하 묘지}의 자세로 돌아가야 한다는 사실을 받아들일 준비가 되어 있는지 생각해 보곤 한다. 아마도 우리는 복음의 순수성을 지키기 위해 이 같은 삶을 살아야 할지도 모른다. 이런 사실을 실제로 인식하고 마음의 준비를 하는 사람들도 있다.

오늘날 많은 나라 가운데 실제로 이런 입장을 취해야만 하는 그리스도인도 많이 있음은 우리가 잘 아는 사실이다. 신약성경에도 보여지듯이 그런 나라에서는 교회가 집안에 있기도 하다. 우리는 하나님의 교회는 많은 사람이 모이건 소수의 사람이 모이건 같은 것이라는 사실을 분명하게 인식해야 한다. 교회에서 중요한 것은 복음의 순수성을 지키는 것이지 숫자나 조직이 아니기 때문이다.

오늘의 현실과 연관지어 생각해 보자. 우리는 종교 서적이나 잡지나 심지어 신문에서 계속해 다음과 같은 논쟁을 하는 것을 읽을 수 있다. 그들은 오늘날의 기독교 교회가 사력을 다해 투쟁하고 있는데, 그 이유는 이 세상 안의 권세들이나 여러 요소들이 교회를 대적하며 복음의 교리에 반대하기 때문이라고 한다. 우리는 실제로 이와 같이 조직적으로 연합된 세력들을 볼 수 있으며 이런 세력들이 교회를 향해 다가오는 것도 알 수 있다. 줄어들고 있는 교인들의 숫자를 우리는 지켜보고 있으며 매년의 통계도 듣고 있다.

이런 상황에서 우리가 무엇을 할 수 있겠는가? 사람들은 "한 가지 꼭 해야 될 일이 있다. 그것은 우리가 함께 뭉치는 것이다. 지금은 우리가 무엇을 믿는가에 대해 말하고 있을 때가 아니다. 하나님을 믿으며 그리스도인이라고 하는 사람들은 다 우리와 한가지이기 때문이다. 그러니 다같이 모여 우리를 거스르는 공동의 적을 물리치기 위해 하나의 단체를 만들자."라는 말들도 한다.

아마도 대부분의 사람들은 이와 같은 말에 동의를 표명할 것으로 생각한다. 그러나 이런 말에 조심하지 않으면 우리가 신약성경에서 보여 주는 매우 중요한 교리들을 부인하는 것이 된다는 사실도 역시 알고 있어야 될 것이다. 교회에 대한 우리의 느낌이 어떠하든지, 얼마나 많은 사람이 교회를 떠나고 있든지 간에 관심을 기울여야 할 한 가지 사실은 교리의 순수성을 유지하는 일이다.

예수 그리스도이심을 믿는 소수의 무리가, 예수 그리스도인지 아닌지에 대한 확신도 없으며 그리스도인이라는 단어에 대해서도 잘못 이해하고 사용하는 다수보다는 훨씬 더 나은 것임도 알아야 한다. 요한은 "그들이 우리에게서 나갔으나 사실 그리 큰 문제는 아니다. 우리에게 있어 문제는 남아 있는 자들이 옳은가 아닌가에 관한 것일 뿐이다."라고 말하는 것이다. 교리의 순수성이 가장 중요하다. 그것은 예수는 그리스도이심을 확실히 믿는 것이다.

다시 말해 참된 연합이나 일치는 진리라는 전제 조건에서만 가능하다는 것을 알고 있어야 한다는 말이다. 물론 여러분은 진리라는 테두리를 벗어나서도 연합하고 합병하고 뭉칠 수 있다. 하지만 진리를 벗어나서는 성령을 통한 일치는 전혀 불가능하다. 성령은, 예수는 그리스도라고 고백하고 그리스도를 하나님의 독생자로서 인정하며 그분이 성육신 하셨다는 사실과 구속을 위해 희생 제물이 되심과 부활하심과 성령의 인격 등을 믿는 자들만을 함께 묶어 주시기 때문이다. 이런 교리들을 떠나서 참된 연합이란 있을 수 없음을 우리는 인정해야 한다.

이와 같은 내용이 전체 성경이 제시하는 교리이다. 여러분은 성경이 얼마나 반어적 투로 또는 거의 유머 형태로 많은 숫자에 대해 비꼬고 있는지를 느꼈는가? 처음부터 끝까지 성경 안에는 남은 자에 대한 교리가 있다는 것을 아는가? 하나님은 난국에 맞서 홀로 버티고 서 있는 한 사람을 통해 모든 것을 이루고 계시다는 사실을 알고 있는가?

성경을 처음부터 끝까지 한번 읽어 보기 바란다. 여러분은 하나님이 얼마나 자주 고의적으로 숫자를 감소시키시는지를 보게 될 것이다.

기드온에 대한 이야기를 보라. 하나님이 소수의 사람이 남을 때까지 많은 사람을 축출해 내는 것을 볼 것이다. 그렇다. 이 소수의 사람들이야말로 자신의 교리가 순수하다는 사실과 하나님이 힘있는 적군들을 물리쳐 주실 분이라는 것을 인정하고 믿는 사람들이다.

이것이 성경 말씀의 교리이다. 관심을 가져야 할 것은 성령의 능력이다. 우리는 우리 뒤에 그리고 우리 안에 계신 능력이 적들의 힘보다 훨씬 더 강하므로 대적을 물리칠 수 있는 분이 우리 뒤에 버티고 계시며 또한 우리 안에 거하고 계신다는 사실을 믿고 있다. 하나님은 자신을 존귀히 여기는 자들만을 존귀히 여기신다. 순수한 교리를 시인하고 고백하는 자들만을 인정해 주는 분이시다.

사도 바울 역시 요한이 여기서 하려는 말과 똑같은 말을 하고 있음을 보게 된다. 그 당시에도 많은 사람이 교회를 떠났기 때문에 심약한 디모데는 낙심하고 있었다. 교인들이 교회를 떠나 거짓 선생들을 따라가며 부활이 이미 지나갔다고 말하는 자들의 말을 믿는 것을 보면서 그는 바울에게 슬픈 마음으로 이 사실을 알렸다. 이것에 대해 사도는 디모데후서 2:19를 통해 "하나님의 견고한 터는 섰으니"라고 답해 주었다. 하나님은 자신의 백성이 누구인지를 알고 계시기 때문에 중요한 것은 믿음과 교리의 순수성이라는 말이다.

세 번째 원리로 넘어가겠다. 오늘날과 같은 상황으로 결코 좌절하거나 낙심할 필요가 없다는 것과 우리에게 중요한 것은 교리의 순수성을 유지하는 것이라는 사실을 살펴보았다. 다음으로 생각해 보아야 할 것은 우리 자신에 대해 검증하는 것이다. 사도는 "아이들아 지금은 마지막 때라……그들이 우리에게서 나갔으나"라고 말했는데, 그렇다면 우리는 어떠하냐는 질문도 해봄직하다.

요한은 명료하게 다음과 같이 가르쳤다. 즉 우리가 그리스도인이라고 한다든지 교회에 속해 있는 자들이라고 주장한다는 사실만 가지고는 그리스도인이라는 것을 증명하기 어렵다는 것이다. "그들이 우리에게서 나갔으나 우리에게 속하지 아니하였나니"라는 그의 말씀에서 사도가 비난하는 적그리스도들은 기독교 교회 안에 있었던 자들임을 알 수 있다. 사도는 "그들은 교회에 들어와서 자신들이 그리스도인이 되었다고 말했지만 우리에게서 나갔다는 말은, 그들이 비록 우리 안에 거하기는 했어도 우리에게 속한 자들은 아니었음을 보여 주는 것이다."라고 말하고 있음을 볼 수 있다.

그러므로 우리 자신에 대해 점검해 본다는 것은 매우 중요한 일이라고 생각한다. 어쩌면 이것을 놀라운 제안으로 받아들일 수도 있다. 지금과 같은 시점에서는 이 같은 점검을 해서는 안 된다고까지 말하는 사람들도 있다. 그들은 "현재 교회가 이렇게 줄었는데 더 많은 사람이 나갈지도 모르는 검증을 하겠다고 말할 작정인가? 안 된다. 지금은 사람들의 등을 토닥거려 주면서 교회로 불러들여야 할 때이다."라고 말한다. 하지만 신약성경은 그런 식으로 교인들을 불러들이라고 가르치지 않았다. 그렇게 한 적이 한번도 없었다. 오히려 말씀은 사람들이 기독교 교회 안에 거하면서도 교회에 속한 자들이 아닐 수 있다고 가르쳤다.

격려와 안위의 차원에서 다음과 같이 말해 보겠다. 현재의 교회를 금세기 초의 교회들과 비교하거나 대조해 볼 때, 우리야말로 사악한 시대에 살고 있으며 교회가 더 이상 하나님의 교회로 존재하지 못한다는 생각을 하게 될 것이다.

하지만 다음과 같이 생각해 보기 바란다. 언제인가 모든 사람이 교회를 다녔었다. 그래서 교회는 사람들로 가득 찼다. 여러분은 그 당시 교회에 다니던 모든 사람이 진정한 그리스도인이었다고 생각하는가? 그렇지 않았다. 그중에는 별별 희한한 이유와 목적을 갖고 교회에 다니는 사람들도 있었을 것이다. 습관적으로, 사교적 목적으로, 교회에 나감으로 얻어지는 유익을 위해 다니는 사람들도 많았다.

우리는 교회가 사람들로 가득 차 있는 것을 그리스도인으로 가득 찬 것으로 받아들여서는 안 된다는 것을 알고 있어야 한다. 본문에 나오는 사람들도 한때 교회 안에 있던 자들이었으나 모두 엉터리였던 것이다. 이런 이유 때문에 자신이 참된 믿음을 소유하고 있는가, 참으로 그리스도 안에 거하는 사람인가를 확인하기 위해 점검해 볼 의무가 있다.

가장 최종적인 진단법은 우리가 교회에 속한 사람인가를 점검하는 것이다. 요한도 "그들이 우리에게서 나갔으나 우리에게 속하지 아니하였나니 만일 우리에게 속하였더라면 우리와 함께 거하였으려니와"라고 말함으로써 이 진단법을 제시했다. 그렇다면 교회에 속하였다는 말이 확실하게 의미하는 바가 무엇인가? 이 말이 의미하는 것은 참된 그리스도인이란 교회와 생사고락을 같이하는 사람들이라는 뜻이다.

그들은 그저 교회에 이름만 걸어 놓거나 그저 왔다 갔다 하는 정도의 사람들이 아니라는 말이기도 하다. 그들은 어느 날 하루 또는 특별한 주일 하루 정도 충성되게 일하는 사람들이 아니다. 그들은 생명력 있게 교회와 유기적으로 묶여 있는 자들이다. 다시 말해 그들 안에 생명이 있기 때문에 이같이 되려고 몸부림치지 않아도 저절로 그와 같이 된다.

예를 들어 가족은 아주 가까운 친구와도 엄연히 차이가 있음을 잘 안다. 이처럼 그들 안에는 무엇인가가 내재된 것이 있다. 그것은 "그들은 나의 생명이야. 나는 그들에게 묶여 있어. 그러니 그들은 나의 사람들이야."라고 말을 한다.

이와 같은 것은 그들에게 아주 귀한 것이다. 그들은 유기적 생명에 의해 결속되어 있게 마련이다. 그 결과로 다른 그리스도인들과 참된 교제를 나눌 수 있게 되는 것이다.

그들은 피차간에 다른 어떤 사람과도 느낄 수 없는 결속력을 느끼게 되고 다른 누구도 이와 같은 식으로 이해할 수 없는 일이 그들에게는 가능해진다. 그들은 다른 어느 곳에서도 느끼기 힘든 느낌으로 교회가 자기의 집이라는 것을 느끼게 된다. 이런 사람들이야말로 "우리에게 속한" 자들이다.

이런 것이 절대적 구분이라고 할 수 있다. 따라서 우리 자신에게 다음과 같은 간단한 질문을 해볼 필요가 있다.

"나의 일상생활에서 이런 것들이 어디에 있는가? 나의 경험 중 이런 것들이 차지하는 비중은 어느 정도인가? 이와 같은 모든 것을 향한 나의 태도는 어떠한가? 이런 일들이 나의 가장 중요한 핵심의 자리에 있는가? 아니면 나 자신을 수시로 상기시켜야 하는 주변에 놓여 있는가?" 와 같은 질문들이다. '우리에게' 속하지 않은 사람들은 가장자리에 앉아 있다가 무슨 잘못된 일이 생기면 언제나 후다닥 나가 버리는 자들을 의미한다.

이제 마지막 원리로 들어가 보자. 마지막 원리는 요한에 의하면 우리가 하나님의 계획 안에 주어진 때, 즉 지금과 같은 때의 목적이 무엇인가를 보려고 노력하면서 어떻게 우리가 하나님의 위대한 목적의 성취를 위해 살 수 있겠는가를 계속 질문하는 것이다. 요한은 이런 질문에 다음과 같이 답하고 있다.

요한에 의하면 하나님은 어떤 면에서 볼 때 구별짓기 위해 그리고 잘못된 것을 보여 주며 참진리를 드러내기 위해 이런 자들을 교회에서 밖으로 떠밀어 내고 계신다고 한다. 이제 그것을 다음과 같은 식으로 해석해 보자.

지금과 같은 시대야말로 교회에서 너무나도 중요한 시대이다. 왜냐하면 우리를 점검해 볼 수 있는 절호의 기회이기 때문이다. 따라서 이런 것을 우리 스스로 상기하듯이 주위의 믿는 친구들도 그렇게 하도록 격려해 줄 수 있다.

현대 사회를 사는 사람들에게 '해야 될 일'은 하나님을 예배하거나 예배 처소에 가는 것이 아니다. 실제로 그들이 왜 예배를 드리러 교회에 가지 않는지 논리적 핑계를 들으면 참으로 그럴싸하다. 어떤 것에 관심을 갖고 있느냐 하는 사실이 우리의 영적 상태에 대해 확실하게 보여 주는 것이다. 그러므로 지금이야말로 사람들의 상태를 측정할 수 있는 때이다. 이와 같은 때에도 교회에 대해 앞에서 말한 것과 같은 자세를 견지하는 사람들에게는 무엇인가가 있음을 알 수 있다. 하지만 대부분의 사람들은 이런 일에 관심이 없다. 이런 사람들을 측정하는 것이 얼마나 쉬운 일인가?

우리는 빅토리아 여왕 시대 말기에 살지 않고 지금과 같은 시대에 살고 있다는 사실에 감사해야 한다. 그 당시에는 모든 사람이 교회를 다녔기 때문에 테스트받을 이유가 없었다. 지금은 다르다. 지금은 테스트를 받고 있다. 지금의 우리는 체질당하며 점검받고 있다. 우리는 지금 우리를 거스르는 문학지들을 읽고 있으며 교회와는 다른 길을 걸어가는 수많은 무리를 보면서도 여전히 견뎌 내고 있다.

바울은 디모데에게 보내는 서신에서 이런 내용의 말을 했다. 세례 요한도 주님의 모습을 마태복음 3:12에서 "손에 키를 들고 자기의 타작마당을 정하게 하사 알곡은 모아 곳간에 들이고 쭉정이는 꺼지지 않는 불에 태우시리라"와 같이 묘사하면서 똑같은 내용의 말을 했다.

지금은 알곡과 쭉정이가 구별되는 때이다. 지금과 같은 때에 테스트를 통해 거짓되고 잘못된 것이 드러나며 하나님의 교회가 깨끗하게 된다. 어설프게 붙어 있는 것들은 떨어져 나가고 의심스러운 교리를 붙잡고 있는 사람들도 떠남으로써 죽은 가지들을 잘라내고 하나님의 교회를 깨끗하고 순수하게 유지할 수 있을 것이다.

이것을 성경 전체가 지지하고 있음을 알 수 있다. 우리는 부흥이 있는 곳에서 언제든지 이런 테스트에 관한 것을 볼 수 있다. 대부흥 시대를 보면서 발견할 수 있는 놀라운 사실들 중 한 가지는 치리라는 것이다. 존 웨슬리의 『경건의 일기』*Journals*를 보면 그가 교회 안에서 치리를 얼마나 강하게 주장했는지를 볼 수 있다. 제법 많은 숫자의 교인들이 모일 때쯤 그는 교회를 점검하기 시작했다. 그는 교인들을 한 사람씩 불러들여 그들의 신앙을 테스트했다. 그는 여기에 대해 설명하는 부분의 맨 마지막에 자신이 이 점검을 끝냈을 때 알곡 교인은 300명 미만이었다는 간단한 메모를 추가했음을 볼 수 있다.

이것이 교회가 순수성을 유지하며 깨끗해지기 위해 체질하고 가지를 치면서 죽은 잎들과 가지들을 치워 버리는 것이다. 우리가 사는 지금 이 일이 진행되고 있다. 잘못된 교리를 가진 사람들이 혼란을 겪고 있으며 이런 사람들은 교회에 등을 돌린다. 이런 현상은 사실상 하나님의 교회를 깨끗하게 하고 정화하는 데 도움을 주는 것이다.

끝으로 말하고 싶은 것은 이와 같은 테스트를 통해 확신에 대한 매우 견고한 터전을 마련하게 된다는 것이다. "그들이 우리에게서 나갔으나 우리에게 속하지 아니하였나니 만일 우리에게 속하였더라면 우리와 함께 거하였으려니와"라고 요한은 기록했는데, 흠정역을 보면 "의심할 여지없이"라는 단어를 사용하고 있다. 이 단어의 사용은 우리의 이해를 많이 도와준다.

이 단어를 사용해 다시 한번 읽어 보면 "만일 우리에게 속하였더라면 그들은 의심할 여지없이 우리와 함께 거하였으려니와"라고 읽을 수 있다. 여기서 알 수 있는 것은, 그들은 우리와 함께 거하지 못했지만 우리는 여전히 거하고 있다는 것이다. 왜 그런가? 오직 한 가지 대답은 우리가 믿음에 속하였기 때문이다.

여기서 우리는 성도의 견인 교리를 볼 수 있다. 그들은 이미 떨어져 나갔지만 "만일 우리에게 속하였더라면 그들은 의심할 여지없이 우리와 함께 거하였으려니와"라는 말씀은 우리에게 힘을 주고 있다. 잘못된 사람들이 떨어져 나가도 참된 신자들은 남아 있게 마련이다. 하나님의 교회에 속해 있는 사람들은 견고하게 지속해서 남아 있을 수 있기 때문이다. "하나님의 견고한 터는 섰으니……주께서 자기 백성을 아신다"라고 바울은 디모데후서 2:19에서 말했으며, 요한복음 10:28은 "그들을 내 손에서 빼앗을 자가 없느니라"고 확신을 주었다. 이런 사람들은 참된 사람들이며 체질당하고 시험을 당해도 하나님으로부터 나왔기 때문에 결코 떨어져 나가지 않을 것이다.

따라서 우리는 이런 방식으로 오늘의 때를 바라보아야만 한다. 지금은 배도의 때이며 타락의 때이다. 많은 사람의 믿음이 타락하는 때가 바로 이때이다. 그렇다고 기독교 교회의 끝을 의미하는 것은 물론 아니다. 교회의 끝이란 곧 영광의 시작을 의미하는 것이다. 교회는 멸망할 수 있는 성질의 것이 아니라는 말이다. 교회는 하나님께 속해 있는 것이며 그분에게 속해 있는 모든 사람은 그분의 영광된 몸, 즉 교회의 참된 신자들이다. 이런 특이한 관점에서 바라볼 때 우리는 현재와 같은 세상에 살고 있다는 것과 현재와 같이 어려운 때에 교회 안에 거하고 있다는 것을 자랑해야 할 것이다.

내가 말하려는 뜻을 잘못 이해하지 말기 바란다. 우리는 당연히 너무나도 많은 사람이 그리스도 밖에 있다는 사실로 애통해야 한다. 또한 너무나도 당연히 교회가 매우 약하고 무력해져 있다는 사실에 애통해야 한다. 그렇다고 많은 무리와 숫자에 너무 욕심을 내어서도 안 된다.

단지 우리가 관심을 쏟아야만 할 것은 교리의 순수성이다. 삶에서 교회 자체의 순수성과 아울러 교회가 갖고 있는 교리의 순수성을 의미하는 것이다. 또한 우리는 배교와 타락의 때임에도 불구하고 남은 자의 무리에 들어갈 수 있게 된 것을 자랑해야 할 것이다. 그리고 우리는 믿음의 눈으로 우리에게 다가오는 최후의 날과 모든 백성과 함께 다시 오실 주님 재림의 날을 바라볼 수 있어야만 한다. 지금은 비록 소수의 사람이지만 그때에는 아무도 능히 셀 수 없는 허다한 무리에 우리가 속하게 될 것이다.

> 수도 없이 많은 사람이
> 밝고 빛나는 옷을 입었네
> 속죄함받은 성도들의 군대가

빛의 골짜기를 가득 메우네.

_ 헨리 알포드

우리는 그들과 함께 있게 될 것이다. 오늘은 비록 작고 보잘것없는 존재라 할지라도 우리가 하나님으로부터 온 사람들이라면 앞으로 올 영광을 소유할 것이다.

> 너희는 거룩하신 자에게서 기름 부음을 받고 모든 것을 아느니라 내가 너희에게 쓰는 것은 너희가 진리를 알지 못하기 때문이 아니라 알기 때문이요 또 모든 거짓은 진리에서 나지 않기 때문이라……너희는 주께 받은 바 기름 부음이 너희 안에 거하나니 아무도 너희를 가르칠 필요가 없고 오직 그의 기름 부음이 모든 것을 너희에게 가르치며 또 참되고 거짓이 없으니 너희를 가르치신 그대로 주 안에 거하라 _ 요일 2:20-21, 27.

Chapter 23
성령의 기름 부음

본문의 세 절이 연속적으로 말하는 전체의 내용 중 어디쯤 위치하고 있나 알기 위해서는 현재 사도가 말하려는 내용들을 다시 한번 요약해 설명해야 할 것 같다. 사도는 이 두 번째 장에서 하나님과 갖는 참된 교제를 훼방하는 것들을 특별히 다루고 있다. 다시 말해 우리가 성부 하나님과 그의 아들 예수 그리스도와 갖는 교제를 계속해 즐기기 원한다면 항상 명심해야 할 몇 가지가 있다는 말이다.

하나님과 더불어 나누는 교제야말로 기독교 복음이 제시하는 모든 것 중 가장 큰 축복이다. 용서보다도, 화평과 기쁨보다도, 우리가 시시때때로 느낄 수 있는 모든 다양한 종류의 감동보다도 훨씬 더 큰 축복은 성령을 통한 성부와 성자와 갖는 이 놀라운 교제이다.

지난 시간까지 우리는 항상 명심하고 있어야만 될 교제를 방해하는 것들에 대해 살펴보았다. 먼저 사도는 그리스도인의 삶에서부터 발생하는 특정한 어려움이라고 표현될 수 있는 것들을 다루었다.

그리고 18-28절에 와서는 기독교 교회의 영역 안에 있는 것이면서도 그리스도인들 밖에 있는 것이라고 할 수 있는 외적 어려움에 대해 다루었다. 이것은 배교의 위험이요 또한 잘못된 교리의 위험이다. 이것이 여기서 다루는 대주제이다. 요한은 이런 적그리스도들이 이미 들어와 있다고 말했으며, 우리가 마지막 때에 살고 있다는 사실과 주변에서는 커다란 양대 세력들 간에 큰 싸움이 항상 있다는 사실을 알아야 한다고 요청했다. 진리로부터 옆길로 빗나갈 위험성과 예수 그리스도에 대한 잘못된 교리로 빠뜨리려는 유혹을 받을 위험성이 있다는 것이다. 이것이 이 부분의 주제이다.

나는 이 부분을 셋으로 나눌 수 있다고 제안했다. 첫 번째로 지금 우리 주변에 영적 전쟁이 치열하게 진행되고 있다는 사실을 알아야 되겠다는 것이었다. 만일 이와 같은 영적 전투를 인식하지 못한다면 우리는 어쩔 수 없이 굴복할 수밖에 없을 것이기 때문이다. 여기에 대해 여러 각도에서 살펴보았다.

두 번째로 요한은 우리가 잘못된 길로 빠져 들지 않게 하기 위해 준비된 것이 있다고 말했다. 이제 여기에 대해 본문의 세 구절을 가지고 생각해 보고자 한다. 요한은 교회에 남아 있는 사람들에게 말했다. 내가 이미 말했듯이 어떤 사람들은 자신이 몸담고 있던 교회를 떠났다. 그러자 요한은 남아 있는 사람들에게 "여러분은 적그리스도들에게 꼬임을 당하지 않았다. 그런데 묻고 싶은 것은 왜 여러분이 여기에 남아 있느냐는 것이다. 남아 있는 것과 떠나는 것의 차이가 무엇이라고 생각하는가? 무엇이 여러분으로 하여금 잘못된 가르침을 거절하고 든든히 설 수 있도록 해준 것인가?"라고 물었다. 이 같은 질문들에 대해 나는 오늘의 본문 세 절을 갖고 답해 볼까 한다.

오늘의 본문 말씀이야말로 매우 중요한 진술이며 기독교 교리에서 아주 결정적인 부분이고 기독교 진리 중에서 너무나 축복된 내용이다. 과연 무엇이 우리를 견디게 하며, 하나님과 그리스도로부터 우리를 분리시켜 영원한 정죄로까지 이끌어 들이려는 잘못된 가르침의 유혹을 피하게 하고, 끝까지 남아 있을 수 있게 도와주는 것인가? 요한은 오늘 본문을 통해 답하기를 성령 사역으로 인한 것이라고 했다. 그리스도인은 성령으로 인해 그리스도인이 된 사람들이다. 그에 의하면 그리스도인은 기름 부음을 받은 자들이라고 했는데, 이 표현을 통해 성령을 묘사하는 것이다. 바로 성령 사역으로 인해 교회 안에 있는 그들을 위협하는 교묘한 것들을 식별하고 이해하고 피할 수 있었던 것이다.

요한은 20-21절에서 "너희는 거룩하신 자에게서 기름 부음을 받고 모든 것을 아느니라 내가 너희에게 쓰는 것은 너희가 진리를 알지 못하기 때문이 아니라 알기 때문이요 또 모든 거짓은 진리에서 나지 않기 때문이라"고 말하고 나서, 27절에서 "너희는 주께 받은 바 기름 부음이 너희 안에 거하나니"라고 연해 설명했다.

그러면 더 나아가기 전에 용어들을 좀더 명확하게 이해해야 되겠다. 요한은 '기름 부음'이라는 단어를 사용했는데 이 단어를 사용함으로써 믿는 자들에게 임하시는 성령의 영향력을 매우 생생한 방법으로 표현했다. 사실 이 단어는 구약성경에서 사용하는 표현 방식이다. 선지자들이나 제사장들이나 왕들이 임직할 때 기름 부음을 받았기 때문이다. 이와 같은 의식을 통해 그들이 직분을 위해 구별되었다는 것을 상징했다. 사무엘이 왕의 직분과 관련해 먼저 사울에게 기름을 부었으며 나중에 다윗에게 기름을 부었다. 똑같은 기름 부음이 제사장들과 선지자들에게도 행해졌다. 기름 부음을 받음으로 그들은 성별되었으며 따라서 그들의 임무를 수행할 수 있는 자들이 되었다.

여러분은 성령이 매우 자주 기름으로 비유되는 것을 보았을 것이다. 성전에 있던 금촛대에 들어간 기름도 같은 맥락에서 이해될 수 있다. 즉 생명 또는 빛을 위한 힘을 공급해 주는 의미의 기름은 성령을 묘사하기 때문이다. 이 같은 것들이 성경에서 계속 보여지는 성령의 능력과 영향에 대한 상징이다. 요한이 여기서 말하려는 것은 모든 그리스도인은 어떤 일들을 할 수 있도록 하나님에 의해 따로 세움을 받아 기름 부음을 받은 자들이라는 것이다.

신약성경을 계속해 읽어 보면 그리스도인이 선지자로, 제사장으로, 왕으로 묘사되는 것을 볼 수 있다. 베드로는 베드로전서 2:9에서 우리는 "왕 같은 제사장들이요 거룩한 나라"라고 했으며, 요한계시록 1:6에는 "우리를 나라와 제사장으로 삼으신 그하나님에게"라고 기록했다. 이처럼 신약성경에는 그리스도인에 대해 이런 용어들을 사용했다. 그러므로 우리는 다음과 같이 말할 수 있다. 예수 그리스도가 기름 부음을 받으심으로 선지자, 제사장, 왕이 되었던 것처럼 우리 모든 그리스도의 사람들도 선지자들이요 제사장들이요 왕들이다.

다시 한번 말하면 주님이 세례 요한에게 요단강에서 세례를 받으실 때 성령이 그분에게 임하셨다. 바로 그때 주님은 메시아적 사역과 구원 사역을 위해 기름 부음을 받으셨던 것이라고 볼 수 있다. 이것은 우리 모든 그리스도인 개개인에게도 똑같이 적용될 수 있다. 요한은 "너희는 거룩하신 자에게서 기름 부음을 받고"라고 말했는데, 여기서 거룩하신 자는 누구인가? 앞뒤의 문맥을 볼 때 이 거룩하신 자는 다름 아닌 주님 자신이다. 27절에 나오는 "주"도 역시 예수 그리스도를 가리킨다.

여기에 대해 두 가지 방식으로 살펴보고자 한다.

사도 바울은 에베소서 4:8에서 "그가 위로 올라가실 때에……사람들에게 선물을 주셨다"고 기록했는데, 그의 기록과 같이 성령을 유아기의 기독교 교회에 보내신 이는 예수 그리스도이시다. 성령은 주님이 하늘에 올라가시기 전에는 내려오지 않았다. 주님이 올라가신 후에 성령이 오셨던 것이다. 성령은 아버지와 아들로부터 또는 아들을 통해 아버지로부터 오셨다. 이는 아들의 완벽한 사역의 결과로 아버지가 주님에게 속한 모든 자에게 성령을 주셨기 때문이다. 이것이 첫 번째로 이것을 보는 방식이다.

두 번째 방식이 있다. 우리는 그리스도와 그리스도의 생명으로 연합된 자들이기 때문에 그리스도의 것에 참여할 수 있다. 따라서 주님이 기름 부음과 성령의 충만함을 받으셨듯이, 그분 안에 있는 우리도 성령의 은사를 받을 수 있다는 말이다. 이런 이유 때문에 성령을 받지 않고서도 그리스도인이 될 수 있다고 말하는 것이 비성경적이라고 하는 것이다. 사람이 먼저 그리스도인이 되고 나중에 성령을 받는다는 것은 있을 수 없는 말이다. 그리스도 안에 있다는 말은 성령을 받았다는 말과 같은 것이다. 누구도 성령의 은사인 기름 부음을 받지 않고서는 그리스도인이 될 수 없기 때문이다.

이런 식으로 사도가 사용한 단어의 뜻을 이해할 수 있다. 이제 우리는 성령의 은사가 주어진 결과에 대해 함께 생각해 보자.

교회 안에는 성령의 기름 부음의 사역으로 인해 참된 신자로 남아 있는 자들이 있었다. 그렇다면 성령의 선물이 그리스도인을 인도해 가는 방향은 어디인가? 요한은 본문에서 "너희는 거룩하신 자에게서 기름 부음을 받고 모든 것을 아느니라"고 서술함으로써 그리스도인은 "모든 것을 안다."고 말했다.

나는 이 본문을 다음과 같이 번역할 수도 있다고 본다. 즉 "너희는 거룩하신 자에게서 기름 부음을 받았으므로 너희 모두가 아느니라"고 말이다. 이 말을 다시 풀자면 "우리로부터 빠져 나간 자들은 알지 못했으나 너희 남아 있는 모든 자는 기름 부음을 받았기 때문에 안다"라고 할 수 있는데, 나는 이 두 가지 해석이 다 타당하다고 받아들인다.

그리고 본문 27절에서 사도는 "너희는 주께 받은 바 기름 부음이 너희 안에 거하나니 아무도 너희를 가르칠 필요가 없고"라고 함으로써 성령의 기름 부음을 받음으로 주어지는 주된 결과에 대해 말했다. 이 본문을 보면서 무슨 의미인지 이해가 잘 안 될 수도 있다고 생각한다. 이 말씀이 의도하는 바가 너무나도 중요하다는 것을 나는 우선적으로 말하고 싶다. 초창기 때부터 교회 안에는 이 말씀의 뜻과 관련된 논쟁이 치열했기 때문에 나는 본문에 대해 그리고 이 본문 안에 담겨 있는 교리에 대해 있었던 몇 가지 역사적 사실을 소개해 보고자 한다.

이 말씀은 17세기 청교도들과 퀘이커 교도들 간에 있었던 논쟁에서 주요 부분을 차지했다. 그 당시의 교회 역사를 읽어 보면 얼마나 흥미진진한지 모른다. 아주 재미 있는 공부라고 여겨진다. 청교도 운동 중 극단적인 계파가 점차적으로 발전되다가 결국 퀘이커 교단으로 나누어지는데, 여기에 대해 뉴톨이 쓴 『청교도 사상과 실생활 속의 성령』*The Holy Spirit in Puritan Thought and Practice* 등 많은 책이 있다. 이 주제에 관심이 있다면 나는 이 책을 먼저 읽도록 권하고 싶다. 어쨌든 이 주제와 관련해 토론되던 내용의 핵심은 '그리스도인 안에 내재하고 계신 성령과 하나님의 말씀과의 유기적 관계'에 관한 것이었다.

이것이 청교도들과 퀘이커 교도들 간에 있었던 논쟁의 주제였다. 퀘이커 교도들은 기름 부음을 내적 조명으로 받아들였으므로 자신들은 기름 부음을 통한 내적 조명을 받은 것으로 충분하다고 말했다. 그들은 직접 계시를 받기 때문에 하나님의 말씀은 필요하지 않다고 했는데, 직접 계시란 어떤 의미에서 사도들이 영감받았던 것과 거의 동일한 차원의 것을 의미한다. 물론 이런 견해가 퀘이커 교도들 전체의 의견이라고 할 수는 없겠지만 그들 중 한 부류가 주장했던 것임에는 틀림없다.

그들은 "요한 사도는 우리가 거룩한 자로부터 기름 부음을 받았으니 모든 것을 알 것이라고 했을 뿐만 아니라 아무도 우리를 가르칠 필요가 없다고 말한 것을 기억한다. 우리에게 일일이 보여 주고 지시해 주는 내적 조명이 있기 때문에 우리는 꼭 하나님의 말씀으로만 지시받고 인도받을 필요가 없다."고 말한다.

본문 말씀으로 야기되는 이 같은 논쟁은 청교도와 퀘이커교의 역사에만 드러난 것이 아니다. 신비주의와 연관된 모든 가르침에 의해 야기되는 문제이기도 하다. 신비주의자들은 주로 내면을 보려고 한다. 그래서 그들은 하나님이 자신들 안에 내재하고 계신다고 믿으며, 하나님으로부터 복을 받으며 참으로 영적 삶을 살 수 있는 길은 자신의 내면을 들여다보면서 자신에게 보여 주시는 환상과 자신을 인도하고 이끌어 주는 빛에 민감해지는 것이라고 한다. 이것이 자신의 내면 세계로 들어가는 과정이며 그 내면 깊은 곳에 하나님이 내재하신다는 것을 믿는 믿음이다. 바로 이런 방식으로 신비주의자들은 요한이 본문에서 말하는 교리를 주장했기 때문에 그들은 우리가 지금 다루고 있는 본문 구절들을 일반적으로 애용한다.

본문과 관련된 세 번째 부류의 사람들이 있다. 성령에 대해 특별히 강조할 때마다 이 같은 문제는 변함없이 발생하는 것 같다. 교회사를 통해 일반적으로 보여지듯이 오늘날에도 다른 어느 것보다 성령 사역에 대한 가르침에 더 많은 비중을 두는 기독교 집단이 있다. 그들은 물론 다른 교리들을 믿지만 주된 강조는 언제나 성령 사역에 있다. 이 같은 식으로 성령 사역을 지나치게 강조하다 보면 역시 사도가 본문 말씀 가운데서 다루고 있는 교리와 유사한 주장을 하게 된다.

이제 기독교인의 삶에서 주관적 관점이나 성령 등을 특별히 강조할 때마다 변함없이 따라올 수밖에 없는 경향들에 대해 정리해 보겠다.

첫 번째 경향은 지금도 변함없이 직접 계시가 있다고 주장하는 것이다. 그들은 늘상 자신들이 무엇인가 보았다고 말하거나 무슨 음성을 들었다고 주장한다. 다시 말해 그 옛날 사도 바울이나 다른 사도들에게 성령이 진리를 계시하신 것과 같이 지금도 그들에게 진리를 직접 계시하고 계신다고 말하는 데 주저하지 않는다는 말이다. 17세기의 퀘이커 교도들이 바로 이런 주장을 전혀 주저하지 않고 했으며, 오늘날에도 이런 주장을 펴는 사람들이 있다. 그들은 "내 안에 성령이 계시기 때문에 나는 사도와 마찬가지로 영감받을 수 있다."라고 말하면서 직접 계시의 타당성을 주장한다.

두 번째 경향은 자신들의 주관적 상태와 상황을 근거로 모든 것을 판단하는 것이다. 그들은 진리를 구별하기 위해서는 자신 안에 그리스도가 임재해 음성을 들려주시는 등의 역사가 있는가 없는가를 기준으로 삼아, 만일 그러하다면 진리로 받아들이지만 그렇지 않다면 참진리가 아니라고 말한다. 즉 진리가 객관적이 아닌 주관적인 것으로 전락되어 나 자신에게 어떤 느낌으로 주어지느냐에 따라 판단된다.

세 번째 경향은 그리스도인의 삶에서 그리고 그리스도인이 할 수 있는 경험에서 성경 말씀의 가치와 중요성과 입지를 경시하려는 것이다. 주관적 상태를 강조하면 할수록 객관적 말씀의 필요성을 느끼지 못하기 때문에 그들은 "주관적 경험을 한번도 해보지 못했기 때문에 '말씀'이라는 것에 모든 것을 연결시켜 내면 세계의 것보다는 외적인 것에 대해서만 말한다."라고 성경을 중시하는 자들을 비판한다. 아마 여러분은 신비주의자들치고 성경을 정기적으로 읽는 일에 모범을 보이는 자를 보지 못했을 것이다. 실제로 그들은 성경 한 구절만 있어도 족하다고 말한다. 그들은 "한 구절만으로도 깊이 생각하는 지경에 들어갈 수 있으며 그 절을 깊이 묵상하는 가운데 나에게 여러 가지 일이 생긴다."라며 '계시' 받는 것을 말한다. 이런 사람들은 성경을 체계적으로 읽지 않기 때문에 당연히 성경을 경시하게 되어 있다.

네 번째 경향은 무오성을 주장하는 것이다. 퀘이커 시대로 돌아가 보면 이것을 볼 수 있다. 그들에게 스스로 무오하다고 주장하려는 경향이 있음을 알게 된다. 여러분이 신비적 내직 조명이나 내적 인도에 대한 원리들을 강조하는 운동에 대해 공부해 보면, 거의 예외 없이 이런 운동의 어느 한 부분에선가 교황과 같이 자신이 무오하다고 주장하는 사람이나 무리들을 찾아볼 수 있을 것이다. 자신이 인도함을 받은 것이 분명하기 때문에 틀릴 수 없다고 주장하는 사람이 항상 있어 왔다는 것이다. 이와 같이 스스로 확증하는 무오성의 원리를 볼 수 있다.

이상의 것들이 본문의 세 구절을 잘못 해석함으로써 주어지는 위험스러운 경향들이다. 여기에 대한 고찰을 해봄으로써 우리는 이제 긍정적 질문으로 들어가 볼 수 있다. 질문이란 "사도가 여기서 진정으로 가르치고자 하는 것은 무엇인가?"라는 것이다. 아무래도 이 질문에 답하기 위해서는 부정적인 것을 한번 더 다루어야 되겠다.

여기에서 더 이상 나아가기 전에 우리가 알아야 될 것은 첫 번째로 사도가 인도하심에 대한 내용을 다루는 것이 아니라는 사실을 명확히 해야 되겠다. 이 구절들은 인도하심에 관해서는 조금도 다루지 않기 때문이다. 본문 말씀은 어떤 특별한 결정을 내리는 데 하나님이 우리가 어떠한 결정을 내리기 원하시는가를 어떻게 알 수 있는가와 같은 힘든 질문에 대해 가르치려는 것이 아니라는 말이다.

요한은 여기서 단지 진리와 교리에 대한 지식을 논하고 있을 뿐이다. 그의 관심은 예수 그리스도라는 교리가 진실임을 말하고자 하는 데 있다. 이런 배경만을 염두에 두고 본문 말씀을 대하고 그 외의 다른 것을 포함시켜 왜곡된 해석을 하면 안 될 것이다.

두 번째로 우리가 알아야 될 것은 모든 그리스도인이 사도들이 받은 것과 같은 직접적이고 즉각적인 새로운 진리를 받을 수 있다고 가르치고 있지 않다는 사실이다. 그는 이미 독자들에게 자신을 비롯한 다른 사도들과의 교제를 갖게 하기 위해 이 글을 쓰는 것이라고 말했기 때문이다. 독자들은 사도들의 복음 전도와 가르침과 설교를 통해 진리를 받고 믿게 되었기 때문에 사실 믿음의 제2세대라고 할 수 있을 것이다. 그들은 신적 조명에 의해 직접 주어지는 진리를 받은 자들이 아니다. 절대로 그렇지 않다. 사도들이 두루 다니면서 하나님의 말씀을 전했기에 그들은 사도들이 가졌던 아버지와 그의 아들 예수 그리스도와의 교제에 들어갈 수 있었던 것이다.

사도 바울이 기록한 말씀의 내용을 한번 살펴보자. 에베소서 2:20에서 교회에 대해 서술하기를 교회는 "사도들과 선지자들의 터 위에" 세워진 것이라고 했다. 그들이 터이기 때문에 우리가 다시 새로운 터가 될 수 없다는 말이다. 왜냐하면 터는 한 가지로 족하기 때문이다. 우리는 그 터 위에다 돌이나 벽돌 같은 것을 쌓아 올릴 수는 있겠지만 또 다른 터를 만들 수는 없다. 건물은 터만 계속해 만든다고 지어지는 것이 아니기 때문이다. 이런 연유로 신약성경 어느 곳에서든지 선지자들과 사도들이야말로 선별된 독특한 자들이라고 가르치고 있다. 바로 그들에게 성령이 진리의 말씀을 계시하셨으며 그들은 그 계시의 말씀을 성경책에 기록했고, 이 말씀의 터 위에 우리는 건축을 해 나가며 또 이 말씀에 의해 살아가고 이 말씀에 우리의 모든 믿음의 근거를 두는 것이다.

사도와 선지자는 우리와는 다른 직분을 가졌던 자들이기 때문에 우리가 사도들이나 선지자들과 매한가지로 직접 신적 계시를 받을 수 있다고 말하는 사람들의 주장은 성경의 명확한 가르침과는 모순되는 것임을 알아야 된다. 우리는 그리스도인으로서 이미 주어진 말씀 외에 또 다른 새로운 진리의 말씀을 받을 수 없다. 진리와 믿음은 이미 사도들에게 그리고 그들을 통해 우리 성도들에게 전달되었기 때문이다.

여기에 대한 자세한 내용을 다 말할 수 없겠지만 여러분은 로마 가톨릭 교회가 이와 같이 명확한 사실을 받아들이지 않는다는 것을 알고 있을 것이다. 그들은 이전의 사도들이나 선지자들과 같이 오늘날에도 신적 영감을 계속 받고 있다고 말한다. 또한 신약성경의 기록이 끝난 이후에도 새로운 진리를 받아 왔다고 주장한다. 퀘이커 교도들도 이와 유사한 주장을 한다. 즉 하나님이 그들에게 무엇인가를 계속해 계시하고 있다는 것이다. 그들은 이처럼 특별 계시의 타당성을 주장함으로써 성경 말씀에서 명확하게 가르치는 진리를 부인하고 있다.

세 번째로 우리가 알아야 될 것은 요한이 여기에서 그리스도인은 모든 것을 안다고 가르치고 있지 않다는 것이다. 여기에 대해 본문에 주어진 "너희는 모든 것을 아느니라"는 말씀이, 그리스도인이 모든 것을 안다는 말을 의미하는 것이 아니겠냐고 따지는 사람도 있을 것이다. 하지만 그런 식으로 본문 말씀을 받아들인다면 모든 그리스도인은 모든 것,

즉 천문, 기하, 고전 등 지식의 영역에 속하는 모든 것을 안다고도 말할 수 있는데 이 같은 주장이야말로 너무나도 확실하게 말이 되지 않는 주장이 아닌가 한다. 우리는 이 본문의 전후 문맥을 고려한 상태에서 살펴보아야만 한다. 분명한 것은 본문에서 요한 사도는 세상적 지식을 전혀 의미하지 않고 있다는 것이다.

그렇다면 영적 지식을 의미하는 것인가? 나는 그가 영적 지식만을 의미하는 것도 역시 아니라고 본다. 요한이 여기서 성령을 받은 모든 사람이 자동적으로 모든 영적 진리에 대해 알게 된다면, 어떻게 은혜와 지식 가운데 성장할 것에 관한 신약성경의 가르침을 적용할 수 있겠는가? 어떻게 우리의 지식과 이해에 발전이 있을 수 있겠는가? 뿐만 아니라 그것이 사실이라면 신약성경 안에 있는 서신서들이 전혀 필요 없다는 것이다. 요한이 의미하는 바는 그러한 것이 아님을 알 수 있다. 여기서 요한이 '모든 것'이라고 말할 때는 모든 것을 포괄하는 의미가 아닌, 그가 다루는 특정한 주제를 염두에 둔다는 것을 알 수 있다.

다시 한번 무오설에 관한 문제로 돌아가 보겠다. 요한은 이 지식으로 인해 모든 그리스도인이 무오하다고 가르치지 않았다. 다음과 같은 방식으로 증명해 볼 수 있다. 성령의 기름 부음이 만일 모든 그리스도인이 모든 것을 알며 따라서 무오하다는 것을 의미한다면, 모든 그리스도인은 모든 교리에 관한 모든 견해에서 필연적으로 동의해야만 한다는 것도 역시 인정해야 한다. 하지만 자신들의 삶에 성령이 나타나시어 말씀하신다고 말하는 그리스도인들 간에도 여러 종류의 다양성과 차이점이 있다. 세례에 관해, 예언자적 가르침에 관해, 교회의 직계 등 많은 부분에 관해 차이점이 있다. 이런 차이점은 곧 무오성에 관한 가능성을 자연스럽게 배제시키는 것이다. 뿐만 아니라 선한 그리스도인도 때때로 실수를 저지르기도 한다. 그들은 잘못된 길로 들어서기도 하며 자신들의 잘못을 인정하기도 한다. 결국 본문이 말하는 것은 무오설과 같은 것이 아니라는 것을 알 수 있다.

네 번째로 내가 부정적 표현을 사용해 말하고 싶은 것은, 본문 말씀은 그리스도인에게는 가르침이 필요하지 않다고 가르치고 있지 않다는 것이다. 여기에 대해 어떤 사람은 "그런 주장은 아주 잘못된 것이다. 오늘의 본문은 분명하게 '너희는 주께 받은 바 기름 부음이 너희 안에 거하나니 아무도 너희를 가르칠 필요가 없고' 라고 말씀하지 않는가? 당신은 지금 말장난을 하고 있을 뿐 본문 말씀을 제대로, 사실 그대로 해석하지 못하는 것이다. 요한은 분명히 아무도 우리를 가르칠 필요가 없다고 말했는데, 당신은 여전히 교회가 가르침을 받아야 한다고 하는데 여기에 대해 어떻게 설명할 수 있는가?"라고 반문한다.

대답은 간단하다. 요한이 독자들에게 이 서신을 쓰고 있다는 사실만으로도 그들이 가르침을 필요로 한다는 것을 알 수 있다. 만일 그리스도인이 가르침을 받을 필요가 없었다면 사도들이 신적 영감을 받는 가운데 서신을 기록했다는 자체가 순전한 시간 낭비일 수밖에 없다. 그들의 서신서들은 가르침의 내용으로 가득 차 있기 때문이다. 베드로후서 3:18에는 "오직 우리 주 곧 구주 예수 그리스도의 은혜와 그를 아는 지식에서 자라가라"고 기록되어 있다.

자라기 위해 먼저 젖을 필요로 하며 그 다음으로는 음식을 필요로 한다. 본문 말씀을 문자적으로만 받아들여 우리에게 전혀 가르침을 받을 필요가 없다는 것을 주장한다면 우리는 결코 성장할 수 없다. 요한이 그렇게 가르치지 않았음을 분명하게 알아야만 한다.

그렇다면 이제 긍정적 방식으로 생각해 보자. 분명한 것은 본문의 전후 문맥이 본문을 제대로 해석하는 데 도움을 줄 것이라는 사실이다. 요한이 말하려는 것은 사도 바울이 고린도전서 2:13-14에서 말한 내용과 같다. 사도 바울은 그리스도인은 일반인이 갖지 못하는 영적 이해력이 있다고 말하면서 영적인 것들은 영적으로만 이해될 수 있다고 가르쳤다. 요한 역시 여기서 성령을 받은 그리스도인은 영적 이해력이 있다고 가르쳤다. 바울은 "육에 속한 사람은 하나님의 성령의 일들을 받지 아니하나니 이는 그것들이 그에게는 어리석게 보임이요, 또 그는 그것들을 알 수도 없나니 그러한 일은 영적으로 분별되기 때문이라"고 말했으며, 요한도 역시 "성령이 너희에게 조명하심과 이해력을 주셨으니 진리를 굳게 잡으라."고 말하는 것을 볼 수 있다.

이 진리의 말씀은 과연 무슨 내용을 담고 있는가? 요한은 본문에서 주님의 탄생에 대한 특정 교리를 다루고 있다. 그는 "내가 너희에게 쓰는 것은 너희가 진리를 알지 못하기 때문이 아니라 알기 때문이요 또 모든 거짓은 진리에서 나지 않기 때문이라 거짓말하는 자가 누구냐 예수께서 그리스도이심을 부인하는 자가 아니냐"라고 21-22절에 기록했다. 이것이 바로 요한이 의도하는 내용이다. 그들은 성령을 받고 성령의 조명을 받았기 때문에 예수 그리스도의 인성에 대한 교리와 그분이 오셔서 행해야만 했던 사역에 대한 교리를 이해했다. 만일 그들이 성령을 받지 않았다면 이해할 수 없었을 것이지만 성령을 받았기 때문에 이런 것들을 이해할 수 있었다.

그들은 한 사람 안에 신성과 인성이 동시에 있을 수 있다는 교리를 이해했다. 또한 십자가에서 돌아가신 그리스도의 죽으심에 대한 교리와 이신칭의의 교리도 이해했다. 이는 그들이 사도 바울이 고린도전서 2:16에서 "우리가 그리스도의 마음을 가졌느니라"고 말한 것같이, 이런 것들을 이해할 수 있도록 성령의 기름 부음을 받았기 때문이다.

이것이야말로 그리스도인에게 주어지는 참으로 멋진 것이다. 그들에게 타고난 능력은 별로 많지 않을지 몰라도 성령이 그들 가운데 계시는 한 이런 진리를 이해할 수 있다는 것이다. 이런 이유 때문에 기독교의 믿음은 철학자들만을 위한 것이 아닌 모든 사람을 위한 믿음이라고 할 수 있다. 또한 사람의 능력에 따라 주어지는 것이 아니라 전적으로 성령의 조명과 기름 부음에 따라 주어지는 것이다. 이는 성령이 사람들로 하여금 구원의 영광스러운 본질을 보고 이해할 수 있도록 도와주기 때문이다. 비록 그들이 단순하고, 무지하고, 세상 사람들이 무식하다고 질타한다 해도 그들에게 성령의 조명하심이 주어지는 한 가장 위대한 철학자들조차도 이해할 수 없는 것을 그들은 이해할 수 있게 된다.

이런 이유 때문에 요한은 "다른 사람들은 이해하지 못해도 여러분은 이해할 수 있다."고 기록했던 것이다. 또한 이렇게 말할 수도 있겠다. 그리스도인이 기름 부음을 받았기 때문에 잘못된 것을 이해하고, 진리를 왜곡되게 하는 것으로부터 스스로를 보호할 수 있게 된다고 말이다.

역사적으로 설명하면 교회사에서 학식 있고 지식을 갖춘 자들이 잘못된 길로 나아가며 교리에 삐딱하게 나아갈 때에도 몇몇의 단순한 사람들만은 진리를 견고하게 수호했다는 것이다. 이런 사실을 우리는 교회사를 통해 자주 찾아볼 수 있다. 전체 로마 가톨릭 교회가 여러 면에서 잘못된 길을 걸을 때에도 유럽 대륙의 여러 지역에서는 믿음의 단순함을 굳건히 붙잡고 신앙을 유지하던 사람들이 있었다.

요한이 말하려는 것이 바로 이것이다. 지난 수백 년 동안 실제로 이와 같은 일들이 일어났다. 배웠다는 사람들이 자신들의 믿음을 혼동하고 잘못된 길로 빠져들려 할 때에도 단순한 사람들은 믿음의 핵심 내용을 듣고 인정하고 붙잡았던 것이다. 바로 이런 사람들에게 성령의 기름 부음이 있었으며 이런 관점에서 볼 때 이들에게는 이것 외의 다른 가르침이 필요하지 않았던 것이다.

이런 그리스도인에게는 더 이상 그리스도에 대한 가르침이 필요 없다는 것이다. 그들이 진짜 그리스도인이라면 그 사실을 확실하게 알고 있을 것이기 때문이다. 그래서 요한은 "여러분에게 이 글을 쓰는 것은 여러분이 진리를 알기 때문이다. 만일 그 사실들을 알지 못한다면 여러분은 아직 그리스도인이라고 할 수 없다. 여러분이 주님의 인성과 그분의 죽으심과 부활하심 등에 대해 올바르게 알지 못하면서 어떻게 그리스도인이라고 할 수 있겠는가? 내가 이 글을 쓰는 것은 여러분이 그와 같은 사실들을 알기 때문이며, 특별히 여러분의 신앙을 위협하는 교묘한 유혹을 지적하기 위한 것이다."라고 말하는 것이다.

히브리서 기자는 6:1-2에서 "그러므로 우리가……완전한 데로 나아갈지니라"고 기술함으로써 "나는 터, 즉 기초적 원리들을 다시 세우고 싶은 마음이 추호도 없다. 여러분이 이미 그 모든 것을 알기 때문이다. 여러분이 이런 기초적인 것들을 알지 못한다면 아직 그리스도인이라고 할 수 없다. 따라서 나는 기초적인 것보다는 좀더 높은 원리들을 다루고자 한다. 여러분은 아직 어린 신앙을 갖고 있기 때문에 더 많은 가르침을 필요로 한다."라는 자신의 의도를 전했다.

바울 사도도 고린도전서 2:6에서 "우리가 온전한 자들 중에서는 지혜를 말하노니"라며 같은 내용의 말을 했다. 이처럼 그리스도인은 가장 초보적인 내용들을 이미 알기 때문에 더 이상 배움을 필요로 하지 않는다.

이런 이유 때문에 그리스도인이라고 칭함받을 수 있다는 말이 되기도 한다. 이런 내용들이 사도 요한이 본문에서 말하려는 것이다.

마지막으로 요한이 말하고자 하는 바는, 성령의 기름 부음을 우리 안에 간직하고 있다면 우리가 진리 안에서 그리고 믿음 안에서 보호함도 입을 수 있다는 것이다. 이것이야말로 기독교 역사를 돌이켜 볼 때 참으로 귀한 진리가 아닌가 한다. 성령이 오순절에 주님의 몸된 교회에 임한 이후 줄곧 교회 안에 머물러 계셨다는 말씀이다. 물론 지독한 배교의 시대도 있었고 많은 사람이 교회로부터 떨어져 나가는 시대도 있었으며 심지어 교회 지도자들까지도 잘못된 길로 빠져 들어가는 것처럼 여겨지던 시대도 있었다. 하지만 언제나 남은 자들이 있었음도 사실이다. 왜인가? 바로 성령의 기름 부음이 그들 안에 머물러 있으면서 그들을 믿음 가운데 그리고 진리 가운데 보호해 지켜 주셨기 때문이다.

참으로 감사한 것은 이와 같은 성령의 기름 부음이 우리 안에 내재하는 동안에는 잘못된 길로 나갈 수 없다는 사실이다. 나는 이것을 주장하는 데 조금도 주저하지 않는다. 하나님의 참된 백성은 어떠한 특정 교리에서 잘못 나갈 수 없다. 특히 가장 기본이 되는 두 가지의 것들, 즉 그리스도의 인성에 관한 것과 구원의 방법에 관한 한 성령의 기름 부음이 그들을 지켜 주기 때문에 잘못 나갈 수 없다.

물론 그들도 핵심이 아닌 이차적 내용들에서는 잘못된 가르침에 귀를 기울일 때도 있을 것이다. 하지만 그리스도인인지 아닌지를 결정하는 가장 본질적 교리들에 관한 한 성령의 기름 부음이 그들을 잘못된 가르침에 빠지지 않도록 든든하게 붙잡아 주고 보호해 주실 것이다. 비록 다른 사람들은 잘못된 길로 나아가 배교하고 타락할지라도 그들만은 이미 참된 진리를 보고 있고 또 보았기 때문에 그 외에 다른 어떤 것도 믿을 수 없도록 보호받게 된다.

이것이 바로 본문에서 가르치는 교리이다. 우리는 기름 부음을 받고 성별된 자들이다. 우리는 이와 같이 기름 부음을 받았으며, 기름 부음의 사역을 통해 고린도전서 2:16의 말씀과 같이 "우리가 그리스도의 마음을 가졌느니라"고 말할 수 있을 만큼 진리에 대해 이해하게 된 것이다.

거짓말하는 자가 누구냐 예수께서 그리스도이심을 부인하는 자가 아니냐 아버지와 아들을 부인하는 그가 적그리스도니 아들을 부인하는 자에게는 또한 아버지가 없으되 아들을 시인하는 자에게는 아버지도 있느니라……그가 우리에게 약속하신 것은 이것이니 곧 영원한 생명이니라……자녀들아 이제 그의 안에 거하라 이는 주께서 나타내신 바 되면 그가 강림하실 때에 우리로 담대함을 얻어 그 앞에서 부끄럽지 않게 하려 함이라 _ 요일 2:22-23, 25, 28.

Chapter 24

진리와 거짓

나는 이제까지 18-28절에 걸친 전문장에 대한 고찰을 하는 가운데 아직 다루지 못한 본문의 네 구절에 대해 이 시간 함께 생각해 볼까 한다. 18-28절까지에 걸쳐 주어진 주제들을 다음과 같이 요약해 볼 수 있겠다.

먼저 우리를 대적하는 원수의 본성에 대한 것과 그에 대해 우리의 이해에 관한 것이고, 그 다음으로는 그와 더불어 싸우는 방법 또는 그를 물리치기 위해서는 우리 스스로가 싸움을 위한 자극을 받아야만 하는데 이것을 위해 우리가 사용하는 논쟁 등에 관한 것이다.

오늘 주어진 본문 말씀 안에서 생각해 보고자 하는 주제는 세 번째의 것이다. 본문 말씀들은 매우 흥미로운 내용으로 가득 차 있기 때문에 한 구절 한 구절씩 나누어 구체적으로 다룰 수 있는 시간만 있다면 참 좋을 것 같다. 먼저 22절을 보자. "거짓말하는 자가 누구냐 예수께서 그리스도이심을 부인하는 자가 아니냐"라고 기록되었다. 사도에 의해 사용된 언어, 즉 '거짓말하는 자'는 매우 강한 표현으로 사도가 적그리스도를 거짓말하는 사람으로 거침없이 지적했음을 알 수 있다.

이처럼 요한 사도의 표현은 강할 뿐 아니라 한편으로 보면 대단히 놀랍다. 특별히 요한이 바로 전에 우리에게 형제를 사랑할 것에 대해 강력하게 요청한 것과 비교해 충격을 받는 사람까지 생기기도 한다. 이들은 "어떻게 이 두 가지를 조화 있게 받아들일 수 있는가? 사랑의 사도로서 사랑에 대해 대단히 많이 강조하던 사람이 어떻게 교회를 떠나 교인들을 좀 유혹했다고 해서 그들을 거짓말하는 자들이라고 정죄할 수 있는가?"라고 말한다.

이 같은 표현은 많은 사람에게 매우 낯선 것이기도 하다. 특별히 오늘날과 같이 '관용'이라는 단어가 인기 있는 시대에는 더욱 그러하다. 우리는 이제까지의 세대 중에 가장 관용이 많은 세대에 살고 있다고 말할 수도 있다. 우리는 강한 어조의 언어나 논쟁을 별로 좋아하지 않는다. 그리하여 우리가 이 세상의 모든 영역에서 어느 시대보다도 진보되어 있다고 자랑스럽게 여기고 있다. 오늘날의 위대한 일은 함께 어우러져 서로의 견해를 이해하는 것이라고 생각하기 때문에, 우리는 요한이 본문에서 강한 어조를 사용해 자신의 주장을 하는 것처럼 남의 견해를 경시하지 않으려고 한다.

여기에 관해서는 많은 예가 있다. 여러분은 틀림없이 그리스도인과 비그리스도인이 토론하는 것을 라디오에서 들어 보았을 것이다. 또한 그들이 서로가 다름에도 불구하고 대화를 나누는 것이 얼마나 멋진 일인가에 대해 자화자찬하는 것도 들을 수 있다. 그들은 서로의 견해를 이해하려고 노력하는 데 많은 시간을 소모한다. 최근에 어떤 그리스도인은 말하기를, 우리가 가지고 있는 견해들을 너무 지나치리 만큼 강하게 견지할 필요가 없다고 했다. 따라서 그에 의하면 우리는 비신자나 예수는 그리스도가 아니라고 말하는 자까지도 거짓말하는 자로 불러서는 안 된다는 것이다.

여기에 동의할지 모르겠지만 어쨌든 이런 생각이 현재 만연하고 있는 사고방식의 특징이 아닌가 한다. 교회가 현재 직면한 불신과 공동의 적이라는 관점에서 볼 때 현재는 함께 어울려 살 때라는 것이다. 너무 지나치게 세심할 필요도 없기 때문에 비록 예수가 사람일 뿐이지 하나님의 아들은 아니라고 말한다 할지라도 자신을 그리스도인이라고 부르길 원한다면, 우리는 그들을 환영해야 하며 기쁘게 생각해야 한다는 것이다. 그들이 어떤 형태로든지 그리스도를 믿는 데 흥취를 느끼며 그리스도가 제시한 윤리 등을 실천하려고 노력만 해도 우리는 그들과 융합할 수 있다는 것이다. 심지어 무신론자들이나 하나님의 존재 정도만을 믿는 자들이라 할지라도 함께 어울려 지낼 수 있다는 말이다.

이 같은 것이 현대적 사고방식이기 때문에 요한이 본문에서 사용한 '거짓말하는 자'는 우리 귀에 너무 심한 어감으로 전달되는 것이다. 하지만 오늘 본문에서 보여지는 것과 같은 어투들은 여러 면에서 신약성경이 보여 주는 특징적 모습이 아닌가 한다. 요한도 역시 예외가 아니었다. 그는 "우레의 아들"막 3:17 중 한 사람이었다.

요한 외에도 다른 여러 사람이 그와 유사한 방식으로 말한 것을 볼 수 있다. 사도 바울이 갈라디아 교인들에게 사용한 언어를 보자. 그는 갈라디아서 1:8에서 "그러나 우리나 혹 하늘로부터 온 천사라도 우리가 너희에게 전한 복음 외에 다른 복음을 전하면 저주를 받을지어다"라고 말했다. 아마도 이보다 더 강한 어조의 말을 보기는 어려울 것이다. 또한 그가 고린도전서 16:22에서 "만일 누구든지 주를 사랑하지 아니하면 저주를 받을지어다"라고 한 말을 보라. 역시 매우 강한 어조의 말을 했음을 볼 수 있다.

또한 세례 요한이 바리새인들을 비롯한 회중을 바라보면서 외친 내용을 들어 보라. 그는 "독사의 자식들아 누가 너희에게 일러 장차 올 진노를 피하라 하더냐"눅 3:7라고 소리를 높였다. 뿐만 아니라 주님은 공생애 마지막 때쯤에 바리새인들에게 말씀하시면서 그들을 "회칠한 무덤"마 23:27이라고 표현하셨다.

내가 이렇게 강조하는 이유는, 자칫 잘못해 예수 그리스도나 그분의 사랑하는 제자들보다 더 훌륭한 그리스도인이 되려는 듯한 인간적 생각을 결코 갖지 않도록 하기 위함임을 이해해 주기 바란다. 우리는 때로 연민의 정 때문에 감상적이 되기 쉽고 따라서 교리에 있어서도 흐무러지기 쉽다. 어쨌든 신약성경은 내가 조금전에 여러분에게 상기시켜 주었듯이 거칠고 강한 투의 용어들을 사용하곤 하는데, 그중의 하나가 오늘 본문에 나오는 '거짓말하는 자'라는 것이다.

그렇다면 이 두 가지를 어떻게 조화시킬 수 있는가? 신약성경에는 우리가 자신을 위해 참아 내는 것과 진리가 공격을 당할 때 처신할 것에 대해 명확하게 구분짓고 있음을 본다. 산상 수훈에는 "네 오른편 뺨을 치거든 왼편도 돌려 대라"고 했다. 확실히 맞는 말씀이다. 그렇다고 이 말씀이 요한의 가르침과 모순된다고 생각할 수는 없다. 우리 자신과 우리 자신의 개인적 감정에 관한 한 무엇이든지 참아 내야만 한다. 자신을 위해 싸우고 자신을 위해 다른 사람들을 거짓말쟁이라고 해서는 안 된다. 하지만 진리에 관한 한 그리고 교리에 관계되는 한 복음의 본질 특히 예수 그리스도에 관계되는 한 우리는 강하게 맞서서 '거짓말하는 자'와 같은 단어의 사용도 불사할 수 있어야만 된다는 말이다.

우리 자신에 관해서는 억울한 일이나 어려운 일을 당해도 관용하고 사랑으로 받을 수 있으며, 세상이 우리를 업신여기고 못되게 굴며 핍박해도 이미 그런 일들을 예상하는 사람답게 꿋꿋이 앞을 향해 나아갈 수 있다. 그러나 구원이나 하나님의 영광에 본질적으로 관계가 있는 문제에 관해서는 어떤 타협도, 그러한 의견을 수용하려는 어떤 시도도 있을 수 없다. 우리는 오히려 요한이 "거짓말하는 자가 누구냐 예수께서 그리스도이심을 부인하는 자가 아니냐"라고 표현한 것과 같은 입장을 취해야만 할 것이다.

조심해야 할 부분도 있다. 자신을 위한 어떤 특정한 구호를 위해 논쟁할 때에도 의분을 내는 것이며 "분을 내어도 죄를 짓지 말라"는 말씀에 부합해 화를 내는 것이라고 스스로를 설득하려고 할 때가 있다. 너무나도 당연히 가장 중요하고 핵심이 되는 교리에 대해서는 요한과 같은 태도를 취해야만 한다. 하지만 같은 그리스도인끼리도 피차간에 동의하지 못하는 부분이 있음도 역시 부인할 수 없는 사실이다. 따라서 선지자의 예언들 중 해석하기 어려운 부분에 관해서나 우리가 취하는 어떤 특정한 예언적 관점에 동의하지 못하는 사람들에 대해 강하게 정죄하는 듯한 단어의 사용을 해서는 안 된다. 신약성경의 말씀이 그와 같은 것에 대해 그런 식으로 표현하지 않기 때문이다. 지극히 핵심적인 교리에 관한 것을 제외하고는 매우 조심하고 신중해야 한다는 것이다.

그러므로 우리는 자신과 진리를 구별해야 할 뿐 아니라, 우리가 확실한 태도를 취해야만 하는 핵심 진리와 다소간의 견해 차이가 있을 수도 있는 내용과도 구별해야 한다. 결론은 지금 요한이 다루는 내용이 매우 핵심적이고 중요한 것이라는 사실이며, 이런 이유 때문에 그는 이 같은 용어를 사용해 강하게 그의 의견을 표현한다는 것이다.

그렇다면 요한은 왜 이렇게 이 문제를 신중하게 생각하고 또 다루는지 생각해 보지 않을 수 없다. 왜 그는 적그리스도들을 거짓말쟁이라고 했는가? 왜 그는 영원하신 하나님의 아들이, 인간 예수의 세례를 받을 때 그에게 들어갔다가 십자가에서 돌아가실 때에 떠났다고 가르치는 자들에 대해 거짓말쟁이라고 하면서 열렬하게 비판하는 것인가? 여기에 대해 여러 가지로 대답할 수 있다.

첫째로 적그리스도들이 말하는 것이 거짓말이기 때문이다. 요한은 "거짓말하는 자가 누구냐 예수께서 그리스도이심을 부인하는 자가 아니냐"라고 말했다. 그는 이미 21절에서 "내가 너희에게 쓰는 것은 너희가 진리를 알지 못하기 때문이 아니라 알기 때문이요 또 모든 거짓은 진리에서 나지 않기 때문이라"고 했다. 이런 사람들이 가르치는 내용이 사실과 전혀 부합하지 않는다는 것이 그의 첫 번째 이유였다.

다시 말해 요한은, 자신의 가르침의 본질이 생명의 말씀을 자신의 눈으로 직접 보고 "자세히 보고 우리의 손으로 만진 바"에 기인한다는 것이다. 요한은 태초부터 있었던 생명이 나타내신 바 되었다고 1:1-2에서 말했다. 이런 것을 근거로 해서 그는 "이들은 내가 직접 목격하고 증거하는 사실들을 부인하는 자들이기 때문에 거짓말쟁이임에 틀림없다."라고 말하는 것이다.

그는 자신과 다른 사도들이 변화산상에서 주님과 함께 있었다는 사실을 상기시키고 있다. 베드로와 야곱과 요한은 변화산상에서 주님이 대화를 나누시는 것을 보았으며 들었다. 심지어 그들은 마태복음 17:5에서 기록했듯이 "이는 내 사랑하는 아들이요 내 기뻐하는 자니 너희는 그의 말을 들으라"는 하늘로부터 나는 음성도 들었다. 요한은 "이들이 가르치는 것은 하나님이 하신 말씀과는 모순되기 때문에 거짓말이다. 더 이상 무슨 말을 할 수 있겠는가?"라고 말하는 것이다.

그러므로 요한은 "영원하신 그리스도가 십자가에 달려 있는 인간 예수를 떠났기 때문에 실제로 죽은 자는 인간 예수일 뿐이라고 말하는 것은 거짓말이다. 그 이유는 내가 하나님의 아들이 돌아가실 때에 그곳에서 직접 보았고 그분이 부활하신 후에 다락방에 숨어 있던 제자들에게 나타나 도마에게 말씀하시기를 '네 손가락을 이리 내밀어 내 손을 보고 네 손을 내밀어 내 옆구리에 넣어 보라'고 요청하셨다. 그리고 제자들에게는 '영은 내가 갖고 있는 것과 같은 살과 뼈가 없으며 영은 이렇게 내가 먹듯이 먹지 못한다'고 말씀하셨다. 바로 이런 사실들에 대해 나 자신을 증인으로 제시할 수 있다. 그래서 나는 십자가에서 돌아가신 이가 바로 하나님의 아들이심을 확증할 수 있으며 그분이 부활하신 후에 승천하신 것도 역시 보았다."라고 말했다.

따라서 예수 그리스도에 대해 이같이 가르치지 않는 어떤 것도 거짓말이라고 단정지을 수 있다는 말이다. 사도들의 증언 외의 다른 것은 모두 사실을 왜곡시키는 거짓 가르침이며 자신의 독생자가 이 땅에 성육신했다고 친히 증언하시는 하나님의 말씀을 정면으로 부인하는 것이다.

이제는 예수 그리스도에 대한 왜곡된 가르침이 현대적 형태를 취해 소위 '역사적 예수'를 재조명해 보려는 지난 수백 년 동안 있었던 시도들, 즉 예수 그리스도가 행하셨던 기적들과 초자연적 요소들을 없애 버리려는 시도들에 대해 생각해 보고자 한다. 우선 성경이 가르치는 예수 그리스도의 신적 사역을 이와 같은 식으로 다루려는 어떠한 시도도 진실이 아니며 거짓되고 궤변일 뿐이라는 평가 외의 어떤 다른 평가도 용납될 수 없다는 것이다.

자유주의자들이 예수님에 대해 재조명하려는 시도들을 살펴보자. 그들이 설명하는 예수님은 신약성경에서 볼 수 있는 인간 예수가 아니며 내 영혼을 구원하신 구세주가 아니다. 그들이 지어내는 궤변들은 참이 아니며 사실에 부합되지 못하는 것들뿐이다. 우리는 신약성경의 말씀들을 이런 식으로 설명할 수는 없다. 이런 식으로 교회사를 설명할 수도 없다. 이런 가르침은 진리를 떠났다는 것 외에 다른 아무것도 아니기 때문에 요한은 잘못된 가르침을 묵살시키고 있는 것이다.

더 나아가 나는 독일에서부터 유입된 잘못된 가르침, 즉 예수님을 재조명하려는 시도들에 대해 선배들이 잘 대처해 다루어 주었더라면 기독교 교회뿐 아니라 세계를 위해서도 더 유익이 되지 않았을까에 대해 여러분이 동의하는지 궁금하다. 그들이 이런 문제들을 대면해 타협하거나 보조를 맞추는 대신 그것이 거짓말이라는 사실을 규명해 주었더라면, 사도들이 자신들을 위한 것이 아닌 진리 수호를 위해 강한 어조의 용어를 사용해 진리를 위협하는 것들을 공격한 태도와는 전혀 거리가 먼 잘못된 관용 대신 그들이 틀렸다는 사실을 규명해 주었더라면 훨씬 유익하지 않았을까 생각해 본다. 이와 같은 내용이 사도가 말하고자 하는 첫 번째 내용이다.

둘째로 요한은 교묘한 위험성에 대해 경고하면서 이런 것을 믿으면 좋지 못한 결과가 있을 것이니 피하라고 강력히 요청했다. 그 자체가 사실이 아닐 뿐 아니라 "아버지와 아들을 부인하는 그가 적그리스도니 아들을 부인하는 자에게는 또한 아버지가 없으되 아들을 시인하는 자에게는 아버지도 있느니라"는 말씀을 통해 알 수 있듯이, 주어지는 결과들을 고려해야 된다는 것이다. 이 말씀을 나누어 생각해 보면 잘못된 가르침을 받음으로 주어지는 결과들을 볼 수 있다.

먼저 그들은 예수 그리스도의 참된 인성을 부인하고 있다. 요한은 아들을 부인하는 것이라고 했는데, 이 말인즉 예수 그리스도의 성육신 교리를 부인한다는 말이 된다. 요한이 비판하는 이 잘못된 가르침이 사실이라면 빌립보서 2장에 기록된 모든 것은 거짓이라는 말이 된다. 빌립보서 2장에서 사도 바울은 예수님에 대해 "그는 근본 하나님의 본체시나 하나님과 동등됨을 취할 것으로 여기지 아니하시고"라고 기록하면서 자신에게 주어진 영광을 포기하고 이 세상에 인간으로 오시어 종의 형체를 취하셨다고 했는데, 이런 모든 그의 기록들이 잘못된 것이 된다.

성육신이 더 이상 사실로 존재하지 못한다면 그분의 출생과 죽음에 관계되는 영광과 기이함과 신비함 등 모든 것도 단순히 설화가 될 뿐이다. 말구유에 누워 있던 아기로서의 예수님은 그저 인간이었을 뿐 그 이상 아무것도 아니었으며 동정녀 탄생이나 그 외의 다른 어떤 기적도 있을 수 없다는 말이 된다. 그는 다른 모든 아이처럼 평범한 아이였으며 성인이 되어 요단강에서 세례 요한에게 세례받을 때 영원하신 그리스도가 내려와서 잠시 동안 그에게 임해 영향력을 행사하고 그를 고양시켜 주었으며 그가 십자가에 못 박혀 죽을 때는 그를 떠났다는 것으로 이해할 수 있다는 말이다.

과연 그러한가? 천만의 말씀이다. 이런 가르침은 신약성경에서 가장 핵심이 되는 성육신의 교리를 부인하는 것이다. 이런 가르침을 받아들인다면 여러분은 하나님이시며 동시에 사람이신 그리스도를 상실하게 되고 그분에 관한 모든 가르침도 거짓이 되며 복음에서 가장 핵심이 되는 교리를 포기하는 것이 된다.

뿐만 아니라 이런 가르침은 복음의 역사에서 매우 중요한 또 다른 부분을 완전히 틀린 것으로 매도한다. 이런 가르침이 사실이라면 동산에서의 고뇌도 있을 수 없으며 하나님의 아들이 십자가에서 돌아가시는 것도 거짓이라는 말이 된다. 이 세상에서 본 것 중에서도 가장 놀라운 일이 전혀 일어난 적이 없었다는 말이 된다. 나는 이것을 가지고 더 이상 왈가왈부하고 싶지는 않다. 하지만 여러분이 금방 알 수 있듯이 이들의 가르침은 신약성경에서 가장 핵심이 되고 중요한 참으로 놀라운 가르침인 한 분 예수 그리스도 안에 두 개의 본성, 즉 인성과 신성이 함께 있다는 교리를 부인한다는 말이 된다.

뿐만 아니라 이 가르침은 예수 그리스도 자신을 부인하는 것으로 그치는 것이 아니라 그분의 사역도 역시 부인하는 것이며, 이런 방식으로 이들은 계속해 예수 그리스도에 대해 부정적 자세를 취한다. "거짓말하는 자가 누구냐 예수께서 그리스도이심을 부인하는 자가 아니냐"라고 본문은 말하고 있다.

그렇다면 누가 그리스도인가? 그분은 기름 부음을 받으신 자로서 어떠한 일을 하고자 하나님께 세움을 받으셨다. 신약성경이 가르치기로는 하나님의 아들이신 예수님은 아버지에 의해 따로 세움을 받고 맡겨진 사역을 수행하기 위해 무한대로 성령의 기름 부음을 받으신 분이라는 것이다.

무슨 사역을 위해서인가? 바로 인류를 구원하시는 사역을 위해서이다. 우리를 하나님과 화목하게 하고자 우리가 받아야 될 징벌을 감당하시고 세상의 죄들과 고통을 지시는 사역을 의미한다. 그러고는 우리의 대언자로서 우리를 위해 하늘에 계시려고 다시 부활하셨다.

그러므로 하나님의 아들이 인간 예수를 진짜로 떠났다면 이 사실을 정면으로 부인하는 것이 된다. 그렇다면 구속이 있을 수 있겠는가? 구속을 할 수 있는 유일한 분은 영원한 하나님이셔야만 한다. 이는 어떠한 사람도 이것을 이루어 낼 수 없기 때문이다. 이 세상의 모든 죄를 짊어지신 하나님의 아들만이 이 일을 해낼 수 있었던 것이다. 따라서 그분이 인간 예수가 십자가에 매달려 있는 동안 떠났다면 우리는 여전히 율법 아래 있으며 하나님의 진노 아래 있을 수밖에 없으며 죄사함도 역시 있을 수 없다는 말이 된다. 결국 우리 모두는 여전히 죄 가운데서 사함받지 못한 멸망의 자녀로 남아 있을 수밖에 없다는 말이 된다.

아직도 여러분은 요한 사도가 이들을 '거짓말하는 자'라고 부르는 것에 놀라며 이들의 가르침이 거짓이라고 확인하는 말을 기이하게 여기는가?

우리는 구원을 도둑질하고 우리가 하나님과 교제하는 것을 훼방하는 어떠한 것이든지 거짓된 것이라고 할 수 있으며 최선을 다해 비판해야만 한다는 사실을 잊지 말아야 한다. 이는 이런 가르침들이 예수 그리스도 자신과 그분의 사역을 부인하는 것이기 때문이다.

요한은 여기에만 머무르지 않았다. 그는 계속해 하나님 아버지에 대한 교리를 부인하는 자는 누구든지 역시 거짓말쟁이라고 했다. 그는 "거짓말하는 자가 누구냐 예수께서 그리스도이심을 부인하는 자가 아니냐 아버지와 아들을 부인하는 그가 적그리스도니 아들을 부인하는 자에게는 또한 아버지가 없으되 아들을 시인하는 자에게는 아버지도 있느니라"고 말했다.

이것은 매우 중요한 교리이다. 여러분은 아마 주님이 직접 요한복음 5장에서 이와 똑같은 진리에 대해 언급하셨음을 기억할 것이다. 그분이 말씀하시기를 예수 그리스도를 배제한 상태에서는 아버지에 관한 교리도 하나님에 대한 교리도 있을 수 없다는 것이다. 그래서 주님은 "내가 곧 길이요 진리요 생명이니 나로 말미암지 않고는 아버지께로 올 자가 없느니라" 요 14:6고 말씀하셨다.

우리가 예수 그리스도의 인성을 부인한다는 말은 아버지를 아직 모른다는 말이며 하나님을 상실했다는 말이 된다. 아마도 하나님을 그저 막연하게 필요할 때 우리를 돕는 어떤 힘 또는 어떤 사람이나 능력 정도로 믿을 수 있을지는 모른다. 그러나 모든 신약성경의 가르침과 마찬가지로 주님의 가르침은 예수 그리스도를 떠나서는 하나님에 관한 참된 지식을 찾을 길이 없다고 분명히 말하고 있다.

어떤 조물주가 있다거나 눈에 보이지 않는 어떤 영향력이 있다고 믿을 수 있을지는 몰라도, 아들을 알지 못하고서는 결코 아버지를 알 수 없다는 사실이다. 요한복음 14:9에서 주님은 "나를 본 자는 아버지를 보았다"고 말씀하셨다. 따라서 아들을 부인하는 것은 아버지를 부인하는 것이며 아버지로서의 하나님은 예수 그리스도를 통하지 않고서는 알 길이 전혀 없다. 이런 이유 때문에 요한은 다른 가르침은 거짓말이라고 단정했으며 이런 말을 하는 자들을 거짓말쟁이라고 했다. 그들은 우리에게서 아들을 빼앗아 가려는 자들일 뿐만 아니라 아버지도 빼앗아 가려는 자들이며, 결국 우리가 어둠 가운데 하나님을 찾으려고 더듬던 이전의 위치로 돌아가게 하고 있다는 것이다.

다른 방식으로 설명해 보겠다. 우리는 교리적 입장에서 볼 때에도 아버지를 상실하게 될 뿐 아니라 복음이 제시하는 가장 큰 위로 중 한 가지도 역시 상실하게 된다. 여러분은 주님이 제자들에게 어떻게 기도할 것인가에 대해 가르치실 때 제자들과 바리새인들에게 말씀하신 부드러운 단어들을 기억하고 있는가? 주님은 "너희 하늘 아버지께서 이 모든 것이 너희에게 있어야 할 줄을 아시느니라"고 마태복음 6:32에서 말씀하셨으며, 10:30에서는 그들의 머리카락까지도 다 세신다고 하셨으며, 이런 관점에서 하나님이 우리의 아버지가 되신다는 것을 이해해야 할 것이라고 말씀하셨다.

하지만 이 같은 가르침이 아닌 다른 가르침이 옳다고 할 것 같으면 하나님이 우리의 아버지가 되실 수 없으며 그저 엄청난 능력을 소유하고 먼 거리에서 두려워해야만 할 신 정도의 관계를 가질 수밖에 없음을 알아야 할 것이다. 아들을 부인하는 것은 아버지를 부인하는 것이 되는데 이는 아들을 통해서만 아버지를 제대로 알 수 있기 때문이다.

이처럼 잘못된 가르침을 따른다는 말은 요한이 그리스도인에게 제시하는 매우 귀중한 위안, 즉 아버지와 아들 예수 그리스도와의 교제 역시 사실이 아닌 것을 인정한다는 말이 된다. 만일 이 같은 위안의 말씀이 참이 아니라면 그리스도인으로서 이 세상에 살면서 궁극적으로 무엇을 갖고 있다는 말인가? 우리의 기쁨은 어디에서부터 나올 수 있으며 나를 대항하는 세력들에 어떻게 대처해 나갈 수 있는가? 이와 같이 매우 중요하고 기본적인 원리들을 다루는 것이기 때문에 사도 요한이 강한 어조의 용어를 사용할 수밖에 없었던 것으로 받아들일 수 있다.

한 가지 더 다루어야 할 것이 있다. 이 잘못된 가르침은 아들과 아버지를 부인할 뿐 아니라 어쩔 수 없이 삼위일체의 교리도 부인한다. 우리가 나사렛 예수를 하나님의 아들로 믿게 될 때에만 삼위일체의 교리에 다다를 수 있다. 이는 기독교 믿음에 관계되는 교리를 이해하는 창구를 열어 주시는 이가 바로 예수 그리스도이시기 때문이다. 우리는 아들을 안다고 말하기 전에는 아버지에 대해 안다고 말할 수 없다. 또한 우리가 아버지도 아들도 안다고 말할 수 있을 때, 아버지와 아들에 의해 보냄을 받은 성령의 교리에 대해서도 이해할 수 있다. 성령은 이전에도 그러했듯이 지금도 여전히 아버지와 아들과 함께하시면서 아주 밀접한 관계를 가지기 때문이다.

우리가 아들의 교리를 부인한다면 이런 모든 것을 잃어버리는 것이 된다. 구원을 계획하신 영원하신 아버지와, 그 구원 계획을 성취하기 위해 이 땅에 오셔서 그 일을 수행하신 아들과, 이 구원 계획에 눈을 뜨게 해주어 우리에게 놀라운 구원 사역이 실제화될 수 있도록 도와주시는 성령 하나님을 모두 상실하게 된다는 말이다. 따라서 우리는 왜 요한이 이 잘못된 가르침을 이토록 신중하게 다루는가를 이해할 수 있게 된다. 그것은 기독교에서 핵심이 되는 이 가르침을 부인한다는 말은 기독교 신앙에서 가장 영광된 모든 것을 제거해 버리는 것이 되기 때문이다.

아들을 부인하는 것은 아버지를 부인하는 것이며 아버지와 아들을 부인하는 것은 성령을 부인하는 것이 된다. 결국 우리는 인간적 지혜와 이해와 철학 같은 것들로 하나님을 막연하게 찾아보려는 무의미한 노력만을 하게 될 것이다. 요한은 이런 엉터리 가르침은 거짓된 것이며 잘못된 결과로 유도할 것이라고 선언했다.

이제 요한이 주장하는 것, 즉 진리를 믿음으로 주어지는 결과에 대해 한마디의 말만 하고 끝내고자 한다.

우리는 조금 전에 거짓된 가르침을 믿음으로써 주어지는 좋지 못한 결과에 대해 살펴보았다. 하지만 요한은 다음과 같이 말했다. "나는 그것으로 말을 마치고 싶지 않다. 나는 반대로 진리를 믿음으로써 주어지는 결과에 대해 말하려고 한다. 이것은 우리에게 그분이 약속하신 것으로, 바로 영원한 생명이다. 사랑하는 사람들이여! 거짓말을 믿지 말라. 거짓 가르침은 참된 교리로부터 여러분을 끄집어 내릴 뿐 아니라 생명까지도 취해 버린다. 예수 그리스도의 성육신을 통해 우리에게 주어지는 하나님의 놀라우신 선물을 여러분에게서 빼앗아 버린다는 말이다. 영원하신 아들이 하나님으로부터 오지 않고 그저 육신만 취해 태어난 것이라면, 하나님의 아들과 인간의 육신이 함께 거할 수 없었던 것이라면 어떻게 우리가 새로운 사람으로 변할 수 있겠는가? 우리는 거듭날 수도 없을 것이다. 거듭난다는 말은 그리스도의 본성을 받는다는 말이 되기 때문에 그리스도의 본성이 실제적인 것이 아니라고 할 것 같으면, 하나님의 아들이 인간 예수에게 임하셨다가 나중에 떠났다는 말이 맞을 것 같으면 참된 연합도 중생이나 거듭남도 있을 수 없다는 말이 된다. 하지만 우리에게 제공되는 놀라운 사실은 하나님이 우리에게 이것들에다 영원하신 생명까지 약속하고 계시다는 것이다."

요한은 28절에서 "자녀들아 이제 그의 안에 거하라 이는 주께서 나타내신 바 되면 그가 강림하실 때에 우리로 담대함을 얻어 그 앞에서 부끄럽지 않게 하려 함이라"고 했다. 그는 "속지 말라. 거짓 가르침을 믿으면 내가 지금 말하는 결과들을 맞이할 수밖에 없다. 그들은 진리를 부인하는 자들이며 자신들을 똑똑한 자라고 생각한다. 그들은 철학과 신비주의를 뒤범벅하여 예수 그리스도의 몸이 진짜가 아닌 환상이라고 하거나 영원하신 하나님이 인간 예수에게 왔다가 다시 떠났다고 가르치면서 우리를 유혹한다. 그러므로 절대로 그런 거짓 가르침을 믿지 말기 바란다. 하나님이시자 사람이신 예수 그리스도가 이 세상에 재림하심으로 그분과 얼굴을 대해 볼 날이 얼마 남지 않았다. 이제 주님은 곧 다시 올 것이며 여러분은 그분을 보게 될 것이다. 그럼에도 불구하고 여러분이 그런 거짓 가르침을 믿는다면 주님을 뵐 때 수치를 당하게 될 것이다."라고 말하고 있다.

요한계시록 1:7에서 요한은 "각 사람의 눈이 그를 보겠고 그를 찌른 자들도 볼 것이요"라고 기록했다. 또한 주님을 볼 때 그들은 "산들과 바위에게 말하되 우리 위에 떨어져 보좌에 앉으신 이의 얼굴에서와 그 어린양의 진노에서 우리를 가리라"고 소리칠 것이라고 6:16에서 기록하고 있다. 이것은 상상이나 망상이 아닌 사실이다.

하나님이시자 사람이신 예수 그리스도가 다시 올 것이기 때문에 그 날을 즐거워하기 원한다면, 그분을 대할 때 확신을 가지기 원한다면, "주 예수여 어서 오시옵소서"라고 말하기를 원한다면, 이런 거짓된 가르침을 피하고 여러분을 속이며 예수는 그리스도가 아니라고 거짓말하는 자들을 조심하고 진리에 굳건히 서야 한다.

진리가 여러분 안에 거할 수 있도록 하기 바란다. 진리가 여러분 안에 거한다면 주님의 재림이 두렵고 놀라운 일로 다가오지는 않을 것이다.

그날이 충격이나 정죄의 모습으로 다가오지 않고 수치를 당하지도 않게 될 것이다. 오히려 여러분은 그날을 즐거워하며 영광을 누리고 예수 그리스도의 거룩하신 얼굴을 확신을 갖고 대할 수 있게 될 것이다.

  이것이 사도가 주장하는 내용의 말씀이다. 확실하게 알아야 할 것은 이런 잘못된 가르침은 거짓말이며, 우리를 아주 잘못된 구렁텅이로 끌어들임으로써 우리에게 주어질 중생과 거듭남의 축복과 하나님으로부터 주어지는 새 생명을 탈취해 가 버리는 못된 것이라는 사실이다. 또한 이런 잘못된 가르침은 주님의 재림에 대한 복된 소망과 의인들이 영원토록 거하게 될 새 하늘과 새 땅에 대한 진리의 말씀을 믿지 못하게 한다는 사실 역시 기억해야만 한다.

요한일서 강해 **3**장

Children of God

하나님의 자녀

너희가 그가 의로우신 줄을 알면 의를 행하는 자마다 그에게서 난 줄을 알리라 보라 아버지께서 어떠한 사랑을 우리에게 베푸사 하나님의 자녀라 일컬음을 받게 하셨는가, 우리가 그러하도다 그러므로 세상이 우리를 알지 못함은 그를 알지 못함이라 _ 요일 2:29 - 3:1.

Studies in 1 John

by Martyn Lloyd-Jones

너희가 그가 의로우신 줄을 알면 의를 행하는 자마다 그에게서 난 줄을 알리라 보라 아버지께서 어떠한 사랑을 우리에게 베푸사 하나님의 자녀라 일컬음을 받게 하셨는가, 우리가 그러하도다 그러므로 세상이 우리를 알지 못함은 그를 알지 못함이라 _ 요일 2:29-3:1.

Chapter 25
하나님의 자녀

본문 말씀에서 우리는 사도 요한이 기록한 요한일서 서신 중 2:29에서 시작되는 새로운 부분을 접할 수 있게 된다. 즉 요한이 독자인 당시 그리스도인에게 제시하는 여러 논지들 중에서 이 부분은 새로운 부분임이 확실하며, 다른 내용들과 비교해 보더라도 이 본문 말씀은 이전의 것들보다 다소 깊고 풍성한 것을 제시한다고 말할 수 있다. 좀더 나아가기 전에 다시 한번 한걸음 뒤로 물러서서 이 서신의 전반적 계획을 들여다봄으로써 전후 관계를 명확히 하는 것이 바람직할 것 같다. 여기에 대해 다음과 같이 상기해 보겠다.

서신을 기록하는 사도 요한의 커다란 목적은 독자들에게 기쁨의 충만을 갖게 하는 데 있었다. 여기에 대해 1:4에는 "우리가 이것을 쓴은 너희의 한글 개역개정 성경에는 '우리의'로 되어 있음—편집자 주 기쁨이 충만하게 하려 함이라"고 명시하고 있다. 비록 이 세상의 삶이 모든 문제와 어려움으로 가득 차 있다 할지라도 그리스도인에게는 기쁨으로 충만한 삶을 누릴 가능성이 주어져 있다는 말이다.

이 서신을 기록할 당시 요한 사도가 그리스도인이 누릴 수 있는 기쁨의 충만함을 누렸던 것과 마찬가지로 이 서신의 독자들도 역시 기쁨을 충만한 데까지 누릴 수 있기를 그가 소원했던 것을 알 수 있다. 이 서신을 통해 그들에게 전달하고자 했던 주된 관심사는 어떻게 하면 그리스도인이 기쁨의 충만을 누릴 수 있는가에 관한 가르침이다. 사도가 이 서신에서 그들에게 가르치는 첫 번째의 중요한 가르침은, 성령으로 말미암아 아버지와 아들과 교제를 가질 수 있다는 사실을 언제나 명심해야 한다는 것이다. 비록 우리가 이 땅에 살고 있다 해도 하나님과의 교제를 즐길 수 있다는 사실을 말하는 것이다.

이 같은 사실을 인식하고 늘 명심해야 되는 것이 첫 번째로 제시되는 중요한 가르침이라면, 두 번째 가르침은 그리스도인이 하나님과 교제를 지속적으로 나누며 그분과 동행하는 삶을 유지해 나가는 데 절대적으로 필요하고 없어서는 안 될 몇 가지 조건들이 있다는 사실을 속히 인식해야 한다는 것이다. 이 조건들에 대해 본 서신의 첫 번째 장 전체와 두 번째 장 28절에 이르기까지 요약해 놓은 내용들을 우리는 이미 생각해 보았다. 이 과정에서 이미 하나님과의 교제와 연합을 지속해 나가는 데 필요한 조건들에 대해 한 가지 한 가지 자세하게 살펴보았다.

하지만 이 모든 조건을 한 단어로 요약해 볼 수도 있다고 생각한다. 그것은 바로 '의'라는 단어이다. 비록 다른 방식으로 표현되었지만 사실상 사도가 계속해 말하려는 것은 바로 의에 관한 것이었다.

1:5에서 그는 "하나님은 빛이시라 그에게는 어둠이 조금도 없으시다"고 기록했으며, 7절에는 우리도 "빛 가운데" 행해야만 한다고 말했다. 이것은 그와 같이 사는 것이 의로운 삶을 사는 것이기 때문이다. 이

같은 방식으로 그는 2:3에서도 "우리가 그의 계명을 지켜야" 할 것에 대해 말하면서 2:15에는 "이 세상이나 세상에 있는 것들을 사랑하지 말라"고 요청했다. 이 말씀은 의로움에 대해 부정적 표현을 사용해 설명하는 것이라 할 수 있다. 그리고 우리가 붙잡고 있는 핵심적 신앙으로부터 벗어나게 하여 잘못된 길로 이끌어 들이려는 교묘한 유혹들을 피해야 될 것이다. 이는 예수 그리스도를 떠나서는 의로움이라는 것이 전혀 존재할 수 없기 때문이다.

의로움은 하나님과 교제를 나누는 데 매우 본질적인 요소이다. 다시 말해 이 서신의 처음부터 끝까지 가장 큰 강조점은 윤리적 요소가 주어져 있다는 것이다. 요한은 자신이 제시하는 여러 조건이 다 잘 지켜지기를 원하고 있다. 비록 그리스도 안에서 위대한 축복들이 대가 없이 주어진다 할지라도 우리가 그 축복들을 현재 즐거워할 뿐 아니라 앞으로도 계속 즐기기 원한다면, 우리는 그가 제시하는 이와 같은 의로운 방식으로 행해야만 한다는 것이다. 이런 내용이 2:28까지의 논지이다.

본문 첫 부분인 29절 말씀에서 우리는 새로운 전환점을 볼 수 있다. 여러분은 연결점이 놓여 있는 것을 보게 된다. 요한은 "너희가 그가 의로우신 줄을 알면 의를 행하는 자마다 그에게서 난 줄을 알리라"고 기록함으로써 새로운 중심 논제를 제시하고 있다. "다시 말하면 나는 여러분이 예수 그리스도가 행하신 사역의 결과로 하나님과 더불어 교제를 나누는 관계에 들어가 있을 뿐 아니라, 하나님으로부터 태어난 하나님의 자녀가 되었다는 사실을 인식하기 원한다. 또한 여러분은 외적 차원에서 하나님과 새로운 관계에 들어가 있을 뿐 아니라 매우 중요한 내적 관계도 이미 맺고 있다는 사실도 알아야 한다. 하나님과 친교와 교제를 갖는 정도만이 아니라 생명력 있는 연합적 관계에까지 들어갔다는 말이 된다. 이는 여러분이 그리스도 안에 있으며 그리스도가 여러분 안에 계시기 때문이다. 이처럼 놀랍고도 중요한 일이 여러분에게 일어났다는 사실을 알아야 한다."라고 말하고 있다.

이와 같은 내용이 요한일서 4:1에 도달하기까지 우리의 주의를 집중시키게 될 주제이다. 특별히 4장으로까지 이끌어 들이는 3장 내용의 전반적 주제라고 할 수 있다. 즉 그리스도인은 하나님으로부터 난 자들이기 때문에 그분의 자녀로서 유기적이고 본질적인 관계를 아버지와 가질 수 있다는 내용을 주제로 한다는 말씀이다.

여기서 요한은 다시 한번 의로움의 중요성을 부각시키고 있다. 하나님과의 외적 교제와 동행에서도 의라는 것이 본질적 요소로 작용하는 것이라면, 부모와 자식간의 관계와 같이 생명력이 있고 유기적 관계인 하나님과 우리와의 사이에 주어진 관계를 생각해 볼 때 얼마만큼이나 의를 더 필요로 하겠는가? 하나님의 반려자로서 우리가 의로운 삶을 살아야만 한다면 하나님의 자녀로서 우리는 얼마만큼이나 더 의로운 삶을 유지해야 하는가?

보다시피 이런 이유 때문에 서신의 내용이 점점 더 깊이 들어가고 있는 것이다. 이미 말했듯이 하나님과 친교를 가지며 교제를 나눌 수 있는 관계에 이르렀다는 자체가 너무나도 엄청난 특권이기 때문에 다른 것을 생각해 볼 여지조차 없으므로, 이 시점에서 그 이상의 것들과 비교한다는 것은 좀 이상하게 느껴질 수도 있다. 그러나 본문 말씀은 다시 한번 우리가 하나님으로부터 태어났다는 것을 상기시켜 줌으로써 의에 대한 중요성을 한층 더 강하게 부각시키고 있다.

따라서 차차 보게 되겠지만 사도는 하나님과의 교제를 설명할 때 사용했던 것과 똑같은 용어들을 가지고 하나님과의 관계 또는 하나님으로부터 태어나는 것 등에 관해 자신의 주장을 피력해 나가는 것을 볼 수 있다. 그는 우리가 계명들을 지켜야만 하며 형제들을 사랑해야만 하고 세속적인 것들과 우리를 핵심 교리로부터 떨어져 나가게 만드는 유혹의 영들을 피해야만 될 것을 말했다. 그는 하나님과 외적 교제를 나누는 것보다 한 단계 더 나아간 내적 관계 형성에 기초를 둔 의로운 삶에 대해 언급했다.

이것이 본문의 주제이다. 요한은 이 주제에 대해 특유의 방식대로 통명스럽게 선언했다. 2:29의 요지가 바로 그것인데 매우 재미있는 방식으로 설명했다. "너희가 그가 의로우신 줄을 알면 의를 행하는 자마다 그에게서 난 줄을 알리라_{또는 깨달으리라, 이해하리라}"고 서술하고 있다. 그는 "그로부터 난 자는 누구든지 의를 행하리라"고 기록하지 않고 오히려 반대로 기록했다. 그는 29절에 기록한 말씀을 통해 우리가 신약성경에서 사용하는 '의'라는 개념 안에서 참으로 의로운 삶을 영위하는 사람들을 보게 된다면, 그들이야말로 하나님으로부터 태어난 자들이라는 것을 확신해도 될 것이라고 말하고 있다.

의로운 삶이란 단순히 도덕적 삶이나 선한 삶을 의미하는 것이 아님은 명백하다. 오늘날에도 기독교 신앙을 부인하지만 매우 도덕적이며 예절 바른 사람들이 교회 밖에 많은 것을 볼 수 있다. 이런 사람들은 도덕적이거나 철학적 의미에서 볼 때 '선한'이라는 용어를 사용해 줄 수 있는 제법 좋은 사람들이다. 그렇다고 해서 그들에게 신약성경에서 말하는 의라는 말을 덧붙여 줄 수 있는 것은 아니다. 의란 예수 그리스도가 사신 삶의 질과 같은 삶을 의미하는 것이다.

이런 이유 때문에 요한은 "의를 행하는 자마다……"라고 서술하는 것이다. 여러분이 예수 그리스도가 보여 준 삶과 같은 삶을 영위하는 사람을 보게 된다면 의심할 여지 없이 그는 하나님으로부터 난 자라고 확신해도 무방할 것이다. 그렇지 않다면 그런 삶을 살 수 없다는 말이다. 거듭나지 아니한 사람으로서는 산상 수훈이 가르치는 내용의 삶을 살 수 없다. 산상 수훈의 말씀은 일반인들이 지키기에는 불가능한 내용이기 때문이다.

실제로 일반인이 얼마나 좋은 사람들인가 아닌가에 상관없이 그들이 그리스도인의 삶을 산다는 것은 불가능한 일이다. 그들은 도덕적이고 윤리적인 삶까지는 살 수 있지만 그리스도인의 삶을 살 수는 없다. 신약성경의 말씀은 하나님을 알지 못하는 일반인에게 그리스도인의 삶을 살라는 요청은 전혀 하지 않는다. 오히려 신약성경이 그리스도인을 위해 제시하는 삶의 기준은, 일반인을 정죄하며 그들이 거듭나야만 될 절대적 필요성을 느끼도록 밀어붙이는 것을 볼 수 있다.

이것이 요한이 말하는 주제요 위대한 논증이라 할 수 있다. 그는 계속해 다음과 같은 도전을 통해 자신의 논증을 전개해 나갔다. "우리가 하나님으로부터 난 자들이라면 거기에 합당한 질적 삶이 따라 주어야 하지 않겠는가?" 여기에 대해 그는 3:3부터 같은 장 마지막 절까지 자신의 주장을 피력했다. 그는 "우리가 하나님으로부터 난 자들다운 삶을 보여 주지 못한다면 무엇인가가 일치되지 않고 있는 것이 아니겠는가?"라고 조소하듯이 말했다.

"여러분이 계명을 못 지키며 죄 가운데 살고 있다면 자신이 하나님의 자녀라는 것을 주장할 수 없다. 만일 그와 같은 삶을 산다면 여러분은 하나님의 자녀가 아니라 마귀의 자녀이다. 하나님의 자녀라면 마땅히 다른 삶을 살아야만 된다."라고 그는 말했다. 그리고 계속해 형제 사랑 등 다른 것에 대해 같은 방식으로 언급했다.

하지만 그는 우리가 하나님의 자녀된 연고로 피할 수 없이 따라야만 될 것들을 계속 언급하기 전에 3:1–3에서 하나님의 자녀가 되었다는 사실이 확실하게 의미하는 바에 대해 숙고하기 위해 잠시 멈추는 것을 볼 수 있다. 그는 "그에게서 났다"고 29절에서 말했는데, 마치 "나는 이 내용의 말씀을 맺음말이나 지나가는 말로 둘 수 없다. 이 말씀이 의미하는 바가 너무나도 놀랍고 귀한 것이어서 잠시 멈추어, 우리가 지금 말하는 바가 무엇인가를 느끼면서 주께 예배하고 찬양해야 할 것 같다. 계속해 말하기 전에 나는 여러분이 누구이고 어떤 신분을 가진 자인가 다시 한번 상기시키고자 한다."라고 말하는 것처럼 보인다.

여러분 중에서 이 서신에서 뚜렷하게 나타나는 문장 구조나 형태에 관심이 있는 사람은 이것이 요한의 독특한 스타일이라는 것을 기억할 것이다. 여러분은 2장을 읽다 중간쯤에서 내용이 잠시 멈추었던 것을 기억하는가? 요한이 "자녀들아 내가 너희에게 쓰는 것은 너희 죄가 그의 이름으로 말미암아 사함을 받았음이요……"라고 기록한 12-14절을 대하면서, 그가 독자들에게 자신들이 어떤 사람이고 누구인가 상기시키기 위해 또한 그렇게 함으로써 자신의 주장을 필연적으로 이끌어 들이기 위해 말하던 내용을 잠시 중단했던 것이 기억날 것이다.

이 같은 방식을 요한은 본문에서도 사용했다. 이전과 마찬가지로 그는 잠시 자신의 하려던 말을 중단하고 "보라 아버지께서 어떠한 사랑을 우리에게 베푸사 하나님의 자녀라 일컬음을 받게 하셨는가, 우리가 그러하도다 그러므로 세상이 우리를 알지 못함은 그를 알지 못함이라 사랑하는 자들아 우리가 지금은 하나님의 자녀라 장래에 어떻게 될지는 아직 나타나지 아니하였으나 그가 나타나시면 우리가 그와 같을 줄을 아는 것은 그의 참모습 그대로 볼 것이기 때문이니 주를 향하여 이 소망을 가진 자마다 그의 깨끗하심과 같이 자기를 깨끗하게 하느니라"는 말씀을 삽입했다. 그리고 나서 계속해 자신이 하던 내용의 말씀을 해 나가고 있는 것이다.

그러나 그렇게 하기 전에 그는 잠시 멈추어 그리스도인으로서 우리에게 주어진 참으로 놀랍고 위대한 것에 대해 생각해 볼 것을 요청했다.

1-3절에 걸쳐 주어진 세 구절이야말로 이 서신 전체에서 가장 감동을 주는 구절들이기 때문에 구체적으로 살펴볼 만한 가치가 충분히 있지만 우선적으로 1절의 말씀만을 근거로 생각해 보려 한다.

먼저 개역개정 성경과 그 외 다른 번역판에서 1절 안에 추가 구절을 담고 있음을 살펴보아야 되겠다. "보라 아버지께서 어떠한 사랑을 우리에게 베푸사 하나님의 자녀라 일컬음을 받게 하셨는가, 우리가 그러하도다……"에서 "우리가 그러하도다"라는 구절은 가장 훌륭한 사본들 중 몇 곳에서 보여지기 때문에 아마 원본에도 기록되어 있으리라고 본다. 물론 이것을 다루는 것이 필수적인 것이라고 말하는 것은 아니다. 사도 요한이 2절에서도 "사랑하는 자들아 우리가 지금은 하나님의 자녀라"고 똑같은 내용을 말하기 때문이다. 그러므로 내가 지금 나누는 것은 본문 비평의 관점에서 말하는 것이라 할 수 있다.

이것을 염두에 두고 1절을 보도록 하자. 먼저 잠시 동안 우리의 신분, 즉 그리스도인으로서 우리의 신분을 살펴보겠다. 요한에 의하면 우리는 '하나님의 아들들', 좀더 나은 표현을 빌리자면 '하나님의 자녀들'이다. 이 표현이 주는 뜻이 정확하게 무엇인가? 다음과 같은 표현을 빌려 아주 간단하면서도 논리적으로 이 말씀의 뜻을 분석해 볼 수 있다.

"자녀로서 우리는 어떤 특정한 위치에 있다고 할 수 있다. 자녀란 부모와 확실한 관계에 놓여 있는 자이다. 확실한 위치에 있으므로 확실한 특권도 동시에 주어진다. 자녀 또는 아들이라는 단어는 특히 이런 면에서 관계와 위치와 신분을 법적으로 설명해 준다. 자녀는 다른 어느 누구도 가질 수 없는 관계를 부모와 맺게 된 자이다. 이런 관점에서 자녀라는 단어를 외형적으로 순수한 법적 관계에서 생각해 볼 수 있다."

그러기에 요한은 여기서 우리에게 잠시 멈추어 이와 같이 놀라운 내용을 상고해 보라고 요청하는 것이다. 그렇게 함으로써 오늘날과 같은 시대에 사는 우리들, 즉 여러분과 내가 어떤 위상을 가지며 하나님과 어떤 관계를 맺고 있는가를 다시 한번 생각하게 해준다.

우리는 '하나님의 자녀'이다. 그런 이유로 하나님과 독특하면서도 다른 사람들과는 구별된 관계를 맺고 있다. 여기에 대해 어떤 사람은 "하지만 모든 사람이 하나님의 자녀가 아닌가? 당신은 하나님이 모든 우주 만물의 아버지가 되심과 모든 사람이 형제 자매라고 생각하지 않는가? 성경도 그렇게 가르치고 있지 않은가?"라고 이견을 제시할 수도 있다고 본다.

물론 이에 대해 답변하면, 모든 사람이 하나님에 의해 창조되었으며 하나님에 의해 이 땅 위에 존재한다는 차원에서 생각해 볼 때 이들 모두는 하나님의 자녀이요 후손이라고 표현하는 데 아무 문제가 없다. 하지만 동시에 성경 말씀은 이 같은 일반적 차원의 설명과, 예수 그리스도의 사역으로 하나님과 특별하게 자녀로서의 관계를 맺게 된 사람들과는 신중하게 구별하는 것을 알고 있어야 한다.

요한은 계속해 이 서신의 세 번째 장에서 하나님의 자녀들과 마귀의 자녀들을 구별해 주는데 이것은 주님도 친히 행하셨던 것이다. 요한복음 8:44을 보면 "너희는 너희 아비 마귀에게서 났으니 너희 아비의 욕심대로 너희도 행하고자 하느니라 그는 처음부터 살인한 자요 진리가 그 속에 없으므로 진리에 서지 못하고 거짓을 말할 때마다 제 것으로 말하나니 이는 그가 거짓말쟁이요 거짓의 아비가 되었음이라"고 주님이 어떤 사람들을 향해 말씀하셨던 것을 볼 수 있다. 이런 관점에서 볼 때 하나님이 우주적 아버지가 되신다든지 인간은 모두 한 형제들이라든지 하는 주장은 전혀 성경적이라고 할 수 없음을 알 수 있다.

오히려 그와 같은 주장에 머무르는 것은 신약성경이 명확하고 분명하게 가르치는 내용을 거스르는 것이라고 할 수 있다. 오직 거듭난 자들만이, 오직 그리스도 안에 머물러 있는 참된 하나님의 자녀들만이, 양자의 영을 받음으로써 하나님을 "아빠 아버지"롬 8:15라 부를 수 있는 자들만이 하나님의 자녀들이라고 일컬음을 받을 수 있고 하나님과 긴밀한 관계를 맺을 수 있다. 이외의 다른 사람들은 창조의 사역에는 속할지 몰라도 구원의 영역에는 속할 수 없다. 그러므로 성경은 하나님과 자녀로서의 관계를 맺지 못한 사람들에 대해 하나님의 생명 밖에 있는 사람들이라고 말했다.

요한복음 17:3에서 "영생은 곧 유일하신 참 하나님과 그가 보내신 자 예수 그리스도를 아는 것이니이다"라고 기록했듯이, 하나님의 자녀로서 하나님과 맺게 되는 관계를 떠나서 우리는 하나님의 생명과 상관없을 수밖에 없는 사람들이 된다. 또한 죄 가운데 죽은 상태로 머물러 있어 자녀로서 가질 수 있는 어떠한 권한도 부여받지 못하게 된다.

"하지만 우리는 하나님의 자녀들이라 일컬음을 받고 있다."라고 요한은 말했다. 여기서 '일컬음을 받다'라는 말은 단순히 외적 적용이나 명칭만을 의미하는 것은 아니다. 이것은 우리가 하나님의 자녀가 된 사실을 말해 주는 것이다.

뿐만 아니라 이것은 하나님의 본성도 공유한다는 것을 의미한다. 따라서 이 부분에 관한 올바른 번역을 '하나님의 아들들'로이드존스 목사가 사용한 흠정역 성경에는 "하나님의 아들들"로 되어 있음 – 역자 주보다는 '하나님의 자녀들'이라고 조심스럽게 지적하고 있다. 그렇다면 자녀와 아들에 무슨 차이점이 있는가? 설명해 보자면, 아들이라는 단어는 법적이고 외형적 관계를 강조하는 것으로 받아들일 수 있는 반면 자녀라는 단어는 부모로부터 태어나 부모의 성질과 혈통을 공유한다는 공통적 본성에 강조점이 주어져 있다. 그러므로 법적 위치보다는 아무래도 내적이면서도 생명력 있는 유기적 관계를 더 많이 강조한다고 볼 수 있다. 따라서 요한이 우리에게 상기시켜 주려는 것은 참된 그리스도인인 우리는 하나님의 생명 그 자체도 공유한다는 사실이다.

베드로후서 1:4에는 이것에 대해 우리가 "신성한 성품에 참여하는 자"라고 표현하여 설명했다. 물론 이런 식으로 몇 단어로 함축해 표현하는 것이 쉬운 일은 아니지만, 신약성경 어느 곳에서든지 이것에 관해 가르치고 있다는 사실은 분명하다. 예를 들어 요한복음 15장의 포도나무와 가지의 비유는 여기에 관해 완벽하게 설명하고 있다. 가지는 포도나무 안에 있기 때문에, 포도나무의 생명과 수액과 포도나무로서의 구실을 할 수 있는 활력소가 포도나무의 원줄기에서 가지로 공급된다. 이것을 두고 유기적 관계라 하며 요한이 강조하는 것도 역시 이 같은 것으로 우리가 하나님의 본성을 공유하고 있음을 가르치는 것이다.

다음과 같이 설명할 수도 있다. 우리는 자녀로서 하나님 가족 중의 한 구성원이라고 할 수 있다는 말이다. 사도 바울은 에베소서 2:12에서 여기에 관해 "그때에 너희는 그리스도 밖에 있었고 이스라엘 나라 밖의 사람이라……"고 일차적으로 서론을 열고 나서 계속해 19절에서 말하기를 "이제부터 너희는……성도들과 동일한 시민이요 하나님의 권속이라"고 했다. 우리는 하나님의 가족 중의 한 구성원이 된 것이다. 따라서 우리야말로 하나님의 성품을 공유하는 자녀들이 되었기 때문에 하나님과 교제를 나누는 참된 관계에 놓이게 된 사람들이다. 그분의 생명을 받았기 때문에 우리는 그분의 자녀들로서 식구의 일원이 되었으며, 그분 가족의 한 구성원으로서 그분과 독특한 관계 안에 들어갈 수 있게 된 것이다. 이 말인즉슨 사도 바울이 로마서 8:17에서 "자녀이면 또한 상속자 곧 하나님의 상속자요 그리스도와 함께한 상속자니……"라고 말한 것같이, 우리가 하나님의 상속자가 되었다는 의미도 된다.

이런 식으로 말씀을 생각하다 보면 즉시 1절을 보면서 했던 첫 번째 질문인 "우리는 어떠한 사람인가?"를 떠올리게 된다. 대답으로 우리는 "하나님의 자녀로 부름을 받았다."고 할 수 있다. 이렇게 대답할 때, 이 대답이 너무나 압도적인 표현이라서 그것을 받아들이고 감히 마음속에 계속해 담기가 참으로 부담스럽게 느껴진다. 하지만 이런 대답이야말로 신약성경 어느 곳에서나 그리스도인에 대해 설명해 주고 있는 해답이라는 사실을 또한 부인할 수 없다.

그러기에 그리스도인을 그저 착한 삶이나 살려고 노력하는 사람 정도로 생각한다든지, 교회에서 요구하는 규율이나 지키고 어떤 형태의 의식을 행하고 어떤 일에 대한 신념을 가진 사람 정도로 생각해서는 결코 안 된다. 물론 그리스도인은 앞에서 열거한 내용들을 행하는 자들이지만 무엇보다도 하나님의 자녀라는 사실을 잊어서는 안 된다. 이것은 그들이 위로부터 성령에 의해 거듭난 자들이기 때문이다. 또한 그들이야말로 하나님 자신의 생명과 성품을 받은 자들이기 때문이다. 그들은 변화를 받았으며 새로운 피조물이기 때문에 이런 것을 경험하지 못한 사람들과 완전히 그리고 본질적으로 다르다. 이런 가르침이 그리스도인에 대해 신약성경 전반에서 강조하는 가장 기초적 내용이다.

이제 두 번째 질문을 생각해 보자. 그것은 "어떻게 하나님의 자녀가 될 수 있었는가?"라는 질문이다. 요한은 이 질문에 대해 3:1에서 "보라 아버지께서 어떠한 사랑을 우리에게 베푸사……"라는 식으로 대답했다. 이런 답변은 아주 흥미로운 것이다. 요한은 하나님이 사랑을 우리에게 보이셨다거나 그 사랑을 드러내셨다거나 나타내셨다는 식으로 말하지 않았다. 하나님이 우리를 사랑하셔서 그분의 사랑을 우리에게 보여 주신 것은 사실이지만 그저 단순하게 하나님이 우리를 사랑하신다고만 말하지 않았다. 오히려 요한은 "맞다. 하지만 하나님은 그 이상을 행하셨다. 즉 하나님은 자신의 사랑을 우리에게 주셨다."라고 했다. 하나님이 사랑을 우리에게 넣어 주셨다, 심어 주셨다 또는 우리 안에 부어 주셨다, 주입하여 주셨다는 뜻으로 받아들일 수 있다는 말이다. 우리는 이런 식으로 이 말씀의 뜻을 이해해야 한다.

그런데 이런 식으로 이해하는 데 중요한 단어는 "하나님의 자녀라 일컬음을 받게"에서 "……하게"라는 뜻으로 만드는 영어 문장의 that이다. 이 단어는 목적을 나타내어 "……하도록" 또는 "……하기 위해"라는 뜻을 가진 in order that으로 번역해야 될 것이라고 생각한다. 이렇게 해서 1절 말씀을 "보라 우리가 하나님의 자녀들이 될 수 있도록 하기 위해 어떤 사랑을 우리에게 부어 주셨는가"라고 해석할 수 있으며, 실제로 요한이 말하고자 의도했던 것도 이와 같을 것이라고 생각한다.

다시 말해 우리에게 하나님의 자녀들이 될 수 있도록 만들어 준 것은 다름 아닌 하나님이 자신의 생명을 우리에게 넣어 주심 그 자체라 할 수 있다. 하나님의 본성이 사랑이시며 또한 그분의 성품을 우리에게 넣어 주셨기 때문에 우리는 하나님의 사랑을 가질 수 있게 된 것이다. 따라서 하나님의 성품을 나타내지 못하면서 산다면 우리는 하나님의 자녀라 할 수 없다. 자녀란 부모를 닮기 마련이며 자손들은 선조의 특징을 보이는 것이 당연하기 때문이다.

이런 식으로 하나님은 우리를 자신의 자녀로 삼으셨다. 우리에게 자신의 성품을 넣어 주셨고 우리는 그분의 자녀가 되었다. 그러므로 하나님 안에 있는 성품이 우리 안에 있게 되었으며 그 성품은 스스로가 역사하여 드러내고 표현된다. 바울은 로마서 5:5에서 "우리에게 주신 성령으로 말미암아 하나님의 사랑이 우리 마음에 부은 바 됨이니"라고 했다. 여기서도 다시 말할 수 있는 것은, 이 사실은 너무나 엄청나면서도 놀랍기 때문에 우리로서는 받아들이기가 참으로 불가능해 보이는 것이다. 그렇지만 최소한 이것은 그리스도인에게 주어진 진리라는 사실이다.

3장 뒷부분에 가서 요한이 이것에 관해 좀더 다루겠지만, 여러분 안에 하나님의 사랑을 가지고 있다면 서로서로 사랑해야 한다. 비록 형제가 사랑받을 만한 가치가 없다 해도 그를 사랑해야 한다. 이와 같은 원리야말로 그리스도가 십자가에서 죽으신 메시지 전체를 대변하는 것이 아니겠는가? 바로 그분이 여러분 안에 계시며 여러분을 하나님의 자녀가 되게 해주신 것이 아닌가?

나는 이 부분에 관한 신비적 면을 강조해 보고자 한다. 1절 끝부분에 "그러므로 세상이 우리를 알지 못함은 그를 알지 못함이라"는 말씀이 있다. 이것은 신비스런 부분이다. 이런 상태에서 우리가 그리스도인으로서의 우리를 찾게 되고 하나님의 자녀로서의 우리를 보게 된다는 것은 참으로 커다란 미스터리라고 할 수 있다. 세상은 이런 것을 이해하지 못하며 우리가 무슨 말을 하는지도 알지 못한다.

오히려 세상은 "그를 알지 못하기" 때문에 이런 사실을 비웃을 것이다. 세상은 이와 같은 신령한 일을 이해할 수 없다. 세상은 "당신은 자신이 하나님의 자녀이며 신적 성품이 당신 안에 있으므로 다른 사람과 구별된 다른 존재라고 말하는데, 그 따위 말은 집어치워 버렸으면 좋겠다."라고 말한다. 또한 세상은 "당신이 하나님의 자녀이며 신적 성품에 참여한 자라고 말하는가? 웃기지 말라. 당신은 내가 보기에 다른 사람들과 전혀 다를 바 없는 평범한 사람일 뿐이다."라고 말한다.

하지만 요한은 이렇게 말했다. "세상이 여러분에 대해 그와 같이 말한다고 해서 흥분할 것은 없다. 이는 '세상이 그를 알지 못하기' 때문이다. 세상 사람은 '이는 요셉과 마리아의 아들인 갈릴리에 사는 목수가 아니냐? 그런데 이 사람이 자신과 하나님 아버지가 하나라고 말하는데 도대체 정신이 있는 자인가 없는 자인가?' 라고 말들을 했다. 세상은 그를 알지 못했다. 육체적 신분 외의 다른 어느 것도, 즉 그분의 신성이라든지 삼위일체 중의 한 분이신 성자 하나님이라든지 하는 것에 대해서도 일체 알지 못했다. 그러므로 우리에 대해서도 전혀 알지 못했다. 따라서 여러분이 오해받거나 비웃음을 산다고 해서 놀랄 필요가 없다. 세상 사람이 여러분을 광신자라고 하며 어느 날 갑자기 심리적 고정관념을 발달시켰다는 식으로 우습게 평한다 할지라도 흥분하지 말기 바란다. 이는 그들이 예수 그리스도를 모르기 때문에 여러분을 이해할 수 없는 것뿐이다. 내가 말하려는 것은 영적으로만 분별할 수 있는 것이다. 이런 진리의 말씀은 그들에게 숨겨져 있고 감추어져 있는 어떠한 것이라고 할 수 있다. 마치 예수 그리스도의 신성이 그분의 육체로 말미암아 가리어져 드러나 있으면서도 동시에 숨겨진 것처럼 보였던 것과 같이 그리스도인도 그러하다는 것이다. 우리 안에는 신적 성품이 있으나 외형적 육체로 가리어져 있기 때문에 세상은 육신을 통해 안을 들여다보지 못한다. 하지만 걱정하지 않아도 된다. 이것은 하나의 신비이며 겉으로는 알 수 없는 내적 현상이기 때문이다."

   요한계시록 2:17을 보면 이와 똑같은 내용을 볼 수 있다. 여기에는 그리스도인에게, 즉 표적과 이름을 부여받은 하나님의 자녀들에게 비밀스런 이름이 주어졌기 때문에 그리스도인 외에는 아무도 감추어진 이름을 이해할 수 없다고 말했다. 이런 내용이야말로 본 서신의 내용과 똑같은 진술이라 할 수 있다. 이것은 참으로 큰 신비이며, 어떤 면으로 보면 그리스도인의 삶에서 가장 영광스러운 부분 중의 하나라고 할 수도 있다. 비록 세상은 우리를 모른다 해도 우리는 그리스도를 알 뿐 아니라 같은 그리스도인들간에도 서로서로를 알 수 있다. 이것이 바로 하나님의 생명을 소유하고 있음에 대한 증명이다.

무엇인가가 우리에게 일어나고 있음을 인지하며 하나님이 우리를 돌보아 주시며 우리를 위해 무엇인가를 해주셨다는 것도 깨닫고 있다. 우리는 새로운 피조물임을 알 수 있다. 그리고 그리스도를 떠나 우리 자신에 대해 설명할 수 없다. 또한 다른 그리스도인 안에서도 이 같은 사실이 동일하다는 것도 알 수 있다. 그리스도인이 아니고서는 이런 사실을 알 수 없으며 오직 그리스도인끼리만 피차간 이해하고 알 수 있다.

다시 한번 말하지만 이런 사실이야말로 그리스도인의 삶과 경험에서 가장 신비로운 부분 중 하나라고 할 수 있다. 하나님의 생명을 소유한 자들은 서로를 알 수 있으며 다른 어느 누구도 이해할 수 없는 상호간의 호감이나 매력 같은 것들을 느낄 수 있게 된다. 다른 사람들도 서로 엉켜 살면서 피차간에 아주 잘 아는 것처럼 느끼면서 살 수도 있을 것이다. 하지만 그리스도인들간에는 다른 사람들로서는 가질 수 없는 무엇인가가 주어져 있다는 것이다. 거기에는 분명한 차이가 있다. 그 차이는 외관상으로 보여지거나 형태나 방법 안에서 보여지는 것이 아니라 다른 그리스도인들 안에서 찾을 수 있는 생명이다. 이것이야말로 큰 신비이며 동시에 확실한 현실이기도 한 것이다.

"세상이 우리를 알지 못함은……." 세상은 우리를 이해하지 못한다. 세상은 "도대체 당신들이 갖고 있다고 항상 말하는 것이 무엇인가?"라고 묻는다. 그들은 밖에서부터 안을 들여다보기 때문에 우리가 말하는 것이 무엇인지 식별할 수도 없다. 여러분이 내가 지금 말하는 것에 대해 좀더 완벽한 주해를 요구한다면 고린도전서 2장을 추천하고 싶다. 특히 2:15의 "신령한 자는 모든 것을 판단하나 자기는 아무에게도 판단을 받지 아니하느니라"는 말씀을 소개하고 싶다. 이 말씀이 내가 말하려는 내용을 대변해 주는 것이다. 우리는 서로서로를 알지만 우리 외의 다른 누구도 우리를 알 수 없다는 말이다. 우리는 이해하지만 다른 사람들은 이해할 수 없다는 말이다. "세상이 우리를 알지 못함은 그를 알지 못함이라"가 이를 지지하는 말씀이라 할 수 있다. 따라서 이것이야말로 우리 안에 주어진 영원한 생명의 신비라 할 수 있다.

마지막으로 대단히 경이로운 부분에 대해 생각해 보고자 한다. 본문 말씀인 "보라……어떠한 사랑을"이란 구절을 보자. 물론 이 부분만 따로 떼어 놓고 보면 아무런 의미도 없어 보인다. 하지만 이 단어들을 아무것도 하지 않고 가만히 들여다보고 있노라면 참으로 놀랍고 경이로운 것을 느끼게 된다. 참으로 차원 높은 사랑을 볼 수 있다.

그 사랑이 의미하는 바를 한번 인식해 보기 바란다. 조금의 값도 지불하지 않고 여러분과 내가 하나님의 자녀로 부름받았을 뿐 아니라 실제로 하나님의 자녀가 되게 해준 사랑을 생각해 보기 바란다. 우리의 죄와 아집과 무가치함에도 불구하고, 타락과 죄된 행동의 결과로 주어진 우리의 불결함에도 불구하고 계속해 우리에게 관심을 베풀어 주셨던 이런 무조건적 사랑을 생각해 보기 바란다. 우리를 그저 용서해 주신 것으로만 그친 것이 아니라 사랑 자체를 베풀어 주신 사실을, 우리에게 들어와 사랑의 본질을 나누어 주신 사실을 생각해 볼 때 어찌 그 대단함을 경외하지 않을 수 있겠는가?

또한 이런 사랑을 위해 그리스도가 치르셔야 했던 값을 생각해 보라. 우리의 예수 그리스도는 이 세상에 오셔야만 했고 세상에 사셔야만 했고 세상이 주는 고난을 당하면서 십자가를 지고 골고다를 향해 올라가셨으며 손과 발에 못 박히는 수모를 치르셨다. 이처럼 고통과 고뇌와 수치 가운데 돌아가신 주님을 생각해 보기 바란다. 바로 여러분과 내가 하나님의 자녀가 될 수 있도록 하기 위해 모든 수모를 겪으며 돌아가시는 주님을 말이다.

따라서 "보라……어떠한 사랑을"에서 보여지는 사랑이란 단어는 이해될 수 있는 것이 아니며 설명될 수 있는 것도 아니다. 우리가 말할 수 있는 유일한 것은 이 사랑은 영원한 것이며, 하나님으로부터만 나올 수 있는 것이며, 다른 무엇에 의해 만들어진 것이 아닌 스스로 생성된 것이라는 사실이다. 이런 이유 때문에 우리의 죄악에도 불구하고 주님이 이 땅에 오시어 많은 고난을 당하면서 돌아가실 수 있었던 것이다.

하나님의 아들이 사람의 아들이 되심은 우리 같은 사람의 아들들이 하나님의 아들들이 되게 하기 위함이었다. 바로 그런 그분의 엄청난 사랑의 행위를 통해 우리가 하나님의 자녀가 될 수 있었으며 지금 현재도 하나님의 자녀라 할 수 있는 것이다. 너무나도 놀랍고 믿기 어려운 사실이지만 틀림없는 진리이다.

사랑하는 자들아 우리가 지금은 하나님의 자녀라 장래에 어떻게 될지는
아직 나타나지 아니하였으나 그가 나타나시면 우리가 그와 같을 줄을 아는 것은
그의 참모습 그대로 볼 것이기 때문이니 _ 요일 3:2.

Chapter 26

영광의 길

   이제까지 기록된 말씀 중에서 오늘 본문만큼 엄청난 내용을 간직한 글은 없을 것이라는 데 여러분도 동의하리라 생각한다. 이런 문장이나 어휘에 대해 설교해야 하는 사람이라면 누구든지 자신의 나약함과 아울러 이 말씀을 전하기에는 너무나도 부족하고 자격이 없다는 사실을 느낄 수밖에 없을 것이다. 이런 내용을 대하게 되면 으레 놀라움과 경이로움에 멈추어 설 수밖에 없기 때문이다.

   그러기에 나 역시도 이 본문을 설교하기 위해 선택한 적이 한번도 없었음을 고백한다. 물론 이 본문을 가지고 말씀을 전하고 싶을 때는 자주 있었지만 성경 말씀 가운데 주어진 이와 같은 어휘들을 대하면 솔직히 설교자로서 두려움을 느끼게 되므로 머뭇거리지 않을 수 없었다. 이는 차칫 잘못해 참으로 영광스럽고 위대한 내용 중의 어느 한 부분이라도 흠집이 나거나 삭제되는 것을 염려하기 때문이다. 이런 염려나 두려움

때문에 전하라고 주어진 말씀을 기피하는 것이 잘못된 것인 줄 알면서도 이 내용에 대해 말씀을 전하지 못한 것이 사실이다.

하지만 요한일서 전체를 강해 설교하는 가운데 자연스럽게 이 장엄하고 영광스러운 말씀에 진입할 수 있게 되었다. 이런 여건이 주어졌는데도 이 말씀을 고찰하고 살펴보는 것을 회피하는 것은 하나님의 말씀을 손상시키는 행위가 되기 때문에 본문 말씀을 자세히 대해 보아야 할 것이다. 또한 주어진 어휘들을 대충 읽어 나가면서 단순하게 일반적 고찰만으로 만족해서는 안 될 것이다. 뿐만 아니라 본문에서 사용한 단어들이 감동적 내용을 듬뿍 담고 있다 해서 감정적이거나 감상적인 자세로 말씀을 대해서도 안 될 것이다. 우리는 본문 말씀이 담고 있는 풍성함과 경이로운 내용을 자세히 살펴보아야 할 의무가 있다고 본다.

나는 본문 말씀과 같은 내용을 대할 때 기독교 사역자가 된 것이 얼마나 큰 특권인가를 느끼곤 한다. 이처럼 귀한 말씀을 연구하기 위해 적어도 한 주 정도의 시간조차 소비해 보지 못한 사람에 대해 측은함을 느끼기도 한다. 확신하기로는 본문 말씀만큼 풍성한 경험을 제공하고 자신을 겸허하게 하며 동시에 높이 고양시켜 주는 것은 없다고 본다. 나는 본문 말씀을 깊이 들여다보며 말씀이 주는 음성을 듣고 여기에 대해 다른 이들이 말한 내용들을 고찰하면서 한 주일 정도를 보내는 것보다 더 귀하고 영광된 것은 없다고 생각한다. 참으로 하나님께 겸손하게 감사할 수 있는 내용의 말씀이 아닌가 생각한다.

오늘 다루는 말씀이야말로 이 세상에 사는 그리스도인의 삶에 대해 신약성경에서 훌륭하게 묘사한 것들 중 하나이다. 우선 이 말씀의 구체적인 분석에 들어가기 전에, 필연적으로 마주쳐야만 하는 여러 가지 것들이 있다는 사실을 인식해야 한다.

우선 그리스도인으로서 우리 자신에 대한 변변찮고 통상적인 생각들이 얼마나 부적절한 것인가 하는 것이다. 본문 말씀을 읽으면서 우리 자신에 대해, 즉 이 세상 안의 그리스도인으로서 자신과 삶에 대해 일반적으로 고찰해 볼 때, 우리의 생각들이 이 같은 말씀들을 대하기에는 얼마나 부적절한가를 깨닫게 된다. 리처드 백스터가 그의 찬송시 가운데 보여 주는 내용을 함께 들어 보자.

주님, 살고 죽는 것은
내가 염려할 일이 아닙니다.
오직 당신을 사랑하고 섬기는 것만이
내게 할당된 몫이며
이 일을 위해 주님의 은혜를
필요로 합니다.

만일 생명이 오래 지속된다면
그만큼 순종할 수 있음에 감사하며
비록 생명이 단축된다 해도
영원한 세계로 들어감으로 인해
슬퍼하지 않을 것입니다.

그리스도는 자신이 이전에 통과하셨던
어두운 방보다
더 어두운 곳으로 인도하지 않으실 것이며
하나님 나라에 들어가는 사람은
그 문을 통과해야만 합니다.

오소서 주님!
그리고 나로 하여금 그 은혜를 인해
주님의 복된 얼굴을 대할 수 있게 하소서.

이 땅 위에서 주님의 사역이 참으로 아름다웠을진대
그곳에서의 영광은 어떠하리오?

그때에 나의 구차한 불평과 지루한 죄악된 날들이
끝을 고할 것이며
여호와를 송축하는 승리한 성도들과 더불어
주님을 찬양하는 무리에 참여한 것입니다.

이와 같은 영생의 삶에 대해 아는 것이 별로 없고
이것을 바라보는 믿음의 눈도 흐릿하지만
그 대신 그리스도가 모든 것을 알고 계심에 만족하며
내가 그분과 함께 있을 것이라는 사실만으로도
족하게 여길 것입니다.

과연 우리는 리처드 백스터의 고백과 같은 내용을 마음으로부터 고백할 수 있는가? 이 세상에 사는 그리스도인으로서 자신에 대해 그리고 자신이 영위하는 삶에 대해 과연 이런 관점에서 바라볼 수 있는가? 우리의 인생이 짧든지 길든지 이런 자세로 살고 있는가? 또한 현재의 삶과 앞으로 있을 죽음과 그 후의 영원한 삶에 대해 이런 관점에서 바라보고 있는가? 3장 앞부분에 주어진 본문 말씀에 의하면, 그리스도인이라면 당연히 이런 관점을 가지고 살아야 한다고 했다. 본문은 "사랑하는 자들아 우리가 지금은 하나님의 자녀라 장래에 어떻게 될지는 아직 나타나지 아니하였으나 그가 나타나시면 우리가 그와 같을 줄을 아는 것은 그의 참모습 그대로 볼 것이기 때문이니"라고 기록하고 있다.

어쩌면 오늘날 기독교 교회에서 가장 큰 약점 중의 하나가 바로 이것이 아닌가 생각한다. 자신이 누구이며 어떤 신분을 가진 자인가를 충분히 인식하지 못한다는 것이다. 우리는 기독교 진리가 함축하고 있는 내용들에 대해, 여러 진리의 내용들을 어떻게 적용할 것인가 등에 대해 논쟁하느라 많은 시간을 보내곤 한다.

하지만 가장 중요한 것은 그리스도인이라는 단어가 갖는 의미나 적용보다도 그리스도인이라는 자체가 어떤 신분인가를 인식하는 것이다. 그리스도인이라는 신분을 유지하는 확실한 모습의 자신을 바라보지 못하기 때문에 불평하고 원망하는 것이다. 본문에 주어진 단어들을 대하노라면 우리가 그리스도인으로서의 우리 자신을 바라보는 관점이 얼마나 우스우며 우리가 갖고 있는 생각이 얼마나 한심한지를 느끼면서 수치감과 아울러 겸손해져야만 되겠다는 생각을 갖게 된다.

한 가지 질문해 보면 현재의 삶에서 경험하는 대부분의 불행스러운 일들이 이런 진리를 깨닫지 못한 데서 기인하는 것이라 한다면 너무 노골적이라고 생각하는가? 실제로 우리는 불평과 불행한 느낌으로 가득 차 있는 것이 사실이다. 물론 이런 것은 우리의 잘못에 기인하거나 다른 사람이나 이 세상이 우리에게 행한 것들에 전적으로 기인한다고도 할 수 있다. 하지만 우리의 불행은 궁극적으로 이런 진리를 깨닫지 못함에 더 근본 원인이 있음을 알아야만 한다. 다시 말해 우리는 우리 앞에 놓인 귀한 것들을 바라보는 대신 그저 지금 일어나는 여러 가지 일만을 바라보면서 한숨 짓고 있다는 말이다.

이는 우리가 자신을 하나님의 자녀로서 바라보지 못하고 본문 말씀이 제시하는 방식으로 이 세상에서의 삶을 영위하지 못하기 때문이다. 따라서 우리는 계속해 우리가 갖는 불행한 느낌 때문에 실망하고 좌절하는 것이다. 우리는 하나님의 자녀라는 사실을 매사에 적용시키는 데 실패하며 주변 상황과 연결시키지 못하고 있다. 그러므로 주위에서 일어나는 모든 일을 하나님의 자녀라는 우리의 신분이나 앞으로 하나님의 자녀로서 나아가게 될 영광된 길과 연결시켜 생각하는 대신, 그저 앞에 당장 일어나는 것들에만 집착해서 살게 되는 것이다.

이런 식으로 그리스도인의 삶을 영위해 나아갈 때 실패하는 대체적인 이유가 그리스도인이라는 신분을 망각하고 눈앞에 일어나는 일에만 집착하는 데 있다는 것을 인식해야 한다. 우리가 누구인가 하는 사실만 확실하게 깨닫게 된다면 어떤 행동을 취해야 할 것인가에 대한 문제도 자연히 해결된다.

이런 원리는 부모가 자녀들을 지도할 때 자주 다루게 되는 부분이다. 부모는 자녀에게 "너는 네가 누구인가를 항상 명심해야만 한다."고 말하곤 한다. 우리의 도덕적 행동이나 품행 등과 관련된 전반적 질문에 걸려 넘어지는 근본 이유는 우리가 과연 누구인가라는 중요한 사실을 인식하는 데 실패하기 때문이다. 복음이 강력하게 요구하는 사항들을 거스르게 되는 이유는 오직 한 가지인데, 바로 우리가 누구인가를 인식하는 것에 실패한다는 사실이다.

오늘 본문에서 묘사하는 자신에 관한 모습을 한번이라도 본다면 사실 우리에게 그리스도인의 삶을 살라고 설득할 필요도 없게 된다. 다음 절에서도 말하고 있듯이 그리스도인이라면 그리스도인처럼 살아야 되는 것이 필연적 논리이기 때문에 그리스도인은 그렇게 살 수밖에 없다. 결국 전반적인 문제의 원인은 우리가 그리스도인으로서의 신분과 그 신분의 위대성과 위상을 충분히 인식하지 못하는 데 있다.

다시 말해 나는 신약성경을 읽으면 읽을수록, 선한 생활과 선한 행위에 대해 강조할 때 언제나 우리의 신분에 근거하고 있다는 사실에 더욱 흥미를 느끼곤 한다. 성경은 우리가 누구인가 우선적으로 상기시켜 주지 않고서는 어떤 것도 요청하지 않는 것을 볼 수 있다. 즉 실천적 권면의 말씀을 주기 전에 언제나 교리적 사실을 우선 제시하고 있다는 말이다. 어떤 서신이든 한번 보기 바란다. 그러면 이런 공식을 볼 수 있을 것이다. 성령의 감동 가운데 말씀을 기록하는 기자들은 먼저 우리에게 "그리스도의 사역을 통해 여러분이 이런 신분을 가지게 되었다. 그러므로……"와 같은 내용으로 시작하는 것을 볼 수 있다. 이런 형태 외에 다른 모양새로 주어지는 말씀은 없다고 본다.

좀 냉정한 표현이기는 하지만 신약성경은 그리스도인이 아닌 사람들의 행위에 대해서는 전혀 관심이 없다고 할 수 있다. 그들을 위해 주어지는 메시지는 그저 마지막이 지옥이며 영원한 멸망뿐이라는 것 외에는 아무것도 없다. 단지 지옥과 영원한 멸망에 관한 것뿐이다. 따라서 그들이 회개하고 예수 그리스도를 믿어야 그들의 행위에 관한 지침이 주어지지, 그러기 전까지는 지옥과 멸망 외에는 다른 아무것도 제시되지 않는다. 하지만 일단 그들이 그리스도인이 되는 순간부터 그들의 행위에 지대한 관심을 갖고 그리스도인이 됨으로써 부여되는 책임들을 강조하게 된다.

다음과 같이 말할 수도 있다. 성경은 하나님의 자녀들 외에 어떠한 사람에게도 안위나 격려를 제시하지 않는다. 이 세상에서 무엇인가가 잘못되어 나가고 있을 때 사람들은 종교를 찾곤 한다. 이런 이유로 사람들은 항상 어려울 때 하나님께 돌아와 기도하거나 복음에 대해 생각하기도 한다. 그러나 첫 번째 단계로 그들에게 주어지는 복음의 말씀은 여전히 정죄에 관한 것이다.

말씀은 그들에게 앞으로 올 진노로부터 피하여 달아날 것을 경고한다. 복음은 사람들이 어려움을 극복하는 데 도움을 주는 심리적 위로를 준다거나 잠시 동안의 행복한 느낌을 제공하는 정도의 것이 아니다. 온전하고 영원한 위안과 위로는 언제나 우리가 누구이며 어떤 사람인가에 대한 충분한 이해와 깨달음에 근거한 상태에서만 주어질 수 있다. 신약성경의 모든 것을 이해하는 열쇠가 되는 것은 그리스도가 우리를 위해 해주신 일과 그리스도의 사역의 결과로서 주어지는 주님 안에서의 우리의 신분을 이해해야 한다는 것이다.

이것이 사도 요한이 본 서신에서 말하려는 기본 사상이라 할 수 있다. 특히 본문 말씀에서 그가 말하려는 것은 바로 우리의 신분에 근거를 두고 있다. 요한은 이 서신을 읽는 독자들을 위로하고 안위하고자 이 글을 쓰면서, 그들이 기독교 복음이 제시하는 모든 혜택을 진심으로 받고자 한다면 우선 자신이 어떤 사람인가를 이해해야 하고 다음으로 그리스도인다운 삶을 살아야 함을 인식해야 한다고 말했다. 그는 하나님의 계명을 지키는 삶과 형제들을 사랑하되 이 세상에 속한 것은 사랑하지 않는 의로운 삶을 살아야만 될 것을 강력하게 제안하고 있다.

어떤 사람은 "왜 우리가 이런 일을 꼭 해야만 하는가?"라고 물을지도 모른다. 여기에 대해 요한은 "사랑하는 여러분, 여러분이 어떤 사람이고 어떤 위치에 있는 사람인가를 인정하기 바란다. 그러면 이런 요청들은 저절로 지키게 될 것이다."라고 답했다. 이 내용이 사도가 본문 2절에서 가르치고자 하는 바이다. 이제 본문을 함께 살펴보도록 하자.

본문을 대함에 있어 가장 신경을 써야 될 부분은 단어를 잘못 해석하지 않도록 조심하는 것이다. 우리는 본문 특히 흠정역에서 보여지는 단어들을 잘못 이해하거나 해석하는 경향이 다분히 있음을 본다. 실제 문장에서는 전혀 찾아볼 수 없는 모순 같은 것이 보인다는 말이다. 여러분은 이 문장을 읽으면서 '지금'이라는 단어와 '장래에 어떻게 될지는 아직 나타나지 아니하였으나'라는 말이 모순된다고 생각할 위험성을 안고 있다. 더군다나 '아직 나타나지 아니하였으나'에서 '……하였으나' 영어 번역에서는 but으로 되어 있음라는 단어는 가장 신빙성이 있는 사본들 가운데에는 보이지 않는 단어이므로 번역될 필요가 전혀 없는데, 여러 번역판에 나타나 있다는 것이다.

따라서 알아야 할 것은 '지금'이라는 단어와 '장래에 어떻게 될지는'에는 모순이 없다는 것과, '……하였으나'라는 단어는 삭제되어야 한다는 것이다. 이는 전체 문장이 긍정문으로 기록되었기 때문이다. 이 문장을 접하면서 확실해 보이면서도 또한 불확실해 보이기도 하는, 이리저리 바꾸어 볼 수 있는 내용인 것처럼 읽어서는 절대로 안 된다. 다시 말하지만 이 문장 전체가 사도 요한이 매사에 확실하게 알고 있는 긍정적 내용만을 말하기 때문이다. 본문에 사용된 또 다른 단어인 '나타나지 아니하였으나에서 '나타나지'라는 번역도 아주 잘 번역된 것이라고 말할 수 없다. 오히려 '명백하게 보여지다'라고 번역해야 된다고 본다.

이것을 염두에 보고 본문을 정리해 보면 "사랑하는 자들아 우리가 지금은 하나님의 자녀들이라 장래에 어떻게 될지는 아직 명백하게 보여지지는 아니하였는데 이는 그가 나타나시면 우리가 그와 같을 줄을 아는 것은 그의 참모습 그대로 볼 것이기 때문이니"라고 할 수 있다. 우리는 하나님의 자녀이기 때문에 우리가 장차 어떤 사람으로 존재하게 될지 알지만 아직 명확하게 보지는 못하고 있다. 하지만 주님이 자신을 우리에게 명백하게 드러내실 때 우리가 그분과 같이 될 것이라는 것은 알고 있다. 이는 그분 그대로의 모습을 우리가 볼 것이기 때문이다.

다시 말해 본문은 긍정적 진술로 연결된 내용이다. 요한이 본문에서 사실상 말하려는 내용은 다음과 같다. "그리스도인은 지금 이 세상 안에 살고 있다. 하지만 이 세상은 그리스도인을 이해하지 못하고 있다. 아니 어쩌면 이 세상은 우리를 미워하는 것인지도 모르겠다. 그래서 우리에게 불친절하며 괴롭히는 것이라고 볼 수도 있다. 그러나 이런 것 때문에 불편해 하거나 흥분할 것 없다. 이 세상은 여러분의 신분에 대해 전혀 아는 바가 없기 때문에 그들이 말하는 것을 기준으로 자신을 생각하거나 평가할 필요가 전혀 없다. 이 세상은 그리스도가 오셨을 때에도 알지 못했다. 하나님에 관해서도 전혀 아는 바가 없었다. 따라서 세상이 여러분을 비웃는다는 것은 여러분이 소유한 믿음을 확실하게 인정해 주는 것으로 받아들여도 무방하다는 뜻이다."

성경은 항상 이런 식으로 말하고 있다. 이 말을 거꾸로 생각해 보면, 모든 사람이 우리에 대해 좋게만 말한다면 우리의 믿음이 아주 좋지 못한 상태에 있는 것이라고 보아도 좋다는 말이다. 그래서 우리는 사도 바울이 디모데후서 3:12에서 "무릇 그리스도 예수 안에서 경건하게 살고자 하는 자는 박해를 받으리라"고 말한 것을 생각하면서, 세상이 우리를 높여 주고 이해하는 것처럼 보일 때 우리는 오히려 자신을 심각하게 살펴보아야만 할 것이다.

이 세상은 그리스도를 알지 못했던 것과 같이 우리를 알 수 없다. 그래서 요한이 말하고자 하는 바는 다음과 같다. "한 가지 중요한 것은, 여러분은 자신에 대해 확실하게 알고 있어야만 하고 그리스도인으로서 어떤 신분을 가진 사람이라는 것도 분명하게 알고 있어야만 한다. 이런 사실과 아울러 그리스도에 관해서도 제대로 알고 있어야만 한다."

이것을 염두에 두고 본문을 다음과 같이 나누어 보고자 한다. 나는 사도가 본문에서 세 가지 중요한 진술을 하고 있다고 본다. 첫째로 우리가 하나님의 자녀라는 사실을 알고 있다는 것이다. 둘째로 우리는 영광의 자리를 향해 나아가는 사람이라는 사실을 알고 있다는 것이다. 셋째로 우리가 알고 있는 사실은 그 영광에 관한 내용이다. 이 세 가지의 긍정적 진술이 본문에서 보여지는 것들이다.

첫 번째로 우리가 하나님의 자녀라는 사실을 알고 있다는 것이다. "사랑하는 자들아 우리가 지금은 하나님의 자녀라"고 본문은 기록했다. 본문은 "우리가 하나님의 자녀가 될 것이라"고 기록하지 않았다. "우리가 지금은 하나님의 자녀라"고 현재형을 사용해 기록했다. 1절 말씀에서 이미 이 내용을 어느 정도 다루었다. 한번 더 강조하면 그리스도인이란 단어는 자신이 어디에 놓여 있으며 어디에 서 있는지 아는 사람을 의미한다. 그리스도인은 어둠 가운데 앞을 구별하지 못하고 더듬거리는 자도 아니고 막연히 무엇인가를 기대하는 자도 아니다. 그리스도인이란 "나는 알고 있다. 나는 확신하고 있다. 나는 확실하다."라고 말할 수 있는 사람이다.

다음과 같이 강한 표현을 사용해 설명할 수도 있다. 현재 우리의 신분인 하나님의 자녀, 그 이상의 다른 어떤 신분도 소유하지 못할 것이다. 나는 이것에 대해 조금도 주저하지 않고 주장할 수 있다. 현재 하나님의 자녀인 것처럼 장차 누릴 놀라운 영광 중에도 하나님의 자녀로 남게 될 것임을 확신한다. 물론 그때에는 현재의 육신을 가진 상태보다는 나아질 것이 확실하겠지만 그럼에도 나는 여전히 하나님의 자녀 그 이상은 틀림없이 아닐 것이다.

이 같은 원리는 인간관계에서도 거의 유사하다고 본다. 사람의 행위가 부자지간의 관계에 근본적으로 작용하지 않는다는 말이다. 이런 관계는 생명과도 관계되며 유기적이고 내적인 것이기 때문이다. 예를 들어 탕자를 생각해 보자. 그는 형과 마찬가지로 아버지의 아들이었다. 행위나 행실이나 모양새가 그와 아버지와의 관계를 결정해 준 것은 아니었다. 이 얼마나 감사한 원리인가?

우리는 지금 하나님의 자녀인 것과 마찬가지로 앞으로 영광 중에 우리에게 주어질 영원한 삶에서도 역시 하나님의 자녀로서 존재하게 될 것이다. 우리는 하나님의 자녀이거나 하나님의 자녀가 아니거나 둘 중의 하나일 뿐이다. 또한 하나님의 자녀가 되면 앞으로 영원토록 하나님과 이 같은 귀한 관계를 변함없이 지속하게 될 것이다. 오늘은 그리스도인이었다가 내일은 그리스도인이 아니었다가 할 수 없다는 사실이다. 일단 성령으로 인해 하나님의 자녀로 태어나게 되면 하나님의 자녀가 되는 것이다.

물론 자녀로서 우리는 매우 다양한 행위와 행실을 보일 수도 있다. 그렇다고 해서 하나님의 자녀가 되었다가 안 되었다가 할 수 있다는 교리를 따른다거나 성결을 유지해야만 하고 그렇지 않으면 타락한 것이라는 식의 생각은 반드시 지양되어야 한다. 결코 그런 식으로 하나님과 우리와의 관계를 생각해서는 안 된다. 이는 하나님과 우리와의 관계는 이미 맺어진 관계이며 앞으로도 계속 유지될 것이기 때문이다. 그 외의 다른 모든 것은 다양하기도 하고 들어왔다 나갔다 할 수 있는 것이다. 하지만 "사랑하는 자들아 우리가 지금은 하나님의 자녀라"는 말씀은 앞으로도 계속 변함이 없다.

다시 한번 나는 여러분에게 질문하고자 한다. 여러분은 이 말씀이 제시하는 뜻을 알고 있는가? 과연 이런 사실에 대해 확신을 갖고 있는가? 나는 지금 여러분에게 "여러분의 삶은 어떠한가?"라는 질문을 하는 것이 아니다. 나는 지금 여러 가지 사항에 대해 자신이 어떠한 의견을 갖고 있는가 질문하는 것이 아니다. 지금 묻고 있는 것은 "여러분은 자신이 하나님의 자녀라는 사실을 알고 있는가?"라는 질문이다.

하지만 이런 진리를 어떻게 알 수 있는가? 어떻게 이런 진리가 취득될 수 있는가? 우리가 하나님의 자녀라는 것에 대한 어떤 암시가 있는가? 다음의 몇 가지로 대답을 대신할 수 있을 것 같다.

하나님의 자녀는 우선 새로운 생명을 느낄 수 있다고 본다. 즉 자신 안에 주어진 새로운 품성을 인식할 수 있다는 말이다. 그래서 하나님의 자녀는 갈라디아서 2:20의 고백과 같이 "이제는 내가 사는 것이 아니요"라고 말할 수 있게 된다. 하나님의 자녀는 자신 안에 자신 외의 또 다른 요소와 또 다른 존재의 현존을 느끼게 된다. 그러기에 실제로 그들은 자신과 더불어 또 다른 어떤 분이 함께 있다는 이중성을 느끼게 된다. 따라서 하나님의 자녀는 자신을 설명할 때, 인간으로서의 자신만을 설명할 수 없으며 자신 외의 또 다른 분을 설명하게 된다. 인간으로서의 내가 존재하지만 내 안에 그리스도가 사신다고 말이다. 이런 말을 할 수 있는 사람이야말로 새로운 생명과 품성을 인식하는 자이며, 단순히 자연적 질서가 아닌 새로운 질서를 느끼는 자이다.

다음과 같이 설명할 수도 있다. 우리 가운데 있는 죄에 대해 뼈저리게 느낄 때 우리가 하나님의 자녀라는 것을 알 수 있다. 이것을 매우 중요한 부분으로 강조하고자 한다. 이는 오직 하나님의 자녀만이 자신이 죄성을 갖고 있다는 것을 인정하기 때문이다. 거듭나지 못한 일반인은 자신이 갖고 있는 죄성을 인정하려 하지 않는다. 그들은 해서는 안 될 무엇인가를 했다는 것에 대해서는 인정할지 모른다. 하지만 그들에게 죄성이 있다든지 죄악 가운데 죽을 것이라고 이야기하면, 아마도 그런 말을 하는 사람들을 미워하게 될 것이며 자신들을 방어하는 데 급급할 것이다. 그리고 자신들을 정죄하는 설교를 싫어할 것이다.

오직 하나님의 자녀들만이 자신이 죄악성을 지닌 형편없는 자들이라는 것을 인정할 수 있다. "나는 못된 죄악으로 가득 차 있는 자이다."라고 말했던 찰스 웨슬리처럼 성자만이 이런 고백을 할 수 있다.

로마서 7:18에서 "내 속 곧 내 육신에 선한 것이 거하지 아니하는 줄을 아노니"라고 말한 사람은 다른 사람이 아닌 성자 사도 바울이었다. 따라서 로마서 7:24과 같이 "오호라 나는 곤고한 사람이로다 이 사망의 몸에서 누가 나를 건져 내랴"는 고백을 할 수 있는 자는 오직 그리스도인뿐이라는 사실이다. 거듭나지 못한 교인의 입에서는 결코 이런 고백이 나올 수 없다. 그것을 기대하는 것은 불가능한 일을 기대하는 것과 같다. 이는 우리 안에 거하는 죄악의 깊음과 우리가 소유하고 있는 죄악성을 드러내 보여 주는 일이, 우리 안에 내재하고 계시는 성령의 사역이기 때문이다.

예레미야 17:9에도 "만물보다 거짓되고 심히 부패한 것은 마음이라 누가 능히 이를 알리요마는"이라고 기록했다. 어떤 찬송 작사자는 "나는 가장 좋은 상태에 있을 때에도 나 자신을 감히 신뢰할 수 없다."라고 말하기도 했다. 이런 모든 고백, 즉 죄성에 대한 인정과 무엇보다도 죄성으로부터 벗어나고자 하는 소원이 새로운 품성을 지닌 것에 대한 증표라 할 수 있다. 여러분도 여러분 안의 죄악을 미워하며 죄로부터 놓임을 받고 해방되고자 하는 소원이 있다면, 확신하건대 하나님의 자녀라는 사실이다. 이것이 우리가 하나님의 자녀인가 아닌가를 아는 좋은 증표들 중 한 가지라고 할 수 있다.

그 다음 증거는, 하나님과 하나님께 속한 것들을 향한 소원과 하나님이 원하시는 방식으로 삶을 이끌어 나가려는 열망이다. 여러분은 하나님을 좀더 잘 알기를 원하며 또한 그분에 대해 제대로 알기를 갈망하는 것이 어떤 것인지를 알고 있는가? 리처드 백스터가 고백한 내용을 여러분의 심중 깊은 곳에서부터 토하여 말할 수 있다고 생각하는가? 아니, 그와 같은 고백을 하기 원하는가?

내가 솔직하게 말할 수 있는 것은 만일 여러분이 거듭나지 못한 사람이라면 이런 고백을 결코 하고 싶어하지 않을 것이다. 거듭나지 못한 사람은 자신이 필요로 할 때는 하나님으로부터 축복받기 원하지만 사실상 그들의 마음에는 하나님을 거스르고자 하는 적대감이 자리 잡고 있기 때문이다. 그러므로 하나님으로부터 주어지는 것들 때문에 기뻐하고 성경 말씀을 읽기 원하며 기도하기를 좋아하면서 좀더 많이 기도하지 못하는 것을 안타까워하는 사람이야말로 하나님의 자녀라는 사실을 입증하는 증표를 지녔다고 말할 수 있다.

그 다음으로 사도 바울이 로마서 8:15에서 말한 "양자의 영을 받았으므로 우리가 아빠 아버지라고 부르짖느니라"는 말씀을 생각해 볼 수 있다. 하나님을 아주 먼 거리에 존재하는 어떤 대단한 주권자 정도로 느끼는 것이 아니라 우리를 친히 사랑해 주시는 분으로 느낄 수 있다는 말이다. 거듭난 우리는 하나님에 대해 자녀로서 갖는 느낌을 가지며, 마음으로부터 '아버지'라 부르짖고 싶은 느낌을 받게 된다. 멀리 떨어져 계시는 하나님이 아니라 바로 옆에 와 계시는 하나님과 관계를 유지하고 있다는 것을 인지하게 된다는 말이다.

또 다른 증거가 있다. 그것은 바로 형제들에 대한 사랑이다. 다시 한 번 말하면 하나님의 자녀인지 아닌지를 측정할 수 있는 아주 훌륭하고 정확한 측정 도구는 바로 우리가 하나님의 백성을 사랑하고 좋아할 수 있는가 없는가, 하나님의 백성과 함께 있는 것을 즐기는가 아닌가를 알아보는 것이다. 이것을 오해하지 말기 바란다. 지금 말하는 내용이 그리스도인들 간에는 서로 맞지 않는 부분이 전혀 없다는 것을 말하는 것이 아니다. 내가 말하려는 것은 여러분이 선한 사람에게 자기도 모르게 매력을 느낀다든지 또는 영적인 일들을 말하는 것을 좋아하는 자들, 즉 하나님의 자녀들과 어떤 유사성을 느끼는지에 대한 것이다.

여러분은 아직도 이 세상의 매력적인 것들에 맥을 쓰지 못하는가? 아니면 하나님의 백성을 대할 때 매력을 느끼는가? 어느 쪽을 진정으로 좋아하고 있으며 어느 쪽을 진심으로 선호하는가? 하나님의 자녀는 자신이 하나님의 가족 가운데 속해 있다는 사실을 기쁨으로 인정하고 인식하기 때문에 주 안에서 형제들을 사랑할 수 있으며, '이들이야말로 나의 사람들이며 이들이야말로 내가 영원토록 함께 지낼 자들'이라는 것을 느낄 수 있다.

이상의 것들이 우리가 진정으로 하나님의 자녀인가 아닌가를 측정하여 증명해 줄 수 있는 테스트이다.

이제 두 번째 원리, 즉 우리는 영광된 길을 향해 나아가고 있다는 사실에 대해 생각해 보겠다. "사랑하는 자들아 우리가 지금은 하나님의 자녀라 장래에 어떻게 될지는 아직 나타나지 아니하였으나……." 이 말씀에 의하면 장래에 우리가 어떻게 될 것인가는 아직 알지 못한다고 한다. 하지만 우리는 어떠한 방향을 향해 나아가고 있는가에 대해서는 알고 있다. 이것이 요한이 분명하게 의미하는 것이다. 그는 "지금 우리는 하나님의 자녀들이다. 앞으로 우리에게 무슨 일이 생길지는 확실하게 알 수 없다. 그러나 분명히 괜찮은 상태일 것이다."라는 식으로 불분명하게 말하지 않았다.

그는 결코 그런 식으로 본문에서 말하지 않았다. 요한은 분명하게 영광된 모습을 눈으로 보았다. 그러나 자신이 본 영광된 모습이, 그것을 이해하지 못하는 이 세상에 아직 드러나 보이지 않지만 장차 드러나 보여지게 될 것이라고 말하고 있다.

다음과 같이 설명할 수도 있다. 비록 지금은 비천한 상태에 살고 있지만 장차 우리는 영화의 상태에 있게 될 것이라는 사실이다. 어떤 면에서 보면 우리는 그리스도인으로서 주님이 이미 걸으셨던 그 길을 뒤좇아 걸어야 할 것이다. 그렇게 생각하지 않는가? 리처드 백스터가 이것을 어떻게 말했는지 여러분은 기억하고 있는가? 그는 주님이 이 땅 위에서의 비천한 상태, 즉 베들레헴에서 탄생하시고 어느 누구도 알아주지 않는 목수로서 일하시는 등의 상태를 미리 다 겪어 내신 '그 방'에 우리도 들어가야만 한다고 말했다. 주님이 하늘의 모든 영광을 포기하시고 이 땅에서 인간의 모습으로 그리고 인간의 삶의 모든 조건 아래에서 사실 때 어느 누구도 그분을 알아보지 못했다. 요한복음 1:11의 말씀인 "자기 땅에 오매 자기 백성이 영접하지 아니하였으나"와 같이, 그가 손수 지은 이 세상과 백성은 그를 영접하지 아니했다.

하지만 주님은 더 이상 비천한 상태에 계시지 않는다. 그분은 영광의 상태로 들어가셨다. 따라서 주님은 지금 영화로운 상태에 계시다. 사도 바울은 다메섹으로 가는 도중에 이런 주님을 환상 중에 뵙게 되었다. 요한 역시 밧모섬에서 그러한 상태에 계신 주님을 보았다. 주님은 지금 영화로운 상태에 계시다. 그러기에 여러분과 나도 똑같이 그와 같은 영광의 길을 좇아가게 될 것이다. 지금은 우리가 비천한 상태에 있지만 주님이 그런 상태를 벗어나 영광의 상태에 들어가셨듯이 우리도 분명하게 영광의 상태에 들어가게 될 것이다.

이런 이유 때문에 주님이 "너희는 마음에 근심하지 말라 하나님을 믿으니 또 나를 믿으라 내 아버지 집에 거할 곳이 많도다 그렇지 않으면 너희에게 일렀으리라 내가 너희를 위하여 처소를 예비하러 가노니 가서 너희를 위하여 처소를 예비하면 내가 다시 와서 너희를 내게로 영접하여 나 있는 곳에 너희도 있게 하리라"고 요한복음 14:1-3에서 말씀하셨던 것이다. 바로 이 말씀이 내가 앞에서 말한 내용을 그대로 설명해 주는 것이다.

그러므로 그리스도인은 영광의 자리를 향해 나아가는 자들이라는 사실을 분명히 알고 있으며, 그것은 그들이 갖고 있어야 하는 필수적 확신 사항 중 한 부분이다. 즉 그리스도인에게서 십자가에서 이루어 놓으신 예수 그리스도의 사역을 통해 죄사함을 받았다는 확신을 빼놓을 수 없듯이, 장차 주어질 영광의 자리에 관한 확신도 역시 제하여 생각할 수 없다는 말이다. 따라서 그리스도인이라면 "나는 영광의 길을 향해 나아가는 자이다. 비록 지금 그 영광된 삶이 주어지지는 않았다 할지라도 그 자리에 장차 들어가게 될 것을 나는 확신한다."라고 말할 수 있어야 한다. 분명히 영광의 자리는 드러나 보여질 것이기에 그리스도인은 여기에 대한 확신과 자신을 가질 수 있다.

사도 바울 역시 로마서 8장에서 이것과 실제로 똑같은 말을 하고 있다. 그가 8:38-39에서 진술하는 내용은 사도 요한이 말하고자 하는 내용과 같다.

"내가 확신하노니 사망이나 생명이나 천사들이나 권세자들이나 현재 일이나 장래 일이나 능력이나 높음이나 깊음이나 다른 어떤 피조물이라도 우리를 우리 주 그리스도 예수 안에 있는 하나님의 사랑에서 끊을 수 없으리라."

여러분이나 나나 영화로운 자리에 들어가게 될 것은 조금도 의심할 여지가 없는 지극히 자명한 사실임을 받아들여야 된다. 주님이 영광의 자리에 들어가신 것을 확실하게 믿고 있듯이, 여러분과 나도 하나님의 자녀로서 그 자리에 들어가게 될 것을 확실하게 믿을 수 있다.

물론 요한이 "아직 나타나지 아니하였으나"라고 말함으로 전적 동의를 표했듯이, 이 영광은 아직 우리에게 보여지지 않고 있다. 오히려 이 세상은 이런 것을 이해하지도 못하며 우리를 대적하고 있을 뿐이다. 하지만 세상으로부터 이해받지 못하고 현실적으로 영광을 접하지 못했던 것은 주님도 마찬가지였다. 결국 주님이 그런 모진 상황을 다 헤쳐 나가시고 지금은 영광의 자리에 계신다는 것은 너무나도 자명한 사실로 받아들여지고 있다.

그렇다면 도대체 무엇에 근거해 이렇게 확신하는 것인가 생각해 볼 필요가 있다. 나는 '하나님의 목적'이라고 답하고 싶다. 다시 한번 사도 바울이 한 말을 생각해 보자. 그는 로마서 8:29에서 "하나님이 미리 아신 자들을 또한 그 아들의 형상을 본받게 하기 위하여 미리 정하셨으니 이는 그그리스도로 많은 형제 중에서 맏아들이 되게 하려 하심이니라"고 기록했다. 나는 이 말씀이야말로 이 모든 것에 대한 가장 완벽한 표현이라 보고 싶다. 여러분이나 나에게 주어질 영화는 구원에 관한 하나님의 목적의 한 부분이다. 따라서 하나님이 이런 것을 목적으로 계획하셨기 때문에 이것은 분명한 것이고 그 어느 것도 그분의 계획을 방해할 수 없다는 사실이다.

다시 한번 로마서 8장의 놀라운 말씀을 읽어 보기 바란다. 여러분은 이와 같은 사실이 완벽하게 묘사되는 것을 볼 수 있다. 그러므로 나는 하나님의 본성에 근거를 두고 있는 그분의 이와 같은 약속에 의지해 영화에 대한 확신을 가지고 있다. 하나님은 하나님이시기 때문에 그분이 하신 약속을 깨뜨릴 수 없다. 하물며 그분이 맹세하신 것은 얼마나 더 철저하게 지키시겠는가? 이런 이유 때문에 우리는 더욱 확신을 가질 수 있다. 그분이 하신 약속은 그분의 품성과 목적에 근거를 두기 때문이다.

아직도 이 영화로움에 대한 약속이 믿기지 않는다면 하나님의 능력에 대해 생각해 보기 바란다. 로마서 8:36-37은 "기록된 바 우리가 종일 주를 위하여 죽임을 당하게 되며 도살당할 양같이 여김을 받았나이다함과 같으니라 그러나 이 모든 일에 우리를 사랑하시는 이로 말미암아 우리가 넉넉히 이기느니라"고 했으며, 35절에서는 "누가 우리를 그리스도의 사랑에서 끊으리요"라고 묻고 있다. 여기에 대한 대답은 불가능하다는 것이다. 이 세상의 어느 것도 우리를 그리스도의 사랑에서 끊을 수 없다는 말이다. 지금 내가 말하려는 것은 하나님의 능력에 관한 것이다. 바로 이 세상을 만드시고 또 이 세상의 종말을 가져오실 그분의 능력에 관한 내용이다. 전능하시고 무한하시고 온전하신 하나님의 엄청난 능력이 우리의 영화에 대해 보증하고 있다는 말이다.

더 보충해 설명하면 우리의 현재 상태가 장차 처하게 될 상태에 대한 보증이 될 수도 있다는 것이다. 우리의 양자권 자체가 장차 올 영화에 대한 보증이 된다는 말이다. 하나님은 자신이 시작하신 일을 결코 포기하시는 법이 없기 때문이다. 빌립보서 1:6의 "너희 안에서 착한 일을 시작하신 이가 그리스도 예수의 날까지 이루실 줄을 우리가 확신하노라"는 말씀이 이를 증명하고 있다. 여러분이나 나는 어떤 일을 시작했다가 중간에 포기하기도 한다. 왜냐하면 죄의 결과로 주어진 연약한 인성의 한 부분이기 때문이다. 하지만 하나님은 다르시다. 그분은 시작한 것은 어떠한 일이든지 계속 해나가신다. 그리고 완벽하게 마무리를 해내신다. 비록 내가 어리고 별 볼일 없고 무가치하고 미숙한 사람이라 할지라도 현재 살아 있다는 자체를, 궁극적으로 성숙해진 사람의 모습으로 자랄 것에 대한 증명으로 받아들일 수 있게 된다. 그리스도는 "많은 형제들 중에서 맏아들"이 되시어 우리가 영광된 자리에 들어가기까지 다른 형제들을 위해 준비하고 우리를 그 자리로 인도해 주실 것이다.

여러분은 이 같은 원리에 근거해 영광의 자리에 나아가게 될 것이라는 사실을 알고 있는가? 여러분은 진정 영광되고 놀라운 자리가 여러분을 맞이할 준비를 하고 있다는 사실과, 실제로 이런 자리로 여러분이 인도받게 될 것이라는 사실을 알고 있는가? 요한은 본문에서 "아는 것은"

이라는 말로 이것을 표현했다.

 이처럼 우리가 영광된 자리로 나아갈 것에 대한 확신의 내용은 내가 말하려는 세 번째 내용으로 인도해 준다. 그것은 영광스런 삶의 내용이다. 과연 우리는 얼마만큼이나 이 '영광'에 대해 알고 있는지 생각해 보자. 우리는 이 영광이 예수 그리스도의 나타나심으로 인해 드러나 보여졌다는 것을 알고 있다. "그가 나타나시면 우리가 그와 같을 줄을 아는 것은"이라는 본문 말씀이 이를 뒷받침해 주고 있다. 이것은 예수 그리스도의 재림에 관한 신약성경의 위대한 교리이다. 하지만 하나님은 우리로 하여금 여기에 관한 여러 교리에 대하여, 재림 때 무슨 일이 생길 것인가에 관한 여러 교리에 대하여 즉각적으로 생각하는 것을 금하고 계시다. 내가 알 수 있는 모든 것이란 예수 그리스도가 다시 오실 것이라는 것뿐이다.

 우리는 여기에 관한 성경 말씀의 전반적 내용을 고찰하면서, 말씀이 이것에 대해 해석하는 내용을 받아들이는 것보다 오히려 잡다한 이론이나 철학에 지나치게 관심을 가진다. 그러기에 참으로 생명력 있는 귀한 교리의 핵심을 망각하지 않도록 매우 조심해야 된다.

 주님의 재림은 사실이다. 예수 그리스도가 다시 오실 것이고 그분이 오신 후에는 심판이 있을 것이다. 죄악되고 악한 모든 사람은 불못으로 넘겨질 것이고 영원토록 멸망 가운데 처하게 될 것이다. 베드로후서 3:13의 말씀과 같이 "우리는 그의 약속대로 의가 있는 곳인 새 하늘과 새 땅을" 바라보게 될 것이다. 주님이 오실 때에 이런 일들이 생길 것이고 영광도 들어오게 될 것이다. 그때에 이 세상은 순수하지 못하고 더럽고 지저분한 모든 것으로부터 놓임을 받게 될 것이고 베드로후서 3:10의 말씀과 같이 "물질이 뜨거운 불에 풀어지는" 역사가 일어나게 될 것이다. 이런 가운데 혁신과 갱생의 사건이 생기게 될 것이며 새로운 세상이 드러나게 될 것이다. 모든 악은 사라지게 될 것이다.

이런 방식으로 영광스러운 모습이 소개된다. 그 외적 모습이 이 세상에서 어떠하든지 간에, 예수 그리스도가 이 땅에 처음 오실 때에 베들레헴에서 아기의 모습으로 확실하게 나타나신 것같이 그분은 왕 중 왕의 모습으로 그리고 모든 주의 주로 오실 것이라는 사실과 그분이 오셔서 우주에 있는 만사를 정리할 것이라는 사실에 대해 나는 확신하고 있다.

뿐만 아니라 "그의 참모습 그대로 볼 것이기 때문이니"라고 본문은 기록했다. "우리가 지금은 거울로 보는 것같이 희미하나 그때에는 얼굴과 얼굴을 대하여 볼 것이요 지금은 내가 부분적으로 아나 그때에는 주께서 나를 아신 것같이 내가 온전히 알리라"는 고린도전서 13:12의 말씀과 같이 될 것이다. 여러분은 진정 영광된 삶을 향해 나아갈 수 있다는 사실을 아는가? 우리는 그분의 계신 그대로 볼 것이다. 모든 영광 가운데 계시는 하나님의 아들, 바로 그분을 그 모습 그대로 얼굴을 대하여 볼 수 있는 축복되고 영광된 순간을 맞이하게 될 것이다. 그때 여러분은 일어서서 그분을 바라보며 영원토록 즐거워하게 될 것이다. 그때에 이르러서야 주님이 우리를 위해 무엇을 하셨는지 이해하기 시작할 것이며 그분이 우리의 구원을 위해 지불하신 대가를 알게 될 것이다.

이제 이와 같은 신앙을 굳게 붙잡고 놓지 말자. 불평하고 원망하던 마음을 부끄럽게 여기며, 그리스도인의 처지가 어찌 이렇게 힘든가 하고 말하던 스스로의 모습을 부끄럽게 여기며, 영광된 복음의 여러 요청을 거부했던 자세를 부끄럽게 여기며, 주님의 영광을 그저 대충 찬양하고 경배하고 사랑했던 태도를 부끄럽게 여겨야 할 것이다. 여러분과 나는 영광된 삶을 향해 나아가는 자들임을 인식해야 된다. 우리는 그분을 계신 그대로 얼굴을 대하여 보게 될 것이다.

그러면 더 놀랍고 믿기 어려운 것을 생각해 보도록 하자. 우리는 주님과 같이 되기를 원한다. 요한은 "우리가 그와 같을 줄을 아는 것은 그의 참모습 그대로 볼 것이기 때문이니"라고 기록했다. 이 본문 말씀이야말로 육신의 부활에 관한 전반적 교리, 최종적 부활과 하나님 백성의 궁극적 영화의 상태에 대한 전반적 교리를 잘 설명해 주고 있다. 요한이 말하려는 것은 주님이 재림하실 때에 우리는 주님을 보게 될 뿐 아니라 그와 같이 될 것이라는 사실이다. 사도 바울은 하나님의 목적이 로마서 8:29에 기록했듯이, 우리로 하여금 "그 아들의 형상을 본받게" 하기 위함에 있다고 했다. 이것이 바로 여기서 보여 주는 논증이요 교리이다.

다시 말해 우리가 이 땅 위에 사는 동안 성령이 우리 안에서 사역하시며 우리로 하여금 성결한 삶을 살도록 도와주시며 죄를 멀리할 수 있도록 도와주심으로 결국에는 흠없이, 비난받을 일 없이, 꾸지람 듣지 않는 자로 바뀌게 된다. 우리는 모든 죄로부터 구원받게 될 것이고 우리 안에 있는 죄의 모양과 자취로부터 구원받을 수 있게 될 것이다. 또한 우리의 육신도 궁극적으로 변화되어 영화로운 모습으로 바뀌게 될 것이다.

바울은 이런 이유 때문에 그리스도가 하늘로부터 오실 것을 기대하며 그분이 우리의 곤핍한 육신을 바꾸어 주심으로 빌립보서 3:21의 진술과 같이 "우리의 낮은 몸을 자기 영광의 몸의 형체와 같이 변하게" 해주실 것을 기대한다고 말했다. 따라서 주님이 나타나실 때에는 그분을 사랑하는 자들 안에 놀라운 변화가 있게 될 것이다. 고린도전서 15장을 읽어 보기 바란다. 사도 바울은 51절에서 "순식간에 홀연히 다 변화되리니"라고 기록했다.

우리의 몸은 영화롭게 바뀔 것이다. 여러분과 나의 몸 가운데 주님 자신의 영광의 광채 중 어느 부분인가가 있게 될 것이다. 그리하여 새 하늘과 새 땅에서 우리는 영화로운 영혼에 걸맞는 몸을 덧입게 될 것이다.

다시 말해 우리는 그분과 같아질 것이다.

신약성경은 이것보다 더 많은 말을 하지 않고 있다. 우리가 이 이상은 이해할 수 없기 때문이다. 우리의 언어가 이것을 다 설명할 수 없기 때문이다. 비록 우리의 언어가 이 이상을 설명하는 데 적합하다 할지라도 그것이 너무나도 영화롭고 엄청난 것이기 때문에 우리를 당황스럽게 하여 받아들일 수 없게 만들 것이다. 주님의 세 제자가 변화산상에서 주님과 함께 있었던 때를 생각해 보자. 그들은 지극히 영광스럽고 너무나도 밝은 모습을 감당할 길이 없었다. 사도 바울은 어떠했는가? 그는 다메섹으로 가던 도상에서 이와 같은 영화로운 빛의 일부만을 보고서도 눈이 멀지 않았는가? 나 역시 죄로 인해 이런 것을 감당할 수 없다.

단지 죄로부터 구원받고 타락의 그늘에서 놓임을 받을 때에야, 새롭고 영화로운 육신을 덧입을 때에야 이런 영광된 모습을 감당하고 이해할 수 있게 된다. 그때에 나는 주님을 바라보며 얼굴과 얼굴을 대하여 볼 수 있게 된다. 그분을 계신 그대로 바라볼 수 있게 되고 결국에는 그와 같이 될 것이다. 만일 그분과 같이 되지 못한다면 그분의 영화로움도 이해하지 못할 것이다. 이것이 요한이 주장하는 논지이다.

또 한 가지를 첨가한다면 주님을 바라보는 가운데 우리가 그분처럼 될 것이라는 사실이다. 그분을 계속 바라보면 그분과 같이 완벽한 사람이 될 것이라는 말이다.

> 우리가 거할 하늘에 도착할 때까지
> 영광에서 영광으로 변하게 되리
> 주님 앞에 우리의 면류관 내려놓을 때
> 경이로움과 사랑과 찬양 중에 깊이 잠기리.
>
> _ 찰스 웨슬리

주님을 바라보며 깊이 그분을 주시할 때 우리는 영광에서 영광으로 그분의 모습과 같이 변화될 것이다. 그리고 그분을 완벽하게 바라볼 수 있을 그때는 이미 온전한 변화가 우리에게도 주어진 때라고 할 수 있다.

사도 요한에 의하면 이런 것들은 그리스도인이 확실하게 말할 수 있는 것들 중의 한 부분이다. 우리는 하나님의 자녀라는 사실을 알고 있다. 우리는 영광의 자리를 향해 나아가는 자들이라는 것도 알고 있다. 우리는 주님의 나타나심으로 인해 영광이 임할 것임도 알고 있다. 우리는 그때에 주님을 계신 그대로 보게 되며, 참으로 놀라운 것 중의 놀라운 것은 우리가 그분처럼 될 것이라는 사실이다. 얼마나 복된 이상이며 영광된 소망인가!

나같이 보잘것없고 실수투성이면서 죄악되고 무가치한 자가 "많은 형제 중에서 맏아들"이신 그분과 같이 될 것이라는 사실과, 그분의 놀라운 영광을 대하는 데 불편함이 없는 자로 변화될 것이라는 사실이야 말로 참으로 영광된 소망임에 틀림없다.

사랑하는 여러분, 이와 같은 소망을 움켜잡고 이와 같은 소망을 바라보며 이와 같은 소망을 매일같이 묵상하며 지내도록 하자.

> 주를 향하여 이 소망을 가진 자마다 그의 깨끗하심과 같이
> 자기를 깨끗하게 하느니라 _ 요일 3:3.

Chapter 27

성결한 삶

    본문의 첫 번째 단어가 "그리고"and, 영어 번역에서인데 이 단어는 본문 앞의 구절과 유기적으로 연결되어 있음을 상기시켜 준다. 이 두 구절은 상호 관계에서 우리가 복음서에서 찾아볼 수 있는 주님의 삶과 사역 중에 있었던 일들을 어쩔 수 없이 생각나게 해준다. 거기에는 두 가지 장면이 있다. 한 가지 장면은 그 다음 장면으로 즉시 연결된다.

    첫 번째 장면은 주님이 베드로와 야고보와 요한과 함께 산 위에 올라가셔서 그들 앞에서 자신을 변화시켜 보여 주신 변화산상의 모습이다. 변화산상에서의 놀랍고도 비범한 일을 경험한 후에 그들은 다시 일상생활로 되돌아온다. 두 번째 장면은 그들은 고침받기 위해 아버지에게 이끌려 온 귀신 들린 소년의 사건을 접하게 된다.

    이 두 장면은 너무나도 잘 알려진 정반대의 장면이다. 하나는 변화산상에서의 영광과 경이로움과 산상에 마련된 천국의 모습이고, 또 다른

하나는 일상생활에서 늘상 볼 수 있는 문제와 불행과 비극의 모습이다. 재미있는 것은 어떻게 한 사건이 즉시 그 다음 사건으로 대치되느냐에 관한 것이다.눅 9:28-43.

이와 같이 본문 말씀과 바로 앞 구절을 읽다 보면 두 가지의 대치되는 장면을 기억해 낼 수밖에 없음을 느끼게 된다. 우리는 이미 하나님의 산에 올라가 보았다. 그리고 아직 보지 못한 것들을 볼 수 있었다. 장차 우리에게 주어질 영광의 한 부분을, 상속자인 우리에게 주어질 놀랍고도 놀라운 것들 중의 일부를 접할 수 있었다. 하지만 이제 우리는 다시 이 땅의 현실로 되돌아왔다.

영광의 자리에 나아가기 전에, 영광된 삶을 마음껏 즐기기 전에 아직 몇 가지의 것들이 남아 있다는 사실을 명심해야 한다. 우리는 여전히 육신에 거하는 남자와 여자이며 우리를 알지 못하는 이 세상에 몸담고 사는 자들이라는 사실을 인정해야 된다. 이 세상은 우리를 이해하지 않으려 할 것이며 실제로 우리를 대적하여 우리가 가장 관심을 가지는 것들을 싫어한다.

하지만 그렇게 느낀다 할지라도 우리는 본문 3절 말씀을 2절의 최상의 모습 뒤에 나오는 점강법 정도의 것으로 이해하지 않도록 매우 조심해야만 된다. 이것이 내가 지금 강조하는 내용의 요지이다. 3절 말씀은 절대로 점강법이 아니다. 그렇게 느끼게 만드는 것은 간단히 말해 우리의 죄성으로 인한 것이라고 할 수 있겠다.

실제로 본문 말씀은 점강법이 아닐 뿐 아니라 2절과 대조되는 내용도 아니다. 2-3절을 이어주는 본문의 첫 단어 "그리고"는 이 두 구절이 분해될 수 없을 만큼 함께 묶여 있다는 것을 보여 주며, 3절 말씀은 직접적 필요에 의해 2절 뒤에 따라오는 것임을 알게 해준다. 따라서 우리는 2절의 궁극적 목적이 3절로 인도하기 위함이라고 말할 수 있다. 이런 관점에서 2절을 이해하지 못하거나 2절의 진정한 목적이 3절 내용을 준비해 주는 데 있다는 것을 이해하지 못한다면, 우리는 2절의 전체 내용을 잘못 이해하는 것이 되며 2절 말씀이 우리에게 주고자 하는 참메시지를 제대로 평가하지 못하는 것이다.

나는 자신을 잘 알기 때문에 이런 경고가 매우 중요한 것이라 생각되어 이렇게 강조하는 것이다. 우리 모두는 죄가 우리에게 준 영향 때문에 2절 말씀 같은 구절들을 좋아하는 경향이 있다. 사람들은 언제나 그런 내용의 설교를 좋아한다. 하지만 요한이 2절을 기록한 목적이 그 다음에 나오는 3절을 준비시키기 위한 것이라는 사실을 인식하지 못한다면 2절을 올바르게 사용하는 것이 아니다. 그저 잠시 동안이라도 우리에게 주어진 시련이나 문제들을 잊어버리고자 이 구절을 사용하는 것이 될 수도 있다. 그리고 우리 스스로를 즐기며 영적 향락에 만족하게 될 것이다. 마치 변화산상에서 베드로가 장막 세 개를 지어 남은 인생을 영광의 잔치를 즐기며 경이로움 가운데 보내려 했듯이 우리도 그렇게 하고자 하는 욕심이 들 것이다.

하지만 우리는 그렇게 할 수 없다. 우리를 그렇게 만들려고 이 구절이 주어진 것이 아니다. 요한에 의해 우리가 산의 정상에까지 올라갔던 것은 다시 이 땅에 내려와 우리를 기다리는 중요한 일들을 하기 위한 것이었다는 사실을 기억해야 할 것이다. 마치 주님이 자신의 연약한 제자들을 당황하게 만들고 있었던 문제를 해결해 주시기 위해 산에서 내려오셨듯이 말이다. 여러분과 나는 영광된 자리에 나아갈 꿈과 소망을 가지고 있는 자들로서 이 땅의 현실 가운데 들어와 꿈과 소망을 매일 매일의 삶과 생활에서 적용하며 살아야 될 것이다. 만일 실제적 삶 속으로 이와 같은 소망을 이끌어 들이지 못한다면 하나님의 말씀을 잘못 사용하는 것이 된다.

이 두 구절 사이에는 논리적 접촉점이 있다. 요한은 여기에 대해 논증하지는 않았다. 단지 "주를 향하여 이 소망을 가진 자마다 그의 깨끗하심과 같이 자기를 깨끗하게 하느니라"고만 진술했다. 여기에 대해 토론할 필요는 없다고 본다. 밤이 낮을 따라오듯이 3절은 2절을 자연스럽게 따라왔기 때문이다. 그러므로 3절은 가장 확실하며 틀림없는 테스트로서 우리에게 주어진다. 다시 말해 우리가 2절의 가르침을 얼마나 확실하게 이해하고 있는가는 3절 말씀을 얼마만큼 이행하고 있는가로 입증된다는 말이다. 우리의 상태나 행위가 우리의 신앙과 고백을 가장 잘 보여 주는 것이라고 할 수 있다.

이것이 너무나도 자주 잘못 이해되고 있는 야고보서의 대주제이기도 하다. 야고보서 2:20은 "행함이 없는 믿음이 헛것"이라고 했는데, 사실 누구도 여기에 대해 이의를 제기할 수 없는 말씀이다. 야고보와 요한 사이에는 어떠한 논쟁도 없다. 왜냐하면 둘 다 같은 말을 하기 때문이다. 다시 말해 믿음에 대한 고백이 생활에서 보여지지 않는다면 아무 소용이 없다는 말이다. 따라서 야고보와 더불어 우리의 신앙 고백을 측정할 수 있는 진정한 것은 우리의 신분이 무엇인가보다는 우리가 무엇을 하고 있느냐에 있다. 2절 말씀을 자세히 살펴보면서 무슨 느낌을 받았든지 간에 2절 말씀이 3절에 기록된 상태로 필연적으로 이끌어 들이지 못했다면, 요한에 의하면 2절 말씀을 잘못 이해하고 있다는 결론을 내리는 것이 너무나도 당연한 논리이다.

"주를 향하여 이 소망을 가진 자마다 그의 깨끗하심과 같이 자기를 깨끗하게 하느니라"는 말씀을 대하면서 우리는 어떠한 논쟁도 할 수 없음을 느끼게 된다. 요한은 "깨끗하게 해야만 된다"ought는 식으로 기록하지 않았다. 오히려 그는 "깨끗하게 하느니라"does고 기록했다. 따라서 이 말씀이야말로 우리가 누구인가에 대해 가장 확실하고 철저하게 테스트할 수 있는 도구라고 하겠다.

다시 말해 우리 대부분의 잘못은 그저 믿음의 영역에만 머물러 있다는 것이다. 요한에 의하면 우리가 가진 이런 믿음은 삶의 실제적 현장으로 이끌어 들여야 되는 것이기 때문이다. 그렇다면 우리는 왜 실행에 옮기는 데 그리도 자주 실패하는가? 내가 볼 때 여기에 대한 대답은 우리의 믿음에 결함이 있기 때문이다. 신약성경에서 묘사하는 것처럼 우리를 바라볼 수만 있다면 행위의 문제는 즉시 해결될 수 있다. 대부분의 그리스도인에게 진짜 문제는 실행과 행함의 영역에 있다기보다 믿음의 영역에 있다고 할 수 있다. 이런 이유 때문에 교회가 행함과 행위와 윤리에 대해 강하게 강조할 때마다 결국 그리스도인이 이 같은 면에서 잘못 이해하고 있는 상태나 상황에 대해 다루게 되는 것이다.

이것은 매우 다루기 힘든 사항이다. 물론 다음과 같이 논쟁하려는 사람도 있다. "당신이 지금 강조하려는 것은 교리에 대한 것보다는 행위의 중요성에 대한 것이군요?" 그래서 간혹 성결은 우리가 해야만 하는 몇 가지 특정 의무에 관해서만 계속 반복해 가르치는 주제가 되었던 것이다. 물론 나도 이런 의무들을 행해야만 한다는 것에 동의한다. 하지만 이런 의무를 행동으로, 실생활로 옮길 수 있는 궁극적 방법은 행함으로 옮길 수밖에 없게 만드는 교리에 대한 충분한 이해뿐이다. 이것은 신약성경이 언제나 우리에게 제시하는 것이다. 다시 말해 성결에 관한 전반적 내용에 관해 신약성경이 늘상 가르치는 방식을 살펴보지 않고서는 이 구절을 올바로 이해하기 어렵다.

이것은 내가 생각할 때 여태까지 성결에 대한 의미와 관계해 자주 발생해 왔던 그리고 지금도 여전히 발생하고 있는 것에 대한 교정의 차원이라 생각한다. 신약성경에 의하면 성결은 교리에서부터 자연스럽게 추론될 수 있다. 성결이라는 말 자체만으로 무엇인가를 말하기는 너무나도 힘들다. 다시 말해 우리는 성결한 삶을 이해할 때 단순하게 성결된 삶을 사는 것이라는 차원에서만 이해하려 해서는 절대로 안 된다. 이런 식으로 성결된 삶을 이해하려고 했던 것이 수도원 운동이나 금욕주의였으며 결국 핵심을 잘못 잡고 옆길로 나아갔던 것이다.

성결에 대한 이와 같은 수도원적 개념은 로마 가톨릭에만 국한시킬 수 있는 것이 결코 아니다. 성결에 대한 잘못된 인식을 가진 복음주의자들도 많다. 즉 성결을 그 자체로만 이해하려 하며, 성결의 본질 때문에 그리고 성결한 삶이라는 것이 어떤 특정한 삶의 종류라고 생각했기 때문에, 사람이 그 성결한 삶 안에 들어가야만 얻을 수 있는 어떤 것 정도로 생각한 것이다.

신약성경은 절대로 그렇게 가르치지 않았다. 성결은 그리스도인으로서 우리의 위치를 이해하며 교리를 이해한 후에 뒤따라오는, 어쩔 수 없이 좇아오게끔 되어 있는 것이다. 특별히 우리는 신약성경이 성결에 관한 교리와 가르침을 축복된 소망에 관한 위대한 진리와 더불어 소개하고 있다는 것을 인정해야 한다. 성경의 가르침이 우리의 신분과 위치, 우리 앞에 놓여 있는 소망에 대해 말하고 나서야 성결과 성화와 그리스도인의 행위를 언급하고 있다는 것이다.

나는 성결한 삶을 사는 것은 말하지 않으려 한다. 이는 그 자체만으로도 훌륭한 것이기 때문이다. 오히려 성결해져야겠다는 유일한 이유는 내가 하나님의 자녀이고 영광의 자리를 향해 나아가는 자이기 때문이라 할 수 있으며, 그런 차원에서의 성결된 삶을 생활에서 행하지 못한다면 언젠가 어쩔 수 없이 잘못된 길로 나아가게 될 것이다.

이런 현상이 성결에 대한 다른 가르침과 더불어 발생되는 것이다. 여러분이 성결을 그 자체의 어떤 것 정도로 생각한다면 나름대로 규율과 규칙을 만들게 된다. 그렇게 되면 아주 사소한 것에 많은 관심을 쏟게 될 것이고 자기도 모르는 사이에 율법주의적인 사람이 될 것이며 동시에 많은 의무를 지켰다는 것으로 인해 자신의 의에 충만하게 될 것이다. 결국 본질이 되는 가장 중요한 목적을 망각하게 된다.

다음으로 생각해야 될 것은, 성결이란 우리가 무엇인가가 되기 위해 무엇인가를 해야만 하도록 요청하는 것이 아니라는 것이다. 우리가 이미 누구인가를 알고 있음으로 자연스럽게 해야 될 일을 한다는 것이 성결이기 때문이다. 사순절_{재의 수요일에서부터 부활 주일 전날까지의 40일간을 사순절 또는 Lent라고 부른다. 이것은 사순절 기간인 1949년 4월 3일에 한 설교이다 – 역자 주}이 갖고 있는 전체적 의미를 생각해 보자. 실제로 이 주제에 대단히 많은 분량의 가르침이 담겨져 있다. 즉 우리는 거룩해져야 하고 우리가 참된 그리스도인이 되기 위해서는 거룩한 삶을 살아야 된다는 가르침이 담겨져 있다. 행위로 구원받을 수 있다는 모든 교리가 바로 이런 것을 가르치고 있다. 따라서 그리스도인이 되기 위해 자신을 훈련시켜야 하고, 어떤 면에서는 자신을 부인해야 하고, 어떤 것들은 하면 안 된다는 식의 제안은 그것이 어떠한 것이건 간에 이신칭의의 교리를 부인하는 것이라는 사실을 인식해야 된다.

나는 그리스도인이 되기 위해 선하고 성결한 삶을 살지 않는다. 나는 그리스도인이기 때문에 성결한 삶을 살려고 노력하는 것이다. 나는 천국에 가기 위해 성결한 삶을 살려고 하지 않는다. 나는 천국에 갈 것을 알기 때문에 거기에 합당한 성결한 삶을 살려고 하는 것이다.

바로 본문에서 강조하고 있는 것이다. "주를 향하여 이 소망을 가진 자마다 그의 깨끗하심과 같이 자기를 깨끗하게 하느니라." 나는 마지막에 천국에 들어가기 위해 노력하고 땀흘리며 기도하지 않는다. 절대로 그런 것이 아니다. 나는 단지 예수 그리스도 안에서 하나님의 은혜로 말미암아 하나님의 자녀가 된 그 사실에서부터 출발하기를 원한다.

나는 하늘나라를 향해 나아가는 자이다. 나는 그곳에 가도록 부름받았다는 확신과 하나님이 그곳으로 인도해 주실 것이라는 확신을 갖고 있다. 이런 사실을 알기 때문에 지금 준비하고 있는 것이다. 나는 불확실하고 위험성이 있는 것을 확실하게 하기 위해 성결한 삶을 산다는 것을 생각조차 할 수 없다. 그렇게 생각한다는 것은 전혀 다른 방향으로 나아가는 것이기 때문이다. 나는 하나님을 만날 것을 알기 때문에 그분을 만나기 위해 준비해야 하는 차원에서 성결의 삶을 이해하고 있다.

그 다음으로 말하려는 것은, 우리는 성결 또는 성화를 그리스도인으로서 즐기며 꼭 도달해야만 하는 더 높고 더 행복한 삶으로 이해해서는 결코 안 되겠다는 것이다. 나는 오히려 모든 그리스도인이 어쩔 수 없이 자동적으로 들어갈 수밖에 없는 삶으로서 이것을 이해하고자 한다. 성결이라는 주제가 다음과 같이 다루어지는 것을 매우 자주 볼 수 있다. "우리는 아주 훌륭한 삶을 살 수 있다고 들었다. 이 훌륭한 삶은 바로 행복의 삶이요 기쁨의 삶이요 평화의 삶이다. 우리 한번 이런 멋진 삶을 살아보지 않겠는가?"

실제로 우리는 두 종류의 그리스도인이 있다는 말을 듣는다. 하나는 일반적인 보통 그리스도인이고 또 다른 하나는 이중적 축복을 누리는 그리스도인이다. 이런 이중적 축복 없이는 그리스도인이 될 수 없다고 한다. 그런데 여러분을 위해 마련된 고차원의 삶을 취하지 않는다면 얼마나 어리석은 자로 여겨지겠냐는 것이다. 나는 신약성경에서 그와 같은 정의를 아직 보지 못했다. 성결이란 모든 그리스도인에게 적용될 수 있다. 몇몇 사람에게만 주어지는 것이 아니라는 말이다.

성결의 교리를 참으로 이해한 그리스도인의 삶에서 성결의 삶이란 특별한 것이 아니라 지극히 평범하고 당연한 것이다. 어떤 분리나 이분법 없이 그리스도인 남녀 누구든지 삶에서 실천할 수 있는 것이라는 사실이다.

그리스도인이 이 교리를 참으로 이해했다면 그들은 예외 없이 성결의 삶을 살고 있을 것이다. 성결의 삶이란 특별한 것으로 분리되고 분류된 삶이 아니라 그리스도인의 삶으로부터 자연스럽게 표출되어 나오는 것으로 이해되어야 한다. 성결의 삶은 그리스도인이 받은 것을 필연적으로 밖으로 표현하게 되는 것이기 때문이다.

마지막으로 여기에 관해 다음과 같이 설명해 보고자 한다. 어떤 사람은 신약성경이 말하는 성결이란 그리고 사도 요한이 말하는 성화의 삶과 성결의 삶이란, 행하는 어떤 것이라기보다는 하나의 선물로 이해하려 한다. 앞의 생각은 교정되어야 할 필요성이 있다고 본다. 실제로 얼마나 자주 이런 형태로 성결의 교리가 설명되고 있는가? 우리가 믿음으로 의롭게 된다는 것을 선물로 받았듯이 성결 또는 성화의 삶도 역시 선물로 받아야만 된다.

사람들은 성결의 삶이란 어떤 모임이나 회합에서 얻을 수도 있는 정도의 것으로 여긴다. 성결이 없음에도 불구하고 어떤 모임에 가면 즉시 성결을 선물로 받게 될 것이라는 것이다.

하지만 이런 가르침은 요한이 우리에게 가르치려는 내용을 부인해 버리는 것이다. 그렇지 않다. 어느 날 갑자기 우리에게 오거나 특별하고 예외적인 축복을 갑자기 받는다거나 하는 식으로 성결이 주어지는 것이 아니다. 오히려 우리가 하나님의 자녀라는 사실과 우리를 기다리는 기업을 다시 한번 상기하고 확인할 수 있는 기회이다. 나는 죽음 후에 나를 기다리는 영광의 환상의 한 줄기 빛을 보았다. 그리고 그것을 보면서 나는 "이제 이런 빛 가운데에서 너의 삶을 가꾸어 나가라. 그리고 주님이 정결하신 것같이 너 자신을 정결하게 하라."는 음성을 들었다. 따라서 성결이란 거저 주어지는 선물이 아니라 행동으로 옮기고 노력함으로써 얻을 수 있다는 것이다.

여기에 대해 빌립보서 2:12-13에서 사도 바울이 기록한 것을 보자.

"……항상 복종하여 두렵고 떨림으로 너희 구원을 이루라 너희 안에서 행하시는 이는 하나님이시니……너희에게 소원을 두고 행하게 하시나니."

이런 말씀이 있기 때문에 우리의 삶이 성결한 삶이 되도록 노력해야만 한다. 성결이란 신비로운 경험처럼 갑자기 일어나는 것이 아니다. 우리가 믿는다고 주장하는 교리와 진리를 완성시켜 나가는 것이다.

본문 3절 말씀을 2절 말씀과 부합시켜 피상적으로나마 살펴보았는데, 지금까지의 가르침을 한번 정리해 보자면 다음과 같다.

2절 말씀을 진심으로 믿는다면, 우리가 하나님의 자녀라는 사실을 진심으로 확실하게 믿는다면, 우리가 하나님 아버지가 계신 영원한 영광의 자리에 나아가는 자들이라는 사실을 믿는다면, 요한이 '나타내심'이라는 말로 표현했듯이 예수 그리스도가 다시 왕 중 왕으로 그리고 만유의 주로 오실 것이라는 사실을 믿는다면, 주님이 이 땅에 심판하러 오셔서 모든 악한 것과 나쁜 것을 우주에서부터 온전하게 제거하실 것이라는 사실을 믿는다면, 우리가 그러한 영광 중에 주님과 함께 있게 될 것을 믿는다면, 더 나아가 그분을 그분 모습 그대로 볼 수 있게 될 것이라는 사실을 믿는다면, 우리가 그분과 같이 될 것을 진심으로 믿을 수 있다면, 우리의 육신이 영화롭게 될 것이라는 사실을 믿을 수 있다면, 우리가 흠 없이 점 없이 주님의 거룩한 존전에서 그분과 영원토록 함께 있을 수 있다는 사실을 믿는다면, 이와 같은 모든 것을 진심으로 믿는다면 성결의 삶은 뒤따라올 수밖에 없는 것이라고 요한은 말했다.

그렇다면 무엇이 뒤따라오는 것인가? 요한이 우리에게 말하려는 첫 번째 것은 믿는 사람이라면 누구든지 그리고 "주를 향하여 이 소망을 가진 자마다 그의 깨끗하심과 같이 자기를 깨끗하게" 한다는 것이다. 여기서 "주를 향하여"에서의 '주' him라는 단어가 어떤 사람을 수식하는 것이 아니라 그리스도를 수식한다는 것을 이해하는 것은 매우 중요하다.한국말 번역에서는 이미 "주를 향하여"라고 번역했기 때문에 아무 문제가 없다 – 역자 주.

요한은 "자기 자신 안에서 이 소망을 가진 자마다"라고 말하지 않고 "주님 안에서 이 소망을 가진 자마다"라고 말함으로써 2절에서 금방 그가 말한 그리스도 안에서를 강조하고 있다. 이 말은 그가 재림 때 주님의 능력 가운데 그분의 영광스러운 몸을 덧입을 수 있게 하기 위해 우리의 죄악된 몸을 바꾸어 주실 것이라는 소망을 말하는 것이다. 이것은 오직 그리스도 안에만 있을 수 있는 소망이며 주님이 이 세상으로 가지고 오실 모든 것과 그분이 행하실 모든 것 안에서만 볼 수 있는 소망이다.

그러기에 이 같은 소망을 가진 사람들은 자신을 정결케 하려고 한다. 여기서 사용되는 정결케 한다한글 개역 성경에는 "깨끗케 하다"로도 번역되었다 – 편집자 주는 말은 아주 흥미로우면서 중요한 단어이다. 이 단어는 매우 긍정적이므로 부정적으로 받아들일 수 없는 단어이다. 정결케 하다purifying라는 단어와 깨끗하게 하다cleansing라는 단어에는 차이가 있다. 우리는 이미 요한일서 1:9인 "만일 우리가 우리 죄를 자백하면 그는 미쁘시고 의로우사 우리 죄를 사하시며 우리를 모든 불의에서 깨끗하게 하실 것이요"

라는 말씀을 숙고해 보았다. 이 두 단어의 주된 차이점은 외적 행위와 내적 행위와의 차이점이라 할 수 있다. 깨끗하게 씻는다는 말은 겉으로 보면 악과 오염된 것과 모든 무가치한 것으로부터 구속받는다는 뜻으로 받아들여질 수 있으며, 정결케 한다는 말은 우리 안에 있는 영적이고 마음의 본질적 성품 안에서 일어나는 변화를 의미한다고 할 수 있다. 따라서 정결케 한다는 말은 나를 지배하는 죄의 결과로부터 나올 수 있다는 말일 뿐 아니라, 나의 본성 가운데 있는 그리고 나라는 존재 자체에 도사리고 있는 죄를 피할 수 있다는 말이 되기도 한다. 여기서 알 수 있는 것은, 우리는 그리스도인으로서 필연적으로 우리 자신을 정결케 할 수밖에 없다.

이 말은 우리가 자신을 과거에 지은 죄악들로부터 분리시키려고 노력하는 것을 의미할 뿐만 아니라 그 이상을 의미한다. 이것은 내 삶 전체를 통해 최선을 다해 죄를 피하고 거부한다는 말이다. 내 안에는 그리스도와 같이 되려는 소원이 있다. 주님 자신과 같이 되고자 노력하고 있다. 이 말은 그냥 죄를 짓지 않으려는 것을 의미하는 것이 아니다.

오히려 긍정적이고 적극적으로 그분이 정결했던 것처럼 나도 정결해지려고 노력함을 의미한다. 이것이 정결케 하다는 말의 전체 뜻이다. 이 말은 외관상으로 죄의 결과를 피하며 죄를 씻는다는 개념보다 훨씬 더 풍성하고 깊은 의미를 갖는다고 할 수 있다.

짧은 한 구절 안에 너무나도 완벽하게 잘 표현된 것 같다. 자신을 정결케 하는 일에 관심이 있는 사람은 예수 그리스도와 같이 되고 싶어하는 자들이다. 그들은 더 이상 이 세상에 거하는 죄인들보다 조금 더 훌륭한 사람이 되고자 생각하는 자들이 아니다.

또한 주님을 알기 전의 자신의 모습보다 조금만 더 괜찮으면 되겠다고 생각하는 자들이 아니다. 그들의 모든 생각은 매우 적극적이며 긍정적이다. 그들은 "나는 어둠을 사랑하고 빛을 미워했던 과거의 품성을 버리고 빛을 사랑하며 어둠을 미워하는 품성을 갖기 원한다. 나는 나의 존재 전체가 그리스도와 같이 되며 그분을 즐겁게 해드리는 자가 되고자 하는 긍정적 소원을 가지고 있다."라고 말한다. 요한에 의하면 이런 것이 그들을 기다리는 영광의 약속을 진정으로 이해한 사람들만이 가질 수 있는 느낌이라는 것이다.

그렇다면 두 번째로 우리가 어떻게 이같이 행할 수 있는가 생각해 보지 않을 수 없다. 앞에서와 마찬가지로 어떤 특정 가르침에 대해 비평해 봄으로써 다루어 보자. 어떻게 우리가 자신을 정결케 할 수 있는가? 요한에 의하면 수동적이기보다 적극적 과정을 말했다. "주를 향하여 이 소망을 가진 자마다 그의 깨끗하심과 같이 자기를 깨끗하게 하느니라." 이 말씀에서 요한은 저절로 정결케 되는 것을 의미하지 않고 스스로를 정결케 하는 의미로 말하고 있다. 즉 적극적 역할을 의미하는 것이다.

다시 말해 성결에 관한 신약성경의 가르침은 우리가 그저 노력과 수고를 하지 않고 자신을 내어놓기만 하면 된다고 말하는 것이 아니다. 또한 우리가 할 수 있는 모든 것은 우리 자신으로부터 탈피해 우리를 잊어버리고 죽었다고 생각할 때, 그와 같은 삶을 살 수 있게 된다고 말하지도 않는다. 그러한 것이 아니다. 말씀은 "그의 깨끗하심과 같이" 우리도 우리 자신을 깨끗하게 해야만 한다고 가르친다.

요한만이 이런 가르침을 지지하는 것이 아니다. 신약성경 어느 곳에서든지 우리는 적극적이고 능동적인 가르침을 볼 수 있다. 예를 들어 고린도후서 7:1에서 사도 바울이 기록한 내용을 보기 바란다.

"그런즉 사랑하는 자들아 이 약속을 가진 우리는 하나님을 두려워하는 가운데서 거룩함을 온전히 이루어 육과 영의 온갖 더러운 것에서 자신을 깨끗하게 하자."

이 말씀이 요한의 주장과 동일하다고 생각하지 않는가? 여기서 "깨끗하게 하자"는 말씀이 우리를 깨끗하게 해줄 수 있는 어떤 과정에 들어가 있기만 하면 깨끗해질 것이라는 수동적 태도를 의미한다고 보기는 어렵다. 히브리서 6:11-12의 말씀도 보기 바란다. 이것 역시도 "끝까지 소망의 풍성함에 이르라"는 권면을 하면서 부지런하게 임할 것을 말씀했다. 우리는 게으르게 피동적으로 대처하기보다 우리보다 앞서간 사람들과 같이, 앞에 놓여 있는 소망을 바라보며 부지런히 열심으로 우리 자신이 완벽한 그리스도인이 되기까지 노력해야만 할 것이다.

여기에 대해서는 신약성경 여러 곳에서 찾아볼 수 있다. 사도 바울은 이에 대해 여러 번 언급했다. 골로새서 3:5에서 그는 "그러므로 땅에 있는 지체를 죽이라"고 말했다.

우리는 그렇게 해야만 한다. 이는 땅에 있는 지체들은 죽으려 하지 않을 것이기 때문이다. 따라서 우리는 땅에 있는 지체들을 취하여 멸해야만 한다. 물론 우리 안에 계신 성령을 통해서만 가능하다. 성령의 역사하심을 통해 우리가 하나님의 자녀라는 사실과, 우리가 중생했다는 사실과, 새로운 본성을 부여받았다는 사실과, 성령이 우리 안에 내재하고 계시다는 사실을 알 수 있기 때문이다. 그러므로 우리는 주님이 정결하셨던 것과 같이 우리도 그와 같이 되도록 최선을 다해야 할 것이다.

좀더 구체적으로 말해 어떻게 우리가 이 일을 해낼 수 있는가? 신약성경이 우리에게 가르치는 바로는 다음과 같은 과정이 반드시 뒤따르게 된다. 즉 주님에 대해 늘 관심을 갖고 바라봄으로써, 그분의 완벽한 삶을 바라봄으로써 우리 자신을 정결하게 할 수 있다. 이것이 내가 취하는 방식이다.

사도 바울은 로마서 8:29에서 하나님이 우리를 부르신 것은 우리로 "그 아들의 형상을 본받게 하기 위하여" 부르셨다는 사실을 상기시켜 주고 있다. 그리스도의 형상을 본받게 하기 위한 것이 하나님의 계획이요 목적이라면, 우리가 먼저 해야 할 일은 예수 그리스도를 바라보며 그분이 이 땅 위에서 어떻게 하면서 사셨는가를 주의 깊게 바라보는 것이다. '나는 주님과 같이 될 것이다. 그러므로 나는 그분을 늘 생각한다. 나는 어떠한 곳을 향하여 나아가는가를 알기 때문에 내 삶의 현장에서 그런 삶을 살도록 노력하고 있다.'

이것을 다른 식으로 설명해 보면 골로새서 3:2의 말씀을 살펴볼 수 있다. 이 말씀은 "위의 것을 생각하고 땅의 것을 생각하지 말라"고 권면했다. 여기서의 행위는 무엇인가? "위의 것을 생각하고"이다. 성경을 매일 읽고 여러분을 기다리는 영원한 영광을 묵상해 보기 바란다. 이런 것을 생각하고 그 영광을 잘 상고해 보기 바란다. 이 땅에 있는 여러 가지 일에 여러분의 마음을 고정하지 말고 그러한 욕망을 진지하게 거절해 보기 바란다.

또한 고린도후서 4:17-18을 생각해 보기 바란다.

"우리의 잠시 받는 환난의 경한 것이 지극히 크고 영원한 영광의 중한 것을 우리에게 이루게 함이니 우리가 주목하는 것은 보이는 것이 아니요 보이지 않는 것이니 보이는 것은 잠간이요 보이지 않는 것은 영원함이라."

우리는 보이지 않는 것들을 바라보아야만 한다. 그러므로 우리는 보이지 않는 것들을 묵상하면서 주님을 바라보고 그분을 따라가야만 한다. 또한 우리는 위의 것들을 바라보며 관심을 위에다 맞추도록 노력하면서 더욱더 선명하게 영광의 환상을 바라볼 수 있도록 혼신의 힘을 다해야만 한다. 이 세상을 사랑해서는 안 된다. 이 땅 위에 있는 지체를 죽이도록 노력해야만 한다.

우리의 육체를 십자가에 못 박도록 노력해야 한다. 이렇게 함으로써 우리는 주님이 정결하신 것과 같이 우리 자신을 정결하게 할 수 있게 될 것이다. 이것이 비결이라고 할 수 있다.

마지막으로 그리스도인이 자신을 이처럼 정결하게 하는 데 어떠한 동기와 격려를 부여받을 수 있을까 생각해 보자. 내가 생각하기로는 너무나 자명한 일이라고 본다. 그리스도인이 스스로를 정결하게 해야 한다는 것을 당연한 상식이라고 하는 데 이의를 제기할 사람이 있다고 보는가? 하나님의 자녀라는 사실을 믿으며 확실하게 하늘나라에 그리고 영광의 자리에 나아갈 것이라고 믿는다면, 이 땅 위에서의 불확실한 인생을 어느 날엔가 마감하고 그 순간 영광 중에 그리고 온전하심 가운데 계신 주님과 함께 있게 될 것이라는 사실을 믿는다면, 그와 같은 때를 대비해 나 자신을 준비하고 있어야 된다는 사실은 너무나도 당연한 상식이 아니겠는가?

우리가 부름받은 것과는 대조되는 삶을 이어 나간다는 것은 얼마나 엉터리 논리이며 이해되지 않는 삶인가? 이것은 논쟁의 여지가 없는 상식이므로 어떤 면에서 보면 그리스도인에게 성결의 삶을 살라고 강요할 필요도 없다고 할 수 있다. 요한은 우리가 당연히 해야만 하는 것에 대해 말하는 것이다. 만일 이런 사실을 믿으며 이런 사실을 주장할 수 있다면, 그와 같이 삶을 지속할 수 있을 것이다. 우리가 그렇게 살아야 된다고 하는 것은 너무나도 당연한 상식이고 논리이다.

성경에서는 우리에게 이 이상의 동기를 제공해 준다. 우리 약점 때문에 우리 자신을 정결하게 해야 할 또 다른 중요한 이유는 영광의 자리에 도달하게 될 때 우리 자신이 부끄러움을 느끼지 않게 하기 위함이다.

요한은 앞 장 2:28에서 "자녀들아 이제 그의 안에 거하라 이는 주께서 나타내신 바 되면 그가 강림하실 때에 우리로 담대함을 얻어 그 앞에서 부끄럽지 않게 하려 함이라"고 기록했다. 이 말씀은 우리가 하나님의 자녀라면 그리스도가 오실 때에 그분을 보게 될 것이며, 그분의 모습 그대로를 처음으로 대하게 될 것이라는 뜻이다.

여러분은 주님의 얼굴과 눈길을 대하게 될 때, 진심으로 여러분이 얻은 구원이 주님에게 어떤 의미가 있으며 여러분의 구원을 위해 주님이 어떤 대가를 치르셨는가를 진정으로 이해하게 될 것이다. 요한은 "여러분이 부끄러움을 느끼지 않으려면, 여러분이 참으로 나쁜 사람이라는 것을 느끼고 싶지 않다면, 여러분이 땅 위의 지저분하고 무가치한 여러 잡다한 것들에 관심을 계속해 가짐으로 어리석었다는 생각을 갖지 않기 위해서는 준비를 해야 한다. 그런 상황이 올 것에 대비해 준비함으로 부끄러움을 당하지 않도록 해야 한다."라고 말했다.

이와 같은 논리는 좀 부정적이라고 할 수도 있다. 하지만 우리 자신을 정결하게 해야 할 좀더 강한 이유도 있다. 우리가 그분과 같이 되려 하는 긍정적 소망을 가져야 되겠다는 것이다. 주님의 죽으심과 부활하심으로, 우리에게 허락해 주신 영광되고 놀라운 삶을 기대하고 바라보는 소망으로 우리의 삶이 가득 차야 될 것이다. 주님이 하늘나라에서 이 땅으로 내려오신 성육신의 사건을 믿는다면, 우리는 당연히 그분을 기쁘시게 하고자 하는 소망으로 활기찬 삶을 살아야 되지 않겠는가? 그분이 십자가에서 고난받으시고 우리를 구속해 주시기 위하여 보혈을 흘려 주셨다는 사실을 진심으로 믿는다면, 우리가 진심으로 그분을 믿고 사랑한다면 우리의 최고 소원이 그분을 기쁘시게 하는 것이 되는 것은 너무나도 당연한 것이 아닌가?

이것이 거룩한 삶을 살아야 하는 이유라고 본다. 이것이 신약성경이 성결한 삶에 대해 가르치는 바이다. 그것은 주님을 향한 경의의 표시이며 사랑의 표시이며 감사의 표시이다. 한 가지 더 말한다면 그것은 시간에 대한 것이다. "주를 향하여 이 소망을 가진 자", 즉 주님을 믿는 자마다 주님을 보게 될 것이며 주님과 같이 될 것이며 주님과 함께 있게 될 것이다. 그리고 주님이 정결하신 것같이 그들도 정결하게 될 것이다. 그들은 이런 축복에서 제함을 받는 일이 없을 것이라고 느낀다.

하지만 우리는 우리 안에서 보여지는 무가치함을 느끼게 된다. 이미 지은 죄뿐만 아니라 지금도 여전히 짓는 죄를 알고 있다. 또한 우리의 죄악과 무가치 등 억눌러야만 하는 것들을 알고 있다. 처리되어야 할 것들이 너무나도 많다. 그러나 주님이 오실 시간은 언제일지 알 수 없다는 것이다. 그러므로 우리는 시간을 낭비하거나 쓸데없는 데 소모할 수 없다. 가능한 언제든지 매 순간마다 주님과 함께 있도록 노력하며 언제나 그분을 대면하여 살아야 될 것이다.

이것이 신약성경의 정신이다. 최선의 힘으로 정해진 목표를 향해 고삐를 늦추지 않고 진력해 앞으로 나아가야만 한다는 것이다. 장차 도달하게 될 영광의 자리를 바라볼 수 있기 때문에 그리스도인은 그 자리를 향해 그리고 주님을 향해 힘있게 전진해 나갈 수 있다. 주님을 볼 것이라는 확신과 주님과 같이 될 것이라는 확신을 움켜잡고 있기 때문에, 우리 그리스도인은 뒤의 것은 잊어버리고 시간을 최대한 절약하며 기회를 놓치지 않고 주어진 모든 순간을 다 사용하며 살아야 될 것이다. 이런 논리가 하나님에 의해 우리 모든 그리스도인 한 사람 한 사람에게 아주 명백하고 분명하게 주어졌음을 잊지 말아야 되겠다.

그가 우리 죄를 없애려고 나타나신 것을 너희가 아나니
그에게는 죄가 없느니라 _ 요일 3:5.

Chapter 28
흠 없으신 구세주

본문 5절을 제대로 이해하기 위해서는 4-10절까지의 배경이 되는 말씀을 함께 생각해 보아야 한다. 이는 특별한 구절인 5절의 메시지와 내용을 살펴볼 때 전후좌우를 제대로 연결해 보는 것이 필수이기 때문이다. 우리는 이 절에서 그리고 4-10절까지의 문단에서, 사도가 3절에서 이미 다루기 시작한 내용을 계속해 이야기하는 것을 볼 수 있다.

앞의 두 장에서 사도는 그리스도인으로서 누릴 수 있는 기쁨과 하나님과의 교제에 대해, 그 교제가 어떻게 지속될 수 있는가에 대해 기록했다. 이것이 그가 말하고자 했던 첫 번째 대주제였다. 그러고 나서 여러분이 기억하고 있듯이 세 번째 장에서 그는 하나님의 자녀로서 그리스도인의 전반적 위상에 대해 다루고 있으며, 이것이 두 번째의 것이다. 사도는 이 세상을 살아가는 그리스도인의 삶에서 매우 큰 비밀이란 우리 자신의 신분과 위상을 인식하는 것이라고 말했다.

이제 계속해 그 다음 주제에 대해 말하고 있다. 그가 다시 한번 강조하기를 원하는 것은, 의롭고 성결한 삶에 관한 전반적 문제가 바로 자신의 본분을 이해하는 데 매우 본질적이고 중요한 부분이라는 것이다. 그래서 사도는 우리가 잘못 이해하지 않게끔 이 부분을 매우 명백하고 선명하게 설명하려고 했음을 볼 수 있다. 그는 7절에서 "자녀들아 아무도 너희를 미혹하지 못하게 하라"고 했다. 주님의 인성과 사역에 대해 우리에게 잘못 가르침으로써 미혹하려는 자들이 있듯이, 죄에 대해서도 잘못 가르치는 이단이 있다. 바로 이 죄에 대해 사도는 매우 중요하면서도 모두에게 낯익은 이 구절을 통해 언급하고자 하는 것이다.

그가 기록한 내용의 말씀들을 계속해 관찰하는 것은 제법 흥미로운 것이라고 다시 한번 말할 수 있다. 그는 성결과 의에 대한 전반적 문제를 다루는 방법에서 매우 독특하기 때문이다. 물론 그만이 아니라 신약성경을 기록한 모든 기자도 역시 나름대로 독특한 것은 마찬가지이다.

이미 살펴본 바이지만 성결에 관한 가르침은 언제나 교리의 형태로 소개됨을 볼 수 있다. 성결에 관한 주제는 모든 것으로부터 분리시켜 따로 생각할 수 있는 성질의 것이 아니다. 이 주제는 앞에 선결되는 것들로부터 연역될 수 있기 때문이다. 그리스도 안에서 주어지는 우리의 위상에 대한 참된 이해를 통한 결과로 당연히 주어지는 것이다. 이런 식으로 논리를 전개해 나가는 것이 요한의 방식임을 다시 한번 보여 주고 있다. 성결한 삶이란 믿고 있다고 주장하는 바를 생활에서 보여 주는 것이다. 실제 삶에서 행하지 않는다는 말은 그 교리를 제대로 이해하지 못함을 보여 주는 것이며, 그리스도인의 삶에 관한 이해에 근본적으로 그리고 본질적으로 잘못이 있음을 나타내는 것이기도 하다.

사도가 여기서 말하고자 하는 특정한 잘못이란 죄의 본성을 제대로 이해하지 못하는 것을 의미한다. 이 죄의 본성에 관해 여러 이견이 있다.

요한도 이미 1장에서 잘못된 완전주의자들의 위험에 대해 다루었다. 사람들은 자신이 이미 완벽하다고 생각하는 식으로 죄에 대해 잘못 인식하고 있다. 그들은 죄를 어떤 특정한 행위로 인식하기 때문에 그들 안에 거하는 죄의 영향력뿐 아니라 죄로 오염된 상태를 인식하는 데 실패하는 것이다.

이제 요한은 죄에 관한 전혀 다른 위험성과 이단성을 지적하고 있다. 우리가 그리스도인인 한 죄를 짓는다는 것은 그리 대수로운 것이 아니라는 식으로 죄를 가볍게 취급하려는 경향의 위험성을 의미한다. 하지만 요한은 이런 가르침에 대해 아주 강하게 대처해야 할 것을 언급했다. 그는 4절에서 "죄를 짓는 자마다 불법을 행하나니 죄는 불법이라"고 했다. 그는 "여러분은 죄의 본질에 대한 모든 것을 올바르게 알고 있어야 한다. 만일 여러분이 이것에 대해 잘못 이해한다면 구원에 관한 교리에서도 잘못 이해하기가 쉬우며 그 외의 모든 교리도 잘못 이해하게 될 것이다."라고 말했다. 여기에 관한 그의 강조점은, 죄란 율법에 어긋나는 것이며 하나님의 법을 깨뜨리는 것이며 하나님을 거슬러 반역하는 행위이며 불순종하는 것이며 하나님이 우리에게 요청하는 삶의 내용대로 살지 못한다는 것이다.

이것이 죄의 본질이다. 죄를 단순히 우리에게 있는 어떤 약점이나 실수 정도로 이해해서는 안 된다. 또한 아직도 벗어 버리지 못한 과거의 어떤 형편없는 삶 정도로 이해해서도 안 된다. 죄는 율법을 어기는 것이며 하나님과 우리를 향한 그분의 거룩한 뜻에 불순종하는 것을 의미한다.

그래서 사도는 "그러므로 여러분이 이것을 인식하지 못한다면 그 말인즉슨 아직도 예수 그리스도가 이 세상에 오신 것에 대한 전체적 원리를 생각함에 있어 혼동하고 이해하지 못하는 것임을 알아야 한다. 그리고 구원에 관한 전반적 개념 역시 마찬가지로 온전히 알지 못하고 있다고 해석해도 될 것이다."라고 말하는 것이다. 이런 의도에서 사도는 이 문제를 다루고 있다.

사도는 "사람에게 있어 본질적 문제는 하나님의 율법으로 정죄받은 것과 그로 인해 죄의식을 갖는 것이다. 죄는 마귀에 의해 이 땅에 소개되었다. 마귀가 처음에 사람을 유혹해 하나님께 불순종하도록 했다. 이것이 불법이다. 마귀가 사람을 유혹해 하나님의 거룩한 법을 깨도록 했으며, 어리석은 인간은 그 유혹의 말을 듣고 그대로 행했던 것이다. 이것이 마귀가 하는 일 중의 한 가지이다. 그 결과로 우리는 계속해 하나님의 법을 어기게 되었으며 하나님과 그분의 거룩한 법의 관점에서 볼 때 우리는 항상 죄인으로 있을 수밖에 없었다. 하나님의 진노 아래 우리는 징벌받을 수밖에 없는 자들이 되었다. 이것이 죄에 관한 나의 의견이다."라고 말했다.

그는 계속해 이렇게 말했다. "그러므로 여러분이 이런 식으로 죄에 대해 이해하는 데 동의하지 않는다면, 예수 그리스도는 죄 문제를 다루기 위해 이 땅에 오셨기 때문에 이 외의 다른 어느 것도 이해할 수 없는 것은 매우 자명한 사실이다."

이미 알고 있듯이 요한은 예수 그리스도의 초림의 목적에 대해 두 가지를 진술했다. 5절에서 "그가 우리 죄를 없애려고 나타나신 것을 너희가 아나니 그에게는 죄가 없느니라"고 했으며, 8절에는 "죄를 짓는 자는 마귀에게 속하나니 마귀는 처음부터 범죄함이라 하나님의 아들이 나타나신 것은 마귀의 일을 멸하려 하심이라"고 기록했다. 이것이 전반적 목적이며 따라서 우리도 이 두 가지 진술에 근거해 그분의 성육신을 이해해야 될 것이다.

5절에 기록된 첫 번째 진술을 생각해 보겠다. 먼저 잠시 멈추어 다음과 같은 매우 중요한 질문을 해보자. "왜 하나님의 아들이 이 땅에 오셨는가?" 우리는 그분이 "나타나신 것"을 알고 있으며 요한이 이런 식으로 기록하기 원했던 사실에 대해서도 이미 생각해 보았다. 나는 "태초부터 있는 생명의 말씀에 관하여는 우리가 들은 바요 눈으로 본 바요 자세히 보고 우리의 손으로 만진 바라 이 생명이 나타내신 바 된지라 이 영원한 생명을 우리가 보았고……"라고 요한일서 1:1-2에서 언급했다. 이제 그는 여기서 이와 똑같은 말을 다시 하고 있다. 왜 그분이 이 땅에 오셔야만 했는가?

우리가 예수 그리스도를 생각할 때, 특별히 갈보리산에서의 그분의 죽으심의 목적을 생각해 보았는가?[1] 이것이 단순하게 감상적으로 다룰 수 있는 것인가? 그분의 죽으심이 우리에게 무엇을 말하는가? 다음과 같은 질문들을 해보아야 할 것이다. "왜 하나님의 아들이 베들레헴의 어린 아기로서 이 땅에 태어나셔야만 했는가? 이 성육신의 의미가 무엇인가? 왜 하늘나라의 보좌를 버리고 이 땅에 그와 같은 모습으로 오셔야만 했는가? 그리고 왜 처음 30년간을 그와 같은 모습으로 보내셔야만 했는가? 그분의 설교와 가르침과 이적이 의미하는 것은 무엇인가? 이 땅 위에서 그분의 삶의 목적은 무엇이었는가? 무엇보다도 왜 하필이면 십자가에서 돌아가셔야만 했는가? 왜 그분이 이 땅에 나타나 그와 같은 행적을 남기셨던 것인가? 왜 그분이 땅에 묻혀야만 했고 다시 살아나 사람들에게 보이셨으며 다시 승천하셨는가? 이 모든 것에 대해 무슨 설명을 할 수 있는가?"

이런 모든 질문에 요한이 대답하고 있다. 먼저 부정의 형태를 취해 답해 보자. 비록 목적의 일부이지만 주님은 하나님에 대한 계시를 우리에

---

[1] 이 설교는 1949년 종려 주일에 전한 것이다.

게 주기 위해서만 오신 것은 아니라는 사실이다. 요한복음 14:9에서 주님은 "나를 본 자는 아버지를 보았거늘"이라고 하셨으며 1:18에는 "본래 하나님을 본 사람이 없으되 아버지 품속에 있는 독생하신 하나님을 나타내셨느니라"고 말씀하셨다. 비록 그분이 아버지를 계시하기 위해 오신 것이 사실이라 할지라도 이것이 전부는 아니다.

이와 마찬가지로 주님이 이 땅에 오신 것은 하나님을 우리에게 가르치고자 오신 것만이 아니라고 할 수 있다. 물론 그분의 가르침과 비교될 수 있는 것은 아무것도 없다. 세상이 결코 알지 못했던 그리고 현재까지도 세상이 결코 이해할 수 없는 그런 가르침을 그분은 가르치셨다. 하지만 주님이 이 땅에 오신 것은 그것만을 위한 것은 아니었다.

주님은 이 세상의 어느 누구와도 비교할 수 없는 삶의 모범을 우리에게 보여 주셨다. 그러나 주님은 이 땅에서 어떻게 살아야 하는지 모범을 보여 주기 위해서만 오신 것은 아니다. 주님은 선생만도 아니었고 도덕적인 모범만도 아니었다. 또한 하나님의 존재와 신성에 관해 어떤 모형을 보여 주기 위함만도 아니었다. 그분이 오신 목적 가운데 이런 것들이 다 포함되기는 하지만 그것들이 유일한 목적이라고는 할 수 없다는 것이 요한의 주장이다.

요한은 주님이 우리의 죄 때문에, 인간이 처한 상태 때문에, 전반적인 율법의 문제 때문에 오셨다는 것이다. 우리를 가르치시고 이 땅에서의 삶을 격려하시며 하나의 위대한 모범을 제공해 주기 위해서만 오신 것이 아니다. 그 뒤에 숨어 있는 좀더 본질적인 문제 때문에 오셨던 것이다. 그것은 바로 하나님의 거룩하신 법의 관점에서 하나님과 우리 관계의 문제였다. 우리가 다 율법 아래 있었으며 그것을 해결해 주시기 위해 오셨던 것이다.

5절은 "그가 우리 죄를 없애려고 나타나신 것을 너희가 아나니 그에게는 죄가 없느니라"고 말씀했다. 그러므로 율법의 관점에서 전반적 죄의 문제를 이해한다면 우리는 그분이 왜 이 땅에 오셔서 십자가에서 비참하게 죽으셔야만 했던가를 이해할 수 있게 된다. 따라서 우리는 신약성경의 곳곳에서 말하고 있듯이 주님은 우리를 구원하기 위해 이 땅에 오셨다고 말할 수도 있다. 이 외의 다른 길로는 우리를 구할 수 없기 때문에 그분이 오셨다는 말과 같다.

누가복음 19:10을 보면 주님은 "인자가 온 것은 잃어버린 자를 찾아 구원하려 함이니라"고 말씀하셨다. 주님은 죄가 우리에게 행한 전반적 문제 때문에, 하나님과 그분의 거룩하신 법과 관련해 우리에게 주어진 위상 때문에 오셨다. 이렇게 요한은 우리에게 설명하고 있다.

이제 우리가 곤경에 처해 있는 상황에 대해 하나님이 행하신 것을 보도록 하자. 요한이 말하는 것은, 예수 그리스도는 우리의 죄된 상황과 율법의 문제와는 전혀 상관이 없으시다는 것을 잘 이해하지 못하고 있다는 것이다. 이런 이유 때문에 요한이 여기서 하고 있는 진술은, 주님은 죄가 없으시다는 사실이다.

예수 그리스도 안에는 죄가 없다. 그분은 온전하고 흠이 없고 비난받을 일이 조금도 없으시기 때문이다. 그분은 원죄와는 상관없이 태어나셨다. 그래서 우리는 주님의 동정녀 탄생에 대한 성경의 가르침을 받아들일 뿐만 아니라 왜 동정녀 탄생이 필수적이었는가에 대해 보여 주는 율법의 관점에서 주님을 바라보아야 한다. 성령이 마리아에게 임하심으로 주님은 출생하셨다. 그분은 사람이 되셔서 사람의 본성을 취하셨다. 하지만 그분에게 죄는 없으셨다. 기적적인 역사 가운데 그분은 완전한 인성을 취하셨던 것이다.

"그에게는 죄가 없느니라." 계속해 나갈 때 드러나는 이유들 때문에 이 구절에서부터 시작해야만 되겠다. 이 구절이 항상 출발점임을 명시해야 한다. 우리가 그분의 인성에 대해 제대로 이해하지 못한다면 예수 그리스도 안에서 우리에게 주어진 구원과 구속의 참의미를 알 수도 없기 때문이다. 이런 이유 때문에 요한은 2장에서 주님의 인성을 부인함으로 사람들을 잘못된 길로 인도하는 자들에 대해 매우 강한 어조로 말했던 것이다. 그는 "그러한 적그리스도들은 거짓말하는 자들이며, 우리에게 주어진 구원을 몽땅 도둑질하려는 자들이기 때문에 그렇게 불리는 것이 당연하다."라고 말했다. 우리가 그분의 인성을 잘못 알고 있다면 모든 것이 다 틀리게 될 것이다. 주님의 인성을 바라볼 때 죄와 허물로 가득 차 있는 우리의 세상에 살았으면서도 죄가 없으신 분이었음을 다시 한번 상기할 수 있다.

히브리서 4:15은 주님에 대해 "모든 일에 우리와 똑같이 시험을 받으신 이로되 죄는 없으시니라"고 기록했다. 이같이 그분은 독특하며 일반적인 인간과는 분리된 자로 남아 계신다. 그분은 이 세상의 어느 누구도 흉내 낼 수 없는 하나님의 아들이시다. 그분은 단순하게 도덕적으로 훌륭한 선생이나 종교성에 뛰어난 자가 아니셨다. 또한 하나님과 진리에 대한 추구에 있어 다른 사람들보다 조금 더 진취적인 사람도 아니셨다. 이런 진술들은 사실상 다 틀린 주장들이다. 그분은 하나님의 아들로서, 성육신하신 자로 '죄가 없으신' 분이셨다.

그분은 출생시에 죄가 없으셨을 뿐만 아니라 죄를 짓는 행위 자체를 하지 않으셨다. 그분은 언제나 하나님의 거룩한 율법을 존중했기 때문에 완전하게 순종했으며 완벽하게 지키셨다. 하나님은 그분의 법을 사람에게 주셨다. 그분은 그 법이 지켜지기를 원하셨으므로 그 법은 존중되어야 했으며 지켜져야 했다. 좀더 진전시켜 생각해 보자면 이 세상의 어느 누구도 하나님의 율법을 존중하지 않고서는 그분과 함께 있을 수 없으며 그분과 함께 영원토록 지낼 수도 없다는 것이다. 하나님의 율법은 지켜야만 하고 그것을 지키지 않고서는 그분과 교제도 할 수 없고 그분과 영원토록 함께 지낼 생각은 더더욱 할 수 없다.

그런데 여기에 율법을 지킨 분이 계시다. 우리가 이 세상에서 살듯이 이 세상에서 살면서 율법을 완성한 분이 계시다. 그분은 목수로서 일을 하셨다. 그분은 한 아이였다. 하지만 어느 누구도 그분을 죄인으로 몰 수 없다. 그분은 그들이 그렇게 하도록 허용하지 않으셨다. 왜냐하면 그분은 하나님께 그리고 그분의 거룩한 율법에 온전히 순종하셨기 때문이다. 하나님이 사람에게 요구하신 것을 사람들은 해내지 못했지만 그분만은 해내셨다. 그분은 그 요구 사항들을 이루어 내셨다. "그에게는 죄가 없느니라." 그분은 하나님의 법을 만족하게 지키셨디. 긍정적으로 그리고 적극적으로 그분은 하나님의 율법에 순종하셨으며 온전하게 지켜 내셨던 것이다.

다시 말하지만 이것이 우리의 구원에서 지극히 필수적인 요소이다. 하나님과 관계된 인간의 문제는 죄의식의 문제만이 아니다. 단순하게 용서받는 것만으로는 충분하지 않다. 왜냐하면 우리는 하나님의 율법을 꼭 지켜야만 되기 때문이다. 사도 바울이 로마서 8장에서 말한 내용을 보기 바란다. 그는 3-4절에서, 하나님이 그리스도 안에 "죄를 정하사……우리에게 율법의 요구가 이루어지게 하려 하심이니라"고 기록했다. 우리는 율법을 지켜야 하지만 지키지 못했다. 우리는 율법을 지킬 수 없기 때문이다. 단지 주님 안에서만 율법을 지킬 수 있게 되었다. 주님은 우리를 위해 율법을 지키셨기 때문이다. 그리하여 하나님의 율법이 요구하는 사항들을 만족하게 하셨고 그 법에 순종하셨다.

한 단계 더 나아가 보자. 주님은 우리 죄를 위해 온전한 희생 제물이 되어 주심으로 우리의 죄의식 문제까지도 다루어 주셨다. 구약성경을 보면 모든 번제와 희생 제물에 대해 기록한 것을 볼 수 있다.

하나님이 옛날 이스라엘 백성에게 어떻게 죄에 대한 희생 제물이 드려져야 할 것인가를 가르쳐 주시기 위해 이런 모형과 그림자를 보여 주셨다. 히브리서 9:22에는 "피흘림이 없은즉 사함이 없느니라"고 기록했다. 희생 제사와 제물은 온전하고 조금의 흠도 없어야 했다. 이것이 온전한 제물에 대한 모형과 그림자였다. 사람이어야 했고 남자여야 했다. 이제 여기에 죄를 위한 완전한 희생 제물이 있다. 그분은 "죄가 없으신" 분이었기 때문이다.

여러분은 율법의 관점에서 이 모든 것을 보고 있다. 율법이 완전한 것을 요구하는 한 어떠한 흠도 용납될 수 없다. 어떠한 허물이라도 있으면 죄를 위한 온전한 속죄 제물로 드려질 수 없다. 예수 그리스도가 한번이라도 죄를 지으셨다면 그분은 우리의 죄악을 위해 속죄 제물로 드려질 수 없었을 것이다. 하지만 "그에게는 죄가 없느니라"는 말씀이 있으므로 그분은 희생 제물이 되실 수 있다. "죄의 값을 지불할 수 있는 또 다른 만족할 만한 것은 없다."[2] 그분은 육신을 덧입고 사람으로 태어나셨지만 죄가 없었으므로 자신을 드려 온전한 제물이 되실 수 있었다.

이런 논리는 다음 단계로 이끌어 준다. 요한은 그분이 그렇게 하심으로써 "그가 우리 죄를 없애려고 나타나신 것을 너희가 아나니"의 말씀 같이 우리 죄를 씻어 주셨다고 했다. 세례 요한이 예수님을 처음 볼 때 한 말, 즉 요한복음 1:29의 "보라 세상 죄를 지고 가는 하나님의 어린양이로다"를 우리는 다시 한번 상기해 보자. 이것이 수난이 주는 의미가

---

2) Cecil Frances Alexander의 "There is a Green Hill Far Away."

아닌가? 이것이 십자가에 대한 설명이다. 우리의 죄가 그에게 지워졌다. 그리고 그분 안에서 이 모든 죄의 문제가 해결되었다. 이는 주께서 우리의 모든 죄악을 깨끗하게 씻어 주셨기 때문이다. 여러분과 내 죄가 더 이상 우리에게 속한 것이 아니라 우리로부터 멀리 떠나게 되었다.

여기에 나오는 개념들은 죽음을 당하신 어린양에 관한 것이며 백성의 죄를 짊어지고 광야로 쫓겨난 아사셀을 위한 어린 양레 16장에 관한 것이다. 이것이 예수 그리스도가 우리를 위해 하신 것이다. 이것을 위해 주님은 이 땅에 오셨으며 이것이 그분의 성육신의 전체 목적이라 할 수 있다. 이것 때문에 주님은 골고다 언덕을 오르셔야 했고 이것을 위해 주님은 십자가에 못 박히셨다. 주님이 여러분과 나의 죄악을 온전히 담당하셨다.

그러한 것을 요구한 것은 다름 아닌 율법이었다. 누군가가 죄를 위해 희생하지 않고서는 율법을 만족시킬 수 없으므로 죄악이 씻겨지는 역사가 일어날 수 없다. 이런 이유 때문에 우리는 죄를 대수롭지 않은 것으로 여겨서는 안 된다. 이런 이유 때문에 우리는 죄를 어떤 약점 정도로 생각해 "이제 내가 그리스도인이기 때문에 그것은 별로 문제 삼을 것이 아니다."라고 말하는 것은 잘못된 생각이다. 죄는 율법을 어기는 행위이다. 예수 그리스도를 죽음으로까지 이끌었던 못된 것이 죄였다. 그래서 요한은 "아무도 너희를 미혹하지 못하게 하라"고 말했던 것이다.

이제 여러분은 죄에 대한 관점에 문제가 있으면 결코 자신의 죄악을 볼 수 없게 된다는 것과, 그 죄악이 사람 아니 좀더 조심스럽게 표현하면 하나님을 대하여 만들어 낸 문제를 볼 수 없게 된다는 것을 알 수 있다. 이 거룩한 법, 즉 하나님의 존재와 특성의 표현인 율법은 죄를 사정없이 정죄한다. 정죄란 죽음을 의미하며 어떤 희생적 속죄 없이는 용서도 있을 수 없다. 하지만 경이로움 중의 경이로움이 하나님이 십자가에서 그와 같은 용서를 허락할 수 있는 속죄의 사역을 제공해 주셨다는 것이다. 나의 죄악들이 더 이상 나를 고발하지 못할 것이며 더 이상 나를 거슬러 기록하지 못할 것이다. 나의 죄악에 대한 기록이 생명책 안에 나타날 때 그리스도에 의해 다 제거될 것이다.

따라서 그런 사실을 믿는 사람이라면 누구든지 죄를 가벼운 것으로 여길 수 없다. 그들은 의로운 삶이란 별 차이가 없다고 말할 수 없을 것이다. 이런 사실을 진심으로 믿으며 이런 사실에 근거해 사는 사람들과 신약성경에 기초해 참으로 성결한 삶을 살려는 사람들은, 성결한 삶이라는 것이 그저 좋은 삶이라는 사실을 믿기 때문에 성결해지는 것이 아니다. 그들은 하나님의 율법의 조명 아래, 하나님의 어린양으로 오신 그리스도와 십자가의 조명 아래 모든 것을 바라본다. 그럴 때 이런 논리나 논증이 나올 수밖에 없다. 그러므로 신약성경은 성결해져야 되기 때문에 성결하게 살라고 단순하게 요청하지 않는다. 단지 말씀은 성결을 앞에서 언급한 맥락 가운데 설명하고 있다.

마지막으로 그 다음 단계에 대해 언급하고자 한다. 이런 배경과 상황에서 요한이 "그가 우리 죄를 없애려고 나타나신 것을"이라고 말할 때, "우리의 범죄"에서 멈추어 서지 않음을 확실하게 볼 수 있다. 이는 구원에 대해 말할 때 범죄에서 멈추지 않고 그 이상을 언급해야 하기 때문이다. 가장 우선이 되는 본질적 내용으로 우리가 저지른 범죄로부터 구원받았음을 말할 수 있다.

감사하게도 거기에만 멈추지 않고 있다. 주님은 우리를 죄의 권세와 오염으로부터도 역시 구원해 주셨다. 그분의 사역은 좀더 근본적 의미에서 우리의 죄악을 제거해 주셨다. 우리는 주님의 은혜와 지식 가운데 성장한다. 왜냐하면 하나님의 아들의 형상을 따라 계속해 만들어져 가고 있기 때문이다. 우리는 구원받고 있으며 지금까지 그러했듯이 지금도 그리고 앞으로도 확실하게 구원받을 것이다. 그분이 우리의 모든 죄악을 몽땅 제거할 때 영화의 단계는 올 것이다. 그렇게 될 때 그분의 거룩하신 존전에서 우리는 흠 없고 점 없고 책망받을 것이 전혀 없는 존재가 될 것이다.

"죄의 값을 지불하기에 충분한 다른 것은 없네."라는 찬송 역시 우리에게 "주님이 우리를 용서하시기 위해 죽으셨네."라고 말하고 있다. 그런데 "주님이 우리를 선한 자로 만드시기 위해 죽으셨네."라고 하는 것도 역시 맞는 말이라고 생각한다. 사도 바울은 디도에게 서신을 보내면서 2:14에서 "그가 우리를 대신하여 자신을 주심은 모든 불법에서 우리를 속량하시고 우리를 깨끗하게 하사 선한 일을 열심히 하는 자기 백성이 되게 하려 하심이라"고 기록했다.

그러므로 우리는 의롭다 하심과 성화를 분리시켜서는 안 된다. 성결과 용서를 구별해서도 안 된다. 또한 일련의 분리된 축복들에 대해서도 말해서는 안 된다. 이 모두가 한가지이며 서로에게 속한 것이기 때문이다. 성결이란 우리를 정죄하는 율법과, 십자가를 통해 우리를 율법으로부터 구속해 주신 주님의 사역과, 새로운 생명의 선물로 설명될 수 있는 성질의 것이다. 주님은 여러분과 내가 용서받을 수 있게 하기 위해서만 십자가에서 비참하게 죽는 길을 걸으신 것이 아니다.

참으로 감사한 것은 성결이 바로 그분의 죽으심으로부터 비롯되는 것이라는 사실이다. 주님은 자신을 위해, 사도 바울이 말했듯이 자신의 백성을 "선한 일에 열심하는" 특별한 보물로서 그리고 자신의 소유한 백성으로 따로 분리해 놓기 위해 그와 같이 하셨다. 그들은 이 세상과 공중의 권세들을 향해 그분의 백성으로서의 모습을 보여 주는 의롭고 성결한 삶을 살 것이다. 그들은 지극히 죄악되고 타락한 인간이 그와 같은 삶을 살 수 있도록 해주신 하나님의 놀라운 그리스도의 특별한 보배요 소유된 백성으로서 분리된 자들이다.

이런 사실이 우리가 알고 있는 내용이다. "그가 우리 죄를 없애려고 나타나신 것을 너희가 아나니 그에게는 죄가 없느니라." 나는 여러분의 죄가 용서함을 받았으며 여러분의 유죄가 무효가 되었다는 사실을 알기를 진심으로 소원한다. 나는 여러분이 주께서 죄의 권세와 오염으로부터 점차 구원해 주고 계심을 바라고 있다고 믿는다. 또한 디도서 2:13의 "복스러운 소망과 우리의 크신 하나님 구주 예수 그리스도의 영광이 나타나심을 기다리게 하셨으니"와 같이, 그분이 언젠가 다시 오셔서 이 땅과 시간의 모든 일을 마무리하고 모든 악을 멸하시며 하나님의 자녀로서 우리가 공유하게 될 영원한 영광으로 우리를 이끌어 들이시리라는 소망을 바라보고 있다고 믿는다.

아무쪼록 하나님이 우리에게 이런 소망을 견지하며 경험할 수 있도록 허락해 주시기를 기원한다.

> 하나님의 아들이 나타나신 것은
> 마귀의 일을 멸하려 하심이니라 _ 요일 3:8.

Chapter 29

마귀에 대한 승리

이 구절은 하나님의 아들이 이 땅에 오셔야 했던 전반적 목적과 관련해 3장의 첫 부분에서 기록한 두 가지 위대한 진술 중 두 번째 것이다. 첫 번째 것은 5절에 기록된 "그가 우리 죄를 없애려고 나타나신 것을 너희가 아나니 그에게는 죄가 없느니라"는 말씀이다.

이 두 가지 진술 모두가, 아버지가 '구속의 드라마'로 묘사하기를 매우 좋아하고 계신 것을 우리에게 상기시켜 준다. '구속의 드라마'는 아주 좋은 말이라고 생각한다. 우리에게 올바로 복음을 바라볼 수 있도록 도와주며 복음의 메시지 중에서 가장 본질적인 내용에 대해 즉시 되새길 수 있도록 도와주기 때문이다. 신약성경에 기록들이 있음에도 불구하고 우리가 이 복음을 하나의 생각이나 가르침이나 관점 정도로 바라보며, 실제로 일어났고 가장 먼저 있었던 사건들 중의 한 가지라는 사실을 망각해 버리려는 경향이 있다는 것은 참으로 놀라운 일이다.

내가 보기에 이런 잘못된 경향도 죄의 결과로서 어쩔 수 없이 주어지는 것 같다. 사도 바울은 고린도 교인들과 골로새 교인들에게 아주 포착하기 힘든 어떤 위험스러운 것에 대해 자신이 느끼고 있다고 말했다. 그는 어떻게 해서든지 십자가의 전체적 복음을 철학적인 어떤 것 정도로 낮추어 버리려는 시도에 대해 언제나 예민하게 대처했다. 복음의 본질이라는 것이 우선적으로 가르침을 의미하는 것이 아니라 이미 일어난 확실한 것들에 대한 선포요 발표이기 때문이다.

사도행전을 읽어 보면 초대 설교자들이 여행을 두루 다니면서 이 메시지의 전령 역할을 감당하는 것을 볼 수 있다. 그들은 이미 이전에 일어난 일들에 대해 말했다. 특히 어떤 사람에 관해 말했으며 바로 그 사람에게 일어난 일을 기록했던 것이다. 그들은 그분이 부활한 놀라운 사건에 대해 강조했다. 일반 사람뿐 아니라 백성의 지도자들이나 장로들까지도 철저하게 오해했던, 그분이 어떻게 부활하셨는가에 대해 말했다. 그분은 바로 나사렛 예수였다.

하나님이 어떻게 그분을 죽음으로부터 일으켜 주셨으며 어떻게 자신의 택하신 백성에게 그리고 또 다른 사람들에게 하나님 자신을 나타내 보여 주셨는가에 대해 말했다. 부활 후 이 땅 위에서 40일을 보내신 후 어떠한 모습으로 승천하셨는가에 대해서도 말했다. 그들은 주님이 보내 주신 성령이라고 불리는 놀라운 선물의 능력으로 설교를 했다.

지금 살펴보는 말씀들에 의해 모든 것을 되새겨 볼 수 있다. 우리는 주님이 오로지 가르치기만을 위해 이 땅에 오셨다고 보지 않는다. 물론 그분은 다른 어떤 사람과도 비교할 수 없는 선생이셨다. 그러나 실제적 측면에서 그분의 가르침의 가치를 논하기 전에, 우선 그분이 이 땅에 오신 주된 목적이 무엇인가를 인식해야 한다. "그가 우리 죄를 없애려고 나타나신 것을"이라는 말씀에서 그분이 우리를 가르치려고 오셨다거나, 우리가 따라야 할 영광된 모본을 제공해 주기 위해 오셨다거나, 우리의 마음을 조명해 주고 흥미진진하게 해주는 어떤 탁월한 아이디어를 주기 위해 오신 것이 아니라는 사실이다. 전혀 그러한 것이 아니다.

"하나님의 아들이 나타나신 것은 마귀의 일을 멸하려 하심이라"의 말씀과 같이 그분이 오셔서 자신을 나타내신 것은 바로 마귀의 일을 멸하기 위한 것이다. 그분이 오신 것은 무엇인가를 하기 위한 것이며 우리의 구원은 그분이 하신 일에 근거하고 있다. 복음에서 가장 본질이 되는 말씀은, 그분이 하신 것을 알고 그것을 받아들이라는 것이다. 이런 이유 때문에 구원은 선물이라는 것이며, 설교 사역이 사람들에게 구원의 선물을 제공하며 그들에게 구원을 꼭 붙잡을 것을 요청하는 것이다.

이것이 요한 사도가 두 가지 놀라운 진술을 통해 강조하는 것이다. 이제 여러분은 양쪽 모두의 진술 가운데 요한이 죄라는 것과 연결해 설명하는 것을 관찰했을 것이다. 좋든 싫든 간에 이것이 진리를 설명하는 데 언제나 배경과 여건이 되는 것을 부인할 수 없다. 요한에 의하면 주님은 실제로 죄 때문에 오셨고 오셔야만 했다. 이것이 그가 이 전체 문단을 요약하고 있는 내용이다.

무엇보다 먼저 그는 죄가 하나님의 거룩한 율법의 정죄 아래로 우리를 이끌어 들였다고 보고 있으며, 다음으로 죄가 우리를 사탄의 지배 아래 두었으며 우리를 사탄이 하는 일들 중 일부가 되게 만들었다고 보고 있다. 본문 8-9절에는 "죄를 짓는 자는 마귀에게 속하나니 마귀는 처음부터 범죄함이라……하나님께로부터 난 자마다 죄를 짓지 아니하나니……그도 범죄하지 못하는 것은 하나님께로부터 났음이라"고 했다. 이와 같이 죄에 대해 그리고 죄의 결과들에 대해 생각할 때 두 가지 방식으로 볼 수 있다.

첫 번째는 죄는 불의한 것이며 율법을 어긴 것이며 우리를 위한 하나님의 거룩한 뜻과 우리를 향하신 하나님의 목적을 거스르는 것으로 보는 것이다. 두 번째는 요한이 8절에서 다음과 같이 강조하고 있다. "죄되고 악한 삶을 계속해 산다는 말은 자신을 마귀와 그의 삶의 방식과 그에게 속한 모든 것과 같은 존재로 인정하는 것과 마찬가지이다."라고 요한은 말했다.

이제 두 가지에 대해 요한이 말하는 바를 매우 명확하게 볼 수 있다. 첫 번째는 주님이 이 세상에 큰 싸움을 싸우기 위해 오셨다는 것이다. 즉 그분이 엄청난 전쟁에 가담하셨다는 말이 된다. 두 번째는 그분이 우리를 위해 적과 적의 공격에 대해 싸워 이긴 일에 관한 것이다. 이것이 바로 부활절에 우리가 기념하는 내용이다.[1] 이날은 주님이 마귀와 싸워 이기신 것을 상기시켜 주는 날이기 때문이다.

이날은 우리의 삶에서 필요한 어떤 원리를 상기시켜 주는 날이 아니다. 여러분은 종종 사람들이 이런 전반적 '부활의 원리'에 대해 하나님께 감사하면서 어떻게 봄에 꽃들이 다시 피어나기 시작하며 나무들이 잎을 내고 생명이 나타나기 시작하는가 말하는 것을 들을 수 있다. 하지만 사실상 이와 같은 내용의 것은 부활의 축복된 메시지와는 아무 연관이 없다. 우리는 부활에서 자연의 원리에 관심을 두기보다 실제로 있었던 사실, 즉 주님이 마귀를 궁극적으로 정복하셨다는 실제 사실에 관심을 두어야 한다.

요한이 말한 것과 같이 그리스도가 마귀의 일을 멸하기 위해 오셨다는 사실을 인식하면서 이 '대적', 즉 그의 표현으로는 마귀에 대해 생각해 봄으로써 시작해 보자. 하나님의 아들은 마귀에 의해 이 세상에 주어진 어떤 상태와 조건 때문에 오셨다. 싫든 좋든 성경 안에 요약된 내용에

---

1) 이 설교는 1949년 부활 주일에 전한 것이다.

의하면 구속의 전반적 드라마는, 마귀에 관한 성경적 교리를 받아들이지 못한다면 전혀 이해될 수 없는 것이 사실이다. 이것은 구속의 메시지의 중요한 부분이기 때문에 처음부터 끝까지 다루어지고 있다.

이것이 성경적 가르침이다. 인간과 이 세상의 전반적 상황에 대한 문제를 설명하려면 마귀에 대한 이런 사실로까지 거슬러 올라가지 않을 수 없다. 성경 말씀에 의하면 하나님은 이 세상을 완벽하게 만드셨다. 그런데 무엇이 잘못되었는가? 여기에 답이 있다. 성경 가운데 여러 종류의 이름과 어휘를 통해 묘사되는 자가 와서 하나님이 완벽한 세상에 두신 남자와 여자에게 말했다. 그는 '루시퍼', '아침의 아들', '이 세상의 신' 등으로 불리는 자이다. 또한 '뱀', '공중의 권세 잡은 자', '무장된 강한 자' 등으로도 불린다. 성경 안에는 여러 가지 다양한 이름들이 주어져 있지만 이 모두가 같은 자에 대한 묘사이다. 이런 가르침에 의하면 이것은 악과 죄와 이 세상의 모든 비극 등에 대해 설명해 줄 수 있다. 마귀가 와서 사람에게 이야기하며 죄를 짓도록 유혹했다. 그래서 사람이 하나님을 거스르게 되었고 인간이 타락한 순간부터 지금까지 이 세상의 상태는 이런 죄악의 결과로서 주어지게 된 것이다.

다음과 같이 요약해 볼 수 있다. 이 세상은 사탄의 왕국이 되었는데 그 이유는 사탄이 우리가 함께 생각해 볼 어떤 결과들, 즉 본문에서 표현하는 "마귀의 일"을 생산했기 때문이다. 구원자 예수 그리스도가 바로 그것 때문에 이 세상에 오셨다. 사람들은 그들을 정죄하는 하나님의 율법으로부터 구속받아야만 할 필요가 있었다. 그렇게 됨으로써 그들은 죄에 대한 징벌을 모면할 수 있었기 때문이다.

그들은 마귀의 왕국, 사탄의 왕국으로부터 놓임을 받아 하나님의 나라로 이전될 필요가 있었다. 그래서 성경 말씀에 의하면 사탄이 세워 놓은 왕국 때문에 하나님의 아들이 오셨다는 것이다. 그리스도가 사탄과 그의 왕국을 정복하시고 자신의 왕국을 전하기 위해 오셨다. 이 때문에 어떤 면에서 성경은 두 왕국의 싸움에 대한 이야기라 할 수 있다. 하나님의 왕국과 마귀의 왕국, 그리스도의 왕국과 사탄의 왕국, 빛의 왕국과 어둠의 왕국, 하나님의 아들의 왕국과 세상의 왕국 등이다. 천국과 지옥, 빛과 어둠 간의 전투 등이 성경에서 보여 주는 어휘들이다.

이제 이와 같은 일반적 진술들에서 벗어나 좀더 구체적인 내용으로 들어가 보자. 악은 마귀, 즉 하나님과 사람의 대적을 통해 들어왔다. 그렇다면 마귀의 일은 무엇이며 그 일을 통해 무엇을 하려고 노력해 왔는가? 그의 커다란 노력은 사람들을 하나님으로부터 분리시키려는 것이다. 이것이야말로 그가 가장 심혈을 기울이는 부분이라고 할 수 있다. 그는 사람이 하나님께 순종하며 충성하는 것을 시기한다. 그리고 자기가 하나님을 대단히 미워하고 증오하기 때문에, 한 가지 소원은 이 세상에서 하나님의 영광된 일들을 전락시키고 흠집 내고 멸해 버리는 것이다.

성경에 의하면 그가 이런 일을 아주 교활한 방법으로 계속해 왔다고 했다. 그는 "교묘한 자"로 그리고 "거짓말하는 자"로 자주 묘사된다. 여러분은 주님 자신도 요한복음 8:44에서 그를 "거짓말쟁이요 거짓의 아비"라고 말하신 것을 볼 수 있다. 그의 모든 일은 거짓의 반복 형태로 보여지는 것이다. 그는 사람들에게 이런 거짓말을 믿게끔 설득시킨다. 그래서 이 세상의 모든 불행은 사탄의 교묘한 거짓말을 믿는 인간의 어리석음의 결과라고 할 수 있다.

이것이 곤경에 처한 인간에 대한 성경적 설명의 핵심이다. 이것이 없었다면 이 세상에 불행이란 없었을 것이다. 성경에 의하면 악과 죄도 지금 존재하지 않을 것이다. 사람들이 사탄의 거짓말을 어리석게 믿지만 않았더라면 술취함도, 논쟁도, 배신도, 이혼도, 전쟁의 위협도, 혼동도, 방해도 없었을 것이다.

거짓말에는 다양한 형태들이 있다. 사탄이 사람들로 하여금 믿게끔 하는 거짓말의 본질은 하나님 자신에 대한 것이다. 그것은 사람에 대한 하나님의 자세에 대한 거짓말이었다.

하나님은 사람들을 완전하게 만드시고 그들이 살 수 있는 완전한 세상을 주셨다. 하나님은 그들에게 하나님과 교제를 나눌 수 있는 대단한 특권을 부여하셨다. 그분은 그들에게 필요한 모든 것을 주셨다. 그들은 살기 위해 어떠한 일도 할 필요가 없었다. 과실이 있었기 때문에 그냥 따서 먹기만 하면 되었다. 하나님은 그들에게 자신이 줄 수 있는 모든 복을 주셨다. 하지만 사탄이 와서 "얘들아! 너희들 진짜로 하나님이 너희를 사랑한다고 믿을 정도로 어리석으니? 그가 너희를 노예로 삼고 있다는 것을 모르니? 그 증거 중의 하나가 바로 너희에게 하지 못하게 하는 일이 있다는 거야. 바로 그것이 너희를 사랑하지 않는다는 증거야." 라고 말했다.

이와 같이 처음 있었던 사탄의 거짓말은 하나님에 대한 거짓말이었다. 이것이 우리에게도 맞는 말이 아닌가? 무엇인가가 잘 풀리지 않으면 우리 안에 하나님에 대한 증오의 감정이 생긴다는 것을 알고 있는가? 하나님에 대한 적개심을 일으키는 것이 하나님에 대해, 우리에 대한 하나님의 태도에 대해, 우리에 대한 그분의 사랑에 대해, 우리의 행복과 번영을 위한 그분의 관심에 대해 거짓말을 하는 사탄의 일이다.

이런 논리는 이미 살펴보았듯이 하나님의 거룩한 뜻에 대한 거짓말, 즉 두 번째 종류의 거짓말로 이끌어 간다. 하나님은 사람에게 법들을 주셨다. 그분은 우리의 이익을 위해, 우리가 잘 되도록 하기 위해 이런 법들을 주셨다. 하나님이 인간을 만드셨기 때문에 그분이야말로 인간에게 무엇이 좋은지를 잘 알고 계신다. 그래서 그분은 처음에 그들의 유익을 위해 조건들을 주셨다. 하지만 사람들은 그런 하나님의 뜻을 보지 못하고 오히려 하나님의 법이 그들을 저해하는 것이라는 사탄의 거짓말을 믿게 되었다.

사람들은 복음이 수용력이 적다고 말하기를 좋아한다. 이런 이유 때문에 많은 사람이 복음을 거절한다. 마치 예수 그리스도처럼 사는 삶이 왜소하고 협소한 것처럼 말이다. 하지만 그렇지 않다. 이것은 하나님의 법과, 삶에 대한 하나님의 방식과, 하나님의 거룩함에 대한 사탄의 거짓말이다. 본질적으로 우리는 자신도 모르게 거룩한 삶을 싫어한다. 왜 그런가? 그것은 우리가 죄에 대한 거짓말을 믿기 때문이다.

다음 단계의 거짓말은 죄와 불순종의 결과에 대한 거짓말이다. 사탄은 최초의 인류에게 "너희가 하나님의 법을 불순종하고 지키지 않으면 그 결과로 정녕 죽게 될 것이라는 그분의 말씀을 믿지 말라. 이와 같이 금지된 일을 하면 너희의 눈이 열려 신과 같이 될 것이다. 하나님은 너희가 자신과 같이 되는 것을 원하지 않으시기 때문에 하지 못하도록 하는 것이다. 하지만 그렇게 해보라. 분명히 너희는 지금의 상태보다 더 훌륭하게 될 것이다."라고 말했다. 그는 그들에게 죄와 불순종의 결과에 대해 거짓말을 했으며 결국 그것이 타락의 엄청난 결과들을 생산해내게 되었던 것이다.

지금도 여전히 사탄은 우리에게 같은 거짓말을 하고 있다. 그는 우리에게 와서 하나님께 불순종하고 거룩한 법을 어기라고 속삭이고 있다. 그러면서 그는 우리가 벌도 받지 않을 것이고 어떠한 것도 잘못되지 않을 것이라고 확신을 주려 한다. 인간의 어리석음 때문에 우리는 이런 자의 말을 들으려는 경향이 있다. 하지만 나중에 가서야 범법자의 길이 거칠다는 것을 이해하게 된다.

비록 잠시 동안은 우리가 하나님을 거스릴 수 있을 것 같고 엄청난 자유를 누리는 것 같지만, 얼마 안 가서 갈라디아서 6:7-8의 "사람이 무엇으로 심든지 그대로 거두리라"는 말씀과 "자기의 육체를 위하여 심는 자는 육체로부터 썩어진 것을 거두고 성령을 위하여 심는 자는 성령으로부터 영생을 거두리라"는 말씀을 깨닫기 시작할 것이다. 마귀는 결과에 대해 거짓말을 한다. 그리고 어리석음 때문에 사람들은 그러한 거짓말을 믿는다.

다음과 같은 질문을 해볼 수 있다. 왜 사탄이 이런 짓을 하는가? 왜 그러한 거짓말을 하는가? 왜 지금도 계속 거짓말을 하는가? 여기에 대한 대답은, 사람들을 자신의 권세와 지배 아래 넣기 위해 노력하는 행위라고 할 수 있다. 그의 동기와 소원은 사람들로 하여금 죄를 짓게 하며 죄된 삶을 살도록 하는 데 있다. 이 점에서 그는 성공했다고 볼 수 있다. 사람들은 죄를 지었으며 죄된 삶을 살기 시작했기 때문이다. 뿐만 아니라 사탄은 우리에게 경건하고 선한 삶을 살지 못하게 한다. 그는 하나님이 우리를 위해 예비하신 모든 유익을 자신의 거짓말을 듣게 함으로써 빼앗으려고 노력한다. 결국 우리는 스스로가 그의 지배 아래 들어가게 되는 것이다.

주님은 누가복음 11:21에서 "강한 자가 무장을 하고 자기 집을 지킬 때에는 그 소유가 안전하되"라는 아주 기억에 남을 만한 표현을 통해 이에 대해 설명하셨다. 주님은 "이것이 죄의 결과야!"라고 말씀하시는 것이다. "너희는 스스로 사탄의 종과 노예가 된 것이다. 너희는 사탄의 성곽에 갇혀 있으며 그는 너희를 놓아 주지 않을 것이다. 또한 너희가 경건하고 거룩하게 살도록 허락하지도 않을 것이다. 만일 너희가 그렇게 살려고 노력하면 그는 너희를 쳐서 쓰러뜨릴 것이다. 너희는 그의 권세와 지배 아래 있기 때문이다."라고 주님은 말씀하셨다.

성경에 의하면 이런 것이 오늘날 이 세상의 상태이다. 사탄의 활동과 일들의 결과로 사람들은 그의 지배 아래 놓이게 되었다. 그들은 하나님께 불순종했을 뿐 아니라 대항했다. 그들은 하나님의 거룩한 법을 어겼으므로 정죄받았다. 그들은 하지 말라는 말을 들었으나 고의로 어겼다. 그러므로 그들은 핑계할 것이 아무것도 없으며 하나님의 진노 아래 놓이게 되었다.

또한 그들의 본성이 악해졌다. 악한 것을 선한 것보다 더 선호하는 자들이 되었다는 말이다. 그들 안에는 잘못된 길로 이끌어 들이려는 본능이 있다. 그들 가운데에는 세상의 욕망으로 이끌어 들이며 빠지게 하려는 무엇인가가 있다. 그들의 본성은 이런 죄의 결과로 꼬이고 비뚤어지게 되었으며 비참함과 불행을 경험하게 되었다. 참으로 그들의 세상은 비애와 고통의 장소가 되어 버렸다. 그렇지 않다고 부인하려 해도 소용이 없다. 이것은 사실이기 때문이다. 특히 20세기에 사는 우리는 아주 특별한 방식으로 이것을 경험하고 있다. 전쟁과 혼동과 낙담과 불행 등이 바로 그런 것들이다. 이 모든 것이 사탄의 활동의 결과이다.

그리하여 종국에 가서는 사망이라는 사실로 보여진다. 사탄의 거짓말을 들음으로써 사람들은 스스로 죽음의 권세 아래로 들어갔다. 성경이 우리에게 자주 말씀하듯이, 우리가 이것에 대해 충분히 이해를 하든 하지 않든 이 세상에 사는 우리 모두는 천성적으로 죽음이라는 폭군과 공포 아래 살고 있다. 우리에게 언제나 점차적으로 다가오는 죽음은 우리가 가질 수 있는 최고의 즐거움들을 손상시켜 버린다. 이것은 피할 수 없는 적이며 모든 생명을 지배하는 것이다.

아마도 사탄이 행하는 일들의 가장 큰 결과는 이 세상이 그리스도를 떠나 있는 상태라고 할 수 있다. 바로 이런 세상에 그리스도가 오셨고 하나님의 아들이 나타나셨던 것이다. 그분은 사탄의 지배 아래 놓인 세상에 나타나셨으며, 하나님으로부터 분리되어 비참하고 불행하고 죄 많고 왜곡되고 하나님의 진노 아래에서 언제나 죽음의 공포 가운데 있는 세상에 오셨다. 그렇다면 왜 주님이 처음부터 아버지와 함께 나누시던 하늘의 영광과 보좌를 떠나 이곳에 오셔야만 했는가?

여기에 그 대답이 있다. "하나님의 아들이 나타나신 것은 마귀의 일을 멸하려 하심이라." 이 말씀을 주신 하나님께 감사드린다. 하나님의 아들이 이 일을 하기 위해 오셔서 그렇게 하심으로 타락 바로 뒤에 주어진 원시복음이 성취되었다. 악과 죄의 결과로 주어진 타락 가운데 약속이 주어졌다. 바로 여자의 후손이 뱀의 머리를 상하게 할 것이라는 내용이다. "사탄이 너희를 넘어뜨렸고 뱀이 그의 간교함으로 너희를 잘못된 길로 인도했구나. 하지만 괜찮다. 내가 그 사탄의 머리를 상하게 할 여자의 후손을 너희에게 보낼 것이다."라고 하나님은 아담과 하와에게 말씀하셨다 창 3:15 참조. 그분이 누구인가? 바로 예수 그리스도이시다.

그러므로 우리는 그분이 이 땅에 오심을 사탄이 행한 일과 저질러 놓은 결과들과 연관지어 이해해야만 한다. 그리스도는 싸우기 위해 아주 강한 칼을 들고 오셨다. 그래서 마태복음 10:34에서 "내가 세상에 화평을 주러 온 줄로 생각하지 말라 화평이 아니요 검을 주러 왔노라"고 말씀하셨다. 그분은 마귀의 일들을 파괴하고 파멸하기 위해 오셨다.

주님은 그 일을 다음과 같이 하셨다. 그분의 성육신은 사탄의 말이 거짓임을 보여 주었다. 성육신은 다른 어떤 설명보다도 하나님이 사랑이시라는 것과 하나님이 우리를 영원한 사랑으로 사랑하신다는 사실을 보여 주는 것이기 때문이다. 마귀는 "하나님은 너희를 거스르며 미워하기 때문에 너희가 밑바닥에 처하는 것을 즐기는 것이야. 그는 너희에게 정당하게 주어진 것들을 빼앗아 가기를 원한단다."라고 말한다. 하지만 성육신이 보여 주는 것은 "천만에! 하나님은 사랑이시다."이다.

하나님을 거슬러 반역한 세상이 있다. 이 세상은 그리스도의 거룩한 얼굴에 침을 뱉었으며 거만한 마음으로 그분보다 더 위에 서려고 했다.

세상은 "하나님과 동등해질 권리가 있다."고 말했다. 이런 세상은 징벌 외에 다른 어떠한 것도 받을 만한 자격이 없다. 단지 멸망을 당해 지옥에 들어가는 것 외에는 없다. 이런 세상에 하나님은 자신의 아들을 보내셨다. 요한복음 3:16의 말씀과 같이 "하나님이 세상을 이처럼 사랑하사 독생자를" 주셨다.

베들레헴에서 태어난 아기는 사탄의 말을 거짓말로 입증해 주고 있다. 그분은 "하나님이 너희들을 사랑하시기 때문에 내가 여기에 온 것이다."라고 말씀하셨다. 그분은 마귀의 일을 멸하기 위해 오셨다. 그분은 사탄의 말이 거짓말이고 모순된 것이라는 사실을 알리기 위해 오셨다. 다시 한번 강조하지만 주님이 나타나셨다는 사실 자체만으로도 최초의 거짓말, 즉 하나님이 인간을 사랑하지 않으신다는 말을 취하시키는 것이다. 그분의 성육신은 하나님이 우리를 사랑하신다는 명백한 증거가 된다.

그분의 생애와 삶의 방식을 보기 바란다. 복음서에서 보여지는 그분을 생각해 보기 바란다. 온전하며 흠 없으신 그분의 삶을 바라보기 바란다. 아직도 거룩한 삶이 왜소하고 편협한 것이라고 말할 수 있는가? 그분이 단지 술을 마시지 않고 저주를 하지 않고 맹세를 하지 않고 노름을 하지 않고 오늘날 우리가 말하는 인간의 '삶'에서 행해지는 여러 가지 것을 하지 않았기 때문에 거룩한 삶을 살았다고 믿는가? 그분을 바라보라. 그분의 흠 한 점 없는 무죄한 삶을 보기 바란다. 그분만이 유일하게 거룩하신 하나님의 계명들을 완전하고 확실하게 지켜 내신 삶을 사셨다고 인정받을 수 있다. 그분은 삶 가운데서 마귀의 말을 거짓말로 증명해 보이셨다.

이제 그분의 죄와 잘못된 행위의 악한 성질에 대해 심도 있게 보여 주는 가르침을 들어 보기 바란다. 모세의 율법에 대한 그분의 해석과 강해를 들어 보기 바란다. 예를 들어 산상 수훈 중 마태복음 5:28에서 그분은 "너희는 간음해서는 안 된다. 너희가 알아야 될 것은 눈으로 보고 음욕을 품는 것 자체도 이미 간음한 것이라는 사실이다."라고 말씀하셨다. 이것이 그분이 설명하는 죄이다. 그분은 원래 의도하는 바를 지적하시는 것이다. 마태복음 15:19에서 그분은 "마음에서 나오는 것은 악한 생각과 살인과 간음"과 이 외의 다른 악한 것들이라고 하셨다. 그분은 악의 왜곡되고 뒤틀린 성질과 죄의 추악하고 더러운 성질을 들추어 내셨으며 가르침을 통해 사탄의 거짓말과 그의 일들을 취하시키셨다.

주님이 이적과 기사들을 행하신 것을 보기 바란다. 그분이 무엇을 하셨는가? 그분이 하신 일들이란 사탄의 일들을 멸하고 없애는 위대한 일들뿐이었다. 주님이 18년 동안 꼬부라져 조금도 펴지 못하는 가난한 여인을 고치실 때의 경우를 보라. 누가복음 13:10-13까지를 보면 그분이 그녀에게 말씀하시자마자 즉시 펴고 일어났다. 그분이 그녀에게 하신 일이 무엇인가? 그분은 "십팔 년 동안 사탄에게 매여 있던 이 여자를 내가 풀어 주었다."라고 말씀하셨다.

누가복음 11:21-22을 보면 "강한 자가 무장을 하고 자기 집을 지킬 때에는 그 소유가 안전하되 더 강한 자가 와서 그를 굴복시킬 때에는 그가 믿던 무장을 빼앗고 그의 재물을 나누느니라"고 기록했다. 그분은 포로들을 석방시켜 주셨다. 이것이 이적을 통해 그분이 행하신 것이다. 그분은 사탄의 일들을 멸하신다. 그분은 여러 면에 둘러쳐 있는 쇠사슬들을 끊고 계신다. 포로들에게 자유를 허락하기 위해서이다.

이제 그분의 삶에서 죽음으로 옮겨 생각해 보자. 그분은 갈보리 언덕의 십자가에서 무엇을 하셨는가? 그분은 그곳에서 죄 문제를 다루어 주셨고 거짓에 대한 정죄를 취하시키셨다. 죄를 씻어 주고 하나님과 함께 할 수 있는 권리를 제공하셨으며 하나님과 화해할 수 있도록 해주셨다. 또한 사탄의 거짓말을 들음으로 주어진 죄에 대한 정죄를 없애 주셨다.

그분의 부활을 생각해 보자. 여기서 하나님이 그분의 사역에 만족해하고 계심에 대한 최종적 증명을 우리에게 제시하고 있다. 우리가 자신의 구원을 확신할 수 있다는 것을 그분이 선언하기 때문이다. 요한복음 12:31을 보면 주님은 "이제 이 세상에 대한 심판이 이르렀으니 이 세상의 임금이 쫓겨나리라"고 말씀하셨다. 그분은 사도 바울이 고린도전서 15:26에서 묘사한 "맨 나중에 멸망받을 원수", 즉 죽음까지도 정복하셨다. 죽음으로부터 일어나심으로 그분이 모든 적을 정복하셨음을 보여 주셨다. 십자가에서 그분은 사탄과 모든 권세와 권력을 노출시키셨다. 그리고 죽음이라는 것까지도 온전하게 정복하셨다.

사탄의 모든 일은 예수 그리스도에 의해 종국에 멸해졌다. 우리가 그분을 믿는다면 그분과 함께 이미 일어난 것이다. 이는 에베소서 2:6의 말씀처럼 "또 함께 일으키사 그리스도 예수 안에서 함께 하늘에 앉히시니" 우리도 그분과 함께 하늘에 있게 될 것이다. 우리는 그분과 함께 다시 일어났으며, 우리는 지금 그분 안에 있으며, 우리는 죽음과 무덤을 정복했다. 그러므로 우리는 다시 부패하지 않는 모습으로 일어날 것이며 그분과 영원토록 함께 있게 될 것이다.

또한 부활의 관점에서 볼 때 우리는 새로운 삶을 누릴 수 있다. 그분은 부활을 통해 생명과 영원한 삶을 제공하여 주셨을 뿐만 아니라 자신의 생명도 우리에게 주셨다. 그분은 인간의 필요를 떠맡으셨다. 그래서 우리의 죄악을 위해 돌아가셨으며 우리의 죄를 없애 주셨다. 그뿐만이 아니라 우리를 자신에게 접목시켜 주셨다. 그리고 자신을 우리에게 주셨다. 그것은 우리가 이미 받은 신적 성품이다. 우리는 새로운 사람들로서, 새로운 피조물로서 일어났다. 마귀의 역사는 멸절되고 없어졌다.

이 사역이 지금도 계속해 진행되고 있다. 이것이 그분의 사역 방식이다. 그분은 우리 한 사람 한 사람을 붙잡아 이 세상으로부터, 사탄으로부터 구출해 주신다. 우리가 이 복음의 메시지를 믿을 때 어둠의 왕국으로부터 빛의 왕국으로, 즉 하나님의 사랑하는 아들의 왕국으로 이전될 수 있다. 그분은 지금 자신의 왕국을 짓고 계신다. 지금 그분은 이 세상으로부터 자신의 백성을 불러들이고 계신다. 그리고 계속해 이런 일들을 하실 것이다.

그분은 지금 하나님의 오른편에서 영광 중에 앉아 계신다. 적들이 그분의 발등상이 될 때까지 계속 다스리실 것이다. 그분의 선택된 많은 백성이 모여들 때까지 이 일을 계속하실 것이며 다시 오실 것이다. 그때에는 왕으로서, 주님으로서 오실 것이다. 그러고 나서 마침내 자신의 사역을 끝내실 것이다. 날선 검으로 오셔서 악한 것과 죄뿐 아니라 사탄까지, 그의 졸개들까지 몽땅 다 불못에 던져 넣을 것이며 그들은 하나님의 시야에서 영원토록 사라질 것이다. 이것에 대한 보증이 부활의 영광스런 사실이다.

"하나님의 아들이 나타나신 것은 마귀의 일을 멸하려 하심이라."

이제 우리는 그분이 이미 마귀를 멸하신 사실을 기억하며 앞으로의 일을 기대해야 할 것이다. 그리스도인으로서 우리가 바라보는 복된 소망이란 그분이 마귀의 일들을 궁극적으로 온전하게 멸할 것이라는 사실과, 악과 죄가 영원토록 존재하지 않도록 멸망할 것이라는 사실이다. 하나님은 모든 것 안에서 모든 것이 되실 것이다. 그리고 우리가 죽음을 정복하고 무덤에서 부활하신 전능한 승리자의 군대에 있다면, 우리가 그분에게 속해 있다면, 우리는 사탄에 대한 최종 심판을 보게 될 것이고 죄 없고 슬픔 없고 한숨 없고 눈물 없는 온전한 상태에서 영원토록 살게 될 것이다. 그곳에는 베들레헴에서 아기로 태어나셨던 바로 그 주님의 얼굴이 영광의 빛으로 있을 것이기 때문에 태양조차 필요가 없으며 죄로부터 영원토록 해방을 받아 영광의 광채를 받게 될 것이다.

"하나님의 아들이 나타나신 것은 - 보여진 것은, 이 세상에 오신 것은 - 마귀의 일을 멸하려 하심이라." 이 땅에 오셔서 최후의 적인 죽음까지 정복하신 승리자로 인해, 참된 생명을 우리에게 허락해 주신 승리자로 인해 하나님께 감사드린다.

그 안에 거하는 자마다 범죄하지 아니하나니 범죄하는 자마다 그를 보지도 못하였고 그를 알지도 못하였느니라 자녀들아 아무도 너희를 미혹하지 못하게 하라 의를 행하는 자는 그의 의로우심과 같이 의롭고 죄를 짓는 자는 마귀에게 속하나니 마귀는 처음부터 범죄함이라 하나님의 아들이 나타나신 것은 마귀의 일을 멸하려 하심이라 하나님께로부터 난 자마다 죄를 짓지 아니하나니 이는 하나님의 씨가 그의 속에 거함이요 그도 범죄하지 못하는 것은 하나님께로부터 났음이라 이러므로 하나님의 자녀들과 마귀의 자녀들이 드러나나니 무릇 의를 행하지 아니하는 자나 또는 그 형제를 사랑하지 아니하는 자는 하나님께 속하지 아니하느니라 _ 요일 3:6-10.

Chapter 30
은혜 안의 성장

2장의 마지막 부분부터 현재의 3장에 이르기까지 이 세상에 사는 그리스도인으로서 꼭 명심해야 할 두 번째로 중요한 것은, 우리가 하나님의 자녀라는 것을 요한이 제시하고 있음을 보았다. "사랑하는 자들아 우리가 지금은 하나님의 자녀라"는 3:2의 말씀은, 우리가 하나님의 자녀가 될 것이라는 미래형이 아니라 하나님의 자녀라는 현재형으로 기록되어 있다. 이런 사실을 꼭 움켜잡고 있어야 한다는 것을 요한은 우리에게 말하고 있다. 우리가 이 세상에 살면서 기쁨으로 지내기 원한다면 이 사실을 꽉 붙잡고 있어야만 된다. 여러분은 하나님의 자녀이다. 그리고 여러분을 기다리는 영광의 자리를 이미 갖고 있는 사람들이다.

이것을 믿는다면 여러분은 반드시 따라오는 몇 가지 확실한 사실들을 볼 수 있어야 한다. 여러분이 거듭나지 않은 사람처럼 살면서 하나님의 자녀라고 주장할 수 없다는 말이다. 다시 말해 우리의 자녀됨을 인식함에 있어 우선 함축하는 것은 거룩한 삶을 살아야 되겠다는 필요성을 인식하는 것이다. 이것이 4-10절까지 주제이다. 우리는 이 구절들에서 이미 두 번씩이나 살펴보았다. 즉 5, 8절에서 보여지는 두 가지 중요한 진술을 뽑아 생각해 보았다. 이제 6, 7절 그리고 8절의 첫부분과 9, 10절에서 다시 한번 상세히 이 주제에 관해 살펴보고자 한다.

이 구절들은 신약성경 가운데서 가장 논란이 심한 것들 중 하나로 알려져 있다. 물론 어떠한 구절들이건 어느 정도 논란의 여지가 없는 것은 아니지만 이 구절들은 특히 더 그러하다. 기독교 신학에 관심이 있는 누구든지 또는 교리나 그리스도인의 삶을 사는 데 관심이 있는 사람은 언제인가 이 구절들과 마주치게 될 것이다.

질문할 수 있는 것은 다음과 같다. 이 구절들은 죄 없는 완전함을 가르치고 있는가? 이 구절들이 의미하는 것은, 그리스도인이 이 세상 삶에서 완벽해질 수 있으며 행동뿐만 아니라 생각이나 소원이나 마음이나 모든 다른 면에서 죄악으로부터 해방될 수 있는가? 이와 같이 성화에 대해 어떠한 질문을 대한 자는 어느 쪽으로든지 이런 진술을 사용하는 자들의 주장과 언제인가 마주치게 될 것이다. 그러므로 이것들을 명심한 상태에서 우리는 이와 같은 진술을 해석하기 전에 언급되어야 하는 경고의 내용들을 살펴보아야 한다.

무엇보다도 먼저 이와 같은 내용의 구절들을 보면서 편견에서 벗어나야 한다. 우리는 편견에서 벗어나기 어려운 자들이다. 우리는 죄의 결과로 그렇게 될 수밖에 없는 상태로 태어났기 때문이다. 그래서 우리는 언제나 편중된 생각에서 시작하려는 경향이 있다. 어떠한 영역에 속하였든지 간에 삶에서 가장 어려운 부분은 그와 같은 편견에서 벗어나는 것이다. 만일 확실하게 성경 말씀이 주는 메시지를 이해하려고 한다면 우리는 그와 같은 편견에서 벗어나야 한다.

다른 식으로 표현하자면 우리는 이론들, 특히 성화에 관한 여러 가지 이론들을 피해야 한다. 다시 말하지만 이것은 결코 쉽지 않은 일이다. 우리는 이런 이론들을 좋아하며 한 가지로 요약된 형태의 진리를 수용하기 원한다. 그렇게 하는 것이 훨씬 더 쉬워 보이며 많은 문제와 정신적 노력을 피하게 해주는 것처럼 보인다. 죄의 결과로 주어진 우리의 게으름은 간단하게 요약된 생각들을 좇게 한다. 하지만 이런 자세가 우리가 사는 이 시대에 특별히 위험하다는 사실을 기억해야 한다. 그러므로 이런 이론들을 피하도록 노력하며 하나님의 말씀을 말씀 그대로 볼 수 있도록 최선의 노력을 기울여야 할 것이다. 무엇보다 먼저 논쟁하려는 자세를 지양해야만 한다.

여기서 내가 말하려는 것은, 이와 같은 진술들을 접하게 될 때 이런 진술들이 즉시 전쟁터의 함성으로 바뀌어 버리게 된다는 것을 의미한다. 이런 말을 듣는 즉시 우리는 어느 한쪽 편에 서게 된다. 그래서 성화나 죄 없는 완전성을 지지하거나 반대하게 된다. 결국 성경 말씀 자체가 주는 메시지에는 제대로 다다르지 못하게 되는 결과를 맞이한다. 그러므로 과거에 자주 논의되었던 구절들을 접할 때마다 단순히 논쟁에 임하고자 하는 자세를 지양하는 데 특별한 노력을 기울여야 한다. 또한 우리는 옳고 다른 사람은 틀렸다는 것을 입증하려는 마음을 배제하는 데 특별한 힘을 쏟아야만 한다. 오히려 우리는 삶 가운데 적용할 수 있도록 진리를 발견하려는 소원을 가져야만 할 것이다.

교회사를 읽어 보면 여러분은 이와 같은 성경 구절에 대한 논쟁을 하면서 본문이 보여 주는 진짜 가르침을 상호간에 부인하는 것을 종종 볼 수 있다. 자신들이 옳다는 것을 입증하고자 하는 마음으로 그들은 증오하는 죄를 범했다. 때로 죄 짓지 아니하는 완전성에 대해 주장하는 자들도 그처럼 자신들의 주장을 입증하기 위해 죄를 지으며 온전하지 못한 행위를 할 때가 있다. 논쟁하려는 태도는 자신들이 논쟁하며 토론하는 진리를 망각하기 때문이다. 따라서 우리는 이런 사실을 명심해야 한다.

내가 볼 때 이런 내용에 대한 고전적 토론이 18세기에 있었다고 생각한다. 여기에서 나는 역사적인 것에 대해 논하고 싶지는 않다. 그 당시의 복음주의 각성 운동에 대한 이야기를 이미 들은 사람들은 존 웨슬리를 비롯한 그의 추종자들과 휘트필드를 비롯한 다른 자들 간에 매우 큰 틈이 벌어져 있었다는 것을 기억할 것이다. 죄 없는 온전함에 대한 전반적인 내용에 대해 수십 년간 이 논쟁은 계속되었으며, 오늘 다루는 이 단어들이 논쟁의 중심부에 있었다는 것을 분명하게 보게 된다.

이제 우리가 직면하는 중요한 질문은 다음과 같다.

그리스도인에 관하여 만들어진 이런 진술들은 어떤 특별하고 특정한 죄의 행위에 관한 것을 의미하는가? 아니면 그 외의 다른 것에 관하여 말하는 것인가? 본문 내용 중 한 부분을 다시 읽어 보자. 6절은 "그 안에 거하는 자마다 범죄하지 아니하나니"라고 기록했다. 이 말씀이 의미하는 것은 어떤 특정한 죄인가 아니면 다른 어느 것인가? 같은 6절에서 "범죄하는 자마다 그를 보지도 못하였고 그를 알지도 못하였느니라"고 역시 기록되었는데 여기서도 같은 질문을 할 수 있다.

"의를 행하는 자는 그의 의로우심과 같이 의롭고", "죄를 짓는 자는 마귀에게 속하나니", "하나님께로부터 난 자마다 죄를 짓지 아니하나니" 등의 말씀은 개인적으로 행하는 죄된 행위를 의미하는 것인가? "그도 범죄하지 못하는 것은 하나님께로부터 났음이라"는 말씀은 사람이 하나님에게서 났기 때문에 죄된 행동을 할 수 없다거나 개별적인 죄를 짓지 않는다는 말을 의미하는가? "이러므로 하나님의 자녀들과 마귀의 자녀들이 드러나나니 무릇 의를 행하지 아니하는 자나 또는 그 형제를 사랑하지 아니하는 자는 하나님께 속하지 아니하니라"고 10절에서 기록했다. 이와 같은 구절들을 보면서 다음과 같은 질문을 접하게 된다. 이 구절들은 어떤 특정한 죄에 대해 말하고 있는가? 그렇다면 내가 볼 때 사도는 흠 없는 온전함에 대해 가르치고 있다고 생각한다. 문제는 이 구절들이 실제로 그것을 의미하고 있느냐이다.

다음과 같이 생각해 보자.

먼저 문법을 이해해야 한다. 비록 우리가 성경 구절에 접근하고 있다 할지라도 우리가 해야 할 첫 번째는 우리 앞에 놓인 진술의 확실한 뜻을 찾아내는 것이다. 우리는 하나님의 말씀이 분명하게 영감되었다고 믿고 있지만 모든 번역도 역시 확실하게 영감되었다고 믿지 않는다. 그러므로 하나님의 말씀이 의미하는 참뜻을 확실히 이해하고 있어야 된다. 그렇다면 문법이 무엇을 말하는가? 내가 생각하기에 여기서 사용된 모든 동사가 현재형이며 계속적 의미를 갖는다는 데 문법의 권위자들이 모두 동의하고 있다고 본다. 다시 말해 이 구절들은 어떤 특정한 행위보다는 성품이나 주된 습관을 서술하고 있다는 말이다.

이런 원리는 4-10절에 나오는 모든 동사에 적용시킬 수 있다. 4절은 "죄를 짓는 자마다 불법을 행하나니 죄는 불법이라"고 번역되었는데 이 구절을 "죄를 계속해 짓는 자마다 법을 어기는 것이며 또한 불법을 행하는 것이니라"고 번역하는 것이 더 바람직하다고 본다. 여기서의 동사들은 모두 계속해 행한다는 의미를 동반한다. 그래서 6절에서는 "죄를 계속해 짓는 자마다 그를 보지도 못하였고 그를 알지도 못하였느니라"고 읽을 수 있다. 또한 9절도 "하나님께로부터 난 자마다 죄를 계속해 짓지 아니하나니 이는 하나님의 씨가 그의 속에 거함이요 그도 범죄를 계속하지 못하는 것은 하나님께로부터 났음이라"고 읽을 수 있다.

요한은 죄를 계속해 짓는 자와 불법의 행위를 계속하는 자들에 대해 말하고 있으므로 "하나님께로부터 난 자마다 죄를 짓는 일을 계속하지 아니하나니"라고 할 수 있다. 이것이 우리가 고려해야 할 첫 번째이다.

또한 다음의 것도 고려해 보자. 6-9절에서 보여지는 전체 의미를 생각해 보라. 우리는 이 구절들을 전체적으로 취해 무엇을 의미하는지 확실하게 관찰해야 한다. 그리고 성경의 다른 구절들도 마음속에 잊지 않고 명심해야 한다. 성경의 한 부분에 대한 해석이 성경의 또 다른 부분과 모순되어서는 안 되기 때문이다.

여러분은 사도 요한이 특정한 죄된 행위에 대해 말하고 있다고 생각한다면 이제 6절 전체를 통해 이 구절이 취하는 입장을 보기 바란다. "그 안에 거하는 자마다 범죄하지 아니하나니 범죄하는 자마다 그를 보지도 못하였고 그를 알지도 못하였느니라." 이것을 어떤 특정한 죄된 행위에 대해 말하는 것으로 받아들인다면 "그 안에 거하는 자마다 죄의 행위를 하지 아니하나니 죄의 행위를 하는 자마다 그를 보지도 못하였고 그를 알지도 못하였느니라"고 보아야 된다. 이 말이 뜻하는 것은 개별적인 죄의 행위를 하는 자는 그리스도인이 아니라는 말이다. 왜냐하면 "그를 보지도 못하였고 알지도 못하였느니라"고 기록했기 때문이다. 그러므로 죄된 행위를 했다고 인식된다면 여러분은 이 구절에 의하면 그리스도인이 아니라는 말이 된다. 요한이 개인적 죄의 행위에 대해 여기에 기록했다면 이런 해석이 타당하다는 말이 된다.

하지만 9절에서 그가 사용한 단어들을 참조해 보기 바란다. "하나님께로부터 난 자마다 죄를 짓지 아니하나니 이는 하나님의 씨가 그의 속에 거함이요 그도 범죄하지 못하는 것은 하나님께로부터 났음이라." 요한이 여기에서 개인의 죄된 행위에 대해 말하고 있다면 지금 요한은 하나님으로부터 난 자, 즉 참된 그리스도인은 어떠한 죄의 행위도 하지 않는다고 말하는 것이 된다. 다시 말하지만 여러분이 죄의 행위를 한다면 여러분은 그리스도인이 아니다.

그러므로 전반적 진술 내용을 취하여 보는 것이 중요하다. 여기에 대한 토론 가운데 일반적으로 보여지는 현상은, 사람들이 구절의 반쪽 부분만을 원한다는 것이다. 그들은 "요한이 그 안에 거하는 자는 누구든지 죄 짓지 아니한다고 말했지 않는가?"라고 말한다. "주님 안에 거하는 한 여러분은 죄를 짓지 않을 것이다."라고 그들은 말한다. 하지만 그들은 "범죄하는 자마다 그를 보지도 못하였고 그를 알지도 못하였느니라"는 부분을 망각하고 있다.

다시 한번 9절의 첫 부분을 인용해 보자. "하나님께로부터 난 자마다 죄를 짓지 아니하나니." 그들은 "이것은 명백하다."라고 말한다. 여기서도 그들은 "이는 하나님의 씨가 그의 속에 거함이요 그도 범죄하지 못하는 것은 하나님께로부터 났음이라"는 뒷 부분을 잊고 있다는 사실이다. 다시 한번 말하지만 내가 보기에 요한이 개인적인 어떤 죄의 행위를 말하는 것이 아니라는 결론으로 우리를 이끌어 들이는 설득력 있는 내용이라고 생각된다. 요한은 상태나 습관에 대하여, 죄를 계속해 짓는 사람들에 대하여 말하는 것이다.

또는 다음과 같이 말할 수도 있다. 7-8절에서 보여지는 긍정적 진술을 취해 보기 바란다. "자녀들아 아무도 너희를 미혹하지 못하게 하라 의를 행하는 자는 그의 의로우심과 같이 의롭고 죄를 짓는 자는 마귀에게 속하나니 마귀는 처음부터 범죄함이라"고 했으며, 10절에는 "이러므로 하나님의 자녀들과 마귀의 자녀들이 드러나나니 무릇 의를 행하지 아니하는 자나 또는 그 형제를 사랑하지 아니하는 자는 하나님께 속하지 아니하니라"고 기록했다.

나는 이 구절들 가운데 있는 긍정적 진술들이 우리에게 매우 중요한 내용이라 생각하기 때문에 사도가 이런 진술들을 기록한 방향에 대해 매우 신중하게 관찰해야 한다고 말하고 싶다. 어쩌면 "의로운 자는 의를 행하느니라"는 식으로 이 내용을 다른 방향으로 해석하려는 사람들도 있을 것이다. 하지만 요한은 그렇게 기록하지 않았다. 그는 "의를 행하는 자가 의롭다"고 했다.

여기서 요한 사도의 목적은, 그가 진짜로 관심을 두는 분야는 우리의 상태나 신분이라는 것을 우리로 하여금 알게 하는 것이라 여겨진다. 그는 불의한 자들과 의로운 자들을 비교하고 있다. 분명하게 그는 우리의 자녀됨과 아들됨에 대해 말함으로써 3장을 시작했기 때문에 이것에 대해 말하고 있음에 틀림없다.

그러므로 그가 말하는 것은, 진짜 문제란 우리가 어떠한 사람이냐는 것이다. 의로운 자는 남자 여자 할 것 없이 의로운 삶을 삶으로써 자신이 의로운 자라는 사실을 보여 준다. 반면에 불의한 자는 의롭지 못한 삶을 삶으로써 자신이 의롭지 못한 자라는 사실을 입증해 준다. 이것이 그가 마귀에 대해 확실하게 말하는 내용이다. "죄를 짓는 자는 마귀에게 속하나니 마귀는 처음부터 범죄함이라"는 말씀이다. 범죄성은 마귀의 특징이며 본성이며 습관이다. 그것이 마귀가 사는 방식이다. 이런 진술들이 마귀에 대한 참된 내용들이다. 마귀는 처음부터 범죄한 자이다. 그리고 지금도 계속해 죄를 짓고 있다. 요한은 "죄를 계속해 짓는 자는 자신이 마귀가 가진 본성을 가지고 있음을 선언하는 것이며, 아직 그리스도가 갖고 계신 새로운 본성을 받지 못한 자이다."라고 말했다.

이와 같이 여러 구절을 함께 고찰해 봄으로써 사도가 여기에서 말하는 것은 어떤 특정한 죄의 행위에 관한 것이 전혀 아니라고 제언할 수 있다. 이는 그런 식으로 해석한다면 이 구절이 죄 없는 완전함에 대한 교리가 되기 때문이다. 또한 요한이 진정으로 그것을 말하고자 했다면 우리는 그리스도인이 죄를 지을 수 없다는 명백한 진술을 갖고 있으므로, 그리스도인에게는 죄가 없다는 말이 된다. 하지만 사도가 여기에서 다루는 것은 일반적 상태와 여건이다.

우리 앞에 주어진 또 다른 고찰을 해봄으로써 이런 결론을 더욱 강화시킬 수 있다. 우리는 사도가 여기에서 모든 그리스도인에 대해 말하고 있다는 사실을 기억해야 한다. 죄 없는 온전함을 믿는 어떤 사람들은 사도가 오직 몇몇의 그리스도인에게만 말하고 있다고 주장한다. 그러나 여기에서는 그 말과 일치되지 않는다. 그들은 6절 말씀을 해야 한다. 그들은 요한이 몇몇 사람에 대해서만 말하고 있다고 하지만 요한은 모든 그리스도인에 대해 말하고 있다. "그 안에 거하는 자마다 범죄하지 아니하나니"라고 말이다.

사람이 그리스도 안에 거하지 않는다면 절대 그리스도인이 될 수 없다. 그리스도인이 된다는 말은 그리스도 안에 거한다는 말이다. 어떤 사람은 우리에게 그리스도 안에 거하지 않아도 그리스도인이 될 수 있다는 것을 믿게 하려 한다. 하지만 이런 주장은 중생에 대한 전체 교리를 부인하는 것이다. 우리는 그리스도 안에 있거나 아니면 없거나 둘 중의 하나이다. 우리가 그리스도 안에 없으면 그리스도인이 절대로 아니다.

로마서 8:9도 "누구든지 그리스도의 영이 없으면 그리스도의 사람이 아니라"고 했다. 성령으로 말미암아 거듭나지 못했다면 그리스도인이 아니다. 하루는 그리스도 안에 있다가 그 다음날은 그리스도 밖에 있을 수 없다. 모든 그리스도인은 그리스도 안에 있으며 그분 안에 거한다. 요한이 여기서 말하는 사람들이 몇몇에 불과하다는 말은 맞지 않다. 지금 그는 모든 그리스도인에 대해 말하고 있다.

지금 나는 우리 앞에 놓인 어떤 이상을 말하는 것이 아니며 우리가 취해야 하는 어떤 목적을 말하는 것도 아니다. 또한 우리 안에 있는 새로운 본성에 대하여서만 말하고 있지도 않다. 다시 한번 상기시킨다면 다음과 같은 식으로 이 구절을 해석하려는 자들이 있다. 그들이 "하나님으로부터 난 자마다 죄를 짓지 않는다."고 말할 때 그 뜻이 무엇이냐고 물으면 "요한이 지금 새로운 본성에 대해 언급하는 것이다."라고 대답할 것이다. 그들은 요한이 그리스도인들 안에 있는 '새로운 사람'은 죄를 지을 수 없다고 말하고 있다고 한다. 하지만 요한은 새로운 사람에 대해서만 말한 것이 아니다. 그는 그들의 과거 모습과 현재 모습으로서 그리스도인들에 대해 말했다. 즉 현재의 우리 모습, 우리의 인격 등에 대해 말하고 있다. 그는 그리스도인의 새로운 본성은 죄를 지을 수 없다는 것을 말하는 것이 아니다.

그는 "하나님께로부터 난 자마다" 죄를 지을 수 없다고 했다. 여기서 '자'는 믿는 자로서 하나님으로부터 난 나, 중생한 나를 의미한다. 나의 새로운 본성이 거듭난 것이 아니라 거듭났기 때문에 새로운 본성을 부여받게 된 것이다. 이 구절은 나에 대한 내용이지 새로운 본성에 대한 내용이 아니다. 실제로 이처럼 인격을 분리시켜 생각하는 것보다 더 위험한 것은 없다고 본다. 또한 이 구절들이 새로운 품성에 관해서만 언급하고 있다고 말하는 것은 잘못된 심리학의 한 부분일 뿐이다.

한번 정리해 보자. 사도는 그리스도인의 삶에서 일반적 경향에 대해 언급하고 있다. 실제로 이것이 그가 가르치는 내용이다. 여러분이 참으로 하나님으로부터 난 자라면, 여러분이 하나님의 자녀라면, 하나님의 씨가 여러분에게 들어왔다면, 여러분이 신의 성품에 참예한 자라면 심오한 차원에서 이런 성품이 여러분의 삶에 반영되는 것은 당연하다. 여러분은 거듭나지 못한 사람들과 같이 살고 싶지 않을 것이다. 이는 일반적 상태에서 그들이 마귀의 특성을 갖게 되기 때문이다. 악한 성품의 특징은 계속해 죄를 짓는 것이다. 그리고 죄 가운데 거하는 것이다. 그런 삶의 전체적 분위기는 죄를 계속해 짓는 것이다.

그렇지만 거듭난 자들과 본성 안에 거룩한 씨를 부여받은 자들에게는 이런 것이 더 이상 해당 사항이 될 수 없다. 그들은 달라지게 되었다. 죄의 영역에서 나와 새로운 영역으로 들어갔다. 그들은 어둠의 왕국으로부터 빛의 왕국의 시민권자로 이전되었다.

이제 그들은 빛 가운데 거하는 백성이 되었다. 그렇다고 이것이 죄 없는 완전함에 대한 내용을 의미하는 것이라고는 생각하지 않는다. 그런 것은 아니지만 분명한 것은, 그들이 더 이상 어둠 가운데 거하는 것이 아니라 빛 가운데 거한다는 사실이다. 그들 삶의 일반적 조건이나 지위는, 그들 존재의 전반적 수준은 의로움에 속해 있다는 것이다. 이는 그들이 의로운 자이며 거룩한 자이기 때문이다. 하지만 그들은 온전하고 완벽한 자들은 아니다. 그들은 구원받았으나 구원받았다는 사실이 죄가 없고 절대적으로 온전한 것을 의미하는 것이 아니다. 그럼에도 불구하고 그들은 아직 죄인된 자들과는 본질적으로 다른 자들이다.

이것이 이 시점에서 볼 수 있는 사도의 가르침이다. 이렇게 보는 것이 모순을 피하면서 해석할 수 있는 유일한 길이며, 사도가 여기에서 의미하는 것이 어떤 특정 죄를 짓는 행위라고 생각함으로써 좇아오는 잘못된 주장들을 피할 수 있는 유일한 길이라고 본다. 사도가 말하는 것은 "그 안에 거하는" 자는 죄를 계속해 짓지 않는다는 사실이다. 그리스도 안에 거하는 자들은 의를 행하며, 잘못된 죄를 계속해 짓지 않는다는 것에 대해 말하고 있다. 삶의 전반적 수준이나 자세나 모양새 등이 달라지게 되며, 그런 차원에서 볼 때 그들이 실제적으로 죄를 계속해 지을 수 없다고 말하는 것은 사실이 될 수밖에 없다. 이런 것을 경험하는 것이 당연하지 않은가? 하나님의 씨가 이들 안에 거하며 이들 안에 있는 새로운 본성은 죄 짓는 일을 계속할 수 없게 만들어 준다는 것이다.

이것은 수준에 관한 전반적 문제라고 말할 수도 있다. 그리스도인이 아닌 자들은 비록 도덕적으로 고개를 높이 치켜들고 다닐 수 있을지는 몰라도 어쨌든 본질적으로 낮은 등급에 처해 있는 자들이다.

그렇다면 그리스도인의 수준은 어느 정도인가? 그들의 삶은 다른 등급에 위치해 있다고 답할 수 있다. 그들은 아주 높은 수준에 있다. 비록 안타깝게도 때때로 죄를 짓기도 하지만 그렇다고 땅 밑바닥까지 떨어지는 것은 아니다. 그들은 자신이 죄를 지었다는 사실을 알고 있기에 죄를 고백하며 회개한다. 그러면 예수 그리스도의 피가 다시 죄를 사해 주신다. 그러고는 다시 빛 가운데 계속해 걸어 나아간다. 그렇다고 이것이 죄 없는 온전한 삶의 상태를 말하는 것은 아니다. 감사하게도 그들은 자신이 새로운 사람들이라는 것을 알고 있음을 의미한다. 자신 안에 의로움의 씨가 있다는 사실을 알기 때문에 이전에 살던 방식으로 살 수 없다. 이는 하나님의 사랑하는 아들의 왕국으로 이전되었기 때문이다.

내가 이렇게 말하면 질문을 제기할 사람들이 있을 것이다. 그들은 "그렇다면 당신은 구원에서의 하나님의 불완전성을 의미하는 것이 아닌가? 당신은 지금 하나님이 죄로부터 우리를 온전하게 구원하지 않으셨다는 것을 제언하는 것이 아닌가? 당신은 주님의 능력을 제한하는가? 그것은 진정 불완전함을 뜻하기 때문에 그러한 것을 가르치면 안 된다."고 말한다.

이런 반대 질문에 대해 나는 또 다른 질문을 하고 싶다. 왜 하나님은 주님이 이 땅에 계시는 동안 사탄을 완벽하게 멸하지 않으셨는가? 그렇게 하실 수 있음에도 불구하고 왜 그렇게 하지 않으셨는가? 왜 사탄이 아직도 살아 있고 우리를 대적하며 자기 일을 하고 있는가? 무엇이라고 대답하겠는가?

다른 식의 질문을 해보면 왜 사람들이 예수 그리스도를 자신의 개인적인 주님으로 그리고 구주로 영접하는 순간, 죄로부터 완전하게 해방받아 완벽한 사람으로 만들어지지 않았는가? 하나님은 그렇게 할 수 있으셨다. 그분의 능력에는 제한이 없으며 모든 것이 가능하다. 내가 이렇게 질문하는 이유는 이런 질문들이 사실상 부적절하다는 것을 보여 주기 위함이다. 하나님이 이것을 왜 하셨냐, 왜 하지 않으셨냐는 식의 질문은 우리가 할 것이 아니기 때문이다. 우리가 해야 할 것은 경험을 통한 사실과 성경의 명백한 가르침을 대하는 것이다.

그러므로 자신의 지혜와 영원한 뜻 가운데서 구원의 계획이 이 같은 방식으로 진행되도록 선택하셨다는 말이 아주 명확하다고 생각하지 않는가? 사탄은 떠났다. 그러나 죄의 세력은 즉시 우리 안에서 파괴되지 않았다. 하나님은 이런 일을 점차적으로 하도록 선택하셨다. 9절에 나오는 '씨'라는 단어는 의미심장한 뜻을 가지고 있다. 이것이 단순하게 모든 영역에서의 하나님의 방법과 계획을 의미하는가? 자연의 영역에서 생각해 보기 바란다.

여러분은 씨를 뿌린다. 하지만 만개한 꽃을 보기 위해 아마도 몇 주 또는 몇 달 어쩌면 몇 년을 기다려야 한다. 왜 하나님은 그와 같이 하셨는가? 내 대답은 "모른다."이다. 이것이 하나님의 방식이다. 이것이 성경에서 우리에게 가르치는 하나님의 방식이라고 생각된다.

우리는 '그리스도 안의 어린아이'가 되는 것을 배웠다. 우리는 자라나는 것과 발전하는 것에 대해 배웠다. 그리고 '은혜 안의 성장'에 대해 배웠다. 요한은 3절에서 "주를 향하여 이 소망을 가진 자마다 그의 깨끗하심과 같이 자기를 깨끗하게 하느니라"고 하면서 이런 것을 이미 다루었다. 이것은 진행과 발전을 말한다. 이런 구절들을 그와 같은 식으로 해석하지 않는다면 그가 1:8에서 우리에게 이미 말한 내용을 부인하는 것이 된다. "만일 우리가 죄가 없다고 말하면 스스로 속이고 또 진리가 우리 속에 있지 아니할 것이요."

2:1에 기록된 "내가 이것을 너희에게 씀은 너희로 죄를 범하지 않게 하려 함이라 만일 누가 죄를 범하여도 아버지 앞에서 우리에게 대언자가 있으니……"의 내용을 볼 때, 요한의 목적은 우리가 죄를 범하지 않게 하는 데 있었다. 하지만 그리스도인이 구원받는 즉시 온전해진다면 무엇하러 이 말을 했겠는가?

이것은 대단한 미스테리이다. 우리가 해야 할 일은, 이것을 이해하는 것이 아니라 그저 사실을 직면하기만 하면 된다. 우리 중에 누구든지 자신이 완벽하다고 생각하는 사람이 있는가? 이 구절을 어떤 특정한 죄된 행위를 언급하는 것으로 해석했는데도 불구하고 여러분이 완벽하지 못하다고 할 것 같으면 여러분은 그리스도인이 아닐 것이다. 그러나 이런 해석은 우리가 피해야 될 것이다. 경험, 즉 가장 위대한 성자들의 경험이 이와 같은 죄 없는 온전함에 대한 가르침을 부인하고 있다는 사실을 인식해야 한다. 그리고 그러한 가르침이 성경의 가르침과 부합하지 못하다는 사실을 이해해야 한다.

마지막으로 이것은 우리에게 자신을 정결하게 하며 깨끗하게 씻으며 성경 말씀을 매일 매일의 생활에서 해석하도록 노력할 것에 대해 권면하고 있다. 우리는 그저 온전한 자가 되기 위해 자신을 복종시키고 포기하려 해서는 안 된다. 우리는 성경 말씀과 교리에 대해 잘 이해해야 한다. 그리고 삶에서 이런 내용들이 이행되고 관련되는 것을 보아야 한다.

이렇게 말하는 것이 여러분을 낙심하게 하는 것이라고 보는가? 나는 이런 내용이 최고의 격려로 들린다. 내가 그리스도인이라면, 내가 하나님의 자녀이며 거룩한 씨가 내 안에 있다면 하나님이 내 안에 이미 일을 시작하셨기 때문이다. 그리고 그분은 계속해 시작한 일을 진행하실 것이며 결국 온전함에 이르기까지 이끌어 주실 것이기 때문이다.

하나님은 내 마음과 이해의 문을 열어 주심으로 그와 같이 행하신다. 그분은 죄를 보여 주면서 나에게 가르쳐 주신 내용의 말씀들을 생활 속에서 행하며 계속해 그런 삶을 살도록 노력하라고 요청하신다. 그러면서 "만일 우리가 우리 죄를 자백하면 그는 미쁘시고 의로우사 우리 죄를 사하시며 우리를 모든 불의에서 깨끗하게 하실 것"요일 1:9이라는 최종적 확신을 나에게 주셨다.

내 경험이 그러한 가르침을 확인해 주고 있다. 죄를 계속해 지을 수 없으며 죄의 삶을 살 수 없다. 왜냐하면 나에게 주어진 새로운 성품이 이를 거절하기 때문이다. 그래서 나는 죄에서부터 일어나 나올 수 있는 것이다. 나는 나의 죄를 인정하고 나의 죄를 고백한다. 그리고 빛 가운데로 되돌아가서 그 안에서 살려고 노력한다.

한번 우리 자신을 살펴보자. 여러분은 계속 죄 가운데 거하며 죄를 지속적으로 지을 가능성이 있다고 보는가? 그렇지 않다면 여러분이 이미 거듭났기 때문이며 하나님의 씨가 여러분 안에 거하기 때문이다. 여러분이 하나님의 자녀이며 영원한 천국의 기쁨의 상속자이기 때문에 더 이상 계속해 죄를 지을 수 없다. 그러므로 하나님의 아들조차도 이 땅에서 사실 때 그런 삶을 살면서 모범을 보이셨듯이, 우리가 하나님의 자녀라고 말한다면 그 사실을 계속해 증명해야 하고 의로운 삶을 삶으로써 그것을 확증해야 한다.

"주를 향하여 이 소망을 가진 자마다 그의 깨끗하심과 같이 자기를 깨끗하게 하느니라."

이러므로 하나님의 자녀들과 마귀의 자녀들이 드러나나니 무릇 의를 행하지 아니하는 자나 또는 그 형제를 사랑하지 아니하는 자는 하나님께 속하지 아니하니라 우리는 서로 사랑할지니 이는 너희가 처음부터 들은 소식이라 가인같이 하지 말라 그는 악한 자에게 속하여 그 아우를 죽였으니 어떤 이유로 죽였느냐 자기의 행위는 악하고 그의 아우의 행위는 의로움이라 형제들아 세상이 너희를 미워하여도 이상히 여기지 말라 우리는 형제를 사랑함으로 사망에서 옮겨 생명으로 들어간 줄을 알거니와 사랑하지 아니하는 자는 사망에 머물러 있느니라 그 형제를 미워하는 자마다 살인하는 자니 살인하는 자마다 영생이 그 속에 거하지 아니하는 것을 너희가 아는 바라 _ 요일 3:10-15.

Chapter 31

사망에서 생명으로

이 구절들과 그 뒤에 따라오는 구절들에서 우리는 사도가 초대교회 그리스도인에게 하나님의 자녀로서 그들이 가지는 훌륭한 위상에 관해 제시해 주는 위대한 권면과 호소를 보게 된다. 우리가 보았던 첫 번째는 하나님의 진정한 자녀라면 의로운 삶을 살아야 한다는 것이었다.

이제 10절 말씀과 더불어 시작하는 이 구절들에서 요한은 자녀의 신분에 관한 내용에서의 두 번째 것을 소개했다. 즉 하나님의 자녀로서의 우리는 하나님의 법에 순종하고 의로운 삶을 살아야 할 뿐 아니라 서로를 사랑해야 한다는 것에 대해 말했다. 우리가 하나님의 자녀라는 그 자체만으로도 이것은 이미 전제되고 있다. 하지만 실제 현실에서 이런 사실을 제대로 인식하는 데 워낙 느리기 때문에, 사도는 어떤 설득력 있는 예를 통해 우리에게 가르쳐 주고 있다.

다시 한번 그의 논리는 전혀 저항할 수 없는 내용으로 우리에게 주어지고 있다. 이 말씀들을 읽으면서 우리는 논쟁의 여지도 없음을 깨닫게 된다. 이것은 피할 수 없이 주어지는 것이며 필연적으로 어떤 결론으로 이끌어 가는 것이기 때문이다. 요한은 그리스도 안에서 형제들로서, 자매들로서 서로를 사랑하라는 문제는 우리가 하나님의 자녀가 됨으로써 필연적으로 따라오는 것이라는 사실을 보여 주고 있다.

따라서 우리는 사도가 제공하는 논거를 조심스럽게 살펴보아야 한다. 단순하게 하나님의 자녀라고만 '말하는' 것으로는 충분하지 않으므로 그 사실을 입증해야 한다. 그래서 요한은 자신의 특징적 형태를 취해 설명하고 있다. 우리는 이 서신을 지금까지 살펴보면서 그가 이중의 형태로 거의 일정하게 진리를 설명해 오고 있음을 보았다. 이것이 가장 첫 번째 권면이다. 하지만 그의 권면은 동시에 테스트이기도 하다.

예를 들어 11절을 보기 바란다. "우리는 서로 사랑할지니 이는 너희가 처음부터 들은 소식이라." 이것은 권면이다. 그러나 서로 사랑하는 문제는 의무일 뿐 아니라 테스트이기도 하다고 매우 명백하게 설명하고 있다. 사도가 이 말을 계속하면서 만일 서로 사랑하지 않는다면 우리는 하나님의 자녀가 아니라고 말하기 때문이다. 이것을 10절에서 이미 말했다. "무릇 의를 행하지 아니하는 자나 또는 그 형제를 사랑하지 아니하는 자는 하나님께 속하지 아니하니라." 형제를 사랑하지 아니하는 자는 하나님의 자녀가 아니다. 형제를 사랑하지 아니하는 것은 의를 행하는 데 실패한 자가 하나님의 자녀가 아닌 것과 같이 하나님의 자녀의 대열에 설 자격이 없다는 것을 의미한다.

여기서 요한이 장마다 계속 반복해 설명하는 중요한 원리를 다시 한 번 볼 수 있다. 우리가 어떠한 자인가가 우리의 삶에서 피할 수 없이 반영된다는 원리이다. 그러므로 그리스도인이 집중해 관심을 모아야 할 중요한 부분은, 그들이 어떠한 자인가를 온전하게 인식하는 것이다.

이 원리를 계속 반복한다 해도 전혀 피곤할 수 없다. 신약성경은 우리가 누구인가라는 사실에 대해 우선적으로 상기시키는 일 없이는 어떠한 것도 하라고 요청하지 않았다. 이것은 불변의 방식이며 교리이자 실제이다. 전반적 교리상의 지위는 피할 수 없이 주어지는 실천적 태도를 요한다. 요한은 여기서 아주 똑같은 내용을 말했다. 다시 말해 그는 사람들에게 그들이 하나님의 자녀라는 사실을 상기시켜 주지도 않은 상태에서 서로 사랑하라고 말하지 않았다. 그는 그들의 위상에 대해 설명한 후 서로 사랑할 것을 요청했다. 이것이 신약성경의 방식이다.

말씀은 우리에게 실제로 "당신이 하나님의 자녀라고 주장한다면 당신은 당연하게 이와 같은 행동을 해야만 한다는 것을 알지 못하는가?"라고 말한다. 말씀이 언제나 이런 식으로 말하듯이 이 논거 안에 피할 수 없는 논리가 있다. 주장으로만 그치는 것은 아무 가치가 없다. 오히려 우리의 실제 생활이 우리가 어떠한 자인가를 보여 주는 것이다.

여기에 관한 한 어떠한 의심도 있을 수 없다. 요한이 이것을 기록하게 된 원래 이유는 진리에 대한 이해 외에 다른 어떠한 것도 별로 중요한 것이 아니라고 생각했던 초대교회 당시의 어떤 사람들 때문에 기록한 것이다. 물론 그 당시뿐만 아니라 지금까지 계속해 이런 의견을 취하는 사람들이 있어 왔지만 말이다. 어쨌든 이런 주장은 실제 삶 가운데서 우리로 하여금 아주 무관심하게 만든다. 그래서 사람이 정통을 매우 중시하면서도 삶은 그렇게 따르지 못하는 것을 볼 수 있다. 이런 것을 반율법주의라고 부른다. 우리는 구원받았기 때문에 무엇을 하든지 상관없다고 주장하는 것이다.

이것은 형제를 사랑하는 문제에도 똑같이 적용된다. 자신들의 영적 상태를 향상시키는 데 지나치게 전념하면서도 사랑하는 데 인색한 자들이 있다. 그들은 형제에 대해 별로 관심을 가지지 않는다. 자신들의 분위기나 상태에 깊이 몰두하느라 그리스도인의 삶에서 분명하게 제시되는 의무인 실제의 삶을 망각한다.

요한은 여기서 이런 자세가 스스로 모순되는 것임을 보여 주고 있다. 진정한 그리스도인은 그리스도인으로서의 자신을 인식하며 필연적으로 '서로 사랑' 해야 하는 사람들이다. 요한은 "우리는 서로 사랑할지니 이는 너희가 처음부터 들은 소식이라"고 했다. 그러므로 우리는 강조되고 또 모든 곳에서 반복되는 중요한 메시지들 중 한 가지인 이 말씀을 제대로 이해하지 못하고 대충 수박 겉핥기 식으로 읽어서는 안 된다.

주님이 자신의 추종자들에게 십자가 사건을 앞에 두고 마지막 메시지를 주신 요한복음 13-17장의 감명 깊은 내용들을 읽어 본다면, 여러분은 이것이 그분의 마지막 요청 사항이라는 것을 알게 된다. 이것은 주님이 계속 반복해 말씀하신 내용이다. 즉 요한복음 13:34의 "새 계명을 너희에게 주노니 서로 사랑하라"는 말씀이다. 그리고 35절에서는 "너희가 서로 사랑하면 이로써 모든 사람이 너희가 내 제자인 줄 알리라"고 기록했다. 이런 이유 때문에 요한은 "이는 너희가 처음부터 들은 소식이라"고 말할 수 있었다. 주님이 그것을 반복해 강조하셨기 때문이다.

여러분이 여러 신약 서신을 읽어 본다면 이런 가르침은 어느 곳에나 기록되어 있다. 누가 서신을 기록했든 그것은 문제되지 않는다. 모든 서신이 이 메시지를 반복하고 있기 때문이다. 그들은 주님이 하신 말씀이 마음 깊은 곳에 심어져 있기 때문에 잊을 수 없었다. 그래서 그들도 사랑할 것에 대해 계속 요청하는 것이다.

고린도전서 13장과 다른 유명한 내용들을 생각해 보기 바란다. 여러분은 베드로전서 3:9에서 말하는 "악을 악으로" 갚는 식의 삶이나 서로 질투하고 시기하는 삶을 살 수 없다. 그들은 "그런 삶은 이전의 삶이다.

하지만 여러분은 새로운 생명 가운데 있지 않은가? 그러므로 여러분은 서로 사랑해야 한다."라고 말한다.

이런 권면은 신약성경 정경 외에서조차도 계속 다루어지고 있다. 우리는 역사적 사실로도 그리스도인이 서로 사랑하는 방식 외에 고대 세계에 기독교가 인식된 내용이 없다는 것을 알 수 있다. 에베소서 2:14에서 보여지듯이 "중간에 막힌 담"을 허는 위대한 과정, 예를 들어 그리스도 안에서는 유대인이나 이방인이나 하나가 됨으로써 서로 사랑하는 방식을 의미한다. 그들은 실제 삶에서 사랑을 보여 주었으며 서로를 위해 희생할 각오까지 되어 있는 모습으로, 자신의 것을 서로 통용하면서 서로를 위해 기도해 주는 모습으로 사랑을 보여 주었다. 이런 사랑의 모습이 고대 세계를 놀라게 했으므로 사람들을 그리스도께 인도하는 데 다른 어느 것보다도 막강한 힘을 발휘했던 것이다.

여러분은 "보라 이 그리스도인들이 어떻게 서로를 사랑하고 있는가를"이라고 기록된 것을 기억할 것이다. 그러므로 여러 방면에서 서로 사랑하는 것이 그리스도인의 독특한 특징이라고 말할 수 있다.

지금 이것에 관해 이론적 측면에서가 아니라 지극히 실제적 측면에서 살펴보는 것이다. 여기에 대한 논의는 두 가지로 나눌 수 있다. 그리스도인에게 주어지는 구원의 모든 복을 경험하기 원한다면 우리는 서로 사랑해야 한다. 서로 사랑하지 않고서는 그런 복을 경험하는 삶은 살 수 없기 때문이다. 그러나 나는 단순하게 개인적 즐거움의 차원에서만 이 요청을 조명하고 싶지는 않다. 이런 권면을 계속하는 더 큰 이유는 그것이 기독교 교회가 이 세상에 영향을 미칠 수 있는 방법이기 때문이다.

어둠과 소경의 상태에 있는 이 세상은 여전히 그리스도인에게서 무엇인가 다른 것을 보고자 한다. 세상은 그리스도인의 모임에서 다른 어떠한 사람도 보여 줄 수 없는 무엇인가를 보기 원한다. 좀더 확대해 생각해 보자면, 우리가 형제 사랑이라는 위대한 덕을 실현하며 모범이 되어 주는 데 실패한다면 교회가 제시하는 전반적 간증과 증인의 역할은 그만큼 미약해질 것이다.

그러므로 나는 요한이 여기서 말하는 방식과 똑같은 방식으로 여러분에게 이 모든 것에 대해 말하고자 한다. 첫째로 그는 그리스도인으로서 우리 자신을 인식하고 있다면 사랑해야 한다고 말했다. 둘째로 그는 참된 그리스도인이라는 증명은 서로 사랑하는 것이라고 말했다.

이제 그의 첫 번째 논지에 대해 생각해 보자. 요한에 의하면 가장 중요한 첫 번째는 우리가 그리스도인이 되었음을 인식하는 것이다. 그리스도인이 무엇인가? 그리스도인에게 무엇이 발생하는가? 그리스도인들로 하여금 그리스도인이 되게 해주는 것이 무엇인가? 무엇을 토대로 형제 사랑이라는 거대한 건축물이 세워질 수 있는가?

요한은 여기서 그리스도인에 관한 세 가지 사실들을 말하고 있다. 나는 이 세 가지가 너무나도 엄청난 것이라서 잠시 멈추어 섰다. 내가 보기에 그리스도인의 삶의 대부분의 실패는 우리가 어떠한 자인가를 인식하는 데 실패하는 것이라는 생각이 더욱더 든다. 이것은 하나님이 우리에게 해주신 것을 인식하지 못하는 것이며 우리에게 어떠한 일이 일어났는가를 인식하지 못하는 것이다.

우리의 전반적 성향은 우리가 어떠한 자인가를 확실하게 깨닫지 못한 상태로 언제나 실제적인 적용으로 성급하게 들어가려 한다. 그러나 나는 신약성경의 전반적 내용이 다음과 같은 식으로 설명한다는 것을 이미 상기시켰다. 우리는 행함에 중점을 두기보다 우리가 어떠한 자인가에 관심을 두어야 한다. 우리가 마땅히 되어야 할 자가 된다면 행함은 거기에 걸맞게 따르게 된다. 그러기에 요한은 이 구절들에서 그리스도인으로서의 우리와 우리에게 발생한 것들에 대해 상기시키고 있다.

그가 말하고자 하는 세 가지를 말해 보겠다. 14절에서 "우리는 형제를 사랑함으로 사망에서 옮겨 생명으로 들어간 줄을 알거니와"라는 말씀을 보게 된다. 그리스도인이란 누구인가? 여기에서 말하는 첫 번째의 것은 사망에서 옮겨 생명으로 들어간 사람이다. 그리스도인이 아닌 자들과 그리스도인이 다르다고 말할 수 있는 주된 이유가 무엇인가? 그리스도인은 주일에 예배당에 가는 정도의 사람들이 아니다. 신약성경에 의하면 그리스도인은 본질적으로 다르다. 그들은 "사망에서 옮겨 생명으로 들어간" 자들이다.

이런 위대한 개념이 우리에게 무엇을 주는가? 다음과 같이 말할 수 있다. 모든 신약성경 가르침에 의하면 우리 모두는 천성적으로 영적 죽음의 상태에 있는 자들이다. 거칠고 난폭하고 명백한 죄들을 짓는 자들만을 의미하는 것이 아니다. 이 세상에 태어난 모든 사람에게 해당되는 사항이다. 우리는 죄 가운데 태어났으며 '죄 중에 잉태된' 자들이다. 그러므로 우리는 천성적으로 나면서부터 '진노의 자녀들'이다. 우리는 죽음의 영역으로 태어났으며 본성적으로 이 죽음의 영역 가운데 존재한다. 물론 이것은 타락의 결과이며 태초에 인간이 지은 죄의 결과이다.

하나님이 사람을 만드셨을 때 "네가 나의 법을 지킨다면 너는 계속해 살 수 있다. 그러나 네가 나의 법을 어긴다면 정녕 죽게 될 것이다."라고 말씀하셨다. 사람은 하나님의 법을 어겼으며 하나님을 거스르고 죄를 지었다. 그리고 죽었다. 그 결과는 바울이 로마서 5장에서 말했듯이 죽음에 의해 지배받는 것이었다. 세상은 죽음의 세상이 되었고 우리는 죄와 불법 가운데 죽은, 영적으로 죽은 상태로 태어난 것이다. 우리는 죽음의 영역으로 태어났으며 죽음의 분위기와 조건 안에서 살고 있다.

"사망에서 옮겨 생명으로"에서 사망의 상태란 무엇을 의미하는가? 우리가 본성적으로 처해 있는 이런 상태에 대해 성경 여러 곳에서 말씀하는 내용들을 간략하게 요약해 보겠다.

첫 번째로 이것이 의미하는 것은 하나님을 모르는 상태이다. 따라서 하나님과 그의 아들 예수 그리스도의 생명 밖에 있는 상태이다. 주께서 생애 마지막에 "영생은 곧 유일하신 참 하나님과 그의 보내신 자 예수 그리스도를 아는 것이니이다"라고 하신 말씀이 요한복음 17:3에 기록되어 있다. 그러므로 만일 그것이 생명이라면 죽음은 그것과는 정반대의 것이다. 이것은 하나님을 알지 못한다는 것을 의미하며, 하나님의 생명 밖에 있는 것을 의미하며, 하나님과 아무 교제도 갖지 못함을 의미하며, 그분으로부터 아무것도 얻지 못함을 의미하며, 하나님과 완전히 단절된 삶을 사는 것을 의미한다.

이것이 신약성경에서 아니 성경 어느 곳에서나 사람의 본래 상태에 대해 말하는 내용이다. 그들은 생명 없이 죽음 가운데 있다는 말이다. 그들은 하나님을 알지 못하며 하나님과 어떠한 교제도 하지 않으며 주님 중심의 삶을 살지 못한다. 그들에게 하나님은 무시무시한 힘과 능력 또는 어떤 철학적 범주이며, 어떤 사람들에게는 증오의 대상이 되기도 한다. 그들은 하나님을 떠나 함께 사는 자들이다. 하나님은 그들의 계산 가운데로 들어가지 않으신다. 그들은 하나님을 깊이 아는 지식으로부터 오는 어떠한 기쁨도 경험하지 못한다. 그들은 바울이 에베소서 2:12에서 말했듯이 "세상에서……하나님도 없는" 자들이다. 이것이 죽음의 상태를 특징지어 주는 첫 번째 것이다.

이 첫 번째로부터 필수적으로 뒤따르는 또 다른 특징이 있다. 그런 사람들은 영적으로 죽은 자들이다. 요한은 우리가 "사망에서 옮겨 생명으로" 들어갔다고 했다. 바울은 에베소서 2:1에서 "허물과 죄로 죽었던 너희를 살리셨도다"라고 에베소 교인들에게 말했다. 죽은 자들은 영혼의 가치에서도 죽은 자들이다. 그들은 이 세상의 삶의 중요성과 영원한 삶과의 관계를 전혀 잊고 산다. 그들은 왜 하나님이 생명의 선물을 주셨는지 알지 못하기 때문에 이런 것들에 별로 관심이 없을 수밖에 없다.

그들의 주된 관심사란 그저 먹고 마시며 자신들을 즐겁게 하는 것이며 이 세상에서의 삶을 사는 데에만 있다. 그들은 자신 안에 불멸하는 어떤 것이 있다는 것을 느끼지 못하고 산다. 그리고 하나님이 그들에게 육신과 아울러 영혼을 만들어 주셨다는 것을 인식하지 못한다. 모든 것 중에 가장 고상한 것을 망각하며 영적인 일들에 전혀 무감각한 상태인 낮은 영역에서 살고 있다.

뿐만 아니라 그들은 죄와 악의 본성을 느끼지 못한다. 이 세상에서 하나님과 사탄 간에, 천국과 지옥의 권세들 간에 계속되는 영적 전쟁을 느끼지 못한다. 여러분이 죄에 대해 말하면 비웃는다. "이 시대에 아무도 죄 안에 있다고 믿는 사람은 없다. 그렇게 스스로 무거운 짐을 지는 것은 수백 년 전의 이야기이며 사람들이 과거사에서 끄집어낸 일종의 상상일 뿐이다."라고 말한다. 영적 전투의 성질을 이해하지 못하며, 피할 수 없는 궁극적 종말을 향해 급하게 내닫고 있는 이 세상에서의 전반적 상태를 이해하지 못한다. 그들은 영적으로 죽은 자들이다. 단지 물질적이고 육체적이며 눈에 보이는 것과 시간에 제한받는 삶을 사는 자들이다. 눈에 보이지 않고 영원한 것은 그들의 관심과 시야에 없다.

물론 이것에 대한 피할 수 없는 결과는, 그들이 그런 식의 삶을 사는 것이다. 영적으로 죽은 자들의 삶에 대해 에베소서 2:2-3에서 아주 잘 묘사했다. 바울은 이 구절에서 그들이 "공중의 권세 잡은 자"를 따라서 행하며 "육체의 욕심을 따라 지내며 육체와 마음의 원하는 것"을 한다고 말했다. 바로 그것이다. 그것이 우리가 지금 사는 이 세상에서 명백하게 보여지는 것이 아닌가? 하나님과 하나님의 생명과 하나님께 속한 것들에 대해 죽은 자들은, 이런 욕심과 소욕을 따라 살고 있다. 이런 삶이 모든 것을 비참하게 만들고 있다. 이런 삶이 조간 신문이나 법정의 재판 과정에서 그리고 현재 삶의 흉하고 시끄럽게 외쳐대는 소리에서 묘사되는 형편없는 삶이다.

이런 삶에 대해 마지막으로 우리가 볼 수 있는 것은, 이런 삶에 들어가면 갈수록 더욱더 죽어 가는 삶이라는 것이다. 로마서 6:23은 "죄의 삯은 사망이요"라고 말했다. 죽음의 삶 안에서 사람들은 계속 죽어 가고 있다. 이것이 가장 비참한 것들 중의 하나이다.

그리스도인이 아닌 자들의 생애를 추적해 보기 바란다. 여러분은 점차적 퇴보와 하향 곡선의 삶을 볼 수 있을 것이다. 그들도 어린 시절에는 아마 어떤 일을 하고자 하는 이상에 관심이 있었을 것이다. 하지만 그들이 계속해 어떻게 살았는가를 보면 점차 그런 생각을 포기하고 강팍함이 그들의 영혼과 생각에 들어오며 결국 밑으로 밑으로 내려가다가, 사기를 진작시켜 주며 고상하게 해주는 모든 것을 잃어버리는 것을 보게 될 것이다. 이것이 그들을 강팍하게 하는 과정이며 죽음 가운데 죽어 가는 모습이며 죄 가운데 곪아 가는 모습이다.

이곳뿐 아니라 성경 어느 곳에서든지 묘사되는 표현에 의하면, 이런 것이 이 세상에 태어난 모든 사람이 자연적으로 처하게 되는 상태, 즉 죽음의 상태라는 것이다. 그러나 사도는 "하나님께 감사함은 이런 것이 더 이상 우리의 상태가 아니기 때문이다."라고 말했다. 그리스도인이 된다는 것은 사망에서 생명으로 옮겨지는 것을 의미하며 그 이하는 절대 아니라는 것이다.

비록 우리가 죄와 불법 가운데서 사망했지만 다시 소생되었다. 하나님은 자비하심으로 우리를 보살펴 자신의 영으로 문제를 다루어 주셨다. 그분은 우리를 깨우고 일으켜 세워 주셨다. 그리고 우리를 생명의 법칙 가운데로 인도하심으로 사망에서 다른 영역으로 넘겨 주셨다. 이것이 그리스도인이 되었다는 의미이다. 이전에 살던 방식보다 조금 괜찮은 정도의 삶을 살기로 결정하는 것이 그리스도인이 되었다는 것이 아니며, 어떤 도덕적 좌우명과 원칙들을 설정해 그것을 지키려고 많은 노력을 기울이는 정도만이 그리스도인의 삶이라 할 수 없다는 말이다. 그런 것이 아니라 근본적 본성의 변화, 한 곳에서 다른 곳으로의 전격적 '이전'을 의미한다.

다음의 것이 신약성경에서 사용되는 용어들이다. 우리는 어둠의 왕국으로부터 그분의 사랑하는 아들의 왕국으로 옮겨졌다. 또는 베드로가 첫 번째 서신 2:9-10에서 "……너희를 어두운 데서 불러내어 그의 기이한 빛에 들어가게 하신 이의……너희가 전에는 백성이 아니더니 이제는 하나님의 백성이요……"라고 표현했다. 다 같은 개념이며 신약성경 어느 곳에서든지 보여지는 것들이다.

그렇다면 어떻게 우리가 빛과 생명의 영역에 거한다는 것을 알 수 있는가? 이것은 내가 여태까지 묘사한 모든 것과 정반대되는 것을 의미한다고 할 수 있다. 사망에서 생명으로 옮겨진 자들은 하나님을 안다고 말할 수 있는 자들이다. 요한복음 17:3은 "영생은 곧 유일하신 참 하나님과 그가 보내신 자 예수 그리스도를 아는 것이니이다"라고 했다.

여러분은 나의 친구이신 하나님을 아는가? 그분은 영원한 생명이시다. 여러분은 이 영원한 생명을 소유하고 있는가?

나는 여러분이 어떤 것을 믿고 있는가에 대해 질문하는 것이 아니다. 그것은 지적으로 믿을 수 있는 것이기 때문이다. 오히려 내가 질문하려는 것은 여러분은 이 생명을 소유하고 있는지, 생명의 영역에 거하고 있는지, 하나님과 예수 그리스도를 알고 있는지에 대한 것이다. 생명이 있는 자들은 이것을 알 수 있다. 이것은 영원한 생명이기 때문이다. 기도할 때 여러분은 하나님께 말하고 있는 것을 아는가? 그저 무릎을 꿇고 여러 가지 경건한 소망과 소원을 올려 보내는 정도인가 아니면 진정 하나님이 그곳에 계신다는 사실을 알고 있는가? 여러분과 하나님 사이에 어떠한 일이 발생하고 있는가? 진정한 교제를 그분과 나누고 있는가?

이것을 알고 있는 자들만이 그들 안에 생명을 소유한 자들이다. 그들은 죄와 범죄함 가운데 더 이상 죽은 자들이 아니다. 이는 그들이 소생하여 새로이 태어났기 때문이다. 그들은 새로운 생명을 부여받았으며 안에 있는 이런 생명을 의식하는 자들이다. 그들은 갈라디아서 2:20의 말씀처럼 "내가 사는 것이 아니요 오직 내 안에 그리스도께서 사시는 것이라"고 말할 수 있는 자들이다. 그들은 이전에는 관심을 갖지 않았던 것들을 이제 의식하며 관심을 갖는다. 그제서야 자신들의 영적 존재를 깨닫고 영적인 것들에 관심을 갖게 된다.

바울은 로마서 8:5에서 그리스도인인 자들은 "영의 일을 생각"한다고 말했다. 그들은 영적인 일들에 흥미를 갖게 된다. 비록 이전에는 세상과 세상에 속한 것에 흥미를 두었으나 이제는 하나님의 영적 왕국에만 관심을 두게 된다. 그들은 복음 전하는 일에 관심을 두며 이 세상과 세상에 속한 자들을 위해 기도한다. 그들은 영의 일들을 생각한다.

뿐만 아니라 그들 가운데 참으로 이런 생명의 원리가 있다는 사실을 의식한다. 우리는 다른 자들이 죽어 가며 죽음 가운데 침몰되어 가는 것을 보지만, 사망에서부터 생명으로 이전된 자들은 성장과 발전을 의식하면서 산다. 생명은 멈추어 있는 것이 아니다. 꽃을 보라. 그리고 봄에 나무들을 보라. 모든 것이 자라고 커가는 것을 볼 수 있지 않은가? 생명은 계속 성장해야만 한다. 만일 죽음으로부터 생명으로 나아갔다면 발전해야만 하는 것이다.

여러분은 은혜 가운데 성장하고 있는가? 그리스도인의 삶 가운데서 발전해 나가고 있는가? 작년보다 좀더 진보되었는가? 이런 생명의 원리는 저절로 나타나야 되는 것이다.

이 모든 것 중에 가장 큰 테스트는 아마 그런 사람들이 성결을 소망하는가 아닌가일 것이다. 이는 그들이 하나님과 하나님의 거룩한 법 가운데서 기뻐하며 이와 같이 놀라운 원리들을 따라 새로운 삶을 살아나가는 것을 큰 소망으로 삼기 때문이다. 그들은 하나님이 무한하신 사랑으로 그들에게 오셨다는 것을 알고 있다.

나는 이 구절을 떠나고 싶지 않다. 하지만 떠나야만 될 것 같다. 그래서 다시 한번 이 메시지를 반복하고 싶다.

여러분은 사망에서 생명으로 옮겨졌다. 여러분은 여러분이 태어났던 무덤에서 일어나 나왔다. 이제 새로운 자리에 서 있다. 여러분은 여러분 안에 있는 새로운 원리들을 따라 사는 새로운 사람들이 있다. 완전히 새로운 영역에 거하며 그리스도의 형상으로 자라나고 있다.

여러분은 자신이 그와 같은 자들이라고 생각하는가? 여러분이 스스로 그리스도인이라고 생각할 때 그런 식으로 행하는가? 아니면 어떤 특정 교회나 교단에 속해 있는 자들일 뿐인가? 또한 쓰레기 같은 이 세상에 사는 방탕한 죄인들보다 조금 괜찮은 삶을 사는 사람인가? 여러분은 진정 '나는 사망에서 생명으로 옮겨졌다. 내가 그리스도인이 되었다는 사실이 얼마나 영광되고 놀라운 일인가!' 라고 스스로 생각하는가?

이제 요한이 그 외에 여기에서 말하는 두 가지에 대해 말하겠다. 어떤 면에서 우리는 10절에서 이미 다루었다고 본다. "이러므로 하나님의 자녀들과 마귀의 자녀들이 드러나나니 무릇 의를 행하지 아니하는 자나 또는 그 형제를 사랑하지 아니하는 자는 하나님께 속하지 아니하니라." 바로 이것이다. 참된 그리스도인은 하나님께 속한 자들이다. 그리스도인은 하나님을 알 뿐 아니라 하나님의 본성 중 어떤 부분을 받은 사람이다. 그러므로 그들은 "신성에 참예한 자들"이라고 불릴 수 있다. 그들은 성령으로 다시 태어난 자들이며 다시 말해 하나님 자신으로부터 난 자들이다. 사도 바울은 하나님이 우리에게 혈연이 되어 주셨다고 했다. 에베소서 2:19에서 우리는 "하나님의 권속"이라고 했다. 그러므로 그리스도인은 하나님 가족에 속한 자들이며 당연히 하나님 가족의 삶의 특성과 특징을 나타내야 되는 사람들이다.

다시 한번 질문하면 여러분은 스스로가 그리스도인이 결코 될 수 없다는 사실에 감동받지 않을 수 있는가? 여러분은 하나님과 하나님의 가족의 특성을 보여 줄 수 없다. 하지만 여러분이 그리스도인이라면 그렇게 하게 될 것이다. 여러분은 하나님께 속했으며 하나님의 자녀들이기 때문이다.

주님은 산상 수훈에서 여기에 대해 매우 명확하게 설명하셨다. 마태복음 5:48에서 "그러므로 하늘에 계신 너희 아버지의 온전하심과 같이 너희도 온전하라"고 하셨다. 주님은 요한이 여기서 다루는 것과 똑같은 주제를 말씀하셨다.

즉 사람들을 사랑할 것과, 적들도 사랑하며 미워하는 자들에게 선한 일을 행할 것과, 여러분에게 의도적으로 해를 끼치며 이용하는 자들에게 축복할 것 등에 대해 말씀하셨다. 여러분을 사랑하는 자들만 사랑하지 말라고 하셨다. 이는 누구든지 그렇게 할 수 있기 때문이다. 여러분이 그리스도인이라는 신분을 가졌는가 아닌가에 대한 전반적 테스트는 자신의 적을 사랑할 수 있는가 아닌가이다. 하나님께 속한 여러분은, 하나님의 자녀들인 여러분은 삶에서 하나님을 재생산해 내야 된다.

이것이 그리스도인이다. 그리스도인은 새로운 사람들이다. 다른 자들보다 조금 더 나은 생활을 하는 자들만이 아니다. 그들은 근본적으로 다른 자들이다. 새로운 방식으로 만들어졌으며 새로운 성품을 간직한 자들이다. 그들은 하나님께 속한 자들이다. 그러므로 여러분은 자신에게 이르기를 "하나님처럼 살자! 그래서 하늘에 계신 아버지가 온전하신 것과 같이 나도 온전하도록 하자!"라고 해야 한다.

요한이 여기서 그리스도인에 대해 우리에게 말한 세 번째의 것에 대해 잠시 언급하겠다. 그는 15절에서 "그 형제를 미워하는 자마다 살인하는 자니 살인하는 자마다 영생이 그 속에 거하지 아니하는 것을 너희가 아는 바라"고 했다. 이것을 한번 긍정적 형태로 말해 보고자 한다.

그리스도인의 세 번째 특징은 그들 가운데 영원한 생명이 거하고 있는 자들이다. 나는 때때로 그리스도인인 내가 또는 다른 그리스도인이 너무 조용히, 너무 무가치한 삶을 살고 있다는 사실에 놀라곤 한다. 내가 처음에 우리 모두의 전반적 문제는 우리가 어떠한 자인가를 인식하지 못하는 데 있다고 말하지 않았는가?

우리는 이런 그리스도인의 삶을 우리가 올라가야만 하는 아주 높은 곳에 있는 어떤 것으로 생각한다. 하지만 우리가 어떠한 것을 하도록 요청받기 이전에 우리는 어떠한 존재로 만들어져 있다는 사실이다. 우리는 우리 안에 영원한 생명을 가지고 있는 자들이다. 우리에게 이런 생명이 없다면 결코 그리스도인이 아니다.

요한은 9절에서 "하나님께로부터 난 자마다 죄를 짓지 아니하나니 이는 하나님의 씨가 그의 속에 거함이요"라고 같은 생각을 말했다. 그리스도인의 삶은 새로운 생명의 원리에 의해 지배받고 움직여지는 것이다. 바울은 빌립보서 2:13에서 "너희 안에서 행하시는 이는 하나님이시니 자기의 기쁘신 뜻을 위하여 너희에게 소원을 두고 행하게 하시나니"라고 했다. 바로 그것이다. 우리 안에 영원한 생명이 거하고 있다는 것이다. 하나님은 우리 안에 영원한 생명을 심어 주셨다. 그것을 우리에게 가져다 주셨다.

이것은 마치 발효 작용과 비슷해 계속 발전하고 영향을 줌으로 거부하지 못하게 된다. 궁극적으로 이것은 새로운 사람으로 만들어 내며 생명의 형상과 방식에 의거해 우리를 만들어 낸다. 이 생명의 원리가 우리 안에 거하고 있으며 계속해 커 나가고 있다. 마치 봄에 보는 것과 같다. 겨울에 나무에 달려 있던 잎들을 생각해 보자. 무엇이 그것들을 나무에서 분리시키는가? 사람들이 떼어 내는 것이 아니다. 새로운 잎이 나오면서 오래된 잎을 밀어내기 때문이다. 같은 원리이다. 이것이 토머스 찰머스가 "새로운 영향의 구축력驅逐力"이라고 칭한 우리 안에 거하는 영원한 생명이다.

여기에 대해 다음 말씀보다 더 잘 설명할 수는 없다고 본다.

"우리 가운데서 역사하시는 능력대로 우리가 구하거나 생각하는 모든 것에 더 넘치도록 능히 하실 이에게" 엡 3:20.

"우리가 그를 전파하여 각 사람을 권하고 모든 지혜로 각 사람을 가르침은 각 사람을 그리스도 안에서 완전한 자로 세우려 함이니 이를 위하여 나도 내 속에서 능력으로 역사하시는 이의 역사를 따라 힘을 다하여 수고하노라" 골 1:28-29.

다시 한번 여기에 관해 다음과 같은 질문 형태로 설명하고자 한다. 여러분은 자신 가운데 역사하는 놀라운 능력을 인식하는가? 여러분은 자신 안에 새로운 삶의 원리가 주어져 있다는 것을 아는가? 여러분은 자신의 본성 가운데 주어진 효소 성분, 즉 앞으로 나가도록 밀고, 계속 전진하도록 요청하며, 성결한 삶을 소원하게 하며, 좀더 나은 방식으로 하나님께 기도하고자 하는 소원을 제공하며, 그리스도에 대해 좀더 알기를 원하는 무엇인가를 의식하고 있는가?

여러분은 무엇인가가 여러분에게 들어와 죽음의 존재 가운데 거하지 못하도록 방해하며 이끌어 내려고 하는 것을 느끼는가?

우리가 여러분 안에서 이런 방해나 사역, 즉 우리 안에 영원한 생명이 거하면서 계속해 움직여 나가고 다른 방향으로 그리고 좀더 훌륭한 쪽으로 우리를 이끌어 들이는 좋은 의미의 소동을 겪지 못하고 알지 못한다면 우리는 그리스도인이 아니다.

> 우리는 서로 사랑할지니 이는 너희가 처음부터 들은 소식이라 가인같이 하지 말라 그는 악한 자에게 속하여 그 아우를 죽였으니 어떤 이유로 죽였느냐 자기의 행위는 악하고 그 아우의 행위는 의로움이라 형제들아 세상이 너희를 미워하여도 이상히 여기지 말라 우리가 형제를 사랑함으로 사망에서 옮겨 생명으로 들어간 줄을 알거니와 사랑하지 아니하는 자는 사망에 머물러 있느니라 그 형제를 미워하는 자마다 살인하는 자니 살인하는 자마다 영생이 그 속에 거하지 아니하는 것을 너희가 아는 바라 _ 요일 3:11-15.

Chapter 32
그리스도인의 표지

이미 이 구절들에 대한 내용을 살펴보기 시작했으며, 우리가 자녀됨과 자녀가 누리는 이득에 대해 충분히 경험했다면 하나님의 계명들에 순종해야 하며 하나님의 자녀로 살아야 한다는 내용들을 보았다. 어떤 면에서 요한의 논지는, 우리가 하나님의 자녀라면 예수 그리스도와 같이 되어야만 한다는 것이며 그분을 닮아 가면서 그분이 살았던 것과 같은 삶을 살도록 노력해야 한다는 것이다.

주님은 자신에게 잔혹했던 세상에 와서 사셨다. 그러나 히브리서 12:2의 "그 앞에 있는 기쁨"을 위해 주저하거나 실패하는 일 없이 잘 견뎌 내셨다. 잘 견뎌 내실 수 있도록 해준 것은 영적 교제이며 지식이었다. 그러므로 주님은 하나님께 언제나 순종하셨다. 그분의 삶은 온전한 순종으로 가득 차 있었다. 아들로서 그분은 하나님의 뜻과 법에 온전하게 순종하셨던 자로 묘사되고 있다.

다음으로 그분에게서 볼 수 있는 큰 특징은 사랑이었다. 그래서 요한은 "여러분이 주님과 같다면 매일의 삶에서 이런 것을 제시하고 보여주어야 된다. 여러분은 계명들을 지켜야 하는 자들이다."라고 말했다. 이것이 10절 중반절까지의 논지이며 10절 하반절에서 그는 "무릇 의를 행치 아니하는 자나 또는 그 형제를 사랑하지 아니하는 자는 하나님께 속하지 아니하니라"고 했다. 요한은 여기서 우리의 주의를 요구하는 주제를 소개하고 있는데, 11절부터 이 장의 마지막 부분까지 계속해 이것을 다루고 있다.

사도의 방법은 아주 흥미롭다. 우리가 하나님의 자녀이며 그것이 의미하는 것이 무엇인가를 인식한다면 필연적으로 우리의 행위 가운데서 예수 그리스도와 같이 되어야 한다고 그는 말했다. 내가 말하려는 요점은, 이것은 요한이 유추해 이끌어 낸 논지가 아니라 절대적으로 피할 수 없는 어떤 것에 대한 진술이다.

요한은 우리에게 자녀된 위치로부터 무엇인가를 유추하라고 요청하고 있지 않다. 그는 "당신이 하나님의 자녀라면 그와 같은 것을 해야 한다. 그러한 것을 하지 않는다면 하나님의 자녀가 아니다."라고 말했다. 이것이 내가 강조하고자 하는 필수 불가결의 요소이다. 이것이 행위에 관한 것과 마찬가지로 서로 사랑하라는 문제에 관한 사도의 논지이다.

그는 9절에서 "하나님께로부터 난 자마다 죄를 짓지 아니하나니 이는 하나님의 씨가 그의 속에 거함이요 그도 범죄하지 못하는 것은 하나님께로부터 났음이라"고 했다. 이것을 이미 살펴보았다. 그 원리는 자녀됨에 관한 이 문제에도 똑같이 적용된다.

다시 말해 서로 사랑해야 한다는 전반적 권면의 말씀을 우리의 위상의 관점에서 제시하고 있다는 사실을 다시 한번 지적해야 한다. 신약성경은 우리가 어떠한 자인가에 대해 먼저 상기시켜 주지 않은 상태에서 무엇인가를 하라고는 결코 요청하지 않는다. 하나님의 자녀가 아니라면 우리가 해야 한다고 요청받는 것들을 할 수 없다는 것이 성경의 교리이기 때문이다.

그러므로 나는 신약성경이 이 세상에게 어떻게 살아야 할 것인가에 대해 일반적 지시를 전혀 하고 있지 않다는 사실을 주지시키고 싶다. 이 세상을 향해 주어진 메시지는 회개하고 예수 그리스도를 믿으라는 것뿐이다. 그러나 믿는 자들을 향해서는 많은 할 말이 있다. 그 많은 말은 언제나 우리의 신분과 위상으로 더불어 시작한다. 그래서 말씀은 "여러분이 하나님의 자녀이므로 이런 일들을 생산해 내야만 된다는 사실은 필연적으로 따르는 것이 아니겠는가?"라고 했다.

우리는 우리에게 주어진 표현을 고찰했다. 거기에는 다음과 같은 세 가지 사실이 있다. 첫째, 그리스도인은 "사망에서 생명으로 옮겨진" 자들이다. 둘째, 그들은 하나님으로부터 난 자들이다. 셋째, 그들은 그들 안에 거하고 있는 영원한 생명을 소유한 자들이다.

요한은 "그러므로 여러분이 스스로에게 꼭 해야 하는 아주 중요한 질문은, 여러분은 그와 같은 사람이냐는 것이다. 여러분은 사망에서 생명으로 옮겨진 자들이라는 사실을 알고 있으며, 하나님으로부터 난 자들이라는 사실을 알고 있으며, 여러분 안에는 영원한 생명이 거하고 있다는 사실을 알고 있으며, 이런 것을 자신 있게 말할 수 있느냐는 것이다. 이런 것이 모든 그리스도인의 주장이 되어야 한다. 그 이하는 어떠한 것도 있을 수 없다. 어떤 면에서 보면 이것에 대해 말할 필요가 없을 수도 있다. 여러분이 어떠한 자들인가는 여러분의 주장의 실체를 통해 드러날 것이다. 여러분의 삶은 여러분이 진정 하나님의 자녀인지 아닌지를 입증해 줄 것이다."라고 말했다.

그리스도인의 위상에는 영광스러운 면도 있으나 어려운 부분도 있다. 우리는 우리가 어떠한 사람인가를 언제나 선언하면서 살고 있다. 어떤 면에서 이 세상이 우리의 말보다는 생활에 더 많은 관심을 갖고 있다고 말하는 것이 옳기도 하다. 그러므로 그리스도인으로서 우리가 어떠한 사람인가에 대해 언제나 선언하고 사는 사람이라는 사실을 결코 잊어서는 안 된다. 그렇게 살아야만 한다. 그것이 피할 수 없는 사실이며 여기서 말하는 전체적 논지이다.

생활이나 본성은 숨길 수 없다. 우리가 어떠한 사람인가 생활에서 보여지는 것을 피할 수 없다. 어떠한 옷을 입고 외적으로 드러난 모습이 어떠한가는 그리 문제되는 것이 아니다. 생활이나 본성이 보여질 것이며 우리 안에 있는 기질이 스스로를 드러내 보일 것이다. 우리는 어쩔 수 없이 드러나 보여질 것이다. 아무리 숨기려 해도 우리가 누구인가 하는 것은 삶에서 나타나게 된다.

주님도 산상 수훈에서 이것을 확실하게 표현해 주셨다. 그분은 마태복음 7:16-19에서 "그들의 열매로 그들을 알지니 가시나무에서 포도를, 또는 엉겅퀴에서 무화과를 따겠느냐 이와 같이 좋은 나무마다 아름다운 열매를 맺고 못된 나무가 나쁜 열매를 맺나니 좋은 나무가 나쁜 열매를 맺을 수 없고 못된 나무가 아름다운 열매를 맺을 수 없느니라"고 말씀하셨다.

여기에 대해서는 더 이상의 설명이 필요하지 않다. 사람들은 자신이 그리스도인이라고 말할 수 있을지는 몰라도 사실상 그들이 그리스도인인지 아닌지는 그들의 삶에서 확연하게 드러난다. 이것이 가장 확실한 테스트라 할 수 있다. 이것이 사도가 이 시점에서 말하고자 하는 요지라고 확실하게 말할 수 있다.

교리는 우리가 형제들을 사랑함으로써 그리스도인이 되는 것이라고 말하지 않고, 오히려 우리가 형제를 사랑함으로써 그리스도인이라는 사실을 증명하는 것이라고 했다. 참으로 어리석기도 하고 우습기도 하지만 이런 이유 때문에 야고보의 교리와 사도 바울의 교리 사이에 갈등이 있다고 말하는 것을 자주 듣는다. 야고보가 말하는 것이 본문에서 말하는 것과 흡사하다. 그는 2:18, 20에서 "너는 믿음이 있고 나는 행함이 있으니 행함이 없는 네 믿음을 내게 보이라 나는 행함으로 내 믿음을 네게 보이리라……행함이 없는 믿음이 헛것인 줄을 알고자 하느냐"라고 말했다. 이것이 바로 그 교리이다. 또한 이 장에서 말하는 교리이다. 이것은 이미 산상 수훈에서 본 교리이다. 그리고 신약성경 어느 곳에서나 볼 수 있는 교리이다.

다음과 같이 말해 보겠다. 우리가 어떤 위치에 있는 사람이라는 것과 그러한 자신에 대한 주장은 행동과 행함에 의해 입증될 수 있다. 어떤 사람은 "좋다. 그와 같이 필연적인 것이라면 요한이 여기에서 독자들에게 형제들을 사랑하라고 권면하는 요지는 무엇인가?"라고 말한다. 이 질문에 대해 여러 대답을 할 수 있다. 한 가지는 요한이 우리의 본성과 우리 안에 있는 생명이 어떠한 것인가 상기시키기 원하면서 또한 우리가 그와 같은 본성에 일치하는 삶을 살아 나갈 수 있도록 격려하기 원한다는 것이다. 더 많은 열매를 맺도록 자극함으로써 우리의 기쁨을 증가시키기 원하기 때문이다.

예를 들어 여러분은 열매 맺은 나무를 볼 수 있다. 그런데 여러분이 그 나무 주위를 둥글게 파서 비료를 주면 더 많은 열매를 맺는 것을 보게 된다. 이런 방식으로 요한은 독자들을 도와주고 보조해 주고 자극을 주는 것이다. 우리가 자녀들에게 좋은 행동을 하라고 권면하면서 가문의 명예가 아이의 손에 달려 있다는 것을 상기시켜 주는 것과 흡사하다. 아이에게 어떠한 위치의 사람이라는 것을 상기시켜 주는 것이 중요한 이유는, 좀더 나은 행동을 함으로써 가족의 명예에 손상을 주지 않도록 할 수 있기 때문이다.

그리스도인으로서 첫 번째 특징은 "사망에서 생명으로" 전이되었다는 사실과 우리가 "하나님에게 속한" 자라는 사실과 "우리 안에 영원한 생명이 거하고 있다"는 사실을 주장할 수 있어야 한다. 요한은 "이제 우리가 주장하는 것이 참인지 거짓인지에 대한 확연한 증명이 있다. 우리가 하나님의 자녀이며 그리스도인이라는 사실을 확실하게 알기 원한다면, 우리는 이 세상과 같이 되어서는 안 된다."고 말했다. 이것이 12절에서 보여 주는 첫 번째 논지이다. 여기에서 그는 부정문을 사용해 시작했다. "가인같이 하지 말라 그는 악한 자에게 속하여 그 아우를 죽였으니 어떤 이유로 죽였느냐 자기의 행위는 악하고 그의 아우의 행위는 의로움이라." 가인은 언제나 세상에 속한 자의 표본으로 성경에 소개되고 있다. 하나님께 속한 자가 아니고 영적이지 못한 자이다. 그러므로 세상에서의 진리라고 하는 모든 것은 그리스도인과는 정반대이며 가인 안에서 다 보여진다.

세속적인 모습의 특징이 무엇인가? 첫 번째는 그리스도인과 정반대의 모습이다. 이미 보았듯이 그리스도인은 하나님께 속했고, 본문에 근거해 말하면 세속적인 자들은 마귀에게, 즉 "악한 자에게 속한" 자들이다.

14절에 이런 자들에 대한 두 번째 특징을 볼 수 있다. 그리스도인은 "사망에서 옮겨 생명으로 들어간" 자들이며 "저 안에 영생이 거하는" 반면에, 이들은 "사망에 거하는" 자들이라는 말이다.

이 세상에 속한 자들에 관해 15절은 두 번째 특징과 유사한 세 번째 특징에 대해 말하는데, 이들은 "영생이 그 속에 거하지 아니하는" 자들이다. 세상에 속한 자에 대한 일반적 묘사는 다음과 같다. 그는 악한 자에게 속한 자이며, 마귀 사탄에게 속한 자이다. 그리고 어둠의 왕국에 속해 있으며 이 세상 주관자의 속박과 지배와 폭정 아래 있는 자이다. 이것이 그가 사는 영역이며 그는 마귀와 사탄에게 속해 있는 것이다.

이미 살펴보았듯이 그리스도는 이런 자들에 대해 요한복음 8:44에서 "너희는 너희 아비 마귀에게서 났으니"라고 단언하셨다. 바로 이것이다. 그리고 그들은 사망의 권세 아래 거하고 있다. 그들은 영적으로 소생하지 못한 자들인데 이는 성령이 그들에게 생명을 주지 않으셨기 때문이다. 그들은 죄악 가운데 여전히 죽은 자들이며 더욱 안타까운 것은, 그들 가운데 영원한 생명에 관한 원리가 없다는 것이다.

지금까지 일반적인 것들에 관해 다루었는데 이제는 좀더 상세하게 생각해 보자. 이런 삶의 특징에 대해 좀더 상세하게 알아볼 수 있는 것이 무엇인가? 그것은 마귀 안에서 좀더 선명하게 보여질 수 있으며 마귀에게 속한 삶 가운데 보여지게 될 것이다. 그런 삶의 큰 특징은 자기 중심적이며 이기적이며 자신만을 주장하는 것이다. 이것이 사탄을 근본적으로 타락하게 만든 것이다.

그는 하나님에 의해 창조된 자였다. 그런데 왜 타락했는가? 그것은 자기 중심적이 되었기 때문이다. 그는 영원토록 하나님을 예배하며 그분께 영광을 돌리며 사는 것에 만족하지 못했다. 그래서 자신에 대해 생각하기 시작했으며 자신이 더 많은 관심을 받아도 되는 존재라고 스스로 생각하기 시작했다. 결국 자신의 방식대로 삶을 영위해 나가기 원하게 되었고 이기적 방식의 삶을 택했다. 이것이 이런 삶의 특징이다. 추하고 더럽고 증오스러운 삶의 모습임에 틀림없는데도 오늘날 이런 삶의 모습이 얼마나 아름다운 것으로 미화되고 있는가? 순전히 자기 중심적 삶의 원칙 아래 사람들은 자신만을 위해 살고 있다.

또 다른 특징은 하나님을 싫어하며 선한 것들을 미워하는 것이다. 요한은 가인과 아벨에 대해 언급하면서 "어떤 이유로 죽였느냐 자기의 행위는 악하고 그의 아우의 행위는 의로움이라"고 말했다. 이것이 마귀의 두 번째 큰 특징이다. 그는 하나님을 미워했으며 하나님의 영광과 능력을 싫어했다. 그래서 대항했으며 그에게 속한 자도 역시 마찬가지로 하나님을 미워하고 거스른다. 사도 바울은 로마서 8:7에서 "육신의 생각은 하나님과 원수가 되나니 이는 하나님의 법에 굴복하지 아니할 뿐 아니라 할 수도 없음이라"고 기록했다.

여기에 대해 사람들은 "그리스도인은 아니지만 좋은 사람들이 있는데, 그들에게는 해당되지 않는 사항이다. 실제로 좋은 사람들이 많이 있다."라고 말할 것이다. 그러나 그들이 아무리 선하다고 해도 육신에 속한 생각은 하나님을 거스르게 되어 있음을 알아야 한다. 이는 육의 생각은 마귀에게, 즉 악한 자에게 속해 있으며 자연적으로 악한 형태로 표현되는 것이기 때문이다.

이런 잘못된 자세들의 결과는 가인의 경우에서 명백하게 볼 수 있다. 하나님과 하나님의 거룩하신 법을 미워하는 악하고 자기 중심적이며 자기 고집만을 주장하는 이기적 삶은 언제나 왜곡되고 부자연스러운 삶이라고 할 수 있다. 이런 모습이 가인의 삶에서 보여지는 것들이다.

가인과 아벨이라는 형제가 있었다. 이들의 관계에서 죄가 어떻게 역사하는지 볼 수 있다. 형제는 형제를 사랑해야 한다. 하지만 가인은 형제 아벨을 시기하고 질투했다. 그를 미워했는데 죽이기까지 미워했다. 무엇이 가인으로 하여금 그렇게 하도록 했는가? 두 형제 모두 하나님께 제사를 드렸다. 하나님은 가인의 제사는 열납하지 않으시고 아벨의 제사만 좋아하셨다. 그래서 가인이 화가 났고 급기야 아벨을 죽였다. 이것이 자기 중심적 삶이다. "내가 얼마나 하나님을 찬양하기 원했는데 나의 것은 거들떠도 안 보시고 하필이면 아우 것만 받으시다니!"

이와 같은 자세가 오늘날 세상을 지배하고 있다. 이런 이유 때문에 법정에서의 무시무시한 심판이 있으며 나라들 간에 전쟁이 발발하는 것이다. 자신들이 소유하지 못한 것을 소유한 것처럼 보이는 자들을 미워하는 자기 중심적 사고가 오늘날의 사람들에게 있다는 말이다. 살인이 이런 이유로 생긴다는 논리도 충분히 유추할 수 있다. 이것은 그리스도인이 아닌 모든 사람에게 해당될 수 있는 원리이다. 바울은 디도에게 서신을 기록하면서 이런 것에 관한 묘사를 했다. 3:3에서 "우리도 전에는 어리석은 자요 순종하지 아니한 자요 속은 자요 여러 가지 정욕과 행락에 종 노릇 한 자요 악독과 투기를 일삼은 자요 가증스러운 자요 피차 미워한 자였으나"라고 했다.

이것이 세상에 속한 삶의 모습이다. 내가 강조하지 않아도 엄연한 사실이 아닌가? 사람들의 대화 내용에 귀를 기울여 보라. 비록 그들에 대해 잘 알지 못한다 해도 다른 사람에 대해 말하는 내용을 들어 보기 바란다. 남들에 대해 악하고 질투 섞인 내용의 말하는 것을 들어 보기 바란다. 그들의 눈을 보기 바란다. 그들 가운데 살인자의 모습이 보일 것이다. 그들은 실제로 사람을 죽이지는 않지만 그런 의도는 그 가운데 있다.

나는 지금 그들을 정죄하고자 이 말을 하는 것이 아니다. 오히려 그러한 자들을 동정하고 안타깝게 생각하고 있다. 누군가를 언제나 비판하는 자들의 얼굴을 보라. 그들은 자신의 모습을 스스로 볼 수 없다. 참으로 비극적인 일이다. 그들이 자신의 추하고 독한 모습을 볼 수만 있다면 얼마나 좋겠는가? 그러므로 우리는 그들을 위해 기도해야 한다. 그들을 동정하는 자세를 취해야 한다. 그들은 마귀에게 속한 자들이며 악과 미움 속에서 사는 자들이기 때문이다. 얼마나 비참한 삶인가?

우리도 그와 같은가? 이것은 논할 필요도 없다. 우리가 그와 같다면 우리 안에 신성이 거한다는 것은 불가능하다. 우리가 어떤 사람이라는 것은 우리가 무엇을 어떻게 행동하느냐에 의해 입증될 수 있으며, 본질적으로 참된 그리스도인이라는 사실은 그들이 세상과 같지 않다는 것이다. 즉 "가인과 같지 않은" 자들이라는 말이다. 그들은 이같이 미움과 질투와 시기와 악한 마음을 갖지 않게 된다. 이것은 얼마나 추악한 것들인가? 사망에서 생명으로, 빛과 사랑의 나라인 하나님의 왕국으로 우리를 인도하신 하나님께 참으로 감사드린다.

그리스도인이라는 것을 증명할 수 있는 두 번째는 세상이 우리를 미워한다는 것이다. 13절에 "형제들아 세상이 너희를 미워하여도 이상히 여기지 말라"고 했다. 우리는 여기에 대해서도 다른 증명을 할 필요가 없다. 이것은 첫 번째로 제안된 관점에서 볼 때 절대적으로 불가피한 것이기 때문이다. 이것은 일어나게끔 되어 있는 것이다. 요한이 여기서 말했듯이 우리는 이 세상이 우리를 미워해도 놀랄 필요가 전혀 없다. 우리가 지금까지 들어 온 말씀의 관점에서 볼 때 놀라운 일이 아니기 때문이다.

역사적 사실을 제시해서 설명해 보겠다. 이것은 우리가 성경에서 처음부터 볼 수 있는 위대한 원리들 중 하나이다. 사실 이 구절에 관해 어려움을 느끼는 많은 사람을 볼 수 있다. 여러분도 이런 원리를 받아들이는 데 어려움을 느낀다면 성경에서 가장 필수적인 부분을 이해하지 못하는 것이라고 말할 수도 있다.

가인과 아벨의 문제점은 가인에게 있는 것이지 아벨에게 있는 것이 아니었다. 가인이 세상이 아벨을 그리스도인을 미워한 것이었다. 요셉과 형제들을 보라. 그리고 다윗과 사울을 보라. 어떻게 사울이 다윗을 대하며 그를 시기하고 질투하며 악하게 대하면서 쫓아내려고 하는가를 보라. 예언자들, 민족을 구원하려고 하던 하나님의 사람들이 어떤 대접을 받았는지 살펴보기 바란다. 이 세상의 어느 곳에서든지 여러분은 이런 태도나 자세를 볼 수 있다.

가장 적절한 예로 주님을 보라. 그분은 하나님의 아들로서 성육신하셨다. 육신 안에 영원한 생명을 소유한 분이셨다. 그런데 이 세상이 그분을 경멸하는 모습을 보라. 어떻게 그들이 돌을 들어 그분에게 던졌는가를 보고, 어떻게 그들이 "그를 못 박으라! 죽여 버리라!"고 외쳐 댔는가를 보기 바란다. 그들을 구원하기 위해 오셨던 하나님의 아들을 세상은 못 박았던 것이다. "나의 친구들이여! 세상이 당신들을 미워한다고 해도 놀라지 말라." 세상은 여러분이 미운 사람이기 때문에 미워하는 것이 아니다. 가인과 아벨의 경우가 바로 그것을 증명해 준다. 가인은 아벨에게 미운 어떤 것이 있었기 때문에 미워한 것이 아니다. 아벨 안에 미운 것이 없었음에도 그를 미워했다.

이 세상이 우리를 미워하는 것은 우리가 선하기 때문이 아니다. 여기에 대해 우리는 확실히 해야 한다. 세상은 선한 사람을 미워하는 것이 아니라 오직 그리스도인만을 미워한다. 참으로 미묘하면서도 확실한 구분이라 할 수 있다. 여러분이 그저 좋은 사람이기만 하다면 이 세상은 여러분을 미워하기는커녕 오히려 존경하며 칭찬할 것이다.

이같이 개인에게 적용되는 사항은 교회에도 똑같이 적용될 수 있다. 여기에 대한 심리학적 설명은 매우 간단하다. 세상은 선한 사람들이 세상을 빛내 주는 것이라고 생각하기 때문에 이런 자들을 좋아한다. 그래서 세상은 이런 사람에게 박수를 보낸다. 그러면서도 세상은 그리스도인을 싫어한다. 그들이 선한 일을 하기 때문에 싫어하는 것이 아니라 그저 그리스도인이기 때문에 싫어한다. 이는 그들이 하나님으로부터 나왔으며 그들 안에 그리스도가 계시기 때문이다.

여기에 대한 더 이상의 보충 설명은 필요 없을 것으로 생각한다. 이 세상에서 진정으로 선한 일을 행한 사람이 있다면 그분은 예수 그리스도이시다. 그러나 이미 말했듯이 세상은 그분을 싫어한다. 선함을 싫어하는 것이 아니라 우리로 하여금 선을 행하는 그리스도인이 되게 한다는 사실을 싫어하는 것이다. 나는 이것이 우리 안에 새로운 생명이 있다는 것에 대해 우리가 가지는 최고의 증거라고 믿고 있다. 주님은 마태복음 10:34-36에서 "내가 세상에 화평을 주러 온 줄로 생각하지 말라 화평이 아니요 검을 주러 왔노라 내가 온 것은 사람이 그 아버지와, 딸이 어머니와, 며느리가 시어머니와 불화하게 하려 함이니 사람의 원수가 자기 집안 식구리라"고 말씀하셨다. 그분은 바로 이런 사실을 예견하고 예언하셨던 것이다.

선하게 되는 것이 가족을 분리시키지 않는다. 가족 관계를 좋지 않게 만드는 유일한 어떤 것이 있다. 가족은 여러분이 선한 일을 하는 선한 사람이라면 미워하지 않을 것이다. 오히려 다른 사람이라면 몰라도 가족 안에서는 잘못된 일을 했다 해도 용서해 줄 수 있다. 마치 돌아온 탕자에게 관용이 베풀어진 것처럼 언제나 식구에게는 관용의 부분이 있을 수 있다는 말이다. 하지만 그리스도인이 되고 예수 그리스도처럼 살면 '원수가 자기 집안 식구'가 되는 것이다. 이것은 참으로 놀라운 일이다. 여기서 죄의 참으로 왜곡된 부분이 부각되기 시작한다.

이것을 어떻게 설명할 수 있는가? 여러분이 성경을 보면 매우 간단하게 해답을 찾을 것이라고 생각한다. 거듭난다는 것은 이전의 위치에서 바뀐다는 것을 의미한다. 더 이상 이전에 속해 있던 가족 구성원에 속한 자가 아니라는 말이다. 다음의 에화로 아주 잘 설명될 수 있다.

한 부부가 있었다. 나는 도덕적으로 존경할 만한 이 부부의 결혼을 주례하면서 참 기뻤다. 처음에 그들은 행복한 결혼 생활을 누렸으나 남편이 변해 그리스도인이 되었다. 그의 전반적 삶이 이전과 달라졌다. 특별히 하나님에 관한 것들에 대해 깊은 즐거움을 갖기 시작하면서부터 더욱 그랬다. 그는 교회의 모든 모임에 출석했다. 주일뿐 아니라 주중의 저녁 때에도 참석했으며 이런 모임을 언제나 기다리며 살았다.

어느 날 교회 모임에서 집으로 왔을 때 그의 아내가^{다시 한번 말하지만 그녀는 교회의 회원이며 아주 선하고 존경받을 만한 좋은 여인인데} 다음과 같은 말로 그를 맞이했다. "나는 당신이 기도 모임에서 집으로 오는 것보다는 차라리 몸을 가누지 못할 정도로 술에 만취해 오는 게 나을 것 같아요." 그녀는 그가 차라리 몸을 가누지 못할 정도로 술에 취하는 것을 원했다. 왜 그런가? 그 이유는 그녀가 남편을 다른 어떤 사람에게 현재 빼앗겼다고 느끼기 때문이다. 이는 그리스도가 그녀보다 앞서 그 안에 들어가 계시기 때문이다^{그녀 자신도 곧 그리스도인이 되었다고 한다-편집자 주}.

그리스도는 이런 것을 요구하신다. 그분은 누가복음 14:26에서 "무릇 내게 오는 자가 자기 부모와 처자와 형제와 자매와 더욱이 자기 목숨까지 미워하지 아니하면 능히 내 제자가 되지 못하고"라고 말씀하셨다. 이 세상은 알다시피 우리가 거듭나고 하나님의 자녀가 된 사실에 대해 관심을 가진다. 세상은 우리가 자신들의 영역으로부터 벗어나 새로운 가족의 품에 들어간 것을 인식한다. 우리는 세상이 즐기는 것들을 즐기지 못하게 되며 세상은 이런 사실에 결국 기분이 상한다. 그래서 세상은 "내게로부터 이들을 취해 가는 이것을 나는 증오한다."고 말한다. 이런 면에서 볼 때 세상과 우리를 대립시키는 역할을 하는 유일한 것은 예수 그리스도의 복음, 즉 새로운 생명이라 할 수 있다. 이것은 온전하게 분리시킨다. 마치 가인이 자신의 형제조차 살인한 것과 같다.

세상은 우리 또는 우리가 소유한 생명을 이해하지 못하기 때문에 미워한다. 세상은 이 생명을 우리와 더불어 공유할 수 없다. 그래서 세상은 우리가 한마디도 꺼내지 않았지만 마치 우리가 자신들을 정죄하는 듯한 느낌을 받는다. 진짜 이유는 우리가 그들과 워낙 다르기 때문에 그들을 정죄하는 것 같은 느낌을 받는다. 세상은 그리스도인이 자신들을 따돌리는 것 같다는 생각을 하면서 자신들을 정죄하는 듯한 느낌을 싫어하게 되며, 결국에는 그런 이유로 우리를 미워하는 것이다.

이것이 바로 세상이 주님을 미워했던 것과 같은 이유이다. 그분은 한 번도 나쁜 짓을 하지 않았던 분이시다. 죄가 없었던 분이시다. 온전한 말씀을 전해 주셨으며 선한 일만을 하셨다. 그럼에도 불구하고 이 세상은 주님을 싫어했다. 특히 바리새인은 더욱 그랬다.

그 이유는 단지 그분이 너무 완벽하신 사실 때문이었으며 그런 그분이 그들의 잘못된 부분을 정죄했기 때문이었다. 주님은 자신이 다른 질서와 다른 영역에 속해 있음을 그들에게 보여 주셨다. 주님은 육신에 거하는 하나님이셨다. 그래서 하나님의 뜻을 따르는 모든 사람은 이 세상으로부터 똑같은 반응을 얻게 될 것이다.

이제 확실히 하면 여러분은 그저 좋은 사람 정도가 아니라는 사실을 말이다. 여러분은 그리스도인이라는 사실을 잊지 말기 바란다.

우리가 그리스도인이라는 마지막 증명은, 긍정적 표현을 빌려 말하면 우리가 형제들을 사랑하는 자들이라는 것이다. 우리는 이 세상과 같지 아니한 자들이다. 우리는 세상에 의해 미움받고 있다. 하지만 14절에는 "우리는 형제를 사랑함으로 사망에서 옮겨 생명으로 들어간 줄을 알거니와"라고 했다. 이것이 마지막 입증이며 영광스럽고 긍정적 내용의 입증이라 할 수 있다. 즉 피할 수 없이 나타날 수밖에 없는 어떤 것이다. 요한이 말하려는 것은, 우리는 지금 그리스도인으로서 그리스도인을 사랑하는데 그 이유는 그들이 그리스도인이기 때문이다. 어쩔 수 없이 따라올 수밖에 없는 결론이 아닌가?

우리에게 주어진 새로운 본성은 사랑과 분리할 수 없다. 성령에 의해 이것을 부여받았으며 성령의 열매가 사랑이라는 것이다. 이와 같은 새로운 본성을 부여받음으로써 이전에는 결코 소유해 보지 못했던 생명의 원리를 갖게 된다. 그러므로 같은 가족 구성원을 사랑한다는 것은 어색한 것이 아닌 아주 자연스러운 현상으로 나타나게 된다. 비록 세상은 그들의 죄로 인해 사랑하는 것을 어색하고 부자연스럽게 여기며 사랑을 행하지 못하게 되었으나, 그리스도인에게 가족을 사랑하며 우리가 그리스도인인 것과 같이 그리스도 안에서 한 식구된 자들을 사랑하는 것은 지극히 자연스러운 일이라 할 수 있다.

그러나 진짜 설명은, 우리는 형제들이 "하나님으로부터" 나온 자들이기 때문에 그들을 사랑하게 된다. 우리는 하나님을 그들 가운데 볼 수 있으며 그리스도를 그들 안에서 볼 수 있다. 그러므로 형제들을 사랑하는 것은 하나님에 대한 사랑의 표현이다. 주님이 생명을 넣어 주심으로 그리스도인은 생명을 함께 나누게 된다. 즉 다음과 같이 설명할 수 있다. 여러분이 하나님을 사랑한다면 이웃을 여러분 자신과 같이 사랑해야 한다. 그것이 하나님에 대한 여러분의 사랑의 표현이기 때문이다.

좀더 실제적으로 표현해 보면 그리스도인은 그들 가운데 보여지는 하나님의 손길을 즐거워한다. 그리고 다른 사람들 가운데 보여지는 하나님의 손길도 역시 즐거워한다. 그리하여 거듭난 사람들을 보면 하나님을 찬양하고 싶어진다. 우리는 그들이 하나님의 손 안에 거하고 있기 때문에 그들을 사랑한다. 그들은 하나님의 작품이기 때문이다. 또한 우리는 그들 안에서 그리스도와 같이 되고자 하는 원리를 찾아볼 수 있기 때문이다. 우리는 그들을 사랑한다. 그리고 우리가 가진 것들을 그들도 역시 갖고 있다는 사실에 함께 즐거워할 수 있게 된다.

그뿐만이 아니라 그들이 우리가 가진 관심을 공유하고 있으므로 형제들을 사랑하게 된다. 우리는 어둠으로부터 빛으로 함께 옮겨졌다. 그리고 세상으로부터 새로운 왕국으로 이전되었다. 우리는 같은 것을 나누며 같은 것에, 즉 영광된 말씀이나 하나님을 찬양하는 일 등에 관심을 갖게 된다. 우리는 이 세상에서의 같은 시간대를 통과하며 같은 즐거움을 갖게 된다. 이 모든 것에 앞서 우리는 같은 삶의 푯대를 향해 나아가게 된다. 우리는 같은 영광된 목표를 향해 하루하루 살아가게 된다. 우리는 이 어려운 순례자의 여정을 함께 걸어 나가는 여행자들이다. 우리는 다가오는 영광된 그날을 언제나 바라며 살게 된다. 우리는 시간대도 뛰어넘고 죽음도 없는 그곳에서 영원토록 지내게 될 것을 안다. 우리는 영원무궁한 영광 가운데에서 하나님의 영광과 은혜와 놀라운 평강의 빛을 쬐면서 지내게 될 것이다.

우리가 서로를 사랑하는 것이 너무나도 지당한 것이라고 생각하지 않는가? 우리는 시온성을 향해 함께 행진해 나아가는 자들이다. 우리는 약속의 땅을 향해 함께 나아가는 자들이다. 같은 본성을 소유하고, 같은 인생관을 갖고, 같은 소원을 갖고, 같은 관심을 갖고, 같은 축복된 소망을 부여잡고, 우리 모두 안에서 역사하시는 같은 손길을 바라보는 형제들이여, "서로의 손을 꽉 잡자!" 이것은 논쟁이나 논리의 문제가 아니라 너무나도 확실하게 주어질 수밖에 없는 결과라는 사실이다.

"우리는 형제를 사랑함으로 사망에서 옮겨 생명으로 들어간 줄을 알거니와." 그리스도인이 아니라면 사랑할 수 없으나 지금 사랑하는 자들이 있다. 보통 사람들로서 사랑할 수 없으나 다른 각도에서 그들을 바라보게 된다. 우리는 그들 안에 있는 것을 사랑한다. 즉 우리는 형제들을 사랑한다.

이런 관점에서 우리 자신을 검토함으로써 하나님이 우리에게 "나는 사망에서 생명으로 옮기워졌다."라고 함께 그리고 개개인이 말할 수 있도록 허락해 주셨음을 알게 되었다.

그가 우리를 위하여 목숨을 버리셨으니 우리가 이로써 사랑을 알고 우리도 형제들을 위하여 목숨을 버리는 것이 마땅하니라 누가 이 세상의 재물을 가지고 형제의 궁핍함을 보고도 도와줄 마음을 닫으면 하나님의 사랑이 어찌 그 속에 거하겠느냐 자녀들아 우리가 말과 혀로만 사랑하지 말고 오직 행함과 진실함으로 하자 _ 요일 3:16-18.

Chapter 33
행함으로 사랑하라

이제 우리는 요한이 '형제 사랑'에 대해 이미 말한 내용에 대한 실제적 적용 단계에 왔다. 그는 이런 사랑에 대해 말했지만 풍부한 경험을 가진 지혜로운 선생이자 목사로서 우리가 일반적 진술만을 갖고는 이와 같이 할 수 없다는 것을 인식하고 곧장 실제적 단계로 설명을 이끌어 가고 있다.

그가 지금 하려는 말의 뜻을 우리가 확실히 이해하기 위해, 19절부터 계속해 말하고자 하는 내용을 잘못 이해하지 않기 위해 그는 지금 실례를 제시하고 있다. 이것은 그리스도인의 경험 측면에서 바라볼 때 아주 중요한 사항이기 때문이다. 우리가 기도 가운데 하나님께 나아가는 전체적 조건에, 심판 때 하나님을 만나는 것에 대한 우리의 전체적 생각에 영향을 미친다. 그러므로 우리 개개인의 입장이나 복지의 관점뿐만 아니라 부정적 세상에 사는 그리스도인의 증인 역할이나 복음 증거라는 더 큰 입장에서 볼 때 행동적 형제 사랑은 대단히 중요한 것이다.

이런 이유 때문에 요한은 실제성을 강조하는 단계까지 논리를 이끌고 있으며, 그렇게 할 때 신약성경 아니 성경 전체의 매우 특이한 것을 말하고 있다. 말씀은 언제나 실제적이 된다.

결코 우리에게 어떠한 허점도 남기지 않는다. 그러기에 우리가 그리스도인으로서 삶을 사는 데 실패할 때 어떠한 핑계나 변명도 할 수 없다. 말씀은 때로 우리가 이상하게 느낄 정도로 매우 구체적인 것까지 제시한다. 말씀은 우리를 너무나도 잘 알고 우리가 어떠한 것도 당연하게 여기지 않는다는 것을 알기 때문에 아주 세세한 부분까지 인도한다. 그래서 우리는 아주 작은 부분까지 함께 들어가야 한다.

요한은 본문의 세 구절에서 여기에 관한 완벽한 예를 제시하고 있다. 그는 십자가에서 그리스도의 죽음과 같은 지극히 높고 고상한 차원에서부터 아주 하찮은 부분, 즉 어려움에 처해 있는 형제에게 도움을 주어야 하는가 아닌가에 관한 부분에 이르기까지 다루고 있다. 이런 관점에서 볼 때 우리는 지금 실제적 단계에까지 내려와 있으며 요한은 왜 자신이 그렇게 해야만 하는가에 대해 말하고 있다.

이제 형제들을 사랑하는 데 대한 실제적 견해를 살펴볼 때, 나는 사랑에 관한 문제에 적지 않은 혼동이 자주 유발된다고 생각하기에 우선 전제되는 한 가지 관점에 대해 꼭 말해야 할 것 같다. 이런 혼동은 가장 이해하기 쉽게 설명하자면 다음과 같다. 형제 사랑이라는 주제를 이해할 때 어려움을 느끼는 많은 사람이 있다.

또한 14절의 "우리는 형제를 사랑함으로 사망에서 옮겨 생명으로 들어간 줄을 알거니와"에 기초해 자신들이 전혀 그리스도인이 아니라고 느끼는 자들도 있음을 본다. 그들은 솔직하게 자신들이 어떤 그리스도인을 좋아하지 않는다고 고백한다. 그래서 14절의 관점에 근거해 말하기를 "내가 진정 그리스도인인가? 내가 진정으로 정직한 자라면 어떤 사람을 좋아하지 않는 것을 시인해야만 한다. 그런데 나는 형제를 사랑하지 않는다면 그리스도인이 아니라는 말씀을 듣고 있다."라고 한다.

여기서의 요점은 사랑하는 것과 좋아하는 것의 차이를 조심스럽게 그어 보는 것이다. 이것은 인위적으로 차이를 만들어 보자는 것이 아니다. 성경에서 이것에 대해 매우 자세하게 설명하고 있을 만큼 아주 중요한 것이다. 우선 다음과 같이 말할 수 있다. 우리는 형제를 좋아하라고 요청받은 것이 아니다. 그들을 사랑하라고 요청받았고 명령받았다. 더군다나 나는 사랑하는 것과 좋아하는 것이 약간만 다른 것이 아니라 본질적으로 다른 것이라고 주장한다.

좋아한다는 것이 무엇인가? 사람을 좋아한다는 것이 무엇인가? 나는 좋아한다는 것이 자연스럽게 나타나는 본능적인 그리고 아주 기초적인 어떤 것이라고 생각한다. 노력의 결과로서가 아니라 그냥 좋아하거나 싫어하거나 하는 정도의 차원에서 이것을 생각해 볼 수 있다. 다시 말해 좋아한다는 것은 육체적인 것이며 이성적이지 않은 것이다.

여기에 대해 오해하지 말기 바란다. 내가 이성적이지 않다고 표현한 이유는 좋아한다는 감정이 지식을 사용함으로써 생기는 것이 아니기 때문이다.

좋아한다는 것은 동물적인 삶과 본능에 속한 것이라고 할 수 있다. 여러분은 동물 세계에서 이런 것을 볼 수 있다. 이것은 본능적이며 자연적인 표현으로서, 좋아하고 싫어하는 것에 대한 이유를 제시할 수 있을 만큼 이성적인 것이 아니다. 또는 좋아한다는 상태는 어떤 사람에 대해 자연히 관심이 간다는 표현과도 비슷하다. 그 사람에게 있는 어떤 특성이나 그 사람에 관한 어떤 것을 좋아하거나 싫어하는 것을 의미한다.

다시 말해 좋아한다는 것은 인격의 가장 핵심이 되는 부분까지 들어가지 못한다고 할 수 있다. 외적인 것들, 즉 외모나 색깔이나 기질이나 행동이나 태도에 의해 결정되기 때문이다. 그래서 이것은 한쪽에서 다른 한쪽으로 육체적으로 발산하는 것과 같다고 말할 수 있다고 생각한다. 여러분이 이것을 동물의 왕국의 관점에서 생각한다면 내가 말하려는 것을 좀더 분명하게 이해할 수 있을 것이라고 본다.

하지만 사랑한다는 것은 전혀 다르다. 사랑한다는 것은 하나님의 관점에서 생각해 보아야 하는 것이다.

이제 사랑에 대해 말할 때, 요즈음 나오는 책들이나 기사 같은 데서 사실상 참된 의미의 사랑보다는 열정적 형태의 좋아함에 대해 말씀하는 따위의 방식을 좇는 것이 아니라, 성경이 사랑하는 것에 대해 말하는 방식으로 하고자 한다. 나는 우리가 사는 이 시대에서 가장 비극적인 것 중의 하나는 사랑한다는 위대한 단어가 변조되고 오용되는 것이라는 사실에 우리 모두 동의할 것이라고 확신한다. 나는 지금 사랑에 대해 말하는 것이지 열정에 대해 말하는 것이 아니다. 사랑은 우리가 하나님과 관계하여 언제나 생각해야 하는 것이다. 우리는 요한일서 4:8에서 "하나님은 사랑이심이라"고 기록된 말씀을 부여받았기 때문이다. 요한이 본문의 세 절에서 계속 말하려는 것이 바로 이와 같은 것이다.

그러므로 우리는 다음과 같은 예비 정의를 내려볼 수 있다. 사랑은 언제나 매우 이성적이다. 이는 자연스러움은 사랑에서 가장 중요한 것이 될 수 없기 때문이다. 지식적이고 이성적 관점들이야말로 참으로 중요한 것이다. 본능적이고 자연적인 것들이 사랑이 아닌 것은, 사랑이란 사람의 깊은 곳까지 스며들 수 있는 어떤 것이기 때문이다. 사랑은 외형적이고 가시적인 것을 뛰어넘는 것이며 육감적이고 육신적 매력을 초월해 좀더 크고 깊은 곳까지 침투해 들어가는 것이다. 이처럼 육체적인 것을 넘어 이루어지는 것이 사랑의 본질적 부분이다. 사랑은 장애를 넘어서며 핑계를 극복한다. 사랑은 육체적인 것들 뒤에 있는 사람을 보기 위해, 좋아하지 않거나 사랑을 최소화시키고자 하는 장애물을 넘어선다.

이와 같은 것이 사랑에 대해 우리가 내릴 수 있는 정의이며 이런 정의가 아니고서는 하나님이 우리와 같은 죄인들을 사랑할 수는 전혀 없다고 말할 수 있다. 우리는 자주 선을 그어 놓고 하나님은 죄가 있음에도 불구하고 죄인들을 사랑하신다고 말한다. 사랑은 추하고 가까이하고 싶지 않은 것을 넘어 뚫고 들어온다. 사랑은 이런 것을 넘어서서 다른 것을 찾아내려 한다. 사랑은 지극히 이성적이며 깊이 생각하는 것이며 이해할 수 있는 것이다. 사랑은 다른 것들과는 구별되어야 한다. 그러기에 나는 사랑의 이성적 면을 강조하는 것이다.

그러므로 우리는 다음과 같이 한 단계 발전한 정의에 다다를 수 있다. 좋아하지 않는 자들을 사랑한다는 말은 비록 우리가 싫어함에도 불구하고 친절하게 행동함으로써 그들을 좋아하는 것처럼 대한다는 것을 의미한다. 내가 볼 때 이것은 형제 사랑의 의미에 어려움을 느끼는 자들에게 도움이 될 것으로 믿는다. 성경은 형제를 좋아하라고 요구하지 않는다. 오히려 사랑하라고 요구한다.

동물적 관점에서 볼 때, 사람은 동물적 요소를 갖고 있다. 따라서 우리는 어떤 그리스도인을 좋아하지 않을 수도 있다는 사실을 결코 잊어서는 안 된다. 그들 중에는 자연적이고 본능적인 매력이 하나도 없을 수 있다는 말이다. 우리가 자연스럽게 그들을 좋아할 만한 요소가 없다. 그럼에도 불구하고 그들을 사랑하라는 말씀이 의미하는 것은 마치 그들을 좋아하는 것과 똑같이 대하라는 것이다.

이 세상 사람들은 이같이 하지 않는다. 그들은 자신들이 좋아하지 않는 자에 대해 그대로 표현해 버리며 그 이상의 어떠한 노력도 기울이지 않는다. 하지만 그리스도인의 사랑은 그 이상의 것을 바라보는 것을 의미한다. 우리는 그들 안에 있는 그리스도인을 그리고 형제와 자매를 본다. 그리고 우리가 좋아하지 않는 점을 눈감아 주려 하며 그러한 자를 도와주려 한다. 이런 관점에서 우리는 형제를 사랑하라는 권면을 이해할 수 있다.

이와 같은 실제적이고 중요한 문제를 다루면서 나는 요한이 이 세 구절에서 강조하려는 요점들에 직접적으로 접근해 보고자 한다. 하지만 구체적으로 이것을 다루기 전에 나는 16절에 "하나님의"라는 단어 한글개역개정 성경에는 없음-편집자 주가 있을 수 없다는 사실에 일반적으로 동의하고 있음을 말해야 할 것 같다. 따라서 16절은 "그가 우리를 위하여 목숨을 버리셨으니 우리가 이로써 사랑을 알고" 또는 "이로써 우리가 사랑을 이해하고"라고 해석되어야 할 것이다.

이제 본문 구절들을 다루면서 나는 요한이 기록한 순서에 약간씩 변화를 주어 생각해 보고자 한다. 그렇게 함으로써 우리가 좀더 강한 호소의 음성으로 받아들일 수 있다고 생각하기 때문이다. 어떤 면에서 볼 때 요한의 권면은 18절에 잘 보여지고 있다. "자녀들아 우리가 말과 혀로만 사랑하지 말고 행함과 진실함으로 하자."

여기에서 이론으로만 남아 있는 것의 위험성을 볼 수 있다. 나는 우리가 이론에만 오래 머물러 있으면 안 된다고 생각한다. 삶과 경험 가운데 이런 위험의 가능성이 있다는 사실을 우리는 확실하게 알아야 할 것이다. 이론에만 머물러 있기가 얼마나 쉬운가?

이것은 사랑에 관한 것만이 아니다. 그리스도인의 삶을 영위하고 실천해 나가는 데 전반적으로 해당되는 사항이다. 믿는 것에 대해 그저 생각만 하고 느끼기만 하며 표현만 하기가 얼마나 쉬운가? 얼마나 쉽게 우리는 그런 것을 실제 생활로 옮기는 데 실패하는가? 얼마나 쉽게 우리는 진정한 사랑 없는 사랑에 빠지는가? 그렇게 하기가 얼마나 쉬운가? 우리가 방안에 홀로 있으면서 사랑에 관한, 위대한 성자의 행위에 대한 책을 읽을 때 얼마나 흥미진진하고 하늘의 한가운데로 빨려 들어가는 듯한 느낌이 드는가? 우리는 "하나님! 이런 내용에 감사드립니다."라고 말한다. 그러고는 밖에 나가 우리의 육신을 위한 일을 하면서 금방 화를 내고 신경질을 내며 우리가 해야 할 일에 실패하곤 한다.

우리 모두는 이것을 안다. 얼마나 쉽게 우리는 사랑이라는 말과 더불어 사랑의 분위기에 들어갈 수 있는지, 우리를 고조시켜 주는 생각들에 만족하는지, 특히 주일에 교회에서 그리스도 안에 있는 하나님의 사랑을 깊이 생각하면서 사랑하는 것에 대해 느끼는지 안다. 그러나 세상으로 나가서는 완전히 다른 느낌을 가지게 된다. 그래서 교회 현관이나 집으로 가는 길에서부터 무엇인가 우리를 귀찮게 구는 것이 있으면, 교회를 떠나기도 전에 사랑의 감정으로부터 떠나 실패자의 모습으로 되돌아가는 것을 볼 수 있다. 이런 것에 대해 요한이 지금 말하려는 것이다. "자녀들아 우리가 말과 혀로만 사랑하지 말고 행함과 진실함으로 하자."

요한은 계속해 잘못 행하는 것이 하나님을 부인하는 것이기 때문에 이런 내용을 매우 중요하게 다루고 있다. 이제 말할 것이지만 사실 우리가 말과 생각만을 가지고는 사랑할 수 없는 면이 있다. 이것은 계속 명심해야 하는 위험한 것이다. 그래서 나는 그리스도인의 삶과 행함에 관한 다른 어떤 주제보다 사랑에 관한 전반적 내용이나 서로 사랑해야 한다는 사실과 관계된 내용이 더욱 위험한 것이라고 생각할 정도이다.

고린도전서 13:13에도 "그중에 제일은 사랑이라"고 기록되었기 때문에 나는 그와 같이 생각한다. 사랑이 가진 본질이나 특성에 근거해 볼 때, 사랑은 가장 기본적인 것이라고 할 수 있다. 나의 경험이 여러분의 경험과 같은지 알 수 없지만 이것은 아주 어려운 것이라고 생각한다. 특히 나 혼자만이 아니라 다른 사람들과 갖는 관계에 대해 말하는 것이다.

내가 여태까지 함께 일해 본 사람들 중 가장 힘든 사람 둘이 있었는데 둘 다 평화주의에 관심을 가진 자들이었다. 두 사람 중의 하나는 평화주의에 대해 매우 열정적으로 말했던 자였다고 기억한다. 그는 평화를 위해서는 죽을 수도 있다고 말했으며 적들을 사랑하자고 연설까지도 했다. 그가 하는 말을 들은 후 나는 토론에서 우리가 적들을 사랑하는 것에 대해 말하기 전에 형제들을 사랑해야 할 것을 기억해야 한다고 말하지 않을 수 없었다. 이런 사랑에 대해 많은 말을 하면서도 우리는 서로 시기하고 질투하고 비방하고 서로에게 가혹해질 가능성을 갖고 있다.

이것이 사랑에 관한 모순들 중의 하나이다. 사랑에 대해 강조해 가르치는 자들은 자신들이 가혹한 사람이 아닌가를 늘 경계해야 한다고 나는 말할 수 있다. 그들은 평화주의에 대해 매우 강조하고 집중하기 때문에 평화주의자들이 아닌 자들보다 오히려 더욱 가혹할 수도 있다. 이것에 대해 요한이 지금 말하고자 하는 것이다. 사랑에 대해 더 많은 관심을 가지면 가질수록 우리는 생각으로만 사랑하면서 생활에서는 실패하는 자들이 아닌가를 더 세심히 살펴보아야 한다.

극단적 예를 들자면, 우리 자신을 형제 사랑에 관한 본보기로 세운다면 마귀가 우리를 특별한 목표로 세워 공격하게 될 것이라는 사실을 확실히 알고 있어야 한다. 큰 모임 중에 이것이 가장 조심해야 할 부분이며 개인적으로건 공적으로건 기도 중에 이런 내용을 끄집어내게 될 때에도 매우 조심해야 한다. 자신의 믿음을 다른 사람들에게 말할 때, 하나님께 가장 가까이 있다고 생각할 때, 마귀는 가장 적극적으로 우리를 공격 목표로 삼는다. 주님이 요단강에서 세례받으신 후 성령이 비둘기의 형상으로 주께 임했을 때, 주님은 마귀의 시험을 받으시기 위해 광야로 인도되었던 것과 마찬가지이다.

그러므로 이런 일반적 요지를 명심하자. 또한 신약성경에서 보여지는 엄숙한 경고들을 명심하면서 행동으로 옮기도록 노력해야 한다.

이 경고들 중 일부를 언급해 보고자 한다. 예를 들어 주님이 산상 수훈의 마지막 부분에서 말씀하신 내용을 보자. 주님은 "주여 주여 우리가 당신을 향한 사랑 때문에 이것도 행하고 저것도 행하지 아니했습니까?"라고 말하는 자들에게 마태복음 7:23에서 "그때에 내가 그들에게 밝히 말하되 내가 너희를 도무지 알지 못하니 불법을 행하는 자들아 내게서 떠나가라 하리라"고 말씀하시는 것을 볼 수 있다. 주님은 계속해 그분의 계명을 지키지 아니하는 한 "주여 주여"라고 부르는 소리에 귀를 기울이지 않을 것을 말씀하셨다.

그리고 나서 두 종류의 집에 대해 말씀하심으로 말씀을 마치셨다. 하나는 반석 위에 지은 집이고 또 하나는 모래 위에 지은 집이다. 주님은 주님의 말씀을 듣고 말씀에 지배를 받아 행하며 말씀에 의해 높임을 받는 자들에 대해 말씀하셨다. 그러한 자는 자신의 집을 반석 위에 짓는 자들로서 바람이 불고 홍수가 몰아쳐도 견뎌 낼 수 있다고 하셨다. 하지만 주님의 말씀을 들으면서 "참으로 기가 막히고 훌륭한 말씀이다."라고 반응하고 감동받으면서도 그 들은 말씀을 행하지 않는 자들에 대해서는 모래 위에 지은 집과 같다고 하셨다. 이런 집은 단단하지 못해 바람을 견디지 못한다. 그러므로 주님은 행함이 절대적으로 중요하며 본질적인 것이라고 말씀하셨다.

마태복음 25장의 세 가지 비유를 통해 주님이 같은 내용을 말씀하시는 것을 생각해 보기 바란다.

첫 번째는 열 처녀에 관한 비유이다. 다섯 명의 지혜로운 처녀와 다른 다섯 명의 미련한 처녀에 관한 내용이다. 미련한 다섯 처녀는 기름을 준비하지 않았다.

두 번째는 달란트 비유이다. 특히 땅 속에 자신의 달란트를 묻어 둔 사람을 생각해 보기 바란다. 그는 자신의 달란트를 사용하지 않았으며 요청받은 것을 하지 않았다.

세 번째는 양과 염소에 대한 마지막 심판이다. 염소로 비유되는 자들은 정죄를 당한다는 것이다. 그들에게 무슨 문제가 있는가? 그들의 문제는 "지극히 작은 자들" 중의 하나를 돕는 일에서 그들이 베풀어야만 될 사랑을 행함으로 옮기지 않았다는 데 있다. 주님은 "내가 어려울 때 그리고 내가 옥에 갇혔을 때 나를 위해 너희가 아무것도 한 것이 없다"고 말씀하셨다. 그러나 그들은 "주여 우리가 어느 때에 주께서 주리신 것이나 헐벗으신 것이나 옥에 갇히신 것을 보고 공양하지 아니하더이까?"라고 반문했다. 이때 주님은 45절에서 "이 지극히 작은 자 하나에게 하지 아니한 것이 곧 내게 하지 아니한 것이니라"고 대답하셨다.

이 비유들 역시 애매모호하게 사랑의 감정만으로, 행동에는 옮기지 않는 가르침으로 만족해 하는 자들에 대한 엄한 교훈이다. 이런 것이 있어 가장 위험한 부분임을 알아야 할 것이다.

이쯤에서 여기에 관한 신약성경의 가르침을 잘못 이해해 어려워하는 자들이 있을 것이다. 내가 인용한 말씀들이 어떤 사람에게는 아주 모순된 내용을 제안하는 것처럼 들릴 수도 있다는 말이다. 그들은 "우리가 성경을 읽다 보면 참으로 혼동스러울 때가 있다. 어떤 때는 말씀이 영적인 것만을 강조하는 것처럼 보일 때가 있고 어떤 때는 행동만을 강조하는 것처럼 느껴질 때가 있다. 도대체 어느 쪽을 강조하는 것인가?"라고 질문한다. 그리고는 둘 사이에서 우왕좌왕하면서 시간을 보내곤 한다.

내가 말하고자 하는 내용을 설명하겠다. 고린도전서 13장을 예로 들면 여기에는 영적인 것에 큰 강조점을 두고 있다. "내가 사람의 방언과 천사의 말을 할지라도 사랑이 없으면 소리 나는 구리와 울리는 꽹과리가 되고"라고 기록되어 있다. 자신의 몸을 불사르게 내어 주는 자가 있다 할지라도 그에게 사랑이 없다면 전혀 의미가 없다는 것을 가르치고 있다. 여기서는 아무리 선한 일들을 하며 행동으로 옮기고 가난한 자들에게 베풀며 실천하는 훌륭한 자들도 영적으로 동기 면에서 잘못되었으면 아무 소용이 없다는 것을 말하고 있다.

하지만 말씀 가운데는 오직 행동만을 강조하는 것처럼 보이는 또 다른 내용의 말씀이 있다. 마태복음 7장에서 주님이 하신 말씀에 대해 따지는 자들을 향해 "행하지 아니하는 자들"이라고 말씀하시며 그러한 자들을 문제 삼고 정죄하고 있다.

마태복음 21장에서 두 아들의 비유를 말씀하시는 것을 보기 바란다. 28-31절에서 "어떤 사람에게 두 아들이 있는데 맏아들에게 가서 이르되 애 오늘 포도원에 가서 일하라 하니 대답하여 이르되 아버지 가겠나이다 하더니 가지 아니하고 둘째 아들에게 가서 또 그와 같이 말하니 대답하여 이르되 싫소이다 하였다가 그 후에 뉘우치고 갔으니 그 둘 중의 누가 아버지의 뜻대로 하였느냐 이르되 둘째 아들이니이다"라는 비유의 말씀을 하셨다. 확실히 맞는 말씀이다. 여기도 마찬가지로 아버지에게 "예, 내가 포도원에 가서 일하겠습니다."라고 말한 것에 강조를 두지 않고 가서 행했느냐 행하지 않았느냐에 강조를 두었다.

또한 주님이 요한복음 14:21-24에서 엄중하게 말씀하시는 것을 기억할 것이다. 확실한 내용을 담고 있는 부분을 골라 말하면 "나의 계명을 가지고 지키는 자라야 나를 사랑하는 자니……사람이 나를 사랑하면 내 말을 지키리니……나를 사랑하지 아니하는 자는 내 말을 지키지 아니하나니"와 같다. 주님은 "바로 그것이 테스트이다."라고 말씀하셨다.

십자가 앞에서 또는 성화 앞에서 또는 어떤 신비적 상태에서 시간을 보내는 자들이 사랑을 행하는 자들이 아니다. 사랑은 그런 식으로 이해되어서는 안 된다. 사랑은 "나의 계명을 지키는 자라야 나를 사랑하는 자"라는 말씀의 차원에서 이해되어야 한다.

그렇다면 이 둘 사이의 모순을 어떻게 설명할 수 있는가? 여기에 대한 설명은 사랑의 본질에서 찾아야 할 것이다. 우리의 문제는 사랑에 대해 막연하게 감상적 생각을 가지고 있다는 데 있다. 사랑의 본질은 누가복음 7장에서 확실하게 보여지고 있다.

7장은 주님을 식사에 초대한 바리새인의 집에서 일어난 일을 기록했다. 주님이 식탁에 앉아 계실 때 한 부도덕한 여인이 와서 주님의 발 앞에 무릎을 꿇고 눈물을 흘리면서 자신의 눈물로 주님의 발을 씻어 주며 자신의 머리카락으로 닦아 주었다. 그리고 향유를 부었다.

이때 바리새인이 무슨 생각을 했으며 다른 사람들이 얼마나 놀랐는지 여러분은 기억할 것이다. 이때 주님은 "시몬아, 사랑이란 그 사랑 자체의 특성으로 저절로 표현되는 것이다. 사랑은 특성상 행동으로 옮겨지게 되어 있다. 이 여자는 나를 사랑하기 때문에 나의 발을 씻어 주고 닦아 주고 향유를 부어 주는 행위를 함으로써 그 사랑을 표현하는 것이다."라고 말씀하셨다. 사랑은 언제나 행동으로 나타난다. 사랑의 표현이 없다면 그곳에는 사랑이 없다고 할 수 있다.

주님이 가르치신 내용 중 마태복음 18:23-35에서도 역시 같은 예화를 찾아볼 수 있다. 이 장에서 주님은 자신의 주인에게서 빚을 탕감받은 자가 종에게는 탕감하지 않고 오히려 심하게 구는 것에 대해 말씀하셨다. 주님은 "너희가 각각 마음으로부터 형제를 용서하지 아니하면 나의 하늘 아버지께서도 너희에게 이와 같이 하시리라"고 하셨다.

어떤 사람은 "그렇다면 이런 가르침은 우리가 공로로 구원받는다는 것을 가르치는 것이 아닌가?"라고 묻기도 한다. 즉 "이런 가르침은 우리가 용서한다면 우리도 용서받을 수 있다는 것을 가르치는 것이 아닌가?"라고 질문한다는 말이다. 하지만 그런 의미가 전혀 아니다.

여기서 가르치는 것은 하나님의 무한하신 은혜의 결과로 말미암아 하나님에 의해 용서받았다는 것을 참으로 알고 믿는 자들은 그들의 가슴 가운데 하나님의 사랑을 가지고 있는 자들이며, 그들 가운데 있는 사랑이 저절로 나타나는 사람들이라는 가르침이다. 용서하지 못하는 자들은 용서를 받아 보지 못한 자들이다. 용서를 받아 본 자들은 그것으로 인해 자신들이 철저하게 깨어졌기 때문에 남을 용서하지 않을 수 없게 된다. 그들은 하나님의 자녀이며 하나님처럼 행동하게 된다.

다시 말해 신약성경은 그저 막연하게 무엇인가를 하라고 요청하거나 단순하게 어떤 법칙들에 순종하라고 말하지 않는다. 오히려 신약성경이 말하는 것은 다음과 같은 질문으로 대체될 수 있다. "당신은 하나님의 사랑이 당신 안에 머물고 있다는 것을 확신하는가?" 또는 다음과 같은 권면으로 표현할 수 있다. "하나님의 사랑이 당신 가운데 계시다는 것을 확실히 하라. 하나님의 사랑이 당신 가운데 머물러 계신지 아닌지를 확인할 수 있는 방법은 다음과 같다. 그 사랑이 당신 안에 있다면 당신은 형제를 사랑하게 될 것이라는 사실이다."

이것이 사랑의 본질이다. 사랑은 스스로 나타나 표현될 수밖에 없다. 사랑은 적극적이며 역동적이기 때문이다. 만일 우리의 사랑이 그렇지 않다면 그것은 진짜 사랑이 아니라고 말할 수 있다. 사랑에 대한 아름다운 시나 책 등을 읽으면서 앉아 있는 사람들을 생각해 보기 바란다. 그리고 마치 자신이 사랑에 의해 지배받는 자이며 그렇기 때문에 자신이 괜찮은 그리스도인이라고 느끼는 자들을 생각해 보기 바란다. 이들의 문제는, 이들에게 발생하고 있는 것이란 자신을 고조시켜 주는 생각들로 인해 단순히 자신과 더불어 사랑에 잠기는 것뿐이라는 사실이다. 그는 자신이 사랑에 잠겨 있다고 생각하기 때문에 자신을 사랑한다. 그는 자신에게만 몰입되어 버린다. 이것이야말로 사랑의 참된 의미와는 정반대되는 현상이다. 사랑은 자신을 바라보는 것이 아니라 사랑의 대상에 흠뻑 젖어드는 것이기 때문이다.

여기에 관해서도 단순한 논리에 머물러 있어서는 안 된다. 그래서 요한은 우리를 아주 실질적 상황으로 인도한다. 그는 '측은히 여기는 마음'을 닫아 버리는 무자비한 사람의 경우를 통해 아주 적합한 예를 제시해 주고 있다.

세상의 물질들을 잔뜩 소유한 자가 있었는데, 그는 그리스도 안에 있는 형제가 아주 궁핍한 것을 보면서도 전혀 마음에 불쌍한 생각조차도 갖지 않았다. 그를 위해 아무것도 하지 않았으며 아예 그런 상황을 보지도 못한 것처럼 행동했다. 이것에 대해 논할 필요도 없다고 생각했다. 그는 자신만을 생각했기 때문에 그 안에 하나님의 사랑이 없다는 것이다. "그가 하나님의 사랑에 대해 아름다운 생각을 품고 있었는지는 몰라도 전혀 쓸모없는 것이다. 그 안에 하나님의 사랑이 있었다면 궁핍한 형제를 위해 무엇인가를 할 수밖에 없었을 것이다."라고 요한은 말했다.

마지막으로 요한은 아주 당당한 어조의 긍정문 형태로 설명했다. 그가 취하는 당당한 어조란 "그가 우리를 위하여 목숨을 버리셨으니 우리가 이로써 하나님의 사랑을 알고"이다. 여기에 관한 훌륭한 주석은 빌립보 그리스도인들에게 보낸 사도 바울의 서신 중 두 번째 장에서 볼 수 있다. 완벽한 삶의 특징이 무엇인가? 다음과 같이 말할 수 있다.

첫 번째 특성은 그분이 우리의 곤경을 보시고는 불쌍히 여기셨다는 것이다. 하나님의 가슴 가운데 바로 그러한 연민의 정이 있었다는 것이다. 영원부터 영원까지 하나님은 우리를 내려다보시며 우리의 비참한 모습과 곤경과 문제와 죄와 하나님의 진노 아래 놓여 있는 상태를 보시면서 불쌍히 여기셨다는 것이다. 이것이 첫 번째 특성이다.

두 번째 특성은 그분이 자신을 생각하지 않으셨다는 것이다. 그분에게 권한이 있었으나 권한을 생각하지 않으셨다. 그분은 스스로에게 "나는 하나님의 영원한 아들이며 아버지와 동등한 자이며 영원한 영광을 공유하는 영원한 자이다."라고 말씀하지 않으셨다. 바울은 "그분은 그런 것에 연연하지 않으셨다."라고 말했다. 주님은 "하나님과 동등됨을 취할 것으로 여기지 아니하셨다"는 말을 의미한다. 자신의 권리를 주장하지도 않으셨으며 우리를 생각한 나머지 자신에 대해 생각할 겨를조차 없었다는 것이다.

주님은 우리만을 생각했으며 우리의 이익에만 관심이 있으셨다. 우리가 죄악으로부터 놓임을 받아 구원받는 것에만 신경을 쓰셨다. 이런 이유 때문에 영원한 영광의 표적을 뒤로 제쳐 놓을 수 있으셨던 것이다. 그분은 이런 한계를 자신에게 지우고 어린아이로 이 땅에 태어나 말구유에 누우셨다. 그분은 사람들에게 올바르게 이해되지 못했으며 목수로 일하셨다. 전 세계를 창조하셨던 분이 아주 하찮은 것들을 만드는 목수로 일하셨으며 죄인들의 모순되는 것들도 참아 내셨다. "하지만" 바울은 말했다. "그분은 자신을 계속해 낮추고 낮추시면서 십자가에 죽기까지 낮추셨다. 그분은 자신에 대해 생각하지 않으셨으며 자신의 권리나 소유에 대해서도 생각하지 않으셨다. 우리와 우리의 필요 외에 다른 어느 것도 생각하지 않으셨다. 우리의 소망 없음과 절망스러운 상태를 하감하시고 우리를 위해 자신의 생명을 버리셨다."

이것이 사랑의 본질이다. 사랑은 행하고 베풀며 스스로 표현한다. 억제할 수 없고 드러날 수밖에 없는 것이 사랑이다. 감히 말하자면, 하나님은 사랑이시기 때문에 사랑의 대상으로서 이 세상을 창조하셨다고 말할 수 있다. 자신의 이런 사랑을 표현하시기 위해, 사랑은 스스로가 표현될 수밖에 없는 것이기에 하나님은 그 대상으로 이 세상을 지으셨다는 말이다.

내가 지금 하는 말이 틀릴 수도 있다. 그러나 내가 보기에는 그래야 할 것 같다는 말이다. 참사랑은 언제나 적극적인데 완벽한 수준에까지 그러하다. 하나님은 악한 자들을 위해 자신을 내어 주셨으며 비열하고 정죄받은 자들을 위해 자신의 완전함을 드렸던 것이다.

빌립보서 2:5에서 바울은 "너희 안에 이 마음을 품으라"고 했다. 요한도 역시 그와 같이 말했다. "그가 우리를 위하여 목숨을 버리셨으니 우리가 이로써 사랑을 알고 우리도 형제들을 위하여 목숨을 버리는 것이 마땅하니라."

만일 누구에게 궁핍함이 있는 것이 보일 때, 하나님의 진정한 사랑이 있는 자라면 주저할 수 없다는 것이다.

만일 우리가 하나님을 사랑한다면 우리는 그분을 위해 죽을 준비가 되어 있어야 한다. 초대교회 그리스도인은 수도 없이 죽었다. 그들은 자신들의 생명을 그리고 죽음까지도 자신들의 것으로 여기지 않았다. 그들은 하나님을 위해 기쁘게 죽었으며 다른 자들을 위해 기꺼이 죽었다.

만일 하나님이 우리를 위해 그와 같이 죽으셨다는 것과 그분의 사랑이 우리 안에 있다고 말할 수 있다면 우리도 형제들을 위해 그와 같이 할 수 있어야만 한다. 만일 우리가 형제들을 위해 죽을 준비가 되어 있다는 것이 확실하다면 우리는 그들에게 무엇인가 육신적 필요가 있다는 것을 알게 될 때 거절할 이유가 조금도 없게 된다. 만일 우리가 아주 큰일을 하도록 부름받았다면 그보다 작고 별로 대수롭지 않은 일은 얼마든지 할 수 있다고 본다.

"우리가 이로써 사랑을 알고"라는 짧은 구절에서 우리는 구속에 관한 전반적 교리를 볼 수 있다. 즉 주님이 우리를 위해 자신의 생명을 내어 주셨다는 것이다.

사랑하는 여러분, 이와 같은 것들을 묵상해 보도록 하자. 이런 것들을 바라보자. 사랑의 본질과 하나님의 사랑이 우리 가운데 있다는 것이 함축하는 것에 대해 인식하자. 그러고 나서 서로를 사랑함으로써 우리가 그러한 사랑을 가지고 있다는 것을 입증해 나아가자. 말과 혀로만이 아니라 행함과 진실함으로 말이다.

이로써 우리가 진리에 속한 줄을 알고 또 우리 마음을 주 앞에서 굳세게 하리니 이는 우리 마음이 혹 우리를 책망할 일이 있어도 하나님은 우리 마음보다 크시고 모든 것을 아시기 때문이라 사랑하는 자들아 만일 우리 마음이 우리를 책망할 것이 없으면 하나님 앞에서 담대함을 얻고 무엇이든지 구하는 바를 그에게서 받나니 이는 우리가 그의 계명을 지키고 그 앞에서 기뻐하시는 것을 행함이라 그의 계명은 이것이니 곧 그 아들 예수 그리스도의 이름을 믿고 그가 우리에게 주신 계명대로 서로 사랑할 것이니라 _ 요일 3:19-23.

Chapter 34

책망, 담대함, 확신

본문 19절 앞부분에 나오는 "이로써"라는 단어는 사도가 앞에 있는 구절들에서 다루던 주제를 계속 다룬다는 것을 의미한다. 즉 앞의 구절들만으로 이 주제를 끝내지 않았다는 말이다. 요한은 지금 우리가 관찰하려는 이 구절들을 통해 특별한 방식으로 형제를 참으로 사랑하는 것이 얼마나 중요한 것인가를 강조하고 있다.

먼저 그는 형제 사랑이라는 주제는 우리가 '진리에 속한' 것을 증명하는 것임을 다시 한번 상기시켜 준다. 그는 "이로써 우리가 진리에 속한 줄을 알고"라고 말함으로써 다시 한번 형제 사랑에 집중할 수 있도록 해준다. 이것은 하나님의 진리가 참으로 우리 안에 있으며 우리 가운데 거한다는 것에 대한 마지막 증명이라 할 수 있다.

그러나 그가 이 구절에서 말하려는 주요 주제는 형제를 실제적으로 사랑하는 것은 실질적 차원에서 볼 때 너무나도 중요하다는 것이다. 우리 자신의 경험적 측면에서, 특별히 기도 가운데 하나님과 교제하는 경험적 측면에서 볼 때 이것은 너무나도 중요하다. 요한은 지금 실제적 차원에까지 내려와서 다음과 같이 말했다. "만일 다른 이유가 없다 해도 당신 자신의 경험, 특별히 기도와 관계된 당신의 경험만을 위해서라도 형제를 사랑하라."

우리가 성경 말씀을 영적인 눈으로 바라본다면 성경 가운데서 처음부터 끝까지 언제나 명백한 어떤 것에 대해 여기에서 다시 한번 상기하게 될 것이다. 영적 삶에는 어떤 규칙들이 있다. 그리고 이런 규칙들은 꼭 지켜져야만 하는 것이다. 언제인가 이런 진리는 우리 가운데 자신의 위치에 대해 주장하게 될 것이기 때문이다. 성경에 의하면 이중적 삶, 즉 지식적으로는 교리를 따르는 것 같으면서도 실제 삶에서는 전혀 교리대로 살지 못하는 삶을 계속 산다 할지라도 언젠가는 우리의 죄과들이 죄된 삶을 들추어 내게 될 것이다. 다시 말해 언젠가는 진리에 의해 이중적 삶이 들추어지게 될 것이라는 말이다. 본문에서 보여지는 요한의 논지에 의하면 우리가 그리스도인의 경험 가운데서 가장 위대한 것을 부인했던 자신을 발견하게 될 때, 특히 기도에 관한 입장이 되살아나게 될 것이기 때문에 우리는 언행의 불일치를 피해야만 된다.

이것이 요한이 본문 구절들에서 다루는 주제이다. 이 세상에 거하는 그리스도인의 삶에서 차지하는 기도의 위치에 관한 것을 말한다. 우리가 이 세상을 나그네로서 살아 나가는데 이보다 더 귀중한 것이 또 있겠는가? 여기에 대해 주님도 영원토록 기억에 남을 말씀을 하셨다. 누가복음 18:1에는 "항상 기도하고 낙심하지 말아야 할 것"에 대해 말씀하셨다. 바꾸어 말해 기도하지 않는다면 여러분은 낙심하게 될 것이다. 그리스도인의 삶을 계속 유지해 주는 것은 바로 기도이다. 하나님과 연합하며 교제하는 것이다. 기도야말로 가장 본질적인 것이다.

더 나아가 기도 없이는 그리스도인의 삶은 참으로 불가능하다. 이것을 염두에 두고 성경을 다시 한번 읽어 보기 바란다. 그러면 여러분은 어느 곳에서든지 기도에 대해 강조하는 것을 볼 수 있다. 예를 들어 시편을 보자. 시편 기자는 친구들이 그를 낙담시키며 적들이 공격하며 의지하던 자들이 배신하는 것을 얼마나 자주 말하는가? 그런 상황에서도 그는 피할 길이 언제나 열려 있음으로 인해 하나님께 감사드렸다. 시편 27:10에서 그는 "내 부모는 나를 버렸으나 여호와는 나를 영접하시리이다"라고 기록했다. 어려움에 처한 자들의 음성을 들을 때 우리는 그들이 기도하면서 하나님께 나아가고 있음을 본다.

구약성경뿐만 아니라 신약성경에서도 이 같은 모습을 볼 수 있다. 주님 자신이 겟세마네 동산에서 고통 중에 계셨을 때에도 하나님께 기도하셨다. 히브리서 5:7은 여기에 대해 설명하고 있다. 수세기에 걸쳐 보여지는 하나님의 사람들에 대한 전기를 읽어 보기 바란다. 그러면 여러분은 내가 지금 말하는 원리를 틀림없이 볼 수 있다. 그들은 의식적으로 하나님을 의지했으며 기도로 하나님께 나아가는 통로를 발견했다.

요한은 여기에서 이것에 대해 다루고 있으며, 그가 말하려는 요점이란 기도에 관한 전반적인 것과 하나님께 나아가는 조건들에 관해 우리 마음에 반드시 확신을 가져야 한다는 것이다. 따라서 그는 여기서 형제를 사랑하며 서로 사랑하는 문제의 형태로 설명하고 있다.

다음과 같은 방식으로 이 문제를 생각해 보자. 요한이 지금 다루고자 하는 첫 번째 질문은 다음과 같다. 기도가 무엇인가? 우리는 얼마나 자주 멈추어 서서 기도에 대해 고찰하는지 모르겠다. 나는 우리의 마음에서 기도야말로 언제나 최상의 위치를 차지해야 한다고 생각한다. 기도할 때 우리가 정확하게 무엇을 하는가? 혹시 우리는 무엇을 하고 있는가 깊이 생각함 없이 기도로 뛰어 들어가려는 경향이 있는 것은 아닌가? 기도에 자동적으로 몰입할 수 있다고 생각하지 않는가? '기도를 말하는 것'에 대해 너무 쉽게 하지는 않는가?

이와 같이 하도록 조장하는 많은 것이 있다. 외관상으로 볼 때 좀더 형식적인 사람들이 있다. 그들은 '기도를 말하는' 데 익숙한 자들이다. 내가 볼 때 이런 기도는 신약성경의 가르침과는 거리가 먼 것이라고 본다. 우리는 '기도를 말하는 것'이 아니다. 자동적으로 기도에 몰입되는 것 같은 것은 없다. 나는 모든 것 중에서 가장 힘든 것이 기도라고 이해되어야 한다고 생각한다.

기도는 어떤 구절들을 반복하는 것이 아니다. 또한 어떤 소원을 말하며 어떤 아름다운 생각에 대해 표현하는 것이 아니다. 기도는 자동 제안 장치도 아니며 심리적 수단으로 사람을 치료하는 방법도 아니며 우리의 기분을 좋게 만드는 도구도 아니다. 어떤 사람이 기도에 대해 말하는 것처럼 하루에 5분 정도 건강을 위해 기도한다거나 아름다운 생각을 말로 표현함으로써 좋은 느낌을 갖기 위해 기도하는 것이 아니다. 기도에 대한 이런 가르침은 신약성경뿐만 아니라 구약성경에도 없다.

기도란 무엇인가? 나는 19절보다 기도를 더 잘 표현하는 것은 없다고 본다. "이로써 우리가 진리에 속한 줄을 알고 또 우리 마음을 주 앞에서 굳세게 하리니." 이것이 기도이다. 기도는 그분 앞에 나아가는 것이다. 이제 우리는 사도행전 17:28에서 "우리가 그를 힘입어 살며 기동하며 존재하느니라"는 말씀처럼 언제나 하나님의 임재하심 가운데 있으며 그분의 지켜보심 가운데 있다. 하지만 기도는 더욱 특별한 어떤 것이다. 기도는 한 특별한 청취자를 갖는 것이며 즉각적으로 그리고 직접적으로 '주 앞에' 나아가는 것이다. 기도는 최소한 하나님과 대면하는 동안 우리로 하여금 그 안에서 다른 모든 것을 배제하고 다른 모든 것에 등을 돌릴 수 있도록 만드는 것이다. 어떤 면에서 보면 이 이상 기도에 대해 설명하기 어렵다고 생각한다.

기도에서 우리가 언제나 인식해야 하는 첫 번째는, 기도할 때 우리가 하나님 앞에 있는 것이 확실하게 그리고 분명하게 행하는 것이라는 사실이다. 그러므로 어떤 면에서 볼 때 기도에서 가장 중요한 것은 우리가 그분 앞에 있음을 인식하는 것이다. 이것이 쉬운 것은 아니다. 왜냐하면 다른 생각들이 계속해 떠오르며 여러 가지 잡념들과 아이디어들이나 제안들이나 원하는 것이나 필요한 것들이 기도하는 가운데 침투해 들어오기 때문이다. 하지만 우리는 이런 것들을 다 물리쳐야만 하고 다시 한번 실제적으로, 문자 그대로 살아 계신 하나님의 존전에 있다는 사실을 인식함으로써 시작해야 한다. 기도는 '그분 앞에' 있는 것이다.

요한은 형제 사랑에 관한 전반적 문제가 이런 이유 때문에 중요하다고 말했다. 하나님 앞에 있게 될 때 여러분은 남은 여생에서 여러분이 행하는 것의 중요성을 인식하기 시작한다. 여러분이 하나님 앞에 서게 될 때 이런 연관성을 보기 시작할 것이다.

하나님 앞에 있다는 것은 기도에서 가장 본질적인 것이다. 그러므로 하나님의 집 안에 혼자 있든지 여러 명과 함께하든지 간에 언제나 최상의 것이어야만 하며 가장 중요한 부분이 되어야 한다. 나는 우리가 이런 귀중한 원리를 이해하고 있다면 때로는 말을 적게 할 수도 있다고 본다. 총명하고 아름다운 생각들이나 미사여구를 말하려는 노력만을 갖고서는 그런 여유를 갖기 어렵다. 하나님 앞에 있다는 것을 인식하지 못하기 때문이다. 그러나 우리가 그분의 임재하심을 느끼게 되면 이런 생각들을 다 떨쳐 버리고 오직 그분과의 친교나 교제에 빠져들게 된다.

이제 일반적 개념에서 더 나아가 요한이 본문에서 설명하는 특정 부분으로 들어가 보자. 만일 이것이 기도가 의미하는 것이라면 무엇이 참된 기도의 조건이며 무엇이 기도에서 본질이 되는 것인가? 요한이 여기서 설명하는 것들은 대단히 중요하다.

참된 기도에서 절대적으로 중요하고 본질이 되는 첫 번째는 정죄를 받았다는 생각으로부터 자유로워지는 것이다. "이로써 우리가 진리에 속한 줄을 알고 또 우리 마음을 주 앞에서 굳세게 하리니 재확인하리로다 또는 확신시키리로다." "우리 마음이 혹 우리를 책망할 일이 있어도……." 바로 이것이다. 여러분의 마음이 여러분을 책망한다면, 여러분의 마음이 여러분을 거스른다면 참된 기도가 있을 수 없다. 따라서 본질이 되는 첫 번째는 정죄에 대한 느낌으로부터 벗어나 자유로워지는 것이다.

내가 볼 때 기도에 대한 자세나 태도에서 이것보다 더 훌륭한 테스트는 없다고 본다. 우리가 그분 앞에서 참으로 기도한다면 자신이 어떠한 자인지를 인식하게 된다. 이것은 말하거나 토론하는 것보다 훨씬 더 확실한 것이다. 우리는 영적인 것들에 대해 사람들에게 말함으로써 테스트받을 수도 있다. 또는 우리가 함께 그러한 것들에 대해 토론함으로써 우리 자신의 영성을 테스트받을 수도 있다. 또한 연설하거나 설교함으로써 역시 테스트받을 수 있다. 이런 모든 것은 우리를 테스트할 수 있는 것들이라 말할 수 있지만 기도가 우리를 테스트하는 것과 같다고 말할 수는 없다. 나는 기도가 생각이나 명상보다 더 확실한 테스트라고 제언할 수 있다.

이런 것들도 우리를 테스트할 수 있기 때문에 우리는 생각하며 명상하는 데도 시간을 들여야 한다고 생각한다. 실제로 이런 것들을 통해 우리 자신을 성찰해 나가야 된다. 하지만 기도는 자아 성찰조차도 할 수 없는 방식으로 우리를 테스트한다고 나는 말할 수 있다. 자아 성찰은 신약성경에서 그리스도인에 대해 묘사하는 내용을 바라볼 때, 말씀의 관점에서 자신을 점검할 때 매우 고통스러운 과정이 될 수 있다. 하지만 우리가 기도 가운데 하나님 앞에 있을 때만큼 자신을 분명하게 볼 수 있도록 해주는 것은 아무것도 없다.

이런 이유 때문에 기도의 자세를 갖게 되면 더 이상 우리 자신을 주관하지 않게 된다. 기도하기 위해 무릎을 꿇는다는 사실 자체가 순종을 의미한다. 이것이 바로 무릎을 꿇는 것의 가치라고 할 수 있다. 나는 기도 중에 나 자신을 순복하게 할 수 있다. 그리고 나 자신을 포기할 수 있다. 내가 말할 때나 토론할 때는 나 자신을 주장한다. 다른 사람들이 나를 유심히 지켜볼 수는 있지만 여전히 나 자신을 방어할 수 있다. 또한 생각이나 명상에 잠겨 있어도 나 자신을 주관할 수 있다.

기도 가운데 무릎을 꿇게 되면 그때에는 어떤 면에서 볼 때 나는 아무것도 하지 않는다. 그저 그분 앞에서 나 자신을 부인하며 그분에게 순종하게 된다. 나를 주장하는 이는 하나님이 되시며 모든 것을 행하는 이도 하나님이시다. 이런 이유 때문에 기도는 아무것도 그렇게 할 수 없는 방식으로 우리를 테스트하는 것이라고 말할 수 있다.

이것은 이론만이 아니다. 나는 지금 많은 사람의 경험을 대변해 주고 있다고 확신한다. 이것이 참으로 기도할 때 여러분에게 일어나는 일이 아닌가? 나는 여러분이 주기도문을 반복하거나 스스로가 만들어 놓은 기도문들을 기계적으로 반복할 때 이런 일이 일어난다고 말하는 것이 아니다. 또한 무엇인가 절실히 필요한 가운데 그것을 위해 많은 간구의 기도를 드릴 때 일어나는 것이라고 말하지 않는다. 방안에 들어가 문을 닫고 조용히 앉아 무릎을 꿇을 때, 아니 어느 곳에서든지 그렇게 할 때 여러분은 자신이 그분 앞에 있다는 것을 인식할 것이라는 말이다.

이런 것이 여러분과 상관없는 내용인가? 여러분 가운데 무엇인가가 말하기 시작한다. 그 무엇인가란 본문에서 요한이 '마음'이라고 부르는 것이다. 이것은 양심과 같은 것이면서도 그 이상을 의미한다. 양심은 행동하고 말하기 시작한다. 그리고 다음과 같은 것이 발생한다. 우리는 우리가 행하고 말한 것들을 기억하게 된다. 우리는 그러한 것들을 이미 잊어버렸으며 다시는 상기하지 않고 있었으나 이런 것들이 다시 되돌아오게 된다. 화를 냈던 일이나 값어치 없는 생각들이나 친절하지 못한 행동들이나 맹세나 서약한 것들을 지키지 않았던 일 등 실패한 일들이 우리가 하나님과 단둘이 마주앉아 있게 될 때 떠오르게 된다. 그리고 그러한 것들이 우리를 책망하게 된다.

그때 우리는 지난번 하나님과 함께 있으면서, 하나님을 사랑한다고 강하게 말하며 하나님을 섬기기 위해 나아가겠노라고 약속했으나 그렇게 하지 못했던 것들을 기억하게 된다. 우리는 우리가 한 약속들을 잊어버렸다. 그래서 우리 안에서 "너는 나쁜 놈이다. 너는 하나님께 기도할 자격이 없다. 네가 누구길래 감히 하나님의 존전에 나아오는 것이냐?" 하는 음성을 듣게 된다. 철저한 무가치함과 실패와 왜소함과 더러움을 의식하게 되며 마음은 우리를 책망한다. 이런 모든 것이 우리를 거슬러 드러나게 되며 이런 것은 "너 자신을 보라! 너 자신을 다른 성도들과 비교해 보라! 네가 하나님께 어떠한 것이든지 요청할 권한이 있다고 생각하느냐? 하나님께 어떠한 간구를 할 자격이 있다고 보느냐?"라고 말한다. 이런 책망에 대해 여러분은 알고 있는가?

그러나 이것이 전부는 아니다. 이 이상의 것이 있다. 20절로 들어가 생각해 보자. "우리 마음이 혹 우리를 책망할 일이 있어도 하나님은 우리 마음보다 크시고 모든 것을 아시기 때문이라." 이 구절이 주는 정확한 의미에 대해 성경 안에 있는 다른 어떤 구절들보다 더 많은 논쟁이 있었다고 생각한다. 수세기 동안 여기에 대해 해석을 제공한 많은 주석가의 명단을 여러분에게 보여 주고 싶은 생각도 든다. 이들 모두는 다같이 훌륭한 그리스도인이면서도 다른 견해들을 취했다.

이들을 크게 두 가지 견해로 나누어 볼 수 있다.

첫 번째 견해는 이 구절이 위로에 대해 말하고 있다는 것이다. 요한이 여기서 말하는 것은, 하나님 존전에서 여러분의 마음이 자신을 책망한다면 낙심하지 말라는 것이다. 하나님이 우리 마음보다 크시기 때문에 괜찮다는 말이다.

하나님은 삶에서 우리가 실패했다 할지라도 우리의 소원을 아시며, 모든 것이 그분 앞에 드러나 있고 모든 것을 아시기 때문에 그분에게는 자비와 은혜와 연민의 정이 있다. 비록 여러분의 마음이 여러분을 정죄한다 할지라도 하나님은 여러분을 품어 주고 용서해 주신다. 따라서 여러분이 기도할 때 자신을 가져도 된다. 이것이 첫 번째 견해이다.

두 번째 견해는 첫 번째와는 정반대 의견을 제시한다. "우리 마음이 혹 우리를 책망할 일이 있어도"라는 말은, 나의 마음이 내가 죄인이라는 것과 아주 못된 놈이라는 사실을 느끼게 하고 알게 한다면, 하나님은 얼마만큼이나 우리에 대해 알고 계실까 하는 것이다. 그 이유는 하나님은 내 마음보다 훨씬 더 크시고 '모든 것을 아는' 분이시기 때문이다.

나는 자신의 모든 것을 알지 못한다. 그러나 하나님 앞에서는 충분히 알게 된다. 참으로 한심한 것은 내가 알고 싶은 것보다 더 많이 알고 있으면서도 실제로 나 자신과 나의 죄악성의 절반도 알지 못한다는 것이다. 내가 의식하지 못하는, 눈에 띠지 않는 결점들이 있기 때문이다. 그런데 하나님은 내가 자신을 바라보는 것과 다른 방식으로 나를 지켜보신다. 하나님은 나의 가장 깊은 곳까지도 감찰하는 분이시기 때문이다. 나의 마음이 나를 책망한다면 과연 하나님의 관점에서 보실 때의 나는 어떻겠는가?

나는 여기에 관해 말한 모든 위대한 사람의 이름을 나열하지 않지만, 서로 다른 견해를 취하는 두 명의 훌륭한 개혁주의자가 말하는 바를 소개하고자 한다. 이 둘이란 루터와 칼빈이며 많은 사람은 수세기에 걸쳐 이 둘 중 한 의견을 지지해 왔다. 벵겔은 루터의 의견을 지지했으며 찰스 시므온은 칼빈의 의견을 따랐다. 그래서 의견의 분리는 처음부터 있었다고 본다. 물론 어느 쪽이 옳다고 단정적으로 말할 수 있는 것은 아니다. 또한 스스로가 결정해야 할 것이라고 생각할 수도 있다. 나 개인의 의견으로 볼 때, 이 내용이 우리를 위로하는 것이라고 볼 수는 없다고 생각한다. 그 이유를 곧 설명하겠다.

나는 이 구절을 위로의 구절로 해석하는 것은 문장 전체의 목적에 위배된다고 본다. 전체 문장은 지금 경고하고 있으며 권면하고 있다. 형제 사랑에 대한 이 문장들을 다시 한번 읽어 보기 바란다. 그러면 여러분은 전반적 목적이 우리를 감찰하고 우리 자신을 점검하며 별로 좋은 상태가 아닌데도 불구하고 모든 것이 잘 되고 있다는 식으로 생각하려는 경향을 거스르게 하려는 데 있음을 알 수 있다. 본문은 경고하고 있다.

뿐만 아니라 이것을 위로의 내용으로 받아들인다면 우리는 아주 위험한 일을 하는 것이라고 볼 수도 있다. 우리는 '하나님의 사랑'에 대해 말함으로써 양심의 소리와 마음의 소리를 침묵시켜 버리게 한다. 우리는 그와 같이 할 준비가 되어 있으며 "하나님이 나를 사랑하시니 모든 것이 잘 될 것이야."라고 말함으로써 죄책감을 피할 준비를 하게 된다. 이 같은 마음가짐은 아주 위험한 것이라고 생각한다. 실제로 이런 주장이 반율법주의로 직접 이끌어 들이는 것이 아닌가? 이것이야말로 반율법주의를 위한 논쟁이 아닌가? 하나님의 사랑이 나를 덮어 주시니 내가 하고 싶은 것은 무엇이든지 해도 된다는 것이 아닌가? 용서를 받았으니 모든 것이 잘 되고 있으며 행동은 대충 해도 된다는 말이다.

이런 자세야말로 위험의 극치라고 할 수 있으며 19절에서 그것을 다시 한번 입증하고 있다. "이로써 우리가 진리에 속한 줄을 알고"라는 말씀이 요한의 논지이며 여태까지 그가 말한 것에 대한 언급이라 할 수 있다. 나의 마음이 나를 책망할 때 안심시켜 주는 방식은 "하나님은 모든 것을 알고 계시며 하나님은 나를 사랑하신다."라고 말하는 것이 아니라는 것이다. 그런 방식이 아니다. 내가 여태까지 말해 온 것은 "이로써", 즉 말과 혀로만이 아니라 행함과 진실함으로 나의 형제를 사랑함으로써 안심할 수 있다는 것이다. 다시 말해 내가 행동으로 형제를 사랑한다면 이로써 나의 마음을 안심시킬 수 있게 된다는 것이다.

나는 다음과 같이 의견을 제시하고자 한다. 우리는 기도 가운데 무릎을 꿇고 '그분 앞에서' 하나님의 임재하심을 느낀다. 우리의 삶은 눈에 보이지 않는 어떤 탐조등에 의해, 어떤 엑스레이에 의해 관찰되고 있으며 검사되고 있다. 하나님의 눈이 우리를 주목하고 계시기 때문에 모든 것은 표면으로 드러나게 되며 우리의 마음은 자신을 책망하게 된다. 이런 상태에 이르면 기도를 할 수 없다. 책망받고 있기 때문이다. 죄된 우리 자신이 과연 무엇을 해야 하는지 알지 못하게 된다. 이제 우리는 자신에게 말해야만 한다. 우리의 마음을 안심시켜 주고 다시 한번 확인시켜 주어야만 한다. 우리는 여전히 하나님께 나아갈 통로가 있으며 모든 것이 잘 될 것이라고 우리 마음을 설득해야 한다.

그렇다면 어떻게 그렇게 할 수 있는가? 요한은 이렇게 말했다. "여러분의 마음은 지금 모든 것을 상기시켜 주고 있다. 그리고 여러분을 책망하고 있다. 여러분은 자신의 마음에게 이렇게 말하라. '그래. 나는 네가 하는 말에 전적으로 동의하고 있다. 그리고 그로 인해 슬퍼하고 후회하고 있다. 그래 맞아, 하지만 나는 형제를 사랑하고 있다. 나 자신이 형제를 사랑하는 데 몰두하고 있음을 보고 있다. 그들의 모임과 그들과의 교제도 사랑한다. 그들이 어려움에 처해 있을 때 그들을 돕지 않고는 견딜 수 없다. 내가 이렇게 하니 그들을 실생활에서 사랑하는 사람이며 고로 나는 하나님의 자녀임에 틀림없지 않은가? 그렇지 않으면 어떻게 그렇게 할 수 있겠는가? 형제를 사랑한다는 사실은 내가 사망에서 생명으로 이전되었다는 증명이며 더 이상 세상에 속하지 않고 하나님의 자녀라는 것을 의미한다. 본질상 나는 그러한 자들을 사랑할 수 없으며 그러한 자들에게 관심을 가질 수 없다. 본질상 나는 그러한 자들을 돕는 일에 관심을 가질 수도 없다. 하지만 내 안에 그들을 사랑하고 돕고 싶은 소원이 주어지고 또한 그렇게 하고 있지 않은가? 비록 네가 나한테 하는 말이 하나도 틀리지 않지만 이런 소원과 행함이 내가 하나님의 자녀라는 것을 입증해 준다고 나는 말할 수 있다. 따라서 내 마음을 안심시킬 수 있으며 이렇게 말할 수 있는 것이다.'"

여러분도 이 같은 사랑의 마음과 행함을 간직해 왔는가? 여러분은 하나님의 존전에서 자신의 마음과 이와 같은 논쟁을 해왔는가? 여러분은 이런 자신감을 성경의 관점에서 가져 보지 않았는가? 또한 여러분이 하나님의 자녀이며 하나님의 자녀이기 때문에 하나님께 기도할 수 있다는 것을 스스로에게 입증해 보지 않았는가?

여기서 흥미로운 부분은, 요한이 특별한 방식으로 자신의 논지를 전개하는 데 있다. 왜 그는 하나님 앞에서 우리의 마음을 안심시키는 방법이 십자가를 생각하며 우리를 위해 돌아가신 주님을 상기하는 것이라고 말하지 않았는가? 여기에서 요한의 깊고 풍성한 가르침을 볼 수 있다. 요한은 걸핏하면 십자가로 모든 것을 해결하려는 경향이 있는 자들을 염두에 두었다. 그는 사람의 마음이 너무나도 악하기 때문에 모든 것을 십자가에 연결시켜 버리려는 위험이 있다는 것을 알았다. 그들은 그렇게 함으로써 마음과 양심의 위로와 평안을 얻고자 하며 그리고 나서 그들의 죄와 더불어 계속 이 세상의 삶을 유지해 나간다는 것이다.

여기에 대해 히브리서 10장에서 잘 살펴볼 수 있다. 요한이 제시하는 테스트는 감히 말하건대, 다른 어떤 것보다 훨씬 더 강하다고 생각한다. 나는 술을 아주 즐기는 사람을 알고 있다. 그는 자신이 십자가를 의지하고 있다고 말한다. 또한 눈물을 흘리면서 십자가에 대해 말하면서도 계속 술에 취해 살며 값없는 삶을 사는 사람들을 안다. 여기에 아주 무서운 위험이 도사리고 있다. 사람들은 진리에 대해 지적 동의를 할 수 있지만 삶에서 실패한다. 그러나 요한이 제시하는 테스트는 그러한 일이 불가능하다고 주장한다.

내가 형제를 진심으로 사랑한다면 그것이 지적인 것이 아니다. 진정으로 사랑하며 실제 생활에서 그 사랑을 증명하는 자들은 단순하게 지적으로만 동의하는 자들이 아니다. 그들의 삶이 거듭났다는 사실을 보여 주는 증거이다. 그들이 거듭났다면 용서받았을 것이 확실하고 십자가가 그들을 덮어 줄 것이다. 요한은 아주 완전한 테스트를 제시하고 있다. 경험만으로서의 테스트가 아니라 실생활에서 입증하는 경험으로서의 테스트이다. "형제를 사랑함으로써 우리가 진리에 속한 줄을 알 수 있다." 이것이 첫 번째이다. 이로써 우리는 죄책감으로부터 완전하고 철저하게 벗어나야 한다.

두 번째 조건에 나는 담대함이라는 단어를 사용하고 싶다. 21절에는 "사랑하는 자들아 만일 우리 마음이 우리를 책망할 것이 없으면 하나님 앞에서 담대함을 얻고"라고 기록했다. 우리가 여태까지 말한 내용만으로는 충분하지 않다. 내가 이미 강조한 것은 죄책감으로부터 벗어나야 된다는 것이기 때문에 이것은 부정적이다. 우리 자신에 대해 그리고 우리의 위치에 대해 만족스럽지 않는 한 담대하게 기도할 수 없기 때문에 자책감으로부터 놓임을 받아야 한다. 자책감은 우리를 내리누를 것이며, 우리는 하나님께 기도와 간구를 드릴 수 없게 될 것이기 때문이다.

다시 한번 여러분의 경험으로 설명해 보고자 한다. 여러분은 이런 경험을 한다는 것이 어떤 것인지 알지 않는가? 여러분이 아프다든지, 여러분이 사랑하는 사람이 아프다든지, 아주 위급한 상황을 맞게 되었다든지, 궁지에 몰리게 되었다든지 등의 어떤 위기에 갑작스럽게 처하게 될 때가 있다. 그때 "나는 하나님께 기도할 거야."라며 무릎을 꿇는다. 하지만 하나님께 나아가 무릎을 꿇는 순간 '너는 기도할 자격이 없어. 너는 나쁜 놈이야. 너는 하나님을 잊고 있다가 어려운 일만 당하면 하나님께 나아오지?' 라는 생각이 든다. 그래서 여러분은 기도에 담대하지 못하게 되며 불분명해진다.

요한은 "여러분이 담대함과 신뢰를 가지지 못한다면 하나님께 기도도 참으로 드릴 수 없으며 하나님과의 교제도 역시 가질 수 없게 된다."라고 말했다. 따라서 여러분은 이 첫 번째의 것을 제거해야만 한다. 즉 여러분은 먼저 자책감에서부터 벗어나야만 한다. 그렇게 하면서 그 다음 단계로 나아가야 한다.

담대함confidence, 신뢰 또는 자신감이 좀더 적합한 해석이라고 생각됨-역자 주은 참된 기도에서 대단히 중요하다. 성경이 이에 대해 무엇이라고 말씀하는지 살펴보자. 여러분은 성경에서 기도와 연관해 사용된 '담대함'boldness이라는 단어를 아는가? 히브리서에서 이 단어를 자주 볼 수 있다. 4:16의 "그러므로 우리는 긍휼하심을 받고 때를 따라 돕는 은혜를 얻기 위하여 은혜의 보좌 앞에 담대히 나아갈 것이니라"는 말씀이나 10:19의 "그러므로 형제들아 우리가 예수의 피를 힘입어 성소에 들어갈 담력을 얻었나니", 10:22의 "참 마음과 온전한 믿음으로 하나님께 나아가자"는 말씀에서 이 단어를 사용하고 있다. 또한 바울이 에베소서 3:12에서 "우리가 그 안에서 그를 믿음으로 말미암아 담대함과 확신을 가지고 하나님께 나아감을 얻느니라"고 기록한 것을 생각해 보기 바란다. 우리의 드리는 간구들이 어떤 가치가 있으려면 우리는 하나님께 나아가는 길에 있어서 담대함과 확신과 자신감을 가져야만 한다.

이런 담대함을 어떻게 가질 수 있는가? 여기에 대한 대답을 지금 다루고 있다. 그것은 다름 아닌 자녀의 신분과 직결되는 것이다. 우리가 하나님의 자녀라는 사실을 의식하고 확신을 갖는 것은, 다시 한번 우리가 형제를 사랑함으로써 결정된다. 그것은 다음과 같이 설명될 수 있다. 내가 형제를 진정으로 사랑한다면 하나님의 자녀라고 할 수 있다. 그렇게 되면 나는 하나님을 심판자보다는 아버지로 생각할 수 있게 된다.

요한은 다음 장에서 여기에 대해 계속해서 상기시켜 주고 있다. 나는 두려움 가운데 하나님께 나아가지 않는다. 요한일서 4:18이 말씀하듯이 "두려움에는 형벌이 있기" 때문이다. 오히려 나는 사랑 가운데 하나님께 나아갈 수 있다. 같은 절에서 "온전한 사랑이 두려움을 내쫓나니"라고 말씀하기 때문이다. 그러므로 나는 하나님의 자녀가 되었다는 사실에 확신을 갖고 있으므로 동시에 하나님이 내 안에서 기뻐하신다는 사실과 내가 하나님께 요구하는 것보다 더 많은 복을 주려고 준비하고 계시다는 사실을 안다. 또한 하나님이 나에게 좋은 모든 것을 주실 준비가 되어 있으며 기꺼이 주려고 기다리신다는 것도 알고 있다. 나는 하나님의 자녀가 되었다는 사실을 확신하고 있으므로, 로마서 8:28에서 "하나님을 사랑하는 자 곧 그 뜻대로 부르심을 입은 자들에게는 모든 것이 합력하여 선을 이루느니라"고 말씀하는 내용을 알고 있다.

다시 말해 하나님 앞에서 기도하는 가운데 나에게 자신감을 참으로 줄 수 있는 유일한 것은 내가 하나님의 자녀라는 사실에 대한 진정한 확신이다. 그래서 나의 아버지께 자녀로서 나아가는 것이다. 이것이 자신감의 기초이다. 그러므로 여러분은 죄책감으로부터 벗어나게 해주는 것과 똑같은 것이 자신감도 준다는 사실을 볼 수 있다.

이제 세 번째 조건으로 들어가겠다. 세 번째 조건은 확신이라고 불러야 될 것이다. "사랑하는 자들아 만일 우리 마음이 우리를 책망할 것이 없으면 하나님 앞에서 담대함을 얻고 무엇이든지 구하는 바를 그에게서 받나니 이는 우리가 그의 계명을 지키고 그 앞에서 기뻐하시는 것을 행함이라"고 21-22절에 기록되어 있다. 요한은 이미 앞에서 우리 마음을 주 앞에서 굳세게 하는 것에 대해 설명했다. 이것이 마지막 진술이다. 하나님께 나아갈 수 있는 권리를 가졌다는 담대함과 아울러 나의 간구하는 내용들에 대해서도 확신을 가질 수 있다는 말이다.

야고보는 자신의 서신 1:5-7에서 "너희 중에 누구든지 지혜가 부족하거든 모든 사람에게 후히 주시고 꾸짖지 아니하시는 하나님께 구하라 그리하면 주시리라 오직 믿음으로 구하고 조금도 의심하지 말라 의심하는 자는 마치 바람에 밀려 요동하는 바다 물결 같으니 이런 사람은 무엇이든지 주께 얻기를 생각하지 말라"고 했다. 자신이 드리는 간구에 대해 불확실하고 의심하고 주저하고 제대로 확신을 갖지 못한다면 그 간구에 대해 응답을 얻지 못할 것이라고 야고보는 말했다. 시편 66:18에서 기자가 말하는 것을 들어 보기 바란다. "내가 나의 마음에 죄악을 품었더라면 주께서 듣지 아니하시리라."

내가 죄를 지으며 잘못된 삶을 살고 있다는 것을 알면서 이중적 마음을 갖고 하나님께 나아간다면, 나는 기도에 확신이 없을 것이다. "하나님은 우리 마음보다 크시고 모든 것을 아시기 때문이라." 맞는 말이다.

내가 나 자신을 책망하고 잘못되었다는 것을 안다면 하나님은 우리의 잘못된 것을 이미 알고 계시고 책망하지 않으시겠는가?

주님도 자신의 가르침에서 이런 질문에 대한 답을 제시해 주신다는 것을 요한이 기록한 복음서를 통해 알 수 있다. 주님은 요한복음 15:7에서 "너희가 내 안에 거하고 내 말이 너희 안에 거하면 무엇이든지 원하는 대로 구하라 그리하면 이루리라"고 말씀하셨다. 또한 15:16에서는 "너희가 나를 택한 것이 아니요 내가 너희를 택하여 세웠나니 이는 너희로 가서 열매를 맺게 하고 또 너희 열매가 항상 있게 하여 내 이름으로 아버지께 무엇을 구하든지 다 받게 하려 함이라"고 하셨다. 즉 요한은 다음과 같이 말하는 것이다. "우리가 무엇을 구하든지 그분에게서 받게 될 것이다. 우리가 그분의 계명을 지키고 그 앞에서 기뻐하시는 것을 행하기 때문이다."

여기에 대해 어떤 사람은 "그렇다면 우리가 선한 삶을 살기만 한다면 기도 가운데 하나님께 구한 어떠한 것이든지 응답받을 수 있다는 것을 확신하고 보장할 수 있다는 말인가?"라고 묻기도 한다. 전혀 그렇지 않다. 무슨 의미인가 하면 내가 그분의 계명을 지킨다면, 그분의 뜻을 참으로 행한다면, 하나님을 사랑하고 이웃을 내 몸과 같이 사랑한다면, 그런 식으로 진정으로 그리스도인의 삶을 산다면, 그때에 나의 삶이 성령에 의해 주관받는 삶이라는 것을 확신할 수 있게 된다. 따라서 내가 가진 소원이나 간구가 성령에 의해 생긴 것이라는 사실을 알게 된다는 말이다. 내가 가진 간구나 소원이 성령에 의해 생산된 것들이기 때문에 나는 그러한 것들이 응답받게 될 것을 확신할 수 있다.

로마서 8:26은 "이와 같이 성령도 우리의 연약함을 도우시나니 우리는 마땅히 기도할 바를 알지 못하나 오직 성령이 말할 수 없는 탄식으로 우리를 위하여 친히 간구하시느니라"고 기록했다. 우리는 우리가 말하는 모든 것을 항상 이해하지는 못한다. 하지만 로마서 8:27에 의하면 "마음을 감찰하시는 이가 성령의 생각을 아시나니 이는 성령이 하나님의 뜻대로 성도를 위하여 간구하심이니라"고 했다. 바로 이것이다.

다시 말해 내가 계명들을 지키면서, 형제들을 사랑하면서 산다면 그것이 성령에 의해 지배받고 있다는 사실에 대한 증명이 된다. 그런 상태에서 성령은 나에게 기도하게 하시며 그러한 이유로 그 기도는 응답될 수 있다. 하지만 그러한 삶을 살지 못한다면 나의 간구는 아마도 육신적 생각이나 육욕적 본성에서부터 나오게 될 것이기 때문에, 그 기도가 응답되지 못했다고 해서 실망하거나 놀랄 필요가 없다는 것이다.

우리는 예수 그리스도의 모습에서 온전한 기도를 볼 수 있다. 그분을 보기 바란다. 그분은 하나님의 명령을 온전하게 지키셨다. 그분은 성령을 충만하게 받으셨다. 그리고 성령의 인도를 받으셨다. 그분은 자신의 영원한 영광을 뒤로 하고 사람으로 살기 위해 이 땅에 오셨다. 그때 그분은 성령을 받으셨으며 성령에 의해 인도받으셨으며 기도의 삶을 사셨던 것이다. 누가복음 22:42에서 어떻게 기도하셨는가를 기억해 보기 바란다. "아버지여 만일 아버지의 뜻이거든 이 잔을 내게서 옮기시옵소서 그러나 내 원대로 마시옵고 아버지의 원대로 되기를 원하나이다."

그분이 가졌던 최상의 소원과 목표는 아버지의 뜻을 행하는 것이었다. 그분과 같이 아버지의 뜻을 행하는 것이 우리의 소원이요 뜻이라면, 그런 일에 관심을 갖고 성령의 인도하심에 순종하면서 산다면, 우리의 기도는 그분의 기도가 응답되었듯이 응답될 것이다. 하나님은 주님에게 응답하셨으며 그분의 요청을 들어주셨다. 그분께 더욱 가까이 갈수록 우리의 기도가 응답될 것에 확신을 가져도 된다는 말이다. 본문 22-23절은 "무엇이든지 구하는 바를 그에게서 받나니 이는 우리가 그의 계명을 지키고 그 앞에서 기뻐하시는 것을 행함이라 그의 계명은 이것이니 곧 그 아들 예수 그리스도의 이름을 믿고 그가 우리에게 주신 계명대로 서로 사랑할 것이니라."

이제 여러분은 '그분 앞에' 있다. 여러분은 기도 가운데 담대함이 있는가? 기도 응답을 받았는가? 자신이 드리는 기도에 확신을 갖고 있는가? 이런 것은 여러분이 필요로 하는 것이다. 여러분은 마음을 굳게 하고 책망으로부터 벗어나고 하나님의 자녀로서 담대함을 가지기 바란다. 무엇보다 여러분 가운데 거하시는 성령을 통해, 여러분의 삶 가운데, 여러분의 간구 가운데 계시는 그분을 통해 주어지는 확신을 가지고 있다. 우리가 그분 앞에 있다는 사실과 살아 계신 하나님을 대면해 말씀드릴 수 있다는 사실이야말로 참으로 영광스러우며 놀라운 특권이다.

> 그의 계명을 지키는 자는 주 안에 거하고 주는 그의 안에 거하시나니
> 우리에게 주신 성령으로 말미암아 그가 우리 안에 거하시는 줄을
> 우리가 아느니라 _ 요일 3:24.

Chapter 35
성령

본문에서 우리는 성령에 대해 처음으로 구체적이면서도 명백한 언급을 접할 수 있게 된다. 2장에서 성령에 대해 간접적이고 참고적인 내용을 접해 보았는데, 거기에서 사도는 우리가 성령으로부터 받는 기름부음에 대해 언급했다. 하지만 여기서는 성령(그냥 영이 아니라 성령 하나님으로서의 성령)에 대해 좀더 실제적 표현을 하고 있다. 우리는 사람의 본성이나 기질 또는 특성을 말할 때 spirit이라는 단어를 종종 쓰곤 하는데, 여기서의 성령은 그런 것을 의미하는 것이 아니다. 오히려 이 구절은 성령의 은사에 대한 참고 부분이라 할 수 있다.

여기에서 요한은 우리가 하나님의 자녀라는 사실에 대해 이미 설명한 것보다 한 단계 더 나아간 증거를 소개해 주고 있다. 3장 전체를 지배하는 주제는, 우리가 하나님의 자녀라는 것이다. 요한은 이것이야말로 우리가 이 세상에서 사는 데 가장 중요한 것이라고 말했다.

요한은 지금 1세기에 살던 그리스도인에게 편지를 쓰고 있다. 그 당시 그들이 핍박과 고통과 오해 등 참으로 어려움에 처해 있다는 사실을 그는 알고 있었다. 그때의 세상은 오늘날의 세상과 아주 비슷했다. 요한은 요한일서 5:19에서 "또 아는 것은 우리는 하나님께 속하고 온 세상은 악한 자 안에 처한 것이며"라는 말로 이 같은 상황을 간단히 요약했다. 그와 같이 힘들고 부정적인 세상에서 그리스도인의 삶을 영위하던 자들을 돕고 위로하고 격려하고자 함이 요한의 목표였다.

요한은 그들이 꼭 마음에 새기고 있어야 할 것들에 대해 말했다. 첫 번째는 그들이 하나님과 교제 가운데 있으며 하나님과 동행하고 있다는 것이며, 두 번째는 하나님의 자녀됨에 대한 것이다. 즉 그들이 하나님의 자녀라는 사실에 관한 것이다. 그리스도인은 하나님의 자녀 그 이하가 될 수 없다. 하나님의 자녀가 되지 않고서 그리스도인이 될 수는 없다. 요한은 3장의 시작 부분인 첫 3절에서 그리스도인의 위상에 관해 대단히 훌륭한 문체로 귀한 개념을 제시해 주고 있다.

그러나 요한은 실제 목회를 하는 자의 마음으로 이 사람들에게 자신의 위치를 꼭 보여 주어야 한다는 것에 더 큰 관점을 두었다. 실질적 증명을 제시하지 못한다면 우리가 하나님의 자녀라는 것에 대해 말하는 것은 아무 의미가 없다. 실제로 입증하지 못한다면 우리는 확신을 갖지 못하게 될 것이다. 이것이 그의 주제이다. 이런 연관성이 있다는 사실을 결코 잊어버려서는 안 될 것이라고 여러분에게 상기시키고자 한다.

첫째로 우리는 계명들을 꼭 지켜야만 한다. 3:7에서 "의를 행하는 자는 그의 의로우심과 같이 의롭고"라고 했다.

둘째로 우리가 하나님의 자녀라는 사실을 증명할 수 있는 것은 형제 사랑이다. 14절은 "우리는 형제를 사랑함으로 사망에서 옮겨 생명으로 들어간 줄을 알거니와"라고 기록했다.

여기에서 그는 우리의 자녀됨에 대한 이 이상의 증명이 있다고 했다. 그것은 성령을 받는 것이다. "그가 우리 안에 거하시는 줄을 우리가 아느니라." 우리가 자녀라면 성령이 우리 안에 거하시며 우리가 그 안에 있다는 것을 의미한다. 따라서 여러분이 그런 사실에 대한 증명을 원한다면 요한은 "우리에게 주신 성령으로 말미암아"라고 말할 것이다.

이제 우리는 성령에 관한 위대한 교리와 진리의 말씀을 보자. 성령에 관해서는 신약성경 어느 곳에서든지 볼 수 있다. 이것은 참된 그리스도인의 위상과 그리스도인의 경험에서 절대적으로 중요하고 필요한 것이다. 오늘 본문 한 구절에서 요한은 매우 흥미로운 방식으로 우리에게 이 교리를 보여 주고 있다. 그는 우리에게 위대한 사실을 상기시켜 주며 동시에 개인적 경험에서 그런 사실에 대한 보완 내용을 상기시켜 준다.

이 부분에 집중하기 바란다. 우리의 주제에서 가장 좋은 구성은 다음과 같다고 본다.

첫 번째는 성령의 은사 또는 구원의 계획 가운데 있는 성령의 위치를 고찰해 보아야 된다. 여기에 관해서는 먼저 사도행전 2장에서 보여지는 사실을 살펴보아야 한다. 그곳에서 우리가 결코 잊어서는 안 될 부분을 접하게 될 것이다. 이것은 역사이므로 우리가 그런 역사성을 인식하지 못한다면 성경 가운데 기록된 다른 여러 가지 사실들에 대해서도 그렇게 될 것이며 결국 우리의 전반적 입지가 잘못될 것이다.

오래전 예루살렘에서 오순절에 이같이 놀랍고 기가 막힌 사건이 일어났다. 많은 사람이 다락방에 모여 있을 때 엄청난 일이 벌어졌다. 사도행전 2:3의 묘사처럼 성령이 "불의 혀처럼 갈라지는" 형태로 그들에게 임했다. 모든 장소가 흔들렸으며 사람들은 변화되었다. 이런 놀라운 일이 일어났으며 그들은 방언으로 말하기 시작했다. 그래서 오순절을 기념하기 위해 그곳에 모였던 이 세상의 여러 문명 지역에서 사는 자들이 자신들의 언어로 말하는 것을 듣고 하나님의 놀라운 사역에 대해 말했다.

이런 사실은 문자 그대로의 사실이며 실제적 역사이다. 오늘은 특별히[1] 이 사실을 강조하려고 한다. 물론 우리는 이 내용을 주관적으로 다루어야만 한다. 그러나 우리가 시작해야 할 부분은 객관적 부분, 즉 예루살렘에서 있었던 역사적 사건이다. 기록된 내용 그대로 실제적으로 성령이 초대교회에 내려오셨던 것이다. 은사가 주어졌다.

권위 있는 많은 학자가 이 구절이 그때에만, 즉 예루살렘의 오순절에 있었던 그 상황에만 해당되는 내용이라고 믿고 있다. 아마 그것도 포함되는 것이니 최소한 그와 같이 말할 수도 있다. 여기에 대해 설명하려면 아무래도 가장 먼저 와야만 될 사건일 것이다. 하지만 우리는 그리스도인의 교회가 그때부터 사실상 설립되었으며, 이전에는 결코 흉내내지 못하던 방식으로 교회의 역할을 감당하기 시작했다는 사실을 인식하고 있다. 또한 그 당시에 시작된 것이 지금까지 계속되어 오늘날까지 내려오고 있다는 사실도 역시 인식하고 있다. 다시 한번 말하지만 이것은 분명한 사실이고 대단한 사실이다. 역사적으로 큰 전환점이며 인류 역사에서 가장 기록에 남을 만한 사건이다.

그때의 그 일은 사실이다. 그 사실이 제시하는 의미에 대해서도 생각해 보아야 한다. 우리는 이제 구원 계획에서 성령의 위치에 대해 논하고 있다. 오순절에 일어났던 그 사건이 주는 의미와 중요성은 과연 무엇인가? 다음에 설명하고자 하는 내용들이 그중 몇 가지가 될 것이다.

이것은 구원 계획과 연관된 일련의 행동이나 실행에서 가장 마지막 단계였다. 그리스도인으로서 우리의 위상에 관한 자랑이라면, 우리가

---

[1] 이 설교는 1949년 성령 강림 주일에 전한 것이다.

가르침을 믿는다기보다는 사건이나 일어난 일의 결과로 주어지는 사실을 믿는다는 데 있다. 기독교는 철학이 아니다. 물론 철학을 포함하고 있으나 철학만이라고 할 수는 없다. 여러분은 플라톤주의자나 아리스토텔레스주의자이면서 그리스도인이라고 말하기는 어렵다. 그와 같이 생각해서는 안 된다. 우리는 믿음으로 구원받는 것이 아니라 하나님이 우리를 위해 해주신 것으로 인해 구원받는 것이다.

그러므로 예루살렘에서 오순절에 있었던 일은 일정한 연속선 가운데 삽입시켜야만 되는 것이다. 여러분은 사람이 타락하고 하나님이 말씀하시고 약속을 주셨던 에덴 동산에서부터 시작할 수 있다. 그리고 구약성경에 기록된 모든 역사를 따라가 보기 바란다. 홍수 사건, 아브라함을 부르시어 사람들로부터 고립시켰다가 다시 한 민족을 이루어 내는 일 등을 보면 모든 것을 하나님이 주장하시며 하나님이 직접 개입하시는 것을 볼 수 있다. 계속해 구약의 역사를 따라가 보기 바란다. 애굽에 갔다가 다시 나오는 일, 홍해를 건너는 일 등을 보라. 이런 모든 사건이야말로 구원을 위한 위대한 계획들 중의 일부라는 것이다.

그리고 신약성경으로 들어오면 우리가 언제나 붙잡고 있어야만 될 중요한 내용들을 보게 된다. 예수 그리스도의 베들레헴에서의 출생을 생각해 보자. 이 사실이야말로 절대적으로 중요한 것이다. 하나님의 아들인 그분이 아기로 태어나 말구유에 누워 있다. 이것은 하나님이 사람의 모습을 취해 이 땅에 내려오셨다는 지각 변동적 사건으로 성육신의 사건이다. 또한 계속해 읽으면 다른 중요한 사실들과 사건들을 보게 될 것이다. 이런 모든 것이 한결같이 중요하지만 그중에서 몇 가지를 빼내 생각해 보아야 하겠다.

특히 십자가의 사건에 대해 알아보자. 이것이야말로 우리의 구원에서 기초가 되는 사건이다. 다시 말해 그리스도인은 우리를 용서해 주신 하나님의 사랑에 대해서만 말하면 안 된다. 우리는 하나님이 갈보리 산상의 십자가에서 무엇인가를 행하셨기 때문에 그분의 사랑이 우리를 용서하신다고 말한다. 갈보리의 사건 없이 용서는 없다. 그것은 기록된 대로 그 언덕에서, 나무로 만든 십자가에서 일어난 실제 사건이었다.

그 다음으로 중요한 사건은 부활이다. 주님은 무덤에서 일어나셨다. 그분은 무덤에 갇혀 있으실 분이 아니었다. 그래서 기록된 대로 죽으신 후 사흘 만에 무덤에서 나오셨다. 이것 역시 사실이며 역사적 사건이다. 그 다음의 중요한 사건은 승천이다. 그분은 제자들이 보는 가운데 들림을 받아 하늘로 올라가셨다. 이것 역시 사건이며 사실이다. 다음으로 오순절을 꼽을 수 있는데, 이것은 우리의 구원을 가능하게 만드는 일련의 행동이나 실행이나 사건 가운데 위대한 마지막 단계라고 부를 수 있다.

이런 식으로 예루살렘의 오순절 사건을 이해해야 한다. 이것은 사건이며 우리가 구원받는 데 엄청나게 중요한 의미를 가진다. 구원을 논할 때 이 부분이 꼭 설명되어야 하고 포함되어야 한다.

두 번째는 오순절에 초대교회에 성령을 보내심이 주님이 주장하신 것에 대한 마지막 입증이라는 것이다. 나사렛 예수가 실제로 하나님의 독생자였다는 것을 입증하는 것이다. 이것이 그날 베드로가 사람들에게 설교한 논지였다. 그는 그것을 증명하고자 했다.

베드로는 "여러분이 나사렛 예수를 십자가에 못 박았다. 여러분은 그분이 누구인지를 알지 못하면서 협잡꾼이나 망령된 자로 생각했다. 이런 이유로 여러분은 그분을 죽여 버렸다. 하지만 그분이 자신이 누구인가에 대해, 즉 자신이 하나님의 아들이라고 주장한 것에 대해 증명할 수 있는 여러 가지가 있다. 부활이 그것을 증명해 주고 있다. 그것뿐만이 아니라 또 있다. 여러분은 나와 형제들을 보면서 말하기를 '이 사람들이 새 술에 취했구나. 그들이 우리가 난 곳의 언어들로 말하고 있다. 뭔가에 사로잡힌 것 같다.'라고 했다. 나는 여러분에게 이것이 무엇인지를 말할 수 있다. 이것의 의미는 여러분이 거부하던 예수가 하나님의 아들이라는 사실이다. 그분이 죽었을 때 그리고 무덤에서 나와 하늘로 승천하실 때, 오래된 약속에 의하면 하나님은 그분으로 하여금 성령의 선물을 백성에게 주기 위해 그것을 그분에게 주셨다고 했다. 바로 그 선물을 그분이 주신 것이고, 그 선물이 바로 우리에게 일어난 것이다. 하나님은 약속을 지키셔서 그리스도께 성령의 선물을 주셨고 그리스도는 그 성령이라는 선물을 우리에게 보내신 것이다. 이 자체가 그분이 하나님의 아들이며 그리스도이시며 세상의 구원자이실 수밖에 없다는 사실을 입증하는 것이다."라고 말했다.

따라서 이 사건, 이 사실은 구원에 관한 전반적 내용에서 아주 중요한 부분을 차지한다. 다시 한번 강조하지만 이것이 예수 그리스도의 독특한 신성과 독생자이심을 입증하는 궁극적 그리고 마지막이 되는 내용이다. 이 사건에서 우리는 그분이 영원하신 아버지의 아들이라는 사실에 대한 최종 진술을 갖게 된다. 아버지는 아들에게 선물을 주셨고 그 아들은 우리에게 그 선물을 전달해 주었다. 그러므로 그 선물은 아버지와 아들로부터 우리에게 주어진 것이 된다.

다음과 같은 것도 살펴보아야 한다. 교회에 내리신 성령의 선물은 그리스도의 사역에 대한 충족성과 그 사역에 대한 하나님의 인정을 입증하는 것이 된다. 어떤 면에서 볼 때 십자가에서의 그리스도의 사역이 충분한 것인지 아닌지에 대한 질문은 아주 중요하다. 문제는 어떻게 하나님이 죄된 인간을 용서하실 수 있는가 하는 것이고 어떻게 거룩하신 하나님이 죄를 용서해 주실 수 있는가 하는 것이다. 이에 대한 해답은 십자가에서의 예수 그리스도의 죽음이다.

하지만 그것으로 충분하냐는 질문을 하게 된다. 또한 하나님이 그런 사역을 인정해 주신 것을 우리가 어떻게 알 수 있으며, 그리스도가 하늘에 가셔서 자신과 자신의 피를 드리면서 "내가 죄를 위해 드리는 희생제물이 여기 있습니다."라고 말할 때 하나님이 그분의 제안을 받아들이셨는지 어떻게 알 수 있으며, 하나님이 그 제안을 받아들이신 것에 대해 어떤 증거를 우리가 가지고 있는가 하는 질문을 하게 된다.

다시 한번 부활로 답해 볼 수 있다. 그러나 신약성경은 계속해 우리에게 이에 대한 궁극적 증명은 성령의 보내심과 오심이라고 말씀한다. 성령이 보내심을 받아 오셨다는 말은 하나님 아버지가 아들에게 다음과 같이 말하시는 것이다. "내가 너의 사역을 인정한다. 이제 충분하다. 네가 그들을 구속하기 위해 죽었으니 이제 그들은 너의 백성이다. 그러므로 내가 너에게 나의 영을 주니 그것을 그들에게 주라. 그러면 그들이 너의 백성이며 나의 백성이라는 사실을 알게 될 것이다. 나는 그들을 용서해 주겠다. 그리고 이것이 나의 용서에 대한 증명이다."

그러기에 예루살렘의 오순절 사건은 우리를 위한 예수 그리스도의 사역이 하나님에 의해 받아들여졌다는 확신과 아울러 그분의 사역이 충족하다는 확신을 우리에게 주는 너무나도 중요한 사건이다.

또한 다음과 같이 말할 수도 있다. 성령 강림은 구원을 우리에게 전달하는 도구이기도 하다. 여러분은 주님이 돌아가시기 전에 제자들에게 하신 말씀을 기억하는가? 그들은 주님이 계속해 떠날 것에 대해 말씀하실 때 축 처져서 낙심하게 되었다. 주님은 요한복음 16:7에서 "내가 떠나가는 것이 너희에게 유익이라"고 말씀하셨다. 그분의 떠남이 그들에게 좋은 것이고 유익이 된다는 뜻이다. 그분은 계속해 "내가 떠나가지 아니하면 보혜사가 너희에게로 오시지 아니할 것이요 가면 내가 그를 너희에게로 보내리니"라고 말씀하셨다.

한번 질문해 보겠다. 육신의 눈으로 예수 그리스도를 한번도 본 적이 없는 여러분이나 나는 주님의 얼굴을 직접 보았던 제자들보다 훨씬 더 유리한 조건이라고 생각하는가? 우리는 때로 성경에 대해 어리석게 잘못 이해함으로 "주님이 이 땅에 살아 계실 때 내가 살았더라면, 내 눈으로 그분을 보았더라면 지금 내가 믿는 식으로 믿지는 않았을 것이다."라며 죄의식에 빠져 말하지는 않는가?

이런 식으로 생각하는 것은 비성경적이다. 주님은 "내가 떠나가는 것이 너희에게 유익이라"고 말씀하셨기 때문이다. 즉 주님이 멀리 떠나기 때문에 그리고 주님이 자신의 사역을 완수하셨기 때문에 성령이 보내심을 받아 우리 가운데 거하실 수 있는 것이며, 그분의 사역의 결과가 우리 삶과 경험의 일부가 될 수 있는 것이다. 성령 사역을 통해 온전하게 완성된 십자가의 그리스도의 사역과 그분의 중보 사역이 우리에게 전달될 수 있으며, 우리 삶에 자리 잡을 수 있는 것이다. 바로 이런 것을 의미한다.

이와 연결해 말할 수 있는 마지막은, 물론 오순절에 교회에 성령이 강림하셨다는 것이 하나님이 하신 약속을 궁극적으로 성취해 주셨다는 것이다. 여러분은 베드로가 다음과 같이 말하는 음성 가운데 짜릿한 전율을 느끼지 않았는가? "이는 곧 선지자 요엘로 말씀하신 것이니"가 바로 그것이다. 이 사건은 하나님이 오래전에 약속하신 것 중 하나이며 가장 영광스러운 약속 가운데 하나이다.

하나님은 그분의 영을 부어 주실 것이라고 말씀하셨다. 그래서 젊은 사람들은 환상을 볼 것이며 무지한 사람들까지도 진리를 이해하게 될 것이라고 하셨다. 진리가 선택받은 몇 사람의 전유물로 남게 되는 것이 아니라 보통 사람들도 이해하게 될 것이라고 했다. "내가 나의 신을 부어 주리니." 이 위대한 구원의 역사가 모두에게 임할 수 있게 된다는 것이다. 여기에서 하나님은 오래된 약속의 말씀을 성취하셨는데 바로 성령의 선물을 보내 주셨으며 베풀어 주셨다는 것이다.

우리는 구원 계획 가운데 있는 성령의 선물에 대해 간단하게 살펴보았다. 이처럼 성령의 선물은 구원 계획 가운데 중요한 자리를 차지하고 있으며 이런 방식으로 이것을 바라보는 것이 제대로 이해하는 것이라고 본다. 그렇게 해야만 우리가 그리스도인으로서 단지 갈보리에서 멈추어 선다거나 부활에서 멈추어 서는 일이 없게 될 것이기 때문이다. 나는 우리가 그렇게 하려는 경향이 있다는 사실에 자주 염려되기 때문에 이런 식으로 설명했던 것이다. 우리는 십자가와 부활에 구원 계획에 관한 중요한 자리를 내주면서도 오순절에는 별로 내주려고 하지 않는다. 이는 아직 오순절과 구원 계획 또는 십자가나 부활과의 상호 연관성을 알지 못하기 때문이라고 본다. 분명히 알아야 할 것은, 오순절은 우리의 구원에서 필수적이고 아주 중요한 부분이며 구원 계획에서 가장 최종적인 단계이다.

이와 같이 여기에 대해 객관적으로 살펴보면서 이제는 좀더 주관적인 단계로 들어가 보도록 하자. 그리스도인은 성령의 선물을 받은 사람이다. "우리에게 주신 성령으로 말미암아 그가 우리 안에 거하시는 줄을 우리가 아느니라"고 본문은 말했다. 그리스도인이 어떠한 사람인가? 나는 오늘날 세상에서 잘못 이해되는 많은 것 중에 이것이 가장 잘못 이해되는 것이라고 생각하기 때문에 이런 질문을 아무리 많이 해도 피곤하지 않다.

어떠한 사람이 그리스도인인가? 좋은 사람인가? 도덕적인 사람을 말하는가? 교회의 정식 회원을 말하는가? 하나님의 집에 가끔씩 방문하는 사람을 말하는가? 이런 사람을 그리스도인이라고 하는가? 만일 그런 식으로 생각한다면 부끄러운 줄 알아야 한다. 그리스도인은 영적인 사람을 의미한다. 영적인 남성과 여성에 대해 신약성경 어느 곳에서든지 말하고 있지 않은가?

영적인 사람은 성령을 받은 자이다. 이것이 신약성경의 용어이다. 그리스도인은 그리스도인이 아닌 자들과 완전히 다른 사람이다. 그들은 그들보다 약간 더 나은 자들이 아니고 어떤 특정한 일을 하는 자들이 아니다. 그들 자체가 다른 자들이다. 즉 그들은 영적인 자들이라는 말이다. 고린도전서 2:12, 15을 보면 "우리가 세상의 영을 받지 아니하고 오직 하나님으로부터 온 영을 받았으니 이는 우리로 하여금 하나님께서 우리에게 은혜로 주신 것들을 알게 하려 하심이라……신령한 자는 모든 것을 판단하나……"라고 바울이 기록한 것을 볼 수 있다. 자연인은 이렇게 될 수 없다. 자연적인 사람과 영적인 사람은 바로 이것이 차이점이다.

어떤 사람은 먼저 그리스도인이 되고 나중에 성령의 선물을 받는다고 말한다. 하지만 성령의 선물을 받기 전에는 그리스도인이 될 수 없다는 것을 알아야 한다. 어떤 면에서 보면 여러분을 그리스도인이 되게 하는 것이 바로 성령이다. 이것은 새로운 출생을 의미한다. 즉 중생을 의미하는 것이다. 베드로후서 1:4에서 사용된 용어를 빌리자면 "신성한 성품에 참여하는 자"가 되는 것이다.

또한 주님 자신의 용어를 사용하면 하나님이 우리 안에 거하신다는 의미이기도 하다. 요한은 "그분의 계명을 가지고 지키는 자는 그분 안에 거하며 그분도 그 안에 거하신다"라고 했다. 여러분이 여기에 대해 최고의 주석을 원한다면 요한복음 14장을 읽어 보기 바란다. 여기서 주님이 사용하신 멋진 용어들을 볼 수 있다. "내가 너희를 위로 없는 자같이 버려두지 아니하고 너희에게로 오리라." 이 구절을 어떤 사람은 "내가 너희를 고아와 같이 버려두지 아니하고 너희에게로 오리라"요 14:18고 번역하기도 했다. "내가 성령의 선물을 통해 오리라. 내가 또 다른 보혜사를 너희에게 보내리니 그의 오심으로 인해 그가 너희 안에 거하게 될 것이니라. 나와 아버지가 함께 너희 안에 거하게 될 것이니라."

이런 말들이 믿는 자들과 그리스도와 하나님과의 신비적 연합을 묘사해 주는 것들이다. 바로 요한일서 3장의 한 구절에서 이런 것을 모두 표현해 주고 있다. 그리스도인이라는 호칭을 받기 원하는 사람들 모두 이런 사실을 인식하고 그리스도인이 된다는 것이 무엇을 의미하는지 이해한다면, 지구에 있는 모든 교회가 변형될 뿐만 아니라 이 세상도 역시 그 사실로 인해 떨게 될 것이다.

우리가 그리스도인이라는 것이 성령과 함께하는 영적 남성과 여성을 뜻하며 그들 가운데 계시는 하나님과 함께하는 자들임을 인식하게 된다면, 그리스도인이 그와 같은 사실들을 인식하고 산다고 할 것 같으면, 이 세상은 우리를 바라보며 "이들에게 도대체 어떤 일이 생긴 것인가? 어찌된 일인가?"라고 말하게 될 것이다. 그렇게 될 때 우리는 베드로가 그 당시 예루살렘에서 그런 질문을 한 자들에게 주었던 대답과 같은 대답을 할 수 있다. "이는 곧 선지자 요엘로 말씀하신 것이니." 우리는 성령을 받았다. 그러므로 우리는 성령을 받은 자로서의 우리이다. 바로 그리스도인이라는 말이다.

우리가 성령을 받았는지 어떻게 알 수 있는가? 이것은 아주 중요한 질문이다. 이것에 대해 분명하게 아는 것이 내가 가지는 확신의 기초가 될 수 있으며, 이것을 통해 성령이 내 안에 거하신다는 사실을 알 수 있다. 따라서 이런 질문은 아주 실제적인 질문이라고 할 수 있다. 성령이 우리에게 들어오신 것을 어떻게 알 수 있으며 우리가 성령이라는 선물을 받았는지 어떻게 알 수 있는가? 나는 직접적인 대답 대신 여러 개의 방향을 제안해 보고자 한다.

신약성경이 가르치는 몇 가지의 것들이 있다. 성령을 받은 자들은 그들의 삶을 주관하며 그들 안에서 역사하시는 능력을 의식하게 된다. 빌립보서 2:12-13은 "두렵고 떨림으로 너희 구원을 이루라 너희 안에서 행하시는 이는 하나님이시니 자기의 기쁘신 뜻을 위하여 너희에게 소원을 두고 행하게 하시나니"라고 기록했다. 우리의 삶에서 간섭하고 우리가 하고 싶은 것을 통제하는 무엇인가가 있다. 이 무엇인가와 더불어 우리는 계속해 살아 나가게 되고 갑작스럽게 그것에 의해 사로잡힌 듯한 느낌을 갖게 되며 달라진 우리 모습을 보게 된다.

이것은 시작에 불과하다. 성령이 사람에게 역사하시기 시작하면 언제나 이런 일이 생기기 마련이다. 일반적 삶의 행로 속에 어떤 간섭이나 제한 같은 것이 주어진다. 그것은 무엇인가 다른 것이며 상대할 수 있으면서 의식할 수 있는 것이다. 나는 그 이상 설명하기가 어렵다고 생각한다. 어쨌든 이런 것이 우리와 관계를 맺고 계시는 성령의 본질이다.

그 다음으로 생각해 볼 수 있는 것은 우리가 영적 차원의 것들에 관심을 갖기 시작한다는 사실이다. 바울은 로마서 8:5에서 육신을 좇는 자는 "육신의 일을" 그리스도인은 "영의 일을 생각"한다고 했다. 그리스도인은 영적인 일에 관심을 갖게 된다. 비기독교인은 성경이 아주 지겨운 책이라고 말한다. 또한 여러분이 영적인 것들에 대해 말하면 무슨 말을 하는 것인지 이해하지 못한다. 나는 지금 그러한 자들을 비판하고자 함이 아니다. 오히려 그러한 자들을 불쌍히 여긴다. 그들은 그저 이해하지 못할 뿐이다. 왜냐하면 그런 영적 대화들이 지루하고 자신들의 삶과 무관하다고 느끼기 때문이다.

여러분도 영적인 내용들에 대해 그렇게 느낀다면 아직 성령을 받지 못했다고 생각하면 된다. 사람이 성령을 받게 되면 영적인 일에 자동적으로 관심을 갖게 마련이기 때문이다. 그들은 이런 영적인 일들에 관심 없이 살아올 수 있었다는 사실에 놀라게 된다. 그래서 영적인 것에 대해 관심을 갖고 사는 삶이야말로 모든 것 중에 가장 귀한 것이라고 말한다. 그들은 더 이상 다람쥐 쳇바퀴 도는 듯한 종교 생활에 관심을 갖지 않게 된다.

우리는 이런 종교 생활에 관심을 가질 수 있다. 영적인 일에 관심을 갖지 않고서도 교회 일이나 교회 안에서의 봉사에 관심을 가질 수 있다. 하지만 내가 지금 말하려는 것은 그와 같은 종교적 삶에 관한 것이 아니다. 성령을 받은 자들은 영적으로 진리에 관심을 갖게 되기 때문이다.

그 다음은 죄에 대한 자각 증세이다. 그들은 자신이 무가치하고 하나님 앞에서 죄인이라는 것을 깨닫게 된다. 그들은 자신의 본성이 잘못되었다는 사실과 자신이 그러한 죄성을 미워한다는 사실을 깨닫기 시작한다. 이것이 성령 사역이다. 성령이 그들로 하여금 예수 그리스도를 믿도록 인도해 주고 진리를 이해할 수 있도록 도와주신다.

요한은 23절에서 "그의 계명은 이것이니 곧 그 아들 예수 그리스도의 이름을 믿고 그가 우리에게 주신 계명대로 서로 사랑할 것이니라"고 이미 말했다. 오직 성령만이 예수 그리스도를 하나님의 아들로 그리고 우리 영혼의 구세주로 볼 수 있도록 도와주신다. 성령이 이런 사실을 가르쳐 주시기 전까지는 전혀 깨달을 수 없는 것이 인간이다.

하지만 성령이 역사하시는 바로 그 순간에 우리는 그러한 진리를 보고 이해하기 시작한다. 그리고 우리 안에 거하는 새로운 생명을 인식하게 된다. 즉 우리가 새로운 존재이며 새로운 본성을 갖게 되었다는 것을 인식하는 것이다. 갈라디아서 2:20은 "이제는 내가 사는 것이 아니요 오직 내 안에 그리스도께서 사시는 것이라"고 말씀했다. 나는 나 자신을 이해하지 못한다. 나에게는 내가 이해하는 "옛 사람"이 아직 있다.

하지만 또 다른 사람이 내 안에 있다. 왜냐하면 새로운 피조물이 되었기 때문이다.

다음의 것은 성령의 열매들이다. 성령의 열매는 사랑과 희락과 화평과 형제 사랑이다. 일단 성령이 들어오시면 성령의 열매가 나타나기 시작한다. 죄를 싫어하고 성결한 삶을 갈망하게 된다. 요한이 5장에서 말하듯이 우리는 하나님의 계명들을 사랑하게 된다. "그의 계명들은 무거운 것이 아니로다" 요일 5:3. 그리스도인은 계명들을 사랑하게 되고 계명들을 지키는 가운데 성령의 열매를 보이기 원한다.

이것이 로마서 8:15에서 "양자의 영을 받았으므로 우리가 아빠 아버지라고 부르짖느니라"고 말씀하시는 내용이다. 우리는 성경 말씀이 로마서 8:16에서 "성령이 친히 우리의 영과 더불어 우리가 하나님의 자녀인 것을 증언하시나니"라고 말씀하시는 뜻을 알게 된다. 이것이 우리가 인정하는 것들 중 몇 가지라고 할 수 있다. 이것은 성결이 우리 가운데에 있음을 의미한다.

여러분은 이런 것들 모두를 인지하고 있는가? 이런 것들이 성령이 여러분 안에 내재하신다는 사실을 입증해 주는 것들이다. 또한 하나님이 오순절에 주신 은사들도 있었다. 이런 은사들도 여전히 주어질 수 있다고 본다. 그렇다. 그분의 주권적 의지 가운데 지금도 받을 수 있는 것이다. 성령의 은사들도 역시 성령이 내재하고 계심에 대한 증명이라고 할 수 있다.

지금까지 말한 모든 것을 보기 바란다. 그러면 우리가 성령을 받았다는 사실에 대한 증거들을 볼 수 있을 것이다. 이와 같은 선물을 우리에게 값없이 허락하셨다는 사실이 얼마나 경이로우며 놀라운 일인가? 우리의 죄와 수치스러움에도 불구하고, 그런 선물받을 만한 자격이 없음에도 불구하고 이런 모든 것이 우리에게 주어졌다.

이와 같이 놀라우신 하나님이 우리에게 자신의 영을 주셨으며, 그 영과 더불어 하나님은 우리 안에 내재하고 거하고 계신다. 얼마나 훌륭한 선물인가? 영원하신 하나님이 우리에게 오셔서 우리 가운데 거하시며 우리로 하여금 그분 안에 거할 수 있도록 도와주신다는 사실이 얼마나 놀라운 선물인가?

"우리에게 주신 성령으로 말미암아 그가 우리 안에 거하시는 줄을 우리가 아느니라."

사명선언문

너희가 흠이 없고 순전하여……세상에서 그들 가운데 빛들로
나타내며 생명의 말씀을 밝혀 _ 빌 2:15-16

1. 생명을 담겠습니다
만드는 책에 주님 주신 생명을 담겠습니다.
그 책으로 복음을 선포하겠습니다.

2. 말씀을 밝히겠습니다
생명의 근본은 말씀입니다.
말씀을 밝혀 성도와 교회의 성장을 돕겠습니다.

3. 빛이 되겠습니다
시대와 영혼의 어두움을 밝혀 주님 앞으로 이끄는
빛이 되는 책을 만들겠습니다.

4. 순전히 행하겠습니다
책을 만들고 전하는 일과 경영하는 일에 부끄러움이 없는
정직함으로 행하겠습니다.

5. 끝까지 전파하겠습니다
모든 사람에게, 땅 끝까지, 주님 오시는 그날까지
복음을 전하는 사명을 다하겠습니다.

서점 안내

광화문점 서울시 종로구 새문안로 69 구세군회관 1층
02)737-2288 / 02)737-4623(F)

강남점 서울시 서초구 신반포로 177 반포쇼핑타운 3동 2층
02)595-1211 / 02)595-3549(F)

구로점 서울시 동작구 시흥대로 602, 3층 302호
02)858-8744 / 02)838-0653(F)

노원점 서울시 노원구 동일로 1366 삼봉빌딩 지하 1층
02)938-7979 / 02)3391-6169(F)

일산점 경기도 고양시 일산서구 중앙로 1391 레이크타운 지하 1층
031)916-8787 / 031)916-8788(F)

의정부점 경기도 의정부시 청사로47번길 12 성산타워 3층
031)845-0600 / 031)852-6930(F)

인터넷서점 www.lifebook.co.kr